Coca-Cola Story

Frederick Allen

Die wahre Geschichte

Aus dem Amerikanischen
von Michael Kubiak und Hans Sommer

Dieses Buch ist meiner Mutter Martha Cherrington Allen gewidmet.
Sie schenkte mir die Liebe zur Sprache und zum Geschichtenerzählen.

Die Deutsche Bibliothek — CIP-Einheitsaufnahme

Allen, Frederick: Coca-Cola-Story : die wahre Geschichte / Frederick Allen. Aus dem
Amerikan. von Michael Kubiak und Hans Sommer. — 1. Aufl. — Köln : vgs, 1994
Einheitssacht.: Secret Formula [dt.]
ISBN 3-8025-2264-8

Titel der amerikanischen Originalausgabe:
Secret Formula. How Brilliant Marketing and Relentless Salemanship
Made Coca-Cola the Best-Known Product in the World.
Copyright © 1994 by Frederick Allen. All rights reserved.
Erstausgabe 1994 by Harper Collins Publishers, Inc., New York (USA)

1. Auflage 1994
© vgs verlagsgesellschaft, Köln
Lektorat: Markus Reckewitz, Bonn
Schutzumschlag: Papen Werbeagentur, Köln
Satz: ICS Communikations-Service, Bergisch Gladbach
Druck und Verarbeitung: Mohndruck, Gütersloh
Printed in Germany
ISBN 3-8025-2264-8

Inhalt

Die Coca-Cola Story

Prinz Alexander Makinsky, der legendäre Vertreter der Coca-Cola Company in Paris, verlor schnell an Boden.

Im Winter 1950 drohte die französische Regierung ernsthaft damit, den Verkauf von Amerikas beliebtestem Erfrischungsgetränk per Gesetz zu verbieten. Makinsky, ein russischer Adliger mit dem Ruf, grenzenlos charmant und trickreich zu sein, organisierte sofort die Verteidigung des Unternehmens. Alex Makinsky war eine schillernde Persönlichkeit. Er war 1900 in Persien geboren und in Baku am Kaspischen Meer von einer englischen Gouvernante, die ihn ein makelloses Englisch lehrte, aufgezogen worden. Seine weitere Ausbildung hatte er in Moskau und Paris absolviert. In den Jahren vor dem Zweiten Weltkrieg war er für die Rockefeller Foundation als Bevollmächtigter in Frankreich, Portugal und in den Vereinigten Staaten tätig gewesen und hatte dabei kein Hehl aus seinen engen Beziehungen zum amerikanischen Geheimdienst gemacht. Während des Krieges half er Wissenschaftlern, der deutschen Besatzungsmacht zu entkommen und über Lissabon in den Westen zu fliehen.

Auf einer Dinnerparty im Jahr 1946 hatte Makinsky die Gäste in seiner Pariser Wohnung gefragt, ob er das Angebot von Coca-Cola annehmen solle, führender Lobbyist in Übersee zu werden. »Ich war der einzige, der mit ›Nein‹ stimmte«, scherzte er anschließend, »deshalb übernahm ich den Job.«

Makinsky begab sich im Auftrag des Unternehmens zu den Krisenherden in Europa, im Nahen Osten und in Südamerika. Mit seinem adretten Schnurrbart und seinen maßgeschneiderten Anzügen sowie einem wuchtigen Brillenmodell, das seine Freundin und Nachbarin Coco Chanel berühmt gemacht hatte, vermittelte er schon optisch eine gewisse Weltläufigkeit. Er war vertraut mit den Regeln der Diplomatie und des Protokolls wie ein Außenminister. Makinsky konnte sich damit brüsten, zu jedem Monarchen und Staatschef in Europa persönliche Beziehungen zu pflegen. Viele von ihnen, von Franco bis Faruk, zählte er zu seinen persönlichen Freunden. Wenn er in der eleganten Bar des Hotel Ritz, in der Rue Cambon gegenüber der Pariser Coca-Cola-Zentrale, auf seinem Stammplatz saß, rauchte Makinsky am liebsten schlanke, elegante Zigarren, trank Champagner und spann seine Intrigen.

Gewöhnlich waren für ihn Auseinandersetzungen mit Regierungen stets eine willkommene Herausforderung, doch diesmal lag die Sache ein wenig anders. Eine ziemlich seltsam anmutende Koalition von Kommunisten, Weinproduzenten und intellektuellen Konservativen hatte sich in einem verzweifelten Kampf zusammengeschlossen, Coca-Cola vom französischen Markt zu verdrängen. Die Heftigkeit ihres Angriffs machte Makinsky Probleme. Gegenstand des Streits war weniger das Produkt selbst. Im Augenblick verkaufte das Unternehmen pro Jahr nur ein paar hundert Kästen in ganz Frankreich: Der Durchschnittsfranzose in seinem Eckcafé, der an den vertrauten Geruch von Anisette, starkem Kaffee und Gitanes gewöhnt war, dachte nicht daran, »Cola« auch nur zu probieren.

Es war vielmehr die durch Coca-Cola repräsentierte Idee, die Diskussionen auslöste. Wegen seines vertrauten roten Logos und seines durch und durch amerikanischen Images war das Unternehmen zu einem Blitzableiter für eine Welle von Ressentiments gegen die Vereinigten Staaten in ganz Europa und besonders in Frankreich geworden. Makinsky machte sich große Sorgen, daß Coca-Cola »nicht nur unsere Konkurrenten erschreckt, sondern auch die Mehrzahl der französischen Bürger, die nicht ›amerikanisiert‹ werden wollen und die unsere Werbung als stellvertretend für das ansehen, was ein ›amerikanisiertes Europa‹ einmal darstellen wird.«

Anfang Februar 1950 führten fünf verschiedene Ministerien der französischen Regierung Untersuchungen gegen Coca-Cola durch. Neue Gesetze, die auf ein Verbot von Coke abzielten, wurden durch die Nationalversammlung gepeitscht. Um die Lage zusätzlich zu verschärfen, setzten die Zollbehörden die Einfuhrlizenz des Unternehmens außer Kraft, und die Polizei verfolgte Betrugsanzeigen gegen Coca-Cola-Abfüllbetriebe in Paris und Algier. Noch unheimlicher aber war, daß die Geheimpolizei damit begann, Makinsky und seine leitenden Angestellten zu beschatten, und daß Spezialermittler im französischen Innenministerium Akten über sie anlegten. Es gab darüber hinaus Hinweise, daß man die Telefone der Pariser Zentrale angezapft hatte und sogar die Post abfing. Einer der Pariser Anwälte des Unternehmens, Pierre Gide, bekam es dermaßen mit der Angst zu tun, daß er sich nur mit falschem Namen meldete, wenn er in der Zentrale anrief.

Ein außerordentlich besorgniserregender Vorfall widerfuhr Makinskys zweitem Mann, Alfredo Schvab: Eines Nachmittags wurde er von seiner Frau im Büro angerufen. Ein Mann, der die Direktorin der Schule, die ihre zehnjährige Tochter Isabelle besuchte, angerufen und sich als Schvab ausgegeben hatte, wollte Isabelle nach dem Unterricht abholen, um mit ihr ins Kino zu gehen. Die Direktorin ließ jedoch Isabelle, hinter einem Vorhang versteckt, aus dem Fenster schauen, als der Mann vorfuhr. »Nein«, sagte das Mädchen, »das ist nicht mein Vater.« Während die Direktorin und eine Lehrerin Isabelle im Innern des Gebäudes versteckten, raste Schvab zur Schule und sah gerade noch eine Limousine davonfahren. Er merkte sich die Autonummer. Ein Kontaktmann bei der Polizeibehörde teilte ihm mit, daß es sich um ein falsches Nummernschild handelte, das vorwiegend von politisch extremen Vertretern der Kommunistischen Partei benutzt wurde.

Der normalerweise stets optimistisch denkende Makinsky warnte die Geschäftsleitung von Coca-Cola, daß »die Schlacht um Frankreich« verlorenzugehen drohte.

Am Freitag, dem 10. Februar 1950, sah sich Pope Brock in Atlanta im Laufe des Nachmittags die neuesten Hiobsbotschaften aus Übersee an. Als Syndikus von Coca-Cola hatte der 61 Jahre alte Brock die unangenehme Pflicht zu entscheiden, was als nächstes geschehen sollte. Eine Niederlage in Frankreich, so wußte er, würde den Expansionsbestrebungen des Unternehmens einen empfindlichen Schlag versetzen. In den Jahren nach dem Zweiten Weltkrieg hatte sich Coca-Cola bis in 76 Länder ausgebreitet, doch in den meisten war seine Position ziemlich unsicher. Die Geschäftsabschlüsse hatten an vielen Orten kaum mehr als symbolischen Charakter. So gab zum Beispiel der Vertreter in Kolumbien einen Betrag von 28 Dollar als Betriebsausgaben an, nachdem er seine barfuß operierende Verkaufstruppe mit Turnschuhen ausgerüstet hatte. Coke wurde auf dem Kongo aus Kanus, in Nordafrika vom Eselsrücken und in den Opiumhöhlen des Fernen Osten verkauft, wo ein ehrgeiziger Vertriebsleiter festgestellt hatte, daß die Kunden nach ihrem »Pfeifchen« besonders durstig waren.

Im voraufgegangenen Jahr, so rechnete Brock aus, betrug der Anteil aus Ländern außerhalb der USA an den Gesamteinnahmen in Höhe von 230 Millionen Dollar weniger als 25 Prozent. Die Gewinne im Auslandsgeschäft beliefen sich auf magere 3 Millionen Dollar. Coca-Cola sah sich fast überall mit heftigem Widerstand konfrontiert, der von den Herstellern von Bier, Wein, Aperitifs, Fruchtsäften, Mineralwässern und anderen alkoholfreien Getränken ausging. Jede Region schien eine eigene Getränkeindustrie zu haben, deren Eigentümer reich und dank ihrer politischen Kontakte in der Lage waren, Coca-Cola vor Gericht und staatlichen Aufsichtsämtern größte Schwierigkeiten zu bereiten. Falls es den daran interessierten Kreisen in Frankreich gelingen sollte, Coca-Cola vom Markt zu verbannen, hätte das einen Erdrutsch zur Folge. Die Gefahr bestand, Europa für mindestens eine Generation als Markt zu verlieren.

Das drohende Desaster in Frankreich scheuchte die leitenden Herren der in New York ansässigen Abteilung für die Verkäufe in Übersee auf. Pope Brock verfolgte mit wachsendem Unmut, daß sie jedoch nichts anderes taten, als Memos herauszugeben, in denen sie ihr »Erschrecken« zum Ausdruck brachten und davor warnten, daß ein zu forsches Auftreten ein »schwerer Fehler« sein könnte.

Wie viele der in Georgia geborenen Manager im spartanisch eingerichteten zentralen Verwaltungsbüro in der Plum Street in Atlanta betrachtete auch Brock den Export als eine überflüssige Einrichtung, deren Vertreter seiner Ansicht nach nur nach Manhattan kamen, um dort arrogante Allüren anzunehmen und sich nach kurzer Zeit für weltgewandter als ihre Kollegen vom Lande zu halten. Brock war in bitterarmen Verhältnissen in der kleinen Ortschaft Avalon, Georgia, aufgewachsen und hatte sich durch das College und sein Jurastudium kämpfen müssen. Er war extrem dünnhäutig und hegte eine abgrundtiefe Verachtung für seine Kollegen im Export. Eine besondere Abneigung empfand er gegenüber dem Direktor der Export-Abteilung, Jim Curtis. Curtis, der ebenfalls aus Georgia stammte, hatte sich in Manhattan richtig eingelebt. Auf sein vornehmstes Hobby verwies der Aschenbecher des Stork Club, der auf seinem Schreibtisch stand. Brock erkannte die Schwierigkeiten in Frankreich, doch dies war für ihn kein Grund zur Panik. Es war Zeit, seinen Grips anzustrengen.

Brocks rundliche Erscheinung, seine Brille und sein freundlicher Tonfall kaschierten ein streitbares Temperament, das nun zutage trat. Der Augenblick war gekommen, so entschied er, die Defensive aufzugeben, den Einsatz zu erhöhen und die französische Affäre ein für allemal zu beenden, so oder so.

Er nutzte den Freitagnachmittag und den Samstagvormittag, um die entsprechenden Coca-Cola-Mitarbeiter in New York und Paris telefonisch zu alarmieren. In einem Memo verriet Brock, wie er Curtis und Roy Jones, den beiden leitenden Exportmanagern, zusetzte: »Ich machte beide nachdrücklich darauf aufmerksam, daß es von äußerster Wichtigkeit ist, alles Menschenmögliche zu tun, um den Krieg zu gewinnen, der im Augenblick in Frankreich tobt.« Im Krieg, erinnerte Brock sie, »ist es das Vernünftigste, seine ganze Stärke zu zeigen und alles an Reserven zu mobilisieren, was man hat.«

Hinter Brocks Strategie steckte mehr als nur starke Worte. Er befahl Stephen Ladas, einem gebürtigen Griechen und in Harvard ausgebildeten Anwalt, der in New York für die Exportabteilung arbeitete, zur Verstärkung nach Paris zu fliegen. Makinskys weltgewandte europäische Art war offensichtlich erfolglos. Vielleicht war es jetzt an der Zeit, den direkten Weg einzuschlagen. Brock gab Ladas ausführliche, schriftliche Instruktionen, soviel Geld auszugeben, wie nötig sei, um alle »Soldaten« zu engagieren, die er brauchte, um das Blatt zu wenden. Ladas hatte eine Woche Zeit, um die Reise zu planen und seine Ziele zu definieren. »Vielleicht heuern wir ein halbes Dutzend oder mehr einflußreiche Wissenschaftler an«, schrieb Brock an Ladas. »Oder unser Anwalt tut sich mit einem − oder drei − weiteren Anwälten zusammen. Möglicherweise gewinnen wir auch eine oder mehrere politische Führungspersönlichkeiten für unsere Sache, die in unserem Sinn tätig werden.« Während eines Telefongesprächs mit Ladas schlug Brock noch weitere taktische Maßnahmen vor, die zu heikel waren, um schriftlich fixiert zu werden. Er machte dabei unmißverständlich klar, daß der Blankoscheck nach oben keine Grenze hatte.

»Das ist kein Spiel um Pennys mehr«, warnte Brock. »Das ist die entscheidende Schlacht um Europa.«

Auf den ersten Blick war Steve Ladas als Feuerwehr eine ziemlich seltsame Wahl für die Frankreich-Mission. Er erschien eher schüchtern und war ein ziemlicher Pedant. Sein Spezialgebiet war internationales Patentrecht und nicht der Kampf an der Front. Einigen seiner Kollegen kam er ein wenig naiv vor. Coca-Cola-Mitarbeiter in Südamerika belächelten seine Gewohnheit, sich grundsätzlich mit vollem Namen − Stephen P. Ladas − vorzustellen, was so klang, als lautete sein Nachname »Peladas«, was im Umgangsspanisch soviel wie »nackt« bedeutet.

Brock erklärte Ladas, er habe ihn deshalb ausgesucht, weil er klug genug sei, um vor Ort zu improvisieren. Allerdings spricht mehr dafür, daß Ladas der einzige in der Export-Abteilung war, dem Brock glaubte, den Umgang mit Firmengeldern anvertrauen zu können.*

Ladas landete am Montag morgen, dem 20. Februar 1950, in Paris. Ein Flug von New York nach Paris dauerte damals 16 bis 17 Stunden, inklusive eines Tankstops in Gander, Neufundland. Wegen des lauten Dröhnens der Maschinen und der ständigen Vibrationen der Propeller kamen die Passagiere sehr oft erschöpft und müde an, doch Ladas – »voller Kampfgeist«, wie er es selbst ausdrückte – stürzte sich sofort in einen hektischen Terminplan. Da Makinsky gerade in Algier in einem Prozeß gegen den dortigen Abfüllbetrieb von Coca-Cola einen Aufschub zu erlangen versuchte, war Ladas auf sich allein gestellt.

Seine erste Maßnahme bestand darin, die führenden Männer der Getränkeindustrie zu treffen. Erfahrungen in den Vereinigten Staaten und anderswo hatten bestätigt, daß Coca-Cola den Verkauf anderer Getränke, vor allem den von Alkohol, in keiner Weise beeinflußte. Es war einfach absurd anzunehmen, daß ein amerikanisches Erfrischungsgetränk, das für acht Cent pro 0,2 Liter verkauft wurde, die Franzosen von ihrem geliebten roten Tischwein abbringen könnte, den sie für 15 Cents pro Liter kaufen konnten. Dennoch hatte alle Überredungskunst bisher nichts genutzt. Deshalb bot Coca-Cola ein Geschäft an.

Ladas beschrieb den Ablauf eines typischen Termins: In den Büros der Radikalsozialistischen Partei wurde er von einem gewissen M. Rolland begrüßt. Trotz ihres Namens stand die Partei tatsächlich leicht rechts von der Mitte und vertrat die Interessen der französischen Weinhersteller. Ladas wiederholte die bekannten Versicherungen, stieß jedoch wie üblich auf taube Ohren. Er erkundigte sich dann, ob es irgend etwas gebe, das die Coca-Cola Company tun könne – *irgend etwas* –, um die Weinbauern gewogen zu stimmen. Rolland überlegte. Vielleicht gab es wirklich etwas, erwiderte er. Der amerikanische Zoll auf französischen Wein sei einfach zu hoch. Es wäre nicht schlecht, wenn er halbiert würde. Und auch die Verfahren und

---

* Ein Zeichen für Ladas' Arglosigkeit mag sein, daß er es versäumte, seine Kopien der vertraulichen Briefe, Memos und Telegramme zu vernichten, die Aufschluß über die heiklen Manöver des Unternehmens während der französischen Affäre geben. Die Ladas-Akten wurden Ende 1980 in der Aktenablage der Export-Abteilung von Coca-Cola gefunden und dem Firmenarchiv einverleibt, wo sie dem Autor zugänglich gemacht wurden.

Prozeduren bei der U. S. Food and Drug Administration seien einfach unmöglich. Die französischen Weinhersteller würden es begrüßen, direkten Zugang zum amerikanischen Markt zu haben.

Sehr schön, sagte Ladas. Die Coca-Cola Company sei durchaus bereit, 50 000 Dollar auszugeben, um in den Vereinigten Staaten eine entsprechende Lobby zu schaffen, die genau diese Ziele verfolgen werde. Dafür müßten die Weinhersteller aber ihre Kampagne abbrechen. Gleichzeitig stellte er weitere Unterstützung in Aussicht. Rolland schüttelte den Kopf. Er war höflich, aber unbeugsam. Eine großzügige Geste von Coca-Cola sei natürlich immer willkommen, aber er müsse doch darauf bestehen, Ergebnisse zu sehen, ehe er irgendwelche Zusagen mache. Bis dahin habe die Weinindustrie keine andere Wahl, als ihre derzeitige Position beizubehalten.

Andere Gespräche Ladas' verliefen ähnlich frustrierend. Der Chef des Fruchtsaftsyndikats, so meldete er nach Atlanta, sei ein besonders »leidenschaftlicher Gegner«. Der Führer eines der beiden französischen Limonadenkonzerne sei ebenfalls feindlich gesonnen, während der andere einerseits seine Sympathie mit Coca-Cola bekunde, dabei aber »heimlich unsere Feinde unterstützt«. Die *Confédération Générale d'Agriculture* war unversöhnlich feindselig eingestellt. Das äußerste, was Ladas zuwege brachte, war eine Übereinkunft mit George Monnet, dem Lobbyisten der Fruchtsaftproduzenten. Monnet »kann veranlaßt werden, nicht mehr gegen uns aktiv zu werden«, meldete Ladas − aber er war mit keinem Angebot zu irgendeiner Unterstützung zu bewegen. Ladas eilte kreuz und quer durch Paris, nahm Termine mit Anwälten, Wissenschaftlern, Bürokraten und Politikern wahr und stellte stets die gleiche Frage. Gab es nichts, was Coca-Cola tun könne? *Irgend etwas?* Überall erhielt er die gleiche Anwort. Ein französisches Achselzucken.

Während die Tage verstrichen, mußte sich Ladas eingestehen, daß sein Mut zu sinken begann und sich ein Gefuhl der Verzweiflung in ihm breitmachte. Er sollte das Geld von Coca-Cola großzügig verteilen, schrieb er an Brock, »aber es gibt wirklich nichts oder fast nichts, wofür ich das Geld ausgeben kann.«

Alle Bestechungsversuche waren demnach gescheitert.

Die Coca-Cola Company konnte Entstehungsort und -zeit ihrer politischen Probleme präzise bestimmen: Es war der 30. Oktober 1949 auf der Piazza San Giovanni in Rom. Achttausend italienische Kommunisten trafen sich zu einem Ereignis, das sie bescheiden den Kongreß der Partisanen des Friedens nannten. Der Hauptredner, der von der

Kominform — der Propagandaabteilung der Partei in Bukarest — geschickt worden war, der sowjetische Schriftsteller und Polemiker Alexander Fadejew, redete zwar nur Russisch, deshalb verstanden auch nur wenige Zuhörer seine Ausführungen. Aber sie erkannten einen der Namen, die er haßerfüllt ins Publikum schleuderte: Coca-Cola. Und viele der Anwesenden reagierten mit Buh-Rufen.

Vom Kreml angestachelt, schossen die kommunistischen Parteien Europas sich schnell auf ihr Ziel ein. »Coca-Cola trinken und sterben« verkündete *L'Unita,* das offizielle Organ der italienischen Kommunisten, mit einer Schlagzeile über einem Artikel, der beschrieb, wie Coca-Cola die »Haare eines Kindes über Nacht weiß werden läßt«. In einer ungarischen Illustrierten erschien ein Bild von Coca-Cola trinkenden Teenagern mit der Unterzeile »So wird die amerikanische Jugend verdorben«. In Frankreich warnten die Kommunisten vor der »Coca-Kolonisation«, die die Franzosen am Ende in »Cocacoliker« verwandeln würde.

Das alles hätte man als eine amüsante historische Anekdote abtun können — gleichzeitig behauptete die Sowjetunion nämlich, sie habe Coca-Cola *erfunden* — nur: Die kommunistische Kampagne löste Ressentiments und Eifersüchteleien auch weit außerhalb kommunistischer Kreise aus und führte zu mehreren gewalttätigen Vorfällen. Der Coca-Cola-Manager in Wien wurde aus seinem Automobil gezerrt und verprügelt, die Reifen des Wagens wurden zerstochen. Europa war noch immer konfrontiert mit den physischen und psychischen Trümmern des Zweiten Weltkriegs, und der Marshallplan wurde von vielen Menschen nicht nur als eine Maßnahme zum Wiederaufbau des Marktes gesehen, sondern auch als ein scharfes Werkzeug, um ihn für den Absatz amerikanischer Produkte attraktiv zu machen. Viele Franzosen schäumten vor Wut beim Anblick von International-Harvester-Traktoren auf ihren Äckern, Chiclet-Kaugummipapier in ihren Rinnsteinen und Frigidaire-Kühlschränken in ihren Küchen. Es war mehr als eine wirtschaftliche Frage. Nach fünf Jahren deutscher Besatzung (und mehr Kollaboration, als sie bereit waren zuzugeben) achteten die Franzosen eifersüchtig auf die Eigenständigkeit ihrer Kultur, und viele waren entsetzt über die Invasion von Comic-Heften, von Reader's Digest, von Hollywoodfilmen und anderen amerikanischen Produkten.

In einem kriegsmüden Europa mit seiner geschwächten Lebenskraft hatte die Präsenz von Coca-Cola sogar etwas von einer sexuellen Bedrohung. Während eines Besuchs in den Vereinigten Staaten berichtete ein Schweizer Zeitungsredakteur:

»Nehmen wir nur mal Ihre GIs. Sie haben einen großen Eindruck auf die Schweiz hinterlassen. Vor allem auf die Schweizer Jugend. Ihre GIs sind nach dem Krieg im Rahmen von Reisen, die Ihre Armee organisierte, zu uns gekommen. Sie hatten bei unseren Frauen großen Erfolg. Unsere jungen Männer sahen das, und es hat ihnen nicht besonders gefallen, aber es hat in ihnen den Wunsch ausgelöst, so amerikanisch wie möglich zu sein, damit die Mädchen sie anhimmelten . . . Wie Sie wissen, haben unsere jungen Leute sehr viele Fruchtsäfte getrunken. Nun trinken alle Coca-Cola. Im vergangenen Jahr gab es in der Schweiz Werbung für Coca-Cola. Ich glaube, in der Schweiz ist noch niemals derart massiv für irgend etwas geworben worden. Daher sieht man heutzutage überall Schweizer, die Coca-Cola trinken. Vor allem die jungen Leute trinken es direkt aus der Flasche, so wie sie es bei Ihren GIs gesehen haben. Auf diese Weise fühlen sie sich wie Amerikaner.«

Die Vertreter von Coca-Cola unternahmen wenig, um der Überzeugung entgegenzuwirken, daß sie die Absicht hatten, auf jeder freien Fläche des Kontinents den Namen ihres Produkts in knallroter Farbe zu verewigen. Motorboote mit Coca-Cola-Emblemen an den Seiten durchpflügten die Fluten des Canale Grande in Venedig − nichts schien unmöglich. Das Unternehmen sah sich aber doch gezwungen, dem Gerücht entgegenzutreten, man wolle ein Cola-Symbol an der Fassade von Notre Dame anbringen. Ansonsten seriös arbeitende Redakteure von Le Monde warnten die Menschen vor einer Flut von Neonschriften, Reklamewänden, Werbetafeln, mit Musik unterlegten Werbespots und Flotten roter Lieferwagen: Die Ankunft von Coca-Cola bedeute eine Bedrohung des »gesamten Panoramas und der moralischen Prinzipien der französischen Zivilisation«.

Der Gegensatz zur Position von Coca-Cola in den Vereinigten Staaten konnte gar nicht schärfer sein.

Jahrzehntelang hatten die Männer, die das Unternehmen leiteten, fieberhaft daran gearbeitet, ihr Produkt im Bewußtsein der amerikanischen Gesellschaft zu verankern. Coca-Cola war zu einem festen Bestandteil der amerikanischen Landschaft geworden. Nach 1890 und Anfang dieses Jahrhunderts hatte Asa Chandler Millionen von Weckern, Papierservietten, Thermometern, Feuerzeugen, Armband- und Taschenuhren, Taschenmessern, Handtaschen, Flaschenöffnern, silbernen Parfümzerstäubern, Serviertabletts, Lesezeichen, Papiergewichten aus Marmor und japanischen Fächern verschenkt − alle deutlich sichtbar mit dem Markenzeichen »Coca-Cola« versehen. Im

Laufe der Zeit wurden sie zu Kunstobjekten, gefragt bei Sammlern von Küste zu Küste. Die Wandkalender von Coca-Cola bescherten den amerikanischen Männern allmonatlich ein hübsches Mädchen.

Millionen von Kindern erhielten Schulmappen mit Bleistiften, Notizbüchern, Tintenlöschern, Linealen und Buchstabierhilfen, alle verziert mit dem Warenzeichen. In Milchbars und Drugstores sorgte Coca-Cola für die Gläser, die Barspiegel, die Fensterverzierungen, für Namensschilder, Plastikplanen, Klebeposter und Lampenschirme im Tiffanystil. Überall in Amerika betrieben Imbißbuden, Süßwarenkioske, Zigarettenhändler und Gemischtwarenläden ihre Geschäfte unter der »Schirmherrschaft« von Markisen, die zwei Namen verkündeten: den des Inhabers und den von Coca-Cola.

Robert W. Woodruff, der barsche Autokrat aus Georgia, dessen Familie und Geschäftspartner im Jahr 1919 die Kontrolle über Coca-Cola übernommen hatten, kannte für sich und die, die ihn umgaben, nur ein einziges Ziel – nämlich, wie einer seiner Stellvertreter es ausdrückte, »Coca-Cola zum amerikanischsten Ding in Amerika« zu machen.

Woodruff engagierte die berühmten Zeichner Norman Rockwell, Haddon Sundblum und N. C. Wyeth und veranstaltete in den zwanziger und dreißiger Jahren eine Werbekampagne, die Coke zu einem vertrauten, unverzichtbaren Element des amerikanischen Alltagslebens machte. Die Werbeanzeigen der Company bestimmten sogar, wie der Amerikaner sich den Weihnachtsmann vorzustellen hatte: Das weithin bekannte Bild von Santa Claus als rundlichem fröhlichen Mann in rotem Anzug mit weißer Paspelierung gab es erst, nachdem Sundblom ihn in einer Serie von Weihnachtsanzeigen für Coca-Cola erfunden hatte.

Auf Anzeigetafeln und in Zeitungsannoncen, auf Plakaten und in kurzen Rundfunk- und Fernsehspots leistete Coca-Cola Pionierarbeit in der Kunst des »Soft-selling«. Die »erfrischende Pause« wurde zu einem integralen Teil der nationalen Kultur. Wenn die Menschen an Coca-Cola dachten, dann dachten sie nicht nur an ein Getränk, sondern sie dachten auch daran, was sie alles unternahmen, *während* sie es tranken, von kleinen Momenten wie einer Arbeitspause bis hin zum ersten Rendezvous. Das Unternehmen gab Bücher mit Haushaltstips heraus, die den Frauen Hilfestellung leisteten, erfolgreiche Partys zu veranstalten, Coca-Cola verschenkte Anzeigetafeln für die Footballstadien von Highschools, stellte Kühlschränke in Tankstellen auf und füllte die Getränkeautomaten in Fabriken und Büros mit ihrem Produkt. Die freundliche Seite jeder neuen gesellschaftlichen

Erscheinung, von der innigen Liebesbeziehung der Nation zum Automobil bis zur Entdeckung der »Freizeit« und den Grillpartys als Ausdruck des typischen Lebensstils der Vorstädte, wurde ganz gezielt mit Coca-Cola in Verbindung gebracht. Die sogenannte »Soda Fountain«, eine Art Trinkhalle oder Bar für ausschließlich alkoholfreie Getränke, so verkündete eine Werbeanzeige, wurde zum »nettesten Club der Welt – Eintritt 5 Cents.« Die Werbung zeigte aber nie, was in Coca-Cola enthalten war, sondern nur, wo es Coca-Cola gab; in fast allen schönen, angenehmen Szenen des Alltagslebens.

Im Laufe der Zeit wurde Coca-Cola Bestandteil der Rituale des amerikanischen Lebens. Es gab »Coke Dates«, »Coke Clubs« und »Coke Parties«. Wenn Teenager Flaschenroulette spielten, drehten sie in der Regel eine Cola-Flasche. Über Jahre hinweg stellten die amerikanischen Jungs ihre leeren Cola-Flaschen nicht in den Kasten zurück, ohne vorher auf dem Flaschenboden nachzusehen, welche Flasche in der am weitesten entfernten Stadt hergestellt worden war.

Während des Zweiten Weltkriegs stellte Woodruff sicher, daß Coca-Cola den Streitkräften, ganz gleich wo sie stationiert waren, für einen Nickel pro Flasche zur Verfügung stand. Coke begleitete den amerikanischen GI in den Krieg, und die vertraute Reifrockflasche fand ihren Platz in den Landsercomics von Bill Mauldin und den Frontmeldungen von Ernie Pyle. Das Unternehmen errichtete Abfüllbetriebe – insgesamt 63 – an jedem Kriegsschauplatz, und lieferte Coca-Cola-Kästen überall dorthin, wo Amerikaner kämpften, manchmal sogar direkt in die Schützenstellungen. Die Techniker vor Ort kauften ihre Uniformen zwar bei Saks Fifth Avenue, aber sie gingen häufig die gleichen Gefahren ein wie die Soldaten. Drei von ihnen fielen sogar »in Ausübung ihres Dienstes«. Die letzte Bestellung der Navy, die allerdings nicht ausgeliefert wurde, belief sich auf 20000 Kästen Coke, die nach »Tokio« geschickt werden sollten.

Indem Coca-Cola eine assoziative Nähe zu den Opfern der Nation und zu den amerikanischen Freizeitaktivitäten herstellte, erwarb sich das Unternehmen die Sympathien von 11 Millionen Veteranen und ihren Familien und zahllosen weiteren Amerikanern. In »God Is My Co-Pilot«, einem der Bestseller des Krieges, schrieb Co. Robert L. Scott: »Ich weiß nicht, was Demokratie ist oder der tatsächliche, vernünftige Sinn einer Republik. Aber während wir in China über die allgemeine Lage diskutierten, waren wir uns alle darin einig, daß wir für das amerikanische Girl kämpften. Sie war für uns Amerika, Demokratie, Coca-Cola, Hamburgers, saubere Schlafplätze oder der *American Way of Life*.«

Im Krieg wurde Coca-Cola zu einer der Institutionen, die Amerika symbolisierten. Laut einem Dokument, das zwischen den persönlichen Unterlagen Woodruffs gefunden wurde, identifizierten Vertreter des Unternehmens Ende der vierziger Jahre ihr Produkt so eng mit den nationalen Interessen, daß sie sogar über einen neuen Slogan nachdachten: »The United Taste of America − Coca-Cola.«

Aber in Übersee zählte nichts von alledem. Zumindest *noch* nicht.

Am Donnerstag morgen, dem 23. Februar 1950, suchte Ladas die amerikanische Botschaft auf, um mit dem Botschafter David K. E. Bruce zu reden.

Ladas trat in der Botschaft am Place de la Concorde wie ein Kind auf, das vor einem Schulhofrabauken Schutz sucht. Nachdem man ihn in das Büro des Botschafters gebracht hatte, holte Ladas einen Brief hervor, in dem die Franzosen beschuldigt wurden, »im Geist der Verfolgung, der Diskriminierung und des Mißtrauens« zu handeln, und er bat das State Department um Hilfe. Ladas erinnerte Bruce daran, daß die Botschaft schon des öfteren vorher für Coca-Cola tätig geworden sei.

Erst zwei Monate zuvor hatte Bruce in der Nationalversammlung einen gegen Coca-Cola gerichteten Gesetzesvorschlag gestoppt. Im Dezember 1949 hatte der Deputierte Paul Boulet aus Montpellier, im Herzen des großen Weinanbau-Departements Herault, ein Gesetz vorgeschlagen, mit dem der Gesundheitsminister die Möglichkeit erhalten sollte, den Verkauf jedes Getränks zu untersagen, das er für schädlich hielt. Nachdem deutlich geworden war, daß sein Ziel das Verbot von Coca-Cola war, versuchte Boulet die üblichen Verfahrenswege zu umgehen und das Gesetz aus Gründen der Dringlichkeit so schnell wie möglich durchzubringen. Ein anderer Deputierter erklärte den Grund: Es sei lebenswichtig, sagte er in einer Debatte, Frankreich vor einem Produkt zu schützen, das »höchstwahrscheinlich krankhafte Störungen hervorruft«. Mit der Unterstützung der Kommunisten, die fast ein Viertel der Sitze in der Nationalversammlung einnahmen, schien Boulets Gesetz nicht mehr aufzuhalten zu sein. Makinsky entschied sich für einen diplomatischen Vorstoß über drei Banden: Er informierte den Washingtoner Lobbyisten Fred Morrison, der seinen besten Kontaktmann, Unterstaatssekretär James E. Webb, alarmierte, der wiederum Bruce auf den Weg schickte, um mit dem französischen Premierminister Georges Bidault zu verhandeln. Das Gesetzesvorhaben wurde zu Fall gebracht.

Nun erschien Ladas also erneut in der Botschaft, aber diesmal lagen die Dinge nicht so einfach. Neben seinen politischen und wirtschaftlichen Problemen hatte Coca-Cola schon immer auch Schwierigkeiten mit dem Gesetz.

Seit seiner Erfindung im Jahr 1886 war Coca-Cola gelegentlich mit aufflammenden Kontroversen über einige seiner Zutaten konfrontiert, angefangen von dem in winzigen Mengen enthaltenen Kokain, das dem Erfrischungsgetränk um die Jahrhundertwende jedoch als Bestandteil gänzlich entzogen wurde, bis hin zum Koffein, das den Chef der U. S. Food and Drug Administration bewog, in seinem Kampf gegen Coca-Cola bis vor den U. S. Supreme Court zu ziehen. Im Nachkriegs-Europa gab es Wissenschaftler – und zwar durchaus angesehene –, die ernsthaft glaubten, daß Coca-Cola giftig und suchterzeugend sei und daß es sogar ein Aphrodisiakum enthalte. Als keine ihrer Vermutungen bewiesen werden konnte, entfachten sie einen neuen Streit und wandten sich nun dem Problem der Phosphorsäure zu. Phosphorsäure, eine klare, farblose Flüssigkeit, als »Merchandise No. 4« in der berühmten geheimen Formel für die Zusammensetzung von Coca-Cola aufgeführt, wurde in kleinen Mengen zur Haltbarmachung und zur Geschmacksverbesserung verwendet. Laienhaft ausgedrückt sorgte die Substanz für das vertraute Prickeln beim Trinken von Coca-Cola. In den meisten europäischen Ländern war jedoch die Verwendung von Mineralsäuren in Getränken entweder strengsten Vorschriften unterworfen oder grundsätzlich verboten. Es gab keinerlei Hinweise, daß geringe Mengen Phosphorsäure in einem alkoholfreien Getränk in irgendeiner Weise schädlich sind, und die herrschenden Gesetze zielten auch nicht vorwiegend auf Coca-Cola ab. Sie reichten nämlich zurück bis zum Anfang des Jahrhunderts und waren aus der gleichen Fortschrittsbewegung entstanden, die den Pure Food and Drug Act in den Vereinigten Staaten ins Leben gerufen hatte. Sie gaben jedoch den Coca-Cola-Feinden eine willkommene und wirkungsvolle Waffe in die Hand.

Das Unternehmen verfolgte unterschiedliche Strategien in der Bewältigung des Phosphorsäure-Problems, die sich nach den Gegebenheiten des jeweiligen Landes richteten. In Belgien versicherte man sich der Hilfe mehrerer prominenter Wissenschaftler, bediente sich des Einflusses von US-Botschafter Robert D. Murphy und sorgte für eine Änderung des entsprechenden Gesetzes. In der Schweiz, wo die Regierungsorgane Coca-Cola wohlwollend gegenüberstanden und bereit waren, ein Auge zuzudrücken, entwickelten die Chemiker der Company eine sogenannte »Schweizer Formel«, mit der man den Phosphorsäureanteil aber lediglich kaschierte. Beide Methoden ließen sich jedoch nicht auf französischem Terrain anwenden. Aufgrund des politischen Klimas war eine Gesetzesänderung undenkbar. Und die Schweizer Formel war nicht praktikabel, denn sie war nur eine »dürftige Tarnung«, die sehr schnell durchschaut worden wäre, falls die Franzosen eine genauere Analyse durchführten.

Bisher hatte Coca-Cola in Frankreich eine Verschleppungstaktik verfolgt. Nach französischem Recht war Phosphorsäure nur als gesonderte Zutat verboten, nicht aber als natürlicher Bestandteil anderer Zutaten. Dieser Unterschied war in Laboruntersuchungen nur sehr schwer festzustellen. Coca-Cola-Mitarbeiter, die es besser wußten, versicherten jedoch den Behörden, daß ihnen über die Herkunft der Phosphorsäure in Coke absolut nichts bekannt sei. Makinsky empfahl, so zu tun, als wisse man von nichts. Wenn er oder seine Leute erwischt würden, sagte er, »können wir überzeugend die Haltung einnehmen . . . daß wir zutiefst schockiert und entrüstet sind«.

Aber das Spiel wurde zunehmend gefährlicher. Eine weitere ungewöhnliche Verordnung der französischen Gesetzgebung verbot die Verwendung von Phosphorsäure nur als Konservierungsstoff, nicht aber als Geschmacksverbesserer. Im Hinblick auf die bevorstehenden Prozesse gegen die Abfüllbetriebe in Paris und Algier schlugen einige Rechtsanwälte des Unternehmens vor, damit zu argumentieren, daß Merchandise No. 4 lediglich ein Geschmackszusatz sei und nicht zur Haltbarmachung verwendet werde. Eine ziemlich gefährliche Strategie, da diese Behauptung einfach nicht zutraf. Aus geschäftsinternen Papieren ging eindeutig hervor, daß Phosphorsäure als Konservierungsstoff und als Bindemittel für andere Zusätze diente. Es bestand die Gefahr, daß die Abfüller der Lüge überführt und wegen arglistiger Täuschung belangt würden. Curtis, Chef des Exports, ging sogar so weit, daß er eine grundlegende Änderung der geheimen Rezeptur für Frankreich empfahl – die Verwendung von Zitronensäure anstelle von Phosphorsäure – ein Vorschlag, den Brock als »undenkbar« bezeichnete und sofort verwarf.

Ladas wollte, daß die Botschaft sich einschaltete und für eine Einstellung der Verfahren sorgte. Die Anklagen, so versicherte Ladas Bruce, seien rein politischer Natur und würden von der Rechtsabteilung des Landwirtschaftsministeriums angestrengt, um eigene Interessen zu wahren. Die Prozesse »könnten sofort eingestellt werden«, erklärte Ladas, »wenn der Ministerpräsident den Landwirtschafts- und den Justizminister anriefe und sie aufforderte, die Anklage fallenzulassen«. Ladas versuchte Bruce dazu zu bewegen, auf den Ministerpräsidenten entsprechenden Druck auszuüben.

Aber Bruce weigerte sich, dieses Spiel mitzumachen. Die Botschaft war gerne bereit, einer offenen Diskriminierung amerikanischer Geschäfte entgegenzutreten. Bruce wollte einen Brief an die Bidault-Regierung schreiben und vor einer politischen Kampagne gegen Coca-Cola warnen. Aber in ein gerichtliches Verfahren einzugreifen war etwas anderes. Falls Coca-Cola gegen französische Gesetze verstoßen habe, müsse das Unternehmen die Konsequenzen tragen. Die Botschaft stand mit der Bidault-Regierung gerade in schwierigen und dringlichen Verhandlungen über Fragen der NATO, des Marshallplans, über einen bevorstehenden Handelsvertrag und das weitere militärische Vorgehen der Franzosen im damaligen Indochina. Bruce machte unmißverständlich klar, daß für ihn Aufräum- und Planierarbeiten in Sachen Coca-Cola keine Priorität hatten.

»Bruce ist viel zu sehr Diplomat«, beklagte Ladas sich bei Brock, »und kein bißchen aggressiv.« Coca-Cola war also auf sich selbst gestellt.

Als Makinsky am Wochenende aus Algier zurückkehrte, fand er Ladas ziemlich verzweifelt vor. Alles sei so »unbestimmt und wenig greifbar«, sagte Ladas, »daß man überhaupt nicht weiß, wo man ansetzen und gegen was man kämpfen soll.«

Makinsky erkannte sehr schnell, daß die Lage noch viel schlimmer war, als Ladas bewußt war. Während Ladas durch Paris hetzte und versuchte, Verbündete zu gewinnen, hatten die Coca-Cola-Gegner in aller Stille den Gesetzesvorschlag Boulets wieder auf die Tagesordnung der Nationalversammlung lanciert. Ladas war hinters Licht geführt worden. Dieselben Leute, mit denen er verhandelte, unternahmen hinter seinem Rücken einen weiteren Versuch, Coca-Cola gesetzlich verbieten zu lassen.

Im Verlauf des Wochenendes vereinigten Ladas und Makinsky ihre Anstrengungen und bemühten sich mit aller Kraft, die Vorlage des Gesetzes vertagen zu lassen. Ohne Erfolg. Die Abstimmung über das Gesetz blieb Punkt 9 der Tagesordnung für Dienstag, den 28. Februar. Makinsky erfuhr von seinen Informanten innerhalb des Kabinetts, daß Ministerpräsident Bidault, nachdem die amerikanische Botschaft keinen Druck mehr ausübte, nicht die Absicht hatte, ein zweites Mal zum Schutz von Coca-Cola zu intervenieren. Bidault und seine Partei, die in der Mitte angesiedelte Republikanische Volkspartei, kamen den Vereinigten Staaten in jeder erdenklichen Weise entgegen, um sich die Finanzhilfen des Marshallplans zu erhalten (Ende 1949 insgesamt 400 Milliarden Francs), und mußten sich daher ständig der Kritik von Kommunisten und Sozialisten erwehren, sie legten eine zu »pro-amerikanische« Haltung an den Tag. Hier ergab sich endlich die Gelegenheit für Bidaults Parteifreunde, ihre Unabhängigkeit zu beweisen.

Makinsky, der unermüdlich Abgeordnete in den Vorzimmern der Nationalversammlung zu beeinflussen versuchte, glaubte zunächst doch noch, in letzter Minute verhindert zu haben, daß der Gesetzesvorschlag zur Abstimmung gelangte. Aber auch in diesem Fall mußte er feststellen, daß er ausmanövriert worden war. »Irgend jemand hat uns furchtbar hereingelegt«, lautete Ladas' dürftige Erklärung an die Zentrale.

Um vier Uhr am Nachmittag des 28. Februar begann im Saal der Nationalversammlung am linken Seineufer die Debatte über den Gesetzesvorschlag Boulets. Der Vertreter der Regierung, in diesem Fall Gesundheitsminister Pierre Schneiter, meldete sich zu Wort und hielt eine seltsame Rede. Er neige dazu, dem einzelnen Franzosen die freie Entscheidung darüber zu überlassen, was er trinken wolle und was nicht. Lächelnd und offensichtlich amüsiert witzelte Schneiter über die Folgen eines Gesetzes, das seinem Ministerium die Verantwortung zuwies, Getränke zuzulassen oder zu verbieten. Wahrscheinlich würde man bald, sagte er, in den Cafés Schilder hängen sehen, die darauf hinwiesen, daß diverse Getränke vom Gesundheitsminister empfohlen würden. »Jemand, der zuviel getrunken hat, wird erklären: ›Ich habe das mit ministerieller Genehmigung getan!‹« Die Abgeordneten lachten schallend. Doch Schneiter fuhr fort und wurde wieder ernst: Die Regierung begreife sehr wohl die politische Tragweite dieser Frage. Die Abgeordneten sollten allein nach ihrer persönlichen Überzeugung abstimmen.

Anderthalb Stunden später entschieden sie sich per Handzeichen und mit überwältigender Mehrheit gegen Coca-Cola.

Was nun geschah, traf das Unternehmen völlig unvorbereitet. Wie die Kavallerie in einem billigen Wildwestfilm tauchte als Retter die amerikanische Bevölkerung auf.

Bis zur Annahme des Boulet-Gesetzes hatten nur wenige Amerikaner eine Ahnung von den Schwierigkeiten, mit denen Coca-Cola in Übersee zu kämpfen hatte. Die Unternehmensleitung verfuhr nach der Theorie, es sei klüger, unauffällig hinter den Kulissen zu agieren, und hatte alles in ihrer Macht Stehende getan, um jegliche Publicity über den Widerstand, dem Coca-Cola sich in Frankreich und anderswo gegenübersah, zu verhindern. Man zahlte dem bekanntesten Presseagenten jener Zeit, Steve Hannagan, pro Jahr 25 000 Dollar, um die zahlreichen Meldungen in der europäischen Presse *nicht* in die Zeitungen in den Vereinigten Staaten gelangen zu lassen. Wirtschaftsjournalisten in New York beklagten sich, daß ihre Fragen an die Exportabteilung niemals beantwortet wurden.

Trotz aller früheren Erfolge befand sich Coca-Cola 1950 in einem Zustand nahezu totaler Lähmung. Woodruffs stures Festhalten an einer ganzen Reihe strenger Prinzipien, früher Rückgrat und Garantie des Unternehmenserfolgs, erwies sich zunehmend als hinderlich. Der Absatz stagnierte, was im wesentlichen auf seine starrsinnige Weigerung zurückzuführen war, den Verbrauchern größere oder günstigere als die traditionellen 0,2 Liter-Flaschen anzubieten. Die Abfüllbetriebe der Firma, die den Druck der Nachkriegsinflation zu spüren bekamen, liefen Sturm gegen Woodruffs Beharren auf einem Endverbraucherpreis von 5 Cent. Archie Lee, der berühmte Werbefachmann des Unternehmens, war krank, erschöpft und hatte keine Ideen mehr. Woodruff erholte sich zudem gerade von einer längeren Periode tiefer Depression, übermäßigen Trinkens und sporadischer Krankheit, ausgelöst durch den Selbstmord eines jüngeren Bruders.

Verschlimmert wurde die Situation noch dadurch, daß die Unternehmensführung offen gegen Woodruffs Nachfolger, den er selbst ausgesucht hatte, einen jungen Rechtsanwalt namens Bill Hobbs, rebellierte. Hobbs war Woodruff Ende der dreißiger Jahre aufgefallen, als er, in seiner Funktion als örtlicher Repräsentant der Reconstruction Finance Corporation, einen in Familienbesitz befindlichen Düngemittelbetrieb sanierte, der von den glücklosen Verwandten von Woodruffs Ehefrau in Athens, Georgia, geleitet wurde. Aber der größeren Herausforderung, Coca-Cola zu leiten, war Hobbs nicht gewachsen. 1950 wurde er dann »auf Eis gelegt« — in ein Büro ohne Posteingang, ohne Telefonanrufe und ohne Pflichten verbannt. Mehrere der leitenden Angestellten hatten sich darüber hinaus zur Ruhe gesetzt, und einer von ihnen, der schillernde Al Steele, hatte mit einem spektakulären Wechsel zu Pepsi-Cola Aufsehen erregt. Da nun bei Coca-Cola niemand das Ruder in der Hand hielt, verlief die Entscheidungsfindung langsam und zähflüssig. Es überraschte kaum, daß die Firma jede Form von Aufsehen scheute.

Aber eine Kriegserklärung des französischen Parlaments gegen Coca-Cola ließ sich nicht mehr übergehen. Die Nachricht aus Paris raste per Kabel über den Atlantik nach Westen und erschien am nächsten Morgen auf der ersten Seite der New York Times. Associated Press verbreitete eine Zusammenfassung der Ereignisse an Hunderte anderer amerikanischer Zeitungen. Die Radiostationen füllten den Äther mit Nachrichten über die seltsamen Ereignisse in Frankreich. Am Mittwoch, dem 1. März, waren die Vorgänge um Coca-Cola gegen Mittag die heißeste Story in den Vereinigten Staaten.

Die meisten Zeitungen reagierten auf die Meldung mit einer Mischung aus verwunderter Belustigung und Zorn. Die New York Herald Tribune verkündete eine »Coca-Colamität«, während die Washington News sich über die »arrogante und überhebliche französische Gewohnheit beklagte, auf unsere Getränke, die alkoholischen wie die alkoholfreien, herabzuschauen, als seien sie kaum mehr als Spülwasser«. Die New York Daily News schwang sich zu der Forderung auf, die im Marshallplan vorgesehene finanzielle Hilfe zu streichen.

Die Kommentatoren konnten der Story nicht widerstehen. Beim Radiosender WCBS erinnerte Eric Sevareid seine Zuhörer daran, daß Coca-Cola mit den amerikanischen Streitkräften in den Krieg gezogen war und mitgeholfen hatte, Frankreich zu befreien. »Ich will nicht unbedingt behaupten, daß der GI über den Omaha Beach trabte, in einer Hand das Garand-Gewehr und in der anderen eine Colaflasche«, sagte Sevareid, »aber wir haben viele französische Offiziere und Mannschaften dabei beobachtet, wie sie nicht die prickelnde Pause machten, die erfrischt, sondern die schwere rote Pause, die einen in tiefen Schlaf versetzt . . .« Am anderen Ende der Stadt, in einem Studio bei WNBC, schlug der Komiker Henry Morgan vor, sich mit einem ähnlichen Verbot zu revanchieren, und zwar gegen »französischen Champagner, Schiaparelli, den Eiffelturm, Napoleon, französische Pudel, Chanel No. 5, Eclairs, Victor Hugo, Simone Simon und Charlemagne.«

In den Büros von Coca-Cola Export, im 18. Stock des Wolkenkratzers 515 Madison Avenue, beeilten Curtis und seine Leute sich, in die Debatte einzugreifen. Hannagan wurde aus seinem Exil heimgeholt, um für den Chef des Exports, Jim Farley, eine öffentliche Erklärung zu formulieren. Farley war vormals Vorsitzender der Demokratischen Partei sowie Planer und Organisator der ersten Kampagne zur Präsidentenwahl von Franklin Roosevelt im Jahr 1932 gewesen. Zudem war er einer der bekanntesten Politiker seiner Zeit. Er hatte in seinem Leben nur einen schrecklichen Fehler gemacht: Er hatte sich Roosevelts Forderung nach einer dritten Amtsperiode widersetzt. Als daraufhin seine Karriere schlagartig beendet war, trat er im Jahr 1940 in die Exportabteilung von Coca-Cola ein. Dort fungierte er als Galionsfigur, die ständig durch die Welt reiste und Diplomaten, Geschäftsleuten und Staatsoberhäuptern die Hand schüttelte. Nicht wenige Mitarbeiter von Coca-Cola bezweifelten, daß Farley sein Gehalt verdiente, aber er unterhielt gute Beziehungen zu den Medien, und sein Name hatte immer noch Gewicht.

»Ich kann Ihnen versichern«, sagte Farley über das Boulet-Gesetz, »dies ist das übelste Stück politischen Humbugs, das mir je untergekommen ist – und davon habe ich zu Hause wie auch im Ausland schon eine ganze Menge gesehen!« Farley stellte die rhetorische Frage, was General Lafayette wohl dazu gemeint hätte, verwies auf die großzügigen Bestimmungen des Marshallplans und schloß mit dem bissigen Hinweis: »Coca-Cola hat der Gesundheit der amerikanischen Soldaten, die Frankreich von den Nazis befreit haben, damit dort heute kommunistische Abgeordnete tagen können, sicher nicht geschadet.« Seine Bemerkungen erregten Aufsehen und wurden überall zitiert.

Dank Farleys Einfluß gelangte die ganze Geschichte sogar ins Fernsehen, das damals noch sehr junge Medium. Farley trat bei CBS live in einer Talkshow mit dem Moderatorenehepaar Peter Lind Hayes und Mary Healy auf. Die Show wurde aus dem Stork Club übertragen, wo Farley neben Walter Winchell saß. Damals wie heute beherrschten die Fernsehmoderatoren die Kunst, ein Gesprächsthema mit nebulösen Andeutungen einzuleiten. Und so fragte Mrs. Healy: »Stand da nicht kürzlich irgendwas in der Zeitung, was mit den Franzosen zu tun hat?« Farley, der deutlich sichtbar eine Cola trank, nahm das Stichwort auf und ließ seine Sprüche vom Stapel.

Von Atlanta aus beobachtete Woodruff mit Widerwillen, aber durchaus duldend, wie die Kontroverse immer weitere Kreise zog. Obwohl er eigentlich jegliche Publicity über die Geschäfte seines Unternehmens verabscheute, erkannte er deutlich die Vorteile, die eine unternehmerische Beteiligung am Kalten Krieg barg. Der Name von Coca-Cola sei schon bekannter als der Stalins, erzählte Woodruff einem Geschäftspartner, – und weitaus beliebter.

Ed Sullivan, der damals Kolumnen schrieb, die von zahlreichen Zeitungen gedruckt wurden, erkannte die Goldader, auf die Coca-Cola gestoßen war. »Die Attacke der französischen Kommunisten auf Coca-Cola«, schrieb er, »ist eine jener Publicity-Aktionen, von denen jedes Unternehmen träumt, in deren Genuß es aber nur selten kommt, oder?« Mehr als die Schlagzeilen war für Coca-Cola der Einfluß ein echter Gewinn, den das Unternehmen aus der immer lauter werdenden Forderung nach Vergeltungsmaßnahmen schlug.

Ebenso wie Henry Morgan dachten viele Amerikaner daran, sich an französischen Produkten zu revanchieren. Doch anders als Morgan meinten es viele damit todernst. Der Broadway-Unternehmer Billy Rose verkündete, daß sein Nachtclub, das Diamond Horseshoe, den Verkauf von französischem Champagner einstellen werde. Rose stand seit der New Yorker Weltausstellung von 1939 mit Coca-Cola in geschäftlicher Verbindung und war sofort bereit zu helfen. In seiner vielgedruckten Kolumne »Pitching Horseshoes« (Hufeisenwerfen) erläuterte Rose (bzw. sein Ghostwriter) seine Entscheidung in der atemlosen Zeitungssprache jener Zeit.

»Wie ich die Sache sehe, läuft es auf Folgendes hinaus: Dem Franzosen wird die Wahlmöglichkeit zwischen Cola und Wein verweigert, weil die Linken, mit Unterstützung und Billigung der schwachköpfigen Rechten, das Land nicht mögen, aus dem Coca-Cola kommt. Nun dann, *messieurs et mesdames*, was ihr könnt, kann ich auch. Also kommt in meinem Laden kein Tropfen französischer Champagner mehr auf den Tisch, ehe dieses idiotische Verbot unseres heimischen Produkts nicht aufgehoben wird. Und wenn das nicht wirkt, dann kämpfen wir mit harten Bandagen und kaufen eure galanten Ansichtskarten nicht mehr!«

Aber es wirkte. Roses Kolumne wurde in 417 Zeitungen von den New York Daily News bis hin zur Beaver Press in Utah gedruckt, und innerhalb weniger Tage ging der Verkauf von französischem Wein deutlich zurück.

Das Blatt wendete sich schnell. Am 14. März, gerade zwei Wochen nach Annahme des Boulet-Gesetzes, gab die französische Botschaft in Washington eine Presseerklärung heraus, in der die anti-französische »Kampagne« in der amerikanischen Presse beklagt wurde. Von einem Coca-Cola-Verbot könne keine Rede sein, hieß es in der Erklärung, daher sei es unfair, französische Produkte in Amerika zu boykottieren.

Zwei Tage später bat der französische Botschafter, Henri Bonnet, Farley und Curtis zu einem Gespräch in sein Büro in der Botschaft in Washington. Die Stimmung war umgeschlagen. Nun waren es die Franzosen, die sich erkundigten, was sie tun könnten, um alles wieder zum Guten zu wenden. Indem sie zurückhaltend reagierten, baten die Exportleute um ein kleines, aber lebenswichtiges Entgegenkommen. Die Einfuhrlizenz war noch immer aufgehoben, und das Unternehmen konnte seine französischen Abfüllbetriebe nicht mit dem Konzentrat beliefern, aus dem Coca-Cola hergestellt wurde. Wenn der französische Zoll nicht einlenkte, war es nur eine Frage von Tagen, bis das Unternehmen gezwungen wäre, die Verkäufe völlig einzustellen. Heben Sie die Aussetzung der Lizenz auf, sagten Farley und Curtis, und wir werden uns dafür einsetzen, die anti-französische Stimmung in Amerika zu beschwichtigen.

Ladas, der in Ungnade gefallen und nach New York zurückgekehrt war, erkannte, daß sich für das Unternehmen und für ihn selbst ein Silberstreif am Horizont abzeichnete. Er zahlte nun M. Rolland, dem Politiker mit den guten Kontakten zur französischen Weinindustrie, mit gleicher Münze heim. »Unglücklicherweise«, schrieb Ladas, »haben sich die Verhältnisse seit meiner Abreise aus Paris verschlechtert.« Die 50 000 Dollar zum Aufbau einer Lobby, um die Zollgebühren auf französischen Wein zu senken und seinen Vertrieb zu erleichtern, müßten erst einmal auf Eis gelegt werden. Die Reaktion der amerikanischen Öffentlichkeit auf das Boulet-Gesetz sei »einfach verblüffend und außergewöhnlich« gewesen. Falls Rolland sich dafür einsetzen könne, eine Geste des guten Willens zu arrangieren − wie zum Beispiel die Erneuerung der Einfuhrlizenz für Coca-Cola −, werde Ladas die Angelegenheit noch einmal überdenken. Bis dahin jedoch könne er kein Entgegenkommen erwarten. Für den Fall, daß Rolland nicht genau erkannte, um was es ging, legte Ladas dem Brief eine Fotokopie von Billy Roses Kolumne bei.

Nicht jeder in Frankreich gab sich so leicht geschlagen. Nur wenige Tage nach der Abstimmung über den Gesetzesvorschlag Boulets stürmten die Kommunisten in der Nationalversammlung das Rednerpult und hielten es sieben Stunden gewaltsam besetzt. Ihre Klagen erstreckten sich auf viele verschiedene Bereiche, nicht nur auf Coca-Cola. Während einer der Abgeordneten von Sicherheitskräften weggetragen wurde, stieß er laute Verwünschungen gegen den amerikanischen Imperialismus und gegen Coca-Cola aus − eine Szene voller Symbolik. Auf die eine oder andere Art, entweder in aller Stille oder sich wehrend und lauthals schreiend, verloren die Franzosen an Boden.

Plötzlich wurden die Kontakte, die Ladas so mühsam herzustellen versucht hatte, wieder interessant. Eine bemerkenswerte Episode begann an einem Samstagvormittag, als das Telefon in Alfredo Schvabs Wohnung in Paris klingelte. Am anderen Ende meldete sich ein Mann, der sich lediglich Brisard nannte. Die Telefone seien nicht abhörsicher, erklärte Brisard, aber er würde sich gerne über verschiedenes unterhalten. Ob sie sich nicht treffen könnten? Schvab reagierte zurückhaltend. Als Sohn einer chilenischen Mutter und eines französischen Vaters hatte Schvab die Staatsbürgerschaft beider Länder und war nahezu ebenso weltgewandt wie Makinsky. Aber er war auch der Überzeugung, daß sein Chef zweifelhafte Machenschaften zu sehr begünstigte. Dennoch erklärte er sich bereit, dem Mann zuzuhören. Brisard nannte die Adresse eines Gebäudes, in dem die Büros eines Aluminiumsyndikats untergebracht waren. Er würde im Hof warten.

Schwab fand sich im Laufe des späteren Vormittags zu der Verabredung ein und traf Brisard neben einem Lastwagen stehend an. Das Fahrzeug war mit einem Lautsprecher und einem Filmprojektor ausgerüstet, und Brisard erklärte, daß damit für Coca-Cola in den Straßen von Paris geworben werden solle. Brisard denke an einen Einjahresvertrag für sechs Millionen Francs, zahlbar vierteljährlich. Schwab blinzelte ungläubig. Coca-Cola sollte jeden Moment aus dem Land vertrieben werden, und da tauchte plötzlich jemand auf, der 1 000 Dollar im Monat dafür verlangte, ein seltsames Vehikel durch die Stadt zu lenken und eine große Show abzuziehen. Schwab wandte sich ab.

Brisard bat ihn zu bleiben. Das sei noch nicht alles. Die Interessenten, die er, Brisard, vertrete, seien bereit und gewillt, die Probleme, die Coca-Cola habe, aus dem Weg zu räumen. Brisard zählte die einzelnen Punkte auf. Er könne es arrangieren, daß die Vertreter der Wein- und der Fruchtsaftindustrie ihre ablehnende Haltung aufgäben. Er könne dafür sorgen, daß die Gerichtsverfahren gegen die Abfüllbetriebe von Coca-Cola auf unbestimmte Zeit ausgesetzt würden. Und er könne garantieren, daß keine weiteren Prozesse angestrengt würden. Er könne sogar versuchen, die Bürokraten im Landwirtschaftsministerium dazu zu bewegen, Phosphorsäure wieder als Zutat in alkoholfreien Getränken zuzulassen. Und all das werde er in einem Zeitraum von fünfzehn Tagen bis drei Wochen schaffen.

Schwab hörte sich das staunend an. Er war, gelinde gesagt, skeptisch. Wer war Brisard, daß er derartige Angebote machen konnte? Konnte man ihm vertrauen? Brisard fuhr fort: In allen Einzelheiten schilderte er Ladas' Aktivitäten der vorhergehenden Woche – seine Verabredungen, wer daran teilgenommen hatte und worüber gesprochen wurde, wie Ladas bei jedem Termin enttäuscht wurde. Er deutete außerdem an, daß einer der Minister, mit denen Ladas Verbindung hatte – einer jener undurchschaubaren Politiker, die angeblich nicht wußten, was sie in seiner Angelegenheit unternehmen konnten – jetzt bereit sei, sämtliche Hebel in Bewegung zu setzen, falls er mit einem Job in den Vereinigten Staaten belohnt würde! Brisard beschrieb sogar die genauen Umstände von Ladas' Ankunft auf dem Flughafen, von wo aus er nach New York zurückfliegen wollte, und wie es Schvab gelang, ihm in letzter Minute noch eine Nachricht mit auf den Weg zu geben. Er wußte, wer die Leute von Coca-Cola beschattete und wer ihre Telefone anzapfte. Ganz gleich, wer er war, Brisard hatte auf jeden Fall hochrangige Verbindungen. Als sie später das Für und Wider erörterten, waren die Vertreter von Coca-Cola überzeugt, daß ein Lautsprecherwagen mit Aluminiumaufbau genau das Fahrzeug sei, das ihnen die ganze Zeit gefehlt hatte.

Die Aussichten für Coca-Cola besserten sich zusehends. Der zuständige Richter im Prozeß gegen den Pariser Abfüllbetrieb wollte heiraten. So schlug er eine einmonatige Vertagung des Prozesses vor, um seine Hochzeitsreise antreten zu können. »Warum nicht gleich zwei Monate?« fragte der Anwalt von Coca-Cola. Der Richter war einverstanden.

Botschafter Bonnet lud Farley in Washington erneut zu sich ein und entschuldigte sich für die Verzögerung bei der Erneuerung der Einfuhrlizenz für Coca-Cola. In der französischen Regierung gebe es noch immer Feinde, die es kaltzustellen oder umzustimmen gelte. Farley, der diesmal von Ladas begleitet wurde, versicherte dem Botschafter, daß er dafür volles Verständnis habe. Die Firma könne durchaus noch einige weitere Tage warten. Unterdessen habe Coca-Cola noch ein anderes Anliegen. Die Regierung Bidault müsse garantieren, daß keine weiteren Strafverfahren eingeleitet würden. »Natürlich, ja«, pflichtete Bonnet ihm bei, »das ginge wirklich zu weit.« Bonnet hielt es für durchaus wahrscheinlich, daß die derzeit anhängigen Prozesse mangels ausreichender Anklagebegründung ohne abschließendes Urteil eingestellt werden könnten. Farley war zufrieden. Wenn es soweit sei, werde er sich umgehend mit einer Erklärung an das amerikanische Volk wenden mit der Aufforderung, den Boykott französischer Waren einzustellen.

Im Mai kam Curtis wegen einiger Konferenzen nach Paris, um die Unstimmigkeiten ein für allemal beizulegen. Der Präsident des Syndikats der Weinexporteure, General Petri, erklärte sich bereit, im Senat des französischen Parlaments, dem Conseil de la Republique, gegen das Boulet-Gesetz aktiv zu werden. Erneut machte Makinsky die Flure und Vorzimmer der Ministerien zu seinem Hauptwirkungskreis. Ein paar Wochen später besannen sich die Senatoren zur allgemeinen Verwunderung der französischen Presse auf ihre alten Rechte, legten gegen den Gesetzesvorschlag ihr Veto ein und schickten es zur erneuten Beratung und Abstimmung zurück in die Nationalversammlung. Als Gegenleistung veröffentlichte Farley seine Aufforderung an die amerikanische Bevölkerung, wieder französischen Wein zu trinken. Es gab zwar noch einige Stolpersteine, doch die größte Gefahr war gebannt. Die Strafprozesse wurden stillschweigend zu den Akten gelegt.

Einige Monate später löste sich auch das letzte Problem. Der Getränkekonzern wartete noch immer voller Spannung darauf, daß das Landwirtschaftsministerium ein neues, modernes Gesundheitsgesetz erließ, nach dem eine kleine Menge von Phosphorsäure in alkoholfreien Getränken zulässig sei. Erst in diesem Fall wäre Coca-Cola endgültig geschützt gewesen. Ein eilends zusammengerufenes »Komitee der 21«, das aus Wissenschaftlern, Gesundheitsexperten und Vertretern der Getränkeindustrie bestand, erhielt den Auftrag, das neue Gesetz zu erarbeiten. Der Vorsitzende des Komitees, Louis Descamps, gleichzeitig Präsident des Syndikats der Abfüllbetriebe für kohlensäurehaltige Getränke, – der Mann, den Steve Ladas noch sechs Monate zuvor als hinterlistigen und unversöhnlichen Feind kennengelernt hatte – trat mit einem Angebot an Jim Curtis heran. Er könne eine Mehrheit für das Gesetz zur Zulassung von Phosphorsäure garantieren. Als Gegenleistung erbete er sich von Coca-Cola die Abfüllizenz für Toulouse. Die Verantwortlichen von Coca-Cola nahmen den einstmaligen Feind großmütig in ihre Reihen auf.

Schließlich mußten nur noch unwesentliche Details geklärt werden. Descamps verlangte technische Anlagen im Wert von 25 000 Dollar sowie einen garantierten Betriebskredit für die Dauer von zehn Jahren. Da Curtis es für problematisch hielt, ihm ein derartiges »Geschenk« zu machen (vor allem wenn ein solcher Schritt öffentlich bekannt würde), nahm Curtis zu einem geschäftlichen Kunstgriff Zuflucht und überließ Descamps die Anlagen leihweise und kostenfrei und nahm ihn für fünf Jahre und gegen ein Honorar von 5 000 Dollar jährlich, zahlbar im voraus, als Berater unter Vertrag.

»Meines Erachtens«, erklärte Curtis in einem vertraulichen Memo an Woodruff, »kommen wir sehr billig davon, wenn wir das Problem in Frankreich für 50 000 Dollar aus der Welt schaffen können.« Was voll und ganz zutraf.

Die französische Lektion sollte der Coca-Cola Company zumindest während der nächsten Jahre in lebhafter Erinnerung bleiben.

Coca-Colas erster Mann in Washington, Ben Oehlert, hatte die Zeitungsausschnitte aus dieser Zeit in drei rote Lederbände mit dem Titel »Die Französische Affäre – Pressemeldungen« binden lassen und fand oft Gelegenheit, sie hervorzuholen.

Als Coca-Cola 1966 eine Abfülllizenz nach Israel vergab, drohten die 13 Mitgliedstaaten der Arabischen Liga mit einem islamischen Boykott. Oehlert vereinbarte sofort ein Treffen mit Mustafa Kamel, dem ägyptischen Botschafter in den Vereinigten Staaten, zeigte ihm die Bücher und warnte ihn nachdrücklich vor dem bevorstehenden Sturm der Entrüstung. Das amerikanische Volk liebe Coca-Cola geradezu abgöttisch, und man begebe sich in größte Gefahr, wenn man sich in diese Romanze einmische.

Dennoch sind auch große Konzerne dafür anfällig, ihre Geschichte und ihre Erfahrungen zu vergessen; auch sie sind nicht davor gefeit, alte Fehler zu wiederholen. Am 23. April 1985, sechs Wochen nach dem Tod Robert Woodruffs, verkündeten die leitenden Manager von Coca-Cola während einer überfüllten Pressekonferenz in New York, daß sie die Absicht hätten, die geheime Rezeptur der Formel zu ändern. »Das Beste«, so erklärte der Präsident und Vorsitzende Roberto Goizueta, »wurde noch besser gemacht.«

Die Begründung, die hinter dieser Änderung stand, war eigentlich einleuchtend. Seit dem Beginn der »Pepsi-Herausforderung« im Jahr 1974 hatte Coca-Cola zunehmend Geschmackstests (und Marktanteile) gegen einen Rivalen verloren, den man früher abfällig als »den Imitator« bezeichnet hatte. Der amerikanische Gaumen hatte sich im Laufe der Jahre nachhaltig verändert, und die Konsumenten – vor allem die jüngeren – bevorzugten zunehmend die etwas süßere und weniger prickelnde Pepsi. Im Zuge der Entwicklung von »diet Coke« (Cola Light), die sich kurz nach ihrer Einführung im Jahr 1982 als Renner erwies, beschäftigten die Chemiker des Unternehmens sich auch mit der Rezeptur für die Standardversion von Coca-Cola und gelangten zu einer neuen Mischung, deren Geschmack dem von Pepsi sehr ähnlich war. Tatsächlich schmeckte die neue Coke sogar *besser* als Pepsi – zumindest fällte dieses Urteil die Mehrzahl der Teilnehmer an den fast 200 000 Geschmackstests, für die das Unternehmen nach eigenen Angaben 4 Millionen Dollar ausgegeben hatte.

Was das Management jedoch vergessen hatte, war, daß Coca-Cola mehr ist als nur ein Getränk – mehr als nur eine kohlensäurehaltige Flüssigkeit mit deutlich definierbaren Eigenschaften, die ein Firmenanwalt auf seine ihm eigene prosaische Weise einmal »Mundgefühl und physisch organoleptische Eigenschaften« genannt hatte. Coke war von Anfang an mehr als nur die Summe seiner verschiedenen Ingredienzen gewesen. Vor der Jahrhundertwende verliehen durstige Südstaatler dem Getränk den Spitznamen »Dope« aus der Überzeugung, daß sie durch die Bestandteile des Kokablattes einen kleinen

Energiestoß erhielten, während die Wirkung tatsächlich auf Zucker und Koffein zurückzuführen war. Der Koffeinanteil entsprach damals in etwa dem Dreifachen dessen, was heute in Coca-Cola enthalten ist.

Es gab mehr als ein Dutzend Änderungen der sakrosankten Geheimformel von Coca-Cola, viele davon durchaus bedeutsam, die in den 99 Jahren ihrer Existenz bis zur Vorstellung des neuen Coca-Cola führten. Doch wurde Stillschweigen über die Änderungen bewahrt und eifersüchtig das Geheimnis und der Mythos der Formel gehütet. Die Existenz einer einzigen schriftlichen Kopie des Original-rezepts, eingeschlossen in einer Stahlkammer bei der Trust Company of Georgia und für niemanden zugänglich, außer mit einer formellen Ermächtigung des Unternehmensvorstands, gehörte zum Legenden-schatz der Nation. Die *Idee* Coca-Cola war etwas völlig anderes und hatte mit dem Produkt selbst wenig zu tun. Das war nämlich die eigentliche Geheimformel von Coca-Cola: jener unerklärliche Akt reinster Alchimie, durch den eine Flasche mit prickelndem Zucker-wasser zu einem nationalen Symbol erhoben wurde. Verband man ihnen die Augen, dann waren die Menschen lediglich Konsumenten, die nach einer neuen Geschmacksrichtung verlangten. Nahm man ihnen jedoch die Augenbinde ab, waren sie Amerikaner, die sich hintergangen fühlten.

Die Reaktion gegen New Coke übertraf die französische Episode 35 Jahre zuvor deutlich. In der Erwartung, daß cirka fünf Prozent der treuen Konsumenten gegen die neue Coca-Cola aufbegehren würden, ließ das Management des Unternehmens zehn weitere Kundentele-fonleitungen zu den bereits sieben vorhandenen hinzuschalten. Aber die Telefonzentrale bekam schon bald mehr als tausend Anrufe pro Tag, dann fünftausend, schließlich achttausend, und nahezu alle Anrufer protestierten. Das Unternehmen setzte 158 Telefonistinnen an 83 Leitungen ein und beantwortete schließlich 400 000 Anrufe. Die Öffentlichkeit weigerte sich schlicht, eine Änderung von Coca-Cola hinzunehmen, selbst wenn sie eine Verbesserung bedeutete. »Es war so, als wollte man der Nation eine schönere Flagge schenken«, erkannte später ein Coca-Cola-Manager. Elf Wochen nach der großen Vorstellung führte das Management Coke Classic wieder ein; eine dankbare Öffentlichkeit belohnte das Unternehmen mit einer Umsatzsteigerung, die bis in die neunziger Jahre anhielt.

In gewissem Sinn hatte Coca-Cola vor sich selbst kapituliert. Das Unternehmen hatte die Realität von Coke gegen die Fiktion antreten lassen, und die Fiktion hatte gesiegt. Es war wie damals, als die Firma vor nunmehr einem Jahrhundert gegründet wurde.

1

Rührige Zeiten

Zwei Männer waren nötig, um Coca-Cola zu erfinden, und sie hätten kaum gegensätzlicher sein können.

Mit seinem vollen, wehenden schwarzen Bart und den dunklen Augen war John Stith Pemberton in den Jahren nach dem Bürgerkrieg in den Straßen von Atlanta eine vertraute Gestalt. »Doc« Pemberton sah gut aus, war Veteran der Konföderierten und ein Kriegsheld. Außerdem war er Apotheker und beschäftigte sich am liebsten mit der Entwicklung rezeptfreier Arzneien. Als er im Frühjahr 1886 den Inhalt eines 30 Gallonen fassenden Messingkessels mit einem großen Holzlöffel umrührte, braute er die erste Portion eines dunklen, gezuckerten Sirups zusammen, der mit kohlensäurehaltigem Wasser vermischt und in den Soda Fountains der Stadt verkauft werden sollte. Das erfolgreichste alkoholfreie Erfrischungsgetränk aller Zeiten war geboren.

Aber es war noch nicht Coca-Cola. Diesen Namen mußte die Substanz erst noch erhalten, und sie bekam ihn von einem anderen Mann. Frank Mason Robinson war Yankee und Veteran der Unionsarmee. Mit seinen 1,50 Meter Körpergröße konnte man Robinson, einen Mann mit Segelohren, traurigen Augen und einem herabhängenden Schnurrbart, leicht übersehen, wie es auch die meisten Historiker taten. Er kam im Dezember 1885 in Atlanta an, schloß mit Pemberton eine Partnerschaft und hatte die Idee, den neuen Sirup nach zwei seiner Zutaten zu benennen, nach dem Kokablatt (Coca leaf) und der Kolanuß (Kola nut). Ihm gefiel die Alliteration. Robinson änderte aus Gründen der optischen Einheitlichkeit das »K« in Kola in ein »C« um, setzte einen Bindestrich dazwischen und schrieb dann in sorgfältig gestalteter Spencer-Schrift per Hand ein Etikett, das am Ende das bekannteste Markenzeichen der Welt wurde.

Die Legende weist Pemberton das Verdienst zu, der Vater von Coca-Cola zu sein, jedoch war Robinson der Vater der *Idee* von Coca-Cola, und es war Robinson, der das Unternehmen während der Anfangsjahre in Gang hielt, als es beinahe einzugehen drohte. Er tat das, obgleich Pemberton versuchte, ihn betrügerisch aus dem Geschäft zu drängen.

Doc Pemberton erwarb seinen Spitznamen 1850 im Alter von 19 Jahren, als er 5 Dollar für eine befristete ärztliche Zulassung bezahlte, die von der Leitung des Southern Botanico-Medical College in Macon, Georgia, ausgegeben wurde.

Seine Studien betrieb er in einer Disziplin, die damals als Thomson-Schule bekannt war. Deren Begründer, Samuel Thomson aus New Hampshire, war der Überzeugung, daß die meisten Krankheiten des Menschen kuriert werden konnten, indem hohes Fieber ausgelöst und der Verdauungstrakt mittels recht drastischer Maßnahmen gründlich gereinigt wurde. Er empfahl Dampfbäder, starke Brechmittel und den Einsatz von Rezepturen aus Kräutern, Pflanzen und anderen vegetabilischen Substanzen. Thomsons empfohlene Medizin gegen Nephritis (Nierenentzündung) war zum Beispiel eine Mischung aus gleichen Teilen Wilden Mohrrübensamens, Grüner Minze, Wolfsmilch, Wacholderbeeren, weidenblättriger Spierstaude und Zwergholunder. Die Dosis war ein halber Liter pro Tag.

Es ist vielleicht nicht überraschend, daß die Thomsonier als Quacksalber galten, auch wenn dies eine Zeit war, in der der Staat Georgia immer noch Ärzten die Approbation erteilte, die zur Ader ließen und als Medikamente Quecksilber und Opium verabreichten und Zugpflaster verschrieben. Thomson selbst wurde sogar anläßlich des Todes eines Patienten wegen Mordes angeklagt. Aber trotz ihrer unsinnigen Therapien kannten die Thomsonier sich ganz gut in Botanik und Chemie aus. Das zweijährige Studium an ihrem kleinen College in Macon vermittelte eine ziemlich solide Ausbildung in Pharmakologie, und Pemberton fühlte sich, zum Vorteil aller Betroffenen, eher im Labor zu Hause als in einer Arztpraxis.

Pemberton verzichtete auf eine Karriere als Arzt, ließ sich am Ufer des Chattahoochee in Columbus, Georgia, nieder und heiratete dort im Jahr 1853 ein fünfzehnjähriges Mädchen namens Ann Eliza Clifford Lewis. 1855 eröffnete er einen Groß- und Einzelhandel für *materia medica*. Ein altes Zeitungsinserat zählt unter den Artikeln, die bei Pemberton & Carter zu kaufen waren, Betäubungsmittel, Medikamente, Ölfarben, Schminke, optische Gläser, Farben, Parfums, Geschenkartikel, Haarbürsten, Operationsbestecke, Blattgold, Zigarren und Brennstoffe auf.

Pemberton zeichnete sich in dieser frühen Zeit vor dem Krieg durch zwei besondere Fertigkeiten aus. Einerseits war er recht geschickt im Mischen von Tinkturen und Medikamenten im Hinterzimmer seines Ladens, und andererseits hatte er die Gewohnheit, sich Geld zu leihen und es nicht zurückzuzahlen. Beide Eigenschaften ergänzten einander. Pemberton träumte davon, mit seinen Erfindungen ein Vermögen zu verdienen, und er war liebenswürdig und überzeugend genug, um stets jemand anderen zu finden, der das notwendige Kapital aufbrachte und das Risiko trug. Er schaffte es, seiner Frau und ihrem Vater, Col. Elbert Lewis, die beträchtliche Summe von 10 000 Dollar abzuschwatzen. Ein Neffe erinnerte sich, einmal gehört zu haben, wie Pemberton davon sprach, ein künstliches Nahrungsmittel zu entwickeln, dessen Zusammensetzung ausschließlich auf den Bedürfnissen des menschlichen Körpers basierte. Bei dieser Gelegenheit hatte Pemberton über sich selbst lachen müssen. »Kein Chemiker«, so gestand er bedauernd ein, »kann Milch, Eier, Beefsteak und Maisbrot überbieten.« Aber bei seinen sonstigen Vorhaben gab er sich nicht so leicht geschlagen.

Pembertons eigensinniger Charakter zeigte sich deutlich während des Bürgerkriegs. Er trat in die Armee der Konföderierten ein und wurde zum Oberstleutnant der Dritten Georgia Kavallerie ernannt, quittierte jedoch sofort wieder den Dienst, weil es ihm nicht paßte, Befehle auszuführen. Er gründete zwei Miliz-Einheiten, über die er selbst das Kommando führte, und trug eine Schuß- und eine Säbelverletzung davon, während er in der Schlacht von Columbus eine Brücke verteidigte.

Nach dem Krieg, als er in Columbus wieder seinen Drogerie- und Medikamentenhandel aufnahm, verkaufte Pemberton Muskat und Pfeffer an die Regierung und begann aufs neue, seine Kessel und Filterapparate in Betrieb zu nehmen. Häufig experimentierte er bis in die tiefe Nacht. Pemberton war darauf bedacht, den Handel mit fremden Produkten einzustellen und endlich seine eigenen zu verkaufen.

Nach dem Krieg war der von Farmpächtern bevölkerte Süden eine Region, in der Arzneien aller Art gefragt waren. Die meisten Menschen litten unter einer unausgewogenen Nahrung, und die Armen lebten vorwiegend von einer sogenannten »weißen Diät« – Fleisch, Mehl und Melasse –, die eine Unterernährung zur Folge hatte. In den ländlichen Gegenden waren die Sumpfgebiete wie gigantische Petrischalen, in denen Malaria und Gelbfieber gediehen. Die langen heißen südlichen Sommer brüteten verschiedene Krankheiten aus. Bei vielen Häusern fehlte sogar die primitive Urform der sanitären Anlagen, die Außentoilette. Veteranen der Konföderiertenarmee kehrten mit schmerzenden, lästigen Verletzungen und Krankheiten nach Hause zurück. Und schließlich führte die Armut und ländliche Isolation der Region zu einer bohrenden und entnervenden Langeweile, die Südstaatler für die Erleichterung und Ablenkung anfällig machte, die man aus kleinen braunen Flaschen mit Alkohol oder Laudanum und anderen Rauschmitteln beziehen konnte.

Es war nichts Spaßiges an den Mächten der Ahnungslosigkeit und der Armut, die den Süden beherrschten. Aber niemand, der einen Anflug von Geldgier im Herzen trug, konnte ohne ein anerkennendes Lächeln und ein Gefühl des Neids auf die verschiedenen Arzneien und Wundermittel blicken, die auf dem Markt zu bekommen waren. Die Unverfrorenheit der Behauptungen hinsichtlich der Wirkungsweise einiger Produkte war atemberaubend. Ein Laden in Philadelphia verkaufte einen Stoff namens Stadiger's Aurantii für einen Dollar die Flasche und versprach in Zeitungsanzeigen, daß die Substanz Leberversagen, Gallenleiden, nervöse Verdauungsstörungen, Magenverstimmungen, Unregelmäßigkeiten des Stuhlgangs, Verstopfung, Blähungen, Aufstoßen und Sodbrennen, Miasma, Malaria, Blutfluß, Schüttelfrost und Fieber, chronischen Durchfall, Denguefieber, Appetitlosigkeit, Kopfschmerzen, Mundgeruch, Frauenleiden, Wehen- und Rückenschmerzen heile. Erfinder meldeten Hunderte von Patenten im U. S. Patent Office an, und ganze Zeitungsseiten waren für Produkte und deren Anpreisungen reserviert. Wenn die Menschen »Dr. Dyes berühmten galvanischen Gürtel mit elektrischem Suspensorium für nervöse, erschöpfte junge Männer« kauften, dann kauften sie auch alles andere.

Pemberton wollte in diesen Markt einsteigen. Was ihm dazu fehlte, war Kapital, und danach suchte er in Atlanta.

Im Jahr 1870 stießen Pemberton, seine Frau und ihr halbwüchsiger Sohn, Charles, zu den 21 789 Seelen, die eifrig damit beschäftigt waren, zum zweiten Mal innerhalb von 33 Jahren Atlanta aufzubauen.

Die Stadt war 1837 als südlicher Endbahnhof der Western and Atlantic Railroad gegründet und 1864 von General Sherman während seines Marsches zum Meer niedergebrannt worden. Sechs Jahre später war die Stadt ein Ort der krassen Gegensätze: ein rauher, unfertiger Ort, aber voller Hoffnungen und hochfliegender Pläne. Die

Straßen waren noch nicht gepflastert – die städtischen Gesetze drohten jedem Kaufmann, der Papier, Benzin, Spül- oder Waschwasser
aus der Tür auf die staubigen Straßen schüttete, eine Geldstrafe von
100 Dollar oder 30 Tage Gefängnis an –, doch das DeGive Opern-
haus wurde rechtzeitig genug fertiggestellt, daß der gefeierte Schauspieler Edwin Forrest während seiner Tournee der Stadt einen Besuch
abstatten und dort den Hamlet spielen konnte.

Im landwirtschaftlichen Süden lebten andere Städte nach dem
jahreszeitlich bedingten Rhythmus der Aussaat und des Erntens, aber
Atlanta war im Zeichen ratternder Bahngleise und geschäftlicher
Hektik entstanden. Atlantas geldwertes Erntegut war das Geld selbst.
Nach dem Zusammenbruch der Plantagenwirtschaft des Südens entstanden in kleinen Städten und Gemeinden an wichtigen Verkehrs-
knotenpunkten Gemischtwarenläden, und Atlanta war ein natürliches
Verteilungszentrum für die Handelsgüter, die dort in den Regalen
lagen. Manchmal schien es, als sei jeder in der Stadt ein Spekulant,
ehemaliger Marketender, Handelsvertreter, fliegender Händler oder
ehemaliger Farmhelfer, der versuchte, sich zu einem echten Rhett
Butler zu mausern.

Nichts symbolisierte den Hunger Atlantas nach Wohlstand und
Ansehen deutlicher als das Hotel, das am 17. Oktober 1870 für das
Publikum eröffnet wurde. Indem er vorwiegend mit geliehenem Geld
arbeitete, erbaute Hannibal I. Kimball das größte Gästehaus des
Südens in einer Rekordzeit von nur sieben Monaten. Das sechsstök-
kige Kimball House mitsamt Mansardendach und Ziertürmen war das
erste Bauwerk Atlantas mit Personenfahrstühlen und Zentralheizung.
Es bestand überhaupt kein Bedarf nach einem derart großen und
prächtigen Hotel, aber es war, wie die Atlanta Constitution in ihrer
Titelgeschichte formulierte, »ein strahlendes Vorzeichen für unsere
weitere Entwicklung und unsere wirtschaftliche Bedeutung.« Mit
seinen Brüsseler Teppichen im Wert von 20 000 Dollar und seinen
Zimmern, die mit goldverzierten Möbeln aus Nußbaum ausgestattet
waren, war das Kimball House eine sinnfällige Botschaft an die übrige
Welt, daß die Stadt Atlanta ihre Pforten geöffnet hatte und zu jedem
denkbaren Geschäft bereit war.

Da paßte es durchaus, daß Doc Pemberton sich in der Lobby des
Kimball House niederließ. In den folgenden Jahren betrieb Pemberton eine ganze Reihe von Einzel- und Großhandelsgeschäften und
gründete mehr als ein Dutzend Unternehmen, Partnerschaften und
Gesellschaften mit Investoren, die Tausende von Dollars in seinen
neuen Nebenerwerbszweig mit eigenen medizinischen Präparaten

pumpten. Zu Pembertons phantasiereichen Erfindungen gehörten Indian Queen Hair Dye, Gingerine, Triplex Liver Pills und ein blutbildendes Präparat namens Compound Extract of Stillingia or Queen's Delight. Seinen ersten bescheidenen finanziellen Erfolg erzielte er mit einem Bronchialsaft namens Globe Flower Cough Syrup.

In den siebziger Jahren des vergangenen Jahrhunderts erwarb Pemberton sich einige Prominenz. Seine Labors wurden vom Staat Georgia benutzt, um in der Landwirtschaft eingesetzte Chemikalien zu testen, und einer seiner Angestellten wurde zum ersten staatlichen Chemiker ernannt. Als die staatliche Verwaltung eine Prüfungs- und Zulassungskommission für Apotheker einrichtete, wurde Pemberton als Mitglied in die Kommission aufgenommen. Ein noch vorhandener Redetext (von einer Konferenz der Pharmazeutischen Gesellschaft von Georgia) zeigt einen Mann, der durchaus gebildet war und sich in einer Apotheke bestens auskannte. In jeder Hinsicht war Pemberton eine populäre und geachtete Persönlichkeit der Gesellschaft. Ein Zeitungsreporter wies ausdrücklich auf sein »liebenswürdiges und gütiges Gesicht . . . seinen ehrwürdigen Bart und seine freundlichen Augen« hin.

Aber eine kleine Gruppe seiner früheren Geschäftspartner gelangte mehr und mehr zu der Überzeugung, daß Pemberton nicht vertrauenswürdig war. Ein Mann namens A. F. Merrill verklagte ihn im Jahr 1876 und behauptete, Pemberton habe ihm die Verwertungsrechte für den Globe Flower Cough Syrup und den Compund Extract of Stillingia für insgesamt 6 000 Dollar verkauft − 4 000 in bar und zwei Banknoten über 1 000 Dollar −, sich jedoch bisher geweigert, ihm die Rezeptur und die Zutaten zu überlassen. Später habe er die Rechte ein weiteres Mal an andere Interessenten veräußert.

In anderen Verfahren wurden ähnliche Anschuldigungen erhoben. Pemberton gründete eine Partnerschaft mit seinen Investoren − er stellte seine klinischen Kenntnisse zur Verfügung, und sie schossen ihm das nötige Geld vor −, danach schluckte er das Unternehmen und machte nicht immer genaue und zutreffende Angaben über die Eigentumsverhältnisse oder darüber, welche Produkte zu dem jeweiligen Geschäft gehörten. Zum Teil war seine Gesundheit an diesem Durcheinander schuld. Pemberton litt schrecklich an einer chronischen Verdauungsstörung, die ihn manchmal wochenlang befiel und seine Tatkraft lähmte. Wenn er derart außer Gefecht gesetzt war, wirkte sich das nachteilig auf das Geschäft aus, und seine Partner beschwerten sich. Mehrmals stand er daher dicht vor dem Bankrott.

Dennoch ging es Pemberton 1879 wieder so gut, daß er sich aus dem Medikamentengeschäft zurückzog und sich ausschließlich mit der Herstellung von Markenarzneien befaßte. Sein nächstes Produkt war auch sein erfolgreichstes. Es enthielt eine neue Droge mit bemerkenswerten Eigenschaften, die, wie Pemberton annahm, »ein Gefühl gesteigerter Intelligenz und einen Eindruck vermittelten, als wäre der Organismus mit neuer Energie erfüllt, die man bisher noch nicht kennengelernt hatte.« Es war Kokain.

Während des Mittagessens an einem Tag im Sommer 1884 biß Ulysses S. Grant in einen Pfirsich und verspürte einen derart stechenden Schmerz, daß er glaubte, eine Biene verschluckt zu haben.

Doch erst im Herbst suchte der ehemalige Präsident seinen Arzt auf und erfuhr, daß er Kehlkopfkrebs hatte. Zu diesem Zeitpunkt war es für eine Behandlung bereits zu spät.

Grants langsamer, qualvoller Tod wurde im ganzen Land mit einer gewissen Faszination verfolgt. Trotz der Skandale, die seine zwei Regierungsperioden im Weißen Haus überschatteten, war Grant die beliebteste öffentliche Persönlichkeit der Vereinigten Staaten. Er wurde sogar im Süden bewundert, dessen Bewohner er während des Krieges besiegt hatte. Die Zeitungen in New York City, wo Grant wohnte, begannen einen ideenreichen Wettkampf, so viele schauerliche Details über die Leiden des alten Generals zu enthüllen wie möglich. Ein besonders einfallsreicher Reporter prahlte damit, eine Hausangestellte in einer Wohnung auf der anderen Seite der 66. Straße verführt zu haben, um an ein Fenster heranzukommen, von dem er in Grants Schlafzimmer hineinsehen konnte.

Im Frühjahr wurde Grant in eine Hütte am Mount McGregor in den Adirondacks transportiert. An Vormittagen, an denen er sich wohl genug fühlte, zog er seinen Anzug, Zylinder und Pantoffeln an und setzte sich auf der Veranda in einen Korbsessel, während Touristen an ihm vorbeidefilierten, um ihm die letzte Ehre zu erweisen. Vielleicht hoffte er, daß diese Publicity sich günstig auf den Verkauf seiner Memoiren auswirkte, die zu beenden er sich fleißig bemühte, damit seine Familie nicht mittellos zurückblieb. Auf jeden Fall gestattete Grant seinen Ärzten großzügig, die Einzelheiten seines sich verschlechternden Zustands zu veröffentlichen, und war sogar damit einverstanden, daß bestimmte Reporter in sein Krankenzimmer eingelassen wurden und ihn in Augenschein nahmen.

Was das amerikanische Volk unter anderem über Grants Krankheit erfuhr, war, daß er zeitweise von seinen furchtbaren, quälenden

Schmerzen durch eine Wunderdroge namens Kokain erlöst wurde. Einigen Zeitungen war diese Substanz derart fremd und neu, daß sie sie »Cocoacine« nannten, doch sie erklärten immerhin, daß es sowohl zur örtlichen Betäubung wie auch oral, um Wohlbefinden zu erzeugen, angewendet wurde. Es wurde außerdem die Vermutung geäußert, daß das Kokain Grant zu den Perioden geistiger Klarheit verhalf, die ihm gestatteten, in einem Akt reinen Willens die Niederschrift seines Buchs abzuschließen. »Er ist lange Zeit schwach und teilnahmslos und verfällt in einen Zustand, der an eine totale Starre grenzt«, berichteten seine Ärzte. »Aber in seinen wachen und helleren Phasen ist er der gleiche unerschütterliche, ernste, stille Mann, der dem Tod auf dem Schlachtfeld vor zwanzig Jahren ins Auge blickte.«

Der Mann, der das Kokain für Grant lieferte und der durch Empfehlungen und Werbung dafür sorgte, daß so viele Menschen wie möglich erfuhren, was er tat, war ein auf Korsika geborener und in Paris ansässiger Chemiker und Unternehmer namens Angelo Mariani. Lange bevor Sigmund Freud seinen Aufsatz *Über Coca* schrieb und lange bevor Arthur Conan Doyle Sherlock Holmes und seine »siebenprozentige Lösung« erschuf, unternahm Angelo Mariani vielfältige Anstrengungen, um die Welt von den wunderbaren Eigenschaften des Kokablattes zu überzeugen.

Peruaner kauten natürlich schon seit Jahrhunderten Kokablätter wegen ihrer anregenden Wirkung, aber erst Mitte des neunzehnten Jahrhunderts gelang es europäischen Ärzten, das aktive Alkaloid, Kokain, zu isolieren. Sie stellten fest, daß es sich hervorragend als örtliches Betäubungsmittel bei Augen-, Nasen- und Halsoperationen einsetzen ließ. Einer der Pioniere, ein Pariser Arzt namens Charles Fauvel, führte die Droge seinem Apotheker Mariani vor, der seinerseits darüber nachzudenken begann, wie er die Wunderdroge auf dem Markt einführen konnte. Mariani versuchte, Kokain mit einer Reihe anderer Ingredienzien zu mischen (darunter auch Tee und Pastete), hatte jedoch den größten Erfolg mit einem Likör aus Wein und Kokain, den er »Vin Mariani« nannte. Fauvel empfahl ihn einer seiner Patientinnen, einer Opernsängerin, und er gefiel ihr so gut, daß sie gleich ein Dutzend Flaschen davon bestellte. Zu Beginn der achtziger Jahre des vorigen Jahrhunderts leitete Mariani von dem weitläufigen Klinkerbau seiner Fabrik in der Rue de Chartres in einem Vorort von Paris aus ein weltweit operierendes Unternehmen.

Marianis bevorzugte Reklame bestand darin, sich auf Prominente zu berufen, und im Laufe der Jahre kam eine recht ansehnliche Liste von zufriedenen Kunden zusammen. Die Ärzte Präsident Grants, Dr. Fordyce Barker, Dr. John H. Douglas und Dr. George Shrady äußerten sich lobend über den Vin Mariani. Das gleiche taten auch Sarah Bernhardt, William McKinley, Thomas Edison, Papst Pius X., Emile Zola, Lillian Russell, Henry Irving und Don Pedro, der Ex-Kaiser von Brasilien. Einige der Aussagen, die Mariani sammelte, waren vielleicht gefälscht oder wurden von Untergebenen der betreffenden Personen ohne deren Wissen eingesandt, aber insgesamt veröffentlichte er 14 Bände mit Danksagungen und Lobsprüchen (neben Holzschnittportraits und kurzen biographischen Angaben) von Hunderten von Komponisten, Künstlern, Sängern, Schauspielern, Schriftstellern und anderen Stars. Fast alle priesen die Droge enthusiastisch.

Was der Vin Mariani tatsächlich bei seinen Befürwortern bewirkte, kann eigentlich nur erraten werden. Marianis Rezept verlangte ein Zentelgran (7 mg) Kokain pro Unze (28,35 g), und die empfohlene Dosis belief sich auf ein »Bordeauxglas« dreimal täglich und jeweils nach den Mahlzeiten. Wenn man davon ausgeht, daß ein Weinglas etwa fünf Unzen Flüssigkeit faßt, dann nahm ein Konsument pro Tag anderthalb Gran oder, nach moderner Maßeinheit, etwa einhundert Milligramm zu sich – in etwa die Menge der bekannten »Linie« Kokain, die in Gestalt weißen Pulvers ein Jahrhundert später geschnupft wurde. Es gibt keine wissenschaftlich gesicherte Meßmethode, um zu bestimmen, welche Menge einen »Hit« auslöst, aber man kann getrost annehmen, daß der Vin Mariani etwas Derartiges bewirkte, vor allem mit seinem Alkoholgehalt von elf Prozent.

Die Beliebtheit des Vin Mariani führte zu Imitationen auf beiden Seiten des Atlantik. In den Vereinigten Staaten zum Beispiel bot Parke Davis & Company ein Coca Cordial an, und in Atlanta erfand Doc Pemberton Pemberton's French Wine of Coca.

Pemberton versuchte gar nicht erst den Eindruck von Originalität zu erwecken. Das Rezept für den Koka-Wein war im französischen pharmazeutischen Kodex und an anderen Stellen nachzulesen, und Pemberton gab später einem Reporter gegenüber zu, daß er sich »sehr eng an die höchst bewährte französische Formel« gehalten habe. Indem er Wein mit dem Extrakt des Kokablattes kombinierte, sagte Pemberton, habe Mariani »ein hervorragendes Kräftigungsmittel für Zustände der Schwäche und Überarbeitung« geschaffen. Pemberton nahm jedoch eine kleine Änderung vor, indem er eine Prise einer weiteren populären neuen Droge hinzufügte, nämlich den Extrakt der afrikanischen Kolanuß.

Pemberton richtete seinen neuen Betrieb unter der Adresse 59

South Broad Street in Atlanta ein, heuerte eine kleine Gruppe Arbeiter an und begann damit, French Wine of Coca in hohe Flintglasflaschen nach englischem Muster zu füllen und diese für einen Dollar pro Stück zu verkaufen. Er erkannte die Notwendigkeit, sein neues Produkt publik zu machen, und bewies eine Begabung im Umgang mit dem speziellen Sprachstil der damaligen Zeit. Eine Zeitungsannonce im Talbot County in Georgia verhieß:

»Wenn all die Kranken, Überarbeiteten und von ihren Pflichten Gehetzten, all die Nervösen und Erschöpften, die Geschwächten, Blassen, Appetitlosen und diejenigen, die sich in einem Zustand des körperlichen und geistigen Verfalls befinden, von den Erfahrungen jener wüßten, deren Gesundheit durch die Einnahme von FRENCH WINE OF COCA wiederhergestellt wurde, dürfte es kaum einen Zweifel geben, daß sie augenblicklich genauso handeln würden und daß sehr viel Leid und die meisten bedrückenden Einflüsse des Lebens ihre nachteilige Wirkung verlieren würden . . . FRENCH WINE OF COCA ist ein hervorragendes nervliches Beruhigungsmittel, es wirkt entwässernd und wird speziell bei Appetitlosigkeit, Nierenversagen, Magenreizungen, sexueller Erschöpfung, nervlichen Defekten, Gedächtnisschwäche und vorzeitigem körperlichem Verfall empfohlen und hat sich bei Neuralgien sowie chronischen wie auch nervösen Kopfschmerzen bestens bewährt. Bei den besonders unangenehmen Nervenleiden wie Hysterie, Depressionen und allgemeiner Lustlosigkeit setzt seine Wirkung umgehend ein und kuriert die Beschwerden von Grund auf.«

Die Verkäufe von French Wine of Coca zogen gegen Ende 1884 deutlich an, und Pemberton verkündete, daß er an einem besonders denkwürdigen Samstag im Sommer des Jahres 1885 insgesamt 888 Flaschen seines Getränks verkauft habe. Im Alter von 54 und nach Jahren unermüdlicher Anstrengungen stellte sich für Doc Pemberton endlich der langersehnte Erfolg ein.

Um ihn bestmöglich zu nutzen, brauchte er frisches Kapital und neue Partner. »Wenn ich sofort 25 000 Dollar bekommen kann«, sagte Pemberton zu einem Neffen, »sind wir reich, ehe ein Jahr vorüber ist. Ich brauche 24 000 Dollar, um für Wine Coca zu werben, und 1 000 Dollar um ihn herzustellen.« Er begann damit, sich eine neue Bleibe zu suchen. Ed Holland, der Sohn eines der ersten Bankiers von Atlanta, vermietete das alte Haus seiner Familie in der Marietta Street. Der zweistöckige Bau aus roten Klinkersteinen, drei Straßen vom Stadtzentrum entfernt und an der von Osten nach Westen verlaufenden Hauptdurchgangsstraße gelegen, war von der wirtschaftlichen Entwicklung eingeholt worden, und das obere Stockwerk beherbergte eine Pension. Indem er die verarmten Bewohner in ihrer dunklen Kleidung beschrieb, verglich ein Beobachter das Haus mit einem »alten Krähenhorst«, als sei der erste Stock eine Sitzstange für Vögel.

In den letzten Tagen des Jahres 1885 zog Pemberton um ins Holland House. Er richtete sein Büro und einen Lager- und Verkaufsraum im Parterre mit Fenster zur Straße hinaus ein und brachte seine Herstellungslabors im hinteren Teil des Hauses und im Keller unter. Er installierte einen Trichter zwischen diesen beiden Stockwerken und füllte ihn mit dem feinen, weißen Flußsand des Chattahoochee, um den French Wine of Coca zu filtern, während er in eine Stahlpfanne und weiter in einen Sammeltank darunter sickerte. Im Keller stand ein 30 Gallonen fassender Messingkessel, den er zum Erhitzen und Mischen seiner anderen Arzneien benutzte. Es gab auch eine Matthews-Flaschenabfüllmaschine – die aussah wie ein kleines viktorianisches Denkmal, das mitten auf einer Werkbank stand – in einem Kohlenschuppen draußen auf dem Hinterhof.

Alles in allem war es ein ernstzunehmender Betrieb und kaum zu verfehlen, und Pemberton stellte fest, daß er sich keine neuen Partner suchen mußte. Sie kamen von sich aus zu ihm.

Frank Robinson und David Doe waren fremd in der Stadt. Sie trafen im Dezember 1885 in Atlanta ein, hatten eine Druckerpresse für Farbdruck im Gepäck und hofften, im Werbegeschäft Fuß zu fassen.

Die beiden Männer waren alte Freunde, stammten aus Maine und hatten in den Jahren nach dem Bürgerkrieg einen Gemischtwarenladen betrieben, ehe sie später gen Westen zogen. Nach einigen bescheidenen geschäftlichen Erfolgen in Kleinstädten Iowas brachen sie nach Süden auf.

Ein Zeitungsmann schickte Robinson und Doe zu Pemberton, wo sie schnell eine geschäftliche Vereinbarung trafen. Pemberton wollte weiterhin seine rezeptfreien Arzneien herstellen, darunter speziell seinen French Wine of Coca, und Robinson und Doe würden die Annoncen drucken und sich auch sonst um die Werbung kümmern. Der Vertrag erschien derart vernünftig und solide, daß Holland sich daran beteiligte und die Eigentumsrechte an seinem Anwesen gegen einige Geschäftsanteile eintauschte. Im Januar 1886 wurde schließlich die Pemberton Chemical Company offiziell gegründet.

Robinson steckte seine gesamte Habe in das Unternehmen. Ebenso wie Doe verpfändete er seine Hälfte der Druckerpresse und überredete außerdem seinen Bruder Charles, 6 500 Dollar zu investieren. Ihr Vater, J. L., beteiligte sich mit 500 Dollar, und zwei Freunde brachten zusammen weitere 6 000 Dollar auf.

In Buchführung ausgebildet und mit dem geduldigen, methodischen Benehmen eines Buchhalters gab Robinson einen ziemlich ungewöhnlichen Unternehmer ab. Ganz gewiß sah er nicht so aus wie einer und handelte auch nicht so: Er war kleinwüchsig und stämmig, und sein Auftreten war ruhig und höflich, mit einem Anflug von Schüchternheit. In seinen Augen lag ständig ein Ausdruck, den man nur als traurig bezeichnen konnte. Ein Bekannter charakterisierte ihn einmal als »einen kleinen vertrockneten Burschen«. Dennoch war sein Leben voller Episoden, in denen er sich nicht gescheut hatte, hohe Risiken einzugehen. Robinson war 1845 in East Corinth, Maine, geboren worden. Er war noch minderjährig, als er von zu Hause ausriß, um in die Unionsarmee einzutreten, wo er seinen Dienst versah, bis er an Scharlach erkrankte und entlassen wurde. Später, als er nach dem Krieg in den Westen ging, erbaute er das erste Haus in Sibley, Iowa, und wurde zum Wirtschaftsprüfer des Bezirks gewählt.

Robinson stürzte sich voller Energie auf sein neues Unternehmen in Atlanta. Da die Arbeit in der Buchhaltung ihm auf Dauer nicht zusagte, begab er sich als eine Art Zauberlehrling zu Pemberton hinunter in den Keller, informierte sich umfassend über die Arbeit im Labor und half mit, die verschiedenen Präparate herzustellen.

Außerdem ermutigte er Pemberton, mit einem neuen Produkt zu experimentieren.

Es ist ein allgemeiner Irrtum, daß Coca-Cola aus dem French Wine of Coca entstand. Die Wähler von Atlanta stimmten mit knapper Mehrheit am 25. November 1885 für ein örtliches Alkoholverbot, das am 1. Juli 1886 in Kraft treten sollte. Historiker haben deshalb angenommen, daß Pemberton, als er im Augenblick seines Triumphs von einem Gesetz gebremst wurde, das den Alkohol verbot, in sein Labor zurückkehrte, den Wein aus seinem French Wine of Coca entfernte und dafür einen nichtalkoholischen Ersatz, nämlich Coca-Cola, schuf. Diese Version ist durchaus einleuchtend, aber sie trifft nicht zu. Die lokalen Bestimmungen verlangten die Schließung der *Saloons* − P. J. Kenny schloß seine Tore und fing an, Stiefel zu verkaufen −, aber der Verkauf von Alkohol war davon nicht betroffen. Das Kimball House und andere Hotels durften weiterhin Wein und andere Spirituosen verkaufen, und den French Wine of Coca konnte man das ganze Jahr hindurch bekommen.

Tatsächlich waren die Überlegungen, die zur Entwicklung von

Coca-Cola führten, eher kaufmännischer Natur. Im Jahr 1886 gab es in Atlanta fünf Soda Fountains, die während der Sommermonate geöffnet hatten, und die Inhaber von Pemberton Chemical wünschten sich ein Getränk, das sie glasweise verkaufen konnten. Bei 75 Cents oder gar einem Dollar pro Flasche hatten auch die beliebtesten Arzneien nur einen begrenzten Markt und waren vorwiegend für diejenigen interessant, die krank waren oder glaubten, es zu sein. Aber fast jeder konnte einen Nickel für ein Glas Limonade erübrigen, und zu den potentiellen Konsumenten gehörten auch all jene, die in der Backofenhitze des Sommers in Atlanta Durst litten. Überdies hatte ein alkoholfreies Getränk den Vorteil, daß dafür massiv geworben werden konnte. Während der French Wine of Coca auf Zeitungsinserate und auf spezielle Broschüren beschränkt war, die per Post den Apothekern und Drogisten zugesandt wurden, konnte der Name einer Limonade auf Transparenten und Markisen und Blechschildern und in Schaufenstern erscheinen. Man konnte ihn auch auf Plakate drucken, die dann auf die Seitenflächen der städtischen Pferdebahn geklebt wurden. Eine neue Limonade sprach ein breites Publikum an – und bot die Möglichkeit, dieses Publikum auch zu erreichen. Schließlich gab es in Atlanta und im übrigen Georgia tatsächlich eine Abstinenzlerbewegung. Sie wurde von einem charismatischen Prediger namens Sam Jones angeführt und stellte eine Gelegenheit dar, den Verkauf eines »Abstinenzler-Getränks« anzukurbeln, falls jemand so etwas zusammenbraute. Der Trick bestand darin, das richtige Rezept zu finden. Kohlensäurehaltige, mit Fruchtgeschmack versetzte Limonade gab es schon seit Anfang des neunzehnten Jahrhunderts – im Jahr 1820 veröffentlichte die U. S. Pharmacopoeia Hinweise zur Herstellung eines Sasparillasirups –, und zu Pembertons Zeiten waren mehrere beliebte Produkte auf dem Markt. Dazu gehörten unter anderem Hires Root Beer, Cliquot Club Cidre, White Rock Ginger Ale und eine aus Boston stammende Neuheit namens Moxie.

Aber so etwas wie ein alkoholfreies »Cola«-Getränk existierte noch nicht. Tatsächlich gab es noch nicht einmal so etwas wie Cola. Kola war die allgemein übliche Schreibweise und Kurzbezeichnung für eine spezielle, in Westafrika vorkommende Baumart, den *Kola acuminata*. Etwa zur gleichen Zeit, als europäische Ärzte die bemerkenswerten Eigenschaften des Kokablattes entdeckten, stießen sie zufällig auch auf die Samenkörner der Kolafrucht, und einige nahmen an (oder hofften zumindest), eine weitere Wunderdroge gefunden zu haben. Kommerziell trat Kola im Jahr 1881 auf den Plan, dank eines bekannten Londoner Drogisten namens Thomas Christy, der Proben per Post an Drogerien und Apotheken in Europa und in den USA schickte, um den Verkauf anzukurbeln. Verteidiger der Kola-»Nuß« (wie die Samenkörner allgemein fälschlich bezeichnet wurden) stellten Behauptungen über ihre Entdeckung auf, die noch abenteuerlicher waren als das, was über das Kokain verbreitet worden war.

Frederick Stearns & Company in Detroit, jahrelang der führende Anbieter von Kolanüssen in den Vereinigten Staaten, widmete Dutzende von Ausgaben seiner Hauspostille, »New Ideas«, der Werbung für die Kolanuß. In einem Artikel wurden Beweise dafür angeführt, daß die Eingeborenen von Westafrika »ohne Schwierigkeiten am Tag vierzig Meilen laufen können, ohne mehr zu sich zu nehmen als nur eine einzige frische Kolanuß«, und weiter hieß es: »Bei Luft und Sonne getrocknet, zu einem feinen Pulver zermahlen und mit Milch und Honig vermischt, bildet sie ein belebendes und nahrhaftes Getränk, mit dem die wilden Neger bis zu ihrer Begegnung mit den Missionaren und der Zivilisation absolut zufrieden waren.« Stearns zählte die üblichen Krankheiten und Beschwerden auf, die mit der Kolanuß geheilt werden konnten – Neuralgien, Fallsucht, Furunkel, Karbunkel, Fisteln (man fragt sich bei der Lektüre alter Reklametexte für Universalarzneien, ob allein schon die Aufzählung der Symptome Übelkeit erzeugen und den Leser zum Medizinschrank treiben sollte) –, und fügte eine weitere Indikation hinzu: Wenn man vorher eine einzige Kolanuß gekaut hat, könne man eine ganze Flasche harten Schnaps trinken, ohne betrunken zu werden!

Eine ganze Reihe Arzneihersteller (darunter auch Pemberton mit seinem French Wine of Coca) gingen dazu über, ihren Rezepturen Kola beizumischen, und zwar in Form eines Spritzers des flüssigen Extrakts, und mit den angeblichen zusätzlichen Vorzügen zu werben.

Das Problem war jedoch, daß sich als aktiver Bestandteil der Kolanuß das Koffein herausstellte. Anders als Kokain, das sich als durchaus wirksame Droge erwies, hatte Kola keine größere Heilwirkung als eine Tasse Tee. Trotz der massiven Reklame und Übertreibungen von Stearns und anderen eifrigen Verfechtern setzte Kola sich im Bewußtsein der Öffentlichkeit nicht als Medizin fest. Aber Pemberton hatte eine Eingebung. Sie überkam ihn, während er den Inhalt seines Messingkessels im Frühjahr 1886 erhitzte und umrührte, und bestand darin, eine Limonade mit Kolaextrakt als Grundlage zu entwickeln – ein alkoholfreies Getränk, das sich, theoretisch, mit Tee und Kaffee messen konnte. Im heißen Süden würde man mit einem kalten, kohlensäurehaltigen Ersatz für die traditionellen heißen Koffeingetränke ein Vermögen verdienen können.

Als großes Hindernis stellte sich heraus, daß der flüssige Kolaextrakt extrem bitter und von strengem Geschmack war, selbst in winzigsten Mengen wahrnehmbar und unangenehm. Er führte zahlreiche Versuche mit unterschiedlich starken Konzentrationen durch, doch ein Geschäftspartner, der ihn in jener Zeit regelmäßig besuchte, erinnerte sich, daß am Ende stets »eine scheußliche Mischung« dabei herauskam. Es gab ganz einfach keine Möglichkeit, ausreichende Mengen Kolaextrakt beizumischen, um eine wirksame Menge Koffein zu erhalten, ohne einen Sirup zu machen, der ein allgemeines Naserümpfen zur Folge hatte. Die Menschen mochten sich zwar mit einem unangenehmen Geschmack bei einer Medizin abfinden, aber nicht bei einem Erfrischungsgetränk.

Schließlich, nach mehreren Wochen, gab Pemberton seine Versuche mit dem Kolaextrakt auf und suchte nach einer anderen Lösung des Problems. Sein Durchbruch kam, als er versuchte, die Menge des Kolaextrakts im Sirup auf einen winzigen Tropfen zu beschränken und statt dessen synthetisch gewonnenes Koffein zu verwenden. »Reines« Koffein, in Gestalt eines trockenen, weißen Pulvers, kam aus verschiedenen natürlichen Quellen – Tee, Kaffee, Kola und Kakao zum Beispiel. Pemberton wandte sich an die deutsche Pharmaziefirma Merck und bezog von dort Koffein, das gewonnen wurde, indem Stärke, Harze und andere Bestandteile dem Kolaextrakt entzogen wurden.

Das synthetische Koffein war ebenfalls bitter, aber nicht annähernd so überwältigend wie der Kolaextrakt. Pemberton stellte fest, daß er den Geschmack des Koffeins mit Zucker und anderen Zutaten überdecken konnte, und er begann mit der Verfeinerung eines Rezepts, das der Nase schmeichelte oder sie zumindest nicht beleidigte. Am Ende stand er dicht davor, Coca-Cola zu erfinden. Im Keller des Holland House füllte Pemberton seinen 30-Gallonen-Kessel mit klarem Wasser, das er dann über einem offenen Feuer zum Sieden brachte. Während er die Lösung mit einem großen Holzlöffel umrührte, fügte er Zucker und Koffein hinzu. Als nächstes folgte Karamelzucker als Farbe, welcher dem Sirup seine dunkle, typische Portweintönung verlieh. Um die Süße des Zuckers zu mildern und um dem Sirup seinen prickelnden Geschmack zu verleihen, fügte er Phosphorsäure und Zitronensäure hinzu.

Dann, während die Grundmischung abkühlte, wandte Pemberton sich dem Problem des Abschmeckens zu. In den Sud gelangten Vanilleextrakte, Orangenkonzentrat und mehrere ätherische Öle, die aus verschiedenen Früchten, Kräutern und Pflanzen gewonnen worden waren: Zitrone, Muskat, Gewürzstrauch, Koriander und Neroli, letzteres ein Bestandteil in Parfüms, der aus der Blüte des Orangenbaums gewonnen wird. Die exotischste Komponente war Kassiaöl, auch bekannt unter dem Namen Chinesischer Zimt, das aus der Rinde eines Baums hergestellt wurde, der in den tropischen Regionen Asiens gedieh.

Und natürlich fügte Pemberton diesem Gebräu auch noch den flüssigen Extrakt von Kokablättern hinzu. Wieviel Kokain genau in diese erste Partie von Doc Pembertons neuem Limonadensirup gelangte, ist nach mehr als einem Jahrhundert unmöglich zu bestimmen, aber selbst eine winzige Spur der Droge in Verbindung mit dem Zucker und dem Koffein – etwa das Dreifache der Menge im heutigen Coke oder etwa das gleiche wie in einer Tasse starken Kaffees – dürfte aus Pembertons Mischung ein recht belebendes Getränk gemacht haben.

Im April und Anfang Mai 1886 schickte Pemberton Boten mit kleinen Proben seines Gebräus zu Willis Venables Limonadenbar, drei Straßen weiter, um mit dessen Kunden Geschmackstests durchführen zu lassen. Venable, der selbsternannte »Limonadenkönig des Südens«, betrieb ein stark frequentiertes Geschäft (mit einem fast zehn Meter langen Marmortresen) im Parterre von Jacob's Pharmacy in der Peachtree Street Nr. 2 mitten im Stadtzentrum von Atlanta, das den Namen Five Points trug. Die Legende will, daß Venable den neuen Sirup »rein zufällig« mit Sprudelwasser servierte, doch ursprünglich bestand die Absicht, den Sirup in ein Glas zu gießen und ihn schließlich mit kaltem, kohlensäurehaltigem Wasser aus der Zapfsäule zu versetzen. Jahre später erinnerte Frank Robinson sich, daß der neue Sirup, noch während Pemberton seine Änderungen an der Rezeptur vornahm, »zu Mr. Venables Limonadenbar gebracht wurde, um ihn kosten zu lassen und sich zu vergewissern, ob das neue Getränk den Geschmack des Publikums träfe oder nicht«. Nach verschiedenen Modifikationen, berichtete Robinson auf seine nüchterne Art und Weise, »schien das Ergebnis zufriedenstellend zu sein«. Das erste koffeinhaltige Erfrischungsgetränk war geboren.

Was ihm fehlte, war ein Name. Jeder der vier Partner von Pemberton Chemical machte einen Vorschlag, und Robinson trug den Sieg davon. Nicht jeder zollte seinem Geniestreich Beifall. Venable fand, daß der Name »Coca-Cola« so schwer zu merken war, wie er später zugab, daß er ihn sich aufschreiben mußte. Nichtsdestotrotz erschien am 29. Mai 1886 im Atlanta Journal auf der medizinischen Annoncenseite ein kleiner Textblock:

»Coca-Cola. Köstlich! Erfrischend! Belebend! Anregend! Der neue beliebte Soda Fountain Drink mit der Wirkung der herrlichen Coca-Pflanze und der berühmten Cola-Nuß. Im Angebot bei Willis Venable und Nunnally & Rawson.«
Es war die erste Coca-Cola-Reklame.

Und es war beinahe die letzte.
Pemberton erkrankte, kurz nachdem er Coca-Cola fertiggestellt hatte, und das Unternehmen drohte unterzugehen. Die schmerzhafte Magen- und Darmentzündung, die Pemberton jahrelang gequält hatte, flackerte wieder auf und warf ihn in dem kleinen Haus – eher eine Hütte –, das er mit seiner Frau ein paar Meilen östlich der Stadt bewohnte, aufs Krankenlager.*
Bei Pemberton Chemical wurde es still. Die Firma erklärte, sie habe im Mai 1886 21 600 Flaschen ihres Spitzenprodukts, French Wine of Coca, verkauft, doch danach so gut wie gar nichts mehr. Nach vielversprechenden zwei Wochen bei Venable's, Nunnally & Rawson's und in den anderen Trinkhallen der Stadt ließen die Coca-Cola-Verkäufe rapide nach, und die Inserate verschwanden schlagartig aus den Zeitungen. Während des ganzen Sommers wurden nur 25 Gallonen verkauft, die weniger als 50 Dollar einbrachten.
David Doe gab auf. Er stieg aus dem Geschäft aus, verließ die Stadt und nahm die Druckerpresse, die ihm und Robinson gehörte, einfach mit.
Aber Robinson hielt die Stellung. Coca-Cola war ein gutes Produkt. Es hatte einen angenehmen Geschmack (auch wenn es des öfteren hieß, man müsse es ein zweites Mal versuchen, ehe man es richtig würdigen konnte). Es hatte anregende Fähigkeiten, die die Lebensfreude und die Leistungsfähigkeit fast eines jeden, der es trank, steigerten, und trinken konnte es fast jeder. Es hatte den richtigen Preis, und es konnte nicht nur einmal in einem bestimmten

---

* Es besteht durchaus die Möglichkeit, daß Pemberton neben der Gastroenteritis auch drogensüchtig war. Kokain, in Form des flüssigen Extraktes geschluckt, wie er in seinem Labor verwendet wurde, hätte ihm bei seinem schlimmen Zustand nachhaltig Erleichterung verschafft, und er wäre kaum der erste Apotheker seiner Zeit gewesen, der sich aus seinen eigenen Drogenbeständen bediente. Während eines Gerichtsverfahrens Jahre später sagten zwei verärgerte ehemalige Geschäftspartner aus, daß er, im Sprachgebrauch seiner Zeit, ein »Dope-Schlucker« war. Möglich, daß sie übertrieben oder gelogen haben, doch außer Frage steht, daß Pembertons Sohn süchtig war: Nach zehn Tagen »schlimmer Qualen« starb Charley Pemberton 1894 an einer Überdosis Opium.

Zeitraum verkauft werden, sondern immer wieder, mehrmals am Tag. Die Möglichkeiten waren unbegrenzt. Der einzige Nachteil war, daß niemand wußte, was Coca-Cola genau war oder daß es überhaupt existierte. Es gab keine Nachfrage nach Coca-Cola, denn bisher war nichts, was diesem Getränk auch nur entfernt ähnelte, jemals angeboten worden. Es mußte dafür geworben werden. Ohne Werbung würde Coca-Cola wieder in der Versenkung verschwinden. Niemand würde je erfahren, daß er Lust darauf hatte.

Robinson entschloß sich, Coca-Cola eine zweite Chance zu geben. Er verbrachte Monate damit, an der Gestaltung des Markenzeichens zu arbeiten, und malte sorgfältig den flatternden Schriftzug des Namens. Er suchte einen örtlichen Graveur, Frank Ridge, auf, um mit ihm zusammen eine geglättete, endgültige Version zu erarbeiten. Im Herbst 1886 ließ er von der James P. Harrison Company einen Holzschnitt anfertigen, so daß das Markenzeichen auf Visitenkarten gedruckt und verbreitet werden konnte. Im Frühling 1887 half Robinson mit, Coca-Cola wieder ins Leben zurückzurufen. Doc Pembertons Gesundheitszustand besserte sich soweit, daß er sein Haus verlassen konnte, und er erschien gelegentlich in der Marietta Street 107, doch nun wußte Robinson über die Herstellung von Coca-Cola Bescheid und übernahm die Kontrolle über die Produktion. Pembertons Sohn, der in Louisville gearbeitet hatte, kam nach Hause zurück, um mitzuhelfen. Ein Besucher erinnerte sich, Charley Pemberton auf dem Hof hinter Marietta Street 107 gesehen zu haben, wo er Coca-Cola über einem offenen Feuer in einem auf einem dreibeinigen Gestell stehenden Topf mit 15 Gallonen Inhalt anrührte und dann darauf wartete, daß die Mischung abkühlte, um sie mit einem Schöpflöffel in ein Fäßchen umzufüllen.

Robinson und Charley Pemberton begannen, Gutscheine in Atlanta zu verteilen. Der Trick bestand darin, die Leute zu bewegen, wenigstens einmal Coca-Cola zu versuchen. Ein Gutschein (etwa so groß wie ein kleiner Briefumschlag) galt für zwei kostenlose Probegläser. Indem er das städtische Adreßverzeichnis zu Rate zog, schickte Robinson per Post prominenten Bürgern Gutscheine ins Haus. Er beschaffte sich außerdem, auf dem Briefpapier Pembertons, eine Empfehlung für seine Coca-Cola von Willis Venable: »Der Zuspruch wächst rasant; meinen Gästen schmeckt es, und meine Einnahmen wachsen zusehends.« Robinson veranlaßte außerdem die Herstellung von Werbematerialien wie zum Beispiel 500 Straßenbahnschilder, 1 600 Plakate, 45 Blechschilder und Wachstuchschürzen für die Soda Fountains, alles vorgesehen für den Einsatz in Atlanta und Umgebung. Ab 1. April 1887 beschäftigte Pemberton Chemical sogar einen Handelsvertreter, Woolfolk Walker, der mit der Eisenbahn in verschiedene Städte im Süden reiste und Bestellungen für die einzelnen Produkte der Firma annahm. Ein noch vorhandener Bestellbogen zeigt, daß ein Drogist in Gainesville, Georgia, ein Dutzend Flaschen French Wine of Coca, Indian Queen Hair Dye und Gingerine sowie zwei Gallonen Coca-Cola-Sirup orderte.

Bis zum Frühsommer hatte Robinson Bestellungen für fast tausend Gallonen Coca-Cola-Sirup von Drogisten und Soda-Fountain-Besitzern in Atlanta, Columbus, Birmingham, Memphis und mehreren kleinen Städten in Georgia gesammelt. Es schien, als würde der neue Erfrischungstrunk trotz allem ein Erfolg.

Am 6. Juni 1887, auf dem Höhepunkt des bescheidenen Booms, wandte Doc Pemberton sich an das Patentamt der Vereinigten Staaten, um die Marke »Coca-Cola Syrup & Extract« registrieren zu lassen. Am 28. Juni wurde das Markenzeichen zugelassen. Aber ein Punkt war dabei etwas ungewöhnlich. Die Zulassung erfolgte nicht im Namen der Pemberton Chemical Company. Sie erfolgte im Namen Pembertons als Privatperson.

Pemberton war wieder krank geworden, und er brauchte, wie immer, dringend Geld. Er beschloß, Coca-Cola an Venable, den Trinkhallenunternehmer, zu verkaufen, doch die Sache hatte einen Haken. Venable war ebenfalls so gut wie pleite, da er soeben ein Haus im West End von Atlanta erworben hatte.

Anfang Juli 1887 rief Pemberton einen alten Freund, einen Investor und Arzneimittelhändler namens George Lowndes, zu seiner Hütte. Lowndes traf ihn auf seinem Krankenlager an. »Ich bin todkrank«, eröffnete Pemberton ihm, »und ich glaube nicht, daß ich mich noch einmal von diesem Bett erhebe.« Pemberton erklärte, was ihm vorschwebte, und die beiden Männer wurden schnell handelseinig. Lowndes würde das nötige Geld aufbringen, Venable wäre sein aktiver Partner, und zusammen besäßen sie zwei Drittel der Rechte an Coca-Cola. Als Gegenleistung gewährte Lowndes Pemberton ein zinsfreies Darlehen von 1 200 Dollar. Pemberton würde das Darlehen mit den Tantiemen aus seinem verbliebenen Drittelanteil an Coca-Cola zurückzahlen. Am 8. Juli 1887 unterzeichneten die drei Männer einen Vertrag, und die beiden Außenseiter übernahmen die Anteilsmehrheit an Coca-Cola. Die Partner von Pemberton Chemical wurden in keiner Weise berücksichtigt.

Als Robinson erfuhr, was geschehen war, hatte er das Gefühl, als habe man ihm einen Dolchstoß in den Rücken versetzt. Trotz seines bescheidenen, fast zaghaften Auftretens war Robinson ein Mann mit wachem Gespür für das, was falsch und was richtig war.

Robinson wollte, daß er seinen Anteil an Coca-Cola zurückerhielt, und er war bereit, um die Rückgabe zu kämpfen. An einem Tag, kurz nachdem Pemberton das Geschäft abgeschlossen hatte, schlenderten Robinson und Ed Holland, der andere betrogene Partner, zufälligerweise am Gerichtsgebäude des Fulton County in Atlanta vorüber. Es war gerade »Verkaufstag«, an dem gepfändeter Landbesitz auf den Stufen des Gerichtsgebäudes versteigert wurde. Natürlich waren auch zahlreiche Rechtsanwälte zugegen. Holland erkannte in einem von ihnen einen alten Freund der Familie, John S. Candler, und machte ihn mit Robinson bekannt. Holland schien den Verlust von Coca-Cola resigniert hinzunehmen, doch als die drei Männer an der Straßenecke in der glühenden Sonne standen und sich unterhielten, sprudelte Robinson die ganze Geschichte hervor, erläuterte, in welcher Weise er sich betrogen fühlte, und drängte Candler, den Fall zu übernehmen.

Candler, der sich trotz seiner 25 Jahre als Anwalt in Atlanta bereits einen Namen gemacht hatte, beurteilte die Aussichten als nicht besonders gut. Er kannte Doc Pemberton und schätzte ihn, aber er kannte auch Pembertons Ruf in der Geschäftswelt. Dennoch erklärte er sich bereit, Pemberton aufzusuchen und ihn auf Robinsons Anliegen anzusprechen. Candler war gehbehindert. Er hatte beide Füße durch einen Unfall verloren und trug unbequeme Prothesen, die ihm gerade ermöglichten, sich humpelnd fortzubewegen, wobei er ein Paar Krücken zu Hilfe nehmen mußte. Er stieg in seinen Pferdewagen und fuhr fünf Straßen weiter zur Marietta Street 107, wo er erfuhr, daß Pemberton krank sei und sich zu Hause aufhalte. Candler wendete daraufhin den Buggy und fuhr auf der Decatur Street die paar Meilen hinaus nach Osten zu Pembertons kleinem Haus.

»Ich traf ihn im Bett an«, erinnerte Candler sich später, »nicht unter einer Decke, aber ohne seinen Rock – ich entsinne mich noch sehr gut, daß seine Frau mich empfing und ich zu ihm hineinging und ihm mitteilte, was seine Geschäftspartner mir erklärt hatten.«

Pemberton hörte ruhig zu, während Candler Robinsons und Hollands Anliegen darstellte. Ja, gab er zu, er habe die Rechte an Coca-Cola verkauft, aber er bestritt, daß die Rechte jemals Pemberton Chemical gehört hätten. Robinson und Holland, sagte er mit Nachdruck, hätten niemals Anteile an Coca-Cola besessen. Dann fügte er düster hinzu: »Es macht sowieso keinen großen Unterschied, selbst wenn sie irgendwelche Rechte daran hätten. Ich wüßte nicht, wie Sie irgend etwas aus mir herausholen wollen.« Candler sollte den Ausdruck kraftloser Resignation in Pembertons Stimme niemals vergessen. »Genauso drückte er es aus: ›Ich wüßte nicht, wie Sie irgend etwas aus mir herausholen wollen.‹«

Ein oder zwei Tage später führte Candler Robinson in sein Büro und erläuterte ihm, was geschehen war. Es sei sinnlos, die Sache weiterzuverfolgen, sagte Candler. Es käme nicht einmal zu einem Prozeß, weil nichts da sei, was man hätte beanspruchen können. Pemberton sei völlig mittellos. »Ich habe angesichts solcher Voraussetzungen wenig Interesse an Ihrem Fall, wenn ich ihn auf Erfolgshonorarbasis durchfechten soll«, sagte Candler zu Robinson und lächelte wehmütig. Es sei an der Zeit, das Handtuch zu werfen.

Aber einen Gefallen tat Candler dem kleinen Mann doch. Er informierte seinen Bruder Asa von Robinsons Anliegen.

Die Candlers waren eine der bemerkenswertesten Familien in Georgia. John war das jüngste von elf Kindern, die Samuel Charles Candler und seine Frau, Martha Beall Candler, in die Welt setzten. Der Vater war Pflanzer, Bergmann, Stadtplaner und Kaufmann in Villa Rica, einer Stadt 36 Meilen westlich von Atlanta. Ihr ausgedehntes Haus, damals noch am Rand der Wildnis stehend, war ein Ort der Kultur mitsamt einer umfangreichen Privatbibliothek und einem Flügel.

Mehrere der Kinder gelangten zu hohem Ansehen. Der älteste Sohn, Milton, war Angehöriger der staatlichen gesetzgebenden Körperschaft, Hauptmann in der Konföderiertenarmee und später für die Dauer von vier Amtszeiten Kongreßabgeordneter von Atlanta. Ein weiterer Sohn, Ezekiel, eröffnete in Mississippi eine Anwaltspraxis und setzte einen Sohn in die Welt, der ebenfalls Kongreßabgeordneter wurde und dem Staat jahrelang diente. Ein dritter Sohn, Warren, wurde leitender Bischof der Southern Methodist Church. John Candler übernahm später einen Posten am Supreme Court von Georgia.

Asa Griggs Candler, das achte Kind, war das beachtlichste von allen. Er wurde 1851 geboren und bekundete schon sehr früh Interesse an der Medizin. Doch der Bürgerkrieg unterbrach seine Ausbildung und raubte seiner Familie die Sklaven, das Land und den größten Teil ihres Wohlstandes. Nach nur sieben Jahren formeller schulischer Erziehung verdingte er sich zu Beginn der siebziger Jahre bei zwei Ärzten in Cartersville, Georgia, als Helfer und wanderte dann nach Atlanta, um den Berufsweg des Drogisten einzuschlagen.

In selbstgeschneiderte Kleider gehüllt, kam Candler am 7. Juli 1873 mit genau einem Dollar und 75 Cents in den Taschen dort an und verbrachte den Tag damit, durch die Straßen zu spazieren und eine Arbeit zu suchen. Einer seiner vielen erfolglosen Bewerbungsversuche galt der Pemberton-Pulliam Drug Company in der Lobby des Kimball House. Es war schon Abend, und die Dunkelheit war hereingebrochen, als Candler endlich einen Job als Mädchen für alles bei einem anderen Apotheker, George J. Howard, fand. Er konnte auf der Stelle anfangen und arbeitete an seinem ersten Tag, bis der Laden um Mitternacht schloß.

Für eine Weile schlief Candler auf einer Pritsche im Keller von Howards Laden in 47 Peachtree Street. Die Decke des Raums war so niedrig, daß er nur leicht gebückt darin stehen konnte, obgleich er selbst nur 1,65 Meter maß. Zu seinen Pflichten gehörte unter anderem, daß er nachts die Tür öffnete, wenn Kunden dringend ein Medikament brauchten.

Candler hatte nicht die Absicht, lange in diesem Keller zu bleiben. Ebenso wie in Pembertons Brust schlug in seiner das Herz eines Unternehmers. Als Teenager hatte Candler seinen ersten Dollar verdient, indem er einen wilden Nerz durch den Wald jagte, in die Enge trieb − wobei er sich einen tiefen Biß im rechten Unterarm zuzog − und das Fell verkaufte. Sehr bald organisierte er mit mehreren Nachbarn in Villa Rica das Aufstellen von Nerzfallen. Im Gegensatz zu Pemberton hatte Candler auch eine Nase für Geschäfte, und er gelangte in Atlanta schnell zu Wohlstand. Howard ernannte ihn schon bald zum Geschäftsführer, und 1877 gründete Candler sein eigenes Unternehmen.

Candlers Kühnheit zeigte sich ebenso in Liebesangelegenheiten wie in geschäftlichen. Man erinnert sich seiner als eines Mannes von starrer, kühler Korrektheit, der er in seinem späteren öffentlichen Leben gewesen ist, doch mit 26 war er ein junger Charmeur mit großen, ausdrucksvollen blauen Augen und einem verwegenen Auftreten. Er verliebte sich in George Howards halbwüchsige Tochter, Lucy Elizabeth, und trotzte allen verzweifelten Versuchen Howards, diese Verbindung zu verhindern. Howard war strikt gegen die Ehe seiner Tochter mit einem Mann, der früher mal sein Angestellter gewesen war, aber Candler ließ sich nicht beirren und verwirklichte seinen Plan, das Mädchen zu heiraten. Howard weigerte sich, an ihrer Hochzeit teilzunehmen, und mehrere Monate lang wollte er noch nicht einmal mit dem jungen Paar reden. Am Ende gab er sich jedoch geschlagen. In einem formellen Brief an Asa, mehr als zehn Monate nach der Trauungszeremonie, bot Howard in dürren Worten an, »das Kriegsbeil zu begraben und in Zukunft freundlich zu sein«, und im Jahr 1882 nahmen die beiden Männer ihre Geschäfte wieder auf, diesmal als Partner.

Am 13. Oktober 1883 brach im Keller von Howard & Candler, wo die Farben und Öle gelagert wurden, ein Feuer aus, fraß sich schnell durch den ganzen Laden und verursachte furchtbare Schäden. Da sie nicht versichert waren, ergab sich für Candler und seinen Schwiegervater die trübe Aussicht, erneut bei Null anfangen zu müssen. Zum Glück für sie fiel ihr Unglück jedoch mit Doc Pembertons Entschluß zusammen, sich aus dem Groß- und Einzelhandel für Drogerieartikel zurückzuziehen und nur noch rezeptfreie Arzneien herzustellen. Howard und Candler kauften die Firma Pemberton, Iverson & Danison, füllten die Regale ihres Ladens wieder auf und übernahmen außerdem Pembertons Guthaben und Verpflichtungen. Nach und nach bauten Candler und sein Schwiegervater ihr Unternehmen wieder auf, und im Jahr 1886 zahlte Candler den alten Herrn aus und wurde alleiniger Inhaber von Asa G. Candler & Company.

1887, als er Frank Robinson kennenlernte, leitete Asa Candler ein blühendes Drogeriegeschäft, das in einem hübschen dreistöckigen Klinkerbau in der Peachtree Street residierte. Er konnte es sich leisten, einem traurig dreinblickenden, vom Pech verfolgten Ex-Unternehmer zu helfen, indem er ihm eine Halbtagsstelle als Buchhalter anbot, und das tat er auch. Der Job half Robinson und seiner Familie, während Pemberton Chemical allmählich zusammenbrach.

Mitte Juli 1887 schlossen Lowndes und Venable ihr Geschäft mit Pemberton ab, indem sie ihm 283 Dollar und 29 Cents in bar für die Betriebsausstattung von Coca-Cola bezahlten: Inventar, Rohstoffe, Reklamematerial und technische Ausrüstung, darunter auch der 30 Gallonen fassende Messingkessel. Sie schickten eine Pferdekutsche zur Marietta Strett 107 und ließen die Gegenstände in den Keller von Jacobs Apotheke bringen, wo Venable eine Fläche von 280 Quadratmetern als Lagerraum gemietet hatte.

Der Partnerschaftsvertrag sah vor, daß Venable in seinem Keller Coca-Cola-Sirup herstellte und das Getränk in seiner Bar im Parterre ausschenkte. Lowndes sollte sich dafür um den Verkauf an andere Soda-Fountain-Besitzer und Apotheker in Atlanta und im restlichen Süden kümmern.

»Die Bestellungen gingen ein, und ich stieg hinunter, um nachzusehen, wie Venable zurechtkam«, erinnerte Lowndes sich später. »Zu meiner Überraschung fand ich das gesamte Material und Gerät in einer Ecke des Kellers. Venable hatte nichts unternommen, um mit der Produktion des Sirups zu beginnen.«

Lowndes schäumte vor Wut. Venable verkaufte die zehn Gallonen fertigen Sirups, die zum Warenbestand gehörten, den sie erworben hatten, doch er produzierte keinen frischen Sirup. Er entschuldigte sich bei Lowndes, er habe zuviel damit zu tun, die Kundschaft zu bedienen. Sie gerieten in Streit, und Venable gelobte, sich zu bessern. Aber ein paar Wochen später, als Lowndes erneut nachschaute, hatte Venable noch immer keinen Tropfen Coca-Cola hergestellt. Venable war weiterhin überzeugt, daß das Getränk eine vielversprechende Zukunft hatte. Er mußte jedoch gleichzeitig feststellen, daß er wenig Begeisterung für dessen Herstellung oder den Aufbau des Vertriebs aufbrachte − und kein Kapital hatte, um das Unternehmen in irgendeiner Weise zu unterstützen. Er wollte aussteigen. Lowndes, der als Kaufmann genug zu tun hatte, beschloß, seine Verluste so gering wie möglich zu halten.

Im Spätsommer 1887 begann Lowndes seinen und Venables Zweidrittelanteil an Coca-Cola zum Kauf anzubieten. Er wollte nur die 1 200 Dollar zurückhaben, die er investiert hatte, und dann die ganze Angelegenheit vergessen. Er trat an verschiedene Drogisten in Atlanta heran, doch sie alle winkten ab. In seiner Verzweiflung versuchte er schließlich, alles an Woolfolk Walker, den Handelsvertreter von Pemberton Chemical, zu verkaufen. Wie alle anderen, die in der alten Firma beschäftigt waren, war Walker pleite. Er wohnte in einem Zimmer in der Marietta Street 107, weil er sich keine andere Unterkunft leisten konnte. »Coca-Cola«, wiederholte er Lowndes gegenüber. »Mein Gott, ich kann mir noch nicht mal eine Briefmarke kaufen. Ich besitze nicht einen Dollar!«

»Na schön«, erwiderte Lowndes, »aber wenn Sie es schaffen, sich von irgendwem tausend Dollar zu besorgen, dann verkaufe ich Ihnen die Anteile für tausend Dollar in bar, und den Rest können Sie ja mit den späteren Einnahmen bezahlen.«

Walker spürte die Versuchung. Es war sein Glück, daß seine jüngste Schwester, Mrs. M. C. Dozier, soeben ihr Haus in Columbus verkauft hatte und nach Atlanta gezogen war, wo sie sich für den Kaufpreis ein neues Haus suchen wollte. Walker bat sie um das Geld. Sie lehnte ab und erklärte, sie brauche jeden Dollar, um sich und ihrem Mann wieder ein Dach über dem Kopf zu verschaffen. Ihr Mann bekäme einen Wutanfall, wenn sie das Geld weggäbe. Aber Walker ließ sich nicht abweisen. Er war das älteste von sieben

Kindern, und sie war die Jüngste. Er hatte daher einen großen Einfluß auf sie. Er ließ sich von ihr 1 200 Dollar aushändigen und kaufte am 14. Dezember 1887 Lowndes Zweidrittelanteil an Coca-Cola. Dann lieh er sich *weitere* 1 000 Dollar von seiner Schwester, um den Betrieb wieder in Gang zu bringen.

Das Coca-Cola-Inventar wurde wieder dorthin geschafft, wo es hergekommen war, nämlich in den Keller von Pemberton Chemical, und dort gelagert, als sollte es einen Winterschlaf halten.

Frank Robinson verfolgte die letzte Entwicklung bei Coca-Cola und erkannte für sich eine günstige Gelegenheit.

Sein altes Unternehmen funktionierte kaum noch. Es war eigentlich unmöglich, daß Walker es sich leisten konnte, Coca-Cola herzustellen und dafür zu werben, ganz gleich wieviel Geld er seiner Schwester würde abschwatzen können. Pemberton war immer noch todkrank und würde sich kaum erholen. Sein Sohn Charley war unzuverlässig – ein Opiumraucher und, in der beißenden Formulierung eines Bekannten, ein »unangenehmer, der Trunksucht verfallener Bengel«. Kurz gesagt, es gab in der Marietta Street 107 niemanden, der fähig gewesen wäre, Coca-Cola wieder zum Leben zu erwecken. Robinson erkannte, daß Coca-Cola vielleicht noch immer zu erwerben war, und er arbeitete bei einem Mann, der es sich leisten konnte, das gesamte Inventar zu kaufen.

Während des Winters 1888 sprach Robinson Asa Candler immer wieder auf Coca-Cola an. Eines Tages deutete Robinson auf einen Wagen voll leerer Bierfässer und sagte zu Candler, daß eines Tages Wagen durch die Straßen rollen könnten, die mit vollen Coca-Cola-Fässern beladen seien. Anfangs war Candler nur wenig begeistert. Zum einen verfügte sein Unternehmen nicht über eine Soda Fountain. Es gäbe also keine Möglichkeit, ein solches Getränk auszuschenken. Außerdem hatte auch Candler die Absicht, sich aus dem Groß- und Einzelhandel für Drogerieartikel zurückzuziehen und sich dafür auf dem weiten Feld der Universalmedizin zu betätigen. Er hatte die Rechte an einem Tonikum namens Botanic Blood Balm und an einem Zahnputzmittel namens De-Lec-Ta-Lave erworben. Außerdem besaß er ein Eau de Toilette namens Everlasting Cologne. Candler verfügte über ein Vermögen von rund 50 000 Dollar. Dies stellte zwar einen ansehnlichen Batzen Geld dar, doch es war zu wenig, um auch noch ein viertes Produkt zu erwerben. Er sagte zu Robinson, er sei nicht interessiert.

Dann geschah etwas, das Candler schlagartig umstimmte. Er litt ständig an Kopfschmerzen und Verdauungsstörungen, was wohl daran lag, daß er bis in die Nacht hinein arbeitete und innerlich zu sehr angespannt war. Während eines Besuchs in Jacob's Pharmacy probierte er auf Venables Empfehlung hin ein Glas Coca-Cola und stellte fest, daß er sich danach viel besser fühlte. Die Kohlensäure milderte seine Magenbeschwerden, und das Koffein vertrieb die Kopfschmerzen. Ihm erschien die Wirkung des Getränks wie ein kleines Wunder. In einem Brief vom 10. April 1888 an seinen Bruder Warren schrieb Candler:

»Du weißt ja, wie sehr ich immer unter Kopfschmerzen leide. Nun, vor ein paar Tagen empfahl mir ein Freund, ich solle es mal mit Coca-Cola versuchen. Ich tat es und verspürte Erleichterung. Ein paar Tage später versuchte ich es erneut und verspürte wieder Erleichterung. Nachforschungen ergaben, daß dieses Produkt Leuten gehört, die nicht in der Lage sind, es der breiten Öffentlichkeit zugänglich zu machen. Ich habe mich entschlossen, Geld in die Sache hineinzustecken und etwas mehr Geschäftssinn . . .«

Innerhalb weniger Tage übernahm Candler die Kontrolle über Coca-Cola. Pembertons Anteilsdrittel erwarb er, indem er ihm eine alte Schuld von 550 Dollar erließ. Dann zahlte er Walker und seiner Schwester 750 Dollar für die Hälfte ihres Anteils. Damit hatte Candler die Anteilsmehrheit, und seine erste Maßnahme war, Frank Robinson in die Marietta Street zurückzuschicken und ihm die Leitung des Unternehmens zu übertragen.

Nach einem wechselvollen Jahr war Robinson nun fast wieder obenauf. Das Produkt, an dessen Erfolg er mit unerschütterlicher Entschiedenheit glaubte, befand sich wieder in seiner Hand. Aber es stellte sich heraus, daß Doc Pemberton ihm ein letztes Mal Schwierigkeiten machen konnte.

Zur gleichen Zeit, als Robinson und Candler sich miteinander verbündeten, suchte Pemberton unauffällig nach neuen Partnern und bemühte sich, Geld aufzutreiben. Um sich vor seinen Gläubigern zu verstecken, benutzte er eine falsche Adresse und setzte eine anonyme Annonce in die Atlanta Constitution, worin er gegen einen Preis von 2 000 Dollar die Beteiligung an einem nicht näher bezeichneten Unternehmen anbot. Er hatte sämtliche Möglichkeiten erschöpft, sich von jemandem in Atlanta Geld zu leihen, doch die Anzahl erfolgshungriger, unternehmungslustiger Leute auf dem Lande war unbeschränkt. A. O. Murphey und E. H. Bloodworth, Besitzer eines Kaufhauses in Barnesville, Georgia, antworteten auf Pembertons Anzeige. Desgleichen J. C. Mayfield, der mit selbstgebrauten Universalarzneien von Ort zu Ort zog, und seine Frau Diva. Diese neuen Geldgeber gründeten die Pemberton Medicine Company, richteten einige Straßen von der Marietta Street entfernt ein Labor ein und begannen mit dem Versuch, Doc Pembertons brachliegendem Geschäft neues Leben einzuflößen.

Als der Frühling 1888 näherrückte, nahmen die neuen Partner an, daß sie nun mit der Produktion von Coca-Cola für die Trinkhallensaison beginnen würden. Aber Pemberton hatte für sie eine Überraschung auf Lager. Ihm gehörten die Rechte an dem Namen nicht mehr, gestand er ihnen, und ihnen damit auch nicht. Diese Nachricht, so erzählte Mayfield später, »schlug wie eine Bombe ein«, und er und die anderen protestierten. »Bei uns ging es eine Zeitlang ziemlich heiß her«, entsann Murphy sich, doch Pemberton glättete schließlich die Wogen der Erregung, indem er vorschlug, Coca-Cola unter einem anderen Namen zu produzieren. Widerstrebend willigten sie ein.

Im Sommer 1888, während Frank Robinson im Haus 107 Marietta Street Coca-Cola-Sirup herstellte, mischten und verkauften die Inhaber von Pemberton Medicine einen Ersatz unter einer ganzen Reihe von Markennamen, darunter auch »Yum-Yum«. Es war kein überwältigender Erfolg. Am Ende der Sommersaison verschwand das Getränk völlig vom Markt, und es wäre vielleicht im Laufe der Zeit eine vergessene Fußnote der Geschichte geworden − als Pembertons letzter Streich −, hätte er nicht eine langsam glimmende Lunte in Brand gesetzt. Fünfundzwanzig Jahre später entfaltete die Hinterlassenschaft von »Yum-Yum« sich explosionsartig zu einem Rechtsstreit, der sich durch alle Instanzen bis zum United States Supreme Court hinzog und die Existenz von Coca-Cola ernsthaft bedrohte.

Doc Pemberton starb am 16. August 1888. Die Enteritis, die seinen Magen und seinen Darm gepeinigt und ihn ständig ans Krankenbett gefesselt hatte, raffte ihn im Alter von 57 Jahren dahin.

Seine Popularität blieb bei den vielen Bewohnern Atlantas erhalten, die es immer vermieden hatten, sich mit ihm auf irgendwelche Geschäfte einzulassen. Seine Apotheker- und Drogistenkollegen schlossen während seiner Beerdigung ihre Läden, um einem der Ihren die letzte Ehre zu erweisen. Sie trafen sich in Asa Candlers Büro in der Peachtree Street 47, um Pembertons zu gedenken, und Candler hielt eine kleine Rede und erwähnte »seine liebenswürdige Art und seine zahlreichen anderen Tugenden«. Dann schickte Candler einen Pferdewagen los, um das restliche Inventar von Coca-Cola einzusammeln und endgültig in sein eigenes Haus zu holen.

Zu diesem Zeitpunkt seines Lebens war Candler einer der wohlhabendsten und erfolgreichsten Drogisten der Stadt. Seinen gesamten Warenbestand (fremde und eigene Produkte) veranschlagte Candler auf 30 000 Dollar. An den meisten Tagen konnte man ihn im Geschäftshaus seines Unternehmens in der Peachtree Street sehen, wo er Kunden bediente und Arzneien herstellte. Mit 37 Jahren befand er sich in der Blüte seiner Jahre. Sein ältestes Kind, Howard, damals 9 Jahre alt, konnte sich erinnern, beobachtet zu haben, wie sein Vater eine 20 Pfund schwere Korbflasche Karbolsäure auf die Schulter wuchtete und völlig still hielt, während er eine genau dosierte Menge in ein kleines Meßglas füllte. Neben seinem geschäftlichen Erfolg war Candler auf seinen Ruf als ernster und rechtschaffener Mann bedacht. Der unternehmungslustige und ungestüme Junge war verschwunden, und an seine Stelle trat nun ein abstinenter, nicht rauchender aktiver Sonntagsschullehrer, ein ausgesprochen förmlicher Mann, der gestärkte Hemdkragen trug. Jeden Morgen, wenn er erwachte, rief er sich den Wahlspruch Mark Aurels ins Gedächtnis: »Steh auf und arbeite wie ein Mann.« Mit seinen schmalen, an den Mundwinkeln leicht nach unten verzogenen Lippen schien Candler der Welt mit strengen moralischen Ansprüchen und vielleicht sogar mit einem Anflug von Geiz im Herzen zu begegnen. In seine Augen trat ein eisiges Funkeln. Er wurde nicht größer als ein Meter fünfundsechzig, und er war mit einer hohen, schrillen Stimme geschlagen, doch er verbreitete um sich eine Aura von Autorität, und er sorgte dafür, daß man ihn überall respektierte.

Eine Schwäche hatte er für seine Familie. Während seines ganzen Lebens behandelte Candler seine fünf Kinder − von denen keines ihm in Temperament, Intelligenz oder Zielstrebigkeit auch nur annähernd gleichkam − mit verblüffender Zärtlichkeit. Und er achtete darauf, daß in seinem Betrieb stets Platz für andere Verwandte war. Der Fahrer, der das Coca-Cola-Inventar und die technischen Anlagen aus dem alten Pembertonhaus abholte, war einer von Candlers Neffen, Samuel Candler Dobbs, ein »18jähriger grüner Junge vom Land«. Dobbs war der Sohn einer älteren Schwester Candlers und kam aus dem Westen Georgias nach Atlanta, um bei seinem Onkel eine Lehre zu absolvieren, so wie Candler es fünfzehn Jahre vorher bei George Howard getan hatte. Dobbs verdiente in der Woche 6 Dollar, schlief auf einer Pritsche im Hinterzimmer und hatte oft einen Besen in der Hand, ehe er sich in das Büro hochgedient hatte − er leitete schließlich das Transportwesen − und in den ersten Stock umzog.

Candler holte Frank Robinson in seinen gut durchorganisierten

Betrieb und behandelte ihn, als sei er ein Familienmitglied. Robinson wurde zum Generalbevollmächtigten der Asa G. Candler & Company ernannt, erhielt einen Schreibtisch in Dobbs' Büro und war fortan für die Herstellung von Candlers Spezialarzneien im Keller verantwortlich. Das Coca-Cola-Material wurde abgeladen und in einem Winkel des Kellers direkt neben den Öfen gelagert, die die Kessel heizten. In kaum zwei Jahren hatte das Erfrischungsgetränk, das noch in den Kinderschuhen steckte, zweimal den Besitzer und dreimal die Adresse gewechselt. Nun sollte es eine dritte Chance erhalten.

An erster Stelle stand die Notwendigkeit, die Coca-Cola-Rezeptur zu verfeinern. Schon zu Beginn der voraufgegangenen Sommersaison war Robinson mit Klagen von Trinkhallenbetreibern überschüttet worden, daß der Sirup leicht ranzig würde. Weil ihm ein wirkungsvolles Konservierungsmittel fehlte, erwies sich der Coca-Cola-Sirup als überaus empfindlich. Unter anderem begann er schnell zu gären. Außerdem hatte Pemberton für den Vertrieb sowohl Blechbehälter als auch Glasflaschen benutzt, und das Blech löste eine chemische Reaktion mit der Phosphorsäure aus. Alles in allem, so erinnerte Dobbs sich, stank das aus Pembertons ursprünglicher Formel hergestellte Produkt sehr oft »erbärmlich«. In zahlreichen Experimenten fügten Robinson und Candler der Mischung Glyzerin hinzu und stellten fest, daß es sich als Mittel zur Konservierung und Geschmacksverfeinerung bestens eignete. Außerdem hörten sie auf, Blechbehälter zu verwenden.

Dann wandten sie sich den beiden namengebenden Ingredienzien zu, dem Kokablatt und der Kolanuß. Jede der beiden Substanzen stellte ein Problem dar. Die ersten Stimmen einer bundesweiten Debatte über die schädliche Wirkung von Kokain hatten sich gemeldet, und Hersteller bezogen zunehmend eine Abwehrposition gegenüber Vorwürfen, daß der Konsum ihrer Produkte zum »Kokainismus« oder zur »Kokainsucht« führe. Mariani beklagte sich jedoch über die »seltsamen Ideen und wilden Spekulationen« der Kritiker des Kokains und versicherte dreist, daß er im Vin Mariani eine ganz spezielle Art von Kokablatt verwende, die absolut nicht suchterzeugend sei. Die flammende Kampagne gegen Kokain ließ noch einige Jahre auf sich warten, und Candler und Robinson waren eifrig bemüht, den angeblichen gesundheitlichen Nutzen des Kokablattes weiterhin zu propagieren, aber sie sahen keinen Grund für das Risiko, mehr als nur eine kleine Menge Kokaextrakt in ihren Sirup zu geben. Sie verringerten die Dosis auf eine winzige Spur.

Die Schwierigkeit beim Kola-Extrakt war der Geschmack. Selbst in den kleinen Mengen, die Pemberton verwendete, war das bittere Aroma immer noch wahrnehmbar und störend. Und nicht nur das, die Substanz war außerdem noch teuer. Die getrockneten Nüsse kosteten direkt ab Schiff im New Yorker Hafen 20 Dollar pro Pfund. Deshalb wurde der Kolaextrakt auf eine winzige Dosis reduziert. Candler und Robinson sahen sich plötzlich in der kniffligen Lage, ein Produkt auf den Markt bringen zu wollen, das nur sehr wenig von den beiden Ingredienzien in seinem Markenzeichen enthielt – eine Ironie, die in den kommenden Jahren grundlegende rechtliche Auswirkungen haben würde – und die gesamte Getränkeindustrie beeinflussen sollte.

Als nächstes sorgte Candler für eine endgültige Klärung der Besitzverhältnisse und erwarb das letzte Anteilsdrittel der Rechte an Coca-Cola, das noch immer von Pembertons altem Vertreter, Woolfolk Walker, und seiner Schwester, Mrs. Dozier, gehalten wurde. Candler zahlte ihnen 1 000 Dollar, und Walker beendete die Pemberton-Periode auf ziemlich schäbige Art, indem er nach Hot Springs, Arkansas, verschwand, ohne sich zu verabschieden oder seiner Schwester das geliehene Geld zurückzuzahlen.

Am 1. Mai 1889, zu Beginn der Trinkhallensaison, schaltete Candler eine großformatige Anzeige im Atlanta Journal, in der er sein Unternehmen als »einzigen und alleinigen Anbieter« von Coca-Cola empfahl.

Alle Zeichen schienen auf Erfolg zu stehen, doch war dieser alles andere als gesichert, und ein Grund dafür war, daß Candler die Zugkraft von Coca-Cola bezweifelte. Selbst während er Robinson in seine Firma holte, das Rezept vervollkommnete und die Eigentumsverhältnisse regelte – und obgleich er sich enthusiastisch darüber äußerte, wie Coca-Cola seine Kopfschmerzen linderte –, machte Candler sich im stillen große Sorgen über die langfristigen Verkaufsmöglichkeiten des Getränks. Es war eigentlich keine spezielle Getränke*sorte*, und das machte eine genaue Beschreibung so schwierig. Candler wußte nie so richtig, ob er das Getränk als simple Erfrischung oder als Heilmittel verkaufen sollte, und deshalb versuchte er beides, oft genug in ein und derselben Anzeige. Coca-Cola war »Köstlich!« und »Erfrischend!« – und gleichzeitig war es eine »Stärkung für das Gehirn und ein Nerventonikum«. Vorwiegend nahm Candler Zuflucht zu den vertrauten Reklamesprüchen der rezeptfreien Arzneien. Er war ein Kind seiner Zeit und vertraute auf die klassischen Übertreibungen, die in seinem Gewerbe üblich waren. In einer Broschüre, die er an Drogisten verschickte, pries Candler sein Spitzenprodukt, den Botanic Blood Balm folgendermaßen an:

»Wenn Ihr Blut verbraucht ist, wenn Sie von Schmerzen gequält werden, wenn Ausschlag Ihre Haut befällt, wenn Sie schwach, nervös und erschöpft sind, wenn Sie keinen Appetit mehr haben, wenn Ihre Verdauung gestört, wenn Ihr ganzer Organismus aus dem Tritt geraten ist, wenn Sie ständig niedergeschlagen sind und keine Freude mehr am Leben haben, dann sollten Sie es mal mit B. B. B. versuchen, und schon fühlen Sie sich wieder wohl und von frischer Energie erfüllt.«

Ähnlich ging er bei Coca-Cola vor. Die gleiche Broschüre enthielt Urteile von Drogisten, die Coca-Cola als Heilmittel gegen Schlaflosigkeit, Neuralgien, Kopfschmerzen und geistige Schwäche empfahlen, und Candler wiederholte sogar die Aussagen über den alten French Wine of Coca, indem er Linderung versprach, »wenn die Stimme übermäßig durch Singen und Sprechen strapaziert wurde«.

Als er Sam Dobbs im Sommer 1889 losschickte, um die Produkte der Firma anzubieten, war Candler ziemlich pessimistisch. »Tu dein Möglichstes, was Coca-Cola angeht«, bat er Dobbs. »Wahrscheinlich kannst du nicht viel davon loswerden, aber wir haben das Zeug nun mal, und ich möchte es, wenn möglich, auch verkaufen.«

Dobbs stellte fest, daß die bescheidenen Erwartungen seines Onkels nicht falsch waren. Die Verkaufszahlen waren nicht überwältigend, und Dobbs erinnerte sich an einen Drugstore, dessen Eigentümer ihn hinauswarf und dazu schimpfte: »Von eurem verdammten Atlanta-Mumpitz will ich nichts in meinem Laden haben!« Robinson verbuchte im Jahr 1889 den Verkauf von nur 2171 Gallonen Coca-Cola-Sirup — kaum mehr, als er selbst im Jahr davor verkauft hatte.

Was Coca-Cola schließlich rettete, war seine Fähigkeit, sich selbst zu verkaufen. Neben der Reklame führte Candler eine aggressive Proben-Kampagne für das Getränk durch, die den Menschen die Gelegenheit gab, das Getränk gratis zu versuchen. Das Prinzip war lächerlich einfach. Drogisten im Süden wurden gebeten, Candler Namen und Adresse ihrer jeweils 128 besten Kunden zuzusenden — genau die Anzahl Unzen in einer Gallone. Dann schrieb Candler die Kunden direkt an und legte einen Gutschein für ein Gratisglas Coca-Cola in ihrer örtlichen Soda Fountain bei. Der Drogist erhielt *zwei* Gallonen von dem Sirup: die erste Gallone verteilte er gratis als Trinkprobe, und die zweite war für den Verkauf an jene gedacht, »die unbedingt ein zweites Glas haben wollten«. Bei einem Preis von einem Nickel pro Glas konnte der Drogist 6,40 Dollar einnehmen, wenn er die zweite Gallone verkaufte. Damit sich das Ganze lohnte, waren natürlich Menschen nötig, denen Coca-Cola gut schmeckte und die immer wieder danach verlangten, damit der Drogist eine dritte und vierte Gallone und vielleicht sogar noch mehr nachbestellte und Candler dafür den Großhandelspreis von 2 Dollar pro Gallone zahlte. Es war eine teure Methode, die Candler gründlich gegen den Strich ging, und Robinson mußte ständig auf ihn einreden, sich mit den anfänglichen Verlusten abzufinden. Aber es funktionierte.

Im Sommer 1890, während Candlers zweiter Saison, vervierfachten sich die Verkäufe des Coca-Cola-Sirups und beliefen sich auf 8 855 Gallonen. In den Soda Fountains des Südens erschienen immer mehr Menschen und verlangten ausdrücklich nach Coca-Cola.

Anfang 1891 verkündete Candler, daß er sich aus dem Drogeriegeschäft zurückziehen wolle, um sich ausschließlich der Produktion seiner Universalarzneien zu widmen.

Er und Robinson zogen in eine Behelfsfabrik im ersten und zweiten Stock eines dreistöckigen Hauses in der Decatur Street um, einem ziemlich rauhen Viertel Atlantas, einen Block von der Eisenbahn entfernt. Es war keine besonders beeindruckende Adresse. Ihre Nachbarn im Parterre waren ein Secondhandshop, das New York Clothing House, und Bob Parrishs Billardsaal. Candlers Einsatztruppe bestand aus einem weiteren Neffen, Sam Willard, und einem farbigen Faktotum namens George Curtwright, der von Montag bis Freitag nichts anderes tat, als Candlers Hauptprodukt, den Botanic Blood Balm, anzurühren. Am Samstag reinigten sie den 40-Gallonen-Kupferkessel und produzierten darin Coca-Cola.

Die Produktion war ein mühsames Geschäft. Willard und Curtwright zerkleinerten Holzkisten als Brennstoff, um einen gemauerten Ofen in Gang zu halten, brachten das Wasser in dem Kessel zum Kochen und schleppten Säcke voll Puderzucker, Koffein und Karamelzucker herbei. Sie benutzten kleine Holzpaddel, um den brodelnden Sirup umzurühren und zu verhindern, daß er anbrannte. Manchmal verrechneten sie sich, und der Kessel kochte über. Wenn das geschah, dann floß klebriger, dampfend heißer Sirup an den Wänden herab und tropfte in den Räumen unter ihnen von der Decke, und Candler mußte mehrmals ruinierte Kleider und andere Schäden bezahlen. Als er Jahre später eine Beschreibung der Fabrik bei einer Konferenz von Coca-Cola-Vertretern zum besten gab, schüttelte Candler bei der Erinnerung den Kopf. »Wir hatten einen riesigen Kupferkessel zum Kochen des Sirups«, sagte er, »und einen kräftigen Neger, der die Mischung umrührte. Ich kann Ihnen sagen, das war vielleicht eine Ausrüstung.«

Während der Sommermonate und ohne Klimaanlage war die Arbeit höllisch heiß. Willard und Curtwright waren in Schweiß gebadet, und ihre Füße rutschten auf dem nassen verschütteten Zucker, der um den Kessel herum auf die Holzplattform rieselte, immer wieder aus. Der schwere, süßliche Geruch des geschmolzenen Zuckers lockte Hunderte von Bienen und Wespen an, die durch die offenen Fenster ohne Fliegengitter hereinschwärmten. Sonntags wurde der abgekühlte Sirup von Hand in Fässer gepumpt, wo Phosphorsäure, Koka- und Kolaextrakt, verschiedene Geschmacksstoffe und Glyzerin hinzugefügt wurden. Das fertige Produkt wurde, nach Willards Worten, »heftig geschüttelt und auf die Reise geschickt«. Als Qualitätskontrolle dienten Frank Robinsons Geruchsnerven: Er nahm von jeder Partie Sirup eine Probe, roch daran und kostete davon, ehe er ihr seinen Segen gab.

Die Coca-Cola-Auslieferung wurde von Curtwrights Bruder Bill mit einem Rollwagen vorgenommen, der von einem Pferd namens »Ol' Bird« gezogen wurde. Als Candler das erste messingbeschlagene Zaumzeug kaufte, verbrachte Curtwright seine Sonntagvormittage stolz damit, es auf Hochglanz zu polieren.

Trotz der bescheidenen Umstände, unter denen Coca-Cola hergestellt wurde, zog der Verkauf nachhaltig an. In Atlanta und anderen Städten überall im Süden begannen die Drogisten die Vorteile zu schätzen, die mit dem Verkauf von Coke verbunden waren. »Wir schickten die Leute tatsächlich in ihre Läden, versorgt mit Gutscheinen im Wert von fünf Cents«, erklärte Dobbs später, »und sehr oft kauften sie in dem Laden auch noch etwas anderes.« Im Sommer 1891 verkauften Candler und Robinson 19 831 Gallonen Sirup, mehr als das Doppelte des Vorjahres. Als er sich in diesem Herbst seine Zahlen ansah, erkannte Candler, daß er mehr Geld brauchte – und zwar viel mehr Geld, wahrscheinlich an die 50 000 Dollar in bar –, um die Fabrik zu verlegen, die Produktionsanlagen zu vergrößern, Verkaufspersonal einzustellen – er hatte nur einen einzigen Ganztagsverkäufer für Coca-Cola, George W. Little, der sich Ol' Bird und den Wagen mit Bill Curtwright teilen mußte – und um die exponentiell steigenden Kosten zu bezahlen, die durch mehr Werbung, weitere Kostprobenaktionen, neues Rohmaterial und den Aufbau eines Vertriebsnetzes anfallen würden.

Soviel Geld hatte Candler nicht. Er war auch noch nicht so kreditwürdig, um es sich zu leihen. Daher beschloß er im Herbst 1891, daß es wohl an der Zeit sei, Coca-Cola in eine Aktiengesellschaft umzuwandeln, Anteile zu verkaufen und Kapital aufzubringen. Candler hatte die Absicht, die Gesellschaft zur Hälfte zu behalten und die andere Hälfte an die bedeutendsten Großhändler in den Städten im Norden zu verkaufen, die das Produkt vertreiben würden. Die Coca-Cola Company of Georgia wurde Anfang 1892 gegründet, mit Candler als Präsident und Robinson als Schriftführer. Die Gesellschaft gab 1 000 Anteile im Wert von 100 Dollar pro Stück aus, und Candler nahm davon genau die Hälfte, zehn Anteile überließ er Frank Robinson und bot danach die restlichen 490 Anteile durch Aktienhändler in Baltimore, New York, Boston und anderen Städten an. Wäre alles nach Plan verlaufen, hätte Candler 49 000 Dollar neues Kapital zusammenbekommen. Aber es gab ein Problem. Coca-Cola war ein Produkt des Südens und im Norden praktisch unbekannt, und niemand wollte ein solches Risiko eingehen. Nur 75 Anteile wurden verkauft − an F. W. Prescott, einen Börsenmakler in Boston − und erbrachten magere 7 500 Dollar an neuem Kapital.

Die Firma blieb an Asa Candler hängen.

2

Dope

Nach dem Mißerfolg mit seinem Aktienangebot 1892 war Asa Candler gezwungen, die Coca-Cola Company langsam aufzubauen – im wahrsten Sinne des Wortes durch Mundpropaganda.

Seine Verkäufer, darunter mehrere Neffen, fuhren mit der Eisenbahn von Stadt zu Stadt und hatten Koffer voller Gutscheine bei sich (»für ein Glas Coca-Cola im Wert von 5 Cent an der Soda Fountain jedes Drogisten«), die sie jedem Passanten in die Hand drückten, der sich die Zeit nahm, zuzugreifen. Mit der Hilfe zweier Stenographen schickte Candler von Atlanta aus Briefe mit Gutscheinen an Tausende von Menschen im ganzen Land und drängte sie, sein neues Erfrischungsgetränk zu probieren. Es war die Urform der Postwurf- und Handzettel-Werbekampagne, und sie funktionierte. Es dauerte nicht lange, und das Unternehmen mußte pro Jahr Gutscheine im Wert von 50 000 Dollar einlösen, was gleichbedeutend war mit einer Million gratis verteilter Kostproben.

»Wenn Sie sich einen kleinen Mann mit hoher Stimme vorstellen können, der einen furchtbaren Tanz wegen hoher Werbekosten aufführte, dann haben Sie ein perfektes Bild von Onkel Asa vor sich, wenn er die Zahlen zu Gesicht bekam«, entsann sich einer seiner Neffen, J. J. Willard. »Ich glaube nicht, daß ihm jemals richtig klar wurde, welchen Anteil diese Kostproben-Aktion an der Einführung von Coca-Cola wirklich hatte.« Tatsächlich begriff Candler sehr wohl, wie erfolgreich die Strategie war, er haßte es lediglich, kostenlos etwas abzugeben. Doch seine Neffen und Frank Robinson redeten ihm immer wieder gut zu, und er machte weiter. Die Menschen probierten ihr Glas Coca-Cola, es schmeckte ihnen, und sie erzählten ihren Freunden davon.

Das Unternehmen blühte auf. Coca-Cola überlebte die Wirtschaftskrise von 1893 mit erstaunlicher Leichtigkeit und demonstrierte (wie die Depression später bewies), daß die Leute auch in den wirtschaftlich schlechtesten Zeiten immer noch einen Nickel übrig haben, um sich ein kleines Vergnügen zu gönnen. Der Umsatz nahm während der »Fröhlichen Neunziger« von Jahr zu Jahr stetig zu und erreichte am Ende des Jahrzehnts 281 000 Gallonen. Die Sirupfabrik wurde verlegt und zweimal vergrößert, um die gestiegene Nachfrage zu befriedigen. Ein immer breiterer Strom von Kunden erschien im Frühling wie im Sommer in den örtlichen Drogerien, drängte sich vor dem Marmortresen der Soda Fountains und bestellte Coca-Cola.

Allerdings benutzten sie nicht immer den richtigen Namen des Getränks. Immer öfter hörte man Bestellungen wie »geben Sie mir ein Dope« oder »eine Coke, bitte« oder »Ich brauche wieder einen Schuß«. Es gab eine Kehrseite der Erfolgsstory von Coca-Cola, eine Flüsterpropaganda neben der offiziellen Werbung. Die Leute glaubten, daß Candler irgend etwas in sein Getränk mixte, und sie waren überzeugt, daß dieses Etwas Kokain war.

Im Sommer 1891 zapfte Candler einen knappen Liter Sirup aus einem 10-Gallonen-Faß und schickte ihn an Dr. H. R. Slack in LaGrange, Georgia.

Dr. Slack war der Präsident der Pharmazeutischen Gesellschaft von Georgia und gleichzeitig chemischer Sachverständiger des Georgia State Board of Pharmacy. Candler bat ihn, den Sirup zu analysieren und festzustellen, ob darin Kokain enthalten sei.

Ja, antwortete Dr. Slack, es sei tatsächlich nachzuweisen. Er fügte jedoch hinzu:»Die Kokainmenge ist so gering, daß es einfach unmöglich ist, allein vom Coca-Cola-Genuß süchtig zu werden. Man müßte schon an die dreißig Gläser, wie sie in den Trinkhallen ausgeschenkt werden, hintereinander trinken, um eine wirksame Dosis der Droge zu sich zu nehmen.«

Der Slack-Report stellte für Candler eine Herausforderung dar. Er und Robinson waren der Auffassung, sie hätten jegliches Kokain aus ihrem Coca-Cola eliminiert oder zumindest bis auf einen nicht mehr nachweisbaren Rest reduziert, als sie das Rezept drei Jahre zuvor modifiziert hatten. Nun schien es, als ließen sich, ganz gleich wie gründlich sie den Kokablätterextrakt verminderten, durch eine sorgfältige chemische Analyse noch immer Spuren von Kokain finden. Und nicht nur einen winzigen unschuldigen Rest: Eine »normale Dosis« Kokain, wie sie in jener Zeit von den meisten Apothekern definiert wurde, betrug ein ganzes Gran, also circa 70 Milligramm.

Wenn in einem Glas Coca-Cola nun ein Dreißigstelgran enthalten war, hatte das zur Folge, daß überzeugte Coca-Cola-Trinker tatsächlich nach mehreren Gläsern irgendeine Wirkung spüren könnten. Candler konnte sich das Risiko nicht leisten, auch nur eine winzige Menge Kokain in seinem Getränk zu belassen, schon gar nicht im Hinblick darauf, daß Frauen und Kinder zu den zahlreichen Coca-Cola-Fans zählten.

Aber ebensowenig konnte Candler den Kokablätterextrakt einfach weglassen. Nach der Erläuterung des Markenzeichengesetzes von 1881, die ihm seine Anwälte geliefert hatten, ging Candler davon aus, daß der Name seines Produkts einen beschreibenden Charakter haben und daß wenigstens ein Nebenprodukt des Kokablattes (sowie etwas Kola) im Sirup enthalten sein müsse, damit sein Nutzungsrecht an dem Namen Coca-Cola gesichert war. Den Namen zu schützen, war sein entscheidendes Anliegen. Candler hatte nämlich kein Patent auf den Sirup selbst angemeldet. Jeder hatte das Recht, eine Imitation zu mixen. Aber niemand durfte für eine Imitation das Markenzeichen »Coca-Cola« verwenden, solange Candler dieser Name gehörte. Der eigentliche Wert steckte in dem Namen, und das eingetragene Warenzeichen war sein einziger Schutz. Die Kokablätter mußten weiterhin im Sirup enthalten sein.

Candler und Robinson kehrten ins Labor zurück und nahmen eine weitere Änderung des Rezepts in Angriff. Sie erzeugten schließlich eine Mischung aus Koka- und Kolaextrakt, die fast überhaupt keine aktiven Bestandteile mehr hatte. Die Kokablätter und die Kolanüsse wurden (in einem Verhältnis von drei zu eins) zusammengemischt und zu Pulver zermahlen. Das Pulver wurde in eine rechteckige, wasserdichte Holzkiste gefüllt, vierundzwanzig Stunden lang in Äthylalkohol, Weißwein und phosphorsaurem Kalk eingelegt und anschließend mit kochendem Wasser aufgeschüttet. Die daraus entstehende bittere Flüssigkeit hatte eine hellbraune Farbe und wurde von den Fabrikarbeitern »Tee« getauft. Offiziell erhielt die Substanz in der Geheimformel die Bezeichnung »Merchandise No. 5«. Nur anderthalb Unzen (circa 30 Gramm) der Substanz kamen in eine Gallone Sirup.

Soweit Candler es beurteilen konnte, war Coca-Cola nun vollkommen kokainfrei. Und hätte er das öffentlich kundgetan, hätten sich einige Dinge sicherlich völlig anders entwickelt. Candler wollte, daß sein Getränk einen guten Ruf hatte und daß es etwas mehr war als reines »Zuckerwasser«, wie andere Erfrischungsgetränke abfällig genannt wurden. Aber aus irgendeinem Grund konnte Candler sich nicht dazu überwinden, von der suggestiven, übertriebenen Sprache der ersten Reklameanzeigen für Koka und Kola als Universalarzneien abzugehen.

In seinen Begleitbriefen zu den Gutscheinen schrieb Candler, daß Coca-Cola eine »wissenschaftliche Kombination« von Koka und Kola sei und Kopfschmerzen lindere, die Nerven beruhige, die Muskeln kräftige und für »geistige Klarheit« sorge. Er veröffentlichte eine Broschüre, in der es hieß, Coca-Cola erneuere »die Kräfte des Verstandes«. Sogar noch um die Jahrhundertwende behauptete eine Coca-Cola-Werbeschrift: »Es handelt sich nicht nur um einen wohlschmeckenden Sirup, sondern er enthält in beachtlicher Menge die Wirkstoffe des Erythroxylon, der südamerikanischen Kokapflanze, die weltweit den Ruf genießt, bei extremen Erschöpfungszuständen für die Mobilisierung neuer Kraftreserven zu sorgen; außerdem bekämpft er wirksam geistige und körperliche Müdigkeit und nervöse Überreizung.«

Es scheint, als wäre Candler, ein Mann von so außerordentlicher Tugend, daß er die jährlichen Betriebsversammlungen der Firma damit begann, daß er zuerst einmal das Lied »Onward Christian Soldiers« anstimmte, der Versuchung erlegen. Er wollte das eine haben, ohne das andere zu lassen. Er trat allen Vorwürfen, Coca-Cola sei suchterzeugend, mit Entschiedenheit entgegen. »Wie Sie zweifellos wissen«, schrieb er einem Prediger, »gedenke ich nicht, mit einem Gift Geschäfte zu machen.« Er erklärte 1892 gegenüber der Atlanta Daily World, daß er sein Unternehmen sofort schließen würde, wenn jemand ihm einen einzigen Fall von Kokainabhängigkeit nachweisen könne. Dennoch gab es keine klare Verneinung, keine unmißverständliche Erklärung, daß in Coca-Cola kein Kokain enthalten sei, und er ließ auch nicht ab von seiner marktschreierischen Werbetaktik. Candler deutete an, daß seine Limonade eine heilende, vielleicht sogar eine berauschende Wirkung habe, obgleich dies in keiner Weise zutraf.

Und die Leute glaubten ihm. Schließlich war Coca-Cola belebend. Es versetzte denen, die es tranken, einen regelrechten Energiestoß. Ein Glas Coca-Cola hatte die gleiche Wirkung wie eine Tasse Kaffee mit drei oder vier Stückchen Zucker. Dank der Geheimniskrämerei um das Rezept wußte niemand genau, was diese anregende Wirkung auslöste, aber es fiel leicht, sich vorzustellen, daß der Effekt dem Kokain zuzuschreiben war. Die Kunden gingen dazu über, ein Glas Coca-Cola als »eine Dosis« zu bezeichnen. Sogar einige von Candlers besten Freunden, unter ihnen Joseph Jacobs, dessen Drugstore der Schauplatz des ersten Coca-Cola-Ausschanks war, glaubten, daß das

Getränk die Droge enthielt. Diese Vorstellung entwickelte sich schon bald zu einer Art Glaubensinhalt und fand, vor allem im Süden, Eingang in den allgemeinen Legendenschatz. Damit war die Doppelexistenz von Coca-Cola, hier Mythos, dort Realität, endgültig begründet.

Das blieb nicht ohne Folgen.

Als die Regierung in ihren 20 Jahre währenden Zermürbungskrieg gegen Coca-Cola eintrat, war der eigentliche Auslöser nicht das Kokain. Sondern es ging um Geld.

Um die Finanzierung des Spanisch-Amerikanischen Krieges zu gewährleisten, erließ der Kongreß eine Stempelgebühr auf Arzneien, die ab 1. Juli 1898 fällig war. Die Steuer erstreckte sich auf jede »Art von Verpackung, sei es Schachtel, Karton, Tiegel oder Flasche, die Pillen, Pulver, Tinkturen, Pastillen, Tabletten, Sirupe, Liköre, Bitter, Schmerzmittel, Tonika . . . und sonstige medizinischen Präparate oder Mixturen enthält«. Es war eine umfassende Liste, aber trotzdem gaben Vertreter des United States Internal Revenue Office zu, daß sie ihre Zweifel hatten, ob das Gesetz auch Coca-Cola einschloß.

Candler schickte sofort seinen Bruder John nach Washington, um Einspruch einzulegen mit der Begründung, Coca-Cola sei ein Erfrischungsgetränk und keine Arznei, und für die nächsten drei Monate kam es in dieser Frage zu keiner Entscheidung. Am Ende verwies der zuständige Finanzbeamte jedoch auf die Bemerkungen über die Heilwirkung in der Werbung des Unternehmens und erteilte dem zuständigen Steuereintreiber für Georgia die Anweisung, die Abgaben entsprechend dem Gesetz einzufordern. Asa Candler protestierte heftig. In den drei Jahren, die das Gesetz Gültigkeit hatte, kamen 29 502 Dollar zusammen, die er widerstrebend an die Regierung berappte. Dann, noch ehe das Gesetz im Jahr 1901 formell widerrufen wurde, reichte er Klage auf Rückzahlung der Summe inklusive Zinsen ein.

Gegen die Regierung zu prozessieren war ein riskantes Unterfangen, und das war Candler durchaus klar. Von einem rein finanziellen Standpunkt aus war die Klage absurd. Im Dezember 1898 hatte Candler auf den Stufen der nagelneuen Firmenzentrale von Coca-Cola in Atlanta gestanden und verkündet, daß das sich über einen ganzen Block erstreckende, dreistöckige Flacheisengebäude »für alle Zeiten unseren sämtlichen Anforderungen entsprechen dürfte«. Nur drei Jahre später platzte das Unternehmen auch dort aus allen Nähten. Bis 1901 betrug der jährliche Ausstoß von Coca-Cola-Sirup fast

500 000 Gallonen, und die Bruttoeinnahmen des Unternehmens näherten sich der Millionengrenze. Candler hatte Fabriken in Dallas, Chicago, Baltimore und Los Angeles und Verkaufsbüros in Philadelphia, New York und in einigen anderen Städten eröffnet. Obgleich die Verkäufe im Süden am höchsten waren, wurde Coca-Cola allmählich zu einem bundesweit gefragten Produkt und war in jedem U.S.-Staat zu bekommen.

Mit Blick nach vorn auf das Jahr 1902 rieb Candler sich erwartungsvoll die Hände. »Wenn unsere Umsätze genauso gut sind wie im vergangenen Jahr«, erklärte er seiner Familie, »dann wird das nächste Jahr zu einem finanziellen Erfolg.« Er verkaufte seinen Sirup so schnell, wie er ihn produzierte. Dem Unternehmen gingen sogar die cremefarbenen Porzellankrüge aus, die die Drogisten als Belohnung erhielten, sobald sie die ersten 35 Gallonen Sirup verkauft hatten. Die Geschäfte liefen bestens. Der Regierung ein paar tausend Dollar zu überlassen, hätte keinen Schaden angerichtet, zumal die Steuer nur über einen befristeten Zeitraum erhoben wurde.

Aber Candlers Persönlichkeit kam mit ins Spiel, und ein Vorfall aus der gleichen Zeit erklärt vielleicht, weshalb er so reagierte. Candlers ältester Sohn, Howard, der in New York für das Unternehmen arbeitete, stellte fest, daß einer seiner Vertreterkollegen Trinker war, und berichtete seinem Vater davon. Asa Candler schickte dem Leiter der New Yorker Filiale Anweisungen, den Fall zu überprüfen. »Ich habe es nie geduldet, daß jemand mit schlechtem Lebenswandel weiterhin in irgendeiner Form für dieses Unternehmen tätig ist, nachdem seine Verfehlungen bekannt wurden«, schrieb Candler. Dem Mann müsse gekündigt werden, aber nur dann, wenn »zweifelsfreie Beweise« vorlägen und wenn Howards Beschuldigung von dritter Seite bestätigt würde. Candler wollte sich nicht nur auf die Information seines Sohnes verlassen. Der Filialleiter erhielt den Auftrag, sich ein Bild von der Einsatzbereitschaft des Verkäufers zu machen und darüber zu berichten. Und es gab noch eine letzte Anweisung. Der Bericht, so verlangte Candler ausdrücklich, sollte auf ein Telegramm »von nicht mehr als zehn Worten« beschränkt sein. Kurz gesagt, Candler war ein anspruchsvoller, gerechter Mann – und ein bemerkenswert geiziger dazu. Er konnte einfach den Gedanken nicht ertragen, der Regierung eine Steuer zu zahlen, deren Berechtigung er bestritt.

Candler engagierte Reuben Arnold, einen der streitbarsten Anwälte von Atlanta, um seinen Fall zu vertreten. Arnold reichte die Klage beim U.S. District Court in Atlanta ein und forderte die

Rückzahlung der Steuer mit der Begründung, daß Coca-Cola »ausschließlich in Soda Fountains verkauft würde und daß es sich um ein kaltes und erfrischendes Getränk handle«.*

Die Regierung wartete nicht lange mit einer Antwort. Die Coca-Cola Company, so behauptete das Finanzamt, sei zum Zweck des Verkaufs von Medikamenten gegründet worden, und das Produkt sei ein »medizinisches Präparat« mit mindestens drei Drogen, die nach einem geheimen Rezept gemischt würden. Es werde in der Werbung als Heilmittel gegen Kopfschmerzen und Erschöpfung und gegen andere körperliche Beschwerden empfohlen. Überdies, so sagte die Regierung, enthalte Coca-Cola »die Droge und Arznei Kokain«.

Die letzte Beschuldigung war möglicherweise der schwerste und gefährlichste Vorwurf der Regierung, aber sie erwies sich schon bald als voreilig. Im Zuge der Vorbereitungen auf den Prozeß beauftragte das Bundesfinanzamt einen Chemiker, Dr. Charles A. Crampton aus Washington D. C., damit, eine Probe des Coca-Cola-Sirups zu analysieren. Aber auch nach mehreren Versuchen war er nicht in der Lage, einen Beweis für das Vorhandensein von Kokain zu erbringen. Die Klage ließ sich daher in der vorgebrachten Form nicht aufrechterhalten.

Als Asa Candler in den Zeugenstand trat, führte der Anwalt der Regierung, der stellvertretende District Attorney George L. Bell, das Kreuzverhör durch. Anfangs machte er nur wenige Fortschritte. Als er zum Beispiel fragte, weshalb Coca-Cola in der Reklame als Kopfschmerzmittel angepriesen wurde, erwiderte Candler streitbar: »Weil es Kopfschmerzen beseitigt.« Candler sagte aus, daß Coca-Cola vorwiegend aus Wasser und Zucker bestehe, und fuhr fort, daß Koka und Kola nur deswegen hinzugefügt würden, weil anderenfalls »die Regierung der Vereinigten Staaten uns kein Copyright zugestehen wurde«. Schließlich, als fiele es Bell erst nachträglich ein, stellte er Candler die Frage: »Ist Kokain darin?«

»Eine sehr geringe Menge«, antwortete Candler.

Bell war verblüfft. »Tatsächlich?« fragte er.

»Ihr Chemiker hat es nicht gefunden«, schnappte Candler, und in seiner Stimme lag ein zufriedener Ausdruck, »oder etwa doch?«

Candler konnte seinen Triumph nur kurze Zeit auskosten. Bell biß sich an diesem Punkt fest. Gab Asa Candler unter Eid zu, daß *Kokain* in Coca-Cola enthalten sei? »Wahrscheinlich ist es vorhanden«, sagte

---

* Die Klage nannte Henry A. Rucker, den staatlichen Steuereinnehmer für den Staat Georgia, als Beklagten und ist daher als Rucker-Prozeß bekannt geworden.

Candler, »eine winzige Menge nur. Ja, Sir.« Was war geschehen? Durch eine wundersame Fügung des Schicksals hatte die Coca-Cola Company für den Prozeß einen eigenen Gutachter engagiert, um die Beweise und die Anschuldigungen zu widerlegen, die die Regierung ihrer Meinung nach präsentieren würde. Niemand in der Firma hatte auch nur im Traum damit gerechnet, daß die Regierung damit scheitern würde – und ebensowenig hatte niemand erwartet, daß der eigene Gutachter, Dr. George F. Payne, der Vorsitzende des Georgia State Board of Pharmacy, zu dem Ergebnis käme, daß in dem Sirup noch immer eine Spur Kokain nachweisbar war. Aber genau das tat er.

Indem er raffinierte Analysemethoden anwendete, die seinem staatlichen Konkurrenten entweder nicht zur Verfügung standen oder sogar gänzlich unbekannt waren, rechnete Dr. Payne aus, daß der Coca-Cola-Sirup etwa ein Vierhundertstelgran Kokain pro Unze enthielt. »Es war im Grunde nur eine winzige Spur«, sagte er während des Prozesses aus, ». . . auf keinen Fall genug, um irgendeine feststellbare Wirkung hervorzurufen. Ein Mensch würde platzen, ehe er genug trinken könnte, um von dem Kokain aktiviert zu werden.«

Die Befragung der Gutachter wandte sich schnell dem Problem zu, ob die winzige Menge Kokain das Getränk zu einer echten Gefahr für die Volksgesundheit mache. Dr. Payne war der Auffassung, daß hundert Gläser Coca-Cola nötig seien, bevor man eine Wirkung des Kokains spüren könne. Candler verdoppelte diese Zahl noch: Es sei wohl realistischer, von zweihundert Gläsern Coca-Cola auszugehen. Die Regierung rief daraufhin Dr. J. P. Baird auf, den Präsidenten der Ärztevereinigung von Georgia, der aussagte, daß Coca-Cola eindeutig süchtig mache. »Leute, die es ständig trinken«, sagte er, »scheinen im Laufe der Zeit mehr oder weniger davon abhängig zu werden.« Aber das Kokain, fügte er hinzu und schwächte damit die Wirkung seiner These ab, sei gewiß nicht die Ursache für diese Art von Abhängigkeit, weil die vorhandene Menge einfach zu gering sei. Ein anderer von der Regierung aufgerufener Arzt erklärte mit dem Brustton der Überzeugung: »Ich kenne einen Gentleman, bei dem Coca-Cola eine sehr seltsame Reaktion hervorruft. Wenn er ein Glas trinkt, findet er aus eigener Kraft nicht mehr den Weg nach Hause.«

Zuletzt trat der leitende Chemiker der Regierung, Dr. Crampton, in den Zeugenstand. Coca-Cola bestehe vorwiegend aus Zucker und Wasser, sagte er aus, aber es enthalte auch Kokain. Wieviel? wurde er gefragt. »Eine sehr geringe Menge«, antwortete er vage. Als der Anwalt der Firma, Arnold, ihn ins Kreuzverhör nahm und ihm vorhielt, daß es ihm nicht gelungen sei, überhaupt Kokain nachzuweisen, zerfiel Dr. Cramptons Gutachten rasch in ein Häuflein fragmentarischer Aussagen. Er behauptete (entgegen der Sachlage), daß die einzige Methode, die Existenz von Kokain zu überprüfen, darin bestehe, es zu kosten und den Effekt auf der Zunge wahrzunehmen. »Es gibt kein genaues Testverfahren«, erklärte er, »außer die Wirkung auf den Organismus zu beobachten.« Und habe er einen solchen Test durchgeführt? Ja, erwiderte er. Er habe einen Liter (oder zumindest den Teil eines Liters) Coca-Cola-Sirup eingekocht, verschiedene Lösungsmittel hinzugefügt und extrahiert und dann die übrigbleibende Substanz mit der Zungenspitze getestet. Er deutete an – ohne es ein einziges Mal ausdrücklich zu erklären –, daß seine Zunge von den Rückständen des Coca-Cola-Sirups taub wurde. Dann verließ er ziemlich hastig den Zeugenstand, nachdem beide Parteien auf seine weiteren Aussagen verzichtet hatten.

In den Prozeßunterlagen findet sich nirgendwo eine Erklärung für Dr. Cramptons unvollständige und verwirrende Aussage. Eine einleuchtende Theorie besagt, daß beide Parteien sein Auftreten für peinlich hielten und die Anwälte entschieden, daß die beste Strategie wohl sei, ihn schnellstens aus dem Gerichtssaal zu entfernen. So oder so hätte es sowieso keine große Bedeutung gehabt – die aus zwölf loyalen Bürgern Georgias bestehende Jury entschied nach einer Beratung, die weniger als 15 Minuten dauerte, zugunsten der Coca-Cola-Company –, jedoch wurde Dr. Cramptons Aussage in mehreren späteren Prozessen aus der Schublade geholt und fand sogar Eingang in ein bedeutendes Urteil des U. S. Supreme Court, das Jahre später von Oliver Wendell Holmes jr. formuliert wurde. Dr. Cramptons Aussage wurde irrtümlich als überzeugender Beweis dafür herangezogen, daß Coca-Cola früher einmal genug Kokain enthalten habe, um auf der menschlichen Zunge ein taubes Gefühl zu erzeugen, und diese anschauliche Vorstellung gelangte schnell ins öffentliche Bewußtsein und später sogar in die Geschichtsbücher.

Candler bekam seine 29 502 Dollar zurück, doch um einen hohen Preis. Er war überzeugt, daß die eigentliche Absicht der Regierung darin bestanden hatte, ihn zu bestrafen, indem sie sich über das Geheimrezept von Coca-Cola informierte und dieses dann den potentiellen Imitatoren auf der ganzen Welt zugänglich machte, die daraufhin den Markt mit billigen Ersatzprodukten überschwemmen würden. Tatsächlich waren bereits eine ganze Menge Nachahmer am Werk, und sie brauchten nicht die Enthüllungen des Rucker-Prozesses, um einen Sirup zusammenzubrauen, der dem Coca-Cola-Sirup ziemlich ähnlich war. (Wenn der Prozeß überhaupt irgend etwas bewirkte, so verwirrte er wahrscheinlich die Imitatoren: Als Candler nämlich in seine Aussage auf die Bestandteile des Sirups zu sprechen kam, erwähnte Candler auch »Kassia«, den chinesischen Zimtbaum, und der Gerichtsstenograph verstand ihn nicht richtig und schrieb statt dessen »Kalzium« hin. Jeder, der versuchte, eine Kopie des Coca-Cola-Sirups zu vervollkommnen, indem er eine Prise Kalzium hinzufügte, hätte am Ende ein ziemlich niederschmetterndes Ergebnis erhalten, bei dem sich die Zunge heftigst gesträubt hätte.) Nein, der wahre Schaden für Candler und Coca-Cola entstand außerhalb des Gerichtssaales, wo ein erdrutschartiger Umschwung der öffentlichen Meinung über das Kokain soeben einzusetzen begann.

In den neunziger Jahren des vorigen Jahrhunderts kamen die meisten Angriffe gegen das Kokain von Ärzten, die allmählich feststellten, daß ihre Wunderdroge schlimme Nebenwirkungen hatte, und von vereinzelten Predigern – gewöhnlich aus Kreisen der evangelischen Kirche –, die vor der Vergiftung der Seele warnten.

Zeitungen zogen gelegentlich über die Übel von Coca-Cola her, wie es der Richmond (Virginia) State im Jahr 1895 tat. »Dem Namen nach«, schrieb ein Redakteur, »enthält es Kokain, das genauso schädlich ist wie Opium. Wenn man Coca-Cola zum ersten Mal probiert, hat es einen alles andere als angenehmen Geschmack, allerdings einen sehr einschmeichelnden, der angeblich immer besser wird, bis man, wenn man einmal damit angefangen hat, in einer Soda Fountain nichts anderes mehr trinken mag.« Einer der Kunden der Coca-Cola Company in Richmond, ein Zigarren- und Mineralwasserhändler namens Branch Allen, schickte den Zeitungsausschnitt nach Atlanta mit einer Notiz, die seine Unbekümmertheit in diesem Punkt deutlich machte: »Halte es für besser, darüber zu schweigen, es sei denn, die Kunden beschweren sich.«

Ein typischer Vorfall ereignete sich 1897 in Newport News, Virginia. Ein Drogist wurde mit dem Vorwurf vor Gericht zitiert, Coca-Cola an einem Sonntag verkauft zu haben. Die Anklage präsentierte einen Gutachter, Dr. Samuel Hobson, der aussagte, daß Coca-Cola eine eindeutig stimulierende Wirkung habe und daß ein Genuß über einen längeren Zeitraum hinweg »schädlich sei und bewirke, daß man ›Coca-Cola-süchtig‹ werde«. Unbeeindruckt entließ der Richter den Drogisten lediglich mit einer Verwarnung.

Aber dann änderte sich die allgemeine Haltung mit der Geschwindigkeit einer Flutwelle. Um die Jahrhundertwende breitete sich im

Süden die Angst vor Kokain aus, und wie es sich in dieser Region häufig ergab, war der Auslöser das Rassenproblem. Die örtlichen Prohibitionsgesetze legten große Teile des Südens trocken, und in einigen Fällen wandten sich die Schwarzen – wie auch andere Arme, die sich keinen schwarzgebrannten Schnaps leisten konnten – auf der Suche nach einem Ersatz dem Kokain zu. Das Mitteilungsblatt der American Medical Association berichtete im Juni 1900, daß die Schwarzen im Süden zunehmend vom Kokainschnupfen abhängig würden, und schon nach kurzer Zeit machten die wildesten und schlimmsten Geschichten die Runde. Ein Colonel J. W. Watson aus Georgia kam in der New York Tribune zu Wort und verlangte juristische Schritte gegen Coca-Cola, weil »viele der furchtbaren Verbrechen, die im Süden der Vereinigten Staaten von Schwarzen begangen werden, direkt der Kokainsucht zugeschrieben werden können«. Es gab Berichte, daß Kokain Schwarzen – vor allem männlichen Schwarzen – übermenschliche Kräfte verleihe, und einige Polizeiorganisationen in den Südstaaten tauschten ihre 32er Dienstrevolver gegen 38er Modelle aus, die, wie man allgemein annahm, wirkungsvoller waren, wenn es darum ging, Schwarze im Kokainrausch zu stoppen.

Diese schaurigen Gerüchte beschränkten sich nicht nur auf »Negerhasser«. Das Komitee für Drogenabhängigkeit, eine Studiengruppe, die von der Amerikanischen Pharmazeutischen Gesellschaft eingesetzt worden war, meldete im Jahr 1902, daß liederliche Frauen und Schwarze besonders anfällig seien für die Kokainsucht und, wenn sie die Droge geschnupft hätten, »völlig durchdrehten«.

Als wäre das noch nicht genug, regte sich auch heftiger Widerstand gegen den Kolaextrakt. Die Anbieter von Kola standen noch immer vor der Wahl, entweder ihren Kreuzzug für die Droge fortzusetzen und dem amerikanischen Verbraucher ihre angebliche Wunderwirkung anzupreisen, oder zuzugeben, daß die aktive Substanz nichts anderes als Koffein war. In den neunziger Jahren des vorigen Jahrhunderts modifizierten sie ihre Werbekampagne und wandten sich vorwiegend an Amateursportler und an die wachsende Schar von Fitneßfanatikern, vor allem jene, die dem neuen Sport des Radfahrens frönten. Indem sie sich eines gewissen Rassenmythos bedienten, versicherten einige Hersteller dreist, daß Kola – ursprünglich ein in Afrika beheimatetes Gewächs – die Quelle der Körperkraft vor allem Farbiger sei. Johnson & Johnson, zum Beispiel, starteten einen aggressiven Werbefeldzug für ihr Kolaextraktprodukt, Kolafra. »Kolafra«, so hieß es in der Broschüre, die das Unternehmen 1897 (mit der holzschnittähnlichen Darstellung eines imposanten Schwarzen mit nacktem Oberkörper auf dem Titelblatt) herausgab, »stillt den Durst unter allen denkbaren Bedingungen. Afrikanische Wilde marschieren meilenweit unter einer glühenden Tropensonne, tragen dabei schwere Lasten auf dem Kopf und brauchen weder Wasser noch Verpflegung. Sie stillen ihren Durst und ihren Hunger durch den ausgiebigen Genuß des köstlichen Kolafra.«

In einigen Inseraten wurden die übelsten Klischees wiedergekäut. Indem erneut auf den importierten Kolaextrakt als Hauptstärkungsmittel der Sklaven auf den Westindischen Inseln hingewiesen wurde, kam in einer anderen Johnson & Johnson-Broschüre ein Reisender zu Wort und erzählte: ». . . Man muß sie auf den Feldern arbeiten gesehen haben, mit nacktem Oberkörper und nur mit einem Lendenschurz um die Hüften. Nichts kann herrlicher sein als der Anblick ihrer sich geschmeidig bewegenden Gestalten, wenn sie am frühen Morgen in den Fluten des Ozeans baden. Kräftige Muskeln, so hart wie Mahagoni; Erscheinungen von anatomischer Eleganz und Symmetrie, perfekt vom Scheitel bis zur Sohle − Nachkommen Apolls in Bronze und Gold . . .«

Es überrascht sicher nicht, daß die sensationellen Vorstellungen, die zum Thema Kolaextrakt veröffentlicht wurden, auch das Feuer rassistischer Ängste schürten. Ein selbsternannter medizinischer Experte sprach die Warnung aus, daß Kola auch ein herzstärkendes Mittel sei, das Schwarze durchaus vertrugen, »weißhäutige Menschen« jedoch nicht.

Es hatte kaum eine Bedeutung, daß Coca-Cola nicht mehr als nur winzige Spuren der in seinem Markennamen vertretenen Drogen enthielt. Die Menschen bekamen Angst. Ein Arzt in Augusta, Georgia, meldete, daß seine Stadt sich zusehends mit »Coca-Cola-Süchtigen« fülle, deren Gier nach ihrer Droge sicherlich genauso ausgeprägt war wie die der Opiumsüchtigen. »Jeder Bestandteil in Coca-Cola ist ein Gift«, warnte die Daily News von Wilson, North Carolina, ihre Leser, »und es dauert sicherlich nicht mehr lange, da kann jedes unselige Opfer dieses verderblichen Getränks, wie ein Opiumsüchtiger aus dem Fernen Osten, die Hand seines Nachbarn ergreifen und sagen, ›Bruder, was fehlt dir, daß du zu einem solchen schrecklichen Heilmittel greifst?‹«

Überall im Lande begannen Stadträte und staatliche gesetzgebende Körperschaften die Verwendung von Kokain in Universalarzneien einzuschränken oder gänzlich zu verbieten. In Pennsylvania wurde zum Beispiel 1903 ein Gesetz verabschiedet, nach dem Kokain nur auf ärztliches Rezept zu bekommen war. In einigen Fällen richteten die Gesetze sich direkt gegen Coca-Cola. Gesetzgeber in Mississippi dachten kurze Zeit an ein Gesetz, das jeden, der in einem Drugstore eine Coke trank, zwang, sich in einer Liste als Käufer von Betäubungsmitteln einzutragen. In Virginia erschienen Asa Candler auf einmal Angriffe gegen sein Erfrischungsgetränk, die wenige Jahre vorher noch gefahrlos ignoriert werden konnten, ziemlich unheimlich. In einem Brief an seinen Sohn im August 1902 schrieb er:

»Aus Gründen, die ich nicht verstehen kann, scheint man in Virginia ernsthaft Versuche zu unternehmen, Coca-Cola zu schaden. Soeben wurde hier ein Fall untersucht, in dem von einem Landarzt der Vorwurf ausgesprochen wurde, daß ein Mann durch den übermäßigen Genuß von Coca-Cola in den Selbstmord getrieben wurde. Wir haben den Fall genau beobachtet und am Ende festgestellt, womit wir längst gerechnet hatten, nämlich daß der Bursche starker Alkohol- und Teetrinker sowie exzessiver Raucher war, also jemand, der zum Übermaß neigte. Er hatte außerdem die Angewohnheit, bereits am frühen Sonntagmorgen Coca-Cola zu trinken, um die Folgen seiner Ausschweifungen vom Tag zuvor etwas zu lindern . . . Die größte Gefahr, die uns jetzt droht, ist die, daß unsere Feinde am Ende Erfolg haben könnten bei der Schaffung eines Gesetzes, das den Verkauf von Coca-Cola verbietet.«

Nach dem Rucker-Prozeß begriff Candler allmählich, wie gefährlich es war, wenn die Verbindung zwischen Coca-Cola und Kokain fortbestand. Bisher zumindest hatte die Öffentlichkeit sich nicht gegen sein Getränk ausgesprochen. Die Verkaufszahlen stiegen noch immer. Aber jede weitere negative Publicity drohte sich verheerend auszuwirken. Als erste Maßnahme, so entschied Candler, müsse die Methode, die er und Robinson zur Herstellung von Merchandise No. 5 entwickelt hatten, geändert werden. Sie war einfach nicht gut genug. Ein Vierhundertstelgran Kokain pro Unze Coca-Cola-Sirup stellte vielleicht keinerlei gesundheitliches Risiko für die Öffentlichkeit dar, doch es reichte aus, um ernste Probleme – juristischer, politischer und wirtschaftlicher Art – überall im Lande aufzuwerfen.

Mit der Bitte um Hilfe wandte Candler sich an den größten Kokainproduzenten der Vereinigten Staaten. Es mutete wie eine eher paradoxe Entscheidung an, doch Candler dachte sich, daß ein Experte im Extrahieren von Kokain aus Kokablättern vielleicht auch wußte, wie man *alles* Kokain entfernte, so daß ein Stoff übrigblieb, den man gefahrlos Coca-Cola beimengen konnte. Im Juni 1903 bestieg Candler einen Zug nach New York, suchte dort die Büros der Roessler

& Hasslacher Chemical Company auf und konfrontierte deren hauptsächlichen Lieferanten, Dr. Louis Schaefer, mit einer Frage: Könne er einen Kokaextrakt herstellen, aus dem »jede Spur« Kokain entfernt wäre? Ja, sagte Dr. Schaefer, er glaube, das könne er.

Schaefer, ein deutscher Einwanderer, baute in den Schaefer Alkaloid Works, eines von vier chemischen Produktionslabors, die er in Maywood, New Jersey, während der neunziger Jahre des vorigen Jahrhunderts eröffnet hatte, eine ganz spezielle Versuchsanordnung auf. Um die neue Merchandise No. 5 zu entwickeln, schuf er einen neuen Prozeß, der, kurz gesagt, gründlich war: Er begann damit, die Kokablätter zu zermahlen, sie mit Sägemehl zu vermischen und diese Masse mit doppeltkohlensaurem Natron zu tränken. Als nächstes filterte er die Mischung mit Toluol, einem starken Lösungsmittel, das aus Steinkohlenteer gewonnen wird, und setzte dann die derart vorbehandelten Kokablätter glühendheißem Wasserdampf aus. Schließlich fügte er zermahlene Kolanüsse hinzu, »entschärfte« die Mixtur mit Alkohol und beendete den Prozeß, indem er das Endprodukt pasteurisierte. Es erschien nahezu unmöglich, daß das Kokain − oder auch irgend etwas anderes − diese Behandlung überlebt haben könnte. Schaefer produzierte die neue Merchandise No. 5 in Einheiten von 900 Gallonen, verarbeitete 380 Pfund Kokablätter und 125 Pfund Kolanüsse pro Einheit und schickte alles mit der Eisenbahn an die Sirupfabriken der Coca-Cola Company in Atlanta und anderen Städten.

Nach Candlers Ansicht erfolgte die Eliminierung der letzten nachweisbaren Spur Kokain gerade noch rechtzeitig. Die größte Reform, die die Vereinigten Staaten je erfuhren, die Fortschrittsbewegung, begann soeben das Land zu überrollen. Indem sie gegen die Auswüchse des späten 19. Jahrhunderts rebellierten, lenkten streitbare Journalisten und Politiker die kritischen Blicke auf korrupte Geschäftspraktiken auf dem Wohnungsmarkt, in der Industrie, bei den Gewerkschaften, der Eisenbahn, im Bankengewerbe, bei Versicherungen, in der Regierung und auch im Bereich der Volksgesundheit. »Nestbeschmutzer«, wie Präsident Theodore Roosevelt Lincoln Steffens, Ida Tarbell und andere spöttisch nannte, erzeugten eine Reaktion der Empörung, die von dem Abscheu charakterisiert wurde, mit der »Der Sumpf« (»The Jungle«) aufgenommen wurde, der Roman, in dem Upton Sinclair sehr drastisch die Schrecken der Fleischverarbeitung in den Schlachthöfen von Chicago schilderte. Die pharmazeutische Industrie war das Ziel einer ganzen Serie bissiger Artikel mit dem Titel »Der Große Amerikanische Schwindel«, der im

Dezember 1905 in der Illustrierten Collier's begann. Samuel Hopkins Adams enthüllte die Verwendung von Kokain in Universalheilmitteln – darunter auch Hustensäfte und andere Arzneien, die für Kinder gedacht waren, wie zum Beispiel »Mrs. Winslow's Soothing Syrup«, ein Saft gegen Hustenkrämpfe – und erklärte, daß die Verwendung der Droge in einer Arznei eine »schändliche Methode sei, die hilflose Säuglinge betäubt und aus unseren jungen Männern Verbrecher und Huren aus unseren jungen Frauen macht.«

Der Höhepunkt der Fortschrittsbewegung in den Bereichen Ernährung und Medizin war 1906 die Annahme des Pure Food and Drugs Act durch den Kongreß, der unter anderem von jedem Fabrikanten, der in einem seiner Produkte Kokain verwendete, verlangte, darauf gesondert auf einem Etikett hinzuweisen. Einer der Anführer im Kampf um die Annahme des Gesetzes war der Chefchemiker des Landwirtschaftsministeriums der Vereinigten Staaten, Dr. Harvey Washington Wiley. Als das Gesetz 1907 wirksam wurde, war er der oberste Bundesbeamte, der auf seine Einhaltung achtete.

Dr. Wiley glaubte, daß in Coca-Cola Kokain und andere schädliche Zutaten enthalten seien, und er begann einen Kreuzzug, um Asa Candlers Unternehmen zu schließen.

Während eines Gesprächs mit einem Geschäftspartner im Jahr 1906 beschrieb John Candler den überwältigenden Erfolg und die großen Gewinne, deren Coca-Cola sich erfreute. »Aber es ist wie bei einem riesigen Ballon«, warnte er. »Wenn du ein Loch reinmachst, fällt er in sich zusammen und ist weg.«

Genau das hatte Harvey Wiley vor. Wiley war der Ralph Nader seiner Zeit, ein unermüdlicher und leidenschaftlicher Verbraucheranwalt, ein Mann, der von der Schädlichkeit einer Vielzahl von Chemikalien und Nährstoffen in der amerikanischen Nahrungs- und Genußmittelindustrie zutiefst überzeugt war. Er konnte sehr charmant sein und hatte eine gute Nase für öffentlichkeitswirksame Auftritte. Aber er konnte auch ein wilder, absolut unnachgiebiger Kämpfer sein, wenn er sich erst einmal in den Kopf gesetzt hatte, daß er gegen das Böse zu Felde zog.

Im Spätfrühling 1907 reagierte das Verteidigungsministerium auf die Klagen, daß Coca-Cola Kokain und Alkohol enthalte und verbot den Verkauf des Erfrischungsgetränks in den Kantinen und Wachstuben der U. S.-Army-Stützpunkte. Die Daily Times von Leavenworth, Kansas, behauptete, es gebe im benachbarten Fort Leavenworth »zahlreiche ›Cola-Süchtige‹«, und begrüßte diesen Schritt. Als

Anwalt des Unternehmens protestierte John Candler hingegen aufs heftigste. Er verwies auf die Eliminierung des Kokains und erklärte, die Alkoholmenge in dem Sirup sei völlig unbedeutend und unwirksam. Er legte gegen die Entscheidung Widerspruch ein, und das Verteidigungsministerium wandte sich an Dr. Wiley, damit er entsprechende Tests durchführe und alle strittigen Fragen kläre.

Den ganzen Sommer des Jahres 1907 hindurch warteten die Candlers darauf, daß Wiley seine Analysen abschloß, und hofften, daß sie dann wieder die Genehmigung erhielten, Coca-Cola ans Militär zu verkaufen. Aber sie warteten vergeblich. Schließlich, Mitte September, stieg John Candler in einen Eisenbahnzug – ein mühsames Unterfangen mit seinen Fuß- und Beinprothesen – und fuhr nach Washington, um selbst in Erfahrung zu bringen, wodurch das Verfahren sich verzögerte. Wie er später berichtete, verbrachte er zwei Tage in den Fluren des Landwirtschaftsministeriums, redete mit jedem Beamten, dessen er habhaft werden konnte, »von Wiley bis hinunter zum Büroboten«. Danach glaubte er, das Problem erkannt zu haben. Die Untersuchungen des Ministeriums hatten erbracht, daß der Coca-Cola-Sirup kein Kokain mehr enthielt und daß die noch vorhandene Menge Alkohol – die lediglich die Geschmacksstoffe und Merchandise No. 5 konservieren sollte – völlig harmlos war. Aber Wiley hatte erneut Alarm geschlagen und diesmal verkündet, daß das Koffein in Coca-Cola die Gesundheit gefährde. Die chemische Abteilung führte gerade Tests bei einer »Gift-Schwadron« von jungen, männlichen Freiwilligen durch, indem sie große Dosen Koffein an sie verabreichte, um die Schädlichkeit dieser Substanz nachzuweisen.

John Candler machte sich große Sorgen. Er drängte seinen Bruder Asa, Briefe und Erklärungen von Wissenschaftlern und Ärzten zu sammeln, die dem Koffein ein positives Gesundheitszeugnis ausstellten. John Candler, der einen »Überlebenskampf« voraussah, hielt Wiley für publicitysüchtig und glaubte, daß er sich mit Hilfe des Ansehens und des Rufs von Coca-Cola einen Namen machen wollte. Doch auch darin unterschätzte Candler sträflich Einfluß und Hartnäckigkeit seines Gegners. »Ich habe heute vormittag zwei Stunden mit Wiley verbracht«, meldete er seiner Familie. »Ich halte ihn bei guter Laune und suche nach einem Weg, wie ich ihm aus seinem Dilemma heraushelfen kann. Ich glaube, wenn ich ihm einen angenehmen Fluchtweg aufzeigen kann, dann wird er ihn dankbar einschlagen . . .«

Aber Wiley war an einem Rückzug, bei dem er sein Gesicht wahren konnte, überhaupt nicht interessiert. Er glaube fest daran, daß das

Unternehmen an der Verbreitung der »Coca-Cola-Sucht«, wie er es insgeheim nannte, quer durch die Südstaaten schuld war. Seine Einstellung gegenüber dem Süden erklärte sich teilweise aus seinen Erfahrungen im Bürgerkrieg. Als Unteroffizier der Unionsarmee hatte Wiley kurze Zeit in einer Freiwilligeneinheit aus seiner Heimat Indiana gedient und 1864 einige Wochen lang ein Nachschublager in Tullahoma, Tennessee, bewacht. Die Eisenbahnstrecke, die durch Tullahoma führte, war die Transportader für Lebensmittel, Kleidung, Munition und Verstärkung, die nach Süden geschickt wurden, um General Shermans Feldzug zu unterstützen. Die zurückkehrenden Züge brachten dafür verwundete und gefangene Soldaten der Rebellen.

Anstatt in ihm Haß auf den Süden zu wecken, erzeugte der Krieg bei Wiley tiefes Mitgefühl. Ihm taten die Soldaten des Südens leid. Wenn er dienstfrei hatte, so erinnerte er sich später, verbrachte er seine Freizeit in der Krankenstation und unterhielt sich mit den Konföderierten. »Einige hatten einen Arm verloren oder waren am Bein verwundet«, schrieb er später, »aber sie konnten noch immer marschieren. Wenn ich die schönen Uniformen und die gute Verpflegung und die allgemeine positive Erscheinung der Unionssoldaten mit den zerlumpten Uniformen und den ausgemergelten Körpern der Konföderierten verglich, erkannte ich, unter welchen schlimmen Bedingungen unsere Gegner kämpfen mußten.« Wileys Erfahrung vermittelte ihm einen Eindruck vom Süden als einem finsteren, schlimmen Ort – eine Sicht, die sich noch verstärkte, als er von Hakenwürmern befallen wurde und seinen Dienst unter schwerer, chronischer Diarrhöe leidend versah. Diese bewirkte schließlich, daß man ihn »mehr tot als lebendig« nach Hause schickte, von einer ehemals kräftigen Gestalt abgemagert bis auf gerade 108 Pfund.

Als sich die Coca-Cola-Frage erhob, schickte Wiley seinen ersten Stellvertreter, Dr. Lyman Frederic Kebler, auf Inspektionsreise durch den Süden von Richmond bis Memphis, und Kebler berichtete nach Hause, daß die Region ein Dorado der Coca-Cola-»Süchtigen« sei. Bei seinen Besuchen in *soda fountains* in Atlanta, schrieb Kebler, habe er »persönlich beobachtet, daß das Getränk von Kindern im Alter von vier, fünf und sechs Jahren konsumiert wurde«. In vielen Fällen würde es in Krügen mit nach Hause genommen und genauso wie Bier von der ganzen Familie getrunken. Beflügelt durch Keblers schreckliche Meldungen, glaubte Wiley, daß Coca-Cola die Gesundheit und vielleicht sogar die Moral des Südens untergrub. Er hatte nicht die Absicht, von seinem Kampf abzulassen.

Nach und nach begann John Candler zu erkennen, daß Wiley von seiner feindseligen Haltung gegenüber Coca-Cola nicht abgebracht werden konnte. Candler änderte seine Taktik und bat seinen Neffen, Ezekiel S. Candler Jr., den Kongreßabgeordneten aus Mississippi, bei Wileys Chef, dem Landwirtschaftsminister James Wilson, zu intervenieren. Wilson erklärte sich eifrig bereit zu versuchen, den Abschluß von Wileys Analyse des Coca-Cola-Sirups zu »beschleunigen«, aber das klappte nicht. Am 28. September 1907, am Tag, nach dem Minister Wilson seine Bitte geäußert hatte, erschienen Agenten der Chemischen Kommission in Fabriken und Lagerhäusern der Company in Atlanta, Washington, Chicago und Philadelphia und beschlagnahmten Proben der Merchandise No. 5. Es schien, als sei Wiley entschlossen, seine Tests so lange durchzuführen, bis er irgend etwas Beanstandenswertes fand.

Dennoch waren auch noch andere Kräfte am Werk, und sie schenkten den Männern in der Coca-Cola Company ein wenig Hoffnung. Wileys größte Schwäche war genau das, was ihn andererseits so gefährlich machte – sein Eifer. Er war ein fanatischer Gegner fast aller Lebensmittelzusätze, und er hatte die Angewohnheit, den Leuten so lange auf den Geist zu gehen, bis sie in vielen Fällen zu der Überzeugung gelangten, daß er ein wenig verrückt war, und sich gegen ihn wandten. Wiley versuchte zum Beispiel, die Verwendung von Natriumbenzoat in Tomatenketchup verbieten zu lassen. Als nun ein Lebensmittelhersteller argumentierte, daß das Konservierungsmittel aus einem natürlichen, von Gott geschenkten chemischen Stoff in Preiselbeeren gewonnen werde, entgegnete Wiley mit theokratischer Gewißheit, daß »Preiselbeeren viel bekömmlicher wären, wenn der Allmächtige die Benzoesäure weggelassen hätte«.

Bei einer anderen Gelegenheit hielt Wiley während einer Begegnung mit Theodore Roosevelt im Weißen Haus einen leidenschaftlichen Vortrag gegen den Süßstoff Saccharin. Das war ein schrecklicher Fehler. »Präsident Roosevelt starrte mich mit funkelnden Augen an, sein Gesicht war vor Zorn rot angelaufen«, erinnerte Wiley sich später in seiner Autobiographie, »und mit geballten Fäusten stieß er zwischen zusammengebissenen Zähnen zischend hervor: ›Sie meinen also, daß Saccharin schädlich für die Gesundheit ist? Nun, Dr. Rixey gibt es mir täglich. Jeder, der behauptet, daß Saccharin gesundheitsschädlich ist, ist ein Idiot!‹« Wie es der Zufall wollte, verließ der Präsident, der einen lebenslangen Kampf gegen sein Übergewicht führte, sich auf Anraten seines Arztes Dr. Presley Rixey, des Chefarztes der Marine, auf Saccharin. Überzeugt, daß Wiley ein Spinner war, setzte Roosevelt eine unparteiische Kommission beratender wissenschaftlicher Fachleute ein, die Wileys Aktivitäten überwachte – und häufig abwürgte. Wileys direkter Chef, Landwirtschaftsminister Wilson, mißtraute ihm ebenfalls und weigerte sich, irgendeinen von Wileys Fällen zur Anklageerhebung dem Justizministerium zu übergeben, solange nicht mindestens zwei Angehörige der Abteilung für Chemie mit der Entscheidung übereinstimmten.

Sogar die Presse, die Wiley gewöhnlich hätschelte, fand Gelegenheit, sich über einige seiner Aktionen lustig zu machen. Die New York World, die reformfreundliche Zeitung Joseph Pulitzers, brachte einen spöttischen Artikel über Wileys »Limonaden-Kommando«. Es handelte sich um das Dutzend junger Männer, die sich freiwillig zu einem Test von Coca-Cola und anderen koffeinhaltigen Getränken gemeldet hatten. Unter der Schlagzeile »Wiley wittert Dope in der Soda Fountain« stellte die Zeitung mit kaum verhohlener Belustigung fest, daß jeder, der drei Glas Coke pro Tag trinke, am Ende in einem »Anti-Drogen-Sanatorium« landen werde.

Im Oktober 1907, als das Armeeverbot noch immer bestand, beschlossen die Candlers, einen weiteren Vorstoß bei Minister Wilson zu versuchen. John Candler stieg am 10. Oktober im Raleigh Hotel in Washington ab und traf mit Wilson am nächsten Vormittag zusammen. Das Gespräch verlief günstig. Wilson »scheint sich unseren Argumenten anzuschließen«, berichtete Candler seiner Familie, »und sagt, daß er Dr. Wiley erneut um einen ausführlichen Bericht über unsere Produkte bitten wolle. Ich schöpfe allmählich Mut.«

Wilson hielt sich an seine Zusage, und sechs Tage später legte Wiley endlich seine Analyse vor. Coca-Cola, so gab er zu, enthalte kein Kokain, und sie verfüge nur über einen geringen, harmlosen Gehalt an Alkohol. Die Candlers hatten gewonnen. Noch vor Monatsende hob die Armee das Verbot auf, und der Verkauf von Coca-Cola in den militärischen Stützpunkten der Nation wurde wiederaufgenommen. Aber der Tenor von Wileys Bericht war herausfordernd und verärgert. Er beklagte sich bitter darüber, daß er nicht genug Zeit gehabt hätte, um Beweise beizubringen, daß das Koffein in Coca-Cola gesundheitsgefährdend sei, und er machte unmißverständlich klar, daß er weitermachen wolle, bis er es geschafft hatte. Er würzte den Bericht mit den wilden Beschuldigungen seines Stellvertreters Kebler, daß Coca-Cola sowohl von Kindern wie auch von Erwachsenen mißbraucht werde. Ein Drogist in Atlanta wurde mit dem Satz zitiert, daß die Soldaten gerne Alkohol und Coca-Cola mixten und sich einen Highball machten, der sie »völlig durchdrehen läßt«.

Als er Wileys Bericht las, wurde Asa Candler fuchsteufelswild. Er war, schimpfte er, »der unmißverständlichste Beweis dafür, daß Wiley für ein so wichtiges Amt, wie er es innehat, überhaupt nicht geeignet ist. Der Gedanke, einen Mann loszuschicken, damit er alle möglichen Gerüchte aufschnappt, und diese dann ernsthaft zu verwenden, reicht aus, die Vaterlandsliebe von besseren Männern, als ich es bin, zu erschüttern.« Dennoch gab Candler sich damit zufrieden, daß das Verkaufsverbot der Armee aufgehoben wurde, und er nahm an, daß die Menschen die ganze Kontroverse schon bald vergessen hätten. Die übrige Familie drängte ihn, die Erkenntnisse des Berichts zu veröffentlichen und den Sieg von Coca-Cola zu verkünden, doch er weigerte sich. Je weniger darüber geredet würde, erklärte er, desto eher seien Wileys verletzte Gefühle besänftigt und desto schneller würde er wahrscheinlich die ganze Sache fallenlassen.

Candler konnte sich kaum gründlicher getäuscht haben.

Infolge seines Geplänkels mit Wiley verlor Asa Candler allmählich die Lust, Coca-Cola herzustellen und zu verkaufen.

Das Unternehmen verzeichnete Gewinne von zwei bis drei Millionen Dollar im Jahr und machte Candler zum reichsten Mann von Atlanta. Der Stadthistoriker Franklin Garrett konnte sich erinnern, wie kleine Jungs sagten: »Was meinst du denn, wer ich bin? Asa G. Candler?«, wenn sie auf die Bitte eines Freundes reagierten, ihm zehn Cent oder einen Vierteldollar zu borgen. Genauso wie der Name John D. Rockefellers im übrigen Land als Synonym für unbeschreiblichen Reichtum benutzt wurde, wurde Candlers Name in Georgia genannt. Dennoch fand er wenig persönliche Befriedigung in seinem finanziellen Erfolg. Das Geschäft, sagte Candler abfällig, sei »lediglich eine Geldmaschine«.

Wie es sich für einen überzeugten Methodisten und Sonntagsschullehrer gehörte, betrachtete Candler die Versuchungen des Reichtums mit geradezu alttestamentarischer Strenge. »Gebt niemals der Selbstsucht nach«, ermahnte er seine Kinder. »Sie ist ein Tyrann und niemals zufriedenzustellen.« Andere hätten vielleicht Gefallen daran, sich schicke Kleider oder Eintrittskarten für die neuesten Shows zu kaufen, schrieb Candler einmal, »aber ich bin nicht auf die Welt gekommen, um im Luxus zu leben.« Er war berüchtigt für seine Sparsamkeit – wenn die Post in seinem Büro eintraf, dann schlitzte Candler selbst die Kuverts auf, faltete sie auseinander und benutzte sie als Notizpapier –, und er unterwarf sich selbst genauso ernsthaft dieser Sparsamkeit, wie er sie anderen predigte. Da er keine Lust hatte, sein Geld auszugeben, ließ er fast zehn Millionen Dollar als Kassenbestand im Hauptbuch stehen, um spätere Expansionsmaßnahmen direkt zu bezahlen.

Dennoch war Candler kein simpler Geizhals. Er glaubte auch nicht, daß es völlig richtig war, sein Geld zu *sparen*. »Ich halte Geld niemals fest«, erklärte er einmal seinem Bruder, Warren, dem Methodistenbischof. »Geld soll nicht gehortet werden. Ich versuche, mich selbst und alles, was ich habe, stets beweglich zu erhalten.« Candler achtete gewiß darauf, daß seine Familie sich eines angenehmen Lebens erfreute, und seine Kinder wuchsen in einer komfortablen Villa im eleganten Inman Park, Atlantas elegantestem Vorort, auf. Er war ein liebevoller, fürsorglicher Vater. Seine Tochter Lucy – sein »lieber süßer Fisch«, wie er sie gerne nannte – spielte Klavier, und er hörte ihr gerne zu und sang mit. Es war nur so, daß er versuchte, seinen Kindern den Wert der Sparsamkeit beizubringen. Als zwei seiner Söhne sich zu Weihnachten Werkzeugkästen wünschten, kaufte er nur einen einzigen und verlangte von ihnen, daß sie sich diesen Kasten teilten. Im Garten seines Hauses hielt er Hühner.

Geld sollte nach Candlers Auffassung anständig verdient und sinnvoll ausgegeben werden, und es war offensichtlich, daß die Gewinne, die aus den Coca-Cola-Verkäufen eingingen, ihn in beiderlei Hinsicht belasteten. Er war stolz auf eine jahrelange fleißige Arbeit, aber diese Ansammlung von Reichtum, vor allem wenn sie praktisch automatisch stattfand, schien einen wunden Punkt in seinem Bewußtsein zu berühren. Er wollte als Erbe eine greifbare Leistung hinterlassen. Candler hatte viel mehr Freude an seinem blühenden Immobilienreich – er baute Wolkenkratzer in Atlanta, New York und Baltimore und taufte jedes Bauwerk »Candler Building« – als an der Coca-Cola Company.

Und Candler war es leid, das Ansehen seines Produkts und den guten Namen seiner Familie angegriffen zu sehen. Er mochte zwar nicht gerade sehr stolz darauf sein, den Menschen Zucker und Wasser für einen Nickel das Glas zu verkaufen, aber er geriet bei der Unterstellung in Rage, er sei ein Bösewicht, der mit Gift handelte. Die Jahre des ständigen Streits forderten ihren Tribut. Tom Watson, der feurige Populist und Propagandist aus Georgia, nannte Coca-Cola abfällig »Dope« und drängte schließlich die Southern Methodist Church – die Gemeinschaft, die von Candlers eigenem Bruder geführt wurde – dazu, die Werbeinserate der Firma nicht mehr in ihrer Zeitung zu drucken. Warren Candler gab verlegen die eine Coca-Cola-Aktie zurück, die sein Bruder ihm geschenkt hatte. Coca-

Cola wurde von allen Seiten angegriffen. Das Chautauqua Institute unterband den Verkauf von Coca-Cola bei seinen Sommerkursen. Anführer der Abstinenzler-Bewegung verwiesen auf die Spur Alkohol darin, während Schnapshersteller Candler verdächtigten, die Prohibition zu unterstützen, und ihm die Absicht unterstellten, Coca-Cola zum nationalen »Abstinenzlergetränk« zu machen. Candler regte sich darüber auf, daß einige Zeitungsredakteure es fertigbrachten, ihn um Anzeigenaufträge anzugehen und sein Getränk zu attackieren, wenn er sich weigerte, Inserate in Auftrag zu geben.

Die Vorstellung, daß Coca-Cola Kokain enthalte − eine Vorstellung, zu der Candler die Leute früher ermutigt hatte −, erboste ihn jetzt. Er ärgerte sich mehr und mehr über die Spitznamen, die die Leute für Coca-Cola verwendeten. Einer von Candlers Angestellten erzählte, wie er den alten Mann einmal »auf eine Dope« in eine Trinkhalle eingeladen habe, woraufhin Candler regelrecht explodierte. »Es heißt nicht Dope! Es ist überhaupt kein Dope drin! Es heißt *Co-Ca-Co-La!*«

Nun, da er allmählich auf die Sechzig zuging, dachte Candler immer häufiger an seinen Tod. Sein Vater war jung gestorben, und Candler hatte Angst, daß ihn das gleiche Schicksal ereilen könnte. Er wollte seine letzten Lebensjahre wohltätiger und kirchlicher Arbeit widmen, und das bedeutete, daß er sich aus der Coca-Cola Company zurückziehen mußte. Die Frage war nur, wie.

In jungen Jahren hatte Candler darauf bestanden, daß seine Söhne sich aus dem Geschäft heraushielten. Erfrischungsgetränke zu verkaufen, sagte er, sei eine Tätigkeit mit ziemlich »begrenzter Perspektive«. Candler setzte vor allem in seinen ältesten Sohn Howard die Hoffnung, daß er Medizin studierte und Arzt wurde − die Laufbahn, die aufzugeben Asa selbst gezwungen worden war. Als Student am Emory College in Oxford, Georgia, verkaufte der junge Howard in seiner Freizeit Coca-Cola, aber sein Vater warnte ihn: »Ich möchte nicht, daß du dein Studium wegen irgendwelcher Coca-Cola-Angelegenheiten vernachlässigst.«

Allmählich jedoch ließ Asas Widerstand nach, und seine Grundhaltung änderte sich. Er wurde schwankend. Howard schien entschlossen, während der Ferien und auch zwischendurch, wenn er Zeit hatte, für das Unternehmen zu arbeiten, und Asa fühlte sich trotz aller Bedenken durch das Interesse seines Sohnes an seinen Geschäften geschmeichelt. Während eines Sommers bot Asa Howard einen Job in der Firma an und drängte ihn fast im gleichen Atemzug, ihn nicht anzunehmen. »Die Anstellung, an die ich dachte, betrifft den Fabrikationsbereich. Es geht um Verpacken, Beschriften, Abfüllen und andere einfache Tätigkeiten, alles Beschäftigungen, die nicht gerade den Geist anstrengen.« Howard nahm den Job an, und die Arbeit machte ihm Spaß.

Von diesem Zeitpunkt an, wahrscheinlich ohne daß es ihm richtig bewußt war, begann Asa seinen Sohn zu einer Laufbahn im Unternehmen zu drängen. Als Howard im Sommer 1900, nachdem er in Emory sein Examen abgelegt hatte, eine Reise nach Europa unternahm, gab sein Vater ihm detaillierte Anweisungen, worauf er achten sollte, um die Marktchancen für Coca-Cola richtig einschätzen zu können. »Wir brauchen Eis, warmes Wetter, lange Sommer und so weiter. Du wirst schon wissen, wonach du Ausschau halten mußt.« Im Herbst dieses Jahres, als Howard in die Vereinigten Staaten zurückkehrte, bat Asa ihn, sein Medizinstudium in New York City zu absolvieren, wo er gleichzeitig ein Auge auf das Coca-Cola-Verkaufsbüro haben könne. Ein Jahr später ließ Howard, der Augenprobleme und allgemeine Erschöpfung anführte, seine Pläne, Arzt zu werden, fallen, und sein Vater gab ihm einen Ganztagsjob. Zum erstenmal zog Asa in Erwägung, daß Howard ihn in der Leitung des Unternehmens ablösen könnte.

Howard Candlers erste ernsthafte Aufgabe bei Coca-Cola bestand darin, in New York zu bleiben und das Chaos im dortigen Büro zu ordnen. Es lief nicht so gut. Asa betrachtete New York als »Faß ohne Boden«, das Männer und Geld fraß, und er bedauerte, überhaupt dorthin gegangen zu sein. Fliegende Händler verkauften auf der Straße Sodawasser mit Geschmack für einen Penny pro Glas, unterboten damit den Coca-Cola-Preis erheblich, und die Saloons hatten wenig Interesse, das Getränk aus den Südstaaten zu beziehen und anzubieten. Es ist unwahrscheinlich, daß Howard sehr viel hätte unternehmen können, um die Situation der Firma zu verbessern, selbst wenn er besondere geschäftliche Fähigkeiten bewiesen hätte, aber die Arbeit zehrte an seinen Nerven. Howard war erst 23 Jahre alt, hatte schwache Nerven und stellte bald fest, daß alles Geschäftliche ihm ein Greuel war. »Die Tätigkeit im Büro hat mir wirklich Spaß gemacht«, schrieb er seinem Vater, »aber ich habe wenig dafür übrig, Gutscheine zu verteilen und Waren zu verkaufen. Außerdem habe ich wenig Interesse daran, Kontakte mit Geschäftsfreunden zu pflegen, wie es hier bis zu einem gewissen Grad verlangt wird. Ich meine damit, daß der Verkäufer eines Artikels regelmäßig mit den Geschäftsinhabern und deren Personal reden muß. Und das gefällt mir nicht.«

Dieses Geständnis ist bemerkenswert. In einem Geschäft, das nahezu ausschließlich auf Verkaufsfähigkeiten beruhte, empfand der Sohn des Chefs es als unangenehm, persönlich mit den Leuten zu sprechen, die sein Produkt kauften! Asa mußte auf seinen Sohn Druck ausüben, damit dieser seine Pflichten bei der Leitung des New Yorker Büros wahrnahm. Im Frühjahr 1903 zum Beispiel, als der Barnum & Bailey Circus seine Zelte im Madison Square Garden aufschlug, erinnerte Asa Howard daran, hinzugehen und die tragbare Theke mitsamt ihren Apparaturen zu inspizieren, um zu gewährleisten, daß Coca-Cola ordentlich serviert wurde. »Ich bin nicht gerade begeistert von der Idee, dir den Auftrag zu geben, in einen Zirkus zu gehen«, schrieb Asa, aber es war ein sehr günstiger Anlaß, um für Coca-Cola Reklame zu machen. Es war wichtig, die Werbemaßnahmen rund um die Arena richtig zu organisieren.

Sobald wie möglich holte Asa seinen Sohn zurück nach Atlanta und verschonte ihn mit den öffentlichkeitsrelevanten Aspekten des Geschäfts. Zuerst versuchte Howard, die Vertriebsabteilung zu leiten, aber richtigen Spaß machte ihm die körperliche Arbeit bei der Herstellung des Sirups – er war stolz auf seine Fähigkeit, ein leeres Zuckerfaß auf seinem Rand über den Fußboden kreisen zu lassen –, und am Ende setzte sein Vater ihn als Betriebsleiter der Fabrik in Atlanta ein. Es wurde die glücklichste Zeit in Howards beruflichem Werdegang. Jahre später beschrieb Howard mit andächtigen Worten seine Einweihung in das, was er als das »Allerheiligste« bezeichnete: den Moment, als sein Vater ihn mit dem Geheimrezept vertraut machte. Es gab keine schriftliche Version davon. Statt dessen ließ Asa seinen Sohn den Inhalt der verschiedenen Behälter auswendig lernen, die sorgfältig in einem verschlossenen Raum aufbewahrt wurden. Die Etikette der Behälter waren abgerissen oder abgekratzt worden. Tagelang, wobei sein Vater ihm ständig über die Schulter sah, übte Howard die Zubereitung der streng geheimen Geschmacksmischung Merchandise 7X und lernte die aromatischen Öle »nach Aussehen, Geruch und nach ihrem festen Platz im Regal« unterscheiden, bis er schließlich die richtigen Mengen und die genaue Reihenfolge, in der sie zusammengemischt wurden, auswendig kannte.

Howard Candler hatte eine natürliche Begabung für die Chemie, und es wäre sicherlich besser für ihn gewesen, wenn sein Vater ihm die befriedigende Aufgabe zugewiesen hätte, die Labors und die Herstellungsanlagen der Coca-Cola Company zu leiten. Howard, der schüchtern, unsicher und mit seinen knapp ein Meter siebzig und 123 Pfund Gewicht recht zierlich war, schien immer Schwierigkeiten zu bekommen, sobald er in der Wahrnehmung seiner Aufgaben mit menschlichen Problemen konfrontiert wurde. Es wurde sehr bald offensichtlich, daß ihm der Elan und der Verstand seines Vaters fehlten.

Das heißt, es war für jeden offensichtlich außer für Asa Candler. Je überdrüssiger er seiner Firma wurde, desto öfter träumte Asa davon, ihre Leitung seinem Sohn zu übergeben. »Sobald wie möglich«, schrieb er Howard im Sommer 1908, »möchte ich, daß du den Platz übernimmst, den ich seit 20 Jahren ausfülle.« Eines Abends nach dem Essen holte Asa ein Schriftstück hervor, tauchte den Federhalter ins Tintenfaß und bettelte seinen Sohn geradezu an, eine wichtigere Rolle im Geschäft zu übernehmen. »Sobald ich die Verantwortung für Coca-Cola auf deine Schultern legen kann, werde ich es tun. Daher möchte ich, daß du alles gründlich kennenlernst . . .« Asa beförderte Howard zum Vizepräsidenten, der für alle Angelegenheiten der Firma zuständig war, und drängte ihn, entschlossener zu handeln, vor allem in Personalfragen. Im Laufe der Monate bestürmte Asa Howard immer wieder, in Geschäftsdingen zielstrebiger zu denken und entschiedener aufzutreten, »damit du alle Einzelheiten kennenlernst und beherrschst und erfolgreich weitermachen kannst.« Wenn man zwischen den Zeilen liest, schien Asa etwas von den begrenzten Fähigkeiten seines Sohnes zu ahnen, ohne sich jedoch über den Ernst der Lage klar zu sein.

Es gab noch ein Problem. Das Unternehmen zu leiten, war die eine Sache, aber Asa Candler war auch Eigentümer von Coca-Cola. Er konnte sich, wann immer er wollte, zur Ruhe setzen und seinem Sohn die Leitung des Unternehmens übergeben, ganz gleich welche Bedenken er bei einem solchen Schritt haben mochte, aber das löste nicht das Problem der Besitzverhältnisse. Asa hatte vier weitere Kinder. Wenn er das Unternehmen Howard überließ, wäre das einer Enterbung von Asa Jr., Lucy, Walter und William gleichgekommen. Das war inakzeptabel. Aber das Unternehmen in fünf Teile aufzusplittern, war ebenfalls eine beunruhigende Vorstellung. Wenn die Kinder nun ihre Anteile behielten und das Unternehmen Pleite machte? Dann wären sie völlig mittellos. Und wenn die Kinder ihre Anteile verkauften? Kämen dann irgendwelche Fremden und übernähmen die Kontrolle? Würden sie Howard arbeitslos machen?

Candlers Dilemma war nicht hypothetisch. Im Jahr 1908 verhandelte er in aller Stille mit einem seiner Geschäftsfreunde über den Verkauf der Firma. Samuel Brown war ein erfolgreicher Baumwollhändler und Bankier aus Albany, Georgia. Er besuchte, wenn er sich in Atlanta aufhielt, gerne den Capital City Club und sah sich auch gerne die Coca-Cola Company an. Sein Schwiegersohn, Harold Hirsch, war ein aufstrebender junger Partner in John Candlers Anwaltskanzlei. Ja, sagte Brown zu Asa Candler, er sei sehr am Erwerb der Firma interessiert. Brown stammte aus einer deutsch-jüdischen Familie – der Name war eine anglisierte Form des Namens Braun – und unterhielt Verbindungen mit einer Bank in Hamburg. Er glaubte, in Europa eine Finanzierung des Kaufs auf die Beine stellen zu können.

Was Brown im Sinn hatte, war ein ziemlich simpler Zwei-Stufen-Plan. Er wollte die Coca-Cola Company von Candler kaufen und sofort kleinen Investoren in den Südstaaten Anteile anbieten. Schließlich konzentrierten die Umsätze von Coca-Cola sich in dieser Region, und das Getränk wurde noch immer als ein Produkt des »Südens« betrachtet. Brown glaubte, daß man in den Südstaaten mit derselben Begeisterung Anteilseigner der Coca-Cola Company werden wollte, mit der man ihr flüssiges Produkt konsumierte.

Diese Idee gefiel Asa Candler sehr gut. Endlich wäre er das Unternehmen los. Er könnte den akkumulierten Gewinn nehmen, und das Geld für die wohltätigen Zwecke einsetzen, denen er sich von nun an widmen wollte. Und rein theoretisch zumindest stellte die Übergabe des Unternehmens an die Öffentlichkeit eine Lösung der Nachfolgefrage innerhalb der Familie dar. Die anderen Kinder erhielten genügend Geld, um für ihr Leben abgesichert zu sein, während Howard weiterhin im Unternehmen verblieb und es leitete. Der neue Eigentümer wäre keine Einzelperson oder eine Gruppe von Einzelpersonen, die daran interessiert wäre, ihr eigenes Management einzusetzen, sondern Coca-Cola würde der Allgemeinheit gehören, und die Menschen im Süden wären froh, wenn ein Candler weiterhin die Leitung innehatte. Mehr noch, sie würden darauf bestehen, einen Candler an der Spitze zu sehen. Howard wäre also ebenfalls abgesichert.

Aber es gab ein Hindernis. Ehe Brown und Candler eine Einigung erzielen konnten, wurden sie empfindlich gestört.

Als Howard Candler nach dem Mittagessen am 20. Oktober 1909 in die Coca-Cola-Zentrale in Atlanta zurückkehrte, wurde er an der Tür schon vom Betriebsleiter erwartet.

Zwei Bundesbeamte seien unangemeldet aufgetaucht, berichtete er aufgeregt, und schnüffelten im Keller der Fabrik herum. Seine Aufforderung, damit aufzuhören, hätten sie einfach ignoriert.

Howard Candler rannte die fünf Stufen ins Gebäude hinauf, nahm noch nicht einmal seinen Hut ab und eilte sofort hinunter in den Keller. Dort traf er Dr. Kebler auf der obersten Sprosse einer wackligen Holzleiter an, wo er in einen der riesigen 1 500 Gallonen fassenden Kühlbehälter aus Zypressenholz hineinschaute, der von der Decke herabhing. Ein Inspektor der Bundesbehörde, J. L. Lynch, stand am Fuß der Leiter und machte sich eifrig Notizen.

Candler waren beide Männer gut bekannt. In den zwei Jahren des Kampfs gegen das Coca-Cola-Verbot der Armee hatten sie mehrmals die Fabrik aufgesucht – aber stets nach Voranmeldung und immer in Begleitung eines Mitglieds der Candler-Familie. Howard, der ein ausgesprochen friedlicher Mensch war, hatte sie bei zwei Gelegenheiten selbst herumgeführt. Sie waren immer höflich, ja freundlich miteinander umgegangen. Bei einem der Besuche hatte Kebler seine Frau mitgebracht, als sei sie eine Touristin, die eine Sehenswürdigkeit besichtigen wollte.

Diesmal jedoch schauten Kebler und Lynch sich ohne Erlaubnis um. Es wurden keine Nettigkeiten ausgetauscht. Candler fragte, was sie suchten. Lynch erwiderte, daß sie eine Probe von Merchandise No. 5 verlangten, der Mischung mit dem Koka- und Kolaextrakt. Sie seien bereit, dafür eine Quittung zu unterschreiben. Völlig verblüfft ging Candler zu dem Steingewölbe hinüber, in dem die geheimen Coca-Cola-Zutaten aufbewahrt wurden, zapfte eine kleine Menge No. 5 ab und händigte sie Lynch aus. Dann ging er seinen Vater holen.

Kebler und Lynch waren im Begriff, das Gebäude zu verlassen, als Asa Candler wutschnaubend erschien. Er verlangte die Probe zurück. Lynch weigerte sich. »Bei Gott«, brüllte Candler mit seiner hohen Stimme, »wäre ich hier gewesen, hätten Sie sie nicht bekommen!«

Aber sie hatten sie bekommen.

Zwei lange Jahre hatte Wiley sich bemüht, eine Anklage gegen Coca-Cola auf die Beine zu stellen, war jedoch von seinem Vorgesetzten, dem Landwirtschaftsminister Wilson, immer wieder daran gehindert worden. Immer wenn Wiley kurz vor der Anklageerhebung stand, wies Wilson die beiden anderen Mitglieder des Board of Food and Drug Inspection an, mit »Nein« zu votieren, und Wiley verlor eine ganze Reihe von Abstimmungen mit 2 zu 1 innerhalb seiner eigenen Behörde. Als Wilson das ständige Hin und Her zuviel wurde, schrieb er einen Brief an Wiley, in dem er offen verlangte, er solle seine Aktivitäten gegen Coca-Cola einstellen. Im Gegensatz zu dem erwünschten Effekt eröffnete der Brief Wiley jedoch eine Chance.

Wie Wiley die Episode später darstellte, wurde er eines Tages von Fred Loring Seely besucht, dem Herausgeber des Atlanta Georgian, der neuesten und rührigsten Zeitung Atlantas. Seely, der kein Freund der Candlers war, wollte wissen, weshalb die Kommission für chemische Fragen aufgehört habe, gegen Coca-Cola zu ermitteln. Wiley holte Wilsons Brief hervor, schob ihn über den Tisch und verfolgte zufrieden, wie ein »verblüffter« Seely den Text las. So mit Munition versehen, meldete Seely sich bei Wilson und drohte damit, die ganze Affäre der Öffentlichkeit gegenüber in ein ungünstiges Licht zu setzen, falls die schriftliche Anweisung nicht zurückgezogen würde.*

»Es ist erstaunlich«, schrieb Wiley später voller Schadenfreude, »was die Angst vor Publicity bewirkt.« Wilson schloß einen Kompromiß. Er bot an, seinen Brief zurückzuziehen und den Fortgang der Untersuchung zuzulassen, jedoch bestand er darauf, daß der Fall an einem Ort in der Nähe von Atlanta, wo man Coca-Cola wohlgesonnen sei, verhandelt würde. Chattanooga in Tennessee war die nächste Stadt außerhalb Georgias mit Handelspartnern des Unternehmens, und dort wohnten zufälligerweise einige seiner wichtigsten Investoren. Wiley wollte in Washington D. C. klagen, doch er erklärte sich widerstrebend mit Wilsons Vorgabe einverstanden. Am gleichen Tag, als Kebler und Lynch im Keller der Coca-Cola-Zentrale erschienen, beschlagnahmte die Regierung eine Eisenbahnlieferung von 40 Tonnen und 20 Fässern Coca-Cola-Sirup in Chattanooga und reichte am Bundesgericht Klage gegen das Unternehmen wegen arglistiger Täuschung ein.

Die Vorbereitungen auf den Prozeß nahmen mehr als ein Jahr in Anspruch.

Am Sonntag, dem 12. März 1911, reisten Prozeßbeteiligte beider Seiten in Chattanooga an und besetzten die Zimmer des luxuriösen neuen Patten Hotels.

Weit davon entfernt, als Bösewicht angesehen zu werden, behandelte man Wiley wie eine prominente Persönlichkeit. Er war zeit seines Lebens Junggeselle geblieben und hatte soeben im reifen Alter von 66 Jahren geheiratet. Er benutzte den Coca-Cola-Prozeß als Anlaß für seine Hochzeitsreise. Anna Kelton Wiley, weniger als halb

---

* Es ist durchaus möglich, daß Wiley Seely nach Washington *zitierte,* ihn über die Hintergründe der Angelegenheit aufklärte und als Verbündeten gewann. Wenn es wirklich so war, erwies Wiley sich als gewitzt genug, nichts Schriftliches hierüber zu hinterlassen.

so alt wie ihr Mann, war eine attraktive, selbstsichere Frau und eine berühmte Frauenrechtlerin. Als das Paar mit der Eisenbahn aus Washington ankam, erregte es in der Gesellschaft von Chattanooga großes Aufsehen, und seine Aktivitäten wurden aufmerksam von der lokalen Presse verfolgt.

Als sie sich im Patten eintrugen, erhielten die Wileys ein Zimmer mit Blick auf das Gebäude der Postverwaltung, wo der Bezirksrichter Edward J. Sanford am darauffolgenden Morgen die Verhandlung eröffnen wollte.

Die Regierung hatte zwei Hauptanklagepunkte gegen Coca-Cola vorzubringen: das Produkt habe eine »irreführende« Bezeichnung, denn sein Name verspräche das Vorhandensein von Koka und Kola, während es, wenn überhaupt, nur sehr wenig von beidem enthielt, und das Getränk sei »verfremdet« durch das Hinzufügen von Koffein. Es schien, als wolle Wiley, nachdem es ihm nicht gelungen war, in Coca-Cola Kokain zu entdecken, das Unternehmen nun dafür bestrafen, daß es kein Kokain und statt dessen Koffein verwendete. Ungeachtet der Tatsache, daß die Menschen schon seit Jahrhunderten Tee und Kaffee ohne irgendwelche Anzeichen einer schädlichen Wirkung tranken, war es Wileys unerschütterliche Überzeugung, daß Koffein − vor allem die synthetische Art, die nicht durch natürliche Ingredienzien wie Tannin, das man in Tee und Kaffee fand, gemildert wurde − für die menschliche Gesundheit schädlich sei. Der Ausgang des Prozesses, so erwartete man, hing von den Aussagen kleiner Armeen von Wissenschaftlern ab, die jede Seite zusammengetrommelt hatte, um mit den neuesten Informationen über die physiologische Wirkung von Koffein aufwarten zu können. Wenn schon nichts anderes, so verhieß der Fall, der Öffentlichkeit einen umfassenden Eindruck von den jüngsten Erkenntnissen über eine beliebte Substanz zu liefern, deren Eigenschaften noch immer nicht in vollem Umfang verstanden wurden.

Nur war genau das nicht der Fall.

Der erste Zeuge, der an diesem Montag morgen befragt wurde, war Lynch, der Untersuchungsbeamte, den die Candlers dabei angetroffen hatten, wie er im Keller ihrer Sirupfabrik in Atlanta herumschnüffelte. W. B. Miller, ein Sonderstaatsanwalt, ging mit Lynch zügig die einleitenden Fragen durch und forderte ihn danach auf, die Coca-Cola-Fabrik zu beschreiben. Er habe die Fabrik mehrmals aufgesucht, erzählte Lynch, und ein Besuch sei ihm noch besonders lebhaft in Erinnerung. Es war Mitte Juli. Die Anlagen zur Herstellung des Sirups nahmen den ganzen Keller und das Erdgeschoß des Gebäudes ein, und der Herstellungsprozeß begann in einem großen dampfenden Kupferkessel gleich hinter der Eingangstür. Wasser aus der Stadt wurde direkt in den Kessel geleitet, der umgeben war von einer Holzplattform, auf der zahlreiche Zuckerfässer stünden. Ein Schwarzer war damit beschäftigt, den Zucker in den Kessel zu schütten.

Miller bat Lynch, etwas lauter zu sprechen, und fragte dann: »Es geht um diesen Neger, der auf der Plattform stand und die Zutaten in den Kessel füllte – können Sie beschreiben, wie er gekleidet war?«

»Nun«, antwortete Lynch, »sehr spärlich. Ein schmutziges Unterhemd, seine Schuhe waren zerrissen, die nackten Füße schauten stellenweise heraus, und er trug eine alte, schmutzige Hose.«

»Sagen Sie, ob er schwitzte oder nicht.«

»Natürlich schwitzte er.«

»Können Sie etwas dazu sagen, ob er Tabak kaute oder nicht?«

»Doch, Sir, er kaute Tabak.«

»Spuckte er von Zeit zu Zeit aus, und wenn ja, wohin?«

»Er spuckte, so oft er wollte, entweder auf die Plattform oder auf den Fußboden darunter.«

Am Tisch der Verteidigung hörten John Candler und die anderen Anwälte des Unternehmens staunend zu.

Dr. Harvey Wiley, der bekannteste Verfechter der Ernähungsreform im Lande, der Chef der Bundesbehörde, die für die Wahrung der Reinheit von Nahrung und Arzneien der Nation verantwortlich war, der Anführer der Fortschrittsbewegung, ein Mann der Wissenschaft, aufgewachsen in einer Familie, der die Sklaverei ein Greuel war, ein Mann, der eine Vorkämpferin für die Rechte der Frauen geheiratet hatte, der als der liberalste und weitsichtigste öffentliche Beamte der Regierung der Vereinigten Staaten galt – dieser Mann eröffnete seinen Jahrhundertprozeß gegen die Coca-Cola Company mit der Enthüllung, daß ein schwarzer Arbeiter, der mitten im Juli in einer Fabrik im tiefsten Süden neben einem kochendheißen Kessel seine mühsame Arbeit versah, schwitzte.

Einer der Coca-Cola-Anwälte, J. B. Sizer, näherte sich dem Zeugenstand. »Sie scheinen sich an der Tatsache festzubeißen, daß wir dort einen schwarzen Arbeiter beschäftigen«, beschwerte er sich. »Ich möchte nachweisen, daß wir uns keiner unangemessenen Nachlässigkeit schuldig gemacht haben.« Sizer begann mit einem scharfen Kreuzverhör, und ein »etwas verwirrter« Lynch gab zu, daß er nicht gesehen hatte, wie der schwarze Arbeiter Tabaksaft in den Kessel spuckte. Ansonsten blieb er jedoch bei seiner Darstellung.

Während die Regierung ihren Fall präsentierte, wurde die Strategie offensichtlich. Die Koffeinfrage wurde in den Hintergrund gedrängt, als die Anklage eine ganze Reihe von Zeugen aufmarschieren ließ, deren Aussagen die Jury erschrecken und eine breite Öffentlichkeit alarmieren sollte. Einer von Wileys Chemikern, ein Dr. H. C. Fuller, sagte, er habe Proben des Sirups aus den 40 Tonnen und den 20 Fässern untersucht und festgestellt, daß sie Partikel von Heu, Stroh, Staub und Schmutz, ein Insektenbein und den »Teil einer Hummel« enthalten hätten. Am Verteidigertisch erklärte einer der Coca-Cola-Anwälte mit lautem Bühnenflüstern, so daß die Reporter im Saal es verstehen konnten: »Sogar die Hummeln lieben Coca-Cola!«

Dr. Henry H. Rusby, Professor für *materia medica* am New York College of Pharmacy, schilderte lebhaft seine Experimente mit Kaninchen – Coca-Cola brächte sie um, sagte er –, um dann im Kreuzverhör zuzugeben, daß er sie überhaupt nicht mit Koffein gefüttert habe, sondern mit riesigen Mengen Merchandise No. 5, dem Koka- und Kolaextrakt.

Als die Zeugenvernehmungen des ersten Tages gegen zwei Uhr nachmittags endeten, brachen Wiley und seine Frau zu einem fröhlichen Einkaufsbummel auf – wie sie ihrem Tagebuch anvertraute – und fuhren dann mit der berühmten Seilbahn zum Gipfel des Lookout Mountain hinauf. Am nächsten Tag wollten sie die geweihte Erde des Schlachtfeldes von Chickamauga besichtigen.

Aber 110 Meilen weiter südlich, in den Büros der Zentrale der Coca-Cola Company, war die Stimmung nicht so fröhlich. Asa Candler, der auf Anraten seines Bruders John und der anderen Anwälte nicht nach Chattanooga gereist war, hörte von der Salve, mit der die Regierung den Prozeß eröffnet hatte, und sah seine schlimmsten Befürchtungen bestätigt. »Ich hatte in dieser Sache mit einem höchst unangenehmen Verfahren gerechnet«, schrieb er seinem Sohn, und er bekam eins. Candler war vor allem erbost über Lynchs Zeugenaussage – nicht nur wegen des schwitzenden Arbeiters, sondern auch wegen der Behauptung, daß Candler geflucht habe, als er Lynch und Kebler im Keller der Fabrik entdeckte. »Dieser Lügner«, schäumte Candler, »sollte wegen Meineids verklagt werden.«

Candler war genauso wütend auf den Atlanta Georgian und seinen Herausgeber Seely, der ausführlich und sensationsheischend über den Prozeß berichtete. »Erfrischungsgetränk tötete Kaninchen!« lautete die Schlagzeile der Zeitung, und Candler schwor, daß er sich Seely vornehmen wolle, sobald der Prozeß vorüber war. Candlers tiefster Groll war für Wiley reserviert. Die Regierung, so glaubte Candler, hatte sich der Niedertracht gebeugt. In dem Fall ging es gar nicht um die allgemeine Sauberkeit. Bisher war keine Klage wegen angeblich unsauberer Produktionsbedingungen erhoben worden. Es schien, als wolle die Anklage lediglich den Ekel und die Angst der Zuhörer wecken, und als täte sie es mit Hilfe rassistischer Vorurteile. »Wenn wir schon bestraft werden sollen«, beklagte Candler sich, »dann sollte es in angemessener Form erfolgen, ohne Zuflucht zu zweifelhaften Praktiken zu nehmen.«

Die nächsten Tage trugen wenig dazu bei, Candlers Wut zu beschwichtigen. Dr. Kebler, Wileys Stellvertreter, trat in den Zeugenstand und bestätigte Lynchs Aussage, daß die Coca-Cola-Fabrik schmutzig sei und daß die schwarzen Arbeiter heftig schwitzten und Kautabak kauten. Darüber hinaus sagte Kebler, trügen sie Krankheitserreger mit sich herum.

Schließlich wandte die Anklage sich dem Hauptvorwurf, dem Koffein, zu. Angefangen mit Kebler ließ die Regierung mehr als ein Dutzend Wissenschaftler des Landwirtschaftsministeriums und andere Experten aufmarschieren, die aussagten, daß Koffein die normale natürliche Erschöpfung überdecke und damit zu starker Ermüdung und Überanstrengung der Organe führe, weiterhin zu Abhängigkeit, einem nervösen Kollaps und gelegentlich sogar zum Tod. Kebler seinerseits erklärte, Koffein habe das Herz eines Patienten derart hart werden lassen, daß es sich nicht einmal mit einem Messer schneiden ließ. Die Wissenschaftler beschrieben verschiedene Experimente mit Fröschen, Kaninchen, Mäusen und Meerschweinchen, von denen alle, wie sie sagten, die Gefahren des Koffeins für Menschen deutlich aufzeigten.

Zumindest in den Augen der Verteidigung waren die Zeugen der Regierung nicht allzu überzeugend. Das Unternehmen hatte natürlich seine eigenen Sachverständigen. Sie durften im Gerichtssaal verweilen und saßen während der Klagepräsentation in mehreren Reihen hinter dem Tisch der Verteidigung. An einem Punkt der Beweisführung bestand ihre Reaktion aus heftigem Kichern und spöttischen Bemerkungen, die so laut ausfielen, daß Richter Sanford sie zur Ordnung rufen mußte. Asa Candler, der den Prozeß aus der Distanz verfolgte, reagierte ganz ähnlich. Als der Prozeß in seine zweite Woche ging und die Regierung die Vorstellung ihrer Klage abschloß, schickte Candler seinen Neffen im Büro in Philadelphia ein Telegramm, in dem er trocken erklärte: »Die Lage in Chattanooga ist die gleiche wie in der vergangenen Woche. Der Regierung sind mittlerweile die Ratten-, Kaninchen- und Froschbeweise ausgegangen.«

Regelmäßige Prozeßbeobachter gaben zu, daß die Klage der Regierung auf schwachen Füßen stand. Aber ein letzter Beweis sollte erst noch vorgelegt werden.

Der springende Punkt in der Klage der Regierung war die Notwendigkeit zu beweisen, daß Coca-Cola tatsächlich Sucht und gefährliche Nebenwirkungen erzeugte. Aussagen von Gutachtern, in denen Theorien über die potentielle Gefährlichkeit des Getränks geäußert wurden, waren schön und gut, aber es gab keinen Ersatz für einen echten Coca-Cola-»Süchtigen«, und die Anklage unterzog sich der Mühe, einen solchen zu suchen.

Edwin H. Corry war siebenunddreißig Jahre alt und Straßenbahnfahrer aus Philadelphia. 1910 wurde er in das Philadelphia Hospital für Geisteskranke eingewiesen, und es war die Überzeugung der Regierung, daß er durch den Genuß von Coca-Cola verrückt geworden war. Corrys Aussage war protokollarisch festgehalten worden und wurde vor Gericht verlesen, weil er nicht gefahrlos aus dem Krankenhaus herausgeholt und ins Gericht gebracht werden konnte. Er habe die Angewohnheit, schwor Corry, bis zu einem Dutzend Gläser Coca-Cola am Tag zu trinken. Mehrmals stellte er, wenn er ins Bett ging, fest, »daß das Bett sich bewegte. Ich hatte jedenfalls den Eindruck. Manchmal stieg das Kopfende des Bettes in die Höhe und manchmal das Fußende.« Die Regierung rief Dr. Theodore H. Weisenburg auf, einen Spezialisten für Nervenkrankheiten aus Philadelphia, der aussagte, er habe Corry gründlich untersucht und sei zu dem Ergebnis gelangt, daß sein Zustand durch Coca-Cola hervorgerufen worden sei.

Die Anwälte der Firma hatten ihre Zweifel. Sie wollten mehr über Corry wissen, daher stellten sie in Philadelphia einige Nachforschungen an. Corry, so kam heraus, war auf Grund einer Anzeige seines Bruders, er habe dessen minderjährigen Sohn sexuell mißbraucht, verhaftet worden. Ja, sagte Dr. Sherman Clouting, der ihn damals untersucht hatte, Corry war geisteskrank. »Er sagte, er sähe nachts Gesichter von Menschen und höre ferne Musik«, erinnerte der Arzt sich. »Er sagte weiterhin, manchmal werde er melancholisch und habe Selbstmordgedanken, und als ich fragte, ob er auch noch andere Visionen habe, bejahte er das, er habe ein- oder zweimal den Teufel gesehen, und der Teufel habe ihn einmal berührt.« Aber das hatte nichts mit Coca-Cola zu tun. Der arme Corry, sagte der Arzt, sei schon verrückt zur Welt gekommen. Ein anderer Mediziner, der Corry untersucht hatte, wurde gefragt, ob der Zustand durch Koffein hätte hervorgerufen werden können. »Nein, Sir«, erwiderte der Arzt.

»Ich glaube nicht, daß irgendein äußerer Einfluß diesen Zustand herbeigeführt hat.« Er war angeboren.

Es seien noch weitere Ärzte aus Philadelphia bereit, die Diagnose zu bestätigen, erklärte der Anwalt von Coca-Cola, doch Richter Sanford hatte genug gehört. »Dieser Fall«, sagte er, »wird nicht auf Grund der Aussage dieses Mannes entschieden.« Aber auf gewisse Weise wurde er das doch. Die Regierung schloß ihre Beweisführung ab, ohne ein einziges Opfer vorgeführt zu haben, das die Behauptung untermauern konnte, Coca-Cola stelle eine Gefahr für die Gesundheit der Nation dar. Es war eine Anklage ohne Opfer. Dr. Wileys gefeierte »Gift-Schwadron«, das Dutzend Männer, die sich selbst zu menschlichen Versuchskaninchen gemacht hatten, indem sie gezielt große Mengen Koffein zu sich nahmen, wurde überhaupt nicht mehr erwähnt. Mitten in der zweiten Prozeßwoche begann das Unternehmen damit, seine eigenen Sachverständigen aufzurufen, und sie wiesen die in der Klage geäußerten Vorwürfe in jedem Punkt zurück. Coca-Cola, so sagten sie aus, enthielt 1,2 Gran Koffein (etwa 71 Milligramm) pro Portion, oder etwas weniger als eine durchschnittlich starke Tasse Tee oder Kaffee, und die Wirkung sei genauso harmlos.

Einer der Zeugen von Coca-Cola, ein Psychologe namens Henry Hollingworth, hatte die bislang ausgefeilteste und ausführlichste Serie von Koffeinexperimenten an Menschen durchgeführt. In einer Sechs-Zimmer-Wohnung in Manhattan, die nur zu diesem Zweck gemietet worden war, hatten 16 Freiwillige 40 Tage mit ihren Tests verbracht, und Hollingworth hatte 64 000 verschiedene Daten über motorische Fähigkeiten, Ruheverhalten, Koordinationsfähigkeit, Wortverständnis, Farbenerkennen und andere physische und geistige Reaktionen auf Koffein aufgezeichnet. Er stellte fest, daß Koffein ein mildes Anregungsmittel war, dessen einzige negative Nebenwirkung der Mangel an Schlaf nach Einnahme größerer Dosen war.

Die Regierung sammelte Punkte gegen das Unternehmen. Mehrere Coca-Cola-Experten sahen sich mit früheren Äußerungen konfrontiert, in denen sie Kritik am Koffein geübt hatten, und sie bekamen es regelmäßig mit der Angst zu tun, wenn Miller, der Ankläger, sein Kreuzverhör mit der Frage begann: »Haben Sie jemals ein Buch geschrieben oder sonst einen Text veröffentlicht?« Als einer der Experten erleichtert erwiderte, er habe noch nie etwas geschrieben, rief er im Gerichtssaal ein schallendes Gelächter hervor. In einem ernsteren Zusammenhang hatte das Unternehmen große Probleme zu widerlegen, daß viele Kinder Coke tranken, und die Fachleute waren sich darin einig, daß Koffein für Kinder nicht gut sei.

Dennoch wurde schon am Ende der zweiten Prozeßwoche deutlich, daß Coca-Cola die Oberhand behalten würde. Das Unternehmen präsentierte sogar den farbigen Arbeiter, dessen Arbeitsgewohnheiten so dramatisch beschrieben worden waren, als der Prozeß begann. James »Jeems« Gaston hielt sich sehr gut und sagte überzeugend aus, daß er in den zwölf Jahren, die er schon für Asa Candler arbeite, noch nie Tabak gekaut habe und daß er nicht in zerschlissenen Schuhen herumlaufe »weil mir die heiße Brühe sonst die Füße verbrennt«. Die Chattanooga Times meldete, daß der Optimismus der Regierung »dahinschmelze« und daß die Ankläger bestenfalls auf eine Jury hofften, die sich nicht zu einer gemeinsamen Entscheidung durchringen könne.

Das deutlichste Signal für einen Umschwung kam mit der Abreise Dr. Wileys. Er trat nicht selbst in den Zeugenstand, und als der Prozeß zwei Wochen alt war, erklärte er unvermittelt, daß er nach New York zurückkehren müsse, um an der Cornell Universität eine Reihe von Vorlesungen über Gesundheitsvorschriften zu halten. Er verließ die Stadt mit dem gleichen Aufsehen, das auch seine Ankunft begleitet hatte. Während seines Aufenthaltes, so erzählte er Reportern, sei er »ernsthaft bekehrt worden, nicht von Coca-Cola, sondern von den Segnungen des Wohlstands der Stadt Chattanooga«. Anläßlich eines seiner letzten Abendessen bat er Houston Harper, den Geschäftsführer des Patten Hotels, um einige Beispiele »klassischer« Südstaatenküche: Maiskuchen, Maisbrot und andere Produkte aus der »Küche der schwarzen Mammis«. Diensteifrig besorgte Harper einen schwarzen Koch, der eine traditionelle Mahlzeit ins Hotel schickte. »Der Chefchemiker der Regierung langte zu«, meldete die Chattanooga Sunday Times »als habe er sein ganzes Leben nichts anderes zu sich genommen. Nachdem er die einzelnen Gänge bis zum letzten Krümel vertilgt hatte, schob er seinen Stuhl zurück, verlangte die Rechnung und erklärte, er fühle sich ›erstklassig‹.« Und dann verschwand er.

Weil sie den Sieg in greifbarer Nähe wußte, ließ die Coca-Cola Company in ihren Bemühungen auch in der dritten Woche nicht nach und rief die restlichen 18 Gutachter in den Zeugenstand. Als das Ende des Prozesses herannahte, standen die Anwälte des Unternehmens vor einer Wahl. Sie konnten die Entscheidung über den Ausgang des Prozesses der Jury überlassen und hoffen, daß das Urteil, wofür vieles sprach, zugunsten von Coca-Cola ausfiel. Oder sie konnten zunächst Richter Sanford bitten, der Jury eine Urteilsempfehlung zu geben – zu entscheiden, daß die Klage der Regierung so schwach sei, daß selbst dann, wenn die aufgezählten Fakten allesamt den Tatsachen entsprachen, eine Gesetzesübertretung nicht stattgefunden habe. Es lag kein erkennbares Risiko in dem Antrag um eine derartige Urteilsempfehlung. Falls er abgelehnt würde, legte Richter Sanford den Fall der Jury zur Entscheidung vor, und Coca-Cola hätte noch immer die hervorragende Chance zu gewinnen. Nur ein Mitglied des Verteidigerteams, Harold Hirsch, erhob eine warnende Stimme. Die Gefahr, so sagte er, läge nicht darin, bei einem Antrag auf eine Urteilsempfehlung zu unterliegen. Die Gefahr läge im Gewinnen. Aber Hirsch war nur Juniorpartner der Kanzlei und wurde überstimmt.

Seine älteren Kollegen argumentierten vor Gericht, daß nach dem Buchstaben des Gesetzes die Coca-Cola Company sich einer Verfälschung des Sirups mit Koffein gar nicht schuldig gemacht haben könne, da Koffein schon immer Teil des Rezeptes gewesen sei. Um gegen den Pure Food and Drugs Act zu verstoßen, sagten sie, müsse ein Stoff »hinzugefügt« werden, und da Koffein eine ursprüngliche Substanz des Sirups sei, könne man Koffein unter juristischen Gesichtspunkten nicht als etwas betrachten, das ihm »hinzugefügt« worden sei. Es war eine knifflige Argumentation. Wie John Candler erwartet hatte, begriff Richter Sanford sofort, was gemeint war, doch andere Prozeßbeteiligte – auf beiden Seiten – hatten Mühe, der Argumentation zu folgen. Sanford rief J. B. Cox, einen der Ankläger, zu sich an den Richtertisch. »Wenn man kein Coca-Cola ohne Koffein haben kann«, fragte der Richter, »wie kann man es dann verfälschen, indem man Koffein hinzufügt? Das ist das Problem, das ich habe.« Cox war völlig verwirrt und wußte darauf keine Antwort. Sein Kollege Miller, schaltete sich ein und erklärte, er wolle versuchen, die Frage des Richters zu beantworten.

Sanford äußerte geduldig seine Überlegungen. Rein theoretisch könnte Koka oder Kola mit Koffein oder einer anderen Substanz verfälscht werden. Aber die Regierung äußere ja nicht den Vorwurf, daß Coca-Cola eine Mischung aus Koka und Kola sei. Im Gegenteil, die Regierung erkläre, Coca-Cola habe einen irreführenden Namen, da von jeder Substanz viel zu wenig darin enthalten sei. Aber wenn Coca-Cola keine Mischung aus Koka und Kola sei, *was sei es dann?* Es ist, fuhr Sanford fort, der Name eines Produkts, das der Öffentlichkeit als Erfrischungsgetränk mit bestimmten vertrauten Eigenschaften verkauft werde, die die Öffentlichkeit durchaus erwarte, wozu auch das Vorhandensein von Koffein zähle. »Coca-Cola ohne Koffein«, erklärte Richter Sanford einem gebannt lauschenden Publikum, »wäre nicht die Coca-Cola, wie sie allgemein bekannt ist . . . und wenn sie als ›Coca-Cola‹ verkauft würde, ohne Koffein zu enthalten, würde die Öffentlichkeit, die sie unter diesem Namen kauft, tatsächlich getäuscht.«

Der Richter empfahl ein Urteil zugunsten der Firma. Es konnte keinen Zweifel geben, daß Coca-Cola gesiegt hatte. »Fall praktisch aus dem Gericht katapultiert«, trompetete eine Schlagzeile der Chattanooga Daily Times. Aber wie Harold Hirsch befürchtet hatte, war der Sieg nicht ohne Schönheitsfehler. Ein Teil des Problems war die öffentliche Resonanz. Es schien, als sei Coca-Cola dank eines Verfahrensfehlers davongekommen. Nach all den sensationellen Zeugenaussagen hatte die Jury überhaupt nicht die Gelegenheit erhalten, zu entscheiden, ob Coca-Cola nun wirklich schädlich war oder nicht. Die Tatsachen bleiben weiterhin strittig. Es gab kein Gefühl der Endgültigkeit, keine Rehabilitation, keine Fahne der Unschuld, die das Unternehmen hätte schwenken können.

Das vom Richter empfohlene Urteil gestattete Dr. Wiley, den Kampf zu einem anderen Zeitpunkt wieder aufzunehmen. Die Feststellung einer Jury, daß Koffein ein mildes, harmloses Anregungsmittel sei, hätte den Fall ein für allemal abgeschlossen. Nun jedoch gab es nichts, wodurch sich hätte aufzeigen lassen, wie schlecht Wiley seine Klageposition aufgebaut hatte. Eine Verbandszeitschrift der Lebensmittelindustrie, die den Ausgang des Prozesses begrüßte, qualifizierte Wiley als »unverantwortlichen Scharlatan« ab. Aber nichts war unternommen worden, um der Öffentlichkeit dieses Urteil nahezubringen. Schon nach wenigen Wochen agitierte er so heftig wie eh und je gegen die Schädlichkeit von Koffein und Coca-Cola.

Am schlimmsten war, daß es noch ein rechtliches Problem gab. Die Regierung wollte Einspruch gegen das Urteil einlegen, da es drohte, den Geltungsbereich und den Umfang des Pure Food and Drugs Act einzuschränken. Die höheren Gerichte würden sich Richter Sanfords Begründung vornehmen und seine Theorien zerpflucken. Die Entscheidung einer Jury, bei der die Fakten des jeweiligen Falles berücksichtigt wurden, war nicht so leicht zu kippen. Aber eine Interpretation der Gesetze durch einen Richter war immer angreifbar. Sie war lediglich eine Meinung unter vielen. Andere Richter könnten anderer Meinung sein.

Die schädlichen Auswirkungen der Entscheidung wurden schon im August 1911, nur vier Monate nach Ende des Prozesses, deutlich, als nämlich Candler und Sam Brown erneut über den Verkauf des Unternehmens verhandelten.

Nach mehreren Wochen des Feilschens einigten sie sich auf einen Preis: acht Millionen Dollar. Brown erhielt von Candler eine Option und schickte sich an, Investoren zu suchen, um den Preis aufzubringen. Doch er wurde unsanft aus seinen Träumen geweckt. Sein Schwiegersohn Hirsch hatte völlig recht gehabt mit seiner Warnung vor einem Antrag auf eine Urteilsempfehlung. Da über einen Einspruch noch nicht entschieden worden war, hatten die Investoren gewisse Vorbehalte, war ihr Engagement betraf. Ehe er Aktien von Coca-Cola der Öffentlichkeit anbieten konnte, mußte Brown erst einmal acht Millionen Dollar in Asa Candlers Tasche zahlen, und dieses Geld aufzubringen, erwies sich als unmöglich. Brown reist nach New York und Chicago auf der Suche nach Bankleuten, die bereit waren, das Risiko einzugehen, und kam mit leeren Händen zurück. Die einzige Möglichkeit, wie dieses Geschäft hätte abgeschlossen werden können, sah dergestalt aus, daß seine Gültigkeit vom Sieg der Coca-Cola Company in der Berufungsverhandlung abhängig gemacht wurde, und das war unannehmbar, da, wie Hirsch erklärte, »es durchaus möglich ist, daß es anderthalb oder zwei Jahre dauert, ehe die rechtlichen Fragen dieses Falles eindeutig geklärt sind«.

Brown und Hirsch waren durchaus bereit, den Fall abzuschließen, indem sie der Regierung so weit als möglich entgegenkamen. Sie traten sogar an Dr. Wiley heran, um bei ihrem Hauptquälgeist nach Anzeichen für eine gewisse Kompromißbereitschaft Ausschau zu halten. Es überraschte nicht, daß Wiley dem Vorhandensein von Koffein in Coca-Cola »unverändert ablehnend« gegenüberstand. Hirsch erklärte, daß er nach Washington reisen und die Klärung des Streits einer wissenschaftlichen Bewertung überlassen wolle. Wiley »sprang sofort aus seinem Sessel auf und sagte, er und kein anderer sei in dieser Angelegenheit der letzte und oberste Schiedsrichter, und daß er, selbst wenn alle Wissenschaftler der Welt ihm widersprächen, in dieser Angelegenheit genauso denken würde wie zu Beginn.«

Aber es wurde schnell deutlich, daß Wiley nicht mehr das Haupthindernis war. Im März 1912, als Wiley aus der Kommission für chemische Fragen ausschied und eine Stelle in der Privatwirtschaft als Redakteur bei Good Housekeeping annahm, herrschte eitel Freude in Atlanta. Die Nachricht, jubelte Hirsch, »sei ja fast zu schön um wahr zu sein.« Dennoch gab es noch immer keine Chance für eine endgültige Klärung. Die Anwälte des Landwirtschafts- und des Justizministeriums interessierten sich kaum für das Koffein in Coca-Cola, aber sie weigerten sich glattweg, sich mit den Beschränkungen abzufinden, die die Entscheidung Richter Sanfords anderen Untersuchungen nach dem Pure Food and Drugs Act auferlegte. Wenn diese Entscheidung wirklich so bestehen blieb, stellte sie einen Präzedenzfall dar, und dazu wollten es die Anwälte der Regierung nicht kommen lassen. Sie wollten den Fall bis zum U. S. Supreme Court durchfechten.

Im Jahr 1913, nachdem er fast ein ganzes Jahr lang nach einem Käufer gesucht hatte, gab Brown seine Bemühungen auf. Investoren sahen die Coca-Cola Company genauso, wie John Candler sie früher gesehen hatte: als einen riesigen Ballon. Stach man hinein, dann war er weg. Die Berufung war wie eine spitze, glänzende Nadel, und bis in diesem Fall die Entscheidung gefallen war, würde es nicht zum Verkauf kommen. Die Company erlebte gerade ihr bisher bestes Geschäftsjahr und war im Begriff, Einnahmen von 8,8 Millionen Dollar zu verbuchen, *mehr als der geforderte Preis,* aber dennoch wollte niemand zugreifen. Die eigentliche Ursache dafür war, daß die Betriebsausstattung des Unternehmens – das Land, die Gebäude und das technische Inventar – nur eine Million Dollar wert war. Wie immer steckte der wahre Wert in der Popularität des Markenzeichens. Ein Investor konnte acht Millionen Dollar für das Unternehmen bezahlen und fast alles über Nacht verlieren, wenn ein höheres Gericht anders entschied und Coca-Cola seinen Namen verlor.

Candler wurde immer mürrischer, seine Nerven waren überreizt, und seine Verdauungsstörungen machten sich unangenehmer denn je bemerkbar. Die Entlastung, die er für sich und sein Produkt wünschte, wurde ihm nicht gewährt. Nach dem Prozeß drehte D. W. Griffith, der Filmpionier, der später mit seinem Spielfilm »The Birth of a Nation« Berühmtheit erlangen sollte, einen kurzen Film, der sehr überzeugend den Ruin eines Mannes namens Campbell porträtierte, der ein Erfrischungsgetränk namens Dopokoke herstellte. Der Stummfilm mit dem Titel »For His Son: The Awful Result of Criminal Selfishness« zeigte einen Mann, der sich seinen Reichtum damit erwirbt, daß er sein Getränk mit Kokain versetzt, um schließlich seine gerechte Strafe zu erhalten, als sein eigener Sohn der Sucht verfällt und stirbt.

Das Unternehmen gab eine Broschüre mit dem Titel »Wahrheit, Gerechtigkeit und Coca-Cola« heraus, in der die Beteuerung zu lesen war: »Es gibt kein einziges nachweisbares Atom Kokain in einem ganzen Meer von Coca-Cola. Daran wird sich niemals etwas ändern!« Dennoch hielt der Irrglaube sich hartnäckig. Einer der Firmenanwälte, der 1912, fast ein Jahr nach dem Prozeß, nach Washington reiste, stellte zu seiner Überraschung fest, daß sich in der Hauptstadt »die Vorstellung fest etabliert hatte, daß Coca-Cola Kokain enthält«.

Im Sommer 1913 schafften Howard und die anderen Kinder es endlich, ihre Eltern auf eine längere Reise nach Europa zu schicken. Asa hatte dabei nicht viel Freude. »Ich habe die Bücher vergessen, die ich immer las«, schrieb er trübsinnig nach Hause. »Ich habe all mein historisches Wissen während der Jagd nach Wohlstand vergessen, so daß ich jetzt die Schönheiten, die ich zu sehen bekomme, gar nicht mehr richtig würdigen kann.« Mit einer bemerkenswerten, verstörenden Redewendung beschrieb er sich selbst als »müde und überfüttert wie ein Eber, der eingesperrt wurde, um gemästet und anschließend geschlachtet zu werden«.

Im Alter von 61 Jahren richtete Candler seine Gedanken auf eine höhere Ebene. »Meine Tage auf Erden sind einfach zu wenige, um vergeudet zu werden . . .« schrieb er. »Ich werde von jetzt an bis zum Ende meines Lebens jeden Versuch unternehmen, meinen Beitrag zur allgemeinen Verbesserung der Welt zu leisten.«

Er war noch immer Eigentümer der Coca-Cola Company. Aber er wollte sie nicht mehr haben, und er versuchte, sie aus seinem Bewußtsein zu verdrängen.

3

Dobbs

Samuel Candler Dobbs war dem Tode nahe. Im Sommer 1950 holte ihn seine Familie aus dem Emory University Hospital in Atlanta, um ihn mit einem Krankenwagen zu seinem drei Fahrstunden entfernten Jagdhaus, dem Lichens, in den kühlen, bewaldeten Vorbergen in der Nähe von Lakemont im Norden Georgias zu bringen.

Mit 81 Jahren hatte Dobbs das gleiche schreckliche Schicksal ereilt, das viele Männer der Candler-Familie zu erleiden hatten. Ein schwerer Schlaganfall fesselte ihn an sein Krankenlager, ständig schwankte er zwischen Wachen und Schlafen.

Manchmal regte er sich furchtbar auf. »Er muß zurück nach Atlanta«, erklärte dann seine Krankenschwester und beschrieb die ständig wiederkehrenden Halluzinationen, die Dobbs in eine ferne Vergangenheit reisen ließen. »Howard Candler wurde gerade zum Präsidenten von Coca-Cola bestimmt, und ich kann es einfach nicht zulassen, daß die Arbeit von vielen Jahren auf diese Art und Weise null und nichtig gemacht wird.« Die Krankenschwester, Eleise Wrenn, versuchte, Dobbs zu beruhigen. »Das ist doch schon so lange her«, sagte sie dann. »Er sagt, ›Nein, sie haben gerade in einer außerordentlichen Sitzung Howard zum Präsidenten gewählt . . . Howard ist nicht fähig, ein solches Unternehmen anzukurbeln, wie es eigentlich geschehen müßte.‹«

Immer wieder suchte diese lebhafte, beängstigende Erinnerung Dobbs heim, und sie erschien ihm so gegenwärtig, daß er sich aufbäumte und versuchte, sich zu erheben und sein Bett zu verlassen. Sein Cousin ersten Grades, Howard Candler, war zum Präsidenten der Coca-Cola Company gekürt worden. Es war ein schrecklicher Fehler. Dobbs mußte etwas tun, ehe es zu spät war.

Von dem Moment an, als er das erste Mal Coca-Cola probiert hatte, verhielt sich Sam Dobbs wie im Fieber. Anders konnte man es nicht ausdrücken. Er war damals noch ein schlaksiger siebzehnjähriger Junge vom Land, als er in Atlanta eintraf, um bei seinem Onkel, Asa Candler, zu arbeiten. Man schrieb das Jahr 1886, das Jahr, in dem das Getränk erfunden wurde. Dobbs trank Coca-Cola zum erstenmal an der Limonadentheke in der Bäckerei nebenan und war diesem Getränk fortan verfallen.

Als Candler die Rechte an Coca-Cola erwarb, war es Dobbs, der den Pferdewagen ratternd die Marietta Street hinunterlenkte zu Doc Pembertons alter Zentrale, dort die Kessel, Filter, das restliche Inventar und selbstgebastelte Reklameschilder auflud, um sie in ihr neues Heim zu transportieren. Er war wie elektrisiert. Die Jungs in Candlers Labor »jubelten«, erinnerte sich Dobbs Jahre später, denn nun »konnten wir soviel Coca-Cola produzieren, wie wir wollten«. Und Dobbs selbst schluckte davon eine ganze Menge: Er trank rund ein Dutzend Gläser Coke am Tag, manchmal auch bis zu fünfzehn.

Aber Dobbs Engagement war mehr als nur Ausdruck seiner Freude darüber, an einer nie versiegenden Quelle seines bevorzugten Erfrischungsgetränks zu sitzen. Schon als Teenager schien er ein intuitives Gespür für kaufmännische Fragen zu haben. Er wollte Coca-Cola verkaufen, und er war voller Ideen, wie der Verkauf zu bewerkstelligen sei. Dobbs war noch sehr unerfahren. Als Sohn einer der älteren Schwestern Asa Candlers war er in ärmlichen Verhältnissen in einer kleinen Hütte in Carroll County, Georgia, unweit der Alabama-Eisenbahnlinie in den schweren Tagen des Wiederaufbaus aufgewachsen. »Sammie«, wie die Candler-Familie ihren Cousin vom Lande nannte, hatte nur eine sechsmonatige Schulausbildung genossen, und seine Grammatikkenntnisse ließen sehr zu wünschen übrig. Er verdiente bescheidene 6 Dollar die Woche, schlief auf einer Pritsche im Hinterzimmer und schwang den ganzen Tag den Besen. Niemand hatte damit gerechnet, daß er seinem Onkel Asa eines Tages Vorschläge machen würde, wie er sein Unternehmen führen sollte. Aber er tat es.

Da gab es zum Beispiel das Problem der Flaschenabfüllung. Während eines seiner Besuche in Doc Pembertons baufälliger Firmenzentrale entdeckte Dobbs im Kohlenschuppen auf dem Hof die primitive Abfüllmaschine und war fasziniert davon. Die Matthews-Maschine war eigentlich kaum mehr als ein Holztisch mit Rohren, die mit einem Generator und zwei klobigen Stahlzylindern verbunden waren. Die Maschine hatte Hand- und Fußhebel, mit denen man ein Ventil absenken, Sirup und kohlensäurehaltiges Wasser in eine Flasche füllen und anschließend eine Vorrichtung, bestehend aus einer Gummischeibe und einem Drahtring, auch als Hutchinson-Verschluß bekannt, anbringen konnte. Die Kohlensäure wurde noch mit einer altmodischen und übelriechenden Methode hergestellt: Schwefelsäure und Marmorstaub wurden miteinander vermischt, das entstehende Gas wurde in Wasser, das sich unter Druck in einem der Zylinder befand, eingeleitet. Der Prozeß war »natürlich unhygienisch, schmutzig und veraltet« mußte Dobbs zugeben, doch er erkannte sofort die unendlichen Möglichkeiten, die sich daraus ergaben, Coke in Flaschen verkaufen zu können.

Nachdem Candler die Leitung von Coca-Cola übernommen hatte, schickte er Dobbs los, um die neue Limonade an Trinkhallenbesitzer in Georgia, South Carolina und in anderen Südstaaten zu verkaufen. Dobbs tat, was man von ihm verlangte, und besuchte Drogisten in den Städten und kleineren Ortschaften in der ganzen Region. Aber er verkaufte den Sirup darüber hinaus auch an Händler, die im Hinterhof Abfüllmaschinen stehen hatten, die der von Pemberton ähnlich waren. Als Dobbs nach Hause zurückkehrte, stellte Candler ihn zur Rede und befahl ihm, damit aufzuhören. Das Abfüllgeschäft war nach Candlers Auffassung primitiv und unlukrativ. »Es gibt zu viele Leute, die nicht die richtige Einstellung haben«, erklärte er, »denen Ruf und Qualität dessen, was sie anbieten, völlig gleichgültig sind, und ich befürchte, daß der Name (Coca-Cola) Schaden nimmt.« Flaschen mit Hutchinson-Verschlüssen waren nur schwer zu reinigen und keimfrei zu halten, und einige der ersten Abfüllbetriebe versuchten es auch erst gar nicht. Es war durchaus nicht ungewöhnlich, daß eine Abfüllmaschine in einem Stall in unmittelbarer Nähe zu den Pferdewagen und auf dem Boden stand, der mit Stroh und Pferdemist bedeckt war. Candler wies Dobbs an, er solle sich darauf beschränken, den Sirup ausschließlich zum Ausschank in den Soda Fountains zu verkaufen.

Als er die Episode Jahre später schilderte, erinnerte sich Dobbs, wie er seinem Onkel widersprach und sich für seine Überzeugung einsetzte: Es gab einfach nicht genug Trinkhallen. Die einzig richtige Verkaufsstrategie konnte seiner Meinung nach nur sein, Coca-Cola überall da zu verkaufen, wo und wie es irgend möglich war. Coke konnte glasweise nur in Soda Fountains verkauft werden, aber eine Flasche konnte überallhin transportiert, überall verkauft und überall getrunken werden. Das war die Zukunft in diesem Geschäft, und die Möglichkeiten waren unbegrenzt. Wahrscheinlich war der junge Dobbs seinem Onkel gegenüber nicht ganz so mutig, wie er es später gerne schilderte. Nicht viele Männer hatten den Mut, Asa Candler zu widersprechen. Es steht aber außer Frage, daß Dobbs der früheste Befürworter des Abfüllens in Flaschen war, ehe andere auf die gleiche Idee kamen. Der bekannte Film »Imitation of Life«, mit Claudette Colbert in der Hauptrolle, strickte weiter an dem Mythos, Asa Candler habe 50 000 Dollar für den Tip bezahlt, der für die Zukunft von Coca-Cola so weitreichende Folgen hatte: »Füll's in Flaschen!« Die Wahrheit war aber, daß Candler den Tip kostenlos von seinem Neffen erhielt, ihn aber mehr als zehn Jahr lang einfach nicht in die Tat umsetzte.

Während der ersten beiden Verkaufsjahre der Candler-Ära, in den Sommern von 1889 und 1890, bereiste Dobbs den Süden mit Eisenbahn und Pferdekutsche, kam im Westen bis zum Mississippi und im Norden bis nach North Carolina. Er brüstete sich später damit – durchaus zu Recht –, daß er mehr als jeder andere unternommen habe, um Coca-Cola in dieser Region zu verkaufen. Dobbs machte schnell Karriere und ließ das Leben auf der Straße hinter sich, um fortan die Geschäfte vom Schreibtisch in Atlanta aus zu dirigieren: Er übernahm die Leitung der Speditionsabteilung des Unternehmens. Es war eine Tätigkeit, die Sorgfalt und Genauigkeit erforderte, denn sein Onkel Asa behielt seinen Lohn ein, wenn er Fehler beging und zum Beispiel eine Ladung statt nach Oxford, North Carolina, nach Oxford, Mississippi, verschickte. Aber Dobbs bewältigte seine Aufgabe gut, und in den neunziger Jahren des vorigen Jahrhunderts beendete er seine Ausbildung. Indem er Seite an Seite mit Frank Robinson arbeitete, erlernte er jeden Bereich des Geschäfts, vom Einkauf der Zutaten und der Herstellung des Sirups bis hin zur Buchhaltung und zum Verpacken von Werbematerial für die Verkäufer.

Abends studierte Dobbs fleißig mit Bischof Warren Candler als Lehrer und versuchte, seine mangelnde Schulbildung nachzuholen. So wurde er im Laufe der Zeit geschliffener im Umgang, und zu seinem natürlichen Selbstvertrauen gesellte sich eine gewisse Bildung. Der Junge vom Land verwandelte sich in einen durchaus ansehnlichen Mann. Es gab aber eine Seite in Dobbs' Persönlichkeit, die sich nicht veränderte, eine rauhe Kante, die niemals glattgeschliffen wurde, und das war sein Ehrgeiz. Auf einem Photo aus dieser Zeit war das Auffälligste an Dobbs der Ausdruck seiner Augen: leuchtend, intensiv, wissend, fordernd, fast wild.

Die Coca-Cola Company der Neunziger wies eine Unternehmensstruktur von geradezu trügerischer Einfachheit auf. Noch um die

Jahrhundertwende, als die Produktion eine Viertelmillion Gallonen überstieg und in jedem Staat der Union Verkäufe zu verzeichnen waren, beschäftigte die Firmenzentrale in Atlanta nicht mehr als 20 Leute. Als 1898 die neue Fabrik eröffnet wurde – es war der Betrieb, von dem Asa Candler glaubte, er würde den Bedürfnissen von Coca-Cola »für alle Zeiten gerecht« –, fand die gesamte Belegschaft auf der Eingangstreppe Platz, wo sie sich zu einem Erinnerungsphoto aufstellte. Während der Sirupstrom von Jahr zu Jahr dramatisch wuchs, blieb der Herstellungsprozeß grundsätzlich unverändert: Wasser, Zucker, Koffein und Karamel wurden in einem Kessel gekocht, Konservierungsmittel und Geschmacksstoffe wurden in den Kühltanks hinzugefügt, und das fertige Produkt wurde zum weiteren Transport per Pferdewagen oder Eisenbahn in Gläser, Krüge und Fässer gefüllt. Die eigentliche Herausforderung lag, damals wie heute, in den Bereichen Verkauf und Werbung – Aufgabenbereiche, zu denen sich Dobbs hingezogen fühlte.

Asa Candler schickte eine kleine Truppe von Verkäufern durch das ländliche Amerika, um Händler zu werben, die Coca-Cola ausschenkten. Die Bemühungen waren nicht immer erfolgreich. Ein Neffe, Dan Candler, wußte eine spaßige Geschichte über einen Drogisten in einer kleinen Stadt in Oklahoma zu erzählen. Der Mann hatte noch nie von der neuen Limonade gehört, und als der junge Candler ihm ein 50-Gallonen-Faß Sirup anbot, lachte er schallend. Candler empfahl daraufhin einen kleineren 10-Gallonen-Behälter. Immer noch kein Interesse. Schließlich, etwas verzweifelt, sagte Candler: »Nun, wie wär's denn mit einem Gallonenkrug? Eine Gallone Coca-Cola verkauft doch jeder.« Darauf erwiderte der Drogist trocken: »Na ja, Mister, Sie offensichtlich nicht.«

Zu Hause dachten Frank Robinson und Sam Dobbs über neue Methoden nach, um die Verkaufszahlen zu erhöhen. Zusätzlich zu ihrer Pröbchen-Kampagne, die die Trinkhalleninhaber mit Hunderttausenden von Gutscheinen für eine Coke »für Sie und einen Freund« überschüttete, entwickelten Robinson und Dobbs eine Reihe von Werbe- und Vertriebsmaßnahmen, die das Getränk bekannter und überall verfügbar machen sollten. Während Asa Candler immer noch an die traditionellen Werbestrategien glaubte, die für rezeptfreie Universalmedizin den Einsatz ausführlicher Broschüren und übertriebener Zeitungsartikel vorsah, fand Robinson zunehmend Gefallen an den neueren Werbetechniken und machte Dobbs damit vertraut. Sie engagierten Ed Grant, einen unabhängigen Schildermaler aus Atlanta. Er sollte eine schmale Wachstuchfahne entwerfen, die an den Markisen befestigt werden konnte, die über den Eingängen der meisten Drugstores hingen. Das Markenzeichen in roter Schrift auf weißem Untergrund – mit dem Slogan »Köstlich und erfrischend« in blau – sollte dem Kunden verraten, wo er das Getränk kaufen konnte. 1894 malte der Künstler Jim Couden den Namen »Coca-Cola« auf die Außenwand des Drugstores von Will Young und Evans Mays in Cartersville, Georgia. Es war das erste von 20 000 Coca-Cola-Wandschildern, die am Ende die amerikanische Landschaft zierten. Robinson und Dobbs hatten sich zum Ziel gesetzt, auf jede Scheune im Mittleren Westen den Namen »Coca-Cola« aufmalen zu lassen.

Für die Geschäftsräume boten Robinson und Dobbs sogenannte »Verkaufshilfen« an: Andenken, Poster, Tabletts und andere Gegenstände mit der Aufschrift »Coca-Cola«. Sie sollten die Aufmerksamkeit des Kunden erregen und zum Kauf anregen. Die Coca-Cola Company erwarb zum Beispiel die Rechte an einer Photographie von der populären Schauspielerin Lillian Russell, ließ ihr ein Glas Coca-Cola in die Hand malen und 5 000 plakatgroße Exemplare drucken, die in den Trinkhallen aufgehängt werden sollten. Lange bevor die Werbung den sogenannten »Spontankauf« für sich entdeckte, hatten Robinson und Dobbs instinktiv erkannt, daß sie Coca-Cola auch an Menschen verkaufen konnten, die eigentlich keine Kaufabsicht hatten. Um den Kaufimpuls auszulösen, verschickte das Unternehmen Tausende von Sirupkaraffen aus Steingut, Uhren, Blechschildern, Plakaten, Serviertabletts und Anstecknadeln. All diese Produkte sollten gewährleisten, daß ihm ganz gleich, wohin der Kunde auch sah, der Name »Coca-Cola« sofort ins Auge sprang. Schon nach kurzer Zeit wußten die Ladenbesitzer Coca-Cola zu schätzen, denn die Werbung für die Limonade lockte Kunden an, die neben Coca-Cola auch noch andere Waren kauften.

Das Unternehmen eroberte mit seiner Werbung auch die Straße: Vertreter verteilten Tausende von Löschblättern, Papierbeschwerern, Kalendern und anderen Utensilien an die Passanten. Zu den beliebtesten Artikeln zählte der berühmte japanische Fächer von Coca-Cola. Wenn man den Fächer entfaltete, war auf der einen Seite ein hübsches Bild und auf der anderen das Coca-Cola-Logo zu sehen. Die Fächer erzeugten, wenn ein durstiger Kunde damit herumfächelte, eine unterschwellige, flackernde Kaufbotschaft. Das Verteilen dieser Fächer gehörte auch zu den Aufgaben der Candler-Familie. Als Howard Candler in einem Jahr während der Sommerferien als Vertreter arbeitete, erhielt er den Auftrag, die Fächer von hundert Kartons in Büros, Friseursalons und Hotelhallen in Kansas City zu verteilen.

Dazu fädelte er die Fächer auf einer Schnur auf, hängte sich je eine über die Schultern, begann in jedem wichtigen Gebäude der Stadt im oberen Stockwerk und arbeitete sich dann, Büro für Büro, nach unten durch und verschenkte die Fächer. Als Walter Candler, ein jüngerer Bruder von Howard, in einem Sommer Coca-Cola auf der Strandpromenade in Atlantic City verkaufte, verschenkte er mit jedem Glas einen japanischen Fächer als Beigabe. Auch die anderen Verkäufer verfuhren so. W. P. Trebilcock zum Beispiel, der Manager der Coca-Cola-Filiale in Chicago, mietete sich einen Pferdewagen und fuhr auf der State Street auf und ab, um die Fächer an die Passanten zu verteilen.

Im weiteren Verlauf der neunziger Jahre des vorigen Jahrhunderts übernahm Dobbs nach und nach das Verkaufsmanagement. Obgleich Robinson offiziell nach wie vor für diesen Aufgabenbereich zuständig war, drängte Dobbs ihn beiseite und übernahm die Betreuung des Verkaufspersonals. Er bildete die Verkäufer aus, plante ihre Reisen, führte ihre Bestellungen aus und packte das Werbematerial in die mit Eisenbändern versehenen Schrankkoffer, die zu den Bahnhöfen auf ihren Routen vorgeschickt wurden. Die übrigen Neffen von Asa Candler beobachteten Dobbs' Aufstieg mit einer Mischung aus Beklommenheit und widerwilliger Bewunderung, was mit der Persönlichkeit von Dobbs zu tun hatte. Im Umgang mit Angestellten war Robinson bekannt und beliebt wegen seines sanften, stets verständnisvollen Tons. Die Fehler seiner Mitarbeiter führte er in der Regel darauf zurück, daß er seine Anweisungen nicht klar genug formuliert hatte. Wie ein fürsorglicher Vater achtete Robinson auf die Gesundheit und das Wohlergehen seiner Verkäufer im Außendienst. Dobbs hingegen hatte ein viel härteres, entschlosseneres Auftreten. Er forderte sehr viel mehr von seinen Männern. So erwartete Dobbs von den Verkäufern, daß sie Trinkhallenbetreibern auch zeigten, wie man Coca-Cola richtig zubereitet, was für diese bedeutete, durch Spinnweben und Schmutz unter der Theke zu kriechen, um das Eisfach und die Kühlschlangen zu inspizieren und sich davon zu überzeugen, daß das kohlensäurehaltige Wasser kalt genug war, denn − eine warme Coca-Cola war eine Todsünde.

Dobbs folgte dem Beispiel Asa Candlers und achtete darauf, daß ausschließlich Männer mit hervorragenden charakterlichen Eigenschaften eingestellt wurden. Bill Trebilcock, Chef der Filiale in Chicago, suchte gewöhnlich Versammlungen der Women's Christian Temperance Union auf, um nach Kandidaten für sein Verkaufspersonal Ausschau zu halten. Mit seinem feuerroten Schnurrbart war Trebilcock ein imponierender Anblick. Doch wirklich bemerkenswert fanden viele der Verkäufer, daß er weder rauchte oder Kautabak kaute, noch trank oder fluchte – und niemanden einstellte, der derartiges zu tun pflegte. In einer Zeit, in der Handlungsreisende – im Jargon der Epoche auch »Trommler« genannt – den Ruf hatten, nur an Kartenspielen und Trinkgelage zu denken, stellten die Coca-Cola-Vertreter eine Ausnahme dar.

Als Belohnung für ihre mühevolle Arbeit kämpfte Dobbs in der Zentrale in Atlanta für die Interessen seiner Handelsvertreter. Die Zeit der Pferdewagen neigte sich dem Ende zu, und die Männer verlangten Dienstwagen. Doch Asa Candler scheute vor einer solchen Extravaganz zurück. Dobbs brauchte Jahre, um den Widerstand seines Onkels zu überwinden, bis er schließlich den Kauf einer kleinen Flotte von Locomobiles für die Verkäufer in New York City veranlassen konnte. Er überließ seinen eigenen Wagen, einen zweisitzigen in Belgien gebauten *Metalurgique,* den Männern in Chicago. Dobbs verlangte von seinen Angestellten Respekt und Treue. Coca-Cola-Vertreter hatten ein bescheidenes, aber regelmäßiges Gehalt von 12,50 Dollar in der Woche, plus Spesen, und Dobbs sorgte dafür, daß sie wußten, daß allein er es war, der für ihren Lebensunterhalt sorgte. (Es waren die Spesengelder, die einen Job bei Coca-Cola so gefragt machten, da das Unternehmen drei Restaurantmahlzeiten pro Tag, die Unterbringung in guten Hotels und Eisenbahnfahrten im Erster-Klasse-Abteil bezahlte.) Im Laufe der Zeit war Dobbs »zur einzigen Verbindungsstelle mit der Zentrale geworden, die die Verkaufstruppe kannte«, und die Verkäufer revanchierten sich mit ihrer Loyalität. Einer von ihnen beschrieb Dobbs später als eine »natürliche Führungspersönlichkeit«. Er sei »ein ungemein gutaussehender Mann – eine dynamische Persönlichkeit und ein brillanter Redner« gewesen.

Dobbs kümmerte sich auch um andere Angelegenheiten. Eine der schwierigsten Aufgaben eines Verkäufers bestand darin, die Händler davon abzuhalten, billigen Ersatzsirup zu kaufen und ihn als das echte Produkt anzubieten. Die enormen Gewinnspannen, die in jedem Bereich des Coca-Cola-Geschäfts kalkuliert waren, hätten eigentlich alle Beteiligten zufrieden stellen müssen: Die Herstellung von einer Gallone Sirup kostete die Candlers weniger als 1 Dollar. Diesen lieferten sie gewöhnlich einem Lebensmittel- oder Arzneimittelgroßhändler für 1,50 Dollar und erzielten damit einen Gewinn von 50 Prozent. Dieser verkaufte die Gallone Sirup an den Einzelhändler für

2 Dollar, machte also einen Reingewinn von 30 Prozent. Der Einzelhändler machte das beste Geschäft, weil er mit einer Gallone Sirup 100 Drinks für je einen Nickel verkaufen konnte, aus seiner Investition von 2 Dollar also 5 Dollar erzielte. Doch der Gewinn der Einzelhändler fiel natürlich noch höher aus, wenn sie billigeren Sirup erwarben – im gleichen Maße, wie die Popularität von Coca-Cola zunahm, stieg auch die Zahl von obskuren Kleinunternehmern, die dunkle, wässrige Imitationen zusammenbrauten und als Coca-Cola-Sirup verkauften.

Asa Candler legte in bezug auf anständiges Geschäftsverhalten strenge Maßstäbe an und wetterte gegen die »skrupellosen Piraten« und »Gauner«, die dem Ansehen und dem Profit von Coca-Cola schadeten. Doch er hatte nur eine zweifelhafte Strategie, um sich gegen sie zu wehren: Candler erwartete von seinen Vertretern, daß sie die Firmeninteressen notfalls auch mit den Fäusten verteidigten. John H. Power, einer der ersten Verkäufer, die von Dobbs eingestellt wurden, erinnerte sich, daß seine Kollegen einem Trinkhallenbesitzer zunächst eine Warnung zukommen ließen. Wenn sie ihn dann »beim nächsten Besuch dabei erwischten, daß der Mann immer noch Ersatz ausschenkte, schleiften sie ihn nach draußen auf die Straße und gaben ihm eine Tracht Prügel. So etwas ist tatsächlich vorgekommen.« Ein Lebensmittelhändler in Virginia beklagte sich bei Power, daß einer der anderen Vertreter ihn regelmäßig aus seinem Laden holte »und mir ein paar aufs Auge gab«. Power, der körperlich eher zierlich wirkte, versuchte statt dessen, sein Ziel mit Überredungskunst zu erreichen.

Dobbs hielt die handgreifliche Methode für hoffnungslos überholt. In ihm wuchs ein Gefühl von Enttäuschung und Hilflosigkeit, denn er glaubte nahezu jeden Bereich der Coca-Cola-Aktivitäten modernisieren zu müssen, doch wo er auch ansetzen wollte, stieß er auf Widerstand und den Willen, an altbewährten Methoden und Abläufen festzuhalten, die sich für das Unternehmen bisher als nützlich erwiesen hatten. Das Problem mit dem Ersatzsirup ließ sich seiner Meinung nach aber nicht mehr mit Straßenschlägereien lösen. Solche Streitigkeiten trug man besser vor Gericht aus, indem man sich der immer zahlreicher werdenden Gesetze bediente, die den Herstellern Schutz vor unlauterem Wettbewerb garantierten.

Die Verkäufer waren nicht die einzigen, die juristischen Beistand brauchten. 1899, zehn Jahre nachdem Dobbs ihn dazu gedrängt hatte, lenkte Asa Candler endlich ein und gestattete unabhängigen Unternehmern, Coca-Cola in Flaschen zu füllen und selbst zu verkaufen.

Überall im Lande gründeten Geschäftsleute Abfüllbetriebe und schufen einen neuen Industriezweig, der in den ersten Jahren des neuen Jahrhunderts einen schnellen, schwindelerregenden Aufstieg erlebte. Wie Dobbs erwartet hatte, erzeugte die große Beliebtheit von Coca-Cola an der Limonadenbar eine starke Nachfrage nach Coca-Cola in Flaschen, vor allem nachdem im Jahr 1902 der Kronkorken erfunden worden war, der den Hutchinson-Verschluß ersetzte und den Qualitäts- und Hygienestandard des Produkts verbesserte. Aber die Abfüllunternehmer sahen sich schon bald von Konkurrenten unterboten, die Coca-Cola-Imitationen anboten.

Dutzende, am Ende gar Hunderte von Getränkeherstellern überfluteten den Markt mit ähnlich klingenden Marken wie zum Beispiel Afri-Cola, Ameri-Cola, Ala-Cola, Bolama-Cola, Cafe-de-Ola, Carbo-Cola, Camdy-Kola, Capa-Cola, Chero-Cola, Christo-Cola, Coke-Ola, Coo-EE-Cola, Curo-Cola, Grap-O-Cola, Its-A-Cola, Kaffir-Kola, Kaw-Kola, Kiss-Kola, Ko-Ca-Ama, Koca-Nola, Ko-Co-Lem-A, Kokola, Klu Ko Kolo, Loco Cola, Luna Cola, Mitch-O-Cola, Mo-Cola, My Cola, Roco-Cola, Toca-Cola, Qua-Kola, Uneeda-Cola, Zero-Cola und Zippi-Cola. In New Bern, North Carolina, stellte der Apotheker Caleb Bradham ein Getränk her, das er Pepsi-Cola nannte. Dobbs besuchte ihn 1901 und schimpfte anschließend über Bradham, der zugegeben hatte, daß seine Limonade »Coca-Cola so ähnlich sein solle wie irgend möglich«.

Die Dreistigkeit der Limonadenfälscher war erstaunlich – man hätte eigentlich anerkennend feststellen müssen, daß sie bei ihren Plagiaten durchaus Erfindungsreichtum bewiesen –, aber Dobbs fand an ihren Aktivitäten überhaupt nichts amüsant. Er brannte darauf, sie juristisch zu belangen, und beklagte insgeheim, daß seine Onkel, Asa und John, offenbar gewillt waren, »Rechtsverletzungen – einige überaus eklatant – ungeahndet durchgehen zu lassen«. Während die älteren Candlers den größten Teil ihrer juristischen und politischen Energien dem verbissenen Kampf gegen Dr. Wiley und die Regierung widmeten, machte Dobbs sich große Sorgen, daß die Imitatoren in den Markt einbrachen und dem Coca-Cola-Absatz erheblich schadeten. Er flehte seine Onkel an, es sei geradezu von vitalem Interesse, endlich gegen die Konkurrenten der Firma zu klagen, aber sie waren, wie er es später zurückhaltend umschrieb, weiterhin »anderer Meinung« und weigerten sich, seinen Rat zu befolgen.

Unterdessen war Dobbs auch zunehmend unzufrieden mit der Werbung der Company. Werbung zählte zu seinen Leidenschaften, und im Laufe der Jahre beobachtete er mit wachsendem Neid, wie

Robinson die Kontrolle über den kreativen Bereich des Geschäfts ausübte. Doch wie ein begabter Student, der seinen Professor irgendwann überflügelt, lernte Dobbs von Robinson und drängte schließlich auf schnellere Aktionen, wollte neue Ideen ausprobieren und vor allem mehr Geld ausgeben. Eine wesentliche Änderung, die Dobbs befürwortete, war eine ganzjährig angelegte Werbung. Er war überzeugt, daß die Menschen Coca-Cola zu allen Jahreszeiten trinken würden, nicht nur während der Sommerhitze. Dobbs war ein glühender Verfechter des von der Werbebranche entwickelten Credos, daß ein Unternehmen Geld ausgeben muß, um Geld zu verdienen, und daß es um so mehr einnimmt, je mehr es ausgibt.

Zur Jahrhundertwende war Robinson 54 Jahre alt, Dobbs 31. Eine neue Ära begann – 1902 gab das Unternehmen 10 000 Dollar für die ersten Zeitungsanzeigen im monatlich erscheinenden Munsey's aus. Dobbs wollte die Sache nun selbst in die Hand nehmen. Robinson und Dobbs waren sich über Umfang und Ziel der Firmenwerbung nicht einig, und ihre Auseinandersetzungen wurden zunehmend heftiger und häßlicher. Dobbs bekleidete mittlerweile einen Direktorenposten und trug seine Meinungsverschiedenheiten mit Robinson vor dem Direktorium aus, wo Asa Candler jeweils den Schiedsrichter spielen mußte. Zunächst ging Robinson aus allen Auseinandersetzungen als Sieger hervor, doch dann wendete sich das Blatt.

Die Verpflichtung einer fremden Werbeagentur durch Robinson im Jahr 1902 führte schließlich zum endgültigen Bruch mit Robinson. St. Elmo Massengale, ein alter Freund Robinsons aus Atlanta, wurde engagiert, um beim Entwurf der Coca-Cola-Anzeigen mitzuhelfen. Massengale brachte ein innovatives Element ein und begann damit, Coke von Sportpersönlichkeiten jener Zeit anpreisen zu lassen. 1903 war es der erfolgreiche Radrennfahrer Jack Prince, der Coke in einer Zeitungsannonce anpries. Massengale schrieb Texte, die den Eindruck erweckten, der jeweilige Athlet spreche den Leser direkt an. »Die anderen Spieler können ruhig so viel Whisky, Bier und Wein trinken, wie sie wollen«, sagte der Baseballstar Nap Lajoie, »aber das ist nichts für mich . . .« Lajoie trank lieber Coca-Cola.

Massengale stellte alltägliche Szenen in den Vordergrund und versuchte, Coca-Cola zum integralen Bestandteil des jeweiligen Geschehens zu machen. Während früher in den statisch wirkenden Anzeigen Schauspielerinnen in steif wirkender Körperhaltung ein Glas Coca-Cola in den Händen hielten, waren es nun Theaterbesucher – also realistische Konsumenten –, die sich während der Pause an der Bar anstellten, um ein Glas Coca-Cola zu trinken. Massengales Anzeigen machten den Durst und die Erschöpfung in Alltagssituationen zum Thema und zeigten Menschen, die das Produkt konsumierten. Massengale erkannte auch die Möglichkeiten, die sich durch den Anbruch des Automobilzeitalters eröffneten. Eine seiner bahnbrechenden Annoncen zeigte eine Gruppe von Autofahrern, die vor einem Restaurant an der Straße anhielten. Ein Kellner mit weißer Jacke kam heraus und servierte ein Tablett mit Gläsern Coca-Cola, »um die ausgedörrte Kehle zu erfrischen, den erschöpften Körper zu beleben und das ermüdete Gehirn zu beflügeln«. Wenn Massengale einen Fehler machte, dann den, daß er Coca-Cola-Konsumenten am liebsten als Aristokraten mit »erlesenem« Geschmack darstellte – seine Männer trugen Zylinder, die Frauen prächtige Hüte –, während das Unternehmen Menschen aus allen gesellschaftlichen Schichten erreichen wollte.

Dobbs hatte nichts dagegen, sich endlich von Inhalt und Technik der altmodischen Werbung zu trennen. Seine Kritik an Robinson und Massengale zielte darauf ab, daß das, was sie produzierten, noch nicht weit genug ging. Nach Dobbs' Ansicht sollte die Coca-Cola-Werbung ». . . das Auge mit etwas Reizvollem ansprechen, und zwar in Gestalt einer Illustration, die selbst schon eine Geschichte erzählt. Zudem soll diese Geschichte dem Leser gute, zündende Slogans liefern und ihn animieren, sein Geld uns zu geben.« Coca-Cola war ein Getränk, räumte Dobbs ein, »aber ist es nicht auch noch ein bißchen mehr als das?« Künstlerische Meinungsverschiedenheiten waren hingegen nicht das auslösende Moment. Der Konflikt zwischen Robinson und Dobbs über die Art der Werbung brach zum gleichen Zeitpunkt aus, als Asa Candler sich mehr und mehr aus dem Tagesgeschäft des Unternehmens zurückzuziehen begann. Da er sich nicht mehr direkt einmischte und nur noch als »politischer Lenker« auftrat, entstand in der Geschäftsleitung ein Machtvakuum. Nun wurde offensichtlich, daß Robinson und Dobbs in Konkurrenz zueinander getreten waren, um zu entscheiden, wer von ihnen die Coca-Cola Company in den nächsten Jahren führen sollte. Die Entscheidungsgewalt im Werbebereich war der Schlüssel zur Kontrolle über das gesamte Unternehmen.

Man konnte Dobbs' Ehrgeiz durchaus anstößig finden. Da es ihm an Sensibilität und Stil fehlte, machte er aus seinem Machthunger keinen Hehl und beging den Fehler, jedermann im Unternehmen, auch die Candlers, wissen zu lassen, wie wichtig es ihm war, ganz nach oben zu kommen, was nicht unbedingt auf Sympathien stieß. Seine Verwandten nannten Dobbs noch immer geringschätzig »Sammie«, eine Anspielung auf seinen bescheidenen Start. Sie fanden seine Bereitschaft, über einen so sanften und loyalen Mann wie Frank Robinson einfach hinwegzuwalzen, ungehörig, und natürlich machte ihnen seine offensichtliche Bereitwilligkeit, auch sie zu übergehen, einfach Angst. Seine Cousins erkannten die Stoßrichtung von Dobbs' Attacke gegen St. Elmo Massengale: Dobbs wollte Massengales Kopf, weil Massengale für Robinson arbeitete, und Robinson war im Weg.

Es herrschte überall im Unternehmen Verwunderung, als Asa Candler den Streit 1906 beilegte, indem er Dobbs zum Direktor der Coca-Cola-Werbeabteilung beförderte. Was aber allen entgangen zu sein schien, war, daß Dobbs, so ungehobelt er in Gesellschaft auch erscheinen mochte, ein hervorragendes Gespür für geschäftliche Angelegenheiten hatte und als Beweis dafür beachtliche Erfolge vorweisen konnte. Candler beschloß, Dobbs die Chance zu geben, zu zeigen, was er mit dem Werbeetat der Firma erreichen konnte, und Dobbs machte aus dieser Gelegenheit das Beste. Dobbs hatte sicherlich persönliche, eigennützige Gründe, Massengale zu verdrängen, aber als Ersatz engagierte Dobbs eins der größten Talente der Werbebranche: Bill D'Arcy sollte mit seiner Arbeit für Coca-Cola im nächsten halben Jahrhundert Geschichte machen.

William Cheever D'Arcy arbeitete für eine Agentur in St. Louis und verkaufte freie Flächen an Straßenbahnen für Werbetafeln, als Dobbs ihn Anfang 1900 während einer Reise durch den Mittleren Westen kennenlernte. Die beiden wurden durch den Coca-Cola-Vertreter in St. Louis, Willard Cox, miteinander bekannt gemacht und freundeten sich sehr schnell an. Beide waren begeisterte Baseball-Fans. Und D'Arcy wollte sich damals unbedingt selbständig machen. Dobbs ermutigte ihn darin.

Auf der Weltausstellung von 1904 in St. Louis erregte D'Arcy beträchtliche Aufmerksamkeit mit einer Installation, die er für die George A. Dickel & Company, den bekannten Whiskeyhersteller in Nashville, aufbaute. D'Arcy leitete Wasser aus dem Mississippi ab und legte einen auffälligen künstlichen Wasserfall an, um für Cascade Whiskey Reklame zu machen. Dickel war sein erster Kunde, Coca-Cola der zweite. Im Spätsommer 1906 eröffnete D'Arcy sein eigenes Studio in St. Louis in einer kleinen Suite, für die er im Monat 5 Dollar Miete bezahlte. Dobbs zahlte der soeben gegründeten D'Arcy Advertising Company in jenem ersten Jahr insgesamt 4602 Dollar. Ein Betrag von 1500 Dollar entfiel auf Zeitungsannoncen in St. Louis und

Kansas City. Als die Ergebnisse ihn zufriedenstellten, erhöhte Dobbs den Etat D'Arcys im darauffolgenden Jahr auf 25 000 Dollar und gab ihm weitere Aufträge. Dobbs war von D'Arcy begeistert und »übergab ihm praktisch den gesamten Werbeetat«.

D'Arcy war in St. Louis geboren. Seine Eltern hatten noch direkte irische Vorfahren. Er war ungewöhnlich attraktiv und zeichnete sich durch ein stets würdevolles Auftreten aus. Er trug gestärkte Kragen und einen Kneifer. Wenn er sein Studio an der Ecke Pine und Sixth Street aufsuchte, glaubte man eher einem Bankier oder einem Geistlichen als einem Werbemenschen zu begegnen. Er war von Natur aus zurückhaltend. Während einer Büroparty, als er verfolgte, wie ein jüngerer Kollege Witze erzählte und damit schallendes Gelächter auslöste, wandte D'Arcy sich an einen Freund und sagte wehmütig: »Ich gäbe alles dafür, wenn ich genauso auftreten könnte.« Aber er konnte es nicht, denn er war ein ernster Mensch und ging auch mit großem Ernst an seine Arbeit heran. Für D'Arcy war eine enge Beziehung zwischen Werbefachmann und Auftraggeber äußerst wichtig – wie zwischen Arzt und Patient – und so baute er mit Dobbs eine enge persönliche und geschäftliche Freundschaft auf. Sie hatten eine Menge gemeinsam.

Trotz seiner kühlen Zurückhaltung hatte Bill D'Arcy ein natürliches Verkaufstalent. Er war wie Dobbs der Meinung, daß die Coca-Cola-Werbung Szenen vorstellen sollte, die die Menschen fesselten und an die angenehmen Seiten des Alltagslebens erinnerten. In einer Anzeige, die er im Telefonverzeichnis von St. Louis schaltete, verkündete D'Arcy: »Menschen aller Klassen, jeden Alters und Geschlechts trinken Coca-Cola.« Diese Feststellung hatte geradezu manifestartigen Charakter. Coca-Cola war etwas für jedermann. Wie Massengale setzte D'Arcy auf alltägliche Szenen, doch er hatte auch die Begabung, Texte zu schreiben, die den einfachen Mann auf der Straße erreichten und die Illustrationen zum Leben erweckten. In einer der ersten Zeitungsanzeigen für Coca-Cola benutzte D'Arcy ein Bild des Baseballstars Ty Cobb am Schlagmal und schrieb dazu:

»Gleich passiert's. Alle sind gespannt – die Nerven vibrieren – der Kopf summt. Zack! Gut gemacht, Ty!! Volltreffer!! Und dann brüllst du nur noch, schreist dir die Kehle heiser. Wenn es vorbei ist, bist du ganz heiß und außer Atem, und du hast Durst. Eine eisgekühlte, prickelnde Coca-Cola bringt dich wieder mitten ins Spiel – sie stillt deinen Durst und kühlt dich ab.«

D'Arcy vermittelte mit seinen Anzeigen Handlung und Spannung, und das in einer Weise, die alle früheren Versuche in dieser Richtung bei weitem übertraf. Anders als bei den gelegentlich indirekten, hochgestochenen Anzeigen Massengales ging von denen D'Arcys ein universeller Reiz aus, und sie sprachen den Leser auf einer simplen, rein emotionalen Ebene an. Sein »Mann auf der Wiese«, ein lebensgroßes Pappschild, das Ladenbesitzer in ihren Schaufenstern aufbauen konnten, zeigte einen lächelnden, freundlichen jungen Mann, der mit übereinandergeschlagenen Beinen im Gras sitzt, ein Glas Coke trinkt und einen Fächer in der Hand hält. Das war Werbung ganz im Sinne der Verantwortlichen bei Coca-Cola. Es war so, als »ginge jemand hinaus, packte die Kunden am Kragen und brächte sie dazu, Coca-Cola zu trinken«. D'Arcy hatte ein instinktives Gespür für das Machbare. Eine der Legenden über ihn handelte von einer Werbekampagne, die die Agentur für eine Strumpffabrik durchführte. Ein Künstler schuf die Vorlage für eine Tafel und malte eine atemberaubend schöne Frau mit langen, wohlgeformten Beinen. Die Kontakter, die den Entwurf in D'Arcys Büro brachten, waren vor der Präsentation ziemlich nervös. Sie dachten, mit der aufreizenden Darstellung zu weit gegangen zu sein, doch zu ihrer Überraschung betrachtete D'Arcy das Bild eingehend und nickte zufrieden. »Meine Herren«, sagte er ernst, »ich möchte, daß das endgültige Bild in einer Weise gestaltet wird, daß ein Mann, der über die Straße geht oder fährt und an diesem Plakat vorbeikommt, auf diese Frau scharf ist.«

Bevor D'Arcy die Werbung bei Coca-Cola übernahm, sahen die Frauen in den Anzeigen entweder mädchenhaft unschuldig oder, im Fall der professionellen Schauspielerinnen, steif und viktorianisch aus. Sie waren von einer Aura der Unschuld umgeben und spiegelten die Prüderie Asa Candlers wider. Einer von Asas Neffen, Sam Willard, erinnerte sich, daß sich in diesen frühen Tagen, sobald Illustrationen vom Lithographen kamen, die Belegschaft der Zentrale in Atlanta versammelte, um die fertigen Arbeiten zu begutachten. »Wenn ein besonders schönes Bild dabei war, ein hübsches, leicht bekleidetes Modell, dann sagte Mr. Robinson, ›ich denke, Mr. Asa wird das gefallen‹. Das löste meistens ein allgemeines Augenzwinkern aus.« Nachdem D'Arcy auf den Plan getreten war, blieben die Modelle zwar nach wie vor frisch und anständig, aber nun kam eine leicht aufreizende Note hinzu. Die Mädchen auf dem Firmenkalender erschienen zugänglicher, das Mädchen von nebenan war nicht nur eine atemberaubende Schönheit, sondern auch ein wenig kokett. D'Arcy führte die badende Schönheit in die Coca-Cola-Werbung ein und mit ihr die Vorstellung, daß auch eine Limonade bei einer Liebesgeschichte eine Rolle spielen konnte.

Wie er schon mit seinem künstlichen Wasserfall demonstriert hatte, liebte D'Arcy Innovationen und dramatische Darstellungen. 1908 entwickelte er eine bewegliche Reklametafel an der Bahnstrecke der Pennsylvania Railroad. Reisende von Philadelphia nach New York City bekamen einen Kellner mit weißer Mütze zu sehen, der anscheinend Coca-Cola aus einer riesigen Porzellankaraffe servierte – in Wirklichkeit war es ganz normales Wasser, das durch ein fünf Zentimeter dickes Rohr vom städtischen Wassernetz zugeleitet wurde. Ein Jahr später mietete D'Arcy einen Zeppelin, der mit riesigen Coca-Cola-Logos auf den Seiten langsam über Washington D. C. kreiste.

Die neuerdings wöchentlich und monatlich erscheinenden Magazine mit ihrem hochwertigen Glanzpapier und dem Vierfarbdruck boten D'Arcy die beste Möglichkeit, sein Talent unter Beweis zu stellen. So konnte er ein umfangreiches Publikum mit guter populärer Kunst erreichen. Ab 1910 zahlte ihm das Unternehmen 225 000 Dollar pro Jahr, um ganzseitige Anzeigen in der Saturday Evening Post sowie in Collier's und Good Housekeeping zu schalten. Der arme Massengale mußte zusehen, wie seine Rolle immer unbedeutender wurde – er durfte mittlerweile nur noch Anzeigen in religiösen Zeitschriften gestalten –, bis er schließlich ganz außen vor war.

Dobbs' Coup sicherte ihm die Kontrolle über den Verkauf und die Werbung, aber er wandte seine Aufmerksamkeit schnell auch anderen Bereichen des Unternehmens zu. Im Januar 1906 wurde Harold Hirsch als Partner in John Candlers Anwaltskanzlei aufgenommen. Er war wie Dobbs der Meinung, daß das Unternehmen gegen den Verkauf von Ersatzprodukten die Gerichte anrufen solle. So wie Dobbs und D'Arcy ein erfolgreiches Gespann im Werbebereich darstellten, wurden Dobbs und Hirsch die treibenden Kräfte der juristischen Politik des Unternehmers. Hirsch war ein brillanter und streitbarer Anwalt, stets bereit, die Feinde von Coca-Cola aufzuspüren und in Grund und Boden zu klagen. Hirsch stammte aus einer angesehenen jüdischen Familie in Atlanta. Seine Freude am Wettkampf hatte er als junger Mann unter Beweis gestellt, als er im Footballteam der Universität von Georgia als Center und Fullback spielte. Nach der Abschlußprüfung 1901 verließ er die Universität mit hohen Auszeichnungen. Er hatte jedoch wenig Lust verspürt, ins Bekleidungsgeschäft seiner Eltern einzusteigen, und studierte statt dessen anschließend an der Columbia University Jura, wo er 1904 sein Diplom ablegte. John Candler, der zu dieser Zeit als Richter am Supreme Court von Georgia tätig war, fiel der junge Jurist auf. Candler wußte, daß in seiner Kanzlei frische Energie und junger Kampfgeist dringend benötigt wurden und machte Hirsch – im zarten Alter von 24 Jahren – zum Seniorpartner der Firma Candler, Thomson & Hirsch.

Hirsch war ein stämmiger, kräftiger Mann. Er organisierte die Verteidigung des Coca-Cola-Markenzeichens mit neuem aggressiven Geist. Im Zuge umfangreicher Reformen, die der Kongreß durchführte, verabschiedete er 1905 das Markenzeichen-Gesetz. Es sollte in dem chaotischen Durcheinander von Gewohnheitsrecht, individuellen staatlichen Bestimmungen und zahlreichen Präzedenzfällen, die den Gebrauch zutreffender Bezeichnungen und typischer Merkmale von Handelsprodukten regelten, für Ordnung sorgen. Zum ersten Mal wurde staatliches Markenzeichenrecht gezielt auf den zwischenstaatlichen Handel angewendet, wodurch das Unternehmen Gelegenheit bekam, Imitatoren vor einem Bundesbezirksgericht zu verklagen. Die älteren Candlers betrachteten das Gesetz mit gemischten Gefühlen und machten sich Sorgen, daß es wahrscheinlich Jahre dauern würde, bis die Gerichte zu einer einheitlichen Interpretation fänden. Außerdem gäbe es keine Garantie, daß das Unternehmen das Exklusivrecht zur Verwendung von »Coca-Cola« als Warenzeichen behalten würde. Doch Dobbs drängte, nicht lockerzulassen, und schließlich wischte Hirsch die Bedenken der älteren Generation beiseite und setzte seine Attacken fort.

Als sie zwei allzu sorglose Flaschenabfüller in South Carolina entdeckten, die ein minderwertiges Produkt herstellten und es »Coca-Cola« nannten, klagte Hirsch vor dem Bundesgericht und erwirkte im Frühjahr 1906 sein erstes Verbot. Entscheidend war nicht, daß die beiden Abfüller mit dem Vertrieb ihres falschen Sirups magere 125 Dollar verdient hatten; Hirsch wollte lediglich darauf aufmerksam machen, daß das Unternehmen nicht länger gewillt war, Ersatzprodukte und die widerrechtliche Verwendung seines Warenzeichens hinzunehmen. Hirsch gewann Prozesse in Pennsylvania gegen die Hersteller von Toca-Cola, in Louisiana gegen Ko-Kola und in Illinois gegen Kos-Kola. Dobbs unterstützte diese juristische Strategie mit einer Werbekampagne, die die Kunden drängte, auf »echter« Coca-Cola zu bestehen.

Im Verlauf des ersten Jahrzehnts dieses Jahrhunderts fuhr Dobbs fort, seine Position als Asa Candlers oberster Statthalter zu festigen. Als 1907 das Unternehmen Probleme mit Dr. Wiley bekam, sorgte Dobbs dafür, die politische Unterstützung von den Tausenden von Trinkhalleninhabern des Landes einzuholen. Anläßlich eines Kongresses der Drogisten in Chicago leitete Dobbs eine Gruppe von 20

Coca-Cola-Helfern, die für den Transport und die Unterhaltung der 3000 Teilnehmer sorgte und es auch nicht an nachdrücklichen Aufforderungen zu Hilfsaktionen fehlen ließ. Er sorgte auch dafür, daß beim großen Schlußbankett im First Regiment Armory die japanischen Fächer von Coca-Cola verteilt wurden. Im Saal war es derart heiß, daß der Hauptredner ständig mit dem Fächer wedelte, während er seine Ansprache hielt. »Ich traf den Präsidenten, als er gerade das Hotel verließ«, berichtete Dobbs zu Hause, »er ergriff meine Hand und sagte: ›Dobbs, Sie und die Jungs sind in Ordnung; Sie haben diese Woche ein Wunder vollbracht, und wir alle werden für Coca-Cola stimmen.‹«

Während John Candler und Harold Hirsch das Unternehmen auf ihr Duell gegen Wiley im Gerichtssaal vorbereiteten, erwies sich Dobbs als wirkungsvollster Coca-Cola-Verteidiger in der ebenso wichtigen Arena der öffentlichen Meinung. Im Bemühen, Coca-Cola vom Image als Universalheilmittel zu befreien, schaffte es Dobbs, 1909 Präsident des Associated Advertising Clubs of America zu werden. In dieser Funktion half er mit, die Bewegung »Truth in Advertising« (Wahrheit in der Werbung) ins Leben zu rufen. In den zwei Jahren seiner Präsidentschaft legte Dobbs schätzungsweise 45 000 Meilen auf seinen Reisen zurück. Überall im Lande verkündete er die Forderung nach »sauberer, ehrlicher, wahrheitsgetreuer Publicity« – und empfahl gleichzeitig die Coca-Cola Company als entschlossene Bewahrerin eben dieser Tugenden. Die örtlichen Komitees, deren Gründung Dobbs gefördert hatte, entwickelten sich später zu einem nationalen Netz von Better Business Bureaus, Vorläufer des heutigen Verbraucherschutzes. Dank der nimmermüden Bemühungen von Sam Dobbs verwandelte sich ein Unternehmen, das noch wenige Jahre zuvor die Vorzüge seiner Produkte unbekümmert übertrieben hatte, nun in einen verbraucherfreundlichen Musterbetrieb.

Dobbs' Aufstieg in die Führungsetage der Coca-Cola Company war bemerkenswert, wenn man bedenkt, in welcher Position er angefangen hatte. Und er erschien noch dramatischer, wenn man beobachtete, daß Asa Candlers eigene Kinder damit nicht Schritt halten konnten. Während Dobbs seine Fähigkeiten für eine ganze Reihe unterschiedlicher Aufgaben innerhalb des Unternehmens bewies, machte Candlers ältester Sohn, Howard, genau das Gegenteil. Abgesehen von einer Vorliebe für den rein handwerklichen Prozeß der Herstellung – und Verbesserung – des Coca-Cola-Sirups, erwies sich Howard für jede andere Aufgabe, die man ihm übertrug, als völlig unfähig. Eine Episode aus dem Jahr 1908 ist besonders aufschlußreich. Während das Unternehmen sich für den Kampf gegen Dr. Wiley formierte, verlangte Asa von Howard, nach New Jersey zu fahren, um sich in den Schaefer Labors umzusehen und zu gewährleisten, daß die dort hergestellte Merchandise No. 5 im Einklang mit dem Pure Food and Drug Act tatsächlich frei von Kokain und allen anderen verbotenen Stoffen war. Nachdem er bereits mit unerwarteten und peinlichen Testergebnissen konfrontiert worden war, achtete Asa darauf, daß sich etwas Derartiges nicht wiederholte. Als Howard sich nun bei den Vertretern von Schaefer meldete und um einen Termin zur Besichtigung des Betriebs bat, erklärte man ihm, sein Besuch sei nicht erwünscht. Howard meldete daraufhin seinem Vater, er könne die Inspektion nicht durchführen. Asa gab die Nachricht an Sam Dobbs weiter, der über die Zaghaftigkeit seines Cousins Howard verblüfft war. Der Auftrag zur Herstellung von Merchandise No. 5 sei Zehntausende Dollar wert, erklärte Dobbs, und Dr. Schaefer habe überhaupt kein Recht, irgend jemandem von der Coca-Cola Company, geschweige dem Sohn des Chefs, den Zutritt zu verwehren. Howard brauche im Prinzip noch nicht einmal um Erlaubnis zum Besuch der Labors zu fragen. Er müsse nur hinfahren, anklopfen und reingehen. Asa schrieb noch am gleichen Tag Howard einen entsprechenden Brief und wies ihn an, es erneut zu versuchen.

Angesichts von Howards fehlender Fähigkeit sich durchzusetzen und dem mangelnden Interesse der vier übrigen Kinder Asas am Geschäft — William, der Jüngste der Familie, stand als einziges weiteres Kind auf der Lohnliste und bekleidete den Posten eines Buchhalters —, dürfte es kaum überraschen, daß Dobbs zu der Überzeugung gelangte, er sei dazu ausersehen, seinen Onkel in der Leitung des Unternehmens zu beerben. Im kleinen Kreis bezeichnete Dobbs Coca-Cola immer öfter als »unser Baby« und »mein Kind«, und er entwickelte eine Beschützerhaltung, die schließlich in dem Bewußtsein gipfelte, der einzige zu sein, der das Unternehmen erfolgreich in die nächste Generation führen konnte. Nachdem er dem Verkauf und der Werbung bereits vorstand und ihm jeden Tag die Kontrolle über weitere Bereiche des Unternehmens in den Schoß fiel, war Dobbs eigentlich bereits der heimliche Präsident der Firma. Das einzige, was ihm noch fehlte, war der Titel — den behielt Asa.

In den fünf Jahren, nachdem er die Kontrolle über die Werbung übernommen hatte, sorgte Dobbs für eine Verdoppelung des Sirupverkaufs auf mehr als vier Millionen Gallonen im Jahr. Dobbs hatte ein Einkommen von 8 000 Dollar im Jahr — durchaus bescheiden, aber mehr als Howards 6 000 Dollar und mehr als die 5 200 Dollar, die

Asa sich selbst bewilligte. Er bezog das höchste Gehalt des Unternehmens. Nachdem er als der kleine Junge vom Land angefangen hatte, betrachtete Dobbs sich nunmehr als vollwertiges Mitglied der Familie und als durchaus würdig und fähig, das Schicksal des Unternehmens weiterzubestimmen. Dobbs hatte seinen Sohn Samuel Candler Dobbs Jr. genannt, was nicht weiter ungewöhnlich war, aber die Tatsache, daß er den Jungen immer mit seinem mittleren Namen rief, schien eine besondere Bedeutung zu haben.

Dobbs wußte sehr wohl, daß Asa Candler das Unternehmen verkaufen wollte. Es war in Geschäftskreisen in Atlanta, wo sich die Zentrale von Coca-Cola befand, in New York, Chicago und in der übrigen Finanzwelt allgemein bekannt. Andererseits war der Mann, der das Geschäft einleiten und durchführen sollte, Sam Brown, Harold Hirschs Schwiegervater. Hirsch und Dobbs standen sich sehr nahe.

Nach dem Chattanooga-Fall, und während Hirsch sich bemühte, die Differenzen des Unternehmens mit Dr. Wiley beizulegen und eine Berufungsverhandlung vor einem höheren Gericht abzuwenden, war Dobbs intensiv mit der weiteren Planung und Strategie beschäftigt. Er zog sogar in Erwägung, unter seinen Bekannten und Freunden an der Wall Street nach einem potentiellen Käufer Ausschau zu halten. Falls Sam Browns Plan gelingen sollte − falls also Coca-Cola-Aktien öffentlich angeboten würden und Kleinanleger im Süden diese Aktien erwarben und damit Eigentümer der Firma wurden − dann wäre es nur logisch, die leitenden Manager der Candler-Familie auf ihren Posten zu belassen. So wie Dobbs es beurteilte, war er der Chefmanager, und er glaubte, sich auf Hirsch und Brown verlassen zu können, daß sie von diesem Sachverhalt auch viele andere überzeugen würden.

Dobbs konnte nichts von Asa Candlers Plänen ahnen, die dieser mit seinem Sohn Howard hegte. Seit Jahren schon drängte Asa Howard immer wieder, seine kaufmännischen Kenntnisse zu vertiefen und sich auf die Übernahme der Unternehmensleitung vorzubereiten. Diese Bitten wurden jedoch nur in privater Athmosphäre vom Vater an den Sohn geäußert und nicht in aller Öffentlichkeit, im Büro oder bei Familientreffen. Soweit Dobbs und auch alle anderen es wußten, war auch Asa der Ansicht, daß sein ältester Sohn ein, wie einer der Verkäufer der Firma es taktvoll ausdrückte, »ruhiger, netter und freundlicher Mann« sei, jemand, der sicherlich loyal zu Coca-Cola stehe, dem jedoch ganz einfach das Talent fehlte, das Unternehmen zu leiten. Obgleich er all diese Bedenken teilte, redete sich Asa ein, daß Howard sein Nachfolger werden sollte.

In einem vertraulichen Brief an seinen Bruder Warren offenbarte Asa seine Absicht, sich im Dezember 1913, im Alter von 62 Jahren, völlig aus der Coca-Cola Company zurückzuziehen. »Was ich Dir nun mitteile, ist für Dich ganz allein bestimmt«, fügte Asa hinzu; er plane nämlich, Howard zum neuen Präsidenten zu machen. Es gibt keine eindeutigen Hinweise oder gar Aufzeichnungen, weshalb Asa die Absicht hatte, Dobbs zugunsten Howards abzuweisen. Zweifellos wurde diese Entscheidung wesentlich von der Lebensweisheit, daß »Blut dicker ist als Wasser«, mitbestimmt. Howard wollte den Job, und nur wenige Väter sind fähig, dem eigenen Sohn eine so tiefe Enttäuschung zu bereiten, die Howard empfunden hätte, wenn er den Job seinem Cousin hätte überlassen müssen. Aber es ist auch möglich, daß noch ein anderer Punkt bei Asas Überlegungen eine Rolle spielte. Dobbs hatte unbestreitbare Fähigkeiten als Kaufmann, Fähigkeiten, die besonders geeignet waren, um die Coca-Cola Company zu führen. Aber ein ausgeprägter Geschäftssinn war nicht die einzige Eigenschaft, die Asa Candler für bedeutsam hielt. Da war auch noch die Frage des Temperaments.

William Landers, Buchprüfer in der Unternehmenszentrale in Atlanta, schildert in seinen noch unveröffentlichten Memoiren eine Episode aus dem Jahr 1913:

»Dobbs hielt vor den Angestellten eine aufmunternde Rede. Da wir ein ungewöhnlich erfolgreiches Jahr hatten, erklärte Mr. Dobbs mit deutlicher Genugtuung, daß wir nun an einem Punkt angelangt seien, wo wir vor niemandem unseren Hut ziehen müßten. Ich bemerkte, wie Mr. Candler nervös seine Daumen drehte, wie er es immer zu tun pflegte, wenn etwas gesagt wurde, was ihm mißfiel. Er folgte Mr. Dobbs mit einer eigenen kurzen Ansprache und sagte unter anderem: ›Mr. Sammy Dobbs hat soeben erklärt, daß wir vor niemandem unseren Hut ziehen müßten, aber ich sage Ihnen, meine Damen und Herren, daß ich Sie stets mit Respekt und dem Hut in der Hand begrüßen werde.«

Auf Dobbs wartete ein böses Erwachen. Sein lebenslanger Wunsch, Präsident des Unternehmens zu werden, sollte ihm in letzter Sekunde verwehrt werden. Es wäre schon schlimm genug gewesen, das Ziel wegen seiner sozialen Herkunft nicht zu erreichen, aber Dobbs spielte das Schicksal noch grausamer mit. Seine größten Erfolge für das Unternehmen, seine Triumphe in der Werbung und im Marketing, seine Hilfe dabei, das Unternehmen an den gefährlichsten juristischen und politischen Klippen unbehelligt vorbeizulenken, die Tatsache, daß Coca-Cola nun mehr Geld als je zuvor verdiente − all das schien

Asa Candler nicht mehr sonderlich zu beeindrucken. Dobbs hatte sich perfekt auf den Job der Leitung der Coca-Cola Company vorbereitet, um nun feststellen zu müssen, daß Asa Candler für die Fähigkeiten, die ein Mann brauchte, um im Geschäftsleben Erfolg zu haben, offensichtlich nichts mehr übrig hatte. Zumindest betrachtete er diese Fähigkeiten mit einem gewissen Mißtrauen, wenn sie nicht dem Bewußtsein für Bescheidenheit und Selbstlosigkeit untergeordnet waren. Müde, nervös und über seinen eigenen Tod räsonierend, brach Asa Candler im Sommer 1913 zu einer Europareise auf. Es schien, als habe er jeglichen Glauben an den Kapitalismus verloren. »Ich möchte kein Geld mehr scheffeln«, schrieb der reichste Mann von Atlanta. Er wollte die Welt zu einem besseren, angenehmeren Ort machen.

Das Jahr 1913 verstrich ebenso wie die Jahre 1914 und 1915. Candler verschob seinen Rückzug und damit den Augenblick, an dem Howard die Präsidentschaft übernehmen sollte. Der alte Mann wurde zusehends mutloser, was die Aussichten des Unternehmens betraf. Seine Hoffnungen, das Unternehmen verkaufen zu können, hatten sich zerschlagen, als der Spruch des Richters Sanford im Chattanooga-Fall dazu führte, daß der Fall auf der Berufungsleiter von Gericht zu Gericht bis hin zum Supreme Court der Vereinigten Staaten verhandelt wurde. Und dort, so befürchtete Candler, würde er schließlich doch noch verlieren. Neue Steuergesetze zwangen Candler, die Gewinne zu verteilen, die er früher immer auf der Habenseite der Jahresbilanz stehengelassen hatte. Obwohl die Millionen, die in seine Taschen flossen, ihm halfen, seine philantropischen Aktivitäten zu bezahlen, machte Candler sich dennoch Sorgen um das Kapital, das nötig war, um weiter zu wachsen. Candler hatte während seiner Reise mit eigenen Augen gesehen, wie Europa auf einen Krieg zutrieb, und er glaubte, daß in diesen weltweiten Konflikt irgendwann auch die USA hineingezogen und damit die guten Geschäftsbedingungen empfindlich gestört würden.

Tatsächlich hatte der Erste Weltkrieg eine verheerende Wirkung auf die Wirtschaft des amerikanischen Südens, da die Schließung der europäischen Märkte die Baumwollfarmer der Region beinahe ruinierte. Der Zusammenbruch der Baumwollpreise im Herbst 1914 lieferte Candler die Gelegenheit, seine neue humanitäre Gesinnung mit einer spektakulären Geste zu demonstrieren, indem er sein persönliches Vermögen für eine Kreditgarantie in Höhe von 30 Millionen Dollar verpfändete und sich bereit erklärte, die gesamte Baumwolljahresernte des Staates Georgia aufzukaufen. Der Krieg »hat die

Wirtschaft in diesem Teil der Welt nahezu zum Erliegen gebracht«, schrieb Candler einem seiner Neffen. Er wolle das Leid seiner Mitbürger im Süden lindern – wenn nötig eigenhändig.

Von besonderer Ironie war die Tatsache, daß Candler sich seine Großzügigkeit vorwiegend deshalb erlauben konnte, weil Dobbs die Gewinne von Coca-Cola so enorm gesteigert hatte. 1914 verkaufte das Unternehmen mehr als 7 Millionen Gallonen Sirup mit einem Nettogewinn von mehr als 9 Millionen Dollar, und diese Bilanzen schrieb das Unternehmen auch im Jahr 1915. Erneut erwies sich der »Nickel-Drink« als unanfällig gegen wirtschaftliche Erschütterungen. Ein Grund war der, daß Dobbs mehr als 1 Million Dollar pro Jahr für Werbung ausgab und die Nachfrage wachhielt. Hirsch war eifrig damit beschäftigt, Fälscher an Dutzenden von Bezirksgerichten im ganzen Land zu verklagen. Als John und Asa Candler sich darüber beklagten, daß die Anwalts- und Gerichtskosten des Unternehmens zu hoch seien, nahm Dobbs Hirsch beiseite und ermutigte ihn, seinen Feldzug in gleichem Umfang fortzusetzen. Hirsch gewann fast jeden Prozeß. Dank der guten finanziellen Situation der Coca-Cola Company konnte Asa Candler 1914 der Schule seines Bruders, der Emory Universität, ein Geldgeschenk von 1 Million Dollar machen.

Candler beließ die Coca-Cola Company bis zum 21. Januar 1916 in einem Zustand der Ungewißheit. An diesem Termin verkündete er kurz und bündig während der Jahreshauptversammlung, daß sein Sohn Howard sein Nachfolger werde. In einem Buch über seinen Vater, das er einige Jahre später schrieb, erzählte Howard, daß die Wachablösung eine Folge verschiedener Faktoren gewesen sei, unter anderem Asas tiefe Verärgerung über die Belastungen durch die neuen Steuergesetze. »Er glaubte«, schrieb Howard über Asa, »sein Geschäft nicht mehr in der Weise betreiben und führen zu können, wie es hätte geführt werden müssen, um den weiteren Erfolg zu sichern und die potentiellen Möglichkeiten voll zu nutzen.« Howard beschrieb seinen Vater als außerordentlich deprimiert hinsichtlich der Zukunftsaussichten von Coca-Cola. Er vermutete darüber hinaus, daß sein Vater auch deshalb niedergeschlagen war, weil er Frank Robinson vermißte, der sich 1914 wegen seiner angegriffenen Gesundheit zur Ruhe gesetzt hatte. (Robinson widmete seine letzten Lebensjahre der Arbeit in seinem Garten und wohltätigen Aktionen, z. B. der Gründung des Waisenhauses Atlanta Child's Home. Er starb im Jahr 1923. Seinem Enkel zufolge hatte er eine tiefe Zuneigung und hohen Respekt für Asa Candler bewahrt, konnte sich jedoch nie zu einem guten Wort über Sam Dobbs durchringen.) Das

Porträt, das Howard von seinem Vater zeichnete, ist wegen dessen pessimistischer Haltung und Hoffnungslosigkeit bemerkenswert: Asa scheint seinem Sohn die Zügel eines Unternehmens in die Hand gegeben zu haben, von dem er glaubte, daß ihm der Niedergang drohte, vielleicht sogar eine Katastrophe.

Es scheint tatsächlich so, daß Candlers abrupter Rücktritt einige Angestellte von Coca-Cola aufgeschreckt und in der Geschäftswelt von Atlanta Unruhe gestiftet hat. Die Protokolle von der Jahreshauptversammlung liefern keinen Hinweis auf irgendeine Diskussion über Howards Beförderung, und Asas Bericht über die Geschäftslage besteht einzig und allein aus der schlichten Feststellung, daß das Unternehmen 1915 ein »Jahr mit dem üblichen geschäftlichen Erfolg« erlebt habe. Zwei Wochen später jedoch, am 1. Februar 1916, gab Candler öffentlich bekannt, daß er weiterhin an der Firma beteiligt bleibe und als Direktoriumsvorsitzender fungieren würde. In dieser Bekanntmachung, mit der offen demonstriert werden sollte, daß die Zukunft des Unternehmens gesichert sei, hieß es weiter, daß Sam Dobbs Vizepräsident und Chefmanager für die Bereiche Verkauf und Werbung werde und somit Howards Stellvertreter sei.

Nach außen hin spielte Dobbs den braven Soldaten und nahm weiterhin seine Pflichten für das Unternehmen wahr. In einem Brief an einen in Schwierigkeiten geratenen Coca-Cola-Abfüller in Columbus zählte Dobbs die Geschäftspraktiken auf, die sich, wie er glaubte, im Laufe der Jahre bewährt hatten: »Hohe Produktqualität, leistungsfähiger Service, ständige, wirkungsvolle Werbung, eine aggressive Verkaufspolitik und eine umsichtige, erprobte Geschäftspolitik . . .« Doch ein klares Anzeichen für seine persönliche Enttäuschung war, daß Dobbs soviel Zeit wie möglich fern von Atlanta verbrachte. Schon wenige Wochen nach Howards Aufstieg teilte Dobbs seinen Coca-Cola-Kollegen mit, man solle in Zukunft seine Post an das New Yorker Büro des Unternehmens schicken. Und er begann nach Möglichkeiten zu suchen, wie er sein Schicksal auf andere Wege leiten konnte.

Solange Asa Candler Eigentümer der Coca-Cola Company war, hatte Dobbs keine Chance. Als Howard Präsident wurde, besaß Asa 391 der 500 Anteile und behielt auf diese Weise die absolute, alleinige Kontrolle über diesen straff organisierten Familienbetrieb. Seit Candler das Unternehmen 1892 in die Form einer Aktiengesellschaft überführt hatte, waren nur eine Handvoll Fremder jemals im Besitz von Anteilen gewesen – vorwiegend Zwischenhändler, die Coca-Cola in verschiedenen Regionen vertrieben und sich statt in Form von Bargeld mit ein paar Anteilen bezahlen ließen. Candler hatte jedoch bis 1916 diese Aktien allesamt zurückgekauft. Die restlichen 109 Anteile der Firma wurden in kleineren Paketen von verschiedenen Familienangehörigen Candlers und Frank Robinsons gehalten. Dobbs besaß zum Beispiel 23 Anteile, Asas fünf Kinder, Howard inklusive, hielten je fünf. In der Firma erzählte man sich, daß Candler gelegentliche Unstimmigkeiten innerhalb der Familie mit der Bemerkung beizulegen pflegte: »Dagegen stimme ich mit meinen Anteilen.«

Candlers Plan, das Unternehmen zu verkaufen, hatte mehrere Jahre lang auf Eis gelegen. Man kann nicht sagen, wie lange er noch mit diesem Zustand zufrieden gewesen wäre – sein Sohn als Präsident und die Firmengeschäfte gleichbleibend profitabel –, doch die Ereignisse zwangen ihn zum Handeln. Am 22. Mai 1916 fällte der Oberste Gerichtshof der Vereinigten Staaten seine Entscheidung im Chattanooga-Fall. Er widersprach Richter Sanford in allen Punkten.

In einer vernichtenden Urteilsbegründung, eine der letzten, die er schrieb, ehe er sein Richteramt niederlegte, um sich von den Republikanern für die Präsidentschaftswahlen nominieren zu lassen, goß Richter Charles Evans Hughes beißenden Spott über das Urteil des untergeordneten Gerichts aus. Es war genau so, wie Harold Hirsch befürchtet hatte. Die Anwälte der Regierung waren unnachgiebig geblieben in ihrer Entschlossenheit, die Grundforderungen des Pure Food and Drug Act durchzusetzen. Die Coca-Cola Company hatte argumentiert, daß Koffein kein widerrechtlich »beigefügter« Bestandteil sei, da es immer zur Rezeptur der Limonade gehört habe, und Richter Sanford hatte dem zugestimmt. Richter Hughes widersprach jedoch. »Wenn dies so wäre«, schrieb er bissig, »würde das Gesetz ad absurdum geführt. Hersteller könnten Arsen oder Strychnin oder andere giftige oder gesundheitsschädliche Bestandteile . . . zu bestimmten Lebensmittelmischungen hinzufügen, vorausgesetzt, sie wurden rezeptgetreu hergestellt und unter irgendeinem Phantasienamen verkauft.«

Hughes' Kritik erwies sich sogar als noch vernichtender, als er den Spruch Richter Sanfords in einem zweiten entscheidenden Punkt zurückwies, nämlich in der Frage der falschen Warenbezeichnung. Sandford hatte verfügt, daß das Unternehmen ein Recht habe, sein Produkt Coca-Cola zu nennen, selbst wenn es nur wenig, wenn überhaupt, Koka- oder Kolaextrakt enthielt, da diese beiden Namen in der Kombination lediglich ein einfallsreiches Warenzeichen darstellen. (Die Anwälte des Unternehmens wiesen in diesem Zusammenhang darauf hin, daß Grape-Nuts-Müsli sich den Schutz der Gerichte gesichert habe, obgleich es weder *grapes,* Weintrauben, noch *nuts,* Nüsse, enthalte.) Aber der Oberste Gerichtshof wies auch dieses Argument ab: »Wenn man dieses Argument gelten ließe«, schrieb Hughes, »würde damit einem Hersteller, der den Begriff Schokolade nicht zur Beschreibung dessen benutzen darf, was keine Schokolade ist, oder Vanille nicht zur Beschreibung dessen, was nicht Vanille ist, gestattet, die in Frage kommende Mischung als ›Schokoladen-Vanille‹ zu bezeichnen, obgleich eine der Substanzen oder gar beide völlig fehlen . . .« Richter Sanford habe ganz einfach seine Kompetenzen überschritten, entschied das höhere Gericht. Der Fall hätte von einer Jury entschieden werden müssen. Die Regierung habe das Recht auf eine neue Verhandlung.

In Atlanta, so erinnerte sich Howard Candler in seinem Buch, war die Reaktion auf die Entscheidung des Supreme Court »totale Entgeisterung, die an Bestürzung grenzte«. Denkt man an Harold Hirschs Warnungen, so konnte das Urteil nicht annähernd so viel Überraschung ausgelöst haben, wie Howard Candler es in Erinnerung hatte. Aber es steht außer Frage, daß der Beschluß Asa Candler zu neuen Bemühungen animierte, den Verkauf des Unternehmens voranzutreiben. Der Fall wurde nach Chattanooga zurückverwiesen, und Candler hatte wenig Lust auf eine Wiederholung des Streits, den er bereits 1911 ausgefochten hatte. Nicht lange nach der Verkündung der Entscheidung von Richter Hughes hatte Candler sich widerstrebend bereiterklärt, sich über eine Reformliste für das Bürgermeisteramt von Atlanta zur Wahl aufstellen zu lassen, und das letzte, was er sich in dieser Situation wünschte, war ein weiteres juristisches Schauspiel mit sensationellen Beschuldigungen gegen sein Unternehmen, mit dem er sich so sehr identifizierte.

Candler riß sich nicht gerade um das Amt. Er war von 200 führenden Persönlichkeiten Atlantas ausgesucht worden, die hofften, daß er mit seinem Privatvermögen den notleidenden Etat der Stadt aufbessern würde, und Candler willigte auch nur unter der Bedingung ein, daß er nicht persönlich auf Stimmenfang gehen oder Auftritte in eigener Sache absolvieren mußte. Candler hielt sich die ersten Wahlkampfwochen mit seiner Frau im Colonial Hotel in Mt. Clemens, Michigan auf, wo er seinen Winterurlaub verbrachte. Von dort schrieb er auch nach Hause und beklagte sich, daß die Vorstellung, »eine moralisch und finanziell bankrotte« Stadt zu führen, »eine absolute Katastrophe« sei. Schließlich aber wurde sein Kampfgeist doch noch geweckt, und er kehrte zwei Wochen vor den Vorwahlen im August zurück, um mehrere Reden zu halten. »Ich bin nicht hier, um Ihnen mitzuteilen, daß ich so wenig von dem Amt halte, daß ich es nicht haben will«, gab er unter dem Jubel einer großen Menschenmenge bekannt, die sich vor dem Standbild von Henry Grady in der City von Atlanta versammelt hatten, eine Straße vom Coca-Cola-Geburtsort entfernt. »Ich will es!« Er gewann sowohl die Vorwahlen als auch die eigentlichen Wahlen mit einem beruhigenden Vorsprung. Als er sein Amt antrat, veranlaßte er, daß seine 4 000 Dollar Gehalt als Spende an die Wohlfahrt ausgezahlt wurden.

Unterdessen stand die Coca-Cola Company zum Verkauf. Als die letzte Verhandlungsrunde endete, es war im Jahr 1913, hatte Candler sich bereit erklärt, das Unternehmen für acht Millionen Dollar an Sam Brown zu verkaufen. Brown hatte jedoch keine Investoren gefunden, die bereit waren, in ein Unternehmen einzusteigen, das vor Gericht voraussichtlich eine Niederlage würde einstecken müssen. Nun deutete sich an, daß das Schlimmste eintreten sollte, aber erstaunlicherweise ging der von Candler geforderte Preis nach *oben*. Mehr noch, er hatte sich verdreifacht und spiegelte damit den ungebrochenen Rekord des Unternehmens wider, in jedem Jahr seit seiner Gründung neue Höchstmarken für Verkäufe, Umsätze und Einnahmen zu setzen. Kurz bevor der Supreme Court seine Entscheidung bekanntgab, wies Candler Harold Hirsch an, seinen Schwiegervater Brown davon zu informieren, das die Candlers auf ein Angebot von 25 Millionen Dollar für das Unternehmen eingehen würden. Sofort teilten Brown und Hirsch ihren Investoren mit, das Coca-Cola wieder zu haben sei.

Auf den ersten Blick erschien Candlers Vorschlag eher durchschnittlich und dem allgemeinen Standard entsprechend. Er wünschte sich einen fremden Anleger, der das Unternehmen reorganisierte und neues Kapital investierte, so daß die Aktien der Öffentlichkeit angeboten werden konnten. Theoretisch hätten Candler und seine Verwandten ihre bereits vorhandenen Aktien direkt an Anleger verkaufen können. Doch bei nur 500 zur Verfügung stehenden Anteilen hätte jeder 50 000 Dollar gekostet, also viel zu ungünstig, um für Anleger reizvoll zu erscheinen. Außerdem hätten sich beim Verkauf der alten Aktien schwerwiegende steuerliche Probleme ergeben. Statt dessen wünschte sich Candler neue, kleinere allgemeine Aktien – im Gesamtwert von 25 Millionen Dollar –, die er auf konventionellem Weg, nämlich über Börsenmakler, anbieten wollte.

Was das Angebot so reizvoll machte – und Candlers Verkaufswunsch unterstrich –, waren die ungewöhnlichen Bedingungen, die er aufstellte: Die Familie sollte Aktien im Wert von 15 Millionen Dollar vom angebotenen Paket des reorganisierten Unternehmens erhalten, doch Candler wollte die übrigen 10 Millionen für 5 Millionen Dollar in bar an das Emissionskonsortium abgeben. Es war ein bemerkenswerter Vorschlag. Genausgenommen bot Candler an, 5 Millionen Dollar einfach zu verschenken. Das heißt, er hatte die Absicht, ein Fünftel des Wertes von seinem Unternehmen, einen ungewöhnlich hohen Betrag, den Maklern zu überlassen, die die Transaktion abwickelten. Betrachtete man das Angebot aus einer anderen Perspektive, so setzte Candler eine Belohnung aus: Derjenige, der es schaffte, den Chattanooga-Fall erfolgreich abzuschließen — oder niederzuschlagen — sollte 5 Millionen Dollar erhalten.

Einige besonders clevere Akteure in der amerikanischen Finanzwelt waren der Überzeugung, daß eine Niederschlagung des Verfahrens durchaus im Bereich des Möglichen lag. Während der Verkaufsverhandlungen, die zwischen 1911 und 1913 stattfanden, hatten Hirsch und Brown sich der Unterstützung mehrerer Männer versichert, die Zugang zu den höchsten Kreisen in Politik und Wirtschaft hatten. Einer von ihnen, Max Pam, Anwalt aus Chicago, war auf Firmenzusammenschlüsse spezialisiert. Pam hatte sich seine Sporen damit verdient, daß er 1901 den juristischen Teil der Organisation von U. S. Steel abgewickelt hatte. Außerdem war er für Eisenbahngesellschaften, im Fleischgroßhandel und für Versicherungen tätig. Nun machte er in Washington seinen Einfluß zugunsten von Coca-Cola geltend.

Nachdem Dr. Wiley das Schlachtfeld verlassen hatte, machte Pam sich mit den führenden Chemikern und Anwälten des Landwirtschaftsministeriums bekannt und kam dabei zu dem Schluß, daß keiner von ihnen Wileys grundsätzlich ablehnende Haltung gegenüber dem Koffein teilte. Er wies darauf hin, daß Coca-Cola »großes Unrecht« zugefügt worden sei, und sorgte dafür, daß sie Exemplare einer von Coca-Cola geförderten Untersuchung über die relative Harmlosigkeit von Koffein erhielten. Er war überzeugt, daß diese Untersuchungsberichte für ihr weiteres Vorgehen ausschlaggebend wären. Pam erkannte sehr wohl, daß es keine Möglichkeit gab, die Anwälte der Regierung daran zu hindern, den Chattanooga-Fall vor den Supreme Court zu bringen. Sie waren nämlich daran interessiert, einen Präzedenzfall zu verhindern. Aber, so rechnete er sich aus, es dürfte verhältnismäßig einfach sein, eine Wiederaufnahme des Verfahrens zu vermeiden, denn das Ministerium hatte kaum noch Lust, sich mit den Einzelheiten des Falles weiter auseinanderzusetzen. Da Wiley nicht mehr da war, schien es niemanden mehr zu geben, der alles daran setzte, Coca-Cola aus dem Geschäft zu drängen. Ein möglicher Kompromiß konnte zum Beispiel die Einverständniserklärung von Coca-Cola sein, auf dem Etikett in Zukunft Koffein als Bestandteil der Limonade auszuweisen. Oder das Unternehmen könnte vorschlagen, den Koffeinanteil, der im Sirup vorhanden war, noch weiter zu reduzieren.

So wie Pam es sah, waren die Aussichten des Unternehmens keinesfalls so trübe, wie einige der Candlers annahmen. Als Asa Candler 1916 die Verkaufsverhandlungen erneut eröffnete, sicherte Pam sich schnell die Unterstützung von Kuhn, Loeb & Company, einer bekannten Investmentgesellschaft in New York, und erklärte sich mit den Bedingungen einverstanden, inklusive der Preisforderung von 25 Millionen Dollar.

Der Verkauf fand niemals statt. Nach acht Jahren intensiver Bemühungen, sich von der Coca-Cola Company zu befreien, und als ein reizvolles Angebot endlich auf dem Tisch lag, machte Candler plötzlich einen Rückzieher. Zweimal versammelte sich die Familie hinter geschlossenen Türen und wies Max Pams Angebot ab.

Candler versäumte es, auch nur eine einzige Erklärung abzugeben, doch es gibt mehrere Hinweise darauf, was geschehen war. Fast ein Vierteljahrhundert lang hatte Candler die Coca-Cola Company als eine Art Privatkonzern betrieben, und zu dem Unternehmen gehörte neben der Limonadenfabrik auch sein gesamter Grundbesitz. Candlers zweiter Sohn, Asa Jr., in der Familie nur »Buddie« genannt, war ein ausgesprochen exzentrischer junger Mann, der sich überhaupt nicht für Coca-Cola interessierte. Er wünschte sich als Erbe die Bürogebäude seines Vaters, darunter auch die stattlichen Wolkenkratzer in Atlanta und New York, die den Namen der Familie trugen. Buddie gab seinem Vater ständigen Grund, sich zu entrüsten. »Er ist noch ein richtiges Kind!« schrieb Asa Sr., als sein Sohn sich darüber beschwerte, daß seine Reisepläne durch ernste medizinische Probleme gestört wurden, die sich bei seiner Frau während der Geburt ihrer Tochter ergeben hatten. Asa Jr. lieh sich häufig Geld von seinem Vater, zahlte es aber nur selten zurück; seine Schulden erreichten eine Höhe von bis zu 100 000 Dollar. Der junge Mann hatte eine gute Nase für den Erwerb wertvollen Landes, und Candler kaufte ihm 300 Morgen Land für die Anlage einer Autorennbahn. Dieses Gelände stellt heute den Kern des Hartsfield International Airport in Atlanta dar. Später ernannte er ihn zu einem der Vizepräsidenten von Coca-Cola und übertrug ihm die Verantwortung für den Grundbesitz der Firma und dessen Verwaltung.

Aber Buddie wollte mehr. Legte Howard Candler ein zurückhaltendes Auftreten und eine eher passive Einstellung an den Tag, so hatte Asa Candler Jr. viele Interessen und war voller Energie – und des öfteren, wie man sich erzählte, auch voller Whiskey. In späteren Jahren sammelte er seltene Vögel und wilde Tiere, die er in eigens dafür gebauten Käfigen auf dem Gelände seiner 22-Zimmer-Villa an der Briarcliff Road in einer der eleganteren Wohngegenden der Stadt hielt. Am Ende nannte er sogar vier ausgewachsene Elefanten sein eigen, die er Coca, Cola, Pause und Refreshes nannte und denen er gelegentlich ein Geschirr anlegte, um mit ihnen seinen Kräutergarten zu pflügen. Als die Nachbarn ihn schließlich zur Aufgabe seines Privatzoos zwangen – eine der vielen Klagen, gegen die er sich zur Wehr setzen mußte, war von einer Frau eingereicht worden, die von einem ausgerissenen Pavian gebissen worden war, als sie eines Morgens in ihren PKW stieg –, schenkte er die gesamte Tiersammlung der Stadt und gründete damit indirekt den Zoologischen Garten von Atlanta. Später eröffnete er im hinteren Teil seiner Villa eine chemische Reinigung. Nachdem sie mitsamt den Kleidern mehrerer prominenter Bürger einem Feuer zum Opfer gefallen war, wandte er sich seinem letzten Projekt zu, dem Erwerb des Westview-Friedhofs. Dort löste er mit seinem Vorschlag, sämtliche Grabsteine zugunsten einer ebenen, pflegeleichten Rasenfläche zu entfernen, einigen Aufruhr aus. Sein letztes Büro befand sich in einem fensterlosen Gebäude mitten auf dem Friedhof.

Die Heldentaten von Asa Candler Jr. boten in den dreißiger und vierziger Jahren in Atlanta Stoff für zahlreiche Legenden. Man betrachtete ihn, nicht ohne Zuneigung, als den mißratenen Sohn, der seiner ansonsten distinguierten und spießigen Familie etwas Farbe verlieh. 1916 jedoch, mit 35 Jahren, waren seine Eigenarten noch nicht zu voller Blüte herangereift, und seine Familie nahm seine Absichten damals durchaus ernst. Er bestand darauf, den Grundbesitz der Candlers vom Verkauf des Limonadengeschäfts auszuschließen, und sein Vater versuchte, ihm diesen Gefallen zu tun. Die Notizen und Protokolle der alten Coca-Cola Company sind ungenau und lückenhaft, doch es scheint, daß Asa Candler Sr. mit den anderen Aktionären einen nominellen Preis festgesetzt hatte und ihm den Grundbesitz der Firma »verkaufte«. Diesen entfernte er dann aus den Büchern der Coca-Cola Company und verlagerte ihn in ein eigenes Unternehmen, das von Asa Jr. geleitet wurde.

Die Herausnahme des Grundbesitzes machte die Vereinbarung der Familie mit Max Pam allerdings hinfällig. Denn einer der Gründe, weshalb Pam und seine Geldgeber bereit waren, 5 Millionen Dollar ihres eigenen Kapitals in den Deal zu stecken, war ihre Überzeugung, daß selbst für den Fall, daß Coca-Cola zusammenbrach, der Grundbesitz des Unternehmens in etwa soviel wert war wie ihre gesamten Investitionen. Candler bemühte sich, die Verhandlungen noch einmal anzukurbeln, doch da die wertvollsten Stücke des Komplexes nicht mehr zum Angebot gehörten, zog Pam seine Zusage zurück, und das Geschäft war geplatzt.

Zunächst schienen die Folgen der Aktionen von Asa Candler Jr. nicht allzu gravierend zu sein. Es gab andere Interessenten, die zu Pams Schlußfolgerung gelangt waren, daß das Chattanooga-Verfahren beigelegt werden konnte, und sie deuteten den Candlers an, daß sie die Angelegenheit auch für weitaus weniger als 5 Millionen Dollar regeln würden. Tatsächlich zeichnete sich ab, daß die ganze Angelegenheit innerhalb der Familie abgewickelt werden konnte. Sam Browns Sohn, Edward, war Mitglied in einer New Yorker Anwaltsfirma. Deren Seniorpartner, Bainbridge Colby, verfügte über ebenso gute Beziehungen wie Pam. Colby, der während des letzten Jahres von Woodrow Wilsons Präsidentschaft Außenminister war – und der anschließend dem kränkelnden Wilson einen lukrativen Job als Partner in der Kanzlei verschaffte – unternahm mehrere Wallfahrten nach Washington und versuchte, eine Lösung für die rechtlichen Probleme der Firma auszuarbeiten. Auch er war überzeugt, daß die Schwierigkeiten aus dem Weg geräumt werden konnten. Am 15. Januar 1917 unterzeichneten Asa Candler und die anderen Aktionäre eine private Übereinkunft, derzufolge Colby und Ed Brown die Aufgabe hatten, das Unternehmen zu reorganisieren und dann zu verkaufen. Ihr Bonus wurde auf eine Million Dollar festgesetzt – es sah aus wie leicht verdientes Geld.

Aber die Candlers brachen bald erneut ihr Wort und widerriefen die mit Colby und Brown getroffene Vereinbarung. Wie zuvor gab es keine Erklärung, sondern nur den Hinweis, daß ein nicht genanntes Familienmitglied für das neuerliche Scheitern verantwortlich sei, indem es sich weigerte, sein Aktienpaket herzugeben. Voller Zorn drohte Colby mit einer Klage wegen des Vertragsbruchs und wegen der 1 Million Dollar Honorar, die man ihm versprochen hatte. Es drohte die Gefahr einer schlechten Publicity.

Doch all diese Machenschaften waren kaum von bleibender Bedeutung – bis auf die Tatsache, daß sie für Verzögerung sorgten. Für die Coca-Cola Company begann nun eine Phase der Unsicherheit. Ein symbolischer Wendepunkt war der Umzug der Firmenbüros aus der

Fabrik, einem roten Klinkerbau neben der Eisenbahnstrecke, in die Penthousesuite im 17. Stockwerk des Candler Buildings, des höchsten Wolkenkratzers in Atlanta. Die Familie schien ihr bekannte Gefilde zu verlassen und in unbekannte Regionen vorzustoßen. Sie gab die ihr vertraute Tätigkeit auf und wagte sich in die weitaus dünnere Luft von Handel und Hochfinanz vor.

Candler mußte feststellen, daß sein jüngster Sohn William, der vom Buchhalter aufgestiegen war, um Frank Robinson als Schriftführer abzulösen, nur noch selten die Fabrik aufsuchte. »Ich gab William den Rat, sich gelegentlich einmal anzusehen, was in der Fabrik geschieht«, schrieb Asa in einem Brief an Howard. »Ich habe es immer für eine gute Politik gehalten, wenn die Eigentümer nach dem Rechten sehen.« Aber die Eigentümer ließen sich nicht blicken.

Sam Dobbs erhielt jetzt das unentbehrliche Werkzeug, das er brauchte, um sein unglückliches Schicksal noch zu wenden. Dieses Werkzeug war Zeit.

Noch ehe ein neues Geschäft eingefädelt werden konnte, wurde das Unternehmen ins Elend des Ersten Weltkriegs hineingezogen. Für mehr als ein Jahr rückten die juristischen und finanziellen Verwicklungen gegenüber dem Kampf ums Überleben völlig in den Hintergrund.

Noch bevor die Vereinigten Staaten Deutschland im April 1917 den Krieg erklärten, beschloß die Regierung die Rationierung einer Reihe von Nahrungsmitteln, vor allem von Zucker. Später erhob sie eine gesonderte Steuer auf Sirupverkäufe. Dies waren Schritte, die das Unternehmen wie mit einem Fußeisen lahmzulegen drohten. »Wir stellen fest, daß es zunehmend schwieriger wird, ausreichende Mengen Zucker und andere Grundstoffe heranzuschaffen, um unsere Fabriken in Betrieb zu halten«, teilte Dobbs einem seiner Verkäufer im Frühjahr 1917 in einem Brief mit, »und selbst wenn wir weitere Grundstoffe auftreiben könnten, dann nur zu derart hohen Preisen, daß mögliche Gewinne von Anfang an ausgeschlossen sind.«

Asa Candler hatte dazu eine fatalistische Einstellung. »Laß dich durch die allgemeine Grundstoffknappheit nicht beunruhigen«, riet er Howard. »Ich gebe mich mit der Parole ›keinen Profit‹ zufrieden, bis der Krieg vorüber ist. Wenn man doch Gewinne erzielt, dann greift sofort die Regierung zu – also warum soll man dann überhaupt noch Gewinne machen?« Aber Howard hatte tatsächlich große Sorgen. Das Ziel des Geschäfts, nämlich Geld zu verdienen, war vielleicht vorübergehend nicht zu erreichen, doch das Unternehmen hatte

Millionen von treuen Kunden, deren Bedürfnis nach ihrem Lieblings-Soft-Drink andauerte, ganz gleich ob Krieg herrschte oder nicht, und Howard bemühte sich, die Produktion in Gang zu halten. Eine regelmäßige Versorgung mit Koffein war nicht mehr gewährleistet, und so mußte Howard bis nach New York reisen und auf dem offenen Markt »horrende Preise« für Teeabfälle aus dem Fernen Osten bezahlen.

Ein weiterer Engpaß führte zu einer aufschlußreichen Einsicht in das Konsumentenverhalten. Wegen der nur begrenzt verfügbaren Mengen Karamel, des gerösteten Zuckers, der Coca-Cola die typische braune Farbe verlieh, experimentierte Howard mit Ersatzstoffen und führte mit einer Gallone hellgelben karamellosen Sirups einen Geschmackstest durch. Mit verbundenen Augen stellten die Testpersonen keinen Unterschied zur normalen Coca-Cola fest und fanden das Getränk wohlschmeckend. Doch »als die Tester sehen konnten, was sie tranken, wurde einstimmig erklärt, daß das farblose Produkt anders schmecke«. Es entsprach in etwa der gleichen Erfahrung, die Unternehmensvertreter fast sieben Jahrzehnte später mit New Coke machen sollten. Der Plan, farblose Coca-Cola zu produzieren, wurde verworfen.

Mit der Zeit machte das Unternehmen aus der Not eine Tugend. Als schließlich auch Kohle auf die Rationierungsliste gesetzt wurde, sah Howard sich mit der bisher größten Herausforderung konfrontiert. Die kohlebeheizten Öfen der Fabrik waren unersetzlich für die Auflösung des Zuckers in Wasser, d. h. für die Grundlage des Sirups. Howard suchte nach einem Verfahren, mit dem Zucker und Wasser bei normaler Raumtemperatur miteinander vermischt werden konnten, so wie man einen Löffel Zucker in seinem Eistee verrührt. Er kaufte eine von Hand betriebene vierflügelige Buttermaschine, und zu seiner großen Zufriedenheit stellte er fest, daß es funktionierte. Howard hatte eine Art Kalt-Mischverfahren für Coca-Cola entdeckt, und er führte das Prinzip − was beträchtliche finanzielle Einsparungen zur Folge hatte − in sämtlichen Produktionsstätten der Firma ein.

Dobbs stürzte sich mit aller Kraft in den Überlebenskampf des Unternehmens. Dank wiederholter Reisen nach Washington, die er und Hirsch unternahmen, wurde dem Unternehmer Zucker in der gleichen Menge wie im Vorjahr zugeteilt, und die Umsätze stiegen leicht an. Da jedoch im Spätherbst im ganzen Land die Einmachzeit begann, verfügte Herbert Hoover, der von der Regierung eingesetzte Ernährungsbeauftragte, in Erwartung der steigenden Zuckernachfrage, daß Sirupherstellern während der letzten beiden Monate des

Jahres 1917 nur noch die halbe Menge zustand. Coca-Cola versuchte diesen Engpaß mit Hilfe von Rübenzucker, Glukose und anderen Ersatzstoffen zu überbrücken, doch die Vorräte reichten nur für 10 Tage. Mitte November zeichnete sich ab, daß die Produktion drastisch eingeschränkt werden mußte. Dobbs und D'Arcy beugten sich dem Unvermeidlichen und entwickelten eine grandiose Zeitungsreklame mit dem Motto »Auch Zucker ist eine Waffe«. Darin gelobte das Unternehmen mit patriotischer Gesinnung, daß es sich an die Vorschriften der Regierung halten werde. Dobbs und D'Arcy fuhren mit der Eisenbahn nach Washington, um Hoover an dem Tag, an dem die erste Anzeige erschien, einen Besuch abzustatten. D'Arcy erinnerte sich:

»Mr. Hoover hatte einen Zeitungsausschnitt mit der Reklame auf dem Schreibtisch liegen, als wir bei ihm vorsprachen. Er zeigte sich sehr entgegenkommend – sowohl im Gespräch als auch in seiner ganzen Haltung. Es war, offen gesagt, ein geradezu erfrischendes Erlebnis, und als wir sein Büro verließen, hatten wir den Eindruck, daß wir für uns einiges erreicht hatten.«

Diese Episode wirft ein bezeichnendes Licht auf die Strategie, die Coca-Cola während des Zweiten Weltkriegs erfolgreich verfolgte: Kämpfe hinter den Kulissen mit allen Mitteln, gib dich in Würde geschlagen, wenn die Sache verloren ist, und sorge dafür, das Produkt mit den höchsten nationalen Interessen zu verknüpfen. Es sei für das Unternehmen ein »Privileg«, schrieb D'Arcy, den von ihm benötigten Zucker dem amerikanischen Soldaten zu opfern.

Im Frühjahr 1918 hob Hoover die Zuckerrationen an, und Coca-Cola konnte 80 Prozent der Vorjahresmenge an Sirup herstellen. Die Produktion des Unternehmens sank von 12 Millionen Gallonen im Jahr 1917 auf 10 Millionen Gallonen im Jahr 1918. Die Gewinne waren gering – wie Asa Candler vorhergesagt hatte –, doch das wichtigste war, daß das Unternehmen überlebte. Schon 1919, nachdem die letzten Beschränkungen aufgehoben wurden, konnte das Unternehmen die während der Kriegsjahre sprunghaft gestiegene Nachfrage befriedigen. Der Verkauf verdoppelte sich auf beinahe 19 Millionen Gallonen, ca. zweieinhalb Milliarden Gläser, was einer Durchschnittsmenge von 30 Gläsern pro Jahr für jeden Mann, jede Frau und jedes Kind in den Vereinigten Staaten entsprach. D'Arcy verkündete es der Welt in einer triumphierenden Anzeige: »Der Sieg ist unser! Wir sind wieder da!«

Auf den ersten Blick schien es, daß die Coca-Cola Company die stürmischste Phase ihrer Existenz überstanden hatte und nun einer

Zeit der Ruhe und steigenden Gewinne entgegenging. Besonders ermutigend war, daß am 12. November 1918, einen Tag nach dem Waffenstillstandsabkommen, Harold Hirsch endlich einen Abschluß des Chattanooga-Verfahrens erreichte. Wie Max Pam und Bainbridge Colby vorausgesehen hatten, erwies sich das Landwirtschaftsministerium durchaus bereit, einem Kompromiß zuzustimmen und die Anklage fallenzulassen. Das Unternehmen versprach, die in Coca-Cola enthaltene Koffeinmenge zu halbieren – auf sechs Zehntel eines Grans pro Glas. Die Regierung revanchierte sich, indem sie alle Vorwürfe zurücknahm. Keine der beiden Seiten wünschte eine schlechte Publicity, und Richter Sanford schloß die Akten mit einer knappen Erklärung, indem er einfach verkündete, Coca-Cola habe »gewisse Modifikationen« in seinem Herstellungsverfahren vorgenommen. Das Unternehmen übernahm die Kosten des Verfahrens, und die Regierung gab zurück, was von dem Sirup noch übrig war. Der einzige Widerspruch kam von Dr. Wiley, der für den Rest seines Lebens bitter darüber klagte, daß die Regierung sein Anliegen verraten habe.

Dem äußeren Anschein nach ging das Leben bei Coca-Cola weiter wie bisher. Anfang 1919 erwarben die Candlers ein Grundstück an der Ecke North Avenue und Plum Street unweit der Eisenbahnstrecke ein paar Meilen nordwestlich der City von Atlanta. Dort sollte ein neuer Fabrik- und Verwaltungskomplex errichtet werden. Es sollte die neunte Niederlassung von Coca-Cola werden, die bisher größte, und sie signalisierte die enormen Umsatzsteigerungen nach dem Krieg und die Solidität des Unternehmens.

Hinter den Kulissen hatten die Familienprobleme ein gefährliches Niveau erreicht. Nach den abgebrochenen Verhandlungen über den Verkauf des Unternehmens beschäftigte sich Asa Candler mit der Verteilung seines Vermögens, die es jedem seiner Kinder gestatten sollte, eigene Interessen zu verfolgen, ohne die Vermögensanteile der anderen in Mitleidenschaft zu ziehen. Howard und William wollten die Coca-Cola Company weiterführen. Sein Sohn Walter liebte die Arbeit in der Central Bank and Trust Corporation, einer Bank, die Asa in der Vorhalle des Candler Buildings gegründet hatte. (Als es 1906 erbaut wurde, stand das Candler Building einige Straßen nördlich des Banken- und Finanzviertels der Stadt. Als keine der bereits etablierten Banken bereit war, dort eine Filiale zu eröffnen, gründete Candler seine eigene Bank.) Asa Jr. war auf das Immobilienimperium fixiert. Lucy dachte nur an ihre Familie.

Es schien wirklich keine Möglichkeit zu geben, die Coca-Cola

Company abzustoßen und gleichzeitig den Wünschen aller gerecht zu werden. Deshalb teilte Candler Weihnachten 1917 sein Aktienpaket auf und übertrug es auf seine Frau und seine fünf Kinder. Er selbst behielt nur wenige Aktien. Candler hatte sich offenbar entschlossen, noch zu Lebzeiten sein eigener Testamentsvollstrecker zu sein. Auf der jährlichen Aktionärsversammlung der Coca-Cola Company am 14. Februar 1918 wurden die neuen Beteiligungen ins Protokoll aufgenommen. Howard, Asa Jr., Lucy, Walter und William übten nun über ihren Aktienbesitz die Kontrolle über das Unternehmen aus. Sam Dobbs erhielt nichts. Von dem ganzen Reichtum, den aufzuhäufen er entscheidend mitgeholfen hatte, erbte er de facto nichts.

Bei dieser Gelegenheit entschieden die Candlers auch, daß sie keine fremde Hilfe brauchten, um das Unternehmen zu reorganisieren. Sie kamen überein, die Gründungsurkunde neu zu formulieren und ihre alten, unhandlichen Anteilscheine gegen neue »Eigentumszertifikate« auszutauschen. Diese Transaktion wurde ein paar Wochen später hausintern von der Central Bank and Trust Corporation, Walter Candlers Bank, durchgeführt. Sie gab neue Aktien im Wert von 25 Millionen Dollar aus und teilte sie unter den Familienmitgliedern auf. Das Eigentumsrecht an Coca-Cola war »unter Dach und Fach«, wie Asa es ausdrückte, und wurde von seinen Kindern gehalten. Sie konnten damit nun machen, was sie wollten.

Nachdem sein Erbe aufgeteilt worden war, zog sich Asa Candler aus den geschäftlichen Angelegenheiten des Unternehmens immer mehr zurück. Er gab bekannt, sich am Ende seiner Amtsperiode als Bürgermeister, am 1. Januar 1919, wieder ins Privatleben zurückziehen zu wollen. Neben seinen zahlreichen anderen Interessen mußte Candler sich auch um seine Frau kümmern, die schwer krank war – sie litt nach Aussage der Familie an einer akuten Form des Rheuma – und nur noch wenige Wochen zu leben hatte. Lizzie Candler war an ihr Bett gefesselt, eine Gefangene in ihrer prachtvollen, aus cremefarbenem Klinker und Marmor erbauten Villa, die Candler 1916 für sie errichtet hatte. Sie starb am 22. Februar 1919.

Wäre Asa Candler nicht durch die Trauer um seine Frau abgelenkt gewesen, hätte er vielleicht den Ereignissen, die nun folgten, mehr Beachtung geschenkt. Während der turnusmäßigen Direktionskonferenz im Mai 1919 äußerte Sam Dobbs den Vorschlag, das Unternehmen solle in Erwägung ziehen, sich von einem Wirtschaftsprüfer durchleuchten zu lassen. Es sei sicherlich ein guter Gedanke, so erklärte er, von einem Steuerexperten feststellen zu lassen, ob das Unternehmen seine Abgaben an den Staat auch in vorgeschriebener

Höhe leiste. Der Vorschlag klang vernünftig und einleuchtend, und die Candlers gaben bereitwillig ihre Zustimmung. Dobbs sollte entsprechende Vorkehrungen treffen, und er beauftragte Halskins & Sells, die Wirtschaftsprüfung durchzuführen.

Niemand konnte etwas von dem wahren Zweck dieser Betriebsprüfung ahnen. Tatsächlich hatte der ganze Vorgang überhaupt nichts mit Steuerfragen zu tun. Dobbs führte seine eigenen Verhandlungen, um die Coca-Cola Company zu verkaufen, und er brauchte die Betriebsprüfung, um den finanziellen Status des Unternehmens festzustellen. Es war für Dobbs entscheidend, daß seine Absichten geheim blieben, denn der Käufer, den er gefunden hatte, war jemand, den Asa Candler vehement abgelehnt hätte. Es handelte sich um Ernest Woodruff.

Woodruff war Präsident der Trust Company of Georgia und ein harter Mann: untersetzt, kräftig gebaut, mit einem buschigen Schnurrbart und einem kantigen, vorstehenden Kinn. Er ähnelte einer Bulldogge und betrachtete die Welt aus kleinen, kalten Augen. In Atlanta hatte er den Ruf eines gerissenen und skrupellosen Geschäftsmannes.

Die Haupttätigkeit der Trust Company bestand in der Vorbereitung und Abwicklung umfangreicher Geschäfte. Das Unternehmen bot seinen Kunden den üblichen finanziellen Service. Nach heutigen Maßstäben war es eine Art Investmentbank. Die Gründungsurkunde räumte der Trust Company »das Recht ein, fast alles auf der Welt« zu tun, wie ein Beamter es scherzhaft ausdrückte. Woodruff machte es großen Spaß auszuloten, wie weit er gehen konnte. Seine Spezialität waren der Erwerb und die Konsolidierung von kleinen Betrieben. Er setzte die Mittel der Bank ein – als seien sie seine eigenen, meinten einige Kritiker –, um Monopole in mehreren kleinen Industriezweigen zu begründen, die damals im Süden aufblühten. Im Jahr 1902 begann Woodruff mit dem Kauf von Firmen, die Eis und Kohle transportierten und lieferten. 1910 gründete die Trust Company die Atlantic Ice and Coal Company mit Filialen in Georgia, Tennessee, Virginia und in North sowie South Carolina.

Woodruff war bekannt dafür, stets alles Notwendige zu unternehmen, um seine Interessen zu wahren. Da er Bauland für eine neue Fabrik für Atlantic Ice and Coal brauchte, wies er die Bank an, eine Reihe von Häusern und Grundstücken im Rotlichtbezirk südlich der Eisenbahnstrecke in Atlantas berüchtigter Collins Street zu kaufen. Dann sorgte er mit eigenen Händen dafür, daß die Mädchen die Häuser räumten. Anschließend verbrachte er mehrere Nächte in einem Schaukelstuhl auf der Veranda des größten Hauses, wiegte eine doppelläufige Schrotflinte auf dem Schoß und verscheuchte die erbosten Freier. Sein Partner bei diesem gewagten Unternehmen war ein junger Rechtsanwalt, der einen Teil der rechtlichen Angelegenheiten von Trust Company erledigte. Er hieß Robert P. Jones und war der Vater des später berühmten Golfspielers Bobby Jones.

Ein typisches Beispiel für Woodruffs Geschäftsgebaren war seine Vorgehensweise im Fall der Atlanta Steel Company. Das Unternehmen Atlanta Steel, das um die Jahrhundertwende gegründet worden war und Verpackungsbänder für Baumwollballen sowie Reifen für Terpentinfässer herstellte, ging während der Börsenpanik von 1907 beinahe pleite, bis Woodruff auftauchte und 850 000 Dollar neues Kapital der Trust Company zuschoß. Daß er diesen Schritt unternahm, ohne die ausdrückliche Zustimmung der Direktoren beider Konzerne einzuholen, verweist auf seine starke Stellung und seine unerschütterliche Selbstsicherheit. »Angenommen, die Stahlfirma lehnt Ihr Angebot ab«, hatte ihn einer seiner engsten Mitarbeiter nervös gefragt, »oder die Direktoren von Trust Company lehnen den Kauf ab?« Aber Woodruff ließ sich nicht beirren. Er war überzeugt, seine Entscheidung beiden Seiten als klugen Schritt verkaufen zu können, und er hatte recht. Er übernahm die Kontrolle über Atlanta Steel, änderte den Namen in Atlantic Steel, entfernte das alte Management und ersetzte es durch seine eigenen Leute. Danach begann das Unternehmen wieder schwarze Zahlen zu schreiben.

Woodruff operierte von einem riesigen Rollpult in seinem Büro im zweiten Stock des Equitable Building aus und galt schon bald als aggressivster Finanzfachmann der Stadt. Er war der einzige Geschäftsmann in Atlanta, den man geschäftlich mit einem Wall-Street-Baron hätte vergleichen können. Seine Einstellung zum Kapitalismus war eher sportlich, als wäre der Sieg über andere Geschäftsleute und das Erzielen von Gewinnen ein ruppiges Spiel. Er machte sich gar nicht erst die Mühe, edle Motive für sein Handeln vorzuschieben. Einmal landete er ein schlechtes Geschäft für Trust Company, als er von einem Mann namens Moultrie Sessions in Marietta, Georgia, eine Papierfabrik erwarb. Danach gestand er einem Freund: »Daß ich das Geld verloren habe, macht mir nichts aus, viel schlimmer finde ich es, daß dieser Bursche ein besseres Geschäft gemacht hat als ich.« Er liebte es zu feilschen und interessierte sich nicht dafür, ob Geschäftspartner beleidigt reagierten, wenn er ihre Angaben zu Geldgeschäften offen in Zweifel zog. Die Direktoren von Trust Company, darunter einige der angesehensten Geschäftsleute Atlantas, beobachteten mit einer Mischung aus Angst und Staunen, wie Woodruff ihren Reichtum mehrte. Was Woodruff jedoch von der übrigen Geschäftswelt Atlantas ausschloß, war nicht nur seine auf heftigsten Wettbewerb ausgerichtete Haltung — in dieser Hinsicht stand er sicher nicht allein —, sondern vielmehr die Tatsache, daß er unter seinen Partnern den Verdacht entstehen ließ, nicht immer die Regeln zu beachten.

Eine Episode warf ein besonders schlechtes Licht auf Woodruff, und sie mag als Erklärung dienen, weshalb so viele Persönlichkeiten in Atlanta ihm mißtrauten. Woodruff zog 1893 von Columbus, Georgia, nach Atlanta, um — nachdem sein Schwager, Joel Hurt, ihn angeheuert hatte — in den verschiedenen Unternehmen der Familie zu arbeiten. Hurt war einer der rührigsten Baulöwen von Atlanta. Der Ausbildung nach war er eigentlich Spezialist für Eisenbahnbau. Nach dem Bürgerkrieg hatte er sich in der Stadt niedergelassen und mit dem Wiederaufbau begonnen. Neben seinen zahlreichen Aktivitäten, die ihm den Spitznamen »Zirkusdirektor« eintrugen, gründete Hurt eine Hypothekenbank und eine Versicherungsgesellschaft, baute ein achtstöckiges Hochhaus und half bei der Organisation der Trust Company of Georgia mit. Er plante außerdem Atlantas ersten Vorort, Inman Park. Hurts größtes Projekt war der zehn Jahre andauernde Kampf um die Kontrolle der städtischen Straßenbahnlinien und deren Umstellung von Maultierbetrieb auf Elektrizität. Er holte sich Woodruff, den jüngeren Bruder seiner Frau, um mit ihm gemeinsam die täglich notwendigen strategischen Entscheidungen zu fällen und weitere Manöver in die Wege zu leiten.

In diesem Straßenbahnkampf, der als »Zweite Schlacht von Atlanta« in die Geschichte einging, traten Hurt und Woodruff gegen eine Allianz von Investoren aus dem Norden und örtlichen Geschäftsleuten an. Der Streit um Betriebsgenehmigungen, Enteignungsrechte, Preisgestaltung und anderes mehr hatte letztlich als Ziel die Erlangung des Monopols über die Stromversorgung der Stadt. Ausgefochten wurde der Krieg vor den Gerichten, im Stadtrat, vor der staatlichen Eisenbahnkommission und in den Zeitungen Atlantas, wo jede Partei Stimmung gegen die jeweils andere Seite machte. Wegen einiger drastischer Maßnahmen — in einer Nacht-und-Nebel-Aktion ließen sie zum Beispiel von Arbeitern die Straßenbahngleise auf der Capitol Avenue herausreißen, um die von der Stadt festgesetzten Gebühren für eine Aufpflasterung nicht zahlen zu müssen — machten Woodruff und Hurt sich in der Öffentlichkeit zunehmend unbeliebt und mußten erleben, wie ihr Ansehen ständig sank.

Besonders schwer wog der Verdacht eines Rechtsanwalts der Gegenseite, der behauptete, einen von Woodruffs Manschettenknöpfen zwischen den Akten in seinem Schreibtisch gefunden zu haben. Der Verdacht, daß Woodruff das Büro des Anwalts durchsucht hatte, war vernichtend, zumal es sich bei dem Betroffenen um Jack Spalding handelte, Gründungspartner einer der angesehensten Anwaltskanzleien der Stadt, King & Spalding. Die Anschuldigung wurde niemals öffentlich erhoben – es gab auch keinerlei Beweise –, doch das Gerücht machte in der Geschäftswelt Atlantas die Runde. Fast hundert Jahre später war der Vorfall den Seniorpartnern der Anwaltsfirma noch immer geläufig. Hurt und Woodruff lenkten schließlich ein und verkauften ihre Anteile an die Gegenseite. So entstand die Georgia Power Company, der größte Stromversorger des Staates.

Woodruffs nächster Schachzug schadete seinem Ruf noch mehr. 1904, zwei Jahre nach dem Straßenbahnkampf, erkrankte Hurt. Sein Arzt diagnostizierte irrtümlich eine Lungenentzündung und verordnete ihm strenge Bettruhe. Die Direktoren der Trust Company waren davon überzeugt, daß er wohl nicht mehr ins aktive Management zurückkehren würde, setzten ihn auf ihrer nächsten Konferenz als Präsidenten ab und wählten Woodruff in dessen Position. Dieser nahm den Posten an, obgleich Hurt schon nach wenigen Wochen wieder vollauf genesen war. Woodruff wartete nicht lange und schuf schnell vollendete Tatsachen. Er schwärzte Hurts Namen im Briefkopf der Bankpost und ersetzte ihn mit Hilfe eines Gummistempels durch seinen eigenen, den er direkt darunter setzte. Hurt hielt diese Aktion für eine Palastrevolution, die er Woodruff niemals verzieh. Die Beziehungen zwischen den beiden Schwägern war fortan mehr als gespannt. Die Geschäftsleute der Stadt bewunderten Woodruffs Brillanz und Entschlossenheit, aber sie waren sich auch darüber im klaren, daß er, wie einer von ihnen es formulierte, »nicht vor krummen Touren zurückschreckte«.

Asa Candler teilte die in der Geschäftswelt weitverbreitete Abneigung gegenüber Woodruff, und Woodruff war sich dessen sehr wohl bewußt. 1912 ließ Woodruff gegenüber einem Geschäftsfreund durchblicken, daß er an der Übernahme von Candlers Bank interessiert sei und sie am liebsten Trust Company einverleiben wolle. Der Freund warnte ihn jedoch, daß Candler wohl niemals mit ihm Geschäfte machen werde. Es war also durchaus verständlich, daß Woodruff, als sein Auge auf die Coca-Cola Company fiel, entschied, seine Beteiligung an dieser Aktion geheimzuhalten. »Ich wußte, daß es mir nichts genutzt hätte, wenn ich mich direkt an ihn oder ein anderes Familienmitglied gewandt hätte«, erklärte Woodruff nachher, ». . . deshalb wählte ich einen Weg über andere Leute.«

Im Jahr 1919 gehörte Sam Dobbs zur angesehenen Geschäftselite von Atlanta. Er war der gewählte Vorsitzende der Handelskammer. In einer wohlwollend aufgenommenen, ausführlichen Rede vor dem Woman's Club empfahl er die Verbesserung des Schulsystems, Zurückhaltung in der weiblichen Mode und konsequentes Vertrauen auf Empfehlungen bei der Einstellung von Hauspersonal.

Er betrachtete sich außerdem als Freund und Vertrauter Ernest Woodruffs, nachdem er sich an mehreren geschäftlichen Unternehmungen der Trust Company beteiligt hatte. Dobbs saß sowohl im Direktorium des Stahlwerks als auch in dem von Atlantic Ice and Coal, und trat 1916 ins Direktorium der Bank selbst ein. Als Woodruff sich bei ihm über die Möglichkeit erkundigte, die Coca-Cola Company zu erwerben, erinnerte Dobbs sich später, daß »ich ihm antwortete, es sei nach meinem Dafürhalten grundsätzlich machbar, ich sei durchaus bereit zu verkaufen – ja, würde sogar mit Vergnügen meine Anteile abstoßen.«

Dobbs kam mit Woodruff überein, daß es wohl am besten sei, Woodruffs Namen aus dem Geschäft völlig herauszuhalten. Um sich vor einer unabsichtlichen Enthüllung zu schützen, beschlossen sie, ihre Besprechungen nur noch im privaten Rahmen im Waldorf Hotel in New York City abzuhalten. Was die Details der Transaktion betraf, gelangten sie schnell zu einer Einigung. Die Informationen, die Dobbs über den finanziellen Status des Unternehmens lieferte, deckten sich mit den Daten der von Haskins & Sells durchgeführten Betriebsprüfung. Sie überzeugten Woodruff, daß der Preis von 25 Millionen Dollar gerechtfertigt war, vorausgesetzt, der Kauf erfolge nach seinen Vorstellungen.

Dieses Geschäft konnte die Trust Company nicht allein abwickeln. Der Wert der Bank belief sich zu dieser Zeit auf bescheidene zwei Millionen Dollar, und es war klar, daß Woodruff in der Wall Street Geldgeber suchen mußte. Sich auf Partner verlassen zu müssen, war für den nach Unabhängigkeit strebenden Woodruff unangenehm, doch er erkannte darin auch einen gewissen Vorteil. Die Partner konnten als tatsächliche Käufer auftreten und auf diese Weise Woodruffs führende Rolle verschleiern. Der erste notwendige Schritt bestand darin, das Anrecht für den Kauf zu erwerben. Dazu mußte Woodruff die Kinder Asa Candlers dazu bewegen, ihm das Optionsrecht auf die Eigentumsanteile an der alten Firma zu erteilen. Sie würden jedoch ganz gewiß nicht gegen den erklärten Willen des Vaters unterschreiben, und ihr Vater hätte niemals direkt an Woodruff verkauft, daher mußte den Candlers um jeden Preis vorgegaukelt werden, daß ein anderer das Unternehmen übernehmen wolle. Für diese Aktion kannte Woodruff genau den richtigen Mann.

Eugene Stetson stammte aus Hawkinsville, Georgia, und hatte im Norden eine ansehnliche Bankkarriere gemacht. Er war Vizepräsident der mächtigen Guaranty Trust Company. Stetson half Woodruff bei der Organisation eines Syndikats von New Yorker Investoren, die bereit waren, den größten Teil des für den Kauf notwendigen Kapitals bereitzustellen. Er erklärte sich darüber hinaus bereit, die Verhandlungen mit Candler zu führen. Es gibt keinen Beweis dafür, daß Stetson falsche Angaben über sich selbst machte, aber er hinterließ bei den Candlers den Eindruck, der Führer einer Gruppe von Investoren zu sein, die das Unternehmen kaufen wollten, und daß seine Bank (Guaranty Trust) der führende Partner sei. Er sorgte sogar dafür, daß die Coca-Cola Company bei seiner Bank ein Konto eröffnete, um den Transfer des Kaufpreises zu erleichtern.

Dobbs verheimlichte nun seine Rolle bei dieser Transaktion nicht mehr. Im Gegenteil, er gewann Harold Hirsch als Verbündeten – Hirsch war ebenfalls einer der Direktoren der Trust Company –, und gemeinsam gingen sie daran, die Angehörigen der Candler-Familie davon zu überzeugen, daß das Geschäft ihnen nur Vorteile brächte und daß es außerdem im Interesse der Zukunft des Unternehmens sei. »Ich habe dieses Geschäft in die Wege geleitet«, schrieb Dobbs an seinen Cousin J. J. Willard. »Ich hoffe, daß die neuen Eigentümer, falls der Kauf stattfindet, für enorme Erfolge sorgen werden. Sie verfügen über Möglichkeiten, von denen wir nur träumen können.« Dobbs' Enthusiasmus wirkte echt genug, und die Form des Vertrags sorgte dafür, daß die Identität des eigentlichen Käufers weiterhin verborgen blieb. »Ich glaube nicht, daß überhaupt irgendwelche Namen genannt wurden«, gestand er später, als er sich zu seinen Gesprächen mit den Candlers äußerte. »Ich erklärte ganz einfach, daß gewisse Anlegerkreise in New York City Coca-Cola kaufen wollten, und das so bald wie möglich und um jeden Preis.«

Ende Juli 1919 begab sich der in Atlanta ansässige Rechtsanwalt Robert C. Alston auf den Weg und besorgte die Unterschriften der fünf Kinder Asa Candlers auf einem einzigen Bogen Papier – es war eine Blankooption zum Erwerb ihrer Aktienpakete. Es gibt sicherlich keine einfache Erklärung dafür, daß die Candlers sich kaum für die Einzelheiten der Transaktion interessierten. Ein Grund dürfte gewesen sein, daß sie davon überzeugt waren, daß die Option an Stetson und seine Bank ging. Howard Candler sagte später, er sei sich nicht im klaren darüber gewesen, wessen Interessen Alston vertrat. Es ist durchaus möglich, daß die Candlers nach den schwierigen und fruchtlosen Verhandlungen der vorangegangenen Jahre aller kritischen Überlegungen überdrüssig waren. Unbestreitbar ist jedoch, daß Alston nicht Stetson vertrat, sondern im Interesse seines Freundes und Präsidenten der Trust Company, Ernest Woodruff, tätig war und ihm die Option übergab. Als Asa Candler erfuhr, daß seine Kinder Woodruff die Kontrolle über das Unternehmen überlassen hatten, so schrieb Howard später, »war er zutiefst geschockt und vor allem gekränkt, daß es geschehen war, ohne daß jemand ihn informiert, ins Vertrauen gezogen oder seinen Rat hinsichtlich der Details und Bedingungen des Angebots gesucht hatte.«

Am 2. August 1919 berief Woodruff eine außerordentliche Versammlung des Bankdirektoriums ein und verblüffte die Direktoren mit der Neuigkeit, daß sie im Begriff seien, die Coca-Cola Company zu kaufen. Mit der Option in der Hand war Woodruff schon fast am Ziel, aber er erkannte schon sehr bald, daß noch ein Stück schwerer Arbeit vor ihm lag. Selbst den Männern, die mit seinen Geschäftsgebaren vertraut waren, erschien Woodruffs letztes Engagement in Umfang und Ehrgeiz geradezu beängstigend. Er schlug vor, daß die Bank ihre gesamten Rücklagen aufs Spiel setzte, um ein Unternehmen zu schlucken, das zehnmal so groß war wie sie selbst. Die Symbolik war augenfällig: Die Trust Company befand sich in Joel Hurts altem achtstöckigen Gebäude. Vom obersten Stockwerk aus konnten die Direktoren auf das anderthalb Blocks entfernte Candler Building sehen, das sie mit seinen siebzehn Stockwerken um mehr als das Doppelte überragte.

Es gab sofort Einwände gegen Woodruffs Plan. Der wesentlichste resultierte aus der Frage nach der derzeitigen juristischen Position von Coca-Cola. Im Februar 1919, nur drei Monate nach Abschluß des Chattanooga-Falles, entschied die Berufungskammer des Bezirksgerichts in San Francisco in einem Verfahren – das Coca-Cola gegen die Koke Company of America angestrengt hatte –, daß die Coca-Cola Company ihr Warenzeichen nicht vor Übergriffen durch Imitatoren schützen dürfe. Falls der Oberste Gerichtshof diese Entscheidung nicht rückgängig machte, würden Hunderte ähnlich klingender Getränke den Markt überfluten und Coca-Cola sehr wahrscheinlich untergehen lassen.

Woodruff versicherte seinen Kollegen, daß er in dieser Angelegenheit Hirsch und andere Anwälte zu Rate gezogen habe. Sie alle seien überzeugt, daß das Unternehmen vor dem Obersten Gericht gewinnen werde, doch das Direktorium sträubte sich weiterhin. Nach einer längeren Auseinandersetzung – die in den Protokollen recht dürr als »ausführliche Diskussion« beschrieben wurde – gaben die Direktoren zaghaft ihre Zustimmung zu dem Deal, aber nur unter der Voraussetzung, daß die Anwälte der Trust Company und aller anderen Partner bei diesem Geschäft einstimmig die Prognose von Hirsch bestätigten. Und es gab noch ein weiteres Hindernis: Die Direktoren verweigerten ihre Zusage, wenn nicht wenigstens die Hälfte des von der Trust Company bereitzustellenden Kapitals im Syndikat von »solventen Personen, Firmen oder Konzernen« abgesichert werde – das heißt, von fremdem Geld.

Die Zurückhaltung des Vorstands bescherte Woodruff ein neues Problem in seiner Rechnung – den Zeitfaktor. Seine Option auf die Aktien der Candlers war nur bis zum 28. August gültig. Damit belief sich die Frist auf weniger als einen Monat, um die Finanzierung zu organisieren, die Optionen wahrzunehmen und das Geschäft abzuschließen. Während die Haltung der Trust Company noch immer unklar war, eilte Woodruff per Eisenbahn nach New York, um die Verhandlungen mit Stetson und seinen Partnern von der Wall Street fortzusetzen. Es war eine locker organisierte Gruppe von Managern und Aktionären der Guaranty Trust und der Chase Securities Company.

Der erste Teil des Geschäfts bestand in der Auszahlung der Candler-Familie. Die Candlers waren einverstanden mit 15 Millionen Dollar in bar und Vorzugsaktien im Wert von 10 Millionen Dollar, die pro Jahr eine Rendite von 7 Prozent abwarfen. So wie Woodruff und die New Yorker Bankiers es sahen, bestand das eigentliche Problem darin, kurzfristig 15 Millionen Dollar in bar aufzubringen. In ihren Augen waren die Vorzugsaktien zunächst einmal nichts mehr als Papier, eine langfristige Verbindlichkeit, die sie unbegrenzt lange – gegen 700 000 Dollar pro Jahr – aus den Firmeneinnahmen bezahlen konnten. Was allein zählte, war das Bargeld. Die Partner einigten sich auf das Grundkonzept eines noch weiter zu entwickelnden Plans, der darin bestand, eine völlig neue, in Delaware ansässige Coca-Cola Company zu gründen und 500 000 Aktien zu einem Nennwert von 40 Dollar pro Anteil an der Börse abzusetzen. Wenn sie alle Aktien zum festgelegten Preis verkauften, kämen insgesamt 20 Millionen Dollar zusammen, was für sie einen Nettogewinn von zusätzlichen 5 Millionen Dollar ergeben hätte.

Aber Woodruff und seine Partner trafen eine schicksalhafte Entscheidung. Anstatt sich mit einem schnellen Profit zufriedenzugeben und sich anschließend zurückzuziehen, wollten sie eine Beteiligung an der Firma behalten. Woodruff glaubte, daß Coca-Cola eine vielversprechende Zukunft hatte, und er war überzeugt, daß er Wege finden würde, höhere Gewinne − viel höhere Gewinne − zu erzielen. In den täglichen Konferenzen mit Stetson und den anderen Bankiers arbeiteten Woodruff und seine Assistenten einen komplizierten − und absolut vertraulichen − Plan aus, der es ihnen gestattete, so viele Aktien wie möglich zu behalten, während sie das nötige Bargeld zusammentrugen, um die Candlers zu bezahlen. Im einzelnen stellte die Gruppe folgende Rechnung auf: Wenn sie genau 417 000 Anteile aus dem Aktienpaket verkauften und 35 Dollar pro Aktie erhielten − nachdem 5 Dollar für Verwaltungskosten und Provision der Börsenmakler abgezogen worden waren −, könnten sie es sich leisten, die restlichen 83 000 Aktien zu einem Nominalpreis von 5 Dollar pro Stück an sich selbst zu »verkaufen«. Dieses Arrangement war vollkommen legal, aber es war wichtig, daß es nicht öffentlich bekannt wurde. Es hätte einen Sturm der Entrüstung bei den Käufern ausgelöst, die 40 Dollar pro Aktie bezahlen sollten − vielfach Freunde und Nachbarn von Woodruff und den anderen Geschäftsbeteiligten.

Nachdem sie sich auf eine Zahl von 83 000 Aktien als ihren Anteil an dem Geschäft geeinigt hatten, erörterten Woodruff und seine New Yorker Partner die Aufteilung der Beute. Woodruff waren die Hände durch die Einschränkungen gebunden, die sein Bankdirektorium in Atlanta ihm auferlegt hatte. Daher schickte er ein Telegramm an den Exekutivausschuß der Trust Company und beklagte sich: »Völlig unmöglich, auf diese Entfernung unterschiedliche Standpunkte kurzfristig auszutauschen.« Er verlangte − und erhielt − eine nahezu uneingeschränkte Entscheidungsgewalt für die Abstimmung der Details des Geschäfts. Der Vorstand blieb aber dabei, die Gesamtbeteiligung der Trust Company an dem Geschäft auf 4,5 Millionen Dollar zu begrenzen. Außerdem hielt der Vorstand an seiner Bedingung fest, daß die Hälfte des Beteiligungskapitals durch flüssige Mittel abgesichert sein müsse. Infolgedessen mußte Woodruff mehr als 2 Millionen Dollar in bar auftreiben, und das so schnell wie möglich, da der Ablauf der Frist unmittelbar bevorstand.

Was als nächstes geschah, schuf die Grundlage für eines der größten Privatvermögen in Atlanta, doch zunächst regierten Hast und Unsicherheit. Woodruff und das Direktorium beschlossen, die 2 Millionen

Dollar durch ein Subskriptionsangebot an die Aktionäre der Trust Company aufzubringen. Am 19. August 1919, nur neun Tage vor Ablauf der Option, wurden Briefe mit dem Aufdruck »Absolut vertraulich« an die Aktionäre der Trust Company geschickt. Der Brief enthielt die Bitte, 195 Dollar für jede Aktie der Bank einzuzahlen. Die Bank habe die Absicht, das Geld zu sammeln und während der Gültigkeit des Coca-Cola-Angebots als Reserve bereitzuhalten. Nachher – vorausgesetzt alles liefe wie geplant – kämen die Aktionäre der Bank in den Genuß einer vorerst nicht näher beschriebenen »Ausschüttung« von Gewinnen der Trust Company.

Rückblickend kann man sich nur schwer vorstellen, was die Aktionäre der Bank gedacht haben mußten, als die Briefe bei ihnen eintrafen. Zum einen hörten viele von ihnen auf diesem Weg zum ersten Mal von dem bevorstehenden Verkauf der Coca-Cola Company, des wichtigsten Wirtschaftsunternehmens der Stadt, und diese Neuigkeit war für viele ein Schock. Außerdem hatte der Brief einen etwas atemlosen Ton – was kaum überraschte, da Woodruff ihn aus dem Stegreif formuliert hatte. »Es handelt sich um eine umfangreiche Transaktion und eine hohe Geldsumme, und wir haben zur Finanzierung des Geschäfts hohe Verbindlichkeiten übernommen«, hieß es in dem Brief, der keinen Zweifel daran ließ, daß es wirklich um ein sehr großes Geschäft ging. Die Empfänger dürften aufgeschreckt und verwirrt reagiert haben. Ihnen wurde praktisch nichts über die Bedingungen und Umstände der Transaktion mitgeteilt, nur »daß es unbedingt notwendig ist, die finanzielle Seite sofort und noch vor Festlegung der Einzelheiten zu regeln«. Sie hatten fünf Tage Zeit, um zu antworten.

Unterdessen tauchte in New York ein unerwartetes Problem auf. Woodruff mußte feststellen, daß die Geschäftsleute in Atlanta nicht die einzigen waren, die plötzlich unter Nervosität litten. Stetson und seine Kollegen wollten das Geschäft vorerst einfrieren. Woodruff geriet in Zorn. Wenn die Frist ablief, war es höchst unwahrscheinlich, daß die Verkaufsverhandlungen noch einmal aufgenommen werden könnten. Die Candlers wußten jetzt genau, daß er einer der treibenden Kräfte bei dem Geschäft war, und dieses Wissen allein reichte aus, um jede Aussicht auf zukünftige Verhandlungen zunichte zu machen. Wenn Woodruff seine Option bis zum 28. August nicht wahrnahm, wäre er abgemeldet. Als sie eines Morgens zu einer Konferenz mit den New Yorkern fuhren, bemerkte einer der Vizepräsidenten der Trust Company, William Wardlaw, im Gesicht seines Chefs einen vertrauten Ausdruck, der gestandene Männer zu Eis erstarren lassen konnte. Er nannte den Ausdruck Woodruffs »Mund-halten-und-zuhören-Gesicht«. Zwanzig Jahre später erinnerte Ward-law sich noch sehr lebhaft an diese Szene:

»Wir trafen uns mit Vertretern der Gruppen um Chase und um Guaranty, und diese drängten ziemlich heftig auf einen Aufschub. Woodruff sagte: Gentlemen, vergessen Sie nicht, daß dies mein Geschäft ist und daß es auf meine Weise abgeschlossen wird. Wir kommen um Punkt zwölf wieder her. In der Zwischenzeit können Sie entscheiden, ob Sie dabeibleiben oder ob Sie aus dem Geschäft aussteigen. Wir kehrten um 12 Uhr zurück, und das Geschäft wurde abgeschlossen, wie er es beabsichtigt hatte. Mit ansehen zu können, wie diese Bankiers, die daran gewöhnt waren, anderen zu befehlen, auf die Knie fielen, umkippten und den toten Mann spielten, als ein anderer auf der Bühne auftauchte und die Führung an sich riß, war überaus interessant.«

Woodruff verließ, so erinnerte sich Wardlaw, die Besprechung mit einem knappen zufriedenen Lächeln. Gleichzeitig reagierten in Atlanta die Aktionäre der Trust Company auf Woodruffs Aufforde-rung mit bemerkenswerter Hilfsbereitschaft. Welche Vorbehalte sie auch gehabt haben mochten, sie schienen allein durch die Aussicht, Anteilseigner der berühmten Coca-Cola Company zu werden, mitge-rissen zu werden und brachten fast 2 Millionen Dollar auf, und das sehr schnell. Nur 48 Stunden, nachdem der Bittbrief abgeschickt worden war, äußerte das Direktorium der Trust Company große Zufriedenheit über die positive Reaktion und stimmte dafür, die Candler-Optionen wahrzunehmen. Um Woodruffs Triumph vollkom-men zu machen, war es sein vorsichtigster Kollege, J. Carroll Payne, der als erster seine Zustimmung gab.

Endlich kamen die Dinge in Fluß. Die Zeitungen von Atlanta meldeten den Verkauf der Coca-Cola Company an das Trust-Com-pany-Syndikat in dicken Lettern, und Woodruff und seine Partner lehnten sich zurück, um zu verfolgen, wie die Öffentlichkeit auf das Aktienangebot des neuen Unternehmens reagierte. Am 26. August 1919 öffneten sie ihre Bücher für eine eintägige Zeichnung durch Börsenmakler und Banken im ganzen Land und wurden mit einem wahren Ansturm belohnt. Um drei Uhr nachmittags waren alle 417 000 Aktien reserviert, und es lagen zusätzliche Orders für weitere 140 000 Aktien vor. Wenn der Papierkrieg in ein paar Wochen erle-digt wäre, würden die Makler die Aktien öffentlich anbieten, und es sprach alles dafür, daß sie mit dem gleichen hohen Interesse rechnen konnten. Die Leute würden die Aktien der neuen Coca-Cola Company erwerben, und sie würden 40 Dollar pro Aktie, vielleicht auch etwas mehr bezahlen. Das Geschäft war gelaufen.

Bei all dieser Hektik war die Gefahr natürlich groß, das Kleingedruckte nicht zu beachten. Im Prospekt, den die Trust Company verteilte, gab es einen beruhigenden Absatz, in dem es hieß, »Das derzeitige Management (von Coca-Cola), das für das erstaunliche Wachstum und die erfolgreiche Leitung der Firma verantwortlich war, wird seine Arbeit fortsetzen und durch den Erwerb eines bedeutenden Postens an Firmenaktien beteiligt sein.« Für den Laien bedeutete diese Erklärung nichts anderes, als daß die Candlers weiterhin das Sagen haben würden.

Aber das traf nicht ganz zu. Howard Candler wurde auf den Stuhl des Direktoriumsvorsitzenden der neuen Coca-Cola Company gehoben. Das Direktorium sollte jedoch keine letzte Entscheidungsgewalt über die Angelegenheiten der Firma haben. Tatsächlich wurden ihm nur sehr wenig Entscheidungskompetenzen eingeräumt, denn das Syndikat hatte, um »Kontinuität« garantieren zu können, in aller Stille die Eigentumsrechte durch Stimmrechtsübertragung zusammengefaßt. Die drei Mitglieder dieses Stimmrecht-Trusts hielten die Stimmrechte aller 500 000 Coca-Cola-Aktien und hatten uneingeschränkte Macht innerhalb der Firma. Zwei der drei Treuhänder waren Ernest Woodruff und Gene Stetson.

Und der dritte war der neue Präsident von Coca-Cola, Sam Dobbs.

4

Verdruß in Flaschen

Die neue Coca-Cola Company wurde im Konferenzraum einer Anwaltskanzlei am unteren Broadway in New York City ins Leben gerufen.

In völliger Ahnungslosigkeit hatte Howard Candler bisher nichts vom Intrigenspiel mitbekommen, das schließlich zum Verkauf des Unternehmens seines Vaters führte. Doch nun war seine Mitarbeit von entscheidender Bedeutung. Falls er Widerstand leistete, ja, auch nur mit einem einzigen Wort finstere Machenschaften andeutete, würde er eine Panik unter den Investoren auslösen und den Verkauf der Coca-Cola-Aktien empfindlich stören. Er konnte die ganze Aktion scheitern lassen.

Ohne Frage, er war ungehalten. Er war der Präsident des Unternehmens, doch man hatte ihn nicht über die Transaktion informiert. Er wußte nichts von der Stimmrechtsübertragung, nichts von den Männern, die hinter dem Geschäft standen, und er hatte natürlich keine Ahnung, daß er seinen Job an seinen Cousin, Sam Dobbs, verlieren sollte. »Ich hatte mit dem Syndikat überhaupt nichts zu tun«, erinnerte er sich später. »Ich wußte nicht einmal etwas von seiner Existenz, bis alles unter Dach und Fach war. Und auch dann erfuhr ich erst auf Umwegen davon.«

Erst Ende August und Anfang September des Jahres 1919, als Ernest Woodruff und die Direktoren der Trust Company ihre Option ausübten, um das Aktienpaket der Candler-Familie zu erwerben, wurden Anstrengungen unternommen, um Howards Vertrauen zurückzugewinnen und ihn zu bewegen, sich der neuen Gruppe anzuschließen und mitzuspielen. Als Anreiz wurde sein Schwager Thomas K. Glenn ins Direktorium des neuen Unternehmens berufen. Howards Ehefrau Flora war Tom Glenns Schwester. Glenn war einer von Ernest Woodruffs engsten Mitarbeitern und ein offener, freundlicher Mann, dessen rundes, rosiges Gesicht Vertrauen einflößte. Er bemühte sich, Howard davon zu überzeugen, daß Woodruff trotz seines Rufs eigentlich kein schlechter Kerl war.

Darüber hinaus wurden Howard enorme finanzielle Anreize geboten, um ihn davon abzuhalten, Schwierigkeiten zu machen. Sein Anteil am Verkaufspreis von 15 Millionen Dollar belief sich (nach Abzug verschiedener Ausgaben und anderer Verpflichtungen) auf 1 850 000 Dollar in bar. Außerdem erhielt er für 1 380 000 Dollar Vorzugsaktien, deren Wert sich direkt nach dem anhaltenden Erfolg des Unternehmens bemaß. Seine Brüder und Schwestern erhielten jeweils die gleichen Zuwendungen. Jetzt Unruhe zu stiften, hätte auch ihre Einnahmen gefährden können. Doch es lag nicht in Howards Natur, aufzutrumpfen oder Unruhe zu stiften oder seine Willenskraft mit einer anderen Person zu messen. Was Howards Mitarbeit schließlich sicherte, war das einfache Versprechen, daß er immer noch gebraucht und daher auch eine Position erhalten würde.

Die Direktoren, die am Morgen des 16. September 1919 am Broadway 61 zusammenkamen, waren Investoren aus Atlanta und von der Wall Street und bildeten eine instabile Allianz von entschlossenen Männern, die gerade erst begannen, einander abzutasten. Die Wall-Street-Partei wurde von Gene Stetson und E. V. R. Thayer, dem Präsidenten der Chase National Bank angeführt. Woodruff leitete eine Gruppe, zu der Dobbs und Glenn, Harold Hirsch sowie einer der bedeutendsten Privatinvestoren aus Georgia und ein alter Freund Woodruffs aus Columbus, W. C. Bradley, gehörten. Einer der wichtigsten Zuckerlieferanten des Unternehmens, Robert W. Atkins, trat ins Direktorium ein, desgleichen Bill D'Arcy als Chef der Werbeagentur von Coca-Cola in St. Louis. Angesichts der breiten Interessenvielfalt lag ein Streit über die weitere Marschrichtung des Unternehmens durchaus im Bereich des Möglichen – tatsächlich war er sogar unvermeidbar. Aber der erste Tagesordnungspunkt, die Angelegenheit, die vor allen anderen Vorrang hatte, betraf Howard Candler und was weiter mit ihm geschehen sollte.

Die Direktoren wählten ihn zum Vorsitzenden, was schon lange geplant war. Danach folgte der ungewöhnliche Schritt der formellen Ergänzung ihrer neuen Unternehmensstatuten, in denen festgesetzt wurde, daß Candlers Machtbefugnisse gleichrangig denen des neuen Präsidenten, Dobbs, seien, daß sein Einkommen genauso hoch sei wie das von Dobbs (25 000 Dollar) und daß er für die Produktion des Unternehmens zuständig sei.

Candler testete seine Macht augenblicklich, indem er die Konferenz unterbrach und einige der von Woodruff und Dobbs getroffenen Entscheidungen zur Diskussion stellte. Die Trust Company hatte zum Beispiel ein chemisches Labor gekauft, und Candler argumentierte, daß der größte Teil seiner Einrichtungen nicht gebraucht würde. Daher stellte er den Antrag, die Ausstattung größtenteils zu verkaufen. Das Direktorium war einverstanden. Dann stellte er den Antrag, das restliche Material abzutransportieren. Das Direktorium stimmte erneut zu. Das Direktorium war überhaupt mit allem einverstanden, was Candler an diesem Vormittag zu sagen hatte, und die Mitglieder zollten seinen Entscheidungen den größten Respekt. Was immer er wünschte, wurde befürwortet, zumindest in den ersten Tagen.

Einige alteingesessene Bürger von Atlanta konnten beobachten, wie Woodruff im Spätsommer des Jahres 1919 auf dem Bürgersteig vor dem Gebäude der Trust Company seine Freunde und Bekannten am Arm festhielt und in die Bank zerrte.

Der erste Schritt zum öffentlichen Verkauf der Coca-Cola-Aktien, die Reservierung durch die Broker, war schnell abgeschlossen. Sämtliche Aktien waren bereits am Nachmittag des 26. August 1919, also innerhalb eines einzigen Tages, verteilt worden. Nun folgte der zweite Schritt: Die Broker verkauften die Aktien an einzelne Investoren. Wenn die Kunden die Aktien für den geforderten Preis von 40 Dollar pro Aktie erwarben, würden Woodruff und seine Partner eine ganze Menge Geld verdienen.

Woodruff verdiente sein Geld auf so vielfältige Art und Weise, daß es schwierig war, alles genau zu verfolgen. Da war zunächst seine Bank. Als Verwalterin des Syndikats erhielt die Trust Company eine Aufwandsentschädigung für die Verteilung der 417000 Aktien, die über Broker-Häuser verkauft wurden. Außerdem bewilligte das Direktorium der Trust Company mehr als 3,4 Millionen Dollar an Krediten für Broker und Einzelkunden, die diese Aktien erwarben. Zudem trat die Bank selbst auch als kommerzielles Brokerunternehmen auf und übernahm 50000 Aktien für den öffentlichen Direktverkauf. Schließlich, und das war wohl am wichtigsten, behielt die Trust Company 24900 der kaum bekannten Aktien zu 5 Dollar als ihren Anteil am Syndikatsgewinn. Die Gesetze lassen es heute nicht mehr zu, daß eine Bank bei ein und derselben Transaktion derart viele Funktionen wahrnimmt, aber zum damaligen Zeitpunkt war dieses Verfahren völlig legal: Die Trust Company war Käufer, Verkäufer, Kreditgeber und Mittelsmann und verdiente auf jeder Ebene mit.

Woodruff hatte aber auch ein ganz persönliches Interesse an der Transaktion. Er erwarb 2000 von den 5-Dollar-Aktien, die er als dauerhafte Investition deponierte. Die Direktoren der Bank kamen überein, ihn für die Einfädelung des ganzen Geschäfts zusätzlich zu belohnen, indem sie ihm 20000 Coca-Cola-Aktien zuteilten, die er selbst verkaufen konnte.

Waren die Zahlen auch verwirrend, so ließ Woodruffs Verhalten jedoch keinen Zweifel an seinen Absichten: Er wollte, nein, mußte Aktien der neuen Coca-Cola Company an so viele Kunden wie möglich zum Höchstpreis verkaufen. Er trat auf wie ein fliegender Händler mit einer neuen Warenlieferung und verhökerte sein Angebot an der Ecke Edgewood Avenue und Pryor Street unter dem Steinbogen, der den Eingang der Bank überspannte. Höchstpersönlich lockte er Dutzende von Bürgern Atlantas herein und verkaufte ihnen Aktien. »Er ging auf der Straße auf und ab und sprach sie einfach an«, erinnerte sich ein bereits pensionierter Bankier aus Atlanta:

»Er nahm sie mit hinein zur Trust Company und sagte: ›Hey, kommen Sie, wir setzen uns in den Konferenzraum. Sie sollten wirklich schnellstens Coca-Cola-Aktien kaufen, denn die bringen in Kürze eine Menge Gewinn.‹ Er ging mit den Kunden zu einem Kreditschalter und sagte: ›Leihen Sie diesem Herrn mal schnell 10000 Dollar − oder 20000 Dollar oder was immer er dem jeweiligen Gesprächspartner zutraute − und der Kassierer gab ihm das Geld. Die Bankdirektion und die Finanzierungsabteilung erfuhren davon immer erst am nächsten Tag. Sie fragten dann ›Wer zum Teufel hat das denn bewilligt?‹ Und dann, wenn sie Bescheid wußten, sagten sie nur: ›Ach so! Na ja, das geht schon in Ordnung.‹«

Auf Woodruffs Drängen investierten mehrere seiner engsten Bekannten und Geschäftspartner hohe Summen in Coca-Cola-Aktien. Und es waren nicht nur die Reichen, die sich auf das Spiel einließen. Auch Angestellte der Trust Company und der Coca-Cola Company steckten einen Teil ihres Verdienstes in Coca-Cola-Aktien. Hunderte von Kleininvestoren kratzten ihre Ersparnisse zusammen oder liehen sich Geld und kauften so viele Aktien, wie sie sich gerade leisten konnten. Schließlich war Coca-Cola das großartigste Unternehmen im Staate Georgia, wenn nicht sogar im gesamten Süden.

Am 18. September 1919 war jede Aktie zum Nennwert von 40 Dollar oder sogar etwas teurer verkauft worden. Fast die Hälfte der Verkäufe waren in Atlanta und Umgebung getätigt worden, wo schätzungsweise 1500 Kunden gezeichnet hatten. Der Rest verteilte sich auf die Kunden Dutzender Broker-Häuser in der Wall Street und anderswo. Die Aktion wurde als phänomenaler Erfolg gewertet. Die Coca-Cola-Stammaktie wurde an der New Yorker Börse als »KO« verbucht, und diese Bezeichnung erschien durchaus angemessen. Sie war wirklich ein Volltreffer.

Niemand hatte die leiseste Ahnung, daß die Coca-Cola Company am Rande des Ruins stand.

Das Problem war Zucker.

Der Coca-Cola-Sirup bestand zur Hälfte aus Zucker. 1919 war das Unternehmen der größte Konsument von Rohrzucker der Welt. Coca-Cola verbrauchte fast 100 Millionen Pfund pro Jahr. Die Sirupfabriken wurden regelmäßig mit Hunderttausenden von Fässern voll feuchten, gelben Zuckers aus Louisiana, Kuba, Puerto Rico, Südamerika und dem Fernen Osten beliefert. Die Fässer wogen 200 bis 250 Pfund. Für die Arbeiter bedeuteten sie härteste Schufterei; sie mußten die Fässer über den Fabrikboden schleifen und den klebrigen Inhalt in die Sirupbehälter kippen.

Jahrelang war der freie Zugang zu billigem Zucker für das Unternehmen eine Selbstverständlichkeit gewesen, und es zahlte selten mehr als vier oder fünf Cent für ein Pfund. Selbst während des Ersten Weltkriegs, als Zucker rationiert war, hatte die Regierung den Preis bei nur 9 Cents für ein Pfund festgesetzt. Doch die Preisbindung sollte am 1. Dezember 1919 aufgehoben werden, und in den Wochen nach dem Verkauf des Unternehmens begannen die Preise für Zucker-Termingeschäfte zu steigen, zunächst langsam, doch dann mit alarmierendem Tempo. Spekulanten kauften große Mengen des Weltzuckervorrats auf und trieben den Preis höher und höher. Zunächst sprang er auf 16 Cents pro Pfund, dann bis auf 20 Cents, und er stieg weiter. Es ließ sich nicht absehen, wie teuer Zucker noch werden würde.

Das Unternehmen steckte in der Klemme. Die Herstellungskosten für Sirup stiegen innerhalb von Wochen um mehr als das Doppelte. Die Zuckereinkäufe begannen die Gewinne des Unternehmens aufzufressen. Dabei war die Nachfrage nach Coca-Cola beständig und mußte befriedigt werden, koste es, was es wolle. Eine Drosselung der Produktion kam nicht in Frage.

Ernest Woodruff hatte nicht die Absicht gehabt, Howard Candler oder Sam Dobbs im neuen Unternehmen bedeutenden Einfluß zuzugestehen. Als der Verkauf der öffentlichen Aktien abgeschlossen war, berief Woodruff eine weitere Konferenz des Direktoriums von Coca-

Cola ein und rief einen mächtigen Exekutivausschuß ins Leben, der die letzte Kontrolle über die Unternehmenspolitik ausüben sollte. Das war die Art und Weise, wie Woodruff am liebsten operierte. Er hatte wenig Lust, das Tagesgeschäft der Unternehmen zu überwachen, die er erworben hatte – er machte sich teilweise nicht einmal die Mühe, sich dort persönlich blicken zu lassen –, aber er bestand darauf, in wichtigen Angelegenheiten, die ihn möglicherweise Geld kosten könnten, das letzte Wort zu behalten. Im Falle von Coca-Cola bestimmte er W. C. Bradley zum Präsidenten des Ausschusses, der schließlich für die rechtlichen und finanziellen Angelegenheiten des Unternehmens verantwortlich war.

Wenn es jedoch um die Sirupherstellung ging, so vertrauten Woodruff und seine Mit-Direktoren noch immer auf Howard Candler. Candler war seit mehr als zehn Jahren für die Produktion zuständig, und sie war einer der Bereiche in der Coca-Cola Company, in denen seine Kenntnisse als unentbehrlich angesehen wurden. Als der Zuckerpreis in die Höhe schnellte, gab man Candler grünes Licht, soviel Zucker wie möglich aufzukaufen.

Woodruff und seine Partner glaubten, gar keine andere Wahl zu haben. Sie verfolgten eine Politik, die so angelegt war, daß ein Vorrat an Zucker für mindestens 60 Produktionstage vorhanden war, selbst wenn das bedeutete, daß sich das Unternehmen erheblich verschulden mußte. Die neuen Eigentümer vereinbarten eine Kreditlinie von 1 Million Dollar mit Gene Stetsons Bank Guaranty Trust – und überließen ihr das einzige existierende schriftliche Exemplar der geheimen Coca-Cola-Formel als Sicherheit. Das wohl berühmteste Geschäftsgeheimnis der amerikanischen Wirtschaftsgeschichte wurde in einen einfachen Briefumschlag gesteckt, der versiegelt in einer Stahlkammer in New York City hinterlegt wurde.

So wie Woodruff es sah, bot der einzige Weg zu einer möglichen Rettung gleichzeitig die Gelegenheit, das Unglück nach unten weiterzugeben und auf die unabhängigen Abfüllbetriebe zu verteilen. Die Gewinnspannen im Soda-Fountain-Bereich des Coca-Cola-Geschäfts waren bereits ausgereizt. Da die Kriegssteuer von einem Penny pro Glas immer noch erhoben wurde, waren die Trinkhallenbetreiber gezwungen gewesen, den Verkaufspreis für ein Glas Coca-Cola auf sieben oder acht Cents zu steigern und in einigen Fällen sogar auf 10 Cents. Aber die Flaschenabfüller hatten mittlerweile einen Anteil von 40 Prozent an den Sirupverkäufen des Unternehmens, und Woodruff glaubte, daß diese Betriebe es sich leisten konnten, die Verluste aufzufangen. Er war entschlossen, sie dazu zu zwingen.

Die Vereinbarung des Unternehmens mit seinen Abfüllbetrieben war überaus ungewöhnlich.

In den neunziger Jahren des vergangenen Jahrhunderts hatten eine ganze Reihe Coca-Cola-Großhändler versucht, den Sirup mit Kohlensäure zu versetzen und in Flaschen anzubieten, doch Asa Candler hatte sich standhaft geweigert, diesen Bestrebungen zuzustimmen. Die Unternehmensgeschichte verzeichnet Joseph A. Biedenharn, einen Lebensmittelhändler aus Vicksburg, Mississippi, als den ersten halbwegs rechtmäßigen Abfüller des Unternehmens: Im Jahr 1894 lieferte er einen Kasten mit 24 Flaschen Coca-Cola nach Atlanta. Als Candler zurückschrieb, das Produkt sei »ausgezeichnet«, verstand Biedenharn diese Bemerkung als Einverständnis und zog einen kleinen Abfüllbetrieb auf.

Doch erst 1899 gab Candler eine formale, vertraglich abgesicherte Erlaubnis, Coca-Cola in Flaschen zu füllen und das Warenzeichen des Unternehmens zu benutzen. Zwei junge Rechtsanwälte aus Chattanooga, Benjamin Franklin Thomas und Joseph Brown Whitehead, vereinbarten einen Vorstellungstermin bei Candler, reisten nach Atlanta und versuchten, für sich das Recht zu erwerben, den Soft Drink in Flaschen zu füllen. Thomas hatte während des Spanisch-amerikanischen Krieges auf Kuba gedient, wo ihm aufgefallen war, daß sich ein Kohlensäuregetränk namens Pina Fria, das in Flaschen serviert wurde, größter Beliebtheit erfreute. Er suchte nach einem Geschäftszweig, der sich durch billige Produktion und breite Nachfrage auszeichnete – die American Thread Company, die Nähgarn produzierte und damals mehr als 1 Million Dollar Gewinn pro Jahr machte, führte er Whitehead gegenüber als Beispiel an. Er war überzeugt, daß der Verkauf von Coca-Cola in Flaschen für 5 Cents pro Flasche das ideale Geschäft sein würde. Als Amateurchemiker glaubte Thomas, die Kenntnisse und das Geschick zu haben, dieses Geschäft zu betreiben.

Optisch hinterließen die beiden Männer keinen besonderen Eindruck. Mit 1,65 Meter Körpergröße überragte Thomas seinen Kollegen Whitehead um 5 Zentimeter, der 185 Pfund wog und einen ausgeprägten Watschelgang hatte. Aber sie waren jung und machten einen ehrlichen Eindruck, und sie versicherten Candler, daß ihr Produkt seinen Anforderungen genügen werde.

Zuerst war Candler wenig begeistert. Das Abfüllen in Flaschen war seiner Meinung nach noch immer ein obskures Geschäft, und er befürchtete, daß das Ansehen und die Beliebtheit von Coca-Cola leiden würden, wenn er Thomas und Whitehead die Erlaubnis gab, ihr

Unternehmen aufzuziehen. Dennoch erklärte Candler seinen Besuchern, daß er und sein Unternehmen kein Interesse daran hätten, die Flaschenabfüllung selbst zu übernehmen. »Gentlemen«, so soll er den beiden Männern aus Chattanooga, wenn auch halb im Scherz, gesagt haben, »wir besitzen weder das Geld noch die Intelligenz noch die Zeit, um ins Flaschenabfüll-Geschäft einzusteigen.« Die Herstellung des Sirups, die Werbung dafür von Küste zu Küste und die Belieferung der Großhändler damit waren für Candler genügend Aufgaben. Ins Flaschenabfüll-Geschäft zu investieren – in Maschinen, Fließbänder, Flaschen, Kästen, Pferdekutschen und Grundstücke –, war mehr, als er überschauen konnte.

Nachdem er sich alles gründlich hatte durch den Kopf gehen lassen, machte Candler Thomas und Whitehead den Vorschlag, über eine Vereinbarung nachzudenken, derzufolge sie die Qualität des Produkts garantieren mußten und die Coca-Cola Company das Recht erhielt, den Vertrag sofort für null und nichtig zu erklären, falls die Qualität sich einmal als schlecht erweisen sollte. Als Gegenleistung, sagte Candler, würde er ihnen den Sirup verkaufen und ihnen das landesweite Recht einräumen, Coca-Cola in Flaschen abzufüllen –und zwar kostenlos! Die einzige Ausnahme bildeten die sechs New-England-Staaten, wo Candlers Soda-Fountain-Großhändler eine zur Zeit ruhende Option auf die Abfüllrechte habe, und Mississippi, wo Biedenharn in Vicksburg einen ähnlichen Betrieb aufgezogen hatte. Ansonsten stünde ihnen die ganze Nation zur Verfügung. (Der Staat Texas wurde vorerst auch noch ausgeklammert, aber später hinzugenommen.) Thomas und Whitehead waren über das Angebot verblüfft und schlugen sehr schnell in das Geschäft ein. Thomas eilte zurück auf sein Zimmer im alten Piedmont Hotel in Atlanta und setzte einen 600 Worte umfassenden Vertrag auf, den Candler bereitwillig am 21. Juli 1899 unterzeichnete. Aber Candler schickte seine Partner ohne große Aufmunterung nach Hause zurück: »Wenn ihr mit diesem Unternehmen Schiffbruch erleidet, dann kommt nicht zu mir, um euch auszuweinen, denn ich habe in dieses Flaschengeschäft nur sehr wenig Vertrauen.«

Für einige Zeit schien es, als würde sich Candlers skeptische Einschätzung als zutreffend erweisen. Thomas und Whitehead hatten zwar einen prächtigen Handel abgeschlossen – ein »Bombengeschäft«, wie Candler es nannte –, aber sie hatten nur sehr wenig Geld. Whitehead konnte überhaupt kein Kapital vorweisen. Thomas eröffnete mit einigen hundert Dollars nach wenigen Wochen in Chattanooga einen Flaschenabfüllbetrieb, der jedoch »extrem primitiv« war, wie ein Arbeiter sich später erinnerte. Der Betrieb befand sich in den beengten Räumlichkeiten im Parterre einer ehemaligen Poolbillardhalle in einer der schwarzen Wohngegenden der Staat und hatte nur eine notdürftig zusammengebaute »Vorrichtung«, die ein 10-Gallonen-Faß hochhieven konnte und ermöglichte, daß der Sirup aus eigener Kraft durch einen Gummischlauch in eine kleine mit Pedalkraft angetriebene Flaschenabfüllmaschine lief. Eines Tages riß eine Kette, und das Faß krachte auf den Fußboden und überschüttete den Fabrikmanager, Billy Hardin, mit süßem, klebrigem Sirup. Doch das war nicht die einzige Gefahr. Die Flaschen explodierten manchmal unter dem Druck der Kohlensäure: Die Arbeiter der ersten Stunde trugen Gesichtsmasken aus engmaschigem Draht, mit denen sie aussahen, als wollten sie zum Fechten auf die Planche.

Kunden erhielten zudem ab und an verdorbene Ware. Die Hutchinson-Flasche konnte nur mühsam gereinigt und nicht richtig sterilisiert werden. Thomas und Whitehead stellten schon bald fest, daß ihr Produkt bei warmer Witterung nur zehn bis höchstens 14 Tage im Regal stehen bleiben konnte, bevor es schlecht wurde. Die Verkäufe in Chattanooga liefen während der ersten Saison nur schleppend und betrugen den Unternehmensangaben zufolge nur etwa zehn Kästen – 240 Flaschen – pro Tag. Die Einnahmen beliefen sich auf weniger als 100 Dollar in der Woche. Ein Kutscher mit einem Zweispänner schaffte es, die dürftige Nachfrage nach Coca-Cola an Getränkeständen, in Lebensmittelläden und in Saloons der ganzen Stadt zu befriedigen.

Thomas und Whitehead erkannten im Laufe des Jahres 1899, daß sie unmöglich die nötige Zeit und das Geld aufbringen konnten, um ihren Vertrag zu erfüllen und selbst Abfüllbetriebe im ganzen Land zu eröffnen. Ihre einzige Hoffnung, so schlußfolgerten sie richtig, bestand darin, als »Stammabfüller« andere Leute zu rekrutieren und ihnen das Recht einzuräumen, eigene Abfüllbetriebe aufzubauen und Coca-Cola in den umliegenden Bezirken zu verkaufen.

Thomas, der etwas älter und finanziell besser gestellt war als Whitehead, konnte sofort damit beginnen. Aber Whitehead war pleite. Eine seiner im Vertrag mit Candler festgelegten Verpflichtungen bestand in der Eröffnung eines Abfüllbetriebes in Atlanta. Doch das konnte er sich nicht leisten. Whitehead hatte die Verantwortung für eine Frau und zwei Kinder und beschloß deshalb, sich einen neuen Partner zu suchen, der über genügend Kapital verfügte, um ihn in den Anfangsjahren über Wasser zu halten. Er und Thomas kamen überein, sich die Vereinigten Staaten geschäftlich zu teilen. Thomas übernahm den Nordosten, die Atlantikstaaten und die Westküste, Whitehead erhielt den gesamten Süden.

Im Frühjahr 1900 vereinbarte Whitehead eine Partnerschaft mit John Thomas Lupton, einem ziemlich ungehobelten Veteranen der Patentmedizin, der gerne mit seinem Reichtum prahlte, den er in den neunziger Jahren des vorigen Jahrhunderts mit dem Verkauf von Black Draught und anderen Präparaten für die Chattanooga Medicine Company verdient hatte. Als Gegenleistung für eine Beteiligung von 50 Prozent an Whiteheads Landeshälfte stellte Lupton 2 500 Dollar bereit. Whitehead zog nach Atlanta und verwendete das Geld zur Gründung der ersten Abfüllfabrik von Coca-Cola in der Geburtsstadt des berühmten Erfrischungsgetränks.

Whitehead und Thomas klapperten nun unabhängig voneinander ihre jeweilige Landeshälfte ab und hielten Ausschau nach Interessenten, die bereit waren, Coca-Cola in Flaschen zu füllen. Thomas konzentrierte seine Suche auf Chattanooga, und dank seiner Überzeugungskraft zog eine kleine Gruppe junger Männer hinaus in andere Städte, um für ihn Betriebe aufzubauen. Ein typischer Vertreter dieser Gruppe war Earley Adams, der seinen Job als Assistent eines Bundesrichters aufgegeben hatte und Thomas' Angebot annahm, die Leitung des Betriebs in Philadelphia zu übernehmen. Thomas stellte das Grundkapital zur Verfügung, und Adams wurde eine Beteiligung von 55 Prozent an der Fabrik überschrieben – dafür erhielt er kein Gehalt. Thomas erwartete, daß seine Abfüller vom Gewinn ihrer Verkäufe lebten. Die ersten Jahre waren für Adams ziemlich schwer. Im Süden reiste Whitehead unterdessen mit der Eisenbahn von Stadt zu Stadt und warb um Geschäftspartner. Sein erstes Auswahlkriterium war nach eigener Aussage die Fähigkeit, einen Pferdewagen lenken zu können. Hatte er einen solchen Mann gefunden, versuchte er ihn zu überreden, Coca-Cola-Abfüller zu werden.

Das Echo auf ihre Bemühungen während der ersten beiden Jahre war ziemlich verhalten. Das Coca-Cola-Flaschengeschäft hätte bereits in dieser Anfangszeit durchaus scheitern können, da zunächst kaum mehr als eine Handvoll primitiver, unprofitabler Abfüllbetriebe hier und da im Land verstreut existierten. Doch eine bemerkenswerte technologische Entwicklung revolutionierte die Getränkeindustrie. Ein Ingenieur in Baltimore, William Painter, meldete das Patent für eine neue Art von Flaschenverschluß an – den Kronenverschluß. Der Kronkorken, der auch heute noch überall verwendet wird, gestattete eindrucksvolle Fortschritte in der mechanischen Spül- und Sterilisierungstechnik. Die gesamte Industrie profitierte davon, aber besonders die neuen Coca-Cola-Abfüller hatten den Vorteil, das moderne Verschlußsystem sofort verwenden zu können, ohne alte Maschinen ausmustern oder kastenweise alte Flaschen vernichten zu müssen, da sie ihre Betriebe gerade erst aufbauten.

Die Verwendung von Kronkorken hatte eine augenblickliche Qualitätssteigerung von Coca-Cola in Flaschen zur Folge. Die meisten Limonadenhersteller jener Zeit boten ein stark gesüßtes Produkt mit Fruchtgeschmack und von leidlicher Qualität an, dessen hauptsächlicher Kaufanreiz die Menge war: Für einen Nickel erhielt man eine große Flasche. Um mit 0,3 Liter konkurrenzfähig zu bleiben, mußte Coca-Cola in Flaschen merklich besser sein, und dank des Kronkorkens war es auch bald soweit. Das Problem der Haltbarkeit existierte nicht mehr. Die Verkäufe nahmen drastisch zu. Der Coca-Cola-Abfüller in Athens, Georgia, traf Asa Candler eines Tages und zeigte ihm seine Verkaufszahlen. »Was machen Sie mit dieser Menge Sirup?« fragte Candler staunend. »Schütten Sie ihn etwa in den Oconee River?«

Nach ihrem zunächst entmutigenden Start bauten Thomas, Whitehead und Lupton ein schnell wachsendes Netz von Coca-Cola-Abfüllanlagen auf. Allein im Jahr 1902 eröffnete Whitehead-Lupton Betriebe in fast zwei Dutzend Städten im Süden von Savannah, Georgia, bis nach Meridian, Mississippi, während Thomas mit seinem Unternehmen den Rest des Landes mit Betrieben von Buffalo über Kansas City bis nach Los Angeles überzog. Insgesamt gründeten sie 1903 bereits 32 Betriebe, 1904 waren es 47 und 1905 sogar 80.

Lupton, der die Finanzierung für die Abfüller bereitstellte, die Whitehead anwarb, schätzte, daß er bis 1910 mindestens 1 Million Dollar in Coca-Cola-Betriebe im Süden gesteckt hatte. Thomas seinerseits investierte fünf Jahre lang alles, was er verdiente, in die Erschließung des Nordens.

Coca-Cola in Flaschen wurde nun fast überall im ganzen Land verkauft. In der erstickenden, feuchten Hitze der Textilfabriken des tiefen Südens schoben Händler einen »dope wagon« mit einem Eiswasserbehälter durch die Gänge vorbei an den Webstühlen und Vorspinnmaschinen, und die schwitzenden, mit Baumwollflusen bedeckten Arbeiter zahlten ihren Nickel und gönnten sich eine Minute Pause, um eine kalte Cola zu trinken. In New York City, wo Coca-Cola nur langsam Fuß faßte, staunte der örtliche Abfüller über den guten Absatz im italienischen Viertel − bis er erfuhr, daß seine

Hauptkunden, ein Gemüseladen, ein Friseur, ein Bestattungsunternehmen und ein Sattler, jeweils geheime Hinterzimmer hatten, wo die Männer Cola mit Chianti mixten und ganze Nächte beim Glücksspiel zubrachten. In New Orleans benutzte der dortige Abfüller einen flachen Flußkahn, die *Josephine,* um Coca-Cola in die Bayouregion zu liefern.

Das Abfüllen in Flaschen erwies sich als großer Erfolg, doch die anstrengende Arbeit forderte ihren Tribut. Die ständigen Reisen führten bei Whitehead zu Erschöpfungszuständen. 1906 zog er sich eine schwere Erkältung zu, von der er nicht zu genesen schien. Er zog sich nach Thaxton, in die Geburtsstadt seiner Frau zurück, um sich auszuruhen, aber er erkrankte an einer Lungenentzündung und starb dort im Alter von 42 Jahren. Auch Ben Thomas' Leben währte nur kurz. Er erlitt 1914 einen Herzinfarkt und starb wenig später, während er in Atlantic City eine Kur machte. Er wurde 52 Jahre alt.

Das Coca-Cola-Abfüllsystem wurde an eine neue Generation übergeben. Whiteheads Witwe Lettie und sein Partner Lupton übertrugen die Verantwortung für das Tagesgeschäft ihrer Zentrale in Atlanta auf den 24 Jahre alten Buchhalter Veazey Rainwater. Thomas, der kinderlos gestorben war, legte per Testament die Leitung seiner Firma in Chattanooga in die Hände seines 27jährigen Neffen George Hunter.

Die beiden jüngeren Männer übernahmen die Verantwortung zu einer Zeit, als überhaupt nicht klar war, welche weiteren Schritte man von ihnen erwartete. Das ursprüngliche Ziel der Stammabfüller, also der Muttergesellschaften, bestand darin, Interessenten zu gewinnen, die Abfüllbetriebe einrichteten und die eigentliche Arbeit leisteten, doch im großen und ganzen war diese Aufgabe abgeschlossen.

Im Jahr 1909 gab es 397 Coca-Cola-Abfüllbetriebe in den Vereinigten Staaten – genug, um ein Treffen zu veranstalten. Im Aragon Hotel in Atlanta versammelten sich 100 Coca-Cola-Abfüller, tauschten ihre Erfahrungen aus, posierten mit weißen Matrosenmützen für ein Gruppenfoto, hörten sich Reden von Asa Candler und den anderen Führungskräften an und veranstalteten eine Herrenparty – inclusive Wettbewerb im Witzeerzählen –, bevor sie die Stadt wieder verließen. Sie hatten sogar ein eigenes, monatlich erscheinendes Mitteilungsblatt: The Coca-Cola Bottler. Es wurde von Candlers Neffen Joe Willard herausgegeben und veröffentlichte professionelle Tips und Firmenklatsch. Das Unternehmen hatte sich innerhalb von knapp zehn Jahren zu einer Institution gemausert. In den meisten Städten wurde die Konzession zur Coca-Cola-Abfüllung nun als

Lizenz zum Geldverdienen betrachtet. Viele Abfüller sahen sich einer derart massiven Nachfrage gegenüber, daß sie ihre Gebiete weiter aufteilten und ihre Abfüllrechte an einen neuen Typ von Unter-Konzessionären vergaben, die ihrerseits kleinere, leistungsfähigere Betriebe aufbauten. Es war nicht nötig, um neue Unternehmer zu werben, denn die Interessenten bettelten geradezu um die Erlaubnis, ins Geschäft einsteigen zu dürfen.

Die Muttergesellschaften hatten keine genau umrissene Funktion. Der Sirup wurde von den Fabriken der Coca-Cola Company direkt an die Abfüllbetriebe geliefert, daher traten sie noch nicht einmal als echte Zwischenhändler in Erscheinung. Sie legten die Hände in den Schoß und kassierten eine Provision für jede Gallone, obgleich sie nicht einen einzigen Tropfen bewegten. Die beiden Muttergesell-schaften zahlten der Coca-Cola Company 92 Cents für die Gallone, dann drehten sie sich um und »verkauften« den Sirup, nach einem großzügigen Preisaufschlag, für 1,20 Dollar pro Gallone an die Abfüllbetriebe. Die ganze Transaktion fand ausschließlich auf dem Papier statt.

Die Tätigkeit der Abfüller zu überwachen, erforderte nicht viel Mühe. Kurz bevor er starb, erhielt Thomas einen besorgten Brief von seinem Abfüller in Jackson, Tennessee, der nachfragte, weshalb die Verkäufe ausgerechnet während einer Hitzewelle im August auffällig zurückgingen. »WASSERMELONEN, SIE DUMMKOPF!« kabelte Thomas zurück. Am Vorabend des Ersten Weltkriegs erreichten die gezahlten Lizenzgebühren die Summe von 1 Million Dollar pro Jahr, wobei die Stammabfüller kaum eine ernstzunehmende Verantwor-tung trugen.

Es kam sicher nicht überraschend, daß der zunehmende Reichtum der Stammabfüller in der Zentrale der Coca-Cola Company in Atlanta einen gewissen Unmut auslöste. Sam Dobbs betrachtete Lupton als einen korrupten alten Geldhai, dessen »gesamtes Geschäftsleben darin bestanden hatte, alles an sich zu raffen, das in seine Reichweite geriet«. Hunter galt als sehr langsam, was seine Entscheidungen betraf, während die beiden Söhne Whiteheads, die in Atlanta aufwuchsen, sich in der Stadt einen Ruf als exzessive Trinker und Schürzenjäger erwarben und wenig Lust zeigten, irgendwann einmal die Geschäfte ihres Vaters zu übernehmen.

Im Laufe der Jahre verfestigte sich bei Coca-Cola die Überzeugung, daß Asa Candlers scheinbar gedankenlose Vergabe der Abfüllrechte einerseits ein genialer Akt war, da sie ein schnelles Hervorschießen von vielen Betrieben zur Folge hatte, die aufzubauen anderenfalls

Jahrzehnte gedauert hätte. Doch andererseits hatte Candler etwas weggegeben, das einen enormen Wert darstellte. Er und seine Familie hätten sehr leicht selbst als Stammabfüller in Erscheinung treten können, der Konzessionäre anwarb und ihnen Finanzierungshilfen gab. Sie hätten auch selbst Abfüllbetriebe bauen und die Stammabfüller ganz ausschalten können. Candler hatte so viel Geld wie Thomas, Whitehead und Lupton zusammen. Es war nur so, daß er vom Abfüllen in Flaschen nichts hielt. Einige seiner engsten Mitarbeiter – Frank Robinson, Dobbs, Harold Hirsch – hatten darauf gebaut, ins Abfüllgeschäft einzusteigen, und bettelten um die Genehmigung, doch Candler verweigerte sie ihnen. Neidisch und untätig mußten sie zusehen, wie andere reich wurden. Das Problem bestand nicht nur darin, daß die Muttergesellschaften mehr Geld mit Coca-Cola in Flaschen verdienten als die Coca-Cola Company selbst, sondern daß sie dazu auch kaum einen Finger rühren mußten.

Die Ausnahme war Veazey Rainwater, der neue Chef der für den Süden zuständigen Muttergesellschaft. Rainwater war ein drahtiger Mann mit kleinen, wachen Augen und ausgeprägten Segelohren. Er fand für sich einen ganz neuen Job als Verbindungsmann zwischen den eigentlichen Abfüllbetrieben und der Coca-Cola Company. Er erkannte, daß wichtige Veränderungen in diesem Wirtschaftszweig bevorstanden, und er glaubte, daß die größten Herausforderungen der Zukunft juristischer und politischer Natur sein würden. Das Unternehmen mußte mit seinen Abfüllern eine gemeinsame Front bilden, wenn sie überleben wollten – aber Rainwater erkannte auch, daß das nicht einfach sein würde. Seine Abfüller waren ein starrsinniger, unabhängiger Haufen, und viele von ihnen betrachteten das Unternehmen voller Mißtrauen, ja, fast wie einen Feind. Asa Candlers Abneigung gegen das Abfüllen in Flaschen hatte sie von Anfang an falsch eingestimmt, und im Laufe der Jahre glaubten sie auch zunehmend Grund für ihre grundsätzliche Unzufriedenheit gefunden zu haben. Sie waren der Überzeugung, daß das Unternehmen die Werbung für Coca-Cola an der Theke der Soda Fountains gegenüber der Werbung für die Flaschenversion eindeutig bevorzugte. Sie beklagten sich außerdem, daß das Unternehmen nicht genug unternahm, um die Großhändler für den Trinkhallenbereich zu überwachen, und sie nicht genügend daran hinderte, Sirup an schwarz arbeitende Abfüllunternehmer zu verhökern.

Zum Teil erklärte sich das Problem aus einer unterschiedlichen Bewertung. Während einer jährlichen Versammlung der Abfüller erläuterte Bill D'Arcy die jüngste Werbekampagne und sagte einige aufmunternde Worte zu seinen Zuhörern. Um besonders deutlich zu veranschaulichen, was er meinte, holte er einen 20-Dollar-Schein aus der Brieftasche, zerriß ihn und warf die Schnipsel in die Luft. Arthur Montgomery, der bärbeißige Leiter des Abfüllbetriebes in Atlanta, geriet in Rage. Er habe in seinem ganzen Leben noch nie etwas derart Törichtes gesehen, verkündete er und weigerte sich von diesem Tag an, D'Arcys Werbematerial vom Unternehmen zu kaufen. Selbst in späteren Jahren, als er fast erblindet war, strich Montgomery prüfend mit den Händen über den jährlichen Werbevertrag und ließ seine Assistenten schwören, daß darin keine Klausel enthalten war, die D'Arcy irgendeinen Verdienst zusicherte. Alle Abfüller hatten große Teile ihres Kapitals in ihre technischen Anlagen investiert – der Preis für einen Abfüllbetrieb höchsten technischen Standards in einer Großstadt war auf mehr als 100 000 Dollar gestiegen. Von Dobbs und den jüngeren Candlers glaubten sie, daß sie es sich leisten konnten, mit ihrem Kapital herumzuspielen. Sollte das Coca-Cola-Geschäft über Nacht zum Erliegen kommen, wären die Candlers noch immer reich genug. Die Abfüllbetriebe hingegen wären ruiniert.

Rainwater hingegen beurteilte die inneren Reibereien als relativ unbedeutend verglichen mit den Problemen von draußen, mit denen die Abfüllbetriebe und das Unternehmen zu tun haben würden. Der Gesetzgeber diskutierte immer wieder über Regelungen und Erlasse zur Besteuerung von alkolfreien Getränken und über das Verbot verschiedener Zutaten. Rainwater formierte seine Abfüller zu einer wirksamen Kampfeinheit, die sich meistens erfolgreich wehrte. Er und Hunter kamen mit Harold Hirsch überein, die Kosten für die Auseinandersetzungen mit dem Staat gemeinsam zu tragen. Es existieren aus jener Zeit einige rätselhafte Belege der Finanzabteilung von Coca-Cola: zum Beispiel eine Quittung über 500 Dollar aus dem Jahr 1911 für den Anteil Rainwaters an den 2 000 Dollar, die es Hirsch gekostet hatte, »einige Schwierigkeiten« mit den gesetzgebenden Körperschaften von Texas aus dem Weg zu räumen. Ähnliche Beträge wurden für Aktivitäten in Virginia, Louisiana und Mississippi in Rechnung gestellt.

Die umfangreichste Kampagne führte das Unternehmen gegen die Bundesregierung. Als Dr. Wiley im Jahr 1909 seine erste Klage gegen Coca-Cola einreichte, nahm einer der Abfüller des Unternehmens, Crawford Johnson aus Birmingham, Alabama, Hirsch beiseite. »Harold«, fragte er besorgt, »schaffen Sie es, uns noch drei Jahre im Geschäft zu halten?« »Ja«, erwiderte Hirsch, »ich glaube, das kann ich.« Zehn Jahre später, als Hirsch den Fall zugunsten von Coca-Cola endlich abschloß, bezahlten die Muttergesellschaften dankbar die Hälfte einer Gerichts- und Anwaltskostenrechnung, die sich auf 250 000 Dollar belief.

Die Abfüller vertrauten zunehmend auf Hirsch als ihren Rechtsvertreter. Kopfschmerzen bereitete ihnen eine Flut von Klagen durch Personen, die behaupteten, »Fremdkörper« in Coca-Cola-Flaschen gefunden zu haben. Viele der Behauptungen hatten einen erpresserischen Hintergrund – zwei Abfüller fanden heraus, daß sie beide der gleichen Frau Schweigegeld gezahlt hatten, die behauptet hatte, einen Frosch in einer Coca-Cola-Flasche gefunden zu haben. 1914 gründete eine Gruppe von Abfüllern in der Kanzlei von Hirsch die Coca-Cola Bottlers' Association, um ihre Kräfte zu vereinigen und die Klagen niederzuschlagen. Hirsch organisierte die Verteidigung. (Wenn ein Konsument tatsächlich einen Käfer in einer Flasche Coca-Cola fand, präsentierte Hirsch einen erfahrenen Gutachter, den Museumskurator aus Atlanta Perry Wilbur Fattig, der dafür berühmt war, die Harmlosigkeit von Insekten nachzuweisen, indem er sie vor den Augen der Jury verspeiste.) Hirsch sicherte sich außerdem den Dank der Abfüller mit seinem entschlossenen Kampf zum Schutz des Warenzeichens und zur Bestrafung der Coca-Cola-Imitatoren. Er war in Prozessen gegen Gay-Ola, Taka-Cola, Espo-Cola, El-Cola, My-Cola, Co-Cola, Coke-Ola und Dutzende andere erfolgreich.

Unterdessen erwarb sich Rainwater die Sympathien des Unternehmens, indem er den Qualitätsstandard seiner Abfüller steigerte. Er setzte vor allen Dingen auf eine ständige Qualitätskontrolle und schickte Inspektorenteams auf die Reise, um die hygienischen Verhältnisse in den Betrieben seiner Region überprüfen zu lassen. Wenn ein Abfüller durch minderwertige Produkte auffiel, drohte er ihm, seinen Betrieb zu schließen. Einige Abfüller opponierten gegen dieses Vorgehen, aber Rainwater war klug genug, sich der Unterstützung der erfolgreichsten Unternehmer in seinem Gebiet zu versichern, und diese befürworteten seine Bemühungen. Die Bottler's Association engagierte den Chemiker Dr. W. P. Heath, der die Mitglieder beriet und regelmäßig Broschüren herausgab zu Themen wie »Sauberkeit«, »Wie man den Qualitätsstandard hält« und »Zur Hygiene in Flaschenabfüllbetrieben«. Pratt machte es sich zur Gewohnheit, Rainwater jeden Vormittag um zehn Uhr in dessen Büro aufzusuchen und mit ihm eine Coca-Cola zu trinken.

Das wachsende Gefühl der Gemeinsamkcit zwischen Unternehmen und Abfüllern gipfelte in der erfolgreichen Abwicklung eines Vorhabens, das Rainwater und Hirsch initiierten. Es ging um die Herstellung einer unterscheidbaren, typischen Coca-Cola-Flasche. In den meisten Verkaufsstellen wurden Flaschengetränke aus großen, mit Eiswasser gefüllten Behältern verkauft. Die Coca-Cola-Abfüller verwendeten dieselben, schlichten, geraden, glatten Flaschen wie alle anderen, und durstige Kunden mußten die Ärmel hochkrempeln und mit der Hand in diesen Behältern herumfischen, ohne genau zu wissen, welches Produkt sie nun herausziehen würden. Die Verwirrung war perfekt, wenn sich die Etikette gelöst hatte. Coca-Cola in eine speziell geformte Flasche zu füllen, wäre also eine enorme Verkaufshilfe gewesen. Außerdem hätte Hirsch auf diese Weise eine weitere Waffe in der Hand − eine mit dem Warenzeichen in Verbindung stehende Verpackung −, die er vor Gericht einsetzen konnte. Und wenn diese neue Flasche auch noch etwas kleiner wäre als üblich, wenn sie 6 oder 6 ½ Unzen anstatt der üblichen 8 Unzen enthielt, bedeutete das zusätzlich höhere Gewinne. Auf Hirschs Drängen organisierte Rainwater ein Komitee von Abfüllern, die über ein entsprechendes Modell entscheiden sollten.

Die Wahl, die sie trafen, war das Resultat eines glücklichen Irrtums. In Terre Haute, Indiana, mußte im Jahr 1913 die Root Glass Company, eine Lieferfirma von Coca-Cola-Abfüllern, ihren Betrieb aufgrund einer Hitzewelle einstellen. In seiner Freizeit begann einer der Angestellten der Fabrik, Alex Samuelson, Ideen für einen Flaschentyp zu entwickeln, und plötzlich hatte er eine Eingebung. Er schickte einen seiner Angestellten, den Revisor Clyde Edwards, in die städtische Bibliothek, um Informationen über Kokablätter und Kolanüsse einzuholen. Samuelson war der Überzeugung, daß eine Flasche, die geformt war wie eine der ursprünglichen Zutaten in Doc Pembertons Formel, einmalig aussehen würde. Aber irgendwo unterlief ihm und Edwards ein Irrtum. Die Ursache waren vermutlich Samuelsons unzureichende Englischkenntnisse − er war gebürtiger Schwede. Auf jeden Fall schlugen sie die falschen Seite der Encyclopedia Britannica auf. Sie entwarfen eine Flasche, deren vertikale Rippen und runde, bauchige Mitte keinerlei Ähnlichkeit mit dem Kokablatt oder der Kolanuß aufwiesen, sondern ein Modell der völlig andersartigen Samenkapsel des Kakaobaums waren, des Rohstoffs der Schokolade. So erblickte eine der vertrautesten Formen in der Markenartikelgeschichte das Licht der Welt.

Rainwater, der glücklicherweise keine Ahnung von dem Irrtum hatte, erwärmte sich für das Design. Er ließ einen Prototyp der neuen Flasche in mehreren Abfüllbetrieben heimlich testen und holte sich nach einigen technischen Änderungen das Okay des Komitees der

Abfüller für den Einsatz in allen Abfüllbetrieben des Unternehmens. Er blieb auch Sieger in einem langwierigen Streit mit Hunter über die Farbe des Glases und setzte Hellgrün gegen Braun durch. Die neue Flasche war auf Anhieb ein Erfolg. Hirsch bot C. J. Root, der das Patent besaß, eine Lizenzgebühr von 25 Cents auf jedes Gros (12 Dutzend) aller Flaschen, die seine und andere Fabriken herstellten. Root stellte seine Bescheidenheit unter Beweis und verlangte nur 5 Cents pro Gros – er wurde auch so der reichste Mann in Indiana.

Als die Candlers im Jahr 1919 Coca-Cola verkauften, wurden von Veazey Rainwater und seinen Abfüllern die Geschäfte mit dem Unternehmen per Handschlag besiegelt. Sie vertrauten Hirsch – und zwar derart, daß sie ihn als Anwalt engagierten, obwohl er gleichzeitig als Syndikus des Unternehmens tätig war. Sie sahen darin keinen Interessenskonflikt.

Als der Verkauf abgewickelt wurde, gab Rainwater sich mit Hirschs Versicherung zufrieden, daß das alte Management weiterhin im Amt bliebe und daß die neuen Eigentümer frisches Kapital einbringen und das Unternehmen zu neuen Erfolgen führen würden. Hunter, ein etwas vorsichtigerer Vertreter, der von Chattanooga aus ein wachsames Auge auf die Aktivitäten des Unternehmens richtete, schickte Hirsch während der Verhandlungen ein Telegramm mit der schlichten Aufforderung: »Ich möchte, daß Sie sich ein paar Minuten Zeit nehmen und mir schriftlich mitteilen, was genau passiert.« Hirsch antwortete beschwichtigend: »Mächtige Interessenten nehmen unser Angebot an und wollen ganz groß einsteigen, aber die Rechte der Abfüller bleiben unangetastet.«

Sie hatten es zwar nie angesprochen, aber Rainwater und Hunter waren beide überzeugt, daß ihr Vertrag mit dem Unternehmen – das alte Dokument, das zwanzig Jahre zuvor von Asa Candler unterzeichnet worden war – auf ewig gültig war und niemals außer Kraft gesetzt werden könne. So wie sie es sahen, war das Unternehmen vertraglich verpflichtet, ihnen den Coca-Cola-Sirup für 92 Cents pro Gallone zu verkaufen. Sie hingegen konnten von den Abfüllern jeden beliebigen Preis verlangen. Sie gingen einfach davon aus, daß Hirsch die damalige Abmachung genauso interpretierte.

Im November 1919, als der Zuckerpreis in die Höhe zu schnellen begann, erhielten Rainwater und Hunter einen Brandbrief von Sam Dobbs, in dem er um die Genehmigung bat, für das Unternehmen auf dem zunehmend unsicheren Markt soviel Zucker wie möglich aufzukaufen. Howard Candler würde die Notkäufe durchführen, schrieb

Dobbs, und das Unternehmen und die Abfüller würden sich über die finanzielle Seite später einigen. Darauf bedacht, den Druck abzufangen und ihre grundsätzliche starke Position zu behalten, gaben die beiden Stammabfüller umgehend ihre Einwilligung. Rainwater und Hunter hatten während des Ersten Weltkrieges zwei geringe, vorübergehende Erhöhungen des Siruppreises geduldet, als die Regierung den Zuckerpreis auf 9 Cents pro Pfund festsetzte, und sie waren nun bereit, wieder zu helfen. Nur diesmal hatten sie es mit Ernest Woodruff zu tun.

Am 15. Dezember 1919, als der neugegründete Exekutivausschuß des Unternehmens in New York zusammentrat, öffnete W. C. Bradley einen Brief von Hirsch, in dem dieser einen Kompromiß vorschlug, der vorsah, daß das Unternehmen und die Stammabfüller die Last der höheren Kosten gemeinsam tragen sollten. Woodruff lehnte das ab. Er sah keinen Grund, weshalb er gegenüber den Stammabfüllern als Bittsteller auftreten sollte. Seine Anwälte, so erklärte er, hätten sich den ursprünglichen Vertrag genau angesehen, und nach ihrer Meinung könne das Unternehmen die Vereinbarungen nach Gutdünken aussetzen. Vielleicht könne man irgend etwas mit den Stammabfüllern aushandeln, sagte er weiter, aber das geschähe dann nach den Bedingungen des Unternehmens, und wenn den Abfüllern das nicht passen sollte, dann stünden sie eben draußen. Es war eine sehr harte Position, die Dobbs und Howard Candler sehr viel Unbehagen bereitete, aber Woodruff kontrollierte den Ausschuß und weigerte sich nachzugeben.

In Atlanta traf sich Hirsch mit Rainwater und Hunter in seiner Kanzlei im Candler Building. »Jungs«, sagte er, »ich habe euch hergeholt, um euch schlechte Neuigkeiten mitzuteilen.« Die Direktoren der Coca-Cola Company, berichtete er, beabsichtigten eine Zusammenkunft, um den Vertrag für ungültig zu erklären. Rainwater war, wie er es später ausdrückte, »vom Donner gerührt«. Bestimmt, so widersprach er, meinten die neuen Eigentümer es nicht erst damit. Bestimmt versuchte Woodruff sich eine bessere Position zu verschaffen, um einen für ihn günstigeren Kompromiß auszuhandeln.

Hirsch schien selbst nicht genau zu wissen, was Woodruff eigentlich beabsichtigte, aber er beriet sich sofort mit Rainwater und versuchte einen neuen Vorschlag auszuarbeiten, der vielleicht Chancen hatte, angenommen zu werden. Die Tage der 28 Cents Lizenzgebühr auf jede Gallone für die Stammabfüller waren offenbar vorüber, aber vielleicht gönnte Woodruff ihnen einen bescheideneren Gewinn. Hirsch und Rainwater setzten ein Schriftstück auf, in dem im Detail der genaue Preis und die Menge jedes Bestandteils in der Coca-Cola-Formel sowie die Ausgaben des Unternehmens für Arbeitslöhne, Küfereikosten, Fracht, Werbung und laufende Geschäftskosten aufgeführt waren. Wenn das Unternehmen und die Stammabfüller sich auf einen Gewinn von 10 Cents pro Gallone einigen würden, könnte der Sirup für 1,35 Dollar an die Abfüllbetriebe verkauft werden – ein großer Sprung im Vergleich zu den 1,20 Dollar, die sie zu bezahlen gewöhnt waren, aber immer noch realisierbar, vor allem angesichts der andauernden Zuckerknappheit.

Dobbs und Howard Candler favorisierten die von Hirsch und Rainwater vorgeschlagene Regelung. Und als Präsident und Vorsitzender des Direktoriums des Unternehmens erwarteten sie, daß sich ihre Meinung durchsetzen würde. Doch sie hatten nicht mit dem eisernen Willen Ernest Woodruffs gerechnet. Während der verbittert geführten, die ganze Nacht andauernden Verhandlung im Februar 1920 machte Woodruff ein für allemal klar, daß er das Sagen hatte und daß alle Entscheidungen vom Exekutivausschuß, den er kontrollierte, getroffen wurden. Der von Hirsch und Rainwater vorgeschlagene Kompromiß sei unannehmbar. Auf Woodruffs Anweisung schrieb Candler einen Brief an die Stammabfüller, in denen sie informiert wurden, daß der alte Vertrag am 1. Mai 1920 außer Kraft gesetzt würde.

Vor allem Dobbs schien überrascht und beunruhigt zu sein, als er diese neue, harte Seite an dem Mann entdeckte, den er bis dahin für seinen Partner gehalten hatte. Woodruff, so schrieb er einem Freund, habe offenbar die Absicht, die Autorität des Direktoriums »zu schwächen und zu übergehen«, Dobbs eingeschlossen. Dobbs war gerade einmal fünf Monate Präsident der Coca-Cola Company, und seine Beziehung zu Woodruff hatte sich bereits zu einem Nervenkrieg entwickelt, einem Krieg, den er zu verlieren fürchtete. »Woodruff mischt sich ständig in die Geschäfte des Unternehmens ein«, beklagte sich Dobbs, und »scheint ständig bereit zu sein, uns allen vorzuschreiben, was wir zu tun haben, und reagiert zornig, wenn wir nicht einer Meinung mit ihm sind.« Dobbs war nicht unbedingt ein Freund der Stammabfüller, aber er war überzeugt, daß es das Klügste wäre, mit ihnen zu einer Einigung zu gelangen. Widerwillig räumte Woodruff ihm eine letzte Chance ein.

Dobbs, Candler und W. C. Bradley trafen sich in Atlanta mit Rainwater, Hunter und Lupton zu weiteren Verhandlungen und legten das letzte Angebot der Coca-Cola Company vor. Die Stammabfüller sollten eine Lizenzgebühr von 7 ½ Cents pro Gallone erhalten, mehr sei nicht zu erwarten. Rainwater und Lupton akzeptierten den Vorschlag widerstrebend. Hunter aber wies das Ultimatum zurück, stürmte aus dem Konferenzraum und kehrte nach Chattanooga zurück. Er fragte sich damals, so erzählte er später, was sein Onkel Ben Thomas getan hätte, und er war überzeugt, daß sein Onkel sich für den Kampf entschieden hätte. Ein paar Tage später berief Hunter eine Konferenz der Abfüller der Thomas-Gesellschaft ein, die mittlerweile fast 600 Partner zählte. Die meisten kamen nach Chattanooga und hörten sich an, wie Hunter wutentbrannt drohte, wenn er unterginge, würde er das gesamte Coca-Cola-Geschäft mit untergehen lassen.

Nun zogen auch Lupton und Rainwater ihre Einwilligung zurück und trafen Vorbereitungen für den Krieg.

Als erstes suchten sich die Stammabfüller einen Anwalt, und zufällig fanden sie jemanden, der Ernest Woodruff haßte.

Ein Jahr zuvor hatte die Whitehead-Familie die Anwaltsfirma King & Spalding verpflichtet. Es gab zwar keine akuten juristischen Angelegenheiten zu regeln, es verhielt sich nur so, daß Joe Whiteheads jüngerer Sohn, Conkey, 21 Jahre alt geworden war und einen Anwalt brauchte, der sein Erbe verwaltete, während er in Atlanta und Umgebung das Leben eines Playboys führte. Er entschied sich eher zufällig für King & Spalding, ohne zu wissen, daß der Gründungspartner der Kanzlei, Jack Spalding, sich mit Woodruff und Joel Hurt kurz vor der Jahrhundertwende den verbittert geführten Straßenbahnkampf geliefert hatte.

Spalding war begeistert über die Möglichkeit, mit seinem alten Gegner wieder in den Ring zu steigen, doch er war 63 Jahre alt und gesundheitlich nicht mehr auf der Höhe. Daher entschied er, daß einer der schärfsten jungen Anwälte der Firma den Fall für ihn übernehmen sollte. John A. Sibley war zwei Jahr zuvor in die Kanzlei eingestiegen. Er stammte aus Milledgeville, Georgia, wo seine Erfolge vor Gericht für Aufsehen im ganzen Staat gesorgt hatten. Sibley hatte ein rundes Gesicht und einen weichen ländlichen Akzent, der über seinen scharfsinnigen, streitbaren Charakter hinwegtäuschte. Er war vor Gericht ein gefährlicher Gegner, der einen Zeugen regelrecht auseinandernehmen konnte. Es war ein deutliches Indiz für Spaldings großes Vertrauen in seine Fähigkeiten, daß er Sibley als führenden Anwalt für den Coca-Cola-Fall einem anderen Partner der Firma — seinem eigenen Sohn, Hughes Spalding — vorzog.

Sibley einigte sich mit den Anwälten, die Hunter für die Thomas-

Muttergesellschaft engagiert hatte, und am 14. April 1920 reichten sie beim Superior Court in Fulton Country, Atlanta, Klage gegen die Coca-Cola Company ein. Selbst wenn man berücksichtigt, daß Klagen immer in einem besonders scharfen und kämpferischen Ton formuliert sind, war die Klagebegründung doch von bemerkenswerter Härte. Nach Jahren anständigen Geschäftsgebarens hieß es in der Klageschrift, sei die Coca-Cola Company von »Unternehmern und Subjekten aus der Hochfinanz« übernommen worden, die den Aktienmarkt manipulierten, die Öffentlichkeit hinters Licht führten und Millionen Dollar an schnellem, unverdientem Profit eingesteckt hätten. Woodruff und seine Geschäftsfreunde seien Männer »voller Habsucht und Raffgier«. Die örtlichen Zeitungen griffen die Geschichte auf und berichteten von den Streitigkeiten, als führe die prominenteste Familie der Stadt einen schmutzigen Scheidungsprozeß – was in gewisser Weise ja auch der Fall war.

Rainwater war überzeugt, daß das Ergebnis des Kampfes mindestens genauso von der öffentlichen Meinung abhing, wie es eine Frage der Gesetzes- und Rechtslage war. Es war für ihn von entscheidender Bedeutung, sich der Unterstützung von Hunderten von Coca-Cola-Abfüllern überall im Land zu versichern. Wenn Dobbs und Woodruff die Abfüller davon überzeugen konnten, daß es in ihrem besten Interesse lag, den Mittelsmann auszuschalten und direkt mit dem Unternehmen zu verhandeln, gerieten die Muttergesellschaften, also die Stammabfüller, in ernste Schwierigkeiten. Um das zu verhindern, mußte man Dobbs und Woodruff als hinterlistige, unehrliche Geschäftsleute darstellen, die den Abfüllern und den Konsumenten höhere Preise abverlangen würden, wann immer sie eine Möglichkeit dazu bekamen.

Rainwaters Strategie schien Erfolg zu haben. Die Muttergesellschaften »setzen Himmel und Erde in Bewegung, um die Abfüller gegen uns aufzuwiegeln«, schrieb Dobbs Bill D'Arcy ein paar Tage, nachdem die Klage eingereicht worden war. »Alles, was man bisher in dieser Richtung verlauten ließ, läuft darauf hinaus, daß die Coca-Cola Company versucht, den Abfüllern ihr Eigentum wegzunehmen.« Dobbs versuchte die Befürchtungen zu zerstreuen, die durch die Klage und die schrillen Schlagzeilen geweckt wurden, aber er wurde davon geradezu erdrückt. Als er in einem Interview mit der Zeitung Atlanta Constitution erklärte, die Coca-Cola Company werde vom gleichen Management geführt, das schon seit mehreren Jahren tätig sei, reagierte Rainwater, indem er die Stimmrechtsübertragung enthüllte. Die Öffentlichkeit sei in dem Glauben gehalten worden, daß

die Candler-Familie noch immer die Kontrolle über Coca-Cola aus-
übe, dabei läge alle Macht tatsächlich in den Händen Ernest Woodruffs – einer Persönlichkeit, die, so fügte er schlau hinzu, »in dieser
Stadt nicht besonders vorgestellt werden muß«.

Die Anhörungen zu diesem Fall begannen nur eine Woche, nachdem die Klage eingereicht worden war. Ein Richter hörte sich die
Ausführungen der Beteiligten an. Er leitete die Anhörung in einem
notdürftigen Gerichtssaal, der in den Büros von King & Spalding im
Empire Building eingerichtet worden war. Dobbs war einer der ersten
Zeugen, die aufgerufen wurden, und ehe er sich versah, mußte er
peinliche Fragen beantworten, wie er an den Posten des Präsidenten
des Unternehmens gelangt war. Auf ständiges Bohren des Anwalts
hin schilderte Dobbs alle Details der Transaktion, die im voraufgegangenen Herbst stattgefunden hatte – die heimlichen Treffen mit
Woodruff in New York, die Blankooption, die Asa Candlers Kinder
unterschrieben hatten, das Trust Company-Syndikat, die Stimmrechtsübertragung und sogar die Existenz der 5-Dollar-Aktien.

Harold Hirsch versuchte, den Schaden zu begrenzen, scheiterte
aber. Irgendwann während Dobbs' Zeugenaussage bemerkte Hirsch,
daß ein Anwalt der Stammabfüller, Ben Philips, das Protokollbuch
des Unternehmens an sich genommen hatte und zu seinem Tisch trug,
wo er und Sibley darin blätterten und fasziniert in den Aufzeichnungen über die Aktivitäten des Exekutivausschusses der Coca-Cola
Company lasen. Als Philips begann, Auszüge aus den Protokollen zu
verlesen, sprang Hirsch auf, eilte quer durch den Raum und versuchte
das schwere in Leder gebundene Buch an sich zu nehmen. Philips hielt
es jedoch krampfhaft fest, und die beiden Männer versuchten es sich
gegenseitig zu entreißen. »Ich fordere, daß nichts davon in die Pro-
zeßprotokolle gelangt«, rief Hirsch, »und ich verlange außerdem die
Rückgabe des Buchs. Geben Sie mir sofort das Buch zurück!« Philips
antwortete, leicht atemlos, aber mit perfekter anwaltlicher Förmlich-
keit: »Ich setze hiermit den Richter davon in Kenntnis, daß Mr.
Hirsch das Buch unter Anwendung physischer Gewalt in seinen Besitz
bringt!« Schließlich wurde die Ordnung wiederhergestellt. Hirsch
holte sich das Buch, doch jeder der Anwesenden hatte begriffen, daß
die Coca-Cola Company einiges zu verheimlichen hatte.

Hirsch mußte auch noch weitere Rückschläge einstecken. Seine
enge Verbindung mit den Abfüllern machte ihn angreifbar für den
Vorwurf, er sei illoyal, da er nun das Unternehmen vertrat, und Sibley
holte ihn in den Zeugenstand, um diesen Tatbestand auszuschlachten.
Die Stammabfüller hatten die Hälfte seines Honorars für seine Arbeit

als Lobbyist und zum Schutz des Warenzeichens bezahlt, und Sibley ließ unverhohlen Andeutungen darüber fallen, daß sich Hirsch und seine Partner ungebührlich bereichert haben.

»Erinnern Sie sich noch an eine spezielle Gelegenheit«, sagte Sibley zu Hirsch, »als Mr. Asa G. Candler Sie darauf aufmerksam machte, daß die Kosten für die Rechtsabteilung in dem betreffenden Jahr besonders hoch seien?«

»Die Kosten für das besagte Jahr betrugen 82 000 oder 86 000 Dollar«, antwortete Hirsch, »und er fragte mich daraufhin, ob ich sie nicht etwas verringern könne. Ich leistete die Arbeit, die ich für nötig und angemessen hielt, um die Rechte zu schützen, die ich schützen sollte.«

»Und diese 82 000 Dollar gingen an Ihre Firma?«

»Es war genau so, wie ich sagte, es waren Ausgaben. Erwecken Sie nicht den Eindruck, als hätte meine Firma das Geld erhalten, Mr. Sibley, denn das war nicht der Fall!«

Sibley beschäftigte sich auch mit anderen heiklen Punkten und ging dabei bisweilen unfair vor. Einen besonderen Leckerbissen servierte er mit der bei den Anhörungen offenbarten Tatsache, daß die Candlers gezwungen worden waren, ihren Vertrag mit Bainbridge Colby und Edward Brown anläßlich der damals abgebrochenen Verkaufsaktion von 1917 zu erfüllen. Sie hatten den New Yorker Anwälten 1 Million Dollar in bar aus dem Erlös ihres Verkaufs an das Syndikat Woodruffs bezahlt. Dieser Vorgang war vorher nicht bekannt gewesen und löste einiges Aufsehen aus, zumal Colby mittlerweile Außenminister war. Sibley bat Hirsch um eine Erklärung, wie sein Schwager Brown es geschafft hatte, einen derart ansehnlichen Gewinn aus dieser »Manipulation« zu ziehen. Hirsch, der im Zusammenhang mit dieser Affäre überhaupt nichts Unrechtes getan hatte, waren durch sein der Candler-Familie gegebenes Versprechen zur Wahrung der Vertraulichkeit die Hände gebunden. Obgleich sein Schweigen ihn enorm zu belasten schien, verweigerte er die Antwort.

Tag für Tag wurden die Anhörungen fortgesetzt, und die Beteiligten erläuterten die komplizierten Manöver und Tricks der Banktransaktionen, die Woodruff inszeniert hatte, wohin das Geld ging, wer es erhielt und wieviel. Die Details konnten durchaus verwirren, aber Veazey Rainwater war ein sehr wirkungsvoller Zeuge, indem er deutlich darstellte, daß Woodruff und seine Geschäftsfreunde mit der Coca-Cola Company an einem Tag mehr Profit erzielt hatten, als er und seine Abfüller in zwanzig Jahren.

Die Anhörungen dauerten zwei weitere Wochen und belasteten die ohnehin brüchige Beziehung zwischen Dobbs und Woodruff noch mehr. Jedes Detail der geschäftlichen Transaktionen des Unternehmens kam heraus und erschien in den Augen der Öffentlichkeit in einem denkbar schlechten Licht. Woodruff schäumte vor Wut.

»Ich mußte ihm erklären«, schrieb Dobbs an D'Arcy, »daß die Anwälte die Verhandlung führten und daß ich mich nicht einmischen würde, so wie er es auch nicht tun sollte. Wenn er den Eindruck habe, daß die Anwälte den Fall nicht angemessen verträten, dann sollte er das Direktorium einberufen, ich sollte die Entscheidung dann in dessen Hände legen.«

Woodruff versuchte den Fall abzuschließen, indem er das gesamte Coca-Cola-Imperium konsolidierte. Er präsentierte einen kühnen Plan, der vorsah, die Muttergesellschaften und die Abfüller mit Coca-Cola-Stammaktien auszuzahlen, ihnen eine Handvoll Sitze im Direktorium und ein Mitspracherecht bei der Geschäftsführung zu überlassen. Keine schlechte Idee, angesichts der Prügel, die das Unternehmen bezog, aber Dobbs verhielt sich unversöhnlich. Er hatte sich für einen Kompromiß eingesetzt, bis die Klage eingereicht worden war, doch nun war er entschlossen, bis zum Ende zu kämpfen. »Nichts zu machen«, entgegnete er Woodruff knapp. In einem weiteren Brief an D'Arcy erklärte Dobbs: »Es reicht schon, sich in der Firma mit Woodruff auseinandersetzen zu müssen, dem muß man nicht auch noch Lupton und seine Bande hinzufügen.« Dobbs ärgerte sich zunehmend über Woodruff – der Mann sei »so hektisch und unberechenbar wie ein läufiger Hund mit Flöhen«, schrieb er an D'Arcy –, und er gab der gefährlichen Versuchung nach, sich seine Abscheu anmerken zu lassen.

Dobbs beklagte sich bei W. C. Bradley, daß es unmöglich sei, mit Woodruff zu verhandeln. Bradley antwortete, daß er einfach nicht verstehen könne, weshalb sie solche Schwierigkeiten miteinander hätten, wenn er auch wisse, daß sein alter Freund Woodruff ein überaus anstrengender Mensch sei. In all den Jahren, die er ihn schon kenne, sagte Bradley, sei Woodruff niemals mit dem zufrieden gewesen, was er hatte. Dobbs bestätigte das. Woodruff käme ihm vor, sagte Dobbs, wie jemand, der erwartet, daß er 101 Dollar bekommt, wenn er einen Scheck über 100 Dollar vorlegt, und sich dann beklagt, wenn er den gewünschten Betrag nicht erhält.

Dobbs schaffte es, den Konsolidierungsplan abzuwehren, zumal Howard Candler sich mit ihm verbündete, um dagegen zu opponieren. Als Woodruff versuchte, sich der Unterstützung Candlers zu versichern, entgegnete Candler spitz: »Na schön, Mr. Woodruff, tun Sie, was Sie nicht lassen können. Aber wenn Sie damit anfangen, werden Sie sich jemand anderen für die Leitung der Coca-Cola Company suchen müssen. Mr. Dobbs und ich stehen dann nicht mehr zur Verfügung.« Ein öffentlicher Bruch erschien Woodruff zu gefährlich, und so machte er einen Rückzieher.

Der Prozeß trat in eine neue Phase, und für kurze Zeit schien es, als sollte sich das Blatt zugunsten des Unternehmens wenden. Als die Kläger ihren Standpunkt dargelegt hatten, erhielt Hirsch die Gelegenheit, sich zu wehren. Wenn er auch nur sehr wenig tun konnte, um den Schaden zu reparieren, den der Ruf des Unternehmens genommen hatte, gelang es ihm, mehrere wichtige Pluspunkte zu erringen, indem er die rechtliche Position der Muttergesellschafter ins Wanken brachte. Er fand Beweise, daß Hunderte von Abfüllern im Rahmen einer »exklusiven Lizenz« direkt mit der Coca-Cola Company Geschäfte machten, und Dobbs stellte erfreut fest, daß, »als diese Vierzig-Zentimeter-Granate in die feindlichen Reihen einschlug, Hunter und Rainwater ganz eindeutig schwer getroffen waren und in Panik gerieten«.

Dobbs übertrieb, aber es traf zu, daß die Muttergesellschafter hinsichtlich des Prozeßausgangs unruhig wurden. Trotz ihres Erfolgs, das Unternehmen in Verlegenheit versetzt zu haben und trotz der Unterstützung der Abfüller konnten Hunter und Rainwater nicht mit Sicherheit abschätzen, ob sie auch auf rein rechtlichem Gebiet siegreich blieben. Asa Candler hatte für das Unternehmen ausgesagt und beschworen, daß er niemals den Lizenzvertrag zur Flaschenabfüllung als unbegrenzt gültig betrachtet hatte, und sein Wort hatte Gewicht. Thomas und Whitehead, die ihm hätten widersprechen können, lebten nicht mehr.

Der Richter, John Pendelton, ließ bereits Bemerkungen fallen, die die Vermutung nahelegten, daß er zugunsten des Unternehmens entscheiden würde, das, trotz allem, der mächtigste und einflußreichste Wirtschaftsbetrieb in der Stadt war. (Rainwater und Hunter mußten zudem mit gemischten Gefühlen zur Kenntnis nehmen, daß der Enkel des Richters soeben als neuer Juniorpartner in Hirschs Anwaltsfirma aufgenommen worden war.) Anstatt auf das Urteil zu warten, beschlossen die Muttergesellschaften ein strategisches Manöver. Am letzten Maitag des Jahres 1920 zogen sie unvermittelt ihre Klage zurück, verließen Georgia und reichten ihre Klage nunmehr beim Bundesbezirksgericht von Delaware ein. Damit war gewährleistet, daß sich der Streit noch viele Wochen hinziehen würde.

Die Aussicht auf eine Verzögerung war für das Unternehmen entmutigend. Während des Frühjahrs 1920 verschärfte sich das Zuckerproblem, bis der Preis schließlich in der ersten Maiwoche, also etwa zur Halbzeit des Prozesses, eine Rekordhöhe von 28 Cents für das Pfund erreichte. Verzweifelt darum bemüht, eine ständige Belieferung zu gewährleisten, schloß Howard Candler eine Reihe von Terminverträgen mit mehreren großen Raffinerien und Importeuren ab und vereinbarte die Lieferung von Tausenden Tonnen Zucker – einen Halbjahresvorrat – zu exorbitanten Preisen. Candler rechnete sich aus, daß das Unternehmen monatlich nahezu 200 000 Dollar verlor, weil es den Sirup den Abfüllern nach wie vor zum alten vertraglich festgesetzten Preis überließ. Die Abfüller ihrerseits räumten widerstrebend ein, daß sie nicht für alle Zeiten nur 92 Cents für eine Gallone Sirup bezahlen konnten, deren Herstellung jetzt mehr als 1,50 Dollar kostete. Rainwater und Hunter wollten das Unternehmen ja nicht in den Ruin treiben.

Unter dem Vorsitz von U. S. District-Richter Hugh Morris in Delaware schlossen die beiden Parteien am 10. Juni 1920 einen vorübergehenden Kompromiß. Während der nächsten fünf Monate, die als Zeitraum angesetzt wurden, um den Prozeß abzuschließen, wollten die Muttergesellschaften dem Unternehmen 1,57 Dollar für die Gallone Sirup zahlen, was, wie Howard Candler versicherte, den tatsächlichen Herstellungskosten entsprach.

Die beiden Parteien vereinbarten einen Waffenstillstand, und für kurze Zeit kehrte Friede in die Coca-Cola-Familie ein. Sam Dobbs hatte nach wie vor die Absicht, das Unternehmen zu leiten und Coca-Cola auch weiterhin einer durstigen amerikanischen Öffentlichkeit anzubieten. Dobbs' engster Verbündeter im Direktorium war weiterhin Bill D'Arcy, und die beiden Männer waren sich darin einig, daß es trotz der finanziell angespannten Lage lebenswichtig war, für ihr Produkt zu werben.

»Wenn ich alleine die Entscheidung zu treffen hätte, würde ich am ersten September eine massive Werbekampagne starten«, schrieb Dobbs an D'Arcy. Wie üblich kam es am Ende des Sommers zu einem Rückgang des Absatzes, woraus eine Kürzung des Werbeetats resultierte. Aber Dobbs wollte die Nachfrage das ganze Jahr hindurch ankurbeln, und so schlug er vor, während des Herbstes stattliche 100 000 Dollar pro Monat für Zeitungsannoncen auszugeben.

Dobbs' Ehrgeiz führte zu einem weiteren unangenehmen Zusammenstoß mit Woodruff. Die beiden Männer versuchten nicht einmal mehr den Anschein zu erwecken, als kämen sie miteinander zurecht. Während einer Sitzung des Exekutivausschusses in New York am 20. Juli machte Woodruff deutlich, daß die erste und wichtigste Verpflichtung des Unternehmens darin bestand, Dividenden an die Aktionäre auszuzahlen und nicht die schwindenden Rücklagen für Werbung zum Fenster hinauszuwerfen. Es kam soweit, daß sich Woodruff und E. V. R. Thayer, der führende Kopf der Investorengruppe von der Wall Street, wie Dobbs es mit seiner ihm typischen farbigen Ausdrucksweise beschrieb, »die Haare rauften und nach Einsparungen brüllten, weil sie Dividenden sehen wollten«. Da er die Kontrolle über den Exekutivausschuß ausübte, konnte Woodruff den Werbeplan ablehnen, zumindest vorerst. Dobbs drohte damit, das Direktorium zusammenzutrommeln, um ein für allemal zu entscheiden, wer das Unternehmen wirklich leitete.

Bevor es dazu kommen konnte, erschütterte jedoch ein weiterer wirtschaftlicher Rückschlag die Coca-Cola Company. Anfang August 1920 brach der Zuckermarkt praktisch über Nacht zusammen, und der Preis stürzte auf bis zu 10 Cents pro Pfund ab.

Das Unternehmen geriet in eine Krise. Es war nämlich verpflichtet, 8 Millionen Dollar für Zucker zu bezahlen, der plötzlich nur noch die Hälfte dieses Betrages wert war. Howard Candler hatte einen furchtbaren Fehler gemacht, indem er mit den langfristigen Terminverträgen darauf vertraut hatte, daß der Zuckerpreis für unbegrenzte Zeit auf seinem Höchststand bleiben würde. Statt dessen war der Preis rapide gefallen. Candler erzählte einem Kollegen Jahre später, daß er tatsächlich darum gebetet hatte, daß ein Wirbelsturm einen der Dampfer, die Hilton, versenkte, der mit 4100 Tonnen Zucker aus Java unterwegs war. Aber das Schiff legte sicher in Brunswick, Georgia, an. Sämtliche Ladungen für das Unternehmen trafen ein und mußten bezahlt werden. »Für einige Zeit«, sagte der Revisor von Coca-Cola, »sah es tatsächlich so aus, als würde das Unternehmen nicht überleben können.« Als er die sich anbahnende Katastrophe erkannte, telefonierte Woodruff mit W. C. Bradley in Columbus und bat ihn, nach Atlanta zu kommen.

Woodruff und Bradley fuhren in einem Nachtzug nach New York, um sich mit den Bankiers zu treffen. Als sie in ihrem Abteil saßen und dem Rattern der Räder lauschten, erklärte Woodruff seinem Partner Bradley, daß sie am Vormittag des folgenden Tages wahrscheinlich persönlich für die Kredite bürgen müßten, die das Unternehmen aufnehmen mußte, um die Zuckerlieferungen zu bezahlen. Es war ein wichtiger Wendepunkt. Als einzelner Investor hätte Woodruff mit einem ansehnlichen Profit aus dem Schlamassel hervorgehen können. Aber er wußte, daß er in der Klemme steckte. Er hatte seine Freunde, Geschäftspartner und Angestellten ermutigt, ja geradezu genötigt, Aktien der Coca-Cola Company zu kaufen. Die pessimistisch reagierende Börse in der Wall Street hatte den Kurs der Coca-Cola-Stammaktie bereits auf 30 Dollar gedrückt, 10 Dollar unter den ursprünglichen Einführungspreis. Ein weiteres Absinken wäre katastrophal gewesen. Würde das Unternehmen bankrott machen, wären Hunderte von Menschen in Atlanta und Columbus und überall in Georgia ruiniert. Auch die Trust Company konnte auf der Strecke bleiben. Woodruff wäre blamiert, seine Karriere beendet. »Es scheint mir«, erklärte er Bradley, »daß wir an einen Punkt gelangt sind, wo Sie und ich unser eigenes Vermögen einsetzen müssen, um dieses Unternehmen zu retten.« Bradley war einverstanden.

Zu ihrer Überraschung stellten Woodruff und Bradley fest, daß sie die nötigen Kredite bewilligt bekamen, ohne ihr eigenes Kapital als Sicherheit verpfänden zu müssen. Stetson und die anderen Bankiers glaubten, daß das Unternehmen im Laufe der Zeit die Verluste, die ihm durch den überteuerten Zucker entstanden waren, wettmachen würde. Sie gaben die neuen Kredite auf der Grundlage der bereits gegebenen Sicherheit − der geheimen Formel in der Stahlkammer von Guaranty Trust. Das Machtgefüge hatte sich deutlich zu Ungunsten von Sam Dobbs verschoben. Für die nächste Zukunft würden sämtliche Bemühungen des Unternehmens darauf ausgerichtet sein müssen, Geld zu sparen. Bis auf D'Arcy hatte niemand im Direktorium ein gesteigertes Interesse an teuren Werbekampagnen.

Dennoch war Dobbs entschlossen, eine Entscheidung zu erzwingen. Doch er hatte eine völlig falsche Vorstellung von der praktischen Seite des Aktienbesitzes. »Woodruff und Bradley reden immer so gerne davon, wie viele Aktien sie besitzen«, schrieb er an D'Arcy. »Sie scheinen jedoch die Tatsache zu übersehen, daß Howard Candler und ich 10 000 000 Dollar an Vorzugsaktien repräsentieren, neben denen das Aktienpaket des Exekutivausschusses sich ausnimmt wie ein paar Cents.« Tatsächlich besaßen die Vorzugsaktien aber kein Stimmrecht, eine Tatsache, die Dobbs eigentlich hätte klar sein müssen, da er selbst damals mitgeholfen hatte, das Geschäft genau so abzuwickeln. Dobbs verkalkulierte sich zusätzlich, indem er sich auf die Unterstützung durch Angehörige des Direktoriums verließ, von denen er hätte wissen müssen, daß sie Woodruff treu ergeben waren. Dobbs wähnte zum Beispiel Tom Glenn auf seiner Seite − Tom Glenn, der bei der Trust Company für Woodruff gearbeitet und ihm als Chef der Atlantic Steel Company gedient hatte. Es war eine folgenschwere Fehleinschätzung, zu glauben, Dobbs könne sich auf die Mehrheit der Direktoren bei Coca-Cola verlassen. Tatsächlich stand er fast ganz alleine da.

Am 4. Oktober 1920 kehrte Dobbs nach einer langen Geschäftsreise, in deren Verlauf er die Verkaufsmanager des Unternehmens in den westlichen Staaten besucht hatte, nach Atlanta zurück. Als er aus dem Zug stieg, wurde er von einem Boten erwartet, der ihn bat, sofort Harold Hirsch im Candler Building aufzusuchen. Keiner der beiden Männer hat sich jemals über den Inhalt ihres Gesprächs geäußert, aber Dobbs verließ nach dem Gespräch Hirschs Büro, begab sich in sein eigenes und schrieb seine Rücktrittserklärung als Präsident der Coca-Cola Company. Seine Amtszeit hatte gerade ein Jahr und zwei Wochen gedauert.

Auch in einem Brief an seinen Vertrauten D'Arcy äußerte sich Dobbs über die Gründe für seinen Rücktritt sehr zurückhaltend: »Ich will nicht mehr verlauten lassen, als daß ich unter den Umständen, die ich bei meiner Rückkehr vorfand, nicht beim Unternehmen bleiben konnte, ohne meine Selbstachtung zu verlieren.« Am ehesten ist wohl zu vermuten, daß Woodruff sich eine ausreichende Unterstützung vom Direktorium hatte zusichern lassen, um Dobbs' Autorität zu untergraben. Während einer Konferenz des Exekutivausschusses Ende September hatten Woodruff und Bradley demonstrativ eine Zusammenstellung der Kosten für Werbung und Öffentlichkeitsarbeit vorgelegt und Dobbs als Verschwender diffamiert. Es ist durchaus möglich, daß sie die Absicht hatten, ihm die Kontrolle über den Etat zu entziehen. Ganz sicher durchkreuzten sie seine Pläne für eine aggressive Werbekampagne. Wie dem auch sei, Dobbs machte kein Geheimnis aus seinen Gefühlen: Er könne sich sorgenfrei zurückziehen, teilte er D'Arcy mit. »Ich befinde mich in einer Position, in der ich es nicht nötig habe, als Mr. Bradleys Hausdiener oder als Woodruffs Bürobote in Erscheinung zu treten.«

Das Direktorium bat Howard Candler, wieder das Amt des Präsidenten der Coca-Cola Company zu übernehmen, und ließ auf diese Weise Dobbs' schlimmsten Alptraum ein zweites Mal wahr werden. Bradley rückte dafür auf Candlers Platz als Vorsitzender des Direktoriums nach. Woodruff war wieder Herr im Hause.

Als Dobbs seine Koffer packte, um sich auf einen Jagdausflug nach Westkanada zu begeben, ließ er ein Unternehmen zurück, das seinem Zusammenbruch immer unaufhaltsamer entgegentrieb.

Die Nachricht von Dobbs' Rücktritt und Gerüchte über die Gründe dafür machten in der Wall Street die Runde und ließen den Kurs auf einen neuen Tiefpunkt von 27 ⅛ Dollar absinken. Das Atlanta Journal meldete – zutreffend –, daß das Direktorium die Absicht habe, die nächste Zahlung der vierteljährlichen Dividende von 1 Dollar pro Stammaktie auszusetzen.

Am 1. November 1920 lief die zeitlich befristete Vereinbarung zwischen dem Unternehmen und den Muttergesellschaften aus. Zur Verwunderung der Abfüller – und der meisten Investoren – verkündete das Unternehmen, daß trotz des Absinkens des Zuckerpreises die Herstellungskosten für Sirup gestiegen waren, und zwar auf 1,81 Dollar. Es war klar, daß die Belastungen durch die teuren Zuckerlieferungen weitaus höher waren, als vorher angenommen, und daß es weitaus länger dauern würde, die Verluste des Unternehmens aufzufangen – falls sie überhaupt jemals abgetragen werden konnten. Eine Woche später entschied Richter Morris in Delaware zugunsten der Muttergesellschaften, daß der alte Vertrag zeitlich unbegrenzt bestehen bleiben sollte. Das Unternehmen hatte die Absicht, dagegen Einspruch einzulegen, doch vorerst gab es keine Möglichkeit, die Last der durch die Zuckerkäufe entstandenen Verluste auf die Abfüller abzuwälzen. Die Coca-Cola-Aktie stürzte weiter ab.

Und eine weitere Gefahr drohte. Am 18. November 1920 begann vor dem Supreme Court der Vereinigten Staaten die mündliche Anhörung im Warenzeichenprozeß, in dem entschieden werden sollte, ob Coca-Cola das Recht hatte, seinen Namen zu schützen.

Man kann die Bedeutung des Prozesses nicht hoch genug einschätzen. Das Resultat der zehn Jahre währenden Auseinandersetzung mit Dr. Wiley war die Feststellung, daß Coca-Cola rechtmäßig hergestellt wurde und daß der Name keinen Betrug an der Öffentlichkeit darstellte. Der Warenzeichen-Mißbrauch aber war eine zivilrechtliche Angelegenheit, und die Gerichte mußten noch immer die endgültige Entscheidung fällen, ob Coca-Cola das Recht hatte, seine Imitatoren zu verklagen und sie aus dem Geschäft zu drängen.

Nachdem er 1911 im Chattanooga-Fall Sieger geblieben war, hatte Hirsch Dutzende von Klagen gegen Coca-Cola-Imitatoren überall im Land eingereicht, und er hatte fast jede Klage gewonnen. Als aber der Supreme Court im Jahr 1916 das Urteil von Chattanooga revidierte, war die Verwirrung groß. Auch wenn das Unternehmen den Chattanooga-Prozeß erfolgreich geführt hatte und die alten Anschuldigungen vom Tisch waren, standen die Richter erneut vor der Frage, ob Coca-Cola im rechtlichen Sinn ein Warenzeichen war.

In den Fall war eine beinahe völlig vergessene Persönlichkeit aus den Anfangstagen von Coca-Cola verwickelt: J. C. Mayfield, Doc Pembertons letzter Partner, der vom Pech verfolgte Geschäftsmann, der 1888 geglaubt hatte, die Rechte an Coca-Cola erworben zu haben, und schließlich erkennen mußte, daß Pemberton sie längst verkauft hatte. Mayfield hatte ein Jahr in Atlanta verbracht und versucht, ein geschmacklich ähnliches Produkt namens »Yum-Yum« zu verkaufen, sich aber bald aus dem Geschäft zurückgezogen.

Schließlich produzierte Mayfield ein alkoholfreies Getränk, das er Koke nannte. Als er sein Unternehmen als Koke Company of America gründete und versuchte, sein Warenzeichen eintragen zu lassen, reichte Hirsch Klage ein. Um der Gründlichkeit willen – und um Mayfield mit hohen Gerichtskosten einzuschüchtern – klagte Hirsch in Washington D. C. und vier anderen Staaten, wo Koke verkauft wurde.

Die untergeordneten Gerichte ergriffen Partei für Hirsch und die Coca-Cola Company. Im allgemeinen waren Warenzeichenstreitigkeiten eine Frage des gesunden Menschenverstandes: Ein Produkt durfte niemals hergestellt und auf dem Markt angeboten werden mit der Absicht, Verwirrung zu stiften und durch die Verwechslung mit einem anderen Produkt Profit zu erzielen. Der Kokesirup war entsprechend gefärbt, damit er aussah wie Coca-Cola, wurde in ähnlichen roten Kannen und Fässern verkauft, wurde ganz offen als billigerer Ersatz angeboten, und sein Name wies natürlich eine mehr als nur verwirrende Ähnlichkeit mit Coca-Cola auf. Tatsächlich stellte er nur ein Homonym des populären Spitznamens für Coca-Cola, »Coke«, dar, und war akustisch überhaupt nicht mehr davon zu unterscheiden. Nur wenige Verstöße gegen das Warenzeichengesetz waren jemals so offensichtlich gewesen. »Es ist völlig sinnlos, viele schlaue Worte darüber zu verlieren, welchen Plan Mayfield mit seiner Operation verfolgte«, sagte einer der Anwälte von Coca-Cola. »Es ist ein billiger und großangelegter Schwindel.« Die Gerichte pflichteten dem bei. Aber der Warenzeichenschutz konnte keinem Produkt gewährt werden, das selbst in irreführender Weise hergestellt oder verkauft wurde. Als der Supreme Court das Urteil von Chattanooga revidierte, hatten Mayfields Anwälte plötzlich eine neue Waffe für ihre Berufungsverhandlungen vor den übergeordneten Gerichten.

Einen der Prozesse verlor Koke in Arizona, die Berufung wurde in San Francisco verhandelt. Unter Berufung auf die Entscheidung des Supreme Courts verfügte das Gericht, daß die Coca-Cola Company trotz Mayfields offensichtlicher und erwiesener Schuld wegen ihres eigenen »irreführenden, betrügerischen und gewissenlosen Verhaltens« keinen Anspruch auf Rechtshilfe habe. Laut Auffassung der Richter des Berufungsgerichts hatte Coca-Cola das Recht auf Schutz des Warenzeichens verloren, weil das Produkt viele Jahre lang »die tödliche Droge Kokain« enthalten habe und weil das im Sirup enthaltene Koffein aus anderen Quellen als aus der Kolanuß stamme. Das war die Entscheidung, vor der die Direktoren der Trust Company sich so sehr gefürchtet hatten, als Woodruff sie bat, seinen Plan, die Coca-Cola Company zu kaufen, zu befürworten. Hirsch und die anderen Anwälte waren zuversichtlich, daß das Unternehmen in der Berufung vor dem Supreme Court siegen werde; als aber beide Parteien sich im Spätherbst des Jahres 1920 in Washington zu den abschließenden Erklärungen einfanden, war der Ausgang des Verfahrens alles andere als sicher.

Die Tage vor der Urteilsverkündung des Supreme Court im Koke-Prozeß stellten einen Tiefpunkt in der Geschichte der Coca-Cola Company dar. Der Kurs der Stammaktie sackte auf 18 7/8 Dollar, also auf weniger als die Hälfte ihres Wertes ein Jahr zuvor, als ängstliche Investoren ihre Aktienpakete verkauften. Der Kurs wäre wahrscheinlich noch weiter gesunken, doch es wurde schwierig, überhaupt noch Käufer zu finden, vor allem in Atlanta. Hunderte von Einwohnern Georgias saßen auf Aktien, die nicht verkauft werden konnten und deren Dividenden auf unbestimmte Zeit ausgesetzt waren. Sie hatten Geld von der Trust Company und anderen Banken geliehen, um die Aktien zu erwerben, und jetzt konnten sie noch nicht einmal die Kredite zurückzahlen. Geschäftsleute meldeten sich bei Asa Candler und flehten ihn an, tätig zu werden, um das Unternehmen – und sie – zu retten. Aber er erklärte ihnen so rücksichtsvoll wie möglich, daß er sich zur Ruhe gesetzt und nichts mehr mit Coca-Cola zu tun habe. Doch sie »schienen nicht begreifen zu wollen« und Candler verbrachte zunehmend schlaflose Nächte.

Am 6. Dezember 1920 fällte der Supreme Court in einer von Richter Oliver Wendell Holmes verfaßten Urteilsbegründung seine Entscheidung. Es war ein einziger Triumph für die Coca-Cola Company. In einer eleganten Formulierung, die genau auf die rechtliche Grundlage der von Coca-Cola eingenommenen Position abzielte, nannte Holmes Coca-Cola »ein einmaliges Produkt aus einer einzigen Quelle, das der Öffentlichkeit weithin vertraut ist«.

Das Warenzeichen, erklärte Holmes weiter, sei amerikanischen Konsumenten als Name eines populären Getränks bekannt – und nicht als Name einer chemischen Mischung aus Kokablättern und Kolanüssen. Vielleicht habe Coca-Cola tatsächlich früher geringe Mengen Kokain enthalten, räumte Holmes ein. Möglich sogar, daß die Menge, wie ein von der Regierung beauftragter chemischer Gutachter erklärt hatte, ausgereicht habe, um auf der Zunge des Konsumenten ein taubes Gefühl hervorzurufen und eine gewisse Form der Sucht auszulösen. Aber diese Zeiten seien längst vorbei. Spätestens seit der Annahme des Pure Food and Drugs Act im Jahr 1906, wahrscheinlich aber schon früher, habe das Unternehmen ein »drastisches Verfahren« entwickelt, mit dem das Kokain aus den Kokablättern extrahiert werde, und es habe »in seiner Werbung der Öffentlichkeit versichert, man dürfe nicht erwarten, in Coca-Cola Kokain zu finden, denn es sei nicht darin enthalten«. Das Wort »Cola«, fügte der Richter hinzu, sei für den Konsumenten ohnehin so gut wie bedeutungslos.

Das Warenzeichen »Coca-Cola« führe beim Konsumenten nicht zu der Erwartung, etwas Bestimmtes zu kaufen, das er dann aber nicht bekäme, schloß Holmes. Im Gegenteil, das Warenzeichen verweise auf ein alkoholfreies Erfrischungsgetränk, das Millionen von Amerikanern kennen und vorzugsweise konsumieren würden. »Es ist wohl nicht vermessen zu behaupten, daß das Getränk genauso den Namen charakterisiert wie der Name das Getränk«, schrieb Holmes. Coca-Cola gebühre der volle Schutz gegenüber Koke, das Holmes einen »offensichtlichen Betrug« nannte.

Der Ausgang des Prozesses war für die Angehörigen der Coca-Cola-Familie natürlich eine ungeheure Erleichterung. Das Atlanta Journal meldete »eine deutlich optimistische Haltung in örtlichen Geschäfts- und Finanzkreisen«. Heute findet man die Worte »ein einmaliges Produkt aus einer einzigen Quelle und der Öffentlichkeit weithin vertraut . . .« in Marmor eingemeißelt in den Eingangshallen in Hunderten von Abfüllbetrieben auf der ganzen Welt. Diese Formulierung ist im Laufe der Zeit so etwas wie ein Kampfspruch, ein Sinnbild des Sieges und der Ehre geworden. Von einem Vorfahren in einer glorreichen Schlacht erfochten.

Dennoch waren mit dieser Entscheidung die Schwierigkeiten des Unternehmens nicht aus dem Weg geräumt. Hätte das Gericht ein anderes Urteil gefällt, wäre das Geschäft innerhalb weniger Tage zusammengebrochen. Nun war lediglich sicher, daß das Unternehmen wenigstens bis zum Wechsel in das Jahr 1921 fortbestand, aber wie lange es im neuen Jahr überleben würde, war noch immer eine nicht zu beantwortende Frage. Der Aktienkurs stieg um ein paar Punkte, dann stabilisierte er sich bei knapp über 20 Dollar und bewegte sich fortan nicht mehr. 16 Millionen Pfund Zucker, das meiste zu Höchstpreisen angekauft, füllten die Lager. Die Verkäufe waren nur schleppend und nahmen weiter ab. Am bedenklichsten aber war, daß das Schicksal des Unternehmens in den Händen von Howard Candler und Ernest Woodruff lag, zwei Männern, die einander nicht verstanden und einander nicht über den Weg trauten.

Am 31. Januar 1921 hielt Howard Candler sich in New York auf und sprach bei Zuckerlieferanten vor, um sie darum zu bitten, einige ihrer Lieferungen hinauszuschieben. Er haßte die Stadt – haßte ihr Wetter und die Menschen und die Art und Weise, wie dort Geschäfte gemacht wurden. Draußen war es kalt und naß, es fiel Schnee, der aber nicht liegenblieb, und er vermißte sein Atlanta.

»Ich habe noch immer Schwierigkeiten, hier irgend etwas zu erreichen«, schrieb er seinem Vater. Er war verärgert, daß ein Lieferant ihn zwang, die Nacht über in New York zu verbringen, ehe er ihm eine Antwort auf sein Ersuchen geben wollte. »Die Menschen scheinen keine klaren Entscheidungen treffen zu wollen. Es kommt zu endlosen Verzögerungen.« Der Präsident der Coca-Cola Company, 42 Jahre alt, klang wie ein kleiner Schuljunge, der schreckliches Heimweh hat.

Die Herstellung von Coca-Cola-Sirup zu leiten, hatte Howard Candler stets Spaß gemacht. Das Unternehmen zu führen, frustrierte ihn und machte ihn zutiefst unglücklich. Er hatte sich bereits erklärt, die Präsidentschaft zu übernehmen, weil er in Zeiten der Not einem Empfinden familiärer Pflichterfüllung gehorchte. Aber nachdem Dobbs ausgeschieden war, stellte er fest, daß er zu viele Aufgaben wahrzunehmen hatte und daß zu viele Erwartungen in Geschäftsbereichen auf ihm lasteten, die ihm völlig fremd waren. Und um die ohnehin schon schwierige Situation nahezu unerträglich zu machen, war da noch Ernest Woodruff, der ihm ständig über die Schulter schaute und jeden seiner Schritte kritisierte.

Eine der ersten Herausforderungen für Candler war es, mit den Abfüllern zu einer Einigung zu gelangen, und die Aussichten darauf waren nicht besonders günstig. Veazey Rainwater, der die Verhandlungen im Auftrag der Stammabfüller führte, erwies sich als weitaus zäher und schwieriger, nun, da er ein positives Urteil eines Bundesrichters im Rücken hatte. Candler hatte sich noch nie mit dem harten Geben-und-Nehmen-Prinzip geschäftlicher Verhandlungen anfreunden können. Nun fiel es ihm schwer, während der Gespräche seinen

Zorn im Zaum zu halten, und er beklagte sich, daß Rainwater sich völlig unvernünftig zeige. Als die beiden Männer sich wenigstens andeutungsweise einig geworden waren, lehnten Woodruff und sein Exekutivausschuß die Bedingungen ab und schickten Candler zurück an den Verhandlungstisch, um noch einmal von vorne zu beginnen.

Am Valentinstag 1921 reichten die Abfüller erneut Klage am Gericht von Delaware ein und bezichtigten das Unternehmen unehrlicher Praktiken. »BETRUGSVORWURF IN COCA-COLA-PROZESS«, verkündete eine Schlagzeile des Atlanta Georgian. Der Klage zufolge hatte das Unternehmen seine Bücher manipuliert, so daß die Abfüller unberechtigterweise den größten Teil der Kosten des überteuerten Zuckers hatten tragen müssen. Die zeitlich begrenzten Vereinbarungen in bezug auf den Sirup-Preis, die das Unternehmen und die Abfüller ausgehandelt und unterschrieben hatten, basierten auf Zahlen, die vom Unternehmen vorgelegt worden waren. Nach einer Buchprüfung erklärten die Abfüller, sie hätten Anlaß zu der Annahme, daß diese Zahlen unzutreffend seien. Die zur Diskussion stehende Geldsumme war verhältnismäßig bescheiden – 170 000 Dollar –, aber der dramatische Unterton des Vorwurfs löste in Atlanta und in der Wall Street einen starken Schock aus. Man war daran gewöhnt, daß die Abfüller Woodruff einen knallharten Geschäftsmann nannten, aber es war das erste Mal, daß ein Candler des Betrugs bezichtigt wurde. Die Klage der Abfüller richtete sich direkt gegen Howard Candler, indem in ihr festgestellt wurde, daß er der Unternehmensvertreter war, der die Verantwortung für die Zucker-Terminverträge trug.

Candler war von dieser Art Publicity tief betroffen. Die Anschuldigungen gegen ihn und das Unternehmen seien »absolut unwahr und unbegründet«, wehrte er sich in einem Brief, der drei Tage später veröffentlicht wurde, aber er unternahm wenig, um den Anschuldigungen zu begegnen, er sei an dem Buchhaltungsschwindel beteiligt gewesen, der einen Teil der überhängenden Kosten auf die Abfüller abwälzte.

Um die Lage noch zu verschlimmern, wurde der Jahresbericht, den Candler zu Beginn des gleichen Monats veröffentlicht hatte, vom Wall Street Journal unter Beschuß genommen. Die kurze, nichtssagende, optimistische Erklärung des Unternehmens »vermittelt uns keine Vorstellung von der tatsächlichen Menge an flüssigem Kapital, das zur Verfügung steht«, schrieb die Zeitung und deutete recht unverblümt an, daß das Unternehmen versuche, seine angespannte Finanzlage zu verschleiern. Candler gab schnellstens einen zweiten Bericht mit weiteren Enthüllungen heraus, darunter auch das Eingeständnis, daß Coca-Cola durch den Zuckerengpaß 2 Millionen Dollar mehr verloren hatte als im Vorjahr. Candler verteidigte den ersten Bericht: »Wir dachten nicht im Traum daran, daß er derart falsch interpretiert werden könnte, und unsere neue Erklärung wird aufzeigen, daß die gesamte Kritik, soweit sie auch nur andeutungsweise den Zustand des Unternehmens betraf, ohne Grundlage ist.«

Aber das Kind war bereits in den Brunnen gefallen. Die Coca-Cola-Stammaktie sank unter 20 Dollar, und das bißchen Boden, das in harten Kämpfen seit dem Koke-Urteil gutgemacht worden war, ging verloren. Eine weitere Verkaufswelle in Georgia und in der Wall Street führte zu einem Kurs von 19 1/8 Dollar, nur 25 Cents über der vorhergegangenen Tiefstmarke.

Die Beziehung zwischen Candler und Woodroff wurde immer angespannter. Woodruff bestellte einen der Vizepräsidenten des Unternehmens in sein Büro bei der Trust Company und beschwerte sich, daß Candler das Lohngefüge von Atlanta störe, weil er den Fabrikarbeitern von Coca-Cola fünf Cents pro Stunde mehr zahle, als ungelernte Arbeiter sonstwo in der Stadt erhielten. Als Candler davon erfuhr, geriet er in Rage. Er wußte schließlich, wie man Sirup herstellte, und er war stolz auf die Fähigkeiten seiner Arbeiter. »Wir können keine sogenannten einfachen Arbeiter gebrauchen und stellen auch keine ein«, schrieb er in einem privaten Memo, das er zu seinen Akten legte. »Statt dessen suchen wir angelernte Arbeiter oder Arbeiter mit etwas mehr Intelligenz, als man bei dem Gesindel und dem arbeitsscheuen Volk auf der Straße antreffen kann.«

Candler beschwerte sich weiterhin, daß Woodruffs »ständige kleinlichen Einmischungen« ins Management des Unternehmens ihn irgendwann in den Wahnsinn treiben würden. Es störte Woodruff, daß Coca-Cola in Restaurants und in Clubs und in der Eisenbahn mehr kostete als im Lebensmittelladen an der Ecke, und er drängte Candler, in diesem Punkt etwas zu unternehmen. Allerdings wußte Candler nicht, was. Außerdem verlangte Woodruff von Candler, bestimmte Großhändler auf jedem regionalen Markt zu suventionieren und zu überreden, Coke für einen Nickel zu verkaufen, um damit Druck auf die anderen Großhändler auszuüben, damit auch sie ihre Preise senkten. Candler betrachtete diese Unternehmenspolitik als überaus abstoßend und weigerte sich, sie zu vertreten.

Woodruff seinerseits empfand Candler als unglaublich naiv. Als 1921 zu Beginn des Frühlings Investoren in Atlanta und New York sich auf

Coca-Cola-Stammaktien stürzten und ein heftiger finanzieller und psychologischer Kampf um die Kontrolle über das Unternehmen begann, war Woodruff die Schlüsselfigur. Und er wünschte sich einen Präsidenten, der ihm half, und niemanden, der Entscheidungen scheute und bei jedem Schritt zurückzuckte.

Der Kurs für die Stammaktie begann wieder zu klettern. Der Grund dafür war einfach: Spekulanten vertrauten darauf, daß Coca-Cola trotz aller Widrigkeiten bestehen blieb. Große Aktienpakete von Coca-Cola wechselten die Besitzer, die umfangreichsten Käufe wurden aus New York gemeldet. Es schien, als liefe es auf eine Schlacht zwischen Wall Street und Atlanta hinaus – zwischen dem Norden und dem Süden.

Woodruffs Konstruktion der Stimmrechtsübertragung, um die Kontrolle über die Aktivitäten des Unternehmens an sich zu reißen, war in Gefahr. Zum einen wurde die Rechtmäßigkeit solcher Übertragungen attackiert, zum anderen vollzogen sich viele Aktienverkäufe ohne weitere Kontrolle, wobei das Besitzrecht in unbekannte Hände wanderte. Woodruff versuchte Candler klarzumachen, daß das alte Management wahrscheinlich abgesetzt würde, wenn neue Eigentümer die Kontrolle über das Unternehmen erlangten. Aber Candler konnte oder wollte die Bedrohung nicht erkennen. Er entgegnete Woodruff, er sehe keinen Grund, warum man ihn loswerden wolle.

Während einer Konferenz des Direktoriums wollte Candler die dürftigen Überseegeschäfte des Unternehmens diskutieren. Er drängte die Direktoren zunehmend, über die Gründung von Filialen in anderen Ländern nachzudenken, bis Woodruff ihn barsch unterbrach und die Versammlung vertagte. Von einer rosigen Zukunft von Coca-Cola zu träumen, sei ja ganz nett, meinte Woodruff, aber so etwas könne sich nur ein Narr erlauben. Wichtig sei einzig und allein die Gegenwart. Es habe nicht viel Sinn, Operationen in fremden Ländern zu planen, wenn das Unternehmen kurz vor dem Zusammenbruch stehe. Falls Candler dieses Thema unbedingt weiterverfolgen wolle, wenn er tatsächlich die Zeit des Direktoriums vergeuden müsse, dann, so schlug Woodruff vor, solle er ihnen doch einen Brief schreiben – genau das war es, was Candler noch zu tun übrig blieb.

Unterdessen widmete sich Woodruff mit aller Kraft dem Kampf gegen die New Yorker Investoren. Im Frühling 1921 unternahm er zahlreiche, zum Teil geheime Schritte mit dem Ziel, seine Position zu stärken. Es steht außer Frage, daß er sich dabei Praktiken des Insidergeschäfts bediente, die heute ungesetzlich wären – was übrigens die andere Partei auch zu tun pflegte. Woodruff versuchte

Candler dazu zu drängen, einen bewußt falschen Bericht zu veröffentlichen, der den Verbrauch des überteuerten Zuckers durch das Unternehmen weitaus höher ansetzte, als es der Wirklichkeit entsprach. Bei anderen Gelegenheiten setzte er gegenteilige Gerüchte in Umlauf und drückte so den Aktienkurs, offenbar um selbst Aktien zu einem niedrigeren Preis kaufen zu können.

Ein anderes Mal, als Woodruff sich gerade in New York aufhielt, verzeichnete Candler eine »sehr schnelle und ungewöhnliche Kurssteigerung« der Coca-Cola-Stammaktie, obgleich »der Geschäftsverlauf eine derartige Entwicklung auf keinen Fall rechtfertigte«. Candler war überzeugt, daß Woodruff vertrauliche Informationen – einige davon sicher falsch – an die Finanzpresse von New York weitergegeben hatte. Er brachte sogar den Mut auf, Woodruff in einem persönlichen Gespräch nach seinen Aktivitäten zu befragen, doch Woodruff erwiderte kühl, er habe keine Ahnung, wovon Candler rede, und beendete die Unterhaltung.

Für kurze Zeit entstand der Eindruck, daß Woodruff bereit war, seine Anteile zu verkaufen. Im April 1921 teilte er Candler mit, ein namentlich nicht genannter Investor in New York habe das Angebot gemacht, ein Paket von 150 000 Aktien zu erwerben. Den Notizen zufolge, die Candler damals anlegte, sagte Woodruff, er wolle verkaufen und habe zu diesem Zweck bereits 100 000 Aktien bereitgestellt. Er bat Candler, ihm bei der Bereitstellung der restlichen 50 000 Aktien behilflich zu sein. Wenn das zutraf, war es ein bedeutsamer Moment in der Geschichte von Coca-Cola: Die Trust-Company-Partei hatte offensichtlich die Absicht, ihre Verluste abzuschreiben und die Kontrolle über das Unternehmen aufzugeben, dessen Zentrale nun durchaus in Atlanta hätte geschlossen und nach New York geholt werden können. Ein neues Management und neue Direktoren wären die sichere Folge gewesen. Doch was sich hinter der Aktion verbarg, ist bis heute nicht bekannt, denn routinemäßig verschleierte Woodruff seine wahren Motive hinter einer Wand von Falschinformationen. Candler versagte seine Mitwirkung, bis den Besitzern der 50 000 Aktien ein konkretes Angebot gemacht würde. Er glaubte, daß seine ablehnende Haltung am Ende das Geschäft scheitern lassen würde.

Die Wall Street lernte allmählich, Woodruff mit Mißtrauen zu begegnen. Auf Woodruffs Anweisung veröffentlichte Candler eine formelle Erklärung, in der dementiert wurde, daß der überteuerte Zucker bereits verbraucht sei, und in der weiterhin verkündet wurde, daß kein Plan bestünde, die Zahlung von Dividenden wieder aufzunehmen. Dennoch reagierte der Markt auf diesen düsteren Bericht mit einer Kurssteigerung. Schließlich erreichte die Aktie den höchsten Kursstand des Jahres. Man war sich in Investorenkreisen einig, daß trotz Woodroffs Intrigen die Überlebenschancen des Unternehmens stetig besser wurden. Und damit hatte man recht.

Während all dieser finanziellen Schachzüge fand im Gebäude des Bundesgerichts in Philadelphia etwas Erstaunliches statt.

Das Unternehmen hatte gegen das Urteil im Prozeß mit den Abfüllern Revision eingelegt, und im Mai 1921 trat ein Gremium mehrerer Richter zusammen, um sich die mündlichen Erklärungen der Prozeßgegner anzuhören. Der vorsitzende Richter setzte sich über alle juristischen Geplänkel und Spitzfindigkeiten hinweg und rief die Anwälte beider Parteien nach vorne zum Richtertisch, um ihnen nahezulegen, zu einer Einigung zu gelangen. Er betonte die hohe Wahrscheinlichkeit, daß beide Parteien zu Schaden kämen, wenn eine von ihnen »obsiege«, und daß nur ein Kompromiß einen sinnvollen Abschluß böte. Es war ein vernünftiger Rat. Die beiden Parteien nahmen sich den Ratschlag zu Herzen und schickten jeweils einen erfahrenen Mann ins Feld – Gene Stetson für das Unternehmen und Jack Spalding für die Abfüller –, die schnellstens nach Atlantic City reisten, um ungestört zu beraten und die Einzelheiten auszuarbeiten.

Gut einen Monat später wurde eine Einigung erzielt, und die Muttergesellschafter erklärten sich mit einer Sirup-Lizenzgebühr von 12,5 Cents pro Gallone einverstanden. Der Krieg gegen die Abfüller war vorüber. Man kann im Nachhinein durchaus urteilen, daß reine Halsstarrigkeit auf beiden Seiten beinahe das ganze Geschäft wegen ein paar Pennies zerstört hätte. Die gute Nachricht ließ die Coca-Cola-Aktie in die Höhe schnellen. Es gab zwar keinen genau zu bestimmenden Augenblick, in dem das Überleben der Coca-Cola Company schlagartig zur Gewißheit wurde, aber der außergerichtliche Vergleich mit den Abfüllern, der am 25. Juli 1921 vom Direktorium abgesegnet wurde, kann durchaus als eine wichtige Zäsur betrachtet werden. Während der nächsten Monate baute das Unternehmen seine Vorräte an überteuertem Zucker Schritt für Schritt ab. Die Schulden verringerten sich. Die Verkäufe zogen an, höhere Gewinne begannen zu fließen, und am 1. Dezember wurde wieder 1 Dollar Dividende pro Aktie ausgeschüttet. Zehn Tage später pendelte sich der Kurs bei 41⅜ Dollar ein. Als die Bücher des unruhigen Jahres 1921 geschlossen wurden, stellte sich heraus, daß die Verkäufe relativ gesunde 28,5 Millionen Dollar erbracht hatten – kaum weniger als im Vorjahr, trotz der allgemeinen Nachkriegsrezession und der innerbetrieblichen Schwierigkeiten. In seinem Jahresbericht tadelte Candler die Abfüllbetriebe des Unternehmens, »die sich, was den Absatz von Coca-Cola betraf, hatten entmutigen und in einen Zustand der Lethargie versetzen lassen«. Die Wunden der Schlacht heilten, und die Aussichten für das Jahr 1922 waren günstig.

Eine Frage blieb noch unbeantwortet, und die betraf das Eigentumsrecht und die damit einhergehende Kontrolle über das Unternehmen. Woodruffs Absichten, seine Anteile abzustoßen, hatten sich mittlerweile zerschlagen. Das Wall Street Journal meldete einen »stetigen Zufluß« von Coca-Cola-Aktien an New Yorker Investoren, und Woodruff widmete sich der Aufgabe, sie ihnen wieder zu entreißen. Am 15. März 1922 zog er sich vom Posten des Präsidenten der Trust Company zurück und übernahm die Position des Direktoriumsvorsitzenden. Eine offizielle Erklärung wurde nicht gegeben, doch aus Bankprotokollen und Familiendokumenten geht hervor, daß er die nächsten Monate damit verbrachte, umfangreiche Coca-Cola-Aktienpakete für sich selbst, für seine Familie und für die Bank aufzukaufen. Er überredete mehrere Geschäftsfreunde der Trust-Company, sich an diesem Unternehmen zu beteiligen, und gemeinsam konnten sie sich schließlich Tausende von Aktien sichern.

Da die Machtausübung über die alte Stimmrechtsübertragung nicht mehr möglich war, hielt Woodruff Ausschau nach neuen Wegen, seinen Einfluß auf die anderen Eigentümer geltend zu machen. Falls er die Absicht hatte, seine Herrschaft über das Management der Coca-Cola Company zu behalten – was ganz gewiß der Fall war –, dann mußte er Möglichkeiten finden, das Direktorium, das sich zunehmend nach den Interessen der neuen Investoren der Wall Street zu richten begann, zu umgehen. Im Frühjahr 1922 wollte Howard Candler einen Vertreter der New Yorker Unternehmensfiliale für drei Monate nach Mittelamerika entsenden. Doch er wurde von zwei Aktionären daran gehindert, die wollten, daß der Vertreter in der Stadt blieb. Sie drohten mit Maßnahmen, falls er die Reise trotzdem antreten sollte. Woodruff interessierte sich nicht für die Einzelheiten und Hintergründe des Vorfalls, aber diese Demonstration von Stärke durch die Wall-Street-Vertreter ärgerte ihn. Er beschloß, ihnen zu zeigen, wer der Herr im Haus war. Im Sommer und Herbst 1922 baute Woodruff in aller Stille eine Holdinggesellschaft auf, die Coca-Cola International Corporation, reiste in Georgia herum und bot Hunderten von Coca-Cola-Aktionären in Atlanta und Columbus und anderen Städten an, ihre Stimmrechtszertifikate gegen Aktien von Coca-Cola International einzutauschen.

Die Holdinggesellschaft erwies sich als ein hervorragendes Instrument. Trotz der enormen Verkäufe in New York gehörten den Anlegern in Georgia noch immer mehr als die Hälfte der 500 000 Coca-Cola-Stammaktien. Ihnen erschien Woodruffs Vorschlag völlig vernünftig. Es war eine Transaktion auf dem Papier: Eine Aktie von Coca-Cola International repräsentierte den Besitz einer Stammaktie der Coca-Cola Company mit der gleichen Dividende und dem gleichen Marktwert. Die meisten Aktionäre nahmen den Umtausch bereitwillig vor. Und das neue Unternehmen hatte seine eigenen Direktoren, die bereit waren, die Geschäfte zu übernehmen, sobald die Mehrheit der Coca-Cola Aktien sich in einer Hand befanden – und dieser Moment trat im Spätherbst 1922 ein.

Als das Direktorium der Coca-Cola Company am 22. November 1922 in Atlanta zu seiner regelmäßigen Konferenz zusammenkam, entdeckten die Mitglieder zu ihrer großen Überraschung zwei neue Gesichter im Saal. Der eine der Besucher war Frank Dick und vertrat die E. F. Hutton Organisation in New York, der andere war Ernest Woodruffs ältester Sohn, Robert. Aber die Verwirrung dauerte nicht lange.

Ernest Woodruff enthüllte, daß er Coca-Cola International gegründet habe und daß die neue Holdinggesellschaft nun die Mehrheit der Coca-Cola-Stammaktien kontrolliere. Dann benannte er die Direktoren der neuen Firma: Tom Glenn, Jim Nunnally, W. C. Bradley, E. F. Hutton und Robert Woodruff. Verblüfftes Schweigen machte sich breit. Woodruff hatte seinen Coup gelandet. Sein Sohn, drei seiner engsten Geschäftspartner und ein neuer Partner aus New York würden nun die Coca-Cola Company leiten. Das Direktorium hatte keine andere Wahl, als die entsprechenden Dokumente vorbereiten zu lassen, die den Aktientransfer besiegelten.

Die New Yorker waren sprachlos. Die Gruppe aus dem Süden hatte sich eine Vollmacht beschafft und besaß damit die Stimmenmehrheit bei jeder Unternehmensentscheidung. Woodruffs alter Bundesgenosse Gene Stetson sprach sich vehement gegen dieses neue Arrangement aus, war aber absolut machtlos, es zu verhindern. Die Wall-Street-Investoren beklagten sich bitter und gingen sogar soweit, die Einführung der Aktien von Coca-Cola International an der New Yorker Börse zu blockieren, doch auch sie konnten nichts tun, um am Ergebnis noch irgend etwas zu verändern.

Woodruff hatte sie überlistet. Und er hielt für sie sogar noch eine größere Überraschung bereit.

5

»Macht euch bereit!«

Er war schon ein sehr alter Mann. Er hatte die Geschicke der Coca-Cola Company mehr als sechzig Jahre lang gelenkt und ihr Warenzeichen zu einem der bekanntesten Symbole der Welt gemacht. Gepriesen wurde er als einer der erfolgreichsten Geschäftsleute seiner Generation. Hunderte Millionen Dollar hatte er verdient und ausgegeben. Und dennoch hielt Robert Woodruff den alten Mythos aufrecht.

Die Vorstellung, jemand könne annehmen, daß sein Vater ihm den Job besorgt habe, war ihm unerträglich. Und so schuf er eine kunstvolle Legende, die erklären sollte, wie er zum Präsidenten von Coca-Cola aufgestiegen war: Ernest Woodruff war der reinste Schrecken und völlig unfähig, das Unternehmen zu führen, so daß die anderen Mitglieder des Direktoriums sich hinter seinem Rücken darauf einigten, seinen Sohn in das Unternehmen zu holen − seinen willensstarken, trotzigen Sohn − und ihn zum Präsidenten zu ernennen. So lautete die Geschichte. Als niemand wagte, sich gegen Ernest Woodruff aufzulehnen, holte das Direktorium den einzigen Mann, der den Löwen bändigen und Ordnung in das Chaos bringen konnte.

Bob Woodruff zufolge kamen drei der besten Freunde seines Vaters, unter ihnen auch W. C. Bradley, im Winter 1923 zu ihm nach New York. Die Coca-Cola Company stehe kurz vor dem Zusammenbruch. Er müsse nach Atlanta zurückkehren, um die Leitung des Managements zu übernehmen und ihre Investitionen zu retten. Er selbst habe schließlich auch einiges Geld in die Firma gesteckt, habe ein hohes Darlehen aufgenommen und sich hoch verschuldet, um Coca-Cola Aktien zu kaufen. Doch der Wert dieser Aktien sei in akuter Gefahr.

Nachdem er sich das Anliegen seiner Besucher angehört hatte, erklärte sich der junge Woodruff nur widerstrebend bereit, nach

197

Hause zurückzukehren. Laut einer Erklärung, die er später in die Archive des Unternehmens aufnehmen ließ, wählte das Direktorium ihn anläßlich einer außerordentlichen Versammlung im April 1923 zum Präsidenten, obgleich sein Vater sich vehement dagegen aussprach und am Ende den Raum verließ und nicht an der Abstimmung teilnahm. »Der einzige Grund, weshalb ich den Job annahm«, erzählte Woodruff den Leuten gerne, »war der, daß ich mein Geld zurückhaben wollte, das ich in Coca-Cola-Aktien investiert hatte. Ich dachte, falls ich es je schaffen sollte, den Aktienkurs wieder auf den Wert hochzuschrauben, den ich damals bezahlt hatte, würde ich alles verkaufen und ohne Verlust davonkommen.«

Es war eine interessante Story, hübsch und überzeugend, und schließlich wurde sie in jeder Darstellung der Firmengeschichte in der einen oder anderen Version wiederholt. Sie entsprach nur leider nicht der Wahrheit.

Im Jahr 1923 glich die Coca-Cola Company einem Patienten, der sich mit erstaunlichem Tempo von einem schweren Unfall erholt. Trotz der verletzten Gefühle und des Mißtrauens zwischen dem Unternehmen und seinen Abfüllern war man sich einig, daß es jetzt am klügsten wäre, sich wieder dem Geschäft zu widmen, denn Geschäft bedeutete Profit.

Hunderte Abfüller und Soda-Fountain-Vertreter kamen am Dienstag abend, dem 6. März 1923, in Atlanta zu einem Treffen zusammen, um zu besprechen, wie der Heilungsprozeß beschleunigt werden könnte. In der Lagerhalle der Fabrik war, wie eine Filmkulisse, das Modell eines Dorfes aufgebaut. Entlang der »Main Street« demonstrierte eine »richtige Seite« und eine »falsche Seite«, wie die Coca-Cola-Werbung zu plazieren war und wie nicht: Die Fenstertafeln sollten groß und mit einer Schablone oder mit einer Skizze als Vorlage, aber niemals aus freier Hand beschriftet werden. Das Unternehmen signalisierte damit seine Absicht, von jetzt an die Selbstdarstellung nicht mehr dem Zufall zu überlassen und straffer zu organisieren.

Im Verlauf von zwei Tagen, die ausgefüllt waren mit Vorträgen und Seminaren, hörten die Abfüller aufmunternde Reden von jedem leitenden Manager der Coca-Cola-Hierarchie. Jedesmal war die Botschaft die gleiche: Das Geschäft zöge wieder an. Die nationale Wirtschaft löse sich endlich aus ihrem lange andauernden Nachkriegstief, und das Unternehmen habe die feste Absicht, sich in diesen Trend einzuklinken. Ernest Woodruff absolvierte seinen ersten − und letzten – Auftritt vor den Abfüllern, anläßlich dessen Veazey Rainwater ihn vorstellte und verkündete, es sei an der Zeit, die Vergangenheit ruhen zu lassen, denn der Haupteigentümer denke nun an nichts anderes mehr als an den großen Coca-Cola-Kreuzzug. Woodruffs erster Mann, Tom Glenn, drängte die Abfüller, Coca-Cola-Aktien zu zeichnen – die Trust Company werde ihnen bereitwillig das nötige Geld leihen. Ein deutlicher Hinweis, daß ganz gleich, welche Manipulationen vorher auch stattgefunden haben mochten, die Coca-Cola-Aktie nunmehr eine langfristige Investition in ein Unternehmen darstellte, das seine Geschäfte mit neuem Schwung wieder aufnahm.

Der Star des Kongresses war der neue Vizepräsident und Verkaufsleiter des Unternehmens, Harrison Jones. Mit seiner stattlichen Körpergröße von 1,85 Meter war Jones eine bemerkenswerte Erscheinung; ein robuster Mann mit einem einnehmenden Wesen, der am liebsten, wo er ging und stand, Hände schüttelte und den Leuten auf den Rücken schlug. Jones pflegte einen Vortragsstil, der die Zuhörer völlig in seinen Bann schlug.

Nachdem er 1910 als Rechtsanwalt des Unternehmens geholfen hatte, Beweise für den Chattanooga-Prozeß zusammenzutragen, war Jones ins Management gewechselt, um als Assistent von Howard Candler zu arbeiten. Dank seiner Fähigkeit, die Verkäufer des Unternehmens und besonders die Abfüller zu Höchstleistungen zu animieren, stieg er schnell zum Verkaufsleiter des Unternehmens auf. Jones brüstete sich vor den jungen Mitarbeitern gerne damit, daß er eine Ausgabe der Saturday Evening Post auf einer beliebigen Seite aufschlagen, sich irgendeinen Satz ansehen und anschließend einen einstündigen Vortrag über diesen Satz halten könne. »Und das hat er, verdammt noch mal, wirklich geschafft«, sagte einer der Mitarbeiter.

Jones' Reden waren legendär. Er beherrschte eine blumige Rhetorik und besaß die Darstellungskraft eines Bühnenschauspielers. Jones saß niemals auf dem Podium oder ganz vorne, sondern hielt sich stets im rückwärtigen Teil des jeweiligen Saales auf. Wenn er dann aufgerufen und vorgestellt wurde, marschierte er in betont theatralischer Haltung nach vorne. »Manchmal brauchte er geschlagene fünfzehn Minuten, um bis zum Podium zu gelangen«, erzählte ein Kollege voller Bewunderung, »dabei schlenderte er nur durch den Saal, imposant und gutaussehend, spuckte Feuer und Verdammnis, und die Abfüller lagen ihm zu Füßen.«

Am Eröffnungstag des Kongresses begrüßte Howard Candler die Anwesenden und bemerkte, daß die Idee zu dem Treffen einige

Monate vorher von einigen der Anwesenden geäußert worden war. Dann lächelte er und fügte hinzu: »Aber ich rechne damit, daß Sie Harrison Jones für diesen Kongreß lobpreisen werden.« Die Kongreßteilnehmer brachen in brüllendes Gelächter aus, sahen einander an und nickten zustimmend. In Jones' Flugblatt, mit dem er die Abfüller zu dem Kongreß eingeladen hatte, war ein »Coca-Cola-Auftrieb« versprochen worden. Fragen des Verkaufs und der Werbung sollten »eingekreist, mit dem Lasso eingefangen, gefesselt und mit einem Brandzeichen versehen werden«. Sein Publikum lehnte sich zurück und freute sich auf die große Show.

Jones war in Topform. Seine Stimme füllte die Lagerhalle und rollte über die Männer auf ihren Plätzen neben der Straßenkulisse hinweg. Ja, sagte Jones, es gebe Gerüchte, Ängste und Unstimmigkeiten. Aber das sei bedeutungslos. Die Firma sei innerlich wieder zusammengerückt, alle müßten wieder an einem Strang ziehen. Er wisse sehr wohl, daß die Verkäufer für die Soda Fountains und die Abfüllbetriebe sehr oft aneinandergerieten, daß sie sich gegenseitig häufig als Konkurrenten betrachteten. Sie sollten jedoch bedenken, daß sie in Wirklichkeit wie siamesische Zwillinge seien, für immer miteinander verbunden in der größeren Aufgabe, Coca-Cola zu verkaufen. Jones hatte eine ganz spezielle Botschaft für die Abfüller: Sie seien die Garanten der Zukunft; sie seien keine einfachen Lieferanten, nicht nur Lastenwagenfahrer – sie seien *Coca-Cola-Verkäufer,* ein ganz besonderer Menschenschlag. Und ihre Angestellten müßten ebenfalls etwas ganz Besonderes darstellen.

»Wir brauchen Männer voller Energie«, bereitete Jones seinen ersten Höhepunkt vor. »Wir brauchen Männer, deren Werdegang zeigt, daß sie sich einsetzen! Wir brauchen Männer mit Mumm, die durchhalten und nicht jammern – die den Stürmen standhalten und sich nicht umblasen lassen, die Befehle empfangen und sie ausführen, wir brauchen todesmutige . . . allzeit bereite . . . KÄMPFER!«

Jones hatte die Abfüller auf seiner Seite, noch bevor diese erste Zusammenkunft für die Mittagspause unterbrochen wurde. Das lag jedoch nicht ausschließlich an seiner Redebegabung. Er hatte auch wichtige Neuigkeiten für seine Zuhörer. Er offenbarte ihnen, daß das Unternehmen ihre Bemühungen unterstützen wolle und eine Werbekampagne vorbereite, die alles überträfe, was sie jemals erlebt hätten. Anstatt sich die nun wieder fließenden Dividenden in die Tasche zu stecken, habe das Direktorium die Absicht, eine zusätzliche Million Dollars für die Werbung im Jahr 1923 aufzuwenden. Damit sei in diesem Jahr mit Rekordeinnahmen zu rechnen.

Während Jones die Rolle des Zeremonienmeisters spielte, traten die leitenden Persönlichkeiten der Firma nacheinander ans Rednerpult und zeichneten ein Bild von den Herausforderungen und den Möglichkeiten, die vor ihnen lagen. Bill D'Arcy erschien aus St. Louis, um seinen Plan für eine Anzeigenserie darzulegen. Hunderte von Werbeseiten sollten geschaltet werden, die höchste, je geordete Zahl, und zwar in Tageszeitungen, landwirtschaftlichen Fachzeitschriften, Frauenmagazinen, Eisenbahnwerbeschriften und, was am wichtigsten war, in überregionalen Illustrierten, die das einflußreichste Medium darstellten.

In der Saturday Evening Post war der neue Slogan »Durst kennt keine Jahreszeiten« bereits vorgestellt worden, begleitet vom Bild einer außergewöhnlich hübschen jungen Frau, die in einem knappen Röckchen auf Skiern an hohen Schneewehen vorbeigleitet. Der neue Werbeetat sollte der Verkaufsstrategie, Coca-Cola das ganze Jahr über zu verkaufen, mehr Nachdruck verleihen. Es gebe 110 Millionen Menschen in den Vereinigten Staaten, sagte D'Arcy, und wenn er sie betrachte, sehe er 110 Millionen ausgedörrter Kehlen, die im Herbst, Winter, Frühling und auch im Sommer quälenden Durst litten.

Charles J. Carmody, dessen Unternehmen für den größten Teil der Außenwerbung von Coca-Cola verantwortlich war, erinnerte die Abfüller daran, daß jeder fünfte Amerikaner ein Automobil besitze. Um die motorisierte Öffentlichkeit zu erreichen, sagte er, müßten sich die Abfüller eines neuen Mediums bedienen, das immer häufiger am Rand der Highways im ganzen Land zu sehen sei. Es war das 24er-Plakat (so genannt nach den 24 einzelnen Bögen verstärkten Papiers, jeder ca. 70 mal 100 Zentimeter groß, die, nebeneinandergeklebt, ein Mosaik bildeten, das ca. 7,5 Meter lang und ca. 3,5 Meter hoch war), besser bekannt als »Billboard«, die Reklametafel. Diese Billboards stellten einen neuartigen Weg dar, um die 20 Millionen amerikanischer Autofahrer zu erreichen.

Die Abfüller sollten sich auf einen Kampf gegen die Kritiker dieses Mediums vorbereiten. Gewöhnlich seien es verdrießliche verwitwete Damen der besseren Gesellschaft, die nichts Besseres mit ihrer Zeit anzufangen wüßten, als sich zu beklagen, daß Reklametafeln eine Beleidigung fürs Auge seien, und die darum kämpften, sie gesetzlich verbieten zu lassen. In seinem Heimatstaat Pennsylvania, vertraute Carmody seinen Zuhörern an, gebe die Billboard-Lobby bereits 15 000 bis 20 000 Dollar jährlich für »regelmäßige Reisen nach Harrisburg«, der Hauptstadt, aus, um gesetzliche Einschränkungen zu verhindern.

Carmody schloß seine Ausführungen mit einer Beschreibung des riesigen Symbols, das er für das Unternehmen auf dem Times Square in New York errichtete. Es sei ca. 20 Meter hoch – sechseinhalb Stockwerke – und mit 4000 Glühbirnen ausgestattet, die den berühmten Coca-Cola-Schriftzug in strahlendweißem Licht vor einem dunkelroten Hintergrund bildeten. Damit habe sich Coca-Cola einen festen Platz auf dem Broadway erobert. Er verließ die Bühne unter stehenden Ovationen.

Die Verantwortlichen des Unternehmens gaben bereitwillig zu, daß sie noch immer Probleme hatten. Das war nicht zu leugnen. Jones und seine Techniker hatten eine Verpackung entworfen, eine Art Vorläufer des Sechserpacks aus schwerem, braunem Pappkarton. Sie hofften, damit einen neuen Markt zu eröffnen und Coca-Cola zu einem Haushaltsprodukt zu machen. Die Coca-Cola Company testete die neue Verpackung in Miami, Tampa, Mobile, New Orleans, Shreveport, Oklahoma City, Birmingham und Asheville. Doch der Absatz war dürftig. Es gab noch zu wenige private Kühlmöglichkeiten, und es war nicht einfach, Hausfrauen zu animieren, die Flaschen aus dem Lebensmittelladen nach Hause zu schleppen. Es lag wohl noch ein langer Weg vor dem Unternehmen, bis die Verbraucher sich mit der Vorstellung anfreunden würden, Coca-Cola auch in den eigenen vier Wänden zu trinken.

An einer anderen Front hatte der lange Kampf gegen Dr. Wiley und die Regierung Zweifel an der gesundheitlichen Unschädlichkeit von Coca-Cola geweckt, die zerstreut werden mußten. »Es vergeht kaum ein Tag«, klagte Walter Bellingrath, der Präsident der Bottlers' Association, »an dem nicht irgendwer Fragen über Coca-Cola stellt, ob es nicht doch gefährlich ist und ob es am Ende nicht doch tödlich wirkt und ob der Genuß nicht für Kinder schädlich ist.«

Ross Treseder, der Verkauf und Werbung der Unternehmensfiliale in Chicago leitete, hatte kurz zuvor eine Lebens- und Genußmittelmesse in Louisville besucht. Er habe dort zwei Damen angetroffen, die einen Informationsstand der Women's Christian Temperance Union aufgebaut hätten und Flugblätter mit der Aufforderung »Meiden Sie Coca-Cola!« verteilten. Ihrer Kampfschrift zufolge war Coke noch schlimmer als der billigste Alabama-Fusel! Glücklicherweise konnte er die Damen zur Vernunft bringen und dazu bewegen, ihre Aktion abzubrechen.

Um die Harmlosigkeit von Coca-Cola zu unterstreichen, präsentierte ein Chemiker des Unternehmens eine der detailliertesten

Beschreibungen der Zusammensetzung des Sirups, die je an die Öffentlichkeit gelangten, und zwar von den entkokainisierten Kokablättern über den Karamelanteil bis hin zum Koffeingehalt und den aromatisierenden Ölen. Alle Bestandteile in Coca-Cola seien Naturprodukte, betonte er, inklusive der Phosphorsäure, die dem Getränk seine Spritzigkeit verlieh, ohne die man nur eine »flache Süße« schmecke, und dem Glyzerin, das »eine gewisse Vollmundigkeit und Geschmacksintensität schaffe, die man gewöhnlich in derartigen Getränken nicht vorfindet«. Koffein und Zucker sorgten für die erfrischende Wirkung, während Zitronensäure und Phosphorsäure den Speichelfluß anregten und einen durststillenden Effekt hätten. Jeder Bestandteil sei absolut ungefährlich.

Trotz der gelegentlich defensiven Zwischentöne verlief der Kongreß in einer ausgesprochen positiven, zuversichtlichen Atmosphäre. Die Redner machten deutlich, daß das Unternehmen durch und durch gesund war.

Harold Hirsch klärte die Abfüller über die rechtliche Situation der Firma auf, hob die Bedeutung des Koke-Prozesses und die daraus resultierende Aufwertung des Warenzeichens hervor. Um zu gewährleisten, daß jeder Angehörige der Coca-Cola-Familie auch begriff, wie entschlossen und erfolgreich er das Warenzeichen verteidigt hatte – und wie ehrlich er die Anwaltsgebühren verdient hatte, die seiner Kanzlei zuflossen –, verteilte Hirsch an die Abfüller außerdem ein in Leder gebundenes, 639 Seiten starkes Buch voller Unterlassungsurteile und Dauerverbote, die von Richtern im ganzen Land erlassen worden waren und Hunderten von Imitatoren das Handwerk gelegt hatten.

Außer anfeuernden Parolen bekamen die Abfüller auch jede Menge Ratschläge mit auf den Weg. Das Unternehmen befand sich nun im 37. Jahr seines Bestehens. Seine Manager hatten zahllose Arbeitsstunden in die Suche nach den besten Methoden der Herstellung, des Vertriebs, des Verkaufs und des Ausschanks von Coca-Cola investiert, und sie wollten ihr Wissen weitergeben. Man empfahl den Abfüllern, eine Coca-Cola-Wandtafel zukünftig mindestens einmal im Jahr frisch zu streichen, aber mindestens zweimal dort, wo die Luft rußhaltig und verraucht war. Die Farbe Coca-Cola-Red solle man meiden. Mit 30 Cents pro Pfund sei sie zu billig und verblasse schon innerhalb weniger Wochen. Es sei besser, 1,25 oder 1,30 Dollar für das hellere Teluden-Red zu bezahlen, das in mit Eiswasser gekühlten Fässern gemischt und mit Glyzerin und Leinöl versetzt wurde.

Das Unternehmen hatte all diese Dinge zu einer eigenen Wissenschaft erhoben. Es reichte nicht aus, daß ein Abfüller einem Händler ein paar Kästen Coca-Cola verkaufte und dann wieder in seinen Lastwagen stieg und davonfuhr. Ein umsichtiger Abfüller sollte in den Laden gehen und sich davon überzeugen, daß die Kästen ordentlich aufgestapelt und gleich hinter der Tür auf der rechten Seite aufgestellt wurden, wo der Kunde sie sofort sehen konnte. Einem Lebensmittelverkäufer dürfe niemals gestattet werden, Coca-Cola hinter der Theke zu verstecken. Außerdem sollten sich die Abfüller um ein gutes Einvernehmen mit den Verkäufern bemühen. Es seien in der Regel nicht die Ladeninhaber, die mit den Kunden schwatzten und ihnen Coke verkauften, das tue der Verkäufer. Wenn man ein paar freundliche Worte für ihn übrig habe oder ihm irgendein Präsent überreiche – einen Bleistift oder eine Mütze, vielleicht auch ein Paar Manschettenknöpfe –, werde man ihn sich leicht gewogen stimmen.

Einige Männer unter den Anwesenden wurden namentlich aufgerufen und wegen ihrer Initiative und ihres Einsatzes gelobt. Da war Jim Yuncker, der Abfüller in Indianapolis, der bei der staatlichen Verwaltung um die Erlaubnis nachgesucht hatte, Coca-Cola auf dem Jahrmarkt zu verkaufen. Und da war Luther Carson: Er hatte die Seilbahn von Lookout Montain in Chattanooga betrieben, bis Lupton und Whitehead ihn dazu überredeten, nach Paducah, Kentucky, umzuziehen und Coca-Cola-Abfüller zu werden. Zehn Jahre lang hatte Carson jeden Samstag einen Coca-Cola-Tintenlöscher in jedem Laden und jedem Büro in der Stadt verteilt, nun führte er ein überaus erfolgreiches Unternehmen.

Als die Abfüller nach dem zweiten Kongreßtag Vorbereitungen trafen, zu ihren Betrieben zurückzukehren, war die Stimmung locker und aufgekratzt. Die trüben Tage, die Tage des überteuerten Zuckers, der abstürzenden Aktienkurse, der drohenden ungewissen Gerichtsentscheidungen und der Auseinandersetzungen mit der Unternehmensleitung schienen endgültig der Vergangenheit anzugehören.

Während sein Vater alles versuchte, die Kontrolle über Coca-Cola an sich zu reißen, arbeitete Robert Woodruff sich bei der White Motor Company die Karriereleiter hinauf.

Nach Jahren des Streits und bitterer Meinungsverschiedenheiten war der Sohn im Alter von 33 Jahren von Atlanta weggezogen und hatte sich aus dem Einflußbereich seines Vaters entfernt. Er war vor den ständigen Auseinandersetzungen geflohen, die sie, abgesehen von gelegentlichen Pausen, seit dem Tag führten, als Robert »Nein« zu sagen gelernt hatte.

Ernest Woodruff hatte sich immer gewünscht, daß sein erstgeborener Sohn ihm eines Tages ins Bankgeschäft folgen würde. Es war alles genau vorgeplant: Robert würde das College beenden, eine Ausbildung in einer der großen Banken in der Wall Street absolvieren – wahrscheinlich in der Chase National – und dann nach Hause zurückkehren, um einen langsamen, aber stetigen Aufstieg in eine der Spitzenpositionen der Trust Company zu beginnen. Im Bankgewerbe hatte Robert alle Chancen, das Ansehen und den gesellschaftlichen Status zu genießen, die sein Vater bei seinen harten geschäftlichen Aktivitäten hatte opfern müssen. Ernest Woodruffs Erfolg hatte sich, wie er es selbst einmal ausdrückte, um den Preis eingestellt, »die schönsten Jahre meines Lebens« verloren zu haben, und er wollte, daß es seinem Sohn in dieser Hinsicht besser erging.

Doch sein despotisches Temperament hatte dazu geführt, daß sich Vater und Sohn völlig entfremdeten. Er hatte seinen Sohn regelrecht aus dem Haus getrieben. Robert arbeitete als Verkäufer von Personen- und Lastkraftwagen. Ernest konnte sich damit nicht abfinden. Für ihn war der Beruf seines Sohnes auf der gesellschaftlichen Leiter ein deutlicher Schritt nach unten. Am schlimmsten war, daß Robert in seinem Job auch noch erfolgreich war. Er erfreute sich nämlich der besonderen Sympathien von Walter C. White, dem Präsidenten von White Motor, einem der führenden Lkw-Produzenten des Landes. Robert hatte sich Schritt für Schritt nach oben gearbeitet, bis er der zweite Mann des Unternehmens war.

Im Winter 1923 hatte Bob Woodruff ein eigenes Büro und eine Wohnung in New York, einen Posten im Direktorium der White Motor Company und die Berechtigung, im Namen Walter Whites Geschäfte abzuschließen. Und er hatte nicht die Absicht, nach Hause zurückzukehren.

Eine typische Eigenschaft der Woodruff-Familie war ihre störrische Beharrlichkeit. Die Woodruffs konnten ihre Herkunft bis zu Matthew Woodruff zurückverfolgen, einem Engländer, der 1636 den Atlantik überquert hatte, ein Connecticut-Yankee wurde und sich als Pionier in der Gegend um Farmington niederließ. Sechs Generationen später zog George Waldo Woodruff in den Süden und baute am Chattahoochee River in Columbus, Georgia, eine Mais- und Weizenmühle auf. In den Jahren vor dem Bürgerkrieg verdiente George Waldo ein ansehnliches Vermögen. Sein Vertrauen in seine neue Heimat erwies sich als so tief und unerschütterlich, daß er alles, was er besaß – bis auf eine einzige goldene Zehn-Dollar-Münze – in Konföderiertenwährung anlegte.

Der Krieg ruinierte George Waldo. Seine Mühle, mit der er die Armee der Konföderierten versorgt hatte, war völlig zerstört worden. Während der Zeit des Wiederaufbaus konnte er aber genügend Geld auftreiben, um wieder von vorne anzufangen. Es dauerte nicht lange, und die Empire Mills schrieben wieder schwarze Zahlen.

George Waldo war ein merkwürdiger Mensch. Er wurde zwar reich, blieb aber Zeit seines Lebens ein Geizkragen. Ein Börsenmakler aus Atlanta erinnerte sich, ihn wegen des Verkaufs von Straßenbahnanleihen aufgesucht zu haben:

»Ich fuhr hin und fand das Haus. Es war ein kalter Tag im Winter. Ich ging zur Haustür, und er machte mir auf und bat mich herein. Ich betrat einen kleinen Salon. Er hatte bereits im Kamin ein paar Holzscheite aufgeschichtet, um ein Feuer anzufachen. Er sah mich an. Ich trug noch immer meinen Mantel. Er fragte: ›Was meinen Sie, wie lange Sie hier sein werden?‹ Ich erwiderte: ›Keine Ahnung, Mr. Woodruff, ich denke, lange genug, um das Geld anzunehmen und wieder nach Atlanta zurückzufahren.‹ Er nickte. ›Dann brauchen wir kein Feuer anzuzünden.‹«

George Waldo las aufmerksam jedes Wort des kleingedruckten Textes auf den Anleihescheinen, ehe er sich bereit erklärte, sie zu kaufen. Danach verabschiedete er sich von seinem Besucher.

Er forderte auch von seinem Sohn sehr viel. Ernest wurde im Jahr 1881 achtzehn Jahre alt. Wenig später schickte George Waldo ihn als Verkäufer für die Mühle auf Geschäftsreisen, die ihn durch den Südwesten Georgias, ins nördliche Florida und nach Alabama führten. Ernest war wochenlang unterwegs. Er begann die Reisen zunehmend zu hassen, vor allem im Sommer, wenn die Hitze unerträglich wurde – und die endlosen Regenfälle im Februar waren auch nicht sehr viel angenehmer. Die ländlichen Gebiete des amerikanischen Südens kurz vor der Jahrhundertwende zu bereisen, war mühsam und anstrengend. Meist übernachtete Ernest in Pensionen, da in den kleinen Ortschaften und den winzigen Ansiedlungen nur sehr selten Hotels zu finden waren. Er reiste in der Regel mit Gewehr und Jagdhund – das Abendessen schoß er sich oft selbst.

Das Leben in Columbus war auch nicht viel angenehmer. Ernest mußte in der Mühle hart arbeiten. Alles in allem erschien Ernest die Aussicht auf eine Karriere im Mehlgeschäft wenig reizvoll, und er ergriff jede Gelegenheit, um sich aus Columbus wegzustehlen und seine ältere Schwester Jennie Bright und ihren Mann Joel Hurt in Atlanta zu besuchen.

Während eines dieser Besuche bei den Hurts im Jahr 1883 lernte Ernest die Tochter der Nachbarn kennen. Emily Winship – »Miss Emie«, die Tochter von Robert und Mary Frances Winship – war gerade sechzehn geworden. Sie war schlank, zierlich und wirkte schüchtern. Außerdem hatte sie gelegentlich depressive Phasen. Doch Ernest hatte sich hoffnungslos in sie verliebt. Er schickte ihr Blumen, und in einem Brief fragte er sie, ob er sie zu einem Nachmittagsspaziergang auf der eleganten Ponce de Leon Avenue in Atlanta ausführen dürfe. Ihre Eltern brauchten sich keine Sorgen zu machen, versicherte er ihr, weil »ich ganz gewiß auf Sie aufpassen werde«.

Ihre Eltern brauchten sich tatsächlich keine Sorgen zu machen, sie verboten ganz einfach das Rendezvous. Emie war ihrer Meinung nach viel zu jung für eine Romanze, und sie versuchten alles, um ihr Interesse an Woodruff zu zerstreuen. Einen von Ernests Briefen schickten sie ungeöffnet zurück und machten ihm unmißverständlich klar, daß sein Werben um ihre Tochter höchst unwillkommen war. Aber Ernest ließ sich nicht beirren. Er sah Emie auch weiterhin während seiner Besuche in Atlanta und machte seinem »teuren kleinen Mädchen« weiterhin den Hof.

Abgesehen vom Alter ihrer Tochter und der wenig erfreulichen Vorstellung, daß ihre Tochter in eine andere Stadt ziehen könnte, gab es für die Winships eigentlich keine Gründe, Woodruff als möglichen Ehemann für Emie abzulehnen. Ihre Familiengeschichte war in vieler Hinsicht der von den Woodruffs sehr ähnlich. Emie Winship konnte ihre Ahnenlinie bis zu einem englischen Vorfahren im achtzehnten Jahrhundert zurückverfolgen, der nur wenige Jahre nach der Landung der *Mayflower* nach Massachusetts ausgewandert war. Der Großvater von Emie, Joseph Winship, kam Anfang des neunzehnten Jahrhunderts nach Georgia und baute dort mehrere Unternehmen auf, ehe er sich 1853 in Atlanta niederließ und eine Eisengießerei eröffnete.

Während des Bürgerkriegs produzierte die Winship Machine Company Munition für die Konföderierten. Als General Sherman 1864 auf Atlanta vorrückte, flohen Emies Eltern aus der Stadt – ihre Mutter brachte sich in Madison, Georgia, in Sicherheit, ihr Vater fand Zuflucht in einem Eisenbahnlager, wo sich die Männer vor den Truppen der Union versteckten. Als die Winships zurückkehrten, war ihr Heim ausgeplündert und ihre Fabrik der Feuersbrunst von Atlanta zum Opfer gefallen. Wie die Woodruffs bauten die Winships nach dem Krieg ihr Unternehmen wieder auf und stellten landwirtschaftliche Maschinen her.

Wenn es Unterschiede zwischen den beiden Familien gab, dann waren sie im gegensätzlichen gesellschaftlichen Auftreten angesiedelt. Die Winships waren ruhige, freundliche Menschen, denen die Verschrobenheit und das heftige Erfolgsstreben der Woodruffs fremd waren. Welche Zweifel aber Emies Eltern auch immer gehabt haben sollten, der Beharrlichkeit und dem Eifer Ernest Woodruffs hatten sie nichts entgegenzusetzen. Mit jedem seiner kühner und vertraulicher werdenden Briefe setzte der junge Mann seine Werbung fort. Er hielt um ihre Hand an, schickte Emie sogar einen Ring. Als sie zögerte und um Bedenkzeit bat, drängte er noch heftiger. »Nun, mein liebes kleines Mädchen«, schrieb er ihr schließlich und ließ sie seine starke Hand spüren, »Du solltest mit mir in dieser Angelegenheit keine Spielchen treiben.«

Als ihre Eltern wegen Emilys angegriffener Gesundheit um einen Aufschub der Hochzeit baten, setzte Ernest seine Werbung um so intensiver fort. »Ich fühle mich sehr schlecht«, schrieb er ihr, »weil ich annehmen muß, daß Du kaum eine Ahnung hast, wie innig ich Dich liebe. Deine Unpäßlichkeit läßt mich noch heftiger danach streben, endlich mit Dir zusammen zu sein. Lieber möchte ich sterben, als Dich einen Moment leiden sehen.« Ihre Eltern, fügte er drohend hinzu, schienen ihre angeschlagene Gesundheit als willkommenen Grund für eine weitere Verzögerung vorzuschieben – eine Taktik, die er nicht zu dulden bereit war.

Ernest unternahm so viele Reisen nach Atlanta, wie er konnte. Schließlich erklärte sich Emie damit einverstanden, ihn zu heiraten, und ihre Eltern lenkten schließlich ein und gaben ihnen ihren Segen. Emie und Ernest wurden am 22. April 1885 getraut und verbrachten ihre Flitterwochen im Grand Central Hotel in New York.

Das frischgebackene Ehepaar ließ sich in Columbus nieder. Ernest wurde Vizepräsident im Unternehmen seines Vaters und schränkte seine anstrengende Tätigkeit als Handlungsreisender ein. Emies und Ernests erstes Kind, ein Sohn, wurde am 6. Dezember 1889 geboren. Sie nannten ihn nach Emies Vater Robert Winship Woodruff.

Die Tatsache, daß der Junge beide Familiennamen trug, erschien durchaus angemessen. Schon früh wurde offensichtlich, daß er die Willensstärke und Zielstrebigkeit seines Vaters geerbt hatte, aber auch eine gewisse Schüchternheit und einen Hang zum Grübeln, zur Empfindsamkeit und Melancholie – Charaktermerkmale, die in der Familie seiner Mutter vorhanden waren. Er war ein schwieriges Kind.

Im Jahr 1893, kurz bevor Robert Woodruff vier Jahre alt wurde, zogen seine Eltern nach Atlanta um. Ernest nahm Joel Hurts Angebot an, ihm bei der Leitung seines Wirtschaftsimperiums im Bank- und Immobilienwesen, in Straßenbahnen und im Stromversorgungsbereich zu helfen.

Je mehr Karriere Ernest machte, desto schroffer und despotischer wurde sein Auftreten. Er verlangte von seinen Angestellten und Mitarbeitern, ihn mit »Chief« anzureden, und er erwarb sich, einem Zeitungsreporter zufolge, den Ruf, ein »anstrengender Vorgesetzter« zu sein.

An seinem Arbeitsplatz bei der Trust Company hatte Woodruff für eine kollegiale Atmosphäre wenig übrig. Nach einem umfangreichen Frühstück zu Hause arbeitete er in der Bank über Mittag meist durch. Sehr oft kehrte er nach dem Abendessen noch einmal für eine oder zwei Stunden in die Bank zurück. Wenn Besucher bei ihm vorsprachen, während er noch beschäftigt war, drückte er ihnen häufig eine kleine Ledertasche mit Geduldsspielen in die Hand, damit sie sich damit die Zeit vertreiben konnten, bis er sie empfing.

Woodruffs Sparsamkeit war legendär. Er sammelte die Seifenstücke aus Hotels, bezahlte grundsätzlich nicht mehr als 2 Dollar für ein weißes Oberhemd, in der Bank versuchte er die Einführung des Weihnachtsgeldes für die Angestellten zu verhindern. Auf einer Geschäftsreise bestellte ein jüngerer leitender Angestellter moderne Telefone und ließ sie in den Büros der Bank aufstellen. Als Woodruff zurückkehrte, wurden sie auf seine Veranlassung hin wieder entfernt und durch die alten Modelle ersetzt.

Berühmt ist die Episode, als Woodruff und Tom Glenn mit der Eisenbahn nach Baltimore fuhren, um Straßenbahnanleihen im Wert von mehreren hunderttausend Dollar abzuholen. Da er sich weigerte, 200 Dollar für Versicherung und Versendung der Papiere per Expreß zu bezahlen, suchten Woodruff und Glenn ihr Hotelzimmer auf, zogen sich bis auf die Unterwäsche aus, wickelten sich die Wertpapiere um die Körper und verbargen sie unter ihrer Oberbekleidung. Während der nächtlichen Heimfahrt saßen sie stocksteif und kerzengerade im Zug. Viele Jahre später erzählten sie sich unter vergnügtem Gelächter, wie sehr sie knisterten, wenn der Zug ruckte oder durch eine Kurve fuhr und sie ins Schwanken gerieten. Glenn war einer von Woodruffs uneingeschränkten Bewunderern, und er hatte eine aufschlußreiche Erklärung dafür, daß sie so gut miteinander auskamen: »Weil ich ihn immer seinen Weg gehen ließ, und dieser Weg war nun einmal immer der einzig richtige.«

Woodruffs Geiz wurde immer penetranter. Seine erste Auseinandersetzung mit Joel Hurt betraf Pläne für die Benutzung des Erdgeschosses von Hurts Wolkenkratzer, dem Equitable Building. Hurt wollte dort ein Café einrichten, wo Geschäftsleute eine Kleinigkeit zu Mittag essen konnten, anstatt nach Hause zu gehen, um dort ein ausgiebiges Mittagessen einzunehmen und sich anschließend einen ausgedehnten Mittagsschlaf zu gönnen. Es sei viel produktiver, wenn die Männer in der Stadt bleiben könnten, argumentierte Hurt. Aber Woodruff war das gleichgültig. Er plädierte für einen Saloon und einen Billardsaal, weil sich damit mehr Geld verdienen ließ.

Woodruff war weiterhin Miss Emie, dem »Mittelpunkt« seines Lebens, treu ergeben. Als er in die Bank eintrat, arbeitete sie kurze Zeit für ihn und kümmerte sich um die Beantwortung seiner Post. Aber sehr bald stellte er für diese Büroarbeit Sekretärinnen ein, und Emie wandte ihre ungeteilte Aufmerksamkeit wieder der Familie zu.

Emie gebar einen zweiten Sohn, Ernest Jr., der jedoch 1896 an einer Hirnhautentzündung starb. Die Geburt von zwei weiteren Söhnen, George und Henry, veranlaßte Ernest, für 20 000 Dollar ein prächtiges englisches Landhaus in Inmam Park zu bauen, einem Vorort östlich von Atlanta, wo auch Hurt wohnte. Die Kinder wuchsen in ausgesprochenem Luxus auf. Ein Zeitungsbericht von damals schilderte die modernen Einrichtungen im Haus: »Mrs. Woodruff brauchte nur auf ein paar Knöpfe zu drücken oder kleine Hebel und Schalter zu betätigen, und schon erstrahlten die elektrischen Birnen, Kugeln und Leuchter in goldenem Glanz, gehorchten die Fensterjalousien, gingen Türen auf und zu und kamen dienstbare Geister herbeigeeilt, um ihre Befehle in Empfang zu nehmen.«

Das Haus verfügte über sämtliche Annehmlichkeiten jener Epoche, darunter auch ein Warmwasserboiler, ein Kohleherd und ein Eisschrank, in dem sich ein 200 Pfund schwerer Eisklotz unterbringen ließ.

Dem äußeren Anschein nach wuchsen die drei Woodruff-Jungen unter idyllischen Umständen auf, umgeben von beträchtlichem Luxus. Ernest war einer der ersten Männer in Atlanta, der ein Automobil kaufte, einen großen schwarzen Oldsmobile, der mit der Eisenbahn aus Detroit geliefert wurde und einiges Aufsehen erregte. An Sonntagen setzte die Familie sich in den Wagen und fuhr hinaus zum exklusiven Piedmont Driving Club, wo sie schwammen und Tennis spielten. Eine furchterregend aussehende Hausangestellte, eine Farbige namens Mammy Lou, die am liebsten strenge weiße Turbane trug, kümmerte sich um die Jungen.

Ernest achtete darauf, seine Söhne nicht zu verwöhnen. Auch wenn er sie die Vorteile seines Reichtums genießen ließ, versäumte er es doch nicht, ihnen die Bedeutung von Sparsamkeit und Ehrlichkeit, von Selbstdisziplin und fleißiger Schularbeit nahezubringen. Bei seinem ältesten Sohn Robert schienen diese Lektionen jedoch nichts zu fruchten. Robert – oder »Buddy«, wie seine jüngeren Brüder ihn scherzhaft nannten – war ein aufgeweckter Junge, schlaksig und gutaussehend, der die Fähigkeit hatte, die Aufmerksamkeit und Zuneigung seiner Lehrer und anderer Kinder auf sich zu ziehen. Er war allerdings kein guter Schüler.

Robert war lebhaft und kontaktfreudig und liebte die Gesellschaft anderer Kinder so sehr, daß er, als er die Geduld seiner Mutter mit seiner Angewohnheit, Partys zu veranstalten, erschöpft hatte, seine Freunde ins Haus einer Tante einlud und sie dort bewirtete. Er hatte ein bißchen was von Tom Sawyer an sich. Sein Vater gab ihm ein bescheidenes Taschengeld für die Versorgung eines Ponys, mit dem er zur Schule ritt. Anstatt die Anweisungen seines Vaters zu befolgen, steckte er das Geld ein und überredete den Pferdepfleger im Stall Asa Candlers, sein Tier kostenlos aufzunehmen. Das war Roberts liebste Kindheitsgeschichte – und es war das erste Mal, daß er seinen Vater überlistet hatte.

In der Schule war Robert jedoch ziemlich schlecht und unbeholfen. Rückblickend scheint er an einer nicht erkannten Dyslexie gelitten zu haben. Als Erwachsener zeigte er eine offene Abneigung gegen das Lesen. Seine Mitarbeiter bemerkten, daß er beim Lesen jedes Wort einzeln lesen und warten mußte, daß ihm seine Bedeutung klar wurde, ehe er stockend zum nächsten vorrückte. Als Schulkind beklagte er sich oft, daß er bei seinen Hausarbeiten Probleme mit den Augen hatte und daß ihm sehr oft ubel wurde. Seine Zensuren waren schlecht, er brauchte Nachhilfeunterricht und mußte die Sommerschule besuchen. Seine Eltern hatten keine Ahnung von seiner Dyslexie und hegten den Verdacht, daß er sich nicht gebührend anstrengte.

Probleme bereitete Robert auch ein extremer Unterbiß, den seine Eltern zu lindern hofften, indem sie ihn zu einem Zahnarzt schickten, der mit dem neuesten Typ verstellbarer Zahnspangen an ihm herumexperimentierte. Später beschrieb Woodruff diesen Kieferorthopäden als einen ganz üblen Quacksalber, obgleich das in keiner Weise zutraf, denn sein Zahnarzt war tatsächlich der hochangesehene Dr. Thomas P. Hinman, ein Gründer und Angehöriger des American College of Dentists und der Leiter einer zahnmedizinischen Fachschule in Atlanta. Nichtsdestoweniger bereiteten die Drähte und Bänder

Robert enormes Unbehagen – vor allem wenn sie zweimal in der Woche nachgespannt wurden – und hielten ihn davon ab, sich sportlich zu betätigen. Fotos aus dieser Zeit zeigen einen gutaussehenden jungen Mann, den man jedoch niemals lachen sah.

Es war Robert schon als junger Mann bewußt, daß sein Vater von ihm enttäuscht war und sich wegen seiner Unzulänglichkeiten Sorgen machte. Während Roberts Teenagerzeit besuchte sein Cousin aus Columbus, George C. Woodruff (»Kid« Woodruff, ein Jahr älter als er und schon bald berühmter Quarterback und Kapitän des Footballteams der Universität von Georgia), eine Tagesschule in Stone Mountain, vor den Toren Atlantas. Ernest lud Kid Woodruff regelmäßig übers Wochenende und zu den Ferien mit der Familie ein, und er machte kein Geheimnis daraus, daß er mehr Sympathie für den Sohn seines Bruders empfand als für seinen eigenen.

1916, als er sechzehn Jahre alt war, wurde Robert von der Boys' High School verwiesen. Sein Vater schickte ihn in ein Militärinternat, in die Georgia Military Academy südlich von Atlanta in College Park. Die Schule war erst sechs Jahre zuvor eröffnet worden, hatte nur vier Lehrer und etwa hundert Schüler und verfügte noch nicht über die notwendigen sanitären Anlagen. Wie die meisten privaten Militärakademien jener Zeit legte die GMA mehr Wert auf die Vermittlung von Disziplin als von schulischem Wissen.

Auf der GMA blieb Robert ein mäßiger Schüler. Aber in jeder anderen Hinsicht blühte Robert geradezu auf. Er war von Natur aus eine Führerpersönlichkeit. Da er wegen seines Zahnleidens an sportlichen Aktivitäten weitgehend nicht teilnehmen konnte, beteiligte er sich um so mehr an allen anderen Aktivitäten, die sich anboten, und übernahm für diese die organisatorische Leitung: Er war Manager des Footballteams, Manager des Basketballteams, Leiter des Theaterclubs, Chefredakteur der Schulzeitung und verantwortlich für das Jahrbuch der Schule.

Robert trat der Alpha Theta Literary Society, dem Painter's Club und dem Trompetencorps bei, wurde in die Studentenverbindung Sigma Chi aufgenommen und war erster Lieutenant im Kadettencorps. Als angeregt wurde, Geld zu sammeln, um Instrumente anzuschaffen und eine Schulband zu gründen, machte Robert sich für das Projekt stark und übernahm die Leitung der Vorbereitungen. »So lange ich unterwegs war, um Geld für die Band zu beschaffen, brauchte ich nicht am Unterricht tcilzunehmen«, witzelte er Jahre später, aber es steckte mehr dahinter als nur das. Es machte ihm Spaß, Herausforderungen anzunehmen, Geschäfte vorzubereiten und seine sich allmählich entwickelnden Fähigkeiten als Kaufmann zu erproben.

Robert Woodruff hinterließ bei sehr vielen Menschen, die in irgendeiner Form mit ihm Kontakt hatten, einen tiefen und dauerhaften Eindruck. Sein Zimmergenosse, Dick Gresham, war ihm treu ergeben. Gresham wurde später Priester und pflegte Woodruff regelmäßig lange, nachdenkliche Briefe zu schreiben. Die Sonntagsschullehrerin an der GMA, Mrs. Alonzo Richardson (von allen liebevoll »Sweetheart« genannt) schrieb ihm Jahre später einen erstaunlichen Brief, in dem sie von einem Traum erzählte: Während eines schrecklichen Unwetters habe er ihr das Leben gerettet und sie »voller Zuversicht, stark und sicher« durch reißende Fluten auf festes Land getragen, ohne daß sein eleganter weißer Anzug auch nur einen einzigen Flecken abbekommen hätte.

Als Robert 1908 an der GMA seine Abschlußprüfung abgelegt hatte, führte Colonel John C. Woodward mit Ernest Woodruff ein persönliches Gespräch. »Schicken Sie Robert nicht auf die Universität«, warnte er ihn. »Es wäre sein Unglück.«

Nach Woodwards Meinung war Robert ein durchaus intelligenter junger Mann, der aber besser praktisch arbeiten sollte. Robert sei für eine akademische Ausbildung einfach nicht geschaffen, und er würde nur seine und die Zeit der Professoren vergeuden, wenn er das College besuchte. Woodward hatte recht, aber verständlicherweise war Woodruff ganz anderer Meinung. Robert sollte aufs College gehen, einen akademischen Grad erwerben und dann Bankier werden. Ernest hatte nicht die Absicht, seine Pläne mit seinem Sohn einfach aufzugeben.

Im Herbst 1908 trat Robert auf Drängen seines Vaters die Reise zum Emory College an, einer kleinen Methodistenuniversität mit etwa 300 Studenten in Oxford, Georgia, einem kleinen Dorf etwa 35 Meilen östlich von Atlanta. Eine Zeitlang vermittelte Robert nach außen den Eindruck, alles zu tun, um das Studienpensum zu bewältigen, was seine Eltern mit Freude erfüllte. Er schrieb seinem Vater, er »studiere wie ein Verrückter«. Als Belohnung bat Robert seine Eltern regelmäßig um die Erlaubnis, nach Hause kommen zu dürfen. Wenn sie sich einverstanden erklärten, war er begeistert.

Aber es wurde bald klar, daß seine Demonstration von Fleiß nichts anderes war als ein großer Schwindel. Robert studierte nicht »wie ein Verrückter«; eigentlich studierte er so gut wie gar nicht. Seine mangelhafte Ausbildung an der GMA hatte ihn in keiner Weise auf die

Anforderungen des bescheidenen Lehrplans von Emory vorbereitet, und anstatt alle Kräfte aufzubringen, um sich der fast hoffnungslosen Herausforderung zu stellen, widmete er seine Zeit lieber allen möglichen Vergnügungen. Anstatt den Unterrichtsveranstaltungen beizuwohnen, verbrachte er seine Tage im Clublokal der Kappa Alpha Studentenverbindung im ersten Stock über dem Stone's Store in Oxford. Und unten im Laden stapelten sich die Rechnungen, die sein Konto weitaus höher belasteten, als er je mit seinen 40 Dollar monatlichem Taschengeld hätte ausgleichen können.

Roberts immer wieder vorgetragener Wunsch, nach Hause kommen zu dürfen, hatte weniger mit seiner Liebe zu seinen Eltern zu tun als mit seiner Begeisterung für die Mädchen und die Partys und mit seinem dringenden Bedürfnis, der Langeweile Oxfords zu entfliehen. Junge Frauen fühlten sich zu Robert hingezogen. Er war groß, hatte dunkle Augen und offensichtlich das attraktive Aussehen der männlichen Linie der Winships geerbt.

Emie konnte die Vorliebe ihres Sohnes für alle möglichen Vergnügungen gut verstehen. »Ich glaube, ich werde Dir immer ein großer Trost sein«, schrieb Robert ihr einmal, und im großen und ganzen war er das auch. Mutter und Sohn standen einander ausgesprochen nahe, und sie sah seine Anstrengungen, etwas zu lernen, mit großem Mitgefühl.

Ernest hielt das alles für Unfug. Er glaubte, daß seine Frau ihren Sohn verwöhnte. Als sie wegen heftiger Kopfschmerzen bettlägrig war, teilte er Robert erbost mit, sie habe sich offenbar überanstrengt, als sie eine seiner vielen Partys für ihn geplant und vorbereitet habe. Das Absolvieren einer Collegeausbildung war für Ernest eine reine Frage des Willens. Wenn Robert sich anstrengte, dann würde er es schon schaffen. Und wenn nicht, nun, dann würde er erfahren müssen, wie energisch sein Vater sein konnte.

Im Oktober 1908, während Roberts erstem Jahr im Emory, unternahmen Ernest und Emie eine Reise nach Denver zu einer Bankierstagung. Als sie in Colorado Springs Zwischenstation machten, entdeckte Ernest eine Ansichtskarte, die ziemlich genau seine Sicht der Dinge darstellte. Auf der Karte war ein Cowboy zu sehen, der auf einem bockenden Wildpferd saß. »Ich hoffe, du kannst Dich oben halten, bis es einfacher wird«, schrieb er Robert. »Genau das hat der Bursche auf dem Bild auch getan.«

Als die Postkarte in Emory eintraf, war Robert schon nicht mehr dort. Er hatte die Abwesenheit seiner Eltern genutzt und war heimlich nach Atlanta zurückgekehrt. Hier verbrachte er ein langes

Wochenende und ging seinen Vergnügungen nach. Er widersetzte sich dann ganz offen den nachdrücklichen Anweisungen seiner Eltern, den Campus auf keinen Fall vor Thanksgiving zu verlassen. Er beging damit einen ungeheuren Affront. Dennoch machte Robert keine Anstalten, die Sache zu verheimlichen oder seine Spuren zu verwischen. Im Gegenteil, er lieh sich Geld von einem Angestellten seines Vaters, benutzte das Spesenkonto seines Vaters, um sich einzukleiden, und räuberte den Kleiderschrank seines Vaters aus, bevor er aufs College zurückkehrte. Sein Verhalten schien darauf angelegt gewesen zu sein, eine Explosion auszulösen, und genau die erfolgte auch.

Als er nach Hause zurückkehrte und von Roberts Dummheiten erfuhr, setzte sein Vater sich sofort an den Schreibtisch und schrieb einen Brief:

»Zutiefst gekränkt und mit größtem Bedauern habe ich zur Kenntnis genommen, daß Du mir auch diesmal nicht gehorcht hast und erneut nach Atlanta gekommen bist. Ich hatte gehofft, daß ich Dir unmißverständlich klar gemacht habe, daß Du Dich auf Deine Arbeit konzentrieren und Emory nicht ohne ausdrückliche Erlaubnis verlassen sollst; eine derart vorsätzliche Mißachtung meiner Anweisungen und Zügellosigkeit, derer Du Dich schuldig gemacht hast, wird nicht länger toleriert; je eher du Dein Verhalten änderst, desto besser ist es für Dich. Dein Verhalten ist insgesamt unentschuldbar und wird nicht länger geduldet . . .«

Nachdem er den Brief beendet hatte, entdeckte Ernest die Spuren von Roberts Suche in seinem Kleiderschrank. Sofort kehrte er an seinen Schreibtisch zurück, holte den Brief wieder aus dem Umschlag und schrieb in kalter Wut weiter. In einem Postskriptum mit Bleistift und in dicken Strichen fügte Ernest hinzu:

»Ich stelle soeben fest, daß Du meinen Stock und zwei meiner Reisetaschen mitgenommen hast und weiß nicht, was jetzt geschehen soll. Du wirst so freundlich sein und mir mein Eigentum, das Du ins College mitgenommen hast, bei der nächsten Gelegenheit zurückgeben. Wenn Du die neuen Kleider, die Du mir mit 35,00 Dollar in Rechnung hast stellen lassen, noch nicht getragen hast, rate ich Dir, sie zurückzugeben, denn ich werde mich ganz gewiß weigern, sie zu bezahlen. Wenn ich bereit bin, Dir die Verfügung über meinen Kredit und mein Bankkonto zu erlauben, lasse ich es Dich wissen. Wenn Du glaubst, daß der Sinn des Collegebesuchs darin besteht, viel Geld auszugeben und den ›großen Max‹ zu spielen, dann solltest Du lieber mit dem Studieren aufhören und selbst für Deinen Lebensunterhalt aufkommen. Ich tue für Dich alles, was ich kann, um einen anständigen Menschen aus Dir zu machen, aber meine Geduld ist nahezu erschöpft; und ich bitte Dich, mich nicht zu zwingen, harte Maßnahmen zu ergreifen, um Dich vor Dir selbst zu schützen.«

Eine Verschlechterung der Beziehung zwischen Robert und seinem Vater schien kaum möglich, aber man sah sich getäuscht. Die Weihnachtsferien waren in Ernests Augen unproduktive Zeitverschwendung, die Robert lediglich die Möglichkeit boten, sich gänzlich gehen zu lassen. Ernest hatte darüber hinaus erfahren, daß die Buchhaltungspraktiken seines Sohnes als Geschäftsführer der GMA-Zeitung und des Jahrbuchs darin bestanden hatten, die Ausgaben anschreiben zu lassen und anschließend wenig Anstalten zu machen, die Beträge zu bezahlen. Ernest erhielt schließlich Mahnbriefe von der Mutual Publishing Company und der Southern Engraving Company, in denen angefragt wurde, wann Robert die Absicht habe, die Schulden zu begleichen, die er hatte auflaufen lassen. »Wir konnten wohl kaum einer Gruppe Schuljungen Kredit gewähren, ohne jemanden für den Betrag bürgen zu lassen«, schrieb der Revisor von Southern Engraving an Ernest und verlangte 80,75 Dollar. »Unter den gegebenen Umständen finden wir, daß Ihr Sohn dafür sorgen sollte, den Betrag zu begleichen.« Ernest war mit ihm einer Meinung.

Als er nach Emory zurückkehrte, klagte Robert über Zahnschmerzen und Sehstörungen und äußerte die Bitte, seine schriftliche Prüfung zu einem späteren Termin ablegen zu können. Tief entrüstet, aber im Grunde nicht ganz sicher, was er sonst hätte tun sollen, schrieb sein Vater an den Präsidenten von Emory, Dr. James E. Dickey, und deutete an, daß Robert vielleicht geholfen wäre, wenn er seine Augen für eine Woche oder gar zehn Tage ausruhen könne, ehe er sich entschied, ob er für ein zweites Jahr am College bleiben wolle. Dr. Dickey schrieb zurück, daß Roberts Problem sehr wahrscheinlich nicht durch eine längere Ruhepause gelöst werden würde.

»Ich halte es nicht für ratsam«, schrieb Dr. Dickey, »wenn er für dieses Jahr ans College zurückkehrt, da er bisher nicht zufriedenstellend mitgearbeitet hat und daher wohl kaum aufholen kann, was er bisher versäumt hat. Er hat ganz einfach noch nicht gelernt, richtig zu arbeiten, was es zusammen mit seinem häufigen Fehlen völlig unmöglich erscheinen läßt, daß er sein Studium erfolgreich beendet.« Mit anderen Worten, Robert wurde entlassen. Er kehrte in das Haus in der Edgewood Avenue zurück. Sein Vater schien mit seiner Weisheit am Ende zu sein. Robert vergaß niemals, was Ernest damals zu ihm sagte: »Verdammt, mein Junge, entweder du fängst ganz unten an oder du lernst etwas!« Und Robert erwiderte: »Dann fange ich jetzt ganz unten an.«

Im Februar 1909 streifte Robert Woodruff sich einen Overall über und begann bei der General Pipe and Foundry Company für 60 Cents am Tag Sand zu schaufeln. Den Weg zur Arbeit mußte er zu Fuß gehen, weil sein Vater das Pferd verkauft hatte, um von dem Erlös seine Schulden zu bezahlen.

Es dauerte nicht lange, und Robert stieg vom Laufburschen auf zum Lehrling. Er lernte, mit flüssigem Stahl und mit einer Drehbank umzugehen. Obgleich er weniger verdiente, als sein Taschengeld am College betragen hatte, schien er die harte Arbeit zu genießen. »Gute alte Knochenjobs«, sagte er später, »sind gar nicht so übel.« Ein Foto von damals zeigt ihn mit einer keck auf dem Kopf sitzenden Arbeitsmütze und mit unternehmungslustig in die Hüften gestemmten Armen.

Robert bewies, daß er ein williger Arbeiter war, was seine Arbeitgeber beeindruckte, und so wurde er nach einem Jahr zum stellvertretenden Lagerverwalter in der Muttergesellschaft, der General Fire Extinguisher Company, befördert. Nicht viel später, im Jahr 1911, wurde er Vertreter und verkaufte Feuerlöscher an die zahlreichen Webereien und Spinnereien rund um Atlanta. Er war erfolgreich, und sein Verkaufsgebiet wurde vergrößert.

Im darauffolgenden Jahr schloß Ernest einen Waffenstillstand mit seinen Sohn. Robert war jetzt 22 Jahre alt, und es wurde Zeit, ihn wieder in den Schoß der Familie aufzunehmen, ihm zu verzeihen, daß er eine höhere Schulausbildung abgelehnt hatte, und ihm bei seinem beruflichen Fortkommen zu helfen. Robert zeigte erste Anzeichen, daß er sich niederlassen wollte. Nachdem er sich jahrelang umgesehen hatte, schien er endlich bei einem Mädchen ernste Absichten zu haben, und es sah so aus, als wolle er heiraten. Nell Hodgson war ein hübsches brünettes Mädchen aus einer großen prominenten Familie in Athens, Georgia. Sie war das achte von neun Kindern. Ihr Vater Edward R. »Prince« Hodgson war ein wohlhabender Geschäftsmann, der einen Gemüsegroßhandel führte und Düngemittel sowie Baumwollsamenöl herstellte. Emie und Ernest Woodruff betrachteten Nell Hodgson als gute Partie und befürworteten eine Heirat. Ernest besorgte Robert eine Stelle als Einkäufer in einem seiner Unternehmen, der Atlantic Ice & Coal. Sein Gehalt betrug 150 Dollar im Monat. Es sollte im Fall einer Heirat mit Nell großzügig auf 250 Dollar erhöht werden.

Aber es erwies sich als unmöglich, eine halbwegs passable Beziehung zwischen Vater und Sohn herzustellen. Ernest versuchte immer wieder, Robert zu kontrollieren, während Robert weiterhin um seine Unabhängigkeit kämpfte. Jahre später beschrieb Robert eine für die Situation typische Geschichte: Als er, Nell und einige Freunde von Atlanta aus mit einem Kabriolett nach Asheville, North Carolina, zum Golfspielen fahren wollten, verdunkelte sich der Himmel und in der Ferne grollte drohender Donner. Sein Vater riet ihm, die Fahrt nicht zu unternehmen. Robert bestand aber darauf aufzubrechen, woraufhin sein Vater explodierte. »Du versuchst, alles wegzuschieben, was sich dir in den Weg stellt«, ermahnte er seinen Sohn, »aber, mein Junge, die Elemente kannst du nicht beiseite schieben!« Robert lächelte nur, klopfte ihm beruhigend auf den Arm und erwiderte: »Auf Wiedersehen!«

Die wirklichen Probleme begannen aber erst, als Robert zur nationalen Automobilausstellung nach New York fuhr. Während er durch die Hallen schlenderte und sich voller Begeisterung die neuesten und besten Modelle ansah, gelangte er auch zum Ausstellungsgelände der White Motor Company, wo er Walter White kennenlernte, den Sohn der Familie White. White Motor war dafür bekannt, qualitativ hochwertige Lastwagen herzustellen, und Walter White überredete den jungen Woodruff sehr schnell, daß Atlantic Ice & Coal gut beraten wären, wenn sie ihre Maultiergespanne auf die Weide stellten und statt dessen auf eine Flotte moderner, motorisierter Lieferwagen umstiegen. Als Einkäufer für das Unternehmen seines Vaters erklärte Robert sich bereit, 15 White-Lastwagen zu erwerben. Und er machte dabei ein gutes Geschäft. Als Gegenleistung für den besonders niedrigen Preis schlug er White vor, die Wagen für die restliche Zeit der Ausstellung an Ort und Stelle zu belassen und mit ihnen als der größten Autoflotte, die jemals an eine im Süden ansässige Firma verkauft worden sei, Werbung zu machen. Vielleicht würden dadurch auch andere Firmen im Süden angeregt, White-Fahrzeuge zu kaufen.

Robert unterließ es jedoch, seinen Vater von dem Kauf in Kenntnis zu setzen. Wie vorauszusehen war, reagierte Ernest Woodruff überaus zornig. Er glaubte, daß die alte Transportmethode völlig in Ordnung und der Erwerb einer Lkw-Flotte ein verrückter und unverantwortlicher Luxus war. Am 17. Oktober 1912 heirateten Robert und Nell Hodgson mit einer feierlichen Zeremonie im Haus der Hodgsons in Athens – das »prächtigste gesellschaftliche Ereignis der Saison« schrieb das Atlanta Journal. Ernest überreichte der Braut und dem Bräutigam als Geschenk einen Scheck über 1 000 Dollar, aber er verweigerte die Gehaltserhöhung von 100 Dollar, die er Robert versprochen hatte. Es schien, als sollte Robert für seine Entscheidung, die Lastwagen gekauft zu haben, bestraft werden. Wenn dies wirklich der Fall war, glaubte Robert, nicht mehr länger bei seinem Vater arbeiten zu können. Er fühlte sich betrogen. Robert suchte sofort seinen direkten Vorgesetzten, einen Mann namens Baker, auf und fragte ihn, ob es zutreffe, daß Ernest die Gehaltserhöhung ausgesetzt habe. Ja, sagte Baker, das habe er. »Dann können Sie ihm bestellen«, verkündete Robert, »daß ich ihn immer lieben werde, aber daß ich niemals mehr in meinem ganzen Leben auch nur das kleinste Geschäft mit ihm machen werde.«

Robert kündigte bei Atlantic Ice & Coal und begann bei Walter White. Sein Vater war über diese Entscheidung überrascht und beunruhigt und versuchte ihn umzustimmen. »Er dachte, ich mache einen Fehler und erklärte mir, ich habe keinerlei Verkaufsbegabung und werde ganz gewiß scheitern«, erzählte Robert später. Sein Vater erinnerte ihn auch an das bescheidene gesellschaftliche Ansehen und den schlechten Ruf, den man damals allen Auto- und Lastwagenhändlern unterstellte, und drängte ihn, es sich noch einmal zu überlegen und lieber ins Bankfach zu wechseln. Verbittert und wütend entgegnete Robert seinem Vater, daß im Bundesgefängnis in Atlanta seines Wissens nach kein einziger Autohändler hinter Gittern sitze, aber dafür eine ganze Reihe Bankiers.

Walter White hatte überzeugende Gründe, Bob Woodruff einzustellen. Der junge Bursche kannte praktisch jeden in Atlanta – er wußte, wie man Türen öffnete und Zugang zu einer Stadt gewann, die noch ein wenig provinziell war und Außenseitern mit Mißtrauen begegnete. Woodruff würde der in Cleveland ansässigen Lastwagenfabrik in vieler Hinsicht nützlich sein, selbst wenn er sich am Ende mit seinem Vater doch noch vertragen und ins Bankwesen überwechseln sollte.

Woodruff entpuppte sich als erfolgreicher Verkäufer. Er verkaufte an mehrere Firmen in Atlanta Lastwagen und bereiste anschließend ganz Georgia. Dort verhandelte er vor allem mit Landräten und überredete sie, die robusten, zuverlässigen White-Lastwagen anzuschaffen, die auf den vorwiegend unbefestigten, mit Schlaglöchern übersäten Landstraßen nicht so leicht Schaden nehmen würden. Er stellte fest, daß besonders die Bezirke, die von einem einzigen Beamten verwaltet wurden, die besten Aussichten auf gute Geschäfte boten, da die Entscheidung für den Ankauf von Fahrzeugen dort nur in einer einzigen Hand lag. »Ich vergeude keine Zeit mit den falschen

Leuten«, verriet er einem Mitarbeiter. Es zahle sich aus, sich an die Spitzenleute in den Organisationen heranzumachen – an die Entscheidungsträger –, anstatt sich mit Untergebenen herumzuärgern.

Und er bewies Initiative. Robert war während einer Fahrt durch den Westen mit seinem Vater das träge Tempo und die Unbequemlichkeit der Pferdekutschen, die Reisegruppen in den Yellowstone Nationalpark brachten und von dort abholten, aufgefallen. Robert Woodruff witterte ein profitables Geschäft mit dem Verkauf von White-Autobussen. Also meldete er sich bei dem Unternehmen, das die Rundfahrten veranstaltete, und versuchte die Verantwortlichen von der motorisierten Transportart zu überzeugen. Es stellte sich jedoch heraus, daß die Reiseunternehmer ihre langsame, altmodische Methode bevorzugten, weil sie in der Nähe von Old Faithful ein Hotel betrieben, wo die Touristen gegen einen entsprechenden Preis die Nacht verbringen mußten. Woodruff wollte sich mit ihrer abschlägigen Antwort nicht zufriedengeben. Er ging mit seinem Anliegen bis zur staatlichen Naturparkverwaltung in Washington und blieb schließlich Sieger.

Woodruff wurde sehr schnell vom einfachen Verkäufer in Whites Büro in Atlanta zum Chef des Vertriebs und des Kundendienstes für den Staat Georgia befördert. Kurze Zeit später wurde er Verkaufschef für den gesamten Südosten und betreute in dieser Funktion North und South Carolina, Georgia, Alabama und Florida; 1916, im Alter von 26 Jahren, verdiente er 300 Dollar im Monat plus Spesen und 25 Prozent Verkaufsprovision. Es ging ihm sehr gut. Er spielte Golf mit seinem Freund Bobby Brown und gelegentlich ging er mit Ty Cobb, dem legendären Baseballstar, auf die Jagd. Zu Weihnachten, sozusagen als Friedensangebot, schenkten seine Eltern ihm die Besitzurkunde für ein Haus und ein Grundstück hinter dem Familiensitz an der Edgewood Avenue. Ungeachtet aller Differenzen wollten sie ihn in ihrer Nähe haben.

Das Erstaunlichste an Woodruffs schneller Karriere war seine Naturbegabung, sich den uneingeschränkten Respekt der Männer zu sichern, die für ihn arbeiteten. Wie schon an der Militärakademie konnte er die Menschen an sich binden und ihre Sympathien gewinnen. Im Januar 1917 organisierte er einen Ausflug für seine Verkäufer, zuerst nach Cleveland, um sich eine Vorführung des neuen 16-Ventil-Motors des Unternehmens anzusehen, dann zu einer Automobilausstellung nach New York. Als sie wieder nach Hause zurückkehrten, schrieben seine Männer ihm einen außergewöhnlichen Brief.

»Uns bleibt jetzt nur noch, unserem Chef unseren herzlichsten

Dank auszusprechen und unser Gelöbnis absoluter Loyalität in Gedanken und Werken für den Mann zu erneuern, der jedes Körnchen Treue und Zuverlässigkeit mit einem Pfund Anerkennung vergilt; jeden Millimeter Initiative mit einem ganzen Meter Kooperation; jede Prise Elan mit einem ganzen Faß Tabasco und jeden menschlichen Schub mit hundert Pferdestärken Zugkraft – das ist Bob Woodruff, Mitspieler in unserem Team und der Chef unserer Arbeit, mit dem wir uns durch Ketten verbunden fühlen, die durchaus angespannt sein können, aber niemals reißen.«

Er bedankte sich bei seinen Angestellten für diese Loyalitätsadresse mit einem Festbankett und schenkte jedem eine goldene Medaille mit der Inschrift »Woodruff gives credit to his men.« Ein Zeitungsphoto, das am Tag der Abreise der Gruppe aufgenommen wurde, zeigt Woodruff inmitten seiner Männer auf der hinteren Plattform des Eisenbahnzuges. Die anderen winken, er aber nicht. Mit seiner Zigarre im Mundwinkel bietet er ein Bild unerschütterlichen Selbstvertrauens und absoluter Souveränität.

Als der Erste Weltkrieg ausbrach, entdeckte Woodruff neue Möglichkeiten, seine Energien zum Nutzen seines Unternehmens einzusetzen. Er bemühte sich um eine Tätigkeit im Zeug- und Waffenamt der Armee, wo er mithalf, eine spezielle Lastwagenkarosserie zu entwickeln, mit der Soldaten statt per Eisenbahn auf der Straße transportiert werden konnten. Die Konstruktion des 18-Mann-Transporters war zufälligerweise auf die Maße eines Chassis der White-Motor Company zugeschnitten – ein raffinierter Schachzug, wie Ernest Woodruff ihn nicht hätte besser ausführen können. Bis zum Kriegsende war Major Robert Woodruff am Entwurf mehrerer Militärfahrzeuge beteiligt, und alle basierten in irgendeiner Form auf Ersatzteilen oder Montageeinheiten, die von der White Motor Company hergestellt wurden. Sein Ansehen bei Walter White stieg beständig.

Nach dem Krieg erweiterte Woodruff seinen Bekanntenkreis und nahm besonders Kontakt zu jenen älteren Männern auf, die sich in den Führungsetagen in New York bestens auskannten. Dank Walter White wurde Woodruff eingeladen, dem Norias beizutreten, einem Jagdclub in der Nähe von Thomasville, Georgia, zu dessen Mitgliedern einige der prominentesten Geschäftsleute des Landes gehörten. Er stellte fest, daß seine Anziehungskraft auch auf Männer dieses Kalibers wirkte. Bill Potter, der Vorsitzende des Guaranty Trust in New York, sorgte dafür, daß seine Bank Woodruff das nötige Geld für ein Aktienpaket lieh. Walter C. Teagle, der mächtige Präsident von Standard Oil in New Jersey, suchte ganz gezielt die Freundschaft Robert Woodruffs und behandelte ihn wie einen Protegé.

»Eines der größten Privilegien, die ich je genoß«, erzählte Woodruff später, »war die Tatsache, daß ich einige der bedeutendsten Männer im Land kennenlernte. Ich glaube . . . sie sind am einfachsten zu durchschauen, und sie sind die feinsten Persönlichkeiten.«

Robert hatte zwar ein Foto seines Vaters auf seinem Nachttisch stehen, und er bemühte sich auch um seine Wertschätzung und seine Anerkennnung. Aber er hatte nicht die Absicht, seine Unterstützung noch einmal in Anspruch zu nehmen. Da sie praktisch Tür an Tür wohnten, versuchte Robert, freundschaftliche Beziehungen zu seinem Vater zu unterhalten, doch er stellte fest, daß sie sich stets miteinander messen mußten, stets um die Führung kämpften. Viele Jahre später, als er im Sterben lag, gestand Ernest gegenüber einer Krankenschwester, daß er seinen Sohn liebte, aber eifersüchtig auf ihn war. Robert mache all die Dinge, die er selbst so gerne getan hätte.

Robert wurde von seinem Vater weiterhin ständig wegen seines extravaganten Lebenswandels getadelt. Häufig liefen die Auseinandersetzungen besonders häßlich ab. »Ernest Woodruff behandelte Roberts Frau wie den letzten Dreck«, erinnerte sich einer von Nell Woodruffs Neffen. »Er lieh sich zum Beispiel ihren neuen Chevrolet, den die Familie gerade gekauft hatte, um damit ein Schwein zu transportieren. Wenn sie mal nicht in der Stadt waren . . . dann hievte er Schweine auf den Rücksitz und brachte sie hinaus zu seiner Farm und machte den Wagen absichtlich schmutzig. Oder er bediente sich ihrer Hausangestellten, ohne sich zu bedanken oder ihnen irgend etwas zu bezahlen.«

Als sie eine gemeinsame Eisenbahnfahrt unternahmen, versuchte Ernest seinen Sohn im unteren Bett des Schlafwagenabteils zu wekken, indem er ihn mit einem Lederriemen, den man normalerweise zum Abziehen des Rasiermessers benutzte, schlug. Er mußte jedoch feststellen, daß er statt seines Sohnes eine fremde Frau unsanft aus dem Schlaf gerissen hatte, der Robert sein Bett großzügig überlassen hatte. Ernest mußte sich wortreich entschuldigen.

Im August 1921 wurde Robert zum Vizepräsidenten der White Motor Company ernannt. Sein Erfolg erregte in Atlanta einige Aufmerksamkeit, denn er stellte sich zu einer Zeit ein, da regional bedingte Vorurteile noch sehr stark vorhanden waren. Daß ein Mann aus dem Süden bis an die Spitze eines großen nationalen Unternehmens aufsteigen konnte, das im Norden ansässig war, galt als überaus ungewöhnlich. Einer von Roberts Jugendfreunden, sein Klassenkamerad aus der Sonntagsschule, Harrison Jones, gratulierte ihm in einem freundlichen Brief zu seinem Erfolg und teilte ihm mit, die Coca-Cola Company werde ihre Lastwagen in Zukunft nur noch von White kaufen und Robert zu saftigen Provisionen verhelfen. Jones hielt sein Wort und ließ Coca-Cola im Verlauf des Jahres 30 White-Lastwagen im Wert von 100 000 Dollar ordern.

Robert und Nell verließen Atlanta und pendelten nun zwischen Cleveland und New York hin und her. Robert eröffnete ein Büro in Manhattan und weitete seinen Freundeskreis und seine geschäftlichen Kontakte immer weiter aus. Er war regelmäßiger Gast bei den Herrenessen und Ein-Dollar-Pokerrunden, die B. C. Forbes im Sherry-Netherland Hotel veranstaltete. Woodruff freundete sich sehr schnell mit dem Verleger an – wahrscheinlich alleine schon deshalb, weil er dafür sorgte, daß die White Motor Company zu den ersten Firmen gehörte, die Werbeanzeigen im neuen Magazin Forbes schalteten. Innerhalb eines Jahres rückte Robert eine der letzten Sprossen nach oben auf die zweithöchste Position bei White Motor vor. Nun galt er als Walter Whites Alter ego und voraussichtlicher Erbe. Einem Freund erzählte Robert, daß er angesichts seiner atemberaubenden Karriere das Gefühl hatte, als läge ihm die ganze Welt zu Füßen.

Sein Vater schien zum ersten Mal die Gefahr zu erkennen, seinen Sohn endgültig zu verlieren.

Robert hatte keine Ahnung, daß es sein Vater war, der einen komplizierten Prozeß einleitete, der schließlich dazu führte, daß er nach Atlanta zurückkehrte. Im Frühjahr 1922 bereiste Ernest Georgia, kaufte alle Coca-Cola-Aktien, die er auftreiben konnte, und bereitete sich auf das große Duell mit seinen Wall-Street-Partnern um die Kontrolle über das Unternehmen vor. Als er ein Paket von 3 000 Aktien für sich sichern konnte, überschrieb Ernest die Papiere seinen drei Söhnen, ohne ihnen etwas davon zu erzählen.

Trotz aller gegenteiligen Behauptungen wußte Robert nicht, wie viele Coca-Cola-Aktien er besaß, und er zeigte auch wenig Interesse, es in Erfahrung zu bringen. Im Gegensatz zu seinem Vater war Robert nicht mit dem Instinkt eines Finanzgenies zur Welt gekommen. Seine Fähigkeiten lagen auf dem Gebiet des Verkaufens, der Werbung und der Menschenführung. Er interessierte sich weniger für die von schnellen Entscheidungen geprägte Tätigkeit eines Börsenspekulanten. Er lieh sich zwar Geld und erwarb Wertpapiere, deponierte diese dann aber in einer Schreibtischschublade, wo sie verstaubten und vergessen wurden.

Während der ersten drei Jahre, in denen sein Vater in das Coca-Cola-Geschäft einstieg, spielte Robert überhaupt keine Rolle. Er erwarb hier und da ein paar Coca-Cola-Aktien, einige der speziellen Fünf-Dollar-Papiere, die den Aktionären und Direktoren der Bank seines Vaters, der Trust Company, vorbehalten waren. Aber er war kein großer Investor. Erst im Herbst 1922, als Ernest Woodruff seine Holdinggesellschaft, Coca-Cola International, gründete, erwarb Robert weitere Aktien und stieg aktiv in das Unternehmen ein, doch nur als einer der fünf Direktoren, die auf Seiten seines Vaters standen und ihm ihre Stimme zusicherten.

Es läßt sich nicht mehr feststellen, wann genau Ernest auf die Idee kam, Robert zum Präsidenten von Coca-Cola zu machen. Es steht jedoch außer Zweifel, daß Ernest selbst diese Entscheidung traf. Der Anschein, daß er ein untätiger Beobachter war oder daß er sogar Einwände dagegen hatte, daß Robert den Posten erhielt, ist einfach absurd. Nachdem er seine Rivalen von der Wall Street überlistet hatte, erfreute sich Ernest Woodruff absoluter, uneingeschränkter Macht über alle Bereiche der Coca-Cola Company, und nichts geschah − nichts konnte geschehen − ohne sein Wissen und ohne sein Einverständnis. Aus einem Brief von einem der engsten Mitarbeiter seines Vaters, der in Robert Woodruffs privaten Unterlagen gefunden wurde, geht hervor, daß die Frage, ob man ihm das Amt des Präsidenten von Coca-Cola anbieten sollte, ein Thema wochenlanger intensiver Diskussionen war − aber nur weil Ernest sich Sorgen machte, daß »die Öffentlichkeit denken könnte, daß Du zum Präsidenten gewählt wurdest, nur weil Du sein Sohn bist.« Es ging also nur um den äußeren Anschein und nicht darum, ob es sachlich richtig war, Robert auf diesen Posten zu setzen.

Ganz sicher dachte Ernest daran, Howard Candler zu ersetzen, der nur darauf wartete, sich zurückziehen zu können. Die Beziehung zwischen Candler und Ernest Woodruff war so angespannt wie eh und je. Candler verabscheute nach wie vor den Druck und die Unstimmigkeiten in der Führungsetage. Er haßte es, für das Unternehmen auf Reisen zu sein, und er betrachtete die Abstecher nach New York − neun im Jahr 1920, sieben im Jahr 1921 und sechs im Jahr 1922 −, als seien sie Teil einer Gefängnisstrafe, die abgesessen und auf dem Kalender abgehakt werden müsse. Seine offiziellen Pflichten, so gestand er Jahre später, waren ihm eine »Last«, die er hoffte endlich ablegen zu können.

Hinzu kam, daß der Name Candler einiges von seinem Zauber verloren hatte. Asa Candler war in einen ziemlich schrillen Skandal verwickelt, der das Ansehen zu zerstören drohte, das aufzubauen er so viele Jahre gebraucht hatte. Nur ein paar Tage nachdem seine Kinder sich im Jahr 1919 darauf geeinigt hatten, die Coca-Cola Company zu verkaufen, hatte Asa an einer großen Wiedersehensfeier der Konföderierten im Piedmont Park in Atlanta teilgenommen. (»Willkommem, tapfere Krieger im grauen Rock!« verkündete eine ganzseitige Anzeige, die von einem örtlichen Kaufhaus bezahlt worden war, als ca. 10 000 Teilnehmer eintrafen und eine Zeltstadt aufschlugen.) Am Abend vor Beginn des eigentlichen Festes ehrten einige Damen der Gesellschaft aus New Orleans die »Verlorene Sache« mit einem »Großen Ball der Söhne der konföderierten Veteranen« in der Stadthalle. Dort verliebte sich der erst kürzlich verwitwete Candler in eine der Anstandsdamen, Onezima de Bouchel.

Mrs. de Bouchel war eine dunkelhaarige Schönheit mit dunklen Augen. Sie war zwar nicht so exotisch wie ihr Name signalisiert haben mochte, aber sie war trotz ihres römisch-katholischen Glaubens geschieden und eine Suffragette – das war schon mehr als genug, um in den sittenstrengen Gesellschaftskreisen von Atlanta einiges Gerede auszulösen. Asas Kinder und andere Familienangehörige waren entsetzt, besonders als sie erfuhren, daß er die Absicht hatte, sie zu heiraten, und sie taten alles, um die Affäre zu beenden. Sie engagierten einen Privatdetektiv, der Mrs. de Bouchel überwachte und behauptete, zwei nicht näher identifizierte Männer gefunden zu haben, die bereit seien auszusagen, sie hätten sie »nachts in ihrem Zimmer in einem Hotel in Atlanta aufgesucht, nachdem sie von ihr dazu animiert worden seien«. Asa machte die Verlobung nur widerstrebend rückgängig.

Mrs. de Bouchel entschloß sich, um ihren Ruf als »anständige, keusche und tugendhafte Frau« zu kämpfen. Im Februar 1923, mitten in der Phase der Veränderungen, die die Coca-Cola Company erschütterten, reichte sie eine sensationelle Klage wegen eines gebrochenen Eheversprechens gegen Asa Candler ein und verlangte 500 000 Dollar Schmerzensgeld. Atlantas berühmtester Bürger wurde zur Zielscheibe des öffentlichen Spotts. Als Mrs. de Bouchel dreizehn seiner Liebesbriefe veröffentlichen ließ, erfuhr eine neugierige Öffentlichkeit, daß er sie »meinen unendlich süßen Zuckerhasen« nannte. Schulkinder liefen durch die Straßen und sangen Spottverse auf das ehemalige Liebespaar. Ein Jahr später, nachdem der Prozeß für eine Woche die Schlagzeilen der Zeitungen in Atlanta beherrscht hatte, fällte das Gericht ein Urteil zugunsten Asa Candlers. Man hatte in Erfahrung gebracht, daß Mrs. de Bouchel sich von ihrem vorigen

Gatten nicht endgültig hatte scheiden lassen und daher kein zweites Mal hätte heiraten dürfen. Aber Asa hatte zwischenzeitlich die Schande seiner Familie noch gesteigert, indem er seinen Bewachern entkommen war und eine junge Witwe aus Atlanta geheiratet hatte, die als Stenotypistin in seinem Haus arbeitete.

Unter diesen Umständen bestand wenig Interesse, Howard Candler als Präsidenten von Coca-Cola zu behalten oder einen seiner Verwandten als Nachfolger zu benennen. Während der voraufgegangenen zwei Jahre hatte das Unternehmen viele der Männer abgeschoben, die Sam Dobbs treu ergeben waren. »Jeder in der Coca-Cola Company, der mir nahesteht, wird geradezu bestraft«, beklagte sich Dobbs in einem Brief an einen Freund, der als Verkäufer entlassen worden war. Der »im Laufe der Jahre angesammelte Neid« werde hier wirksam, und es gebe nichts, was er tun könne, um ihm zu helfen. Dobbs besaß noch immer ein bedeutendes Aktienpaket und war Mitglied des Direktoriums, aber er suchte sein Büro nur noch selten auf und gab offen zu, daß er »wenig Ahnung von dem hatte, was dort vor sich ging«. Einige andere Neffen von Asa Candler waren zwar weiterhin im mittleren Management tätig, aber niemand dachte daran, auch nur einen von ihnen zu befördern.

Es schien auch niemand des derzeitig amtierenden Managements für den Posten des Präsidenten geeignet zu sein. In die engere Wahl kam nur Harrison Jones, der kein Geheimnis aus seinem Wunsch nach Beförderung und aus seiner Überzeugung machte, diesen Posten bekleiden zu können. Jones' Problem war sein Hang zur Übertreibung. Wer hatte seinen Auftritt vor den Abfüllern in New York ein paar Jahre zuvor jemals vergessen können? Er hatte auf die Bedeutung der gründlichen Sterilisation von Flaschen deutlich hingewiesen und in dem für ihn typischen Ton verkündet:

»Ehe die Flaschen zu ihrem Eigentümer zurückkehren, werden sie häufig für jeden Zweck benutzt, zu dem ein für Flüssigkeiten geeignetes Behältnis gebraucht wird, von der Aufbewahrung von Benzin zur Reinigung von Mutters Rock bis hin zur Aufnahme einer Urinprobe, die vom nächsten Arzt untersucht werden soll. Und es gibt weiterhin Flaschen, die von tuberkulosekranken Konsumenten direkt geleert wurden oder die mit anderen ansteckenden Krankheiten in Berührung kamen, die aus Abfallkörben und von der städtischen Müllkippe geborgen wurden – so sieht ein großer Teil des Leergutes aus, das zu den Abfüllern zurückgebracht wird.«

Wenn es jemanden gab, der sich manchmal wortgewandter zeigte, als ihm und seinem Anliegen guttat, dann war es Harrison Jones. Für

226

ihn gab es immer einen Platz in der Coca-Cola Company, aber niemals die Position des Präsidenten.

Da sich in seiner Umgebung niemand anbot, beschloß Ernest Woodruff schließlich, die Aufgabe seinem Sohn Robert zu übertragen. Er erkundigte sich nach der Meinung seiner engsten Verbündeten im Direktorium von Coca-Cola, und sie ermutigten ihn. Vor allem W. C. Bradley war von Robert überzeugt und drängte Ernest, sein Vorhaben in die Tat umzusetzen. Mehrere Freunde von Ernest Woodruff waren überzeugt, daß Robert eine gute Wahl war, nicht so sehr weil sie glaubten, daß er sich gegen seinen Vater würde behaupten können – das erwartete niemand –, sondern weil sie hofften, daß er Frieden in das Unternehmen bringen könnte. Bradley reiste zusammen mit Tom Glenn und Charles Wickersham nach New York, um Robert zur Annahme des Angebots zu drängen. Hier – aber nur hier – deckte sich Roberts Legende mit der Wahrheit.

Roberts Freunde meinten ebenfalls, daß er den Job annehmen sollte. In der Hoffnung, ihn in seinem Selbstvertrauen bestärken zu können, lud Walter Teagle, der Chef von Standard Oil, ihn zum Golfspielen ein und versprach ihm, daß er in seinem Unternehmen jede gewünschte Position zu jedem gewünschten Gehalt übernehmen könne, falls er in Atlanta keinen Erfolg haben sollte. Wichtig sei, die Herausforderung anzunehmen. Robert habe die Chance, argumentierte Teagle, die verschiedenen Fraktionen bei Coca-Cola zu versöhnen und im Unternehmen für stabile Verhältnisse zu sorgen.

Trotzdem zögerte Robert noch. »Ich hatte vom Getränkegeschäft soviel Ahnung wie die Kuh vom Sonntag.« Er war sich überhaupt nicht sicher, ob ihm seine Fähigkeiten beim Verkauf von Lastwagen auch bei der ganz anderen Tätigkeit des Verkaufens von Coca-Cola nutzen würden. Ebensowenig war er sich sicher, ein guter Manager zu sein. Am liebsten stellte er Leute ein, die ihm auf Anhieb gefielen, und er gab ihnen Jobs, ohne sich über Titel oder Kommandostrukturen Gedanken zu machen. »Pfeifen Sie auf Zeugnisse«, hatte er Walter White erklärt, »diese Männer sind da, um Lastwagen zu verkaufen!« Ihm war es am liebsten, wenn man direkt mit ihm sprach, ein Stil des Managements, der bei der Coca-Cola Company wahrscheinlich nicht funktionieren würde.

Und schließlich mußte noch die Frage der Bezahlung geklärt werden. Aufgrund der guten Provisionen hatte Robert nach seinen Berechnungen im Jahr 1922 ungefähr 85 000 Dollar verdient, weitaus mehr als die 36 000 Dollar, die sein Vater und das Direktorium von Coca-Cola ihm für den Fall seiner Rückkehr nach Atlanta anboten.

Robert reagierte mit einem Gegenangebot – satte fünf Prozent Provision von jeder zukünftigen Absatzsteigerung –, aber sein Vater lehnte ab. Wenn er nach Hause zurückkehre, müsse er mit 36 000 Dollar Gehalt zufrieden sein und sich eine Gehaltskürzung von fast 50 000 Dollar im Jahr gefallen lassen.

Später behauptete Robert, er habe den Job nur angenommen, um Verluste aufzufangen, die er mit dem Kauf von Coca-Cola-Aktien gemacht habe. Aber das entsprach nicht der Wahrheit. Während er noch darüber nachdachte, ob er das Angebot von Coca-Cola annehmen sollte, erreichten die Aktien des Unternehmens einen Höchstkurs von 75 Dollar, also fast das Doppelte des ursprünglichen Einführungskurses von 40 Dollar, d. h. er hätte seine Aktien mit beachtlichem Gewinn verkaufen können. Roberts persönliches Wertpapierdepot befand sich in bester Verfassung, das Problem war, daß ihm der Überblick fehlte. »Ich habe Schwierigkeiten, mir darüber Klarheit zu verschaffen, wie viele Coca-Cola-Aktien ich besitze und wie viele Aktien von Coca-Cola International und wo sie sich befinden«, schrieb Robert Anfang 1923 seiner Sekretärin in einem Memo und bat sie um Hilfe bei der Suche nach seinen Aktien. Den Dividendenzahlungen nach mußte Robert nach seinen Berechnungen im Besitz von 3 537 Aktien sein. Später erfuhr er zu seiner Überraschung von Ernests Sekretärin, daß sein Vater ihm als Geschenk insgesamt weitere 1 500 Aktien überschrieben hatte. Hätte er es wirklich gewollt, dann hätte Robert sein Paket mit einem Gewinn von mehr als einer Viertelmillion Dollar verkaufen können.

Auch in einem weiteren Punkt muß den Aussagen Roberts widersprochen werden: Das Unternehmen befand sich keinesfalls in der angespannten Finanzlage, wie er sie in Erinnerung hatte. Die Krise war längst überstanden. Die Kredite, die das Unternehmen aufgenommen hatte, um den überteuerten Zucker zu bezahlen, waren nahezu vollständig zurückgezahlt; die Dividenden für die Stammaktien wurden wieder ausgezahlt und waren von 1 Dollar auf 1,50 Dollar gestiegen, und das Unternehmen hatte Rücklagen in Höhe von 4 Millionen Dollar. Robert wurde, so sehr er es sich auch gewünscht hätte, nicht als Retter gerufen, sondern lediglich von seinem Vater nach Hause zurückgeholt. Und er nahm den Job, um seinem Vater zu beweisen, was er konnte.

Das erste Problem, mit dem Robert sich konfrontiert sah, war eine schwerwiegende Auseinandersetzung in der Familie Howard Candlers.

Howard wollte zwar seinen Sessel bereitwillig räumen, aber Flora, seine Frau, war außer sich. Dies war nun schon das zweite Mal, daß Ernest Woodruff ihren Mann von seinem rechtmäßigen Platz als Präsidenten der Coca-Cola Company verdrängt hatte, und sie war nicht willens, sich das gefallen zu lassen. Die Tatsache, daß ihr Bruder Tom Glenn sich an diesem Intrigenspiel beteiligt hatte, machte die Angelegenheit nur noch schlimmer. Auf ihr Drängen hin erklärte Howard den Woodruffs, daß er bereitwillig gehen würde, wenn sie ihn als Präsidenten nicht mehr wollten. Dann aber wolle er sich auch aus dem Direktorium zurückziehen und alle übrigen die Firma betreffenden Aktivitäten einstellen.

Robert eilte sofort nach seiner Ankunft in Atlanta hinaus nach Callonwolde, zur Villa Howard Candlers an der Briarcliffe Road, um mit dem Ehepaar zu verhandeln. Das letzte, was Robert sich wünschte, war die Sensationsmeldung, daß die Candlers aus der Coca-Cola Company hinauskomplimentiert worden seien. Der Wechsel mußte glatt und leise vollzogen werden. Robert flehte Howard an, seinen Platz im Direktorium zu behalten und den Vorsitz in einem neuen Beratungsausschuß zu übernehmen, der sich um Fragen der Unternehmenspolitik kümmern und langfristige Strategien entwerfen sollte.

Daß Howard und seine Frau diesen Vorschlag annahmen, ist wahrscheinlich allein der Überredungskunst von Robert Woodruff zu verdanken. Denn de facto konnte sein Vorschlag die Tatsache, daß Howard auf einen einflußlosen Posten abgeschoben werden sollte, kaum verschleiern. Aber Woodruff erklärte mit Nachdruck, daß er Howard an seiner Seite brauche, wenn er das Unternehmen erfolgreich leiten wolle. Robert erklärte − und es gibt keinen Hinweis darauf, daß er bluffte −, daß er das Angebot von Coca-Cola nicht annehmen werde, wenn Howard nicht bereit sei, im Unternehmen zu bleiben, um ihn persönlich zu unterstützen. »Ich brauche Hilfe«, sagte Robert nach Aussage von Howard Candler. »Ich brauche Ihre Hilfe und Ihre Unterstützung.« Howard erklärte sich einverstanden.

Anderen Angehörigen der Familie fiel es schwer zu glauben, daß Howard sich so schnell hatte besänftigen lassen. Vor allem sein Bruder William protestierte heftig gegen den Wechsel in der Führungsposition. William war Schriftführer der Coca-Cola Company gewesen, bis er infolge des Machtkampfes zwischen Ernest Woodruff mit den New Yorker Aktionären seinen Dienst quittierte. Nun drohte William, im Namen Howards einen Skandal auszulösen. Howard beeilte sich, ihn zu beruhigen. »Wie es schon öfter geschehen ist«, schrieb Howard einem gemeinsamen Freund, »macht William sich kein richtiges Bild von der herrschenden Situation und ist entschlossen, ja, er erklärt es sogar zu seiner heiligen Pflicht, eine Politik zu verfolgen, die, wenn ich ihm nicht Einhalt gebieten kann, für mich sehr nachteilig und peinlich sein dürfte.«

Mit Howard im Direktorium stand der Wahl Roberts fast nichts mehr im Weg. Als vorbereitende Maßnahme setzte Ernest während einer Versammlung von Coca-Cola-Aktionären im Februar 1923 noch eine ganze Reihe neuer Direktoren durch, unter ihnen auch Robert und Walter White. Außerdem nahm er Robert in den mächtigen Exekutivausschuß des Unternehmens auf.

Nun mußte noch eine Hürde genommen werden. Während Howard und seine Angehörigen beruhigt worden waren, gab es mit dem einen oder anderen in den Führungsetagen des Unternehmens noch Probleme. Einigen Unterlagen ist zu entnehmen, daß Ernest Woodruff sich erst mit mehreren Direktoren einig werden mußte, ehe er ihre Zustimmung für die Berufung seines Sohnes Robert zum Präsidenten erhielt. Sam Dobbs, Bill D'Arcy und Harold Hirsch betrachteten Roberts Wechsel in die Führungsposition des Unternehmens mit einiger Skepsis. Es scheint so, als hätten auf einen Personaldeal bestanden: Hirsch sollte einer der Vizepräsidenten des Unternehmens werden, und seine Kanzlei Candler, Thompson & Hirsch sollte die juristische Betreuung übernahmen. Auf diese Weise konnte Hirsch ein wachsames Auge auf den neuen Präsidenten richten, der in seinem ganzen Leben schließlich noch kein einziges Glas Coca-Cola verkauft hatte.

Um 11 Uhr vormittags am Samstag, dem 28. April 1923, trat das Direktorium zu einer Sondersitzung in der Coca-Cola-Zentrale in Atlanta zusammen. Zwölf der fünfzehn Direktoren waren anwesend: Ernest und Robert Woodruff sowie ihre Verbündeten Tom Glenn und Walter White, die Investoren aus Atlanta, Jim Nunnally, Bulow Campbell und W. A. Winburn; W. C. Bradley war mit seinem Schwiegersohn D. Abbott Turner aus Columbus angereist, der zur gleichen Zeit dem Direktorium beigetreten war wie Robert Woodruff; außerdem saßen noch Dobbs, D'Arcy und Howard Candler mit am Tisch. Nicht erschienen waren die New Yorker E. F. Hutton, Gene Stetson und Charles Hayden, die in der Unternehmensführung nicht mehr allzuviel zu sagen hatten. Candler verkündete seinen Rücktritt als Präsident und nominierte Robert Woodruff als seinen Nachfolger. Die Entscheidung für ihn fiel einstimmig. Laut Protokoll und entgegen der Legende hatte Ernest Woodruff keine Einwände, verweigerte nicht die Stimmabgabe und verließ auch nicht den Raum.

Während der ersten Tage als Präsident der Coca-Cola Company tat Bob Woodruff das, was neue leitende Manager in der Regel immer tun. Er gestaltete sein Büro um und begann nach und nach, seine Freunde einzustellen.

Die Coca-Cola-Zentrale in Atlanta war ein kastenförmiger, dreistöckiger Klinkerbau an der Ecke North Avenue und Plum Street. Er war 1920 erbaut worden und sollte eigentlich die Firmenbüros beherbergen. Doch bis Robert Woodruff seine Arbeit aufnahm, hatte dieser Ort als Hauptquartier wenig Sinn gemacht. Ernest Woodruff operierte wie immer von seinem Rollpult im Equitable Building auf der anderen Seite der Stadt aus, während Harold Hirsch und die meisten Angehörigen des Candler-Clans in ihren schicken Suiten im obersten Stockwerk des Candler Buildings saßen, das meilenweit entfernt war. Die beiden oberen Etagen des Hauses in der Plum Street waren zum Teil noch nicht einmal richtig bezugsfertig und vorwiegend mit Angestellten der Vertriebs- und der Werbeabteilung besetzt. Das Haus machte einen tristen Eindruck und lag weit weg von den wahren Zentren der Macht.

Robert Woodruff jedoch war entschlossen, die Plum Street zu seiner Operationsbasis zu machen. Zunächst ließ er Eichentäfelungen anbringen. Dann wurde die gesamte erste Etage mit gläsernen Trennwänden in einzelne Büros unterteilt. Für sich selbst beanspruchte er das Eckbüro. So nahm er hinter seinem wuchtigen Schreibtisch mit Lederauflage Platz, stellte für seine Zigarrenasche einen Spucknapf auf den Fußboden und ließ verlauten, daß die Geschäfte von Coca-Cola von nun an aus dem Coca-Cola-Gebäude in der Plum Street geleitet würden.

Noch Jahre später erzählte Robert Woodruff besonders gerne von seiner ersten offiziellen Handlung als Chef des Unternehmens, die darin bestand, Jim Key, dem Pferdepfleger, der Asa Candlers Ställe betreut hatte, einen Job auf Lebenszeit zu geben. Key sollte eigentlich gefeuert werden, weil die Firma ihren Fuhrpark von Pferdekutschen auf motorisierte Lastkraftwagen umgestellt hatte. Woodruff erinnerte sich jedoch an Keys freundliches Entgegenkommen, als er Jahre zuvor bei ihm sein Pony kostenlos unterstellen durfte. Also sorgte er dafür, daß Key weiterhin bezahlt wurde. Neugierigen Fragern erklärte er, daß er den alten Schwarzen zum »Hausvizepräsidenten« ernennen wolle.

Eine hübsche Geschichte, die zeigte, wie sehr sich Robert Woodruffs Führungsstil von dem seines Vaters unterscheiden würde. Der Legende nach stürmte Woodruff in vollem Galopp in die Coca-Cola

Company, knallte mit der Peitsche und riß das verstaubte alte Unternehmen aus einem langen Dornröschenschlaf. Tatsächlich aber agierte er sehr behutsam, und es ging nicht so sehr darum, das Unternehmen zu neuem Leben zu erwecken, sondern einige Prinzipien, nach denen es bisher geleitet worden war, zu überdenken und zu ändern.

Woodruff entwickelte eine unstillbare Neugier für seine neue Tätigkeit. Als er sich anschickte, die Geheimnisse von Coca-Cola zu ergründen, kam ihm eine erste Erleuchtung in der eher unscheinbaren Umgebung von Moose Jaw in Kanada. Während einer Eisenbahnfahrt quer über den Kontinent zu Beginn des Winters lernte Woodruff an einem Tag, als die Temperaturen unerwartet auf 35 Grad minus fielen, Moose Jaw kennen, eine kleine Stadt in der Provinz Saskatchewan. Im Bahnhof sah er Menschen, die Coca-Cola tranken, und es wurde ihm klar, daß es für dieses Getränk weder kulturelle noch klimatische Einschränkungen gab. Wer im Winter in dicke Wollpullover gehüllt neben einem heißen Ofen saß, konnte sich genauso erhitzt und durstig fühlen wie jemand, der im Juli am Strand ein Sonnenbad nahm. Als er daraufhin die Bilanzen der Zweigstellen des Unternehmens untersuchte, stellte Woodruff interessanterweise fest, daß die Verkaufszahlen in Montreal fast genauso hoch waren wie in New Orleans.

Die Möglichkeiten, die sich Coca-Cola boten, schienen grenzenlos zu sein. Zwei Jahre zuvor hatte die Agentur von D'Arcy ausgerechnet, daß trotz der Millionen Gallonen Sirup, die das Unternehmen bereits absetze, der Sättigungspunkt nicht einmal annähernd erreicht sei. Auf die gesamten USA bezogen, betrug der durchschnittliche Pro-Kopf-Verbrauch an Coca-Cola relativ bescheidene drei Portionen im Monat. »Wir unterhielten uns darüber«, berichtete einer der Angestellten von D'Arcy. »Einige von uns begannen zu rechnen, und wir stellten verblüfft fest, daß die Steigerung des monatlichen Pro-Kopf-Verbrauchs um nur einen Vierteldrink . . . 3,3 Millionen zusätzlich verkaufte Gallonen Sirup pro Jahr bedeutete.« Wie irreführend Statistiken auch sein mögen, eines war klar: Die geringste Zunahme im Konsumbereich würde für die Produktion und den Gewinn einen erheblichen Sprung nach vorne bedeuten.«

Anders als Asa Candler erkannte Woodruff die hohe Bedeutung von Coca-Cola in Flaschen. Es war abzusehen, daß der Verkauf von Sirup an die Abfüller schon bald die Verkäufe an die Soda Fountains überholen würde. Immer mehr Kunden bestanden darauf, daß Coca-Cola zu ihnen kam anstatt umgekehrt. Die Anzahl der Soda Fountains, die Coca-Cola anboten, hatte einen Höchststand von 115 000 erreicht. Fast viermal so viele Geschäfte boten Coca-Cola in Flaschen an, und es wurden jeden Tag mehr. »Nur eine Armlänge von der Quelle entfernt« war ein durchaus treffender Slogan für die allgegenwärtige Verfügbarkeit von Coca-Cola in Flaschen. Woodruff gefiel diese Vorstellung. Er wollte, daß Jones den Kontakt zu den Abfüllern intensivierte, und er wollte, daß die Abfüller größere Anstrengungen als bisher unternahmen.

Woodruff war außerdem entschlossen, den Qualitätsbegriff mehr in den Vordergrund zu schieben, denn Qualität schien einer der Erfolgsschlüssel der Vergangenheit gewesen zu sein. Mit seinen 33 Jahren war Woodruff drei Jahre jünger als Coca-Cola, und er hatte begriffen, wie ungewöhnlich es war, daß ein alkoholfreies Getränk so lange Zeit überlebt hatte.

Doch bevor er irgendwelche Veränderungen anregen, neue Maßnahmen verfügen oder neue Verkaufsmethoden entwickeln konnte, mußte Woodruff erst einmal Autorität und Führungsqualitäten unter Beweis stellen.

Es begann damit, daß Woodruff von morgens bis spät abends in der Zentrale des Unternehmens in der Plum Strett anwesend war. Sanders Rowland, der nachts das Reinigungspersonal beaufsichtigte, tagsüber an der Georgia Tech studierte, erinnerte sich, wie sehr er erschrak, als er eines Abends feststellte, daß Woodruff noch im Hause war. Rowland hatte einen der Hausmeister, Tom Freeman, angewiesen, einen undichten Kühlschrank vor Woodruffs Büro auszutauschen. Als er entdeckte, daß der Auftrag nicht ausgeführt worden war und daß sich eine Tauwasserpfütze unter dem Schrank gebildet hatte, erteilte Rowland dem Hausmeister einen scharfen Tadel.

»Jemand klopfte mir auf die Schulter und sagte: ›So ist es richtig, Sanders, geben Sie ihnen Feuer, wenn sie nicht tun, was Sie von ihnen verlangen.‹ Es war Woodruff. Er machte gerade mit einem Besucher einen Rundgang durch seinen Betrieb und hatte mitbekommen, was ich gesagt hatte. Ich war völlig verblüfft, als er mich bei meinem Streit mit Tom erwischte – und noch erstaunter war ich, daß er meinen Namen wußte.«

Woodruff bevorzugte eine distanzierte Form der Menschenführung. Er beging nicht den Fehler, sich mit seinen Angestellten anzufreunden, bewahrte Abstand zu ihnen und legte stets ein strenges Verhalten an den Tag – den »bösen Blick«, wie ein Neffe es ausdrückte –, mit dem er seine Untergebenen erfolgreich einschüchtern konnte. Die glühende Zigarre zwischen den Zähnen sorgte zusätzlich für Respekt. Wenn er eine Anweisung gab, fragte er niemals nach, ob sie auch ausgeführt worden war. Das war nicht nötig, denn niemand konnte Zuflucht zu einer Ausrede oder einer Entschuldigung nehmen.

Wie bereits angedeutet, besaß Woodruff eine eigenartige Ausstrahlung, die die Menschen seiner Umgebung dazu animierte, ihm gefallen zu wollen. Joseph Jones, der 50 harte Jahre als Reisebegleiter, persönlicher Sekretär und später als »Haushofmeister« bei ihm gearbeitet hatte, der 24 Stunden am Tag für ihn bereitstand, und das an jedem Tag, in jedem Jahr, und der sich infolgedessen zweimal scheiden ließ – Joseph Jones versuchte das Charisma Woodruffs so zu erklären: »Die Leute haben mich in all den Jahren immer wieder gefragt, weshalb ich tue, was ich tue. Weshalb nimmst du das alles auf dich? Zum Teufel, ich wollte es. Es ist mir nie in den Sinn gekommen, daß ich zu irgend etwas gezwungen wurde. Wenn ich den Eindruck hatte, daß ich etwas tun konnte, was ihm gefiel oder woran er vielleicht gedacht hatte, dann tat ich es.« Anderen ging es genauso.

Fast jeden Morgen fand sich ein Kreis enger Mitarbeiter in seinem Büro in der Plum Street ein, um sich den täglichen Marschbefehl abzuholen. Sie nannten sich den »Acht Uhr Club«, wegen der Tageszeit, zu der sie immer zusammenkamen. Schon bald entwickelten sie eine Art Corpsgeist, der auch die Männer auszeichnete, die unter Woodruff bei White Motor gearbeitet hatten. (Woodruffs Bezeichnung der Gruppe, die auch ihre Funktion widerspiegelte, war »Kontrollkommission«.)

Die besondere Stärke des neuen Präsidenten lag auf dem Verkaufsgebiet. Er reagierte schnell und holte sich seine eigenen Leute in die Verkaufsabteilung des Unternehmens. Die Vereinigten Staaten wurden in vier Zonen aufgeteilt, und Woodruff bestimmte die Männer, die sie betreuen sollten. Sein alter Freund aus Atlanta Carl Thompson, ein ehemaliger Baseballstar an der Georgia Tech, der zwei Jahre lang bei den New York Yankees gespielt hatte, übernahm die westliche Region mit der Zentrale in San Francisco. Eugene Kelly kam von White Motor, um die Mittelregion von Chicago aus zu betreuen. Hamilton Horsey, ein Versicherungskaufmann, bezog in New Orleans Stellung, um den Verkauf im Süden und Südwesten zu organisieren. Der Osten ging an einen von Asa Candlers fähigsten Neffen, Sam Willard in Baltimore. Ein weiterer alter Weggefährte, Neal Harris, erhielt die Kontrolle über den gesamten Verkauf.

Als nächstes widmete sich Woodruff der schwierigen Aufgabe, seine Autorität gegenüber den älteren Führungspersönlichkeiten des

Unternehmens zu festigen. Von Anfang an gab es Spannungen zwischen Woodruff und Harold Hirsch. Hirsch spielte keine Rolle in den Bereichen Marketing oder Verkauf oder bei anderen kaufmännischen Aktivitäten, aber er verlangte stets freie Hand in den rechtlichen Belangen des Unternehmens. Woodruff gedachte, dies zu ändern.

Als Woodruff seine Arbeit aufnahm, bereitete Hirsch gerade einen Vergleich zwischen Coca-Cola und den Inhabern von Chero-Cola vor. Es handelte sich um ein ähnlich schmeckendes, ähnlich aussehendes und vom Namen her ähnlich klingendes Getränk, das in Columbus, Georgia, hergestellt wurde. Als Woodruff die Bedingungen des Vergleichs sah, war er überrascht und enttäuscht. Anstatt den Fall vor Gericht durchzufechten und Chero-Cola vom Markt zu fegen, schlug Hirsch einen Kompromiß vor, demzufolge der Konkurrenz der Namen »Cherokola« zugestanden werden sollte.

Woodruff hatte das Gefühl, daß Hirsch, früher der entschlossenste und hartnäckigste Kämpfer für das Warenzeichen des Unternehmens, nun zu schnell einlenkte. Woodruff lehnte die Regelung ab, verlangte günstigere Bedingungen für die Coca-Cola Company und zwang Hirsch, die Verhandlungen aufs Neue aufzunehmen − mit Erfolg. Auf Woodruffs Drängen erklärten sich die Hersteller von Chero-Cola bereit, das Wort »Cola« aus ihrem Namen zu streichen und ihr Produkt in Zukunft lediglich als »Chero« anzubieten, was dazu führte, daß sie sich anschließend nicht mehr am Markt behaupten konnten.

Auch in einem Duell ganz anderer Art siegte Woodruff. Harrison Jones und er waren fast im gleichen Alter. Sie waren Nachbarn, hatte jahrelang gemeinsam die Sonntagsschule besucht und waren durch Heirat sogar miteinander verwandt. (Einer von Jones' Brüdern war mit Nell Woodruffs kleiner Schwester Dorothy verheiratet.) Jones fiel es schwer zu akzeptieren, daß ein alter Freund − zumal einer, der noch nie in seinem Leben vorher im Getränkegeschäft tätig gewesen war −, nun sein Chef sein sollte. Er war stets zu Auseinandersetzungen aufgelegt, streitsüchtig und ließ sich laut und oft bei jedem, der ihm zuhörte, darüber aus, daß Woodruff völlig überfordert sei, bis sein Vater, Sam Jones, der Woodruff kannte und mochte, sich einmischte und ihm riet, lieber still zu sein.

»Was bist du?« fragte Sam Jones seinen Sohn.

»Vizepräsident.«

»Und was ist Bob?«

»Präsident.«

»Ich empfehle dir«, sagte Sam Jones mit Nachdruck, »daß du dich gelegentlich daran erinnerst.«

Nach und nach übernahm Woodruff die Herrschaft. Er operierte leise, hinter den Kulissen, aber es konnte kein Zweifel an seiner Absicht bestehen, Coca-Cola seinen ganz persönlichen Stempel aufzudrücken. Sein erstes Ziel war, einem der wichtigsten Güter des Unternehmens, der Geheimformel, wieder zu der Bedeutung zu verhelfen, die ihr seiner Meinung nach gebührte.

Im Laufe der Jahre hatten die Candlers den Coca-Cola-Sirup mehrfach verändert. Man hatte den Kokainanteil entfernt, verschiedene Arten und Mengen von Süßstoffen ausprobiert oder mit unterschiedlichen Säuren und Koffeinersatzstoffen experimentiert. Während des Ersten Weltkriegs wurde die Formel geändert, um Lieferengpässe bestimmter Zutaten – vor allem Zucker – zu kompensieren. Kurz vor Woodruffs Eintritt in das Unternehmen war die Koffeinmenge, die nach dem Chattanooga-Prozeß auf sechs Zehntelgran pro Portion gesenkt worden war, um weitere zwei Zehntelgran gesenkt worden.

Die Verantwortlichen von Coca-Cola hatten diese Änderung natürlich nicht bekanntgegeben, was aber nicht bedeutete, daß sie erkannt hatten, daß der gute Ruf von Coca-Cola, stets Qualität zu produzieren, tatsächlich einen Marketingvorteil darstellte.

Woodruff glaubte, daß sich die Konsumenten bewußt für qualitativ hochwertige Produkte entscheiden würden. Sie wünschten sich Produkte von Firmen, die für ihre hohen Qualitätsstandards bekannt waren. Eine Veränderung des Sirups hielt er für gefährlich, nicht weil Konsumenten vielleicht irgendeinen Geschmacksunterschied hätten feststellen können, sondern weil sie zu der Auffassung gelangen konnten, Coca-Cola wolle sparen und den Qualitätsstandard senken.

Woodruff entschied, daß es niemals mehr eine Veränderung der Formel geben würde, egal was geschähe. Er stieg in seinen Wagen und fuhr nach Columbus, um W. C. Bradley, den Vorsitzenden, aufzusuchen. Woodruff bat Bradley ganz unverblümt, ihm zuzustimmen, daß eine Veränderung der Formel von nun an »nicht mehr annehmbar« sei. Bradley war einverstanden.

Der neue Präsident gründete eine Abteilung, die für die Qualitätskontrolle zuständig war, schickte Inspektoren auf die Reise, um die Verhältnisse in den Abfüllbetrieben zu begutachten, und gab für das Unternehmen in der Öffentlichkeit das Versprechen ab, daß jedes Glas Coca-Cola exakt gleich schmecke. Die Idee bestand darin, »das Unternehmen als eine Institution zu etablieren, als eine Garantie für das Produkt selbst«. Er entwickelte den neuen Slogan vom »Reiz der Reinheit«, und genehmigte eine Zeitungsanzeige, in der stolz darauf hingewiesen wurde, daß Coca-Cola die Amtszeiten von acht Präsidenten überdauert habe.

Dann versuchte er, in den Besitz des einzigen schriftlichen Exemplars der Formel zu kommen.

Das alte Stück Papier lag noch immer in einem Banksafe in New York, wo es als Sicherheit für die Zucker-Kredite des Unternehmens hinterlegt worden war. Für die Produktion war es unwichtig, ob das Unternehmen das Rezept in schriftlicher Form besaß. Mindestens vier Personen von Coca-Cola – wahrscheinlich noch einige mehr – wußten, wie der Coca-Cola-Sirup hergestellt wird. Howard Candler, Sam Dobbs und Sam Willard waren allesamt irgendwann für die Produktion zuständig gewesen, und Ernest Woodruff hatte den Chemiker W. P. Heath eingestellt, der die Formel von den Candlers übernahm. Jeder von ihnen hätte die Formel schriftlich niederlegen können. Aber es hatte eine symbolische Bedeutung, das Original zu besitzen. Mit Erlaubnis des Direktoriums bemühte sich Woodruff um die Rückgabe der Formel.

Während eines Aufenthaltes in New York schickte Woodruff einen Repräsentanten zur Guaranty Trust, wo eine Gruppe von Vizepräsidenten bereitstand, um mit zeremonieller Geste einen alten blauen Briefumschlag, der mit Siegelwachs verschlossen war, zu übergeben. Woodruff brachte den Umschlag nach Atlanta, ließ seinen Inhalt untersuchen, von Dr. Heath für echt erklären und legte bei der Trust Company die Formel in ein Tresorfach, das mit einer roten Fahne für eine besonders sorgsame Behandlung markiert war. Die Formel lag wieder in einem Banksafe, nur war es diesmal die Trust Company von Georgia – die Woodruff-Bank.

Woodruffs Umgang mit der Formel war nicht nur ein Ausdruck größter Hochachtung vor einem der wertvollsten Geheimnisse der amerikanischen Geschäftswelt. Er fand auch Gefallen an dem Prozeß der Geheimhaltung an sich. Auf Woodruffs Anordnung erließ das Unternehmen eine Vorschrift, die besagte, daß niemand ohne die ausdrückliche Erlaubnis des Direktoriums Zugang zu der Formel habe, und auch dann nur in Gegenwart des Vorsitzenden und des Präsidenten. Überdies, so hieß es in der Vorschrift weiter, dürften zu jeder Zeit nur jeweils zwei Angehörige des Unternehmens Kenntnis von der Formel haben, deren Identität niemals enthüllt werden dürfe. Diese Anordnung wurde offiziell bekanntgegeben.

Mit der Zeit hatte Woodruffs Geheimniskrämerei im Umgang mit der Formel zur Folge, daß sie den Status eines Kultobjekts annahm. Später war es den beiden Firmenangehörigen, die die Formel kannten, verboten, gemeinsam in einem Flugzeug zu fliegen. Auch diese Vorschrift wurde weithin publik gemacht. Die Existenz der geheimnisvollsten Zutat, der Mischung aromatisierender Öle namens »Merchandise No. 7X« wurde bereitwillig bestätigt – doch die Zusammensetzung wurde so streng bewacht wie ein Staatsgeheimnis. Viele Jahre später machte das Unternehmen international Schlagzeilen, als es sich aus Indien zurückzog. Coca-Cola verzichtete lieber auf Hunderte Millionen Dollar Umsatz, als vor der indischen Regierung zu kapitulieren und, wie gefordert, die Formel zu enthüllen.

Die Geheimniskrämerei um die Formel entsprach der Persönlichkeit Woodruffs. In völligem Gegensatz zu der Wärme und Liebenswürdigkeit, die er im privaten Umgang mit Freunden und Kollegen an den Tag legte, war seine Haltung in der Öffentlichkeit steif und verschlossen.

Seine Rückkehr nach Atlanta hatte eine Welle neuer Spekulationen ausgelöst, doch er mied jedes öffentliche Aufsehen. In dem einzigen ausführlicheren Bericht über ihn, einem Portrait in einer Sonntagsausgabe des Atlanta Journal, wehrte er entsprechende Fragen des Reporters ab: »Ich habe einfach nur Glück gehabt. Ich bin kein Mensch, über den es sich zu schreiben lohnt. Ich war ein schlechter Schüler. Ich habe nichts so getan, wie es in den Büchern verlangt wurde.« Woodruff verabscheute es, interviewt zu werden, er hielt ungern Reden, haßte es, sich der Neugier anderer Menschen preiszugeben oder sich ihrem Urteil zu stellen. Er hatte schreckliche Angst, wahrscheinlich eine Nachwirkung seiner traurigen Schulzeit, sich nicht verständlich ausdrücken zu können und mißverstanden zu werden.

Wenn Woodruff eine Möglichkeit sah, sich irgendeiner öffentlichen Verpflichtung zu entziehen, nutzte er sie. Während eines offiziellen Banketts für die leitenden Angestellten der White Motor Company beugte sich Walter White zu ihm hinüber und bat ihn, aufzustehen und ein paar freundliche Worte zu sagen. »Über welches Thema?« fragte Woodruff. »Über was Sie wollen«, erwiderte White. »Nun«, flüsterte Woodruff nach einem kurzen Moment mit todernster Miene, »ich glaube, wenn ich wirklich eine Rede halten muß, dann gibt es nur ein Thema, nämlich das, wofür ich wohl am besten geeignet bin und woran die Jungs am brennendsten interessiert sind. Ich werde über *Sie* reden. Ich wette, ich kann ihnen einige interessante Dinge verraten, die sie noch nicht wissen.« White kam nie mehr mit einer solchen Bitte auf Woodruff zu.

Wenn ein öffentlicher Auftritt unausweichlich war, dann versteckte Woodruff sich hinter einer Wand von Banalitäten, die seine wahren

Gedanken verschleierten. Die ersten Erklärungen, die er als Präsident von Coca-Cola abgab, bestanden aus leeren, saft- und kraftlosen Gemeinplätzen. »Man braucht nicht für sich selbst zu trommeln«, sagte er zu einem bekannten Wirtschaftsjournalisten. »Können setzt sich von selbst durch.« Journalisten beklagten sich häufig, daß nicht sie ihn, sondern er sie interviewte. Nach solchen Gesprächen zogen sie zwar geschmeichelt von dannen, aber ihre Notizbücher blieben in der Regel leer.

In einer der ersten Ausgaben von »The Friedly Hand«, einer unternehmensinternen Publikation von Coca-Cola, wurde ein Artikel mit dem Titel »Gedanken unseres Präsidenten« veröffentlicht. Woodruff begann mit dem weisen Rat des Polonius, »Sei immer ehrlich zu dir selbst«, und schloß mit der Erkenntnis, »um Shakespeares Gedanken, wir sollten immer ehrlich zu uns selbst sein, etwas weiterzuführen, könnte man behaupten, daß das Coca-Cola Unternehmen ohne Frage die Art von Organisation ist, die uns jetzt mit Stolz erfüllt. Es ist die feinste und beste Organisation, die Menschen jemals aufbauen konnten.«

Woodruff hatte einen natürlichen Hang zum Geheimnisvollen, Rätselhaften. Er erfand sogar einen Code, damit er und andere Coca-Cola-Manager per Telegramm miteinander kommunizieren konnten, ohne Firmengeheimnisse zu offenbaren. In seinen privaten Papieren findet sich ein Notizbuch, in dem die Kombinationen von jeweils fünf Buchstaben für bestimmte Mitteilungen aufgeführt sind. Wenn die Buchstabenfolge »YAIGZ« übermittelt wurde, dann hieß das, die Verkäufe seien zurückgegangen. »BLERZ« bedeutete, daß die Bedingungen zum Aufbau einer neuen Coca-Cola-Fabrik günstig seien. Alle Unternehmen tauschen Informationen aus, die sie geheimhalten wollten, aber Woodruff schien die Geheimhaltung um ihrer selbst willen zu betreiben. Wenn er auf Reisen war, kabelte er gewöhnlich die Meldung »DEGIG« nach Hause, was hieß, daß er wohlbehalten angekommen sei.

Die gleiche Geheimniskrämerei kennzeichnete auch Woodruffs private Geschäfte. Der Name seiner privaten Holdinggesellschaft Acmaro Securities setzte sich aus Kürzeln zusammen, die nur ein paar Insider kannten: »Ac« stand für Woodruffs Buchhalter, Arthur Acklin, »ma« hatte er sich von seiner Sekretärin Mattie Lott ausgeliehen, und »ro« stand für die beiden ersten Buchstaben seines Vornamens.

Ein Psychologe würde sicherlich genügend Anhaltspunkte finden, um Aussagen über die Ursachen für Woodruffs rätselhafte Persönlichkeit machen zu können. Gewiß ist es nicht ungewöhnlich, wenn ein

Junge, der ständig das Mißfallen seines Vaters erregt, eine ganze Reihe von Verteidigungstaktiken entwickelt, zu denen sicher auch eine Art emotionaler Tarnung gehört. Mehrere Freunde und Mitarbeiter Woodruffs äußerten rückblickend die Vermutung, daß er es für notwendig erachtete, die sanfte, gefühlsbetonte Seite seines Charakters zu verbergen, die er von seiner Mutter geerbt hatte. Er war nicht so hart wie sein Vater, davon waren sie überzeugt, aber er war fähig, so zu tun als sei er es, was seine Wirkung genausowenig verfehlte.

Woodruff hatte wie Asa Candler erkannt, daß es außerordentlich wichtig war, das Geheimnis um die Zutaten von Coca-Cola aufrechtzuerhalten. Die Formel war nicht patentiert, es gab kein Urheberrecht, keinen gesetzlichen Schutz. Candler hatte sie mit jeder ihm zu Gebote stehenden Möglichkeit und Waffe geschützt, unter anderem sogar mit einem Meineid. Doch ebenso wichtig wie der Schutz der Formel war auch ihr Mythos. Es mag zutreffen, daß jeder halbwegs kompetente Chemiker eine Imitation des Coca-Cola-Sirups hätte herstellen können, aber so lange die Menschen glaubten, daß Coca-Cola etwas ganz Besonderes war, würden sie weiter gezielt danach verlangen.

Candlers geheimnisvollen Andeutungen in bezug auf die vermeintliche Heilwirkung und den Kokainanteil von Coca-Cola hatten das Unternehmen beinahe ruiniert. Woodruff hingegen war weitaus vorsichtiger, was den Ruf von Coca-Cola betraf, und legte größten Wert auf Qualität und Beständigkeit. Aber auf seine eigene Art pflegte auch Woodruff den Mythos Coca-Cola. Er verführte den amerikanischen Konsumenten mit der Vorstellung, Coca-Cola habe einzigartige, exotische Bestandteile – und dank der Aufmerksamkeit, die er auf die geheime Formel lenkte, gelang ihm das auch.

Woodruffs großes Interesse galt neben dem Verkauf auch der Werbung. Doch sein Verhältnis zu Bill D'Arcy war angespannt. D'Arcy war sechzehn Jahre älter und nach fast zwanzig Jahren, in denen er außerordentlich erfolgreich die Werbung für Coca-Cola gestaltet hatte, glaubte er zu wissen, was für das Unternehmen am besten war. Und er hatte die Angewohnheit, es Woodruff auch zu sagen.

Jahre später gestand Woodruff einem Neffen, daß er D'Arcy oft hatte stoppen müssen. »Nein, Mr. D'Arcy«, sagte er dann, »wir werden es so und nicht anders machen.« Eigentlich ging Woodruff direkten Auseinandersetzungen lieber aus dem Weg. In der Regel umging er D'Arcy lieber, nachdem er festgestellt hatte, daß er sehr viel besser mit Archie Lee, einem jüngeren Angestellten der Werbeagentur, zusammenarbeiten konnte.

Archie Laney Lee entsprach in keiner Hinsicht der landläufigen Vorstellung von einem Vertreter der Werbebranche. Er stammte aus Monroe, North Carolina, und hatte an der Duke Universität studiert. Lee war ein nachdenklicher und ruhiger Mensch, beschäftigte sich intensiv mit philosophischen Fragen, war aber sehr ehrgeizig. Eigentlich wollte er bedeutende Bücher schreiben. »Ich möchte, daß mein Leben in sich selbst vollkommen ist«, schrieb er seiner Mutter als junger Mann. »Ich habe den Eindruck, daß es ein Frevel wäre, wenn man nur des Geldes wegen arbeitet. Ich möchte etwas wirklich Wertvolles schaffen. Und ich würde glücklich sterben, wenn ich nur eine einzige Sache hinterließe, die anerkannt würde und mich überlebte.« Er hungerte nach Erfolg. »Ein Mann, der das Leben in all seiner Farbigkeit sieht und es mit Worten beschreiben kann«, fügte er im gleichen Brief hinzu, »kann Glück und Ruhm erringen. Glück und Ruhm! Sie machen den großen Unterschied aus. Ich kann als Durchschnittsmensch niemals glücklich werden.«

Lee zog 1908, kurz nach seinem Collegeabschluß, nach Atlanta und begann beim Atlanta Georgian zu arbeiten, bei der Zeitung, deren Herausgeber Asa Candler während des Chattanooga-Prozesses soviel Ärger gemacht hatte. Lee beobachtete 1912 den berühmten Mordprozeß gegen Leo Frank, als eine Welle des Antisemitismus den Staat Georgia überrollte, und er erwies sich als glänzender Schreiber. Während des Ersten Weltkriegs diente er als Hauptmann der Infanterie in Frankreich.

Als Lee nach dem Krieg aus der Armee entlassen wurde, kehrte er wieder zu seiner Zeitung zurück. Kurz danach schrieb er ein schmeichelhaftes Porträt von Sam Dobbs, dem neuen Präsidenten von Coca-Cola. Dobbs bot ihm daraufhin einen besser bezahlten Job als Werbetexter an. Lee nahm das Angebot an und zählte schon bald zu den Spitzenleuten in der Agentur von D'Arcy in St. Louis. »Es ist eine harte Arbeit«, schrieb er seinem Vater begeistert, »sich möglichst viele Geschichten zu ein und derselben Sache auszudenken.« Aber er war überzeugt, daß die Coca-Cola Company eine große Zukunft vor sich hatte, und bat seinen Vater um 1 000 Dollar, um sich Aktien kaufen zu können.

Die Qualität von Lees Arbeit fiel D'Arcy und allen anderen in der Agentur auf. Obwohl sein Förderer Dobbs von seinem Amt zurücktreten mußte, erhielt Lee immer mehr Verantwortung für den Coca-Cola-Etat und lieferte schließlich »die beste Arbeit, die ich je in meinem Leben geleistet habe«, wie er es stolz formulierte, indem er nahezu allein eine ganze Werbekampagne für Coca-Cola entwarf.

An einem grauen Samstag Ende Oktober 1921 saß Lee alleine in seinem Büro im siebten Stock und schrieb seinem Vater einen langen Brief. Er und D'Arcy waren soeben von einer Geschäftsreise nach Atlanta zurückgekehrt, wo sie mit Howard Candler und den anderen Führungspersönlichkeiten der Coca-Cola Company zusammengesessen hatten. Die Agentur hatte 50 Demonstrationsmodelle angefertigt, die meisten in Farbe. »Mr. Candler sagte, es sei das beste Material, das ihnen je präsentiert worden sei«, schrieb Lee. »Das machte mich stolz, denn ich war an den Vorbereitungen sehr intensiv beteiligt.«

Lee begann zu träumen und teilte seinem Vater seine Gefühle mit. Sein Job, so glaubte er, bestünde darin, Ideen zu produzieren – zu denken. Und das sei harte Arbeit. Thomas Edison hätte an der Wand in seinem Büro ein Zitat des englischen Porträtmalers Sir Joshua Reynold hängen, teilte Lee seinem Vater mit. Es lautete: »Es gibt keinen Umweg, den ein Mann nicht einschlagen würde, um die wirklich schwere Arbeit des Denkens zu vermeiden.« Lee kommentierte diese Erkenntnis: »Zu faul zum Denken zu sein, ist die Ursache für religiöse Vorurteile – die Ursache für republikanische Regierungen, angedrohte Eisenbahnerstreiks, Prohibition, schlechte Straßen und Scheidungen. Die Menschen haben genügend Fähigkeiten, intelligent zu handeln, wenn sie nur nachdenken würden.«

Lee war wirklich ein komplizierter Bursche, insofern hatte er mit Robert Woodruff etwas gemeinsam. Die beiden Männer hatten sich während Lees Tätigkeit bei der Zeitung in Atlanta miteinander angefreundet. Im Sommer 1922 übertrug Woodruff der Agentur die Werbung für die White Motor Company und ein Jahr später, nach seinem Wechsel zu Coca-Cola, wandte sich Woodruff an Lee und übertrug ihm die Verantwortung für den Werbeetat von Coca-Cola.

Was Archie Lee für Coca-Cola leistete, war bemerkenswert. Nicht nur, was die technische Perfektion der Werbung betraf – Lee engagierte die besten Illustratoren der damaligen Zeit –, sondern auch hinsichtlich des grundsätzlichen Erscheinungsbildes.

Lee und Woodruff unterhielten sich viele Stunden lang über die Herausforderung, der sie gegenüberstanden. »Wir wollten Coca-Cola nicht nur als ein alkoholfreies Getränk oder als ›das führende‹ alkoholfreie Getränk anpreisen«, erinnerte sich Woodruff. »Wir wollten es als etwas Größeres als nur die Antwort auf Durst darstellen. Wir wollten es zu etwas Besonderem machen . . . wollten es in allen Bereichen der Gesellschaft als eins der schönen Dinge des Lebens verkaufen.«

Die Werbekampagnen, die Coca-Cola schließlich zu einem fest verankerten Bestandteil der amerikanischen Gesellschaft machten, hatten ihren gedanklichen Ursprung in den langen Gesprächen zwischen Woodruff und Lee zum Beginn seiner Präsidentschaft. Sie unterhielten sich in Woodruffs Büro und auf dem Golfplatz, sie gingen zusammen auf die Jagd, unternahmen lange Spaziergänge und Ausritte aufs Land. Die Freundschaft wurde so eng, daß Lee schließlich Woodruff bat, Trauzeuge zu sein.

Einige von Lees Werbeideen waren konventionell und nichts anderes als das Ergebnis logischer Erwägungen, übertragen auf das Ziel, dem Konsumenten ein Produkt zu verkaufen. Lee war zum Beispiel der Überzeugung, daß das Bild von einer Frau, die in der Öffentlichkeit aus einer Flasche trinkt, gesellschaftliche Ressentiments hervorrief. Also zeigte er in seinen Anzeigen fortan hübsche, aber eindeutig besser gestellte, elegante Frauen, die Coca-Cola-Flaschen in der Hand hielten und das Produkt mit einem Ausdruck von Würde und Hingabe zugleich betrachteten.

Haddon Sundblom, der Illustrator, der später die Santa-Claus-Anzeigen für Coca-Cola schuf, malte 1924 sein erstes Bild für Lee. »Damals hatte ich nicht die geringste Vorstellung von der Philosophie der Coca-Cola-Werbung«, sagte Sundblom später. Aber er sollte schon bald erfahren, daß man von ihm erwartete, sich einer, wie er es nannte, »Indoktrination« der Denkweise Lees zu unterziehen. Die Hauptfarbe von Coca-Cola war natürlich Rot, was auf die helle Farbe zurückging, mit der Asa Candler die Fässer optisch aufgefrischt hatte, in denen der Sirup transportiert wurde. Der bekannte Schriftzug des Firmenlogos war fast immer in Weiß auf rotem Grund zu lesen. Nach Lees Auffassung ergab sich aus der roten Farbe jedoch ein Problem: Es handelte sich um eine warme Farbe, während Coca-Cola etwas Erfrischendes sein sollte – eine kalte, eisgekühlte, durstlöschende Erfrischung. Die rote Farbe ganz wegzulassen, kam nicht in Frage, aber Lee beschloß, sie mit Grün und Weiß zu kombinieren.

»Die Kombination war sorgfältig und mit Vorbedacht entwickelt worden – als hätte eine Nation ihre Flagge entworfen. Rot für Energie, Weiß für Bekömmlichkeit, Grün für erfrischende Kühle«, berichtete Sundblom, dessen erste Illustration eine junge Frau in cremeweißer Garderobe an einer Soda Fountain vor einem grünen Hintergrund zeigte. Nach einiger Zeit reichte bereits ein einfaches Plakat mit einer Flasche Coke in einem Schneehaufen vor einem grünen Hintergrund aus, um ohne ein einziges Wort zu vermitteln, was das Unternehmen über sein Produkt sagen wollte.

Von mangelnder Bekanntheit konnte bei Coca-Cola nicht mehr die Rede sein. In einem der voraufgegangenen Jahre hatte das Unternehmen eine Million Kalender, 17 Millionen Servietten, 75 000 »Eiskalt«-Schilder, 850 000 Bleistifte, 50 000 ovale Serviertabletts, 15 000 Kunststoffmarkisen, 100 000 Straßenbahnschilder und drei Millionen Tintenlöscher verteilt, alle mit dem deutlich hervorgehobenen Warenzeichen. Aber Lee wollte noch mehr Einheitlichkeit, er wollte ein übergreifendes Thema in den Anzeigen und Werbeschriften. Lee entwickelte schließlich die Idee, das Warenzeichen in ein Rechteck zu setzen, und entwarf das runde rote Zeichen mit weißer Schrift, das schließlich zum bekanntesten Produkt-Logo der Welt wurde.

Anfang 1925 ließ Lee all seine Ideen in die sogenannte »Ritz Boy«-Werbekampagne einfließen. Gezeigt wurde ein hübscher Hotelpage in adretter weißer Uniform, der ein Tablett mit einer Flasche Coca-Cola und einem Glas hielt. Der Hintergrund war dunkelgrün, das Warenzeichen erschien in einem Rechteck oben rechts; der Text lautete »6 000 000 Drinks täglich«. Die 5 000 Billboards überall im Land verkündeten eine raffinierte, aber deutliche Botschaft. Der Page, dessen Uniform an die der Pagen im Ritz Hotel erinnerte, signalisierte Eleganz und hohes gesellschaftliches Niveau. Doch gleichzeitig schien er die Flasche Coca-Cola dem Konsumenten direkt zu servieren, als wollte er sagen, das Getränk sei für jedermann jederzeit verfügbar.

»Coca-Cola zu verkaufen«, erklärte Lee Robert Woodruff, »ist genauso schwierig, als verkünde man eine Idee wie die freie Marktwirtschaft oder die Demokratie.« Es reichte nicht aus, Coca-Cola als ein Qualitätsprodukt zu beschreiben oder festzustellen, daß es wohlschmeckend sei oder den Durst lösche. Lee ging einen Schritt weiter. Unverfroren verknüpfte er Coca-Cola mit der »amerikanischen Jugend und Romantik« und schrieb Texte, die auf die Sehnsucht der Menschen nach Anerkennung und Geselligkeit abzielten. Zum ersten Mal zeigte die Werbung nicht einfach ein Rendezvous zwischen Mann und Frau, sondern deutete unmißverständlich an, daß die beiden allein *wegen* Coca-Cola zusammenkamen.

Lee rief eine der ersten großen Produkt-Image-Kampagnen der Werbeindustrie ins Leben, die Coca-Cola weit über seine Funktion als Produkt vorstellte. Woodruff war überaus zufrieden mit den Ergebnissen und ließ ihn zum Etatverantwortlichen befördern.

6

Terminverkäufe

Im Oktober 1924 rief Robert Woodruff einen der Topleute der Coca-Cola Company zu sich und schickte ihn auf eine Geheimmission nach Übersee. Seit er anderthalb Jahre zuvor die Präsidentschaft des Unternehmens übernommen hatte, war Woodruff von der Idee begeistert, Coca-Cola auch im Ausland zu verkaufen. In Kanada erfreute sich der Soft Drink bereits großer Popularität, und Woodruff glaubte, daß sich ähnliche Resultate auch anderswo erzielen lassen müßten. Es lag ihm besonders daran, Coca-Cola in Europa einzuführen, wo es dichtbevölkerte Großstädte und eingespielte Vertriebssysteme gab.

Coca-Cola hatte schon seit mehr als zwei Jahrzehnten kleine, zögerliche Schritte auf fremdem Terrain gewagt, angefangen mit Asa Candlers Entscheidung, 1899 im Anschluß an den spanisch-amerikanischen Krieg einen Vertreter nach Kuba und Puerto Rico zu entsenden. Das Unternehmen »folgte der Flagge« nach Hawaii, Panama und auf die Philippinen, und in einer Reihe von Einberufungshäfen von Bermuda bis Schanghai wurden erste Verkaufsanstrengungen unternommen. Howard Candler, der das Unternehmen normalerweise eher zaghaft führte, hatte das Direktorium solange bearbeitet, bis dieses ihm die Genehmigung erteilte, sich nach Abfüllern umzusehen, und Franchise-Lizenzen in Zentralamerika und Westeuropa zu vergeben.

Das Problem bestand darin, daß, abgesehen von Kanada, die meisten Konsumenten von Coca-Cola in fremden Ländern Amerikaner waren – Soldaten, Touristen, Diplomaten, Geschäftsleute und Auswanderer. Die Verkäufe beschränkten sich auf Militärkantinen und die Bars und Restaurants von Luxushotels. Zur »Invasion« der ganzen Welt, die Asa Candler einst so großartig versprochen hatte, war es also nie gekommen.

Typisch für das glücklose Auftreten des amerikanischen Unternehmens auf internationaler Bühne waren folgende Ereignisse: Kurz nach dem Ersten Weltkrieg startete der amerikanische Unternehmer R. A. Linton mit Erlaubnis der Zentrale in Frankreich eine Werbekampagne. Er versorgte Dutzende von dubiosen Café- und Restaurantbesitzern mit Coca-Cola in Flaschen, die sie ihren Kunden anbieten sollten. Doch weder Linton noch sein französischer Partner George Delcroix waren mit Hygiene oder der Produktionstechnik vertraut. So verwendeten sie abgestandene Ingredienzen, unraffinierten Zucker und schmutziges Leitungswasser zur Herstellung ihres Sirups, mixten ihn mit Kohlensäuregas voller Bierreste aus einer Brauerei und verschlossen das Produkt mit unbehandelten Kronkorken, die das Entstehen virulenter Bakterienkolonien verursachten. Jeder, der einen Schluck dieses Gebräus probierte, erkrankte schwer. Noch Jahre danach berichteten Coca-Cola-Vertreter, daß sie von aufgebrachten Besitzern aus den Lokalen gejagt wurden.

Robert Woodruffs Vorstellung, im Ausland die Technologien und Verkaufstechniken anzuwenden, die von Coca-Cola in den Vereinigten Staaten entwickelt worden waren, stieß jedoch bei seinem Vater und einigen der anderen Großaktionäre im Direktorium auf wenig Verständnis. Die Gewinne des Unternehmens waren recht gut, so fanden sie. Es gab keinen Grund, Verluste durch Experimente mit dem Geschmack oder den Gewohnheiten fremder Menschen in fremden Ländern zu riskieren.

In der Hoffnung, die Zweifler im Direktorium widerlegen zu können, wählte er das vielversprechendste, den USA kulturell am nächsten stehende Land aus – England – und schickte mit Hamilton Horsey einen vertrauenswürdigen Mitarbeiter los, der feststellen sollte, was es kosten und wie lange es dauern würde, dort einen Markt für Coca-Cola aufzubauen. Horsey verbrachte sechs Wochen in London und erstattete bereits am Tag nach seiner Rückkehr Woodruff Bericht.

Horseys Aussagen waren auf den ersten Blick ermutigend. Er empfahl eine sofortige Kampagne zur Einführung von Coca-Cola in England und prophezeite zuversichtlich, daß die Engländer für den Soft Drink empfänglich sein würden. Sie schätzten Mineralwasser und waren durch ihr Teetrinken an Koffein gewöhnt. Horsey sah in ihnen den Schlüssel, mit dem sich ganz Europa erschließen ließ. Das waren Nachrichten, die Woodruff hören wollte.

Als Woodruff aber die Details in Horseys schriftlichem Bericht zu lesen begann, mußte er feststellen, daß der Mann sich nach allen

Seiten absicherte. Die Liste der potentiellen Schwierigkeiten war lang und abschreckend. Es begann mit dem Fehlen von Soda Fountains in England. Der englische Konsument würde Coca-Cola in Flaschen genießen müssen – diese Flaschen würden warm sein, weil Kühlung praktisch unbekannt war und die Engländer eine tief verwurzelte, traditionelle Abneigung gegen gekühlte Getränke hatten. Es würde vermutlich mindestens drei Jahre dauern und 500 000 Dollar Werbekosten verursachen, um eine »begrenzte« Nachfrage hervorzurufen, behauptete Horsey. Die Werbung dürfe darüber hinaus nicht zu aufdringlich angelegt sein, da die Engländer eine Abneigung gegen »›prahlerische‹ Attitüden« hätten.

Insgesamt waren Horseys Feststellungen also eher ernüchternd. Angesichts dieser trüben Aussichten hatte Woodruff kaum eine Chance, sich eine halbe Million Dollar bewilligen zu lassen. Es war zwar nicht so, daß Ernest Woodruff, Will Bradley und die übrigen Mitglieder des Direktoriums Überseegeschäfte grundsätzlich negativ beurteilten. Sie erteilten Robert sogar bereitwillig die Befugnis, nahezu überall, wo er wollte, Startoperationen durchzuführen. Sie weigerten sich allerdings, ihn mit den Geldmitteln auszustatten, die er benötigt hätte, um wirklich gute Arbeit zu leisten.

Woodruff gab im nachhinein, wie bei anderen Gelegenheiten auch, eine verklärte Darstellung seiner frühen Aktivitäten im internationalen Geschäft. Er behauptete später, sich über seinen Vater und das Direktorium hinweggesetzt zu haben, indem er heimlich eine Auslandsabteilung einrichtete, die seine Pläne ausführte.

Doch die Wahrheit war um einiges komplizierter. Woodruff richtete tatsächlich eine Auslandsabteilung ein, aber er tat es mit dem Wissen und der Erlaubnis seines Vaters und des Direktoriums. Ein Geheimnis war dies kaum. Anfang 1926 mietete die Coca-Cola Company in New York, 111 Broadway, Räumlichkeiten. Ham Horsey wurde mit der Leitung eines Fünf-Mann-Teams betraut, das sich mit Auslandsverkäufen beschäftigte. (Der Bürosekretär war Jimmy Curtis, später Chef von Coca-Cola Export. Curtis hatte der Woodruff-Familie als persönlicher Mitarbeiter gedient, kannte Ernest gut und wäre für den Job kaum ausgewählt worden, wenn Robert beabsichtigt hätte, seinen Vater zu hintergehen.)

Horseys Leute operierten in aller Offenheit und manchmal mit einigem Erfindungsreichtum. Ihre Bemühungen zielten unter anderem auch auf die Passagiere der großen Ozeandampfer ab, die im Hafen von New York ein- und ausliefen. Die Schiffsstewards waren anfänglich sehr zögerlich, Coca-Cola auf Vorrat zu kaufen und scheuten davor zurück, mehr als einen oder zwei Kästen gleichzeitig zu bestellen. Schließlich hatte Chuck Swan, einer der Vertreter, einen Geistesblitz. Er nahm regelmäßig an den Bon-Voyage-Parties teil, die in den Nächten vor der Abfahrt an Bord der Schiffe stattfanden, bestellte sich mehrere Flaschen Coca-Cola, trank sie aus und verteilte die leeren Flaschen auf den Tischen im Salon. Die Bestellungen gingen augenblicklich nach oben.

Swan und seine Kollegen knüpften Kontakte zum Handelsministerium der Vereinigten Staaten und zum Zollamt in New York, von denen sie Hinweise erhielten, wann amerikanische Handelsbeauftragte oder Konsuln zu Heimatbesuchen eintrafen. Die Diplomaten legten im Ausland bei den einheimischen Vertriebsfirmen gerne ein gutes Wort für die Coca-Cola Company ein. Allmählich regte sich in mehreren Ländern eine bescheidene Nachfrage. Grund für eine kleine Feier war die Bestellung einer ganzen Schiffsladung aus Niederländisch-Indien.

1926 errichtete die Coca-Cola Company Abfüllbetriebe in Guatemala und Honduras und vergab im darauffolgenden Jahr Lizenzen nach Mexiko, Burma, Kolumbien, Neufundland, Italien, Belgien und Südafrika. Woodruff führte zwei hilfreiche Innovationen ein: Er senkte die Versandkosten drastisch, indem er einen großen Teil des Wassers aus dem Sirup entfernte und nur die leichtere Konzentratform vertrieb; und er genehmigte für die in Übersee verkaufte Coca-Cola die Verwendung von Rübenzucker (anstatt Rohrzucker), was dem Unternehmen die Möglichkeit eröffnete, die üppigen und billigen Ernten zu nutzen, die in Europa nach dem Krieg auf den Zuckerrübenfeldern heranreiften.

Im Vergleich mit dem anspruchsvollen Standard der Coca-Cola Company im internationalen Geschäft heutzutage, war die Auslandsabteilung damals amateurhaft organisiert. Horseys Leute besorgten sich bei Import-Export-Gesellschaften in New York Listen von Vertriebsfirmen und schickten diesen standardisierte Briefe, um sie als Lizenznehmer zu gewinnen.

Horsey selbst sprach nur Englisch und benötigte auf Geschäftsreisen einen Dolmetscher.

In Übersee ging Horsey zu hastig vor. Als ehemaliger Colonel, ausgestattet mit einem aggressiven Verkaufstalent, schaffte er es zwar, eine ganze Reihe von Abfüllern in den Städten, die er besuchte, zu verpflichten, aber er erteilte die Lizenzen allzu häufig unerfahrenen Unternehmern, die darüber hinaus nicht genügend Kapital besaßen, um Verluste beim Aufbau ihrer Absatzmärkte auffangen zu können. Er versprach schnelle Profite, die sich jedoch selten einstellten, und versäumte es, seinen ausländischen Partnern die erforderliche Hilfestellung zu leisten. Eine Qualitätskontrolle gab es nicht: Der Abfüller in Rom stellte seine Coca-Cola mit einem Schuß Grenadine her. Horsey beklagte sich jedoch nicht zu Unrecht, daß seine Abteilung lediglich aus »einem Mann an der Front, einem Servicemann, zwei Büroleuten und einem Stenographen« bestand, also einfach nicht groß genug war, um weltweite Operationen durchführen zu können.

Die meisten von Horseys Abfüllern gingen in Konkurs. Innerhalb weniger Jahre mußten die Unternehmen in Burma, Kolumbien, Neufundland und in den meisten Städten Mexikos schließen, und viele der europäischen Abfüller der Gesellschaft ließen die Produktion bis zu einem Rinnsal absinken. In einem Monat belief sich der Gesamtverkauf in Frankfreich auf ganze 94,22 Dollar.

Im Gegensatz zu seinen eigenen Aussagen tat Robert Woodruff wenig, um die ins Stocken geratenen Geschäfte in Übersee wieder anzukurbeln. Im Frühjahr 1929 unternahm er eine größere Reise nach Europa, die aber eher einer vergnüglichen Kreuzfahrt glich denn einer ernsthaften Geschäftsreise. Nach einer aufwendigen Bon-Voyage-Party im New Yorker Barclay Hotel fuhren er und Nell an Bord des Dampfers Berengaria nach England. Sie wurden begleitet von dem jungen Firmenangestellten Frank Harrold, der einen Vorschuß erhielt, dessen Höhe ausreichte, die Spesen für sechs Wochen zu decken. Harrold hatte 1000 Dollar in bar mitgenommen, die jedoch bereits nach der ersten Woche für die Begleichung der Rechnung im Londoner Claridge's Hotel gebraucht wurden. Nachdem die Besuche der Woodruffs in Frankreich, Belgien, Holland, der Schweiz, Deutschland und Monte Carlo beendet waren, hatten sie mehr als 5000 Dollar ausgegeben, und die Buchhaltung des Unternehmens benötigte Monate, um ihre Spesenabrechnung zu entwirren.

Höhepunkt der Reise war ein Ereignis im eleganten Kasino Monte Carlos. Woodruff spielte Roulette und hatte auf eine Zahl gesetzt, die tatsächlich gewann. Statt ihn jedoch auszuzahlen, schob der Croupier die Chips einem anderen Spieler zu und startete ein neues Spiel. Als Woodruff Einwände erhob, ignorierte ihn der Croupier und drehte das Rad. Woodruff stand auf, streckte die Hand aus, ergriff die Roulettekugel und steckte sie in die Tasche.

»Tut mir leid«, sagte er, »aber Sie werden dieses Rad erst wieder drehen, wenn Sie mich ausgezahlt haben.«

Diese Geschichte trug zwar zu Woodruffs schnell wachsendem Ruf bei, ein Mann mit guten Nerven zu sein, doch es war der einzige bemerkenswerte Erfolg, den er auf seiner Reise für sich in Anspruch nehmen konnte.

Coca-Cola schien somit ein nordamerikanisches Phänomen zu bleiben, zumindest in absehbarer Zukunft.

Während er die Coca-Cola Company durch die wilden Zwanziger führte, machte Robert Woodruff ganz den Eindruck, mit seinem Job und seinem Leben zufrieden zu sein.

Seine Hoffnung, auch in Übersee ein Unternehmensimperium aufbauen zu können, lag zwar auf Eis, aber in den Vereinigten Staaten blühte das Geschäft. Harrison Jones konnte auf der Jahresversammlung der Abfüller auf beeindruckende Bilanzen verweisen:

»Die Ladenkasse hat im Jahr 1924 zwei Milliarden und vierhundert Millionen Male für Coca-Cola geklingelt.

Wenn man jeden Coca-Cola-Drink in eine Flasche gegossen und diese aneinandergelegt hätte, würden sie sich über 296 000 Meilen erstrecken, mehr als elfmal rund um diese Welt. Wenn man sie in Kästen gesteckt hätte, 24 Flaschen pro Kasten, würden sie fünf Quadratmeilen bedecken. Man würde ein 3200 Acres großes Lagerhaus benötigen, um diese Produktmenge unterzubringen. Wenn man sie aufeinandergestapelt hätte, würden sie 12 600 Meilen weit in die Luft ragen. Der Pikes Peak ist . . . 14 000 *Fuß* hoch, und ich rede von mehr als 12 000 Meilen!«

Die Berechnungen stammten aus der neuen Statistikabteilung des Unternehmens, die Woodruff eingerichtet hatte, um die wirtschaftlichen Fortschritte verfolgen und neue Wege zur Beschleunigung finden zu können. Woodruff widmete sich intensiv der Aufgabe, die Marketingprogramme der Gesellschaft zu modernisieren, um sich die Veränderungen, von denen das Land ergriffen wurde, zunutze zu machen.

Außerhalb der Reichweite des Automobils lagen mittlerweile nur noch wenige Orte. Woodruff gab eine detaillierte Studie über die nationalen Verkehrswege in Auftrag, so daß die Statistikabteilung auf einer Landkarte die verkehrsreichsten Kreuzungen markieren konnte. Die Coca-Cola Company plazierte ihre Werbung überall an den strategisch wichtigsten Standorten und wurde so zum größten Billboardnutzer im Land.

Eine weitere Studie wurde durch die neuen Drugstore-Ketten angeregt, die neuerdings das Land überzogen. Zusammen mit der Agentur von D'Arcy ermittelten die Statistiker des Unternehmens, daß

61 Prozent aller Drugstore-Kunden Soda Fountains aufsuchten und 35 Prozent von ihnen eine Coca-Cola bestellten. Die Gesellschaft arbeitete kunstvolle Präsentationen aus (einschließlich eines Stummfilms), um den Besitzern vor Augen zu führen, wie profitabel Coca-Cola für sie war.

1927, als die Anzahl der Haushalte mit einem Radio die Sechs-Millionen-Grenze überschritt, sponserte die Coca-Cola-Gesellschaft ihre erste Radiosendung, eine obskure Serienromanze, die über die vierzehn Sender der aufstrebenden NBC ausgestrahlt wurde.

Den unternehmenspolitisch wichtigsten Schachzug machte Woodruff, als er während einer Versammlung sämtliche Vertreter für die Soda Fountains zunächst »feuerte«, um sie dann als »Serviceleute« wieder einzustellen. Es war als eine Art Gag gedacht, aber die Männer begriffen, was gemeint war: Zusätzlich zum Sirupverkauf wurde von ihnen erwartet, daß sie ihren Kunden zeigten, wie man Coca-Cola richtig servierte.

Woodruff ließ sich in der Plum Street nieder. Er erweiterte das Hauptquartier der Gesellschaft um eine vierte Etage und bezog ein geräumiges neues Büro. Er setzte seine Sekretärin Mattie Lott, in Anspielung auf ihren beträchtlichen Leibesumfang »Bitsy« genannt, als freundliche, aber resolute Türwächterin in sein Vorzimmer. Der Flur dahinter wurde von Männern bevölkert, die er eingestellt und befördert hatte – von Männern, die ihm gegenüber loyal waren und deren Loyalität er erwiderte. Als auf einer der Direktoriumssitzungen im Jahr 1925 Woodruff für seine gute Arbeit ein Bonus in Höhe von 25 000 Dollar bewilligt wurde, wollte er das Geld nur annehmen, wenn weitere 75 000 Dollar für seine Topmanager gezahlt würden.

Es gab mittlerweile sogar Anzeichen dafür, daß sich das Verhältnis zwischen Robert Woodruff und seinem Vater entspannte.

Nicht lange nach seiner Übernahme der Präsidentschaft von Coca-Cola erlitt sein jüngster Bruder Henry einen Nervenzusammenbruch. Henry hatte sich zu einem nervösen, leicht erregbaren jungen Mann mit exzentrischen Angewohnheiten entwickelt. Im Alter von sechsundzwanzig Jahren brach er zusammen, nach Angaben seines Arztes unter der Belastung des Bemühens, »es seinem Vater und seinen Brüdern als energischer Geschäftsmann gleichzutun«. Im Sheppard and Enoch Pratt Institute in Baltimore, wohin er zur Behandlung eingewiesen wurde, schlich er gelegentlich über die Flure und behauptete, Chef der Coca-Cola Company zu sein.

Henrys Zusammenbruch führte bei den Woodruffs zu einer Periode des Friedens und setzte den Kämpfen zwischen Robert und Ernest ein vorläufiges Ende. Beide Männer, insbesondere Ernest, schienen durch die Erkenntnis, daß sie zu Henrys Problemen beigetragen hatten, ernüchtert worden zu seien. Außerdem stellte sich Emie Woodruff schützend vor Henry. Sie verlangte mit Nachdruck, daß die Streitereien in ihrer Familie eingestellt würden.

Ernest und Robert kauften in Atlantas vornehmstem Vorort Druid Hills in der Springdale Road nebeneinanderliegende Häuser und bemühten sich, gute Nachbarn zu sein. Der Familienbesitz erstreckte sich über 80 Quadratkilometer und schloß eine kleine Farm sowie ein Gestüt mit Vollblütern ein. Vater und Sohn ritten nachmittags gelegentlich gemeinsam aus, rauchten Zigarren und unterhielten sich. Sie unternahmen sogar einen Jagdausflug nach Texas und posierten für einen seltenen Schnappschuß, Seite an Seite und lächelnd.

Ernest demonstrierte seine Zufriedenheit mit Robert, indem er ihm Geld und Aktien schenkte, darunter einen großzügigen Anteil (im Wert von 90 000 Dollar) an der familieneigenen Holdinggesellschaft Piedmont Securities.

Bei der Arbeit grenzten sie ihr Territorium ab und hielten respektvoll Distanz zueinander. Gelegentlich bekam Robert von seinem Vater eine Notiz mit der knappen Anrede »Dear Sir«, und Ernest blieb, wie es ein Zeitgenosse formulierte, »gegenüber seinem Sohn so förmlich wie im Umgang mit anderen Geschäftspartnern«, aber er überließ seinem Sohn größtenteils die Leitung der Firma. Robert war der Chef im Plum-Street-Gebäude und entschied über alle Verkaufs- und Marketingaktivitäten der Gesellschaft, während Ernest und das Direktorium die Finanz-Entscheidungen fällten.

Robert und Ernest stellten ein effektives Team dar. Nachdem wieder regelmäßig Dividenden gezahlt wurden, stieg der Aktienkurs von Coca-Cola steil und ständig nach oben, bis ein Wert von 160 Dollar pro Anteil überschritten wurde, mehr als die vierfache Höhe des ursprünglichen Ausgabekurses. Anfang 1927 wurde die Aktie auf der Basis zwei zu eins gesplittet und legte auf dem ganz auf Hausse eingestimmten Markt, der die Wall Street durcheinanderwirbelte, weiterhin zu. Das Unternehmen zahlte alle offenstehenden Anleihen zurück, löste 10 Millionen Dollar in Vorzugsaktien ein, die sich im Besitz der Kinder Asa Candlers befanden, und legte aus den Überschüssen eine Reserve an.

Beide Woodruffs profitierten ansehnlich vom Erfolg des Unternehmens. Natürlich schnitten alle Coca-Cola-Aktionäre gut ab, aber die Woodruffs und einige ihrer engsten Partner in der Trust Company machten besonders hohe Gewinne, dank eines von Ernest dirigierten

Pools, der mit Coca-Cola-Aktien spekulierte. Ernest praktizierte jene Art von Insidergeschäften, die damals weitverbreitet waren und heute illegal sind: Er kaufte vor der Bekanntgabe von Neuigkeiten, die vermutlich den Kurs in die Höhe schnellen ließen, für sich, Robert, Tom Glenn und ein paar andere Aktien im großen Stil, so zum Beispiel im Oktober 1926, kurz vor der öffentlichen Ankündigung des Aktiensplits. In weniger als zwei Wochen erfreuten sie sich eines Kursgewinns von 16 Dollar pro Aktie.

Ernests Syndikat zog auch seinen Vorteil daraus, wenn das Unternehmen einen gelegentlichen Abwärtstrend verzeichnete. Sobald er und die anderen ein vorübergehendes Sinken des Kurses der Coca-Cola-Aktien erwarteten, pflegten sie einen Terminverkauf vorzunehmen – das heißt, sie verkauften einen Posten Coca-Cola-Aktien, zögerten die Auslieferung der Aktien jedoch bis zu einem zukünftigen Zeitpunkt hinaus, wobei sie darauf spekulierten, daß der Kurs fallen würde. Später erfüllten sie die Verkaufsverpflichtung mit den billigeren Aktien und erzielten so wiederum einen Profit. (Ein Termingeschäft auf dieser Basis konnte natürlich in eine Katastrophe führen, wenn der Aktienkurs wider Erwarten stieg, aber Woodruffs Insiderwissen schützte ihn und seine Anleger davor, sich allzu oft zu irren.)

Die Existenz von Ernests Syndikat war in den Geschäftskreisen von Atlanta durchaus bekannt, aber Zugang zu finden, war schwierig. Dan Roundtree, einer der Anwälte von Ernest, besuchte ihn eines Morgens in seinem Büro der Trust Company und fragte beiläufig, ob es ein guter Zeitpunkt wäre, um Coca-Cola-Aktien zu kaufen. Nein, erwiderte Ernest, das sei nicht der Fall. Gleich am nächsten Tag entdeckte Roundtree auf dem Schreibtisch seines Börsenmaklers einen Kaufauftrag für Coca-Cola-Aktien, unterschrieben von Ernest Woodruff höchstpersönlich. Hastig kratzte Roundtree Kapital zusammen, kaufte massiv und machte einen dicken Gewinn.

Im Frühjahr 1927 war Ernests Besitz an Coca-Cola-Aktien auf einen Wert von mehr als 4 Millionen Dollar gestiegen, was ihn zu einem der reichsten Männer von Atlanta machte. Mit siebenunddreißig Jahren konnte sich auch Robert knapp zu den Millionären zählen.

Am 5. März 1927 brachen Robert und Nell zu einer großen Kreuzfahrt rund um die Küste Südamerikas auf, diesmal ohne den Vorwand, daß es sich um eine Geschäftsreise handelte. Es war eine reine Vergnügungsreise, gedacht als Belohnung für die Triumphe, die Robert in vier kurzen Jahren als Präsident Coca-Colas erzielt hatte.

»Es war das einzige Mal in meinem Leben«, sagte er später, »daß ich mich wirklich reich gefühlt habe.«

Nur eine Handvoll enger Mitarbeiter erkannte die ersten Anzeichen, die darauf hindeuteten, daß Robert zunehmend unzufrieden wurde – daß er tatsächlich mit dem Gedanken spielte, die Coca-Cola Company zu verlassen und nahezu alles, was er besaß, bei einem gefährlichen Geschäftsabenteuer zu riskieren.

Keine Frage, er hatte einen Hang zum Spielen. Er spielte Poker und Roulette und setzte anläßlich der verschiedensten Sportereignisse gerne den einen oder anderen Betrag: beim Boxen, Pferderennen, bei College-Football-Spielen und Golfturnieren. Er schloß sogar mit seinen Vizepräsidenten Wetten über die Vierteljahrsverkäufe und die Produktionszahlen ab. Die Einsätze waren normalerweise ziemlich bescheiden – 10 bis 100 Dollar –, aber er liebte den Reiz.

Und er hatte das Gefühl, Glück zu haben. Alles schien sich zu seinem Vorteil zu wenden, selbst seine Mißgeschicke. Als sein Schiff während der Südamerikareise mit Nell bei Bahia in Brasilien auf Grund lief, wettete er mit anderen Passagieren, daß er schneller als sie zu Hause sein würde. Statt zu warten, bis das Schiff wieder flott war, gingen er und Nell an Bord eines Trampschiffes, fuhren über die Kanarischen Inseln nach Europa, bereisten den Kontinent und waren immer noch früh genug zurück in New York, um die Wettgewinne zu kassieren. Unterwegs machten sie auch halt in Paris und nahmen an der Feier teil, die zu Ehren des historischen Transatlantikflugs Charles Lindberghs stattfand.

Während der Arbeit deutete Woodruff mehrfach an, daß er eine gewisse Ruhelosigkeit verspüre. Joseph Bennet, einem seiner Mitarbeiter, erzählte er, daß er in ca. zehn Jahren sicherlich den Wunsch habe, etwas ganz Neues anzufangen. Die Bemerkung hinterließ bei Bennet den Verdacht, daß die Veränderung viel früher eintreten mochte. Dennoch, niemand erwartete, daß Woodruff so schnell, so überstürzt und mit so weitreichenden Konsequenzen handeln würde.

Im Herbst 1927 begann Walter White, Woodruffs Freund und Mentor, die Stimmenmehrheit im Unternehmen seiner Familie zu erwerben. Die White Motor Company machte eine schwierige Zeit durch. Die Verkäufe waren zurückgegangen, weil es die Käufer jetzt, da es mehr und mehr befestigte Straßen gab, nicht länger für erforderlich hielten, Höchstpreise für hochwertige Lastkraftwagen zu zahlen. Walter White sah sich gezwungen, seine Fabrik umzurüsten, um billigere Lastwagen herstellen zu können, eine Idee, die bei einigen Familienangehörigen und einigen Mitgliedern des Direktoriums auf Widerstand stieß. White hoffte, dieselbe Eigentümerkontrolle ausüben zu können, wie die Woodruffs bei Coca-Cola, und plante, die

Hälfte der 800 000 White-Motor-Aktien, die sich in öffentlichem Besitz befanden, zurückzukaufen. Er bat Woodruff, bei der Umsetzung seiner Pläne einer seiner Partner zu sein.

Der Gedanke, seine Karriere in der Lkw-Industrie wieder aufnehmen zu können, gefiel Woodruff. Trotz seiner Erfolge bei Coca-Cola fühlte er sich von der neuen Herausforderung angezogen. Es war bereits aufschlußreich, als er in der Werbefachzeitschrift Printer's Ink seine Strategie, die Coca-Cola-Vertreter in »Serviceleute« umzubenennen, mit einem Beispiel aus der Automobilbranche erklärte:

»Nehmen wir an, Sie besitzen einen Wagen einer wohlbekannten Automarke. Ihre Sekretärin kommt mit einer Visitenkarte herein und unterrichtet Sie über den Besuch von John Smith, Vertreter der Black Motor Company, dem Hersteller Ihres Wagens. Die Karte zeigt an, daß da ein Mann wartet, der Ihnen einen neuen Wagen verkaufen will. In Ihren Gedanken regt sich augenblicklicher Widerstand. Aber gehen wir einmal davon aus, die Karte würde Sie darüber informieren, daß Mr. Smith ein Serviceman der Black Motor Company sei. In diesem Fall würden Sie denken: ›Er will wissen, ob mein Wagen zufriedenstellend läuft. Wahrscheinlich will er etwas für mich tun. Er bietet Service an. Vielleicht will ich haben, was er zu bieten hat.‹ Ihr Widerstand verflüchtigt sich, und an seine Stelle tritt Empfangsbereitschaft . . .«

Woodruff dachte und redete noch immer in der Sprache seines alten Jobs. Und ihm gefiel der Gedanke, wieder mit Walter White zusammenarbeiten zu können. Seine Freundschaft zu White hatte sich im Laufe der Zeit so weit vertieft, daß sie sogar gemeinsam eine Plantage im Süden von Georgia kaufen wollten. Sie hatten beschlossen, aus dem Norias Club auszutreten, wo sie durch förmliche Cocktailparties und Schlips-und-Kragen-Dinners gezwungen wurden, viel zuviel Zeit in geschlossenen Räumen zu verbringen. Statt dessen wollten sie auf ihrem eigenen Grund und Boden nach Herzenslust Wachteln, Tauben und Truthähne jagen, von der Morgen- bis zur Abenddämmerung, wenn sie wollten, und frei von gesellschaftlichen Verpflichtungen.

Woodruff bewunderte White, der dreizehn Jahre älter war als er, und betrachtete ihn als einen tüchtigen Geschäftsmann, zäh und scharfsinnig. Eine seiner Lieblingsgeschichten über White handelte von einem Ausritt, den sie beide mit einem Gast auf dem Gelände von Gates Mills machten, Whites Besitz außerhalb von Cleveland. Als sie bei den Ställen haltmachten, fragte der Gast White, wie viele Pferde er besaß. White, der die Frage unhöflich fand und keine direkte Antwort geben wollte, erwiderte spontan, daß er es nicht wüßte.

»Sie haben neunundzwanzig«, mischte sich ein Stallknecht ein.
»Und ein paar Fohlen sind unterwegs.«

Am nächsten Morgen sagte White zu Woodruff, daß er unten bei den Ställen noch etwas zu erledigen hätte. »Ich werde diesen Mistkerl feuern«, erklärte er. »Er weiß zuviel.«

Woodruff versuchte, seinen eigenen Führungsstil am Beispiel Whites auszurichten: diskret, bestimmend, hart, wenn es erforderlich war.

White waren als Verkäufer Grenzen gesetzt – er war ein bißchen zu zurückhaltend –, aber das machte nichts. Das Verkaufen war ja Woodruffs starke Seite. Wenn er zu White Motor zurückkehrte, war sein Verkaufstalent der Beitrag, den er in die Partnerschaft einbringen konnte. Und er würde einer der Eigentümer sein, eine sichere Position.

Solange Woodruff für die Coca-Cola Company arbeitete, war er den Launen seines Vaters ausgesetzt. Sicher, sie kamen im Augenblick recht gut miteinander aus, aber es gab keine Garantie dafür, daß ihre Beziehung auch weiterhin reibungslos blieb. Außerdem gab es keinerlei Sicherheit, daß sein Vater und die Verantwortlichen der Trust Company das Unternehmen behalten würden. Ernest Woodruff war vor allem Finanzier, der nicht zögern würde, seine Beteiligung an Coca-Cola zu verkaufen, wenn er den Zeitpunkt für gekommen hielt. So wie Robert es sah, hatte er seine Aufgabe erfüllt. Er hatte sich und seinem Vater bewiesen, was er konnte, und jetzt war die Zeit reif, um ein für allemal zu demonstrieren, daß er es auch in der Branche, die er am meisten liebte, aus eigener Kraft schaffen konnte.

Der Einsatz war enorm. Auf dem Preisschild für Whites Kaufplan standen mehr als 10 Millionen Dollar, und die anderen Partner, darunter der Standard-Oil-Tycoon Walter Teagle, verfügten über beträchtliche finanzielle Reserven. Woodruff, eindeutig der Juniorpartner, würde sich anstrengen müssen, um genügend Geld aufzubringen.

Am 11. Oktober 1927 wies Woodruff seine New Yorker Börsenmakler Hornblower & Weeks an, 4600 Coca-Cola-Aktien auf Termin zu verkaufen, die insgesamt 560 000 Dollar in bar einbrachten. Er riskierte bei dem Geschäft die Hälfte seines Privatvermögens, denn er spekulierte darauf, daß der Kurs der Aktien in absehbarer Zukunft stark fallen würde. Er plante, die Verkaufsverpflichtung zu einem weitaus geringeren Kurswert zu erfüllen, so daß ein beträchtlicher Profit übrigblieb, den er zum Kauf von White-Motor-Aktien verwenden konnte.

Um seine Rolle bei der Transaktion zu verschleiern, arbeitete

Woodruff mit Scheinfirmen und ließ die Papiere von Stellvertretern unterschreiben. Was er tat, war nicht unbedingt illegal, aber selbst damals wurde es als unmoralisch erachtet, wenn der Präsident einer Gesellschaft seinen persönlichen Aktienbesitz auf Termin verkaufte. Woodruff spielte gegen sein eigenes Unternehmen, und er tat dies in einer Position, in der er die Leistungsfähigkeit von Coca-Cola beeinträchtigen konnte – ein unmittelbarer Interessenkonflikt.

Tatsächlich jedoch gibt es keine Anzeichen dafür, daß Woodruff beabsichtigte, sein Unternehmen zu sabotieren. Es gab gute Gründe für seine Vermutung, daß sich das Geschäft wie von ihm erhofft entwickeln würde, ohne daß er selbst eingreifen mußte. Nach mehreren Jahren nationaler Hochkonjunktur warnte seine Statistikabteilung vor einer bevorstehenden Rezession. Die Coca-Cola-Verkäufe waren während des Sommers zurückgegangen und ließen eine »deutliche Schwäche« erkennen, die darauf hindeutete, daß möglicherweise schwere Zeiten kommen würden.

Eine vertrauliche, innerbetriebliche Studie über »Unternehmensprobleme« warnte vor neuen ausufernden Staatssteuern (einschließlich einer ruinösen Verkaufssteuer auf Soft Drinks in Höhe von einem Cent in South Carolina), anhaltender Feindseligkeit von Temperenzorganisationen, Widerstand von Eltern und Lehrern dagegen, daß Kinder Coca-Cola tranken, und wachsender Konkurrenz auf dem »Fünf-Cent-Markt« durch Süßigkeiten, Eiscreme, Kuchenteilchen und andere Getränke. Die Bedingungen für Werbeanzeigen, die von einigen Publikationen, insbesondere bei Nahrungsmitteln, gestellt wurden, »kämen einer Erpressung sehr nahe«, hieß es weiterhin in dem Bericht, während die Bundesregierung sich wieder einmal für einige der Ingredienzen Coca-Colas interessierte. Der Kongreß tendierte zu protektionistischen Maßnahmen und spielte mit dem Gedanken, den Zoll auf importierten Zucker beträchtlich zu erhöhen.

Überall im Land sah sich die Gesellschaft kleinlichen Behelligungen von seiten lokaler Regierungsstellen ausgesetzt. In Kansas City veranlagten beispielsweise die Finanzbeamten die Möbel des Bezirksbüros – ein paar altersschwache Schreibtische und Stühle – routinemäßig mit einem maßlos überzogenen Wert in Höhe von 10 000 bis 15 000 Dollar. Einmal im Jahr mußte William Landers, der Revisor von Coca-Cola, zu einer Anhörung nach Missouri fahren, um vor dem Vorsitzenden Richter des Jackson County, dem obersten lokalen Verwaltungsbeamten, Einspruch gegen diese Schätzung einzulegen. Im Jahr 1927 traf er in dieser Position einen neuen Mann und beschwerte sich bei ihm.

»Was ist los, Mr. Landers?« fragte Harry Truman. »Kommen Sie nicht gerne nach Kansas City?«

»Doch«, antwortete Landers, »aber nicht jedes Jahr.«

»Nun«, erwiderte Truman heiter, »die Situation ist so: Diese verdammten Republikaner haben das Sagen bei der Veranlagung, während wir Demokraten das Sagen bei der Berichtigung haben. Und solange die Situation so bleibt, fürchte ich, werden Sie auch weiterhin kommen müssen.«

Nicht alle Probleme waren so trivial oder so leicht aus dem Weg zu räumen. Die aktuellste Bedrohung war eine beständig wachsende internationale Bewegung, die ihr Zentrum im Völkerbund hatte und sich für eine straffere Kontrolle des Narkotikahandels aussprach. Der Kongreß diskutierte ein Gesetz, das den Import oder Export von Kokablättern und sämtlichen Nebenprodukten, gleichgültig, wie gründlich sie auch vom Kokain befreit sein mochten, verbieten würde. Coca-Cola sah sich mit der Gefahr konfrontiert, die Zulieferung von Kokablättern für die Herstellung von Merchandise No. 5 nicht mehr gewährleisten zu können und daran gehindert zu werden, ihren Sirup zu exportieren. Die Situation stellte sich so dramatisch dar, daß Woodruff heimlich eine Kokainfabrik in Lima, in Peru, pachtete, um sie in Reserve zu halten – ein Arrangement, das große Verlegenheit auslösen konnte, wenn es ans Licht der Öffentlichkeit geriet.

Trotz all dieser Anzeichen, die auf einen Abwärtstrend hindeuteten, erholten sich die Coca-Cola-Verkäufe wieder und blieben stabil. Dies galt auch für den Aktienkurs der Gesellschaft. Während des Herbstes 1927 wurde immer offensichtlicher, daß Woodruff sein Spiel verlor. Die Nachfrage nach Coca-Cola im ganzen Land war stark. A. B. Freeman, der Abfüller in New Orleans, wurde das erste Mitglied im »Quarter of a Million Gallon Club« des Unternehmens, weil er eine Viertelmillion Gallonen Sirup in weniger als einem Jahr verarbeitet hatte. Statt einen Rückschlag zu erleiden, steuerte die Gesellschaft auf Rekordgewinne zu.

Woodruff hatte sich verschätzt und geriet unter Druck. Er wollte keine Schritte unternehmen, die der Gesellschaft schadeten und ihm selbst halfen. Um die Verpflichtung seines Terminverkaufs erfüllen zu können, mußte er 4600 Coca-Cola-Aktien beibringen, indem er sie entweder an der Börse kaufte oder aus seinem eigenen Besitz zur Verfügung stellte. Beide Optionen sahen zunehmend schmerzlich aus.

Sein Vater war entsetzt. Robert hatte ohne sein Wissen und ohne seinen Segen gehandelt und einen schrecklichen Fehler gemacht. Seit dem Erwerb des Unternehmens neun Jahre zuvor hatte Ernest immer wieder Coca-Cola-Aktien gekauft und verkauft, aber er war nie ein solches Risiko wie Robert eingegangen. Er hatte immer nur mit Posten von jeweils ein paar hundert Aktien operiert und die Börsengeschäfte als Hobby betrachtet, während er den Großteil seines Coca-Cola-Besitzes sicher im Tresor aufbewahrte, zusammen mit seinen Liberty Bonds, Schatzanweisungen und anderen konservativen Wertpapieren. Sein Sohn setzte die Hälfte seines Vermögens auf eine einzige Karte – nach dem Motto: Der Sieger bekommt alles. Und das Spiel lief in die falsche Richtung.

In einem Brief, den er zu Weihnachten schrieb, tadelte Ernest seinen Sohn und betonte seine Bestürzung nachhaltig. Es war sein »größter Wunsch«, daß Robert lernen würde, »den Versuchungen und bösen Einflüssen zu widerstehen, die Erfolg und Reichtum ständig begleiten«. Robert hatte sich, glaubte Ernest, wie von der Hand Satans höchstpersönlich geführt, Gier und Eitelkeit hingegeben, und das bedauerliche Ergebnis war ihm zu gönnen.

Aber Ernest wollte seinen Sohn in dieser schwierigen Zeit nicht sich selbst überlassen. Wenn Ernest Woodruff eine weiche Seite hatte, dann war es die Fähigkeit, verzeihen zu können.

Ein Partner sagte einmal über Ernest: »Er kommt aus allen Krisensituationen immer gut heraus. Er macht dich fix und fertig, um dich daran zu hindern, in die Klemme zu geraten, aber wenn du in der Klemme steckst, ist er der erste, der dich wieder rausholt.«

Ernest wendete dieses Prinzip jetzt auch auf seinen Sohn an. In den letzten Tagen des Jahres 1927 und Anfang 1928 warfen Ernest und mehrere der anderen großen Coca-Cola-Aktionäre der Trust Company Coca-Cola-Aktien auf den Markt, offensichtlich mit der Absicht, den Kurs nach unten zu drücken und Robert zu retten. Ernest persönlich verkaufte 3400 Coca-Cola-Anteile auf Termin. Wie immer liefen seine Manipulationen unter größter Geheimhaltung ab. Die genaue Strategie und das Endergebnis, das er im Sinn hatte, werden immer unbekannt bleiben. Fest steht allerdings, daß dies eins der wenigen Male in seiner Karriere war, wo er ausgetrickst wurde. Statt zu sinken, wie er spekuliert hatte, begann der Kurs der Coca-Cola-Aktie geheimnisvollerweise zu steigen.

Irgend jemand stieg bei den Terminverkäufen ein, die die Woodruffs und die Trust Company vornahmen. Irgend jemand spekulierte darauf, daß Coca-Cola-Aktien auf lange Sicht eine kluge Investition waren, und zahlte Höchstpreise, um alle Aktien in seinen Besitz zu bringen, die auf den Markt kamen. Anfang März 1928, als der Kurs der Coca-Cola-Aktie 130 Dollar erreicht hatte und sich 140 Dollar näherte, wurde die Finanzpresse in der Wall Street auf all diese unerklärlichen Aktivitäten aufmerksam.

B. C. Forbes interviewte Robert Woodruff und beklagte sich anschließend darüber, daß sein Freund noch schweigsamer war als üblich.

»Er ist ein wandelndes Fragezeichen«, schrieb Forbes in seiner Wirtschaftskolumne. »Jedesmal wenn ich ihn etwas fragte, antwortete er mit einer Gegenfrage – mit der Begründung, daß ich durch das ganze Land gereist wäre und viel mehr wissen müßte als er!«

Forbes hätte Gedankenleser sein müssen, um die extreme Verlegenheit der Position Woodrufs zu verstehen. Seiner Gesellschaft ging es blendend, und ihr Aktienkurs schoß nach oben – Woodruff hätte in Jubelstimmung sein müssen. Doch das Wohlergehen Coca-Colas drohte ihn in den Bankrott zu treiben.

Die wenigen, scheinbar belanglosen Antworten, die er Forbes gab, waren mit Ironie gespickt. »Was unsere Gesellschaft angeht«, sagte Woodruff zu ihm, »erwarte ich fortwährend Schwierigkeiten. Zu Beginn jedes neuen Jahres sage ich mir, daß ziemlich sicher irgend etwas passieren wird, um uns daran zu hindern, die Fortschritte, die wir im vergangenen Jahr gemacht haben, erneut zu erreichen.« Woodruff lächelte und fügte hinzu: »Vielleicht haben wir die Schwierigkeiten bisher nur deshalb umgehen können, weil wir ständig nach ihnen Ausschau halten.«

In der ersten Aprilwoche des Jahres 1928 lag der Schlußkurs der Coca-Cola-Aktie bei 146¾ Dollar, so hoch wie nie zuvor, und die Neugier der Wall Street entlud sich in wilden Spekulationen über die Identität der Aktienkäufer und -verkäufer. Der für mehrere Zeitungen schreibende Finanzkolumnist R. L. Barnum verwies auf den ungewöhnlichen Anstieg des Coca-Cola-Kurses und kam zu dem Schluß, daß diejenigen, die Terminverkäufe vornahmen, eine »schreckliche Bestrafung« zu erleiden schienen.

Aber wer kaufte und wer verkaufte? Barnum wußte es nicht. Niemand in der Wall Street wußte es. Am 9. April 1928 meldete Associated Press einen »sensationellen Anstieg« der Coca-Cola-Aktie, als der Kurs eine neue Rekordhöhe erreichte und über 160 Dollar pro Aktie hinausschoß. Es tobte ein Krieg, aber die Kombattanten hatten noch immer keine Namen.

Am nächsten Tag gab sich der Käufer zu erkennen.

Lindsey Hopkins hatte sein erstes Vermögen mit dem Verkauf von Overland-Automobilen gemacht.

Er wuchs in ärmlichen Verhältnissen in Reidsville, North Carolina, auf. Zunächst arbeitete er als Setzergehilfe beim Greensboro Patriot, wo er 2 Dollar in der Woche verdiente, wurde dann Ölverkäufer und offenbarte bald ein Talent, viel Geld zu verdienen, indem er in neue Geschäfte investierte. Ebensooft verlor er es aber auch wieder.

»Wenn du Zweifel hast, dann riskiere etwas«, lautete sein Motto, und danach lebte er. Hopkins war 1909 nach Atlanta gezogen, hatte Erfolg im Autogeschäft, verlor jedoch prompt wieder alles, weil er zu früh auf die kommerzielle Luftfahrt setzte: 1911 kaufte er einen Curtis-Doppeldecker, flog die erste Luftpostsendung in Atlanta aus, sponserte die erste Flugschau auf dem Candler Field und ging pleite. Wieder auf die Beine kam er 1916 durch die Finanzierung des Films »Death of a Nation«. Dann machte er mit Spekulationen in Baumwolle, Eisenbahnen, Gummi und Schiffahrt sein Geld. Als sich der Coca-Cola-Kurs 1921 auf einem Tiefstand befand, begann er zu kaufen, im Frühjahr 1928 war er Großaktionär.

Hopkins war recht groß, hager und hatte ein scharf geschnittenes Gesicht. Er war gesellig, kleidete sich gerne flott und kannte, soweit es andere beurteilen konnten, keinerlei Angst. Einem Freund zufolge hatte Hopkins einen »göttlichen Funken von Tatkraft und Unternehmungslust und einen Erwerbssinn, der nie aufhörte.« Er glaubte, daß die Coca-Cola Company »kaum die Oberfläche der Möglichkeiten angekratzt hatte, die noch vor ihr lagen«, und er war sich ziemlich sicher, daß es Ernest Woodruff war, der die Terminverkäufe vornahm. Er wollte ihn stoppen.

Am 9. April 1928 spielte er Associated Press in New York eine Nachricht zu, in der er sich als der Investor offenbarte, der Coca-Cola-Aktien aufgekauft und den Kurs nach oben getrieben hatte. Dann ging er zur Zentrale der Chase National Bank in New York, unterschrieb einen sechsmonatigen Schuldschein und nahm einen Barkredit in Höhe von 1 Million Dollar auf, so daß er weitere kaufen konnte. In den nächsten drei Monaten trugen er und die Woodruffs eine erbitterte Schlacht um die Zukunft des Unternehmens aus. Ernest, Robert und ihre Alliierten in der Trust Company starteten eine neue Runde von Termingeschäften und hofften, den Kurs drükken zu können, während Hopkins ihre Positionen mit seiner Million aufkaufte und den Kurs hochhielt.

In den Geschäftskreisen von Atlanta erzählt man sich noch heute, daß Ernest den Versuch unternahm, zu diesem Zeitpunkt einen Waffenstillstand herbeizuführen. Wie es hieß, griff er zum Telefon, rief Hopkins an und sagte: »Lindsey, ich möchte Sie sprechen. Können Sie rüberkommen?« Und Hopkins antwortete gelassen: »Ernest, ich würde jederzeit gerne mit Ihnen sprechen. Die Tür *meines* Büros steht immer offen.« Es fand kein Treffen statt.

Als nächstes verlangte Hopkins eine Liste mit den Namen und Adressen aller Aktionäre der Gesellschaft. Er beabsichtigte, sie anzuschreiben und ihnen klarzumachen, daß es ihre Aktien seiner Überzeugung nach wert waren, als dauerhafte Investition behalten zu werden. Als sich das Unternehmen weigerte, ihm eine solche Liste zu geben, wurde Hopkins wütend und ging mit einem sensationellen Vorwurf an die Öffentlichkeit. Die treibende Kraft hinter all den Termingeschäften, offenbarte Hopkins einer Zeitung, sei die Insidergruppe der Trust Company, die arglistig daran arbeitete, den Kurs der Coca-Cola-Aktie zu ihrem eigenen Vorteil zu »deflationieren«. Ernest Woodruff bezeichnete er als den Anführer.

Hopkins' Anschuldigungen riefen in Atlanta und in der Wall Street einen Aufschrei hervor. Die Direktoren und Hauptaktionäre standen entlarvt im Rampenlicht. Es war tolerierbar, wenn Ernest und seine Freunde aus Spaß und um kleiner Profite willen mit Coca-Cola-Aktien handelten. Aber es war ein Skandal, wenn sie beschuldigt wurden, die Zukunftsaussichten des Unternehmens zu gefährden, indem sie versuchten, den Aktienkurs nach unten zu drücken. Ernest sah sich gezwungen, einen strategischen Rückzug anzutreten.

Zur großen Überraschung von Hopkins und allen anderen interessierten Kreisen in Atlanta nahm Ernest eine totale Kehrtwendung vor und beschloß, die Gesellschaft zu verkaufen – ein für allemal.

Bis dahin hatten Ernest und seine Verbündeten bei der Trust Company nur kleine Teile ihres Besitzes an Coca-Cola-Aktien veräußert. Sie waren ihren Verkaufsverpflichtungen aus den Termingeschäften nachgekommen, indem sie Aktien an der Börse kauften und sozusagen ein Strafgeld dafür zahlten, daß sie den Kursanstieg nicht vorhergesehen hatten. Sie waren alle um mehrere zehntausend Dollar ärmer, aber sie besaßen und kontrollierten weiterhin ein riesiges Paket Coca-Cola-Aktien – fast die Hälfte der ausgegebenen Anteile –, und zwar durch die Coca-Cola International Corporation, die Holdinggesellschaft, die Ernest fünf Jahre zuvor eingerichtet hatte, als er seinen New Yorker Partnern die Macht entriß.

Am 16. April 1928, eine Woche nachdem ihm Hopkins die Hölle heißgemacht hatte, wies er den Präsidenten der Trust Company Tom Glenn an, einen Brief an alle Aktionäre von Coca-Cola International zu schreiben, mit dem empfohlen wurde, die Aktien zu bündeln und gemeinsam zu verkaufen.

Der Brief sorgte in Atlanta für Schlagzeilen auf den Titelseiten. Er war von Ernest und den anderen großen Investoren, die mit der Trust Company of Georgia liiert waren, darunter Jim und Charles Nunnally, Bulow Campbell, Charles Wickersham und J. N. Goddard, unterschrieben und verkündete eine eindeutige Botschaft: Ernest Woodrufs Leute – die Insider – gedachten, ganz aus der Coca-Cola Company auszusteigen, und sie stellten ein attraktives Paket zusammen, das die Kontrolle über die Gesellschaft demjenigen in die Hände geben würde, der es ihnen abkaufen wollte. Wenn der Verkauf über die Bühne ging, würde Hopkins auf dem trockenen sitzen – ein Aktionär mit einer Minderheitsbeteiligung an einer Gesellschaft, die von einem neuen Eigentümer geführt wurde.

Es war jedoch sehr verdächtig, daß W. C. Bradley, der Vorsitzende des Direktoriums der Coca-Cola Company, nicht unterschrieben hatte. Es deutete stark darauf hin, daß Ernest mit seinem Verkaufsplan auf Uneinigkeit gestoßen war. Bradley war schließlich der erste Verbündete gewesen, den Ernest beim Erwerb der Gesellschaft verpflichtet hatte, und er gehörte zu den größten Einzelaktionären.

Als Bradley einem Zeitungsjournalisten eine Erklärung gab, nährte er den Verdacht, daß er gegen den Verkauf war. »Sollen doch die anderen Jungs reden«, brummte er. »Ich habe damit nichts zu tun. Das wird alles von der Trust Company of Georgia abgewickelt.«

Hopkins unternahm sofort den Versuch, Woodruff zu diskreditieren und seinen offensichtlichen Konflikt mit Bradley auszunutzen. Er erklärte, »verblüfft« über Woodruffs Maßnahme zu sein, und erzählte Journalisten in Atlanta und New York, daß die Direktoren der Trust Company Vorbereitungen zu treffen schienen, ihre Aktien unter Kurswert zu verkaufen, offenbar um ihre Termingeschäfte zu decken. Wenn Woodruff und Glenn für die Aktionäre der Coca-Cola International wirklich den Höchstpreis erzielen wollten, drängte Hopkins, dann sollten sie den Verkauf im Rahmen einer offenen Auktion durchführen und die Aktien an den veräußern, der am meisten biete.

Die Breitseite von Hopkins drängte Woodruff und Glenn in die Defensive. Es würden keinerlei Verhandlungen mit irgend jemandem geführt, bekräftigte Glenn. Die Großaktionäre seien lediglich zu der Überzeugung gelangt, daß sie ihr ursprüngliches Ziel erreicht hätten. Sie hätten die Gesellschaft mit einer fähigen Führung ausgestattet, und dadurch »große Gewinne gemacht«. Jetzt sei es an der Zeit, die Gesellschaft von einem neuen Eigentümer übernehmen zu lassen. Glenn versprach, daß keine Verkäufe unter dem gültigen Kurs der Coca-Cola-Aktie vorgenommen würden.

Glenns Beteuerungen reichten nicht aus, um die Besorgnis zu zerstreuen, die unter den Firmenangestellten und Kleinaktionären um sich griff. Die Bewohner Atlantas aus allen Schichten betrachteten die Coca-Cola Company als das Flaggschiffunternehmen des Südens, und die Vorstellung, daß es neue Eigentümer geben könnte, vielleicht aus New York, verwirrte und erzürnte sie.

Trotz der brisanten Umtriebe an der Börse bewahrten Robert Woodruff und das Management der Gesellschaft strengstes Schweigen. »Offizielle Stellen der Coca-Cola Company erklärten, daß sie nicht das geringste über die Angelegenheit wüßten«, hieß es in einer knappen und alles andere als überzeugenden Stellungnahme, die die Plum Street gegenüber dem Wall Street Journal bezog. Es blieb den Menschen überlassen, sich zu fragen, was Ernest Woodruff vorhatte, und man konnte sich vorstellen, daß es irgend etwas Trickreiches war.

Am Montagmorgen des 30. April 1928 traten die Direktoren der Coca-Cola Company in Atlanta zu einer Sitzung zusammen. Es herrschte Hochspannung. Beim einzigen offiziellen Punkt der Tagesordnung wurde einstimmig dafür gestimmt, die Dividende für die Coca-Cola-Aktie von 5 auf 6 Dollar zu erhöhen. Die Gewinne des ersten Viertels des Geschäftsjahres 1928 waren gestiegen, und alle Fraktionen waren zufrieden mit der Entscheidung. Diejenigen, die ihre Aktien behalten wollten, erhielten mehr Dividenden, und für die Verkaufswilligen stieg der Aktienwert. Ernest Woodruff und seine Gruppe konnten demonstrieren, daß sie nicht länger daran interessiert waren, den Kurs der Aktie zu drücken.

Die Dividendenerhöhung war jedoch das einzige, worüber sich die Direktoren einigen konnten. Lindsey Hopkins bat um die Erlaubnis, an der Sitzung teilnehmen und eine Ansprache an das Direktorium richten zu dürfen, und zu Woodruffs äußerstem Mißfallen stimmte eine Mehrheit der Mitglieder dafür, den rebellischen Investor anzuhören. Hopkins bekundete sein Vertrauen in die Gesellschaft und ihre Zukunft und sprach sich mit einem leidenschaftlichen Appell für Harmonie im Direktorium aus. Er regte an, die Aktien im Verhältnis vier zu eins zu splitten, um sie zu verbilligen und für kleinere Investoren attraktiv zu machen, wodurch sich die Besitzanteile am Unternehmen auf ein breiteres Spektrum von Inhabern verteilen würden.

Hopkins' unausgesprochene Botschaft, die jeder anwesende Direktor deutlich verstand, war einen scharfe Rüge an die Adresse Ernest Woodruffs. Seine Empfehlung, die Aktien mehr zu streuen, konnte nur als Vorwurf verstanden werden, daß Woodruffs Gruppe bei der Trust Company nicht im besten Interesse von Coca-Cola gehandelt hatte und man dem einfachen Mann auf der Straße durchaus zutrauen konnte, es besser zu machen. Hopkins beleidigte Woodruff von Angesicht zu Angesicht im Direktionssaal seines eigenen Unternehmens, eine Tollkühnheit, die nur wenige wagten. Noch bemerkenswerter war, daß mehrere der anderen Direktoren die Gelegenheit nutzten, Hopkins zu loben und zu erklären, daß seine Kaufaktivitäten der Gesellschaft geholfen hatten.

Woodruff und seine Gruppe schwiegen während der Sitzung. Später trat ein Journalist an Tom Glenn heran und bat um einen Kommentar. »Ich habe nichts zu sagen«, antwortete er. Die Vertreter der Trust Company hofften noch immer, das Unternehmen verkaufen zu können. Allerdings war jetzt klar, daß sie mit einer aufkeimenden Revolte im Direktorium konfrontiert werden mochten.

Wie immer behielt Ernest seine Pläne für sich. Zwei Tage nach der Sitzung wurde er gesehen, als er einen Wagen der Crescent Limited bestieg, des komfortablen neuen Reisezugs der Southern Railway nach New York City. Die Zeitungen in Atlanta spekulierten, daß er in New York einen Käufer für das große Aktienpaket der Coca-Cola International suchte, was in der Tat zutraf.

Als er in Manhattan ankam, führte er mehrere geheimgehaltene Gespräche mit Gene Stetson von der Guaranty Trust, der ihm geholfen hatte, 1919 den Candlers die Coca-Cola Company abzukaufen. Stetson war ein großer Einzelaktionär der Coca-Cola Company, Mitglied des Direktoriums und weiterhin Frontman von Coca-Cola in der Wall Street. Woodruff und Stetson waren sich über Fragen, wie das Unternehmen und seine finanziellen Angelegenheiten gemanagt werden sollten, nicht immer einig, und sie vertrauten einander auch nicht grenzenlos, aber sie hatten immer eine enge Beziehung zueinander, die auf gegenseitigem Respekt beruhte. »Ich betrachte ihn als den größten Geschäftsmann, den ich jemals kennengelernt habe«, hatte Stetson einmal über Ernest gesagt.

Das Geschäft, um das es ging, war die Fusion der Coca-Cola Company mit der Canada Dry Ginger Ale, Inc. zum größten Soft-Drink-Konzern der Welt. Stetson war seit drei Jahren Mitglied des Direktoriums von Canada Dry, zum Teil in Erwartung einer derartigen Vereinigung, und er war bereit, sofort vertrauliche Verhandlungen mit P. D. Saylor, dem Präsidenten von Canada Dry, aufzunehmen. Ernest gab ihm grünes Licht.

Canada Dry war ursprünglich ein »Prohibitionsgetränk«, das sich vom Mixgetränk zum populären Soft Drink entwickelt hatte. Wie die

Ginger-Ale-Verkäufe von 1,7 Millionen Flaschen im Jahr 1922 auf mehr als 50 Millionen Flaschen jährlich nur vier Jahre später in die Höhe geschossen waren, nannte damals ein Journalist ein »Erfolgsmärchen«. Die Manager des Unternehmens sahen in der Fusion eine Chance, Zugang zu den 1250 Abfüllbetrieben und den 500 000 Verkaufsstellen von Coca-Cola zu finden, womit sie einen weitaus größeren Markt erreichen konnten als jemals zuvor.

Nicht so leicht zu erkennen war, warum die Coca-Cola Company an dem Geschäft interessiert sein sollte, zumal Canada Dry rechtlich als selbständiges Unternehmen bestehen bleiben sollte. Eine Wirtschaftszeitung bezeichnete später die Überlegung, daß Canada Dry die viel größere Coca-Cola Company schlucken sollte, als »phantastisch«. Nichtsdestoweniger nahmen Woodruff und Stetson Gespräche mit Saylor auf, die darauf abzielten, Coca-Cola International zu liquidieren. Sie kamen überein, Aktien des neuen Unternehmens auf dem freien Markt anzubieten, sobald die Vereinigung abgeschlossen war.

Am Dienstagnachmittag des 8. Mai 1928 wanderten die ersten Gerüchte über die Verhandlungen durch die Brokerhäuser der Wall Street. Als die New Yorker Aktienbörse an diesem Tag schloß, waren die Aktien beider Gesellschaften in großem Umfang gehandelt worden. Ohne die Details der geplanten Fusion zu kennen, kam die Investmentgemeinde zu dem schnellen Urteil, daß Canada Dry bei dem Geschäft besser abschneiden würde, und der Aktienkurs der Gesellschaft schoß um mehr als 7 Dollar auf 85 Dollar in die Höhe.

Nachdem die Wirtschaftspresse die Angelegenheit ausführlich behandelt hatte, berichtete die Atlanta Constitution, daß mehrere Coca-Cola-Direktoren auf dem Weg nach New York waren, um sich an den Diskussionen zu beteiligen. Tatsächlich eilten die Direktoren nach New York, um herauszufinden, was Woodruff und Stetson taten, da die meisten von ihnen völlig im dunkeln tappten. Sie hatten Gerüchte gehört, mehr nicht. Ein Sprecher der Gesellschaft gab eine Erklärung ab, die mehr oder weniger den Tatsachen entsprach und eine völlige Unkenntnis über die Geschehnisse in New York zum Ausdruck brachte.

Schon am nächsten Tag war das Geschäft gestorben. Saylor, der Präsident von Canada Dry, gab bekannt, daß die Verhandlungen aufgrund einer Sackgasse bei den Fusionsbedingungen »definitiv beendet« waren. Niemand wollte eine öffentliche Erklärung über die wahren Gründe für das Scheitern des Geschäfts abgeben, aber spätere Berichte offenbarten, daß einige der Coca-Cola-Großaktionäre, darunter auch Mitglieder von Ernest Woodruffs innerem Zirkel bei der

Trust Company, eingeschritten waren und für ein Ende der Verhandlungen gesorgt hatten. Woodruff kehrte aus New York zurück, lehnte Kommentare ab und ging nach Hause.

Es war ein stummes Zeichen der Kapitulation, als Tom Glenn wenige Wochen später einen weiteren Brief an die Aktionäre der Coca-Cola International schrieb und den gemeinsamen Aktienverkauf abblies. Sie hätten mehrere Angebote für ihre Aktien erhalten, sagte er, aber keins davon wäre attraktiv genug gewesen, um darauf einzugehen. Sie würden ihre Anteile behalten.

Hopkins hatte das letzte Wort. Das Direktorium gestattete ihm, den Dividendenzahlungen für das zweite Vierteljahr, die im Juni 1928 mit der Post an die Aktionäre verschickt wurden, einen persönlichen Brief beizulegen. Coca-Cola, rief er ihnen ins Gedächtnis, sei eine dauerhafte Kapitalanlage. Seinen Kredit über 1 Million Dollar bei der Chace National Bank zahlte er zurück, mit Zinsen – die Quittung legte er als Trophäe in sein Sammelalbum.

Ein paar Tage nach dem gescheiterten Versuch seines Vaters, die Gesellschaft zu veräußern, trat Robert Woodruff seinen Urlaub an und ging mit Nell an Bord des Ozeandampfers Ile de France, um nach Europa zu fahren.

Er versuchte, sich so zu verhalten, als ob nichts geschehen wäre. Als er nach Hause zurückkehrte, nahm er seine Pflichten in der Plum Street wieder auf und tat so, als würde er den Geschäften wie gewohnt nachgehen.

Woodruffs Mitarbeiter stellten fest, daß er zunehmend geistesabwesend war. Es war schwierig, ihn dazu zu bewegen, Entscheidungen zu fällen. John Staton, ein intelligenter junger Techniker des Unternehmens, fand eine Lösung für das alte Problem des Handels, Coca-Cola nicht in kalten, sauberen Flaschen verkaufen zu können. Staton erfand eine Holzbox mit einer Isolierung. Dieser Kühlbehälter, der drei Kästen Coke mit ein wenig Eis kalt halten konnte, kostete lediglich 12,50 Dollar und konnte in knapp fünfzehn Minuten zusammengebaut werden. Statons Kühlbehälter ebnete den Weg aus der »Steinzeit«, wie es ein enthusiastischer Abfüller ausdrückte, aber Woodruff zögerte, seine Zustimmung zur Ausgabe an die Händler zu erteilen. Schließlich mußte Gene Kelly nach Asheville in North Carolina fahren, wo Woodruff seinen Sommerurlaub verlebte, um seine widerstrebende Erlaubnis schließlich doch noch einzuholen.

Während einer Sitzung des Verkaufsausschusses im September 1928 hielt Woodruff zwar eine zündende Rede, in der er forderte, daß alle in der Gesellschaft härter arbeiten müßten, verließ dann aber den Raum, während seine Topleute noch über Designänderungen bei der Sechserpackung für den einheimischen Markt stritten. Hamilton Horsey versuchte, Woodruffs Einwilligung für neue Abfüllabkommen in Deutschland und Frankreich zu bekommen, berichtete jedoch, daß der Boß zu beschäftigt war, um sich darum zu kümmern. Woodruff sei von »einer großen Anzahl von Dingen, die nichts mit Coca-Cola zu tun haben«, völlig in Beschlag genommen.

Dahinter verbarg sich Woodruffs Wunsch, zur White Motor Company zurückzukehren.

»Ich habe mein Geld verloren«, schrieb er Walter White. Doch ihren Plan, gemeinsam Land für eine Plantage im Südwesten Georgias zu kaufen, verfolgte er weiter. Er schlug scherzhaft vor, daß White wohl beide Anteil-Hälften bezahlen müsse, borgte sich dann aber das Geld, um seinen Anteil zu bezahlen. Er trat dem Direktorium und dem Exekutivausschuß bei White Motor bei und fuhr fort, zusammen mit den anderen Partnern Aktien zu kaufen.

Woodruffs finanzielle Situation war bei weitem nicht so ernst, wie sie hätte sein können – dank einer Verschiebung des Tags der Abrechnung für seine Terminverkäufe von Coca-Cola-Aktien. Da sie nicht wollten, daß der Präsident des Unternehmens zahlungsunfähig wurde, noch dazu im Licht der Öffentlichkeit, erklärten sich Tom Glenn und Harold Hirsch einverstanden, ihm Coca-Cola-Aktien im Wert von mehr als einer Million Dollar aus ihrem eigenen Besitz zu leihen, damit er die Verpflichtungen gegenüber den Brokern erfüllen konnte. Die Darlehen liefen auf unbestimmte Zeit, was bedeutete, daß sich Woodruff soviel Zeit nehmen konnte, wie er brauchte, um die beträchtlichen Verluste wiedergutzumachen. In der Zwischenzeit konnte er sich weiteres Geld borgen.

»Ich habe viele Schwierigkeiten und Sorgen«, schrieb Woodruff einem Freund, »und eine davon – nicht die kleinste – betrifft die Banken.« Dennoch wandte er sich wegen eines Kredites, der es ihm erlauben würde, seinen Traum weiterzuverfolgen, an die Banken, und sie räumten ihm auch einen solchen ein.

Im Februar 1929 hatten Woodruff, Walter White und ihre Partner das Ziel, die Kontrolle über White Motor zu erlangen, halb erreicht. Woodruffs Stimmung begann sich zu bessern. Er und White verbrachten viel gemeinsame Zeit auf ihrem Landbesitz, einem 30 000 Acres großen Areal mit alten Farmen und Naturwäldern im Baker County, den sie nach dem Ausdruck der Creek-Indianer für »Wo das Wild schäft« Ichauway tauften. Woodruff und White verbrachten Tage auf dem Pferderücken, streiften mit ihren Hunden über den Besitz, scheuchten Vogelschwärme auf und prüften ihr Talent als Jagdschützen.

Die beiden Männer führten eifrige Debatten über das Jagdhaus, das sie bauen wollten. White dachte an ein großes Herrenhaus auf einer Kalksteinklippe mit Blick auf den dunklen Bach, der den Besitz durchlief, aber Woodruff widersprach. Er führte White vor Augen, daß sie ja aus dem Norias Club ausgetreten waren, um dem gesellschaftlichen Leben zu entfliehen. Er entwickelte Pläne für ein massives Holzhaus mit sieben sparsam möblierten Schlafzimmern – eine ansehnliche, aber nicht besonders komfortable Unterkunft für Männer, die sich für Jagen, Essen, Trinken, Kartenspielen und wenig anderes interessierten. Woodruff setzte sich durch, und der Bau des Hauses wurde begonnen, zusammen mit Ställen, Hundezwingern, einer Hütte für den Jagdaufseher und anderen Außengebäuden auf einem flachen Landstück, das sich kreisförmig mit einem Durchmesser von einer halben Meile um das Flüßchen erstreckte.

Der Kauf des Geländes und der Beginn der Bauarbeiten belastete beide Männer finanziell, vor allem angesichts der Anstrengungen, White Motor zu übernehmen. Da ihre Anlegergruppe fortfuhr, Anteile aufzukaufen, begann der Aktienkurs zu steigen. Ein Grund zur Beunruhigung, denn es bedeutete, daß die Kosten für den Erwerb der Mehrheit höher als erwartet werden würden, aber ihr Ziel schien durchaus in Reichweite zu sein, und so blieben sie optimistisch. Wenn einer der beiden Männer sich ernsthaft Sorgen machte, dann behielt er es für sich. Die einzige Vorsorge, die sie trafen, war eine Vereinbarung, daß im Todesfalle eines der beiden der Überlebende Treuhänder für die Hälfte des anderen an Ichauway werden würde – mit dem Recht, sie zu kaufen oder zu verkaufen.

Während der Sommer des Jahres 1929 verging, schien sich Woodruff mehr für Ichauway als für seine geschäftlichen Verpflichtungen zu interessieren. Er lernte das Leben in einem Landstrich kennen, in dem man Wohlstand nicht kannte, und die Erfahrung berührte ihn. Wie in vielen Gegenden des ländlichen Südens lebten auch die Menschen im Baker County von der Hand in den Mund, bewirtschafteten Pachtland, arbeiteten für jämmerliche Löhne oder betätigten sich, in einigen Fällen, als Schwarzbrenner in den Wäldern. Während die Reichen aus dem Norden zu ihrem Vergnügen Wachteln jagten, wilderten die Armen, Schwarze und Weiße gleichermaßen, um Nahrung für ihre Familien zu beschaffen.

Die Rückständigkeit der Region machte tiefen Eindruck auf Woodruff. Immer wieder erzählte er die Geschichte, daß eines Tages einer seiner Farmpächter, ein älterer Schwarzer, zu ihm nach Ichauway kam, um ihm seine Referenz zu erweisen, statt dessen aber, von einem Anfall geschüttelt, zu Boden stürzte. Erschrocken trat Woodruff zurück. »Malaria«, erklärte sein Aufseher. Mehr als die Hälfte der Menschen in dieser Gegend litten an dieser Krankheit. Woodruff bestellte Chinin in großen Mengen, die im ganzen County verteilt wurden. Noch Jahrzehnte später erinnerten sich die älteren Bewohner auf Ichauway an den Sommer, in dem das »Faß Pillen« eingetroffen war, daran, wie bitter das Chinin geschmeckt hatte, und wie dankbar sie alle gewesen waren, es zu bekommen.

Die Armut und das Leid um ihn herum brachten eine neue Seite in Woodruff zum Vorschein. Seine Wohltätigkeit schien aus einer tieferen Quelle zu kommen. Bud Walker, einer der jungen Schwarzen, die auf Ichauway lebten, hatte vor mehreren Jahren bei einem Jagdunfall ein Bein verloren. Woodruff schickte ihn nach Atlanta und bezahlte ihm eine Prothese.

»Mr. Woodruff ist sehr liberal und großherzig«, schrieb die Baker County News, »und die Art und Weise, wie er den armen Menschen des Countys hilft, wird von ihnen sehr willkommen geheißen.«

Natürlich entsagte Woodruff nicht den Freuden seines eigenen guten Lebens. Er unternahm weiterhin ausgedehnte Reisen. So fuhr er nach Kalifornien, um auf dem außergewöhnlichen Golfplatz in Pebble Beach zu spielen, und im August machte er seinen jährlichen Urlaub in Europa. Die Veränderungen von Woodruffs Persönlichkeit waren subtil, aber es war nicht zu verkennen, daß etwas passierte. Sein alter Zimmergenosse von der Militärakademie, der Baptistenpfarrer Dick Gresham, war unzufrieden mit einer kirchlichen Aufgabenzuteilung und bat Woodruff, ihm eine kleine Summe zu leihen, damit er den Posten ablehnen und eine Reise nach Schottland machen konnte. Es war uncharakteristisch für Woodruff, daß er ablehnte.

»Mach erst mal deine Arbeit richtig«, sagte er Gresham. »Dann kannst du fahren.«

Es war jene Art von schroffem Umgangston, den Woodruffs Vater pflegte – jene Art, die Woodruff, der kurz vor seinem vierzigsten Geburtstag stand, sein ganzes Leben lang ignoriert hatte.

Am Samstagmorgen des 28. September 1929 wurde Walter White auf dem Weg nach Cleveland in einen schweren Verkehrsunfall verwickelt, an dessen Folgen er einen Tag später starb.

Der Unfall sorgte bei der White Motor Company für erhebliche Unruhen. Niemand war auf die Nachfolge Whites vorbereitet. Sein Tod löste unter den Mitgliedern der Familie und des Managements einen plötzlichen Machtkampf aus. Binnen einer Woche trat das Direktorium zu einer Krisensitzung zusammen.

In der Hoffnung, die Auseinandersetzungen beenden und seine eigenen Optionen für die Zukunft aufrechterhalten zu können, eilte Woodruff nach Cleveland und ließ sich zum Präsidenten wählen. Whites Witwe Virginia unterstützte ihn ebenso wie Walter Teagle und die anderen Partner, die versucht hatten, die Kontrolle über das Unternehmen zu gewinnen.

In der Öffentlichkeit ließ Woodruff verlautbaren, seine neuen Pflichten seien nur vorübergehend und er werde auch weiterhin als Präsident der Coca-Cola Company seine Aufgaben wahrnehmen. Seine doppelte Führungsposition – im Alter von 39 Jahren – machte im ganzen Land Schlagzeilen, sogar im populären neuen Wochenmagazin Time.

Woodruff bemühte sich, Investoren und Kunden gleichermaßen zu versichern, daß der Geschäftsbetrieb bei White Motor während der Suche nach einem Nachfolger wie gewohnt weitergehen würde. Demonstrativ ließ er sich bei mehreren großen Sportveranstaltungen blicken, als wollte er zeigen, daß bei seinen beiden Unternehmen auch ohne seine tagtägliche Präsenz alles reibungslos lief. Der Cleveland Plain Dealer ließ seine Leser wissen, daß Woodruff »repräsentativer für den neuen Typ des Industriellen der Südstaaten als jeder andere Mann« war.

Aber die Unruhe, die in der Wall Street wegen White Motor ausgebrochen war, legte sich nicht. Der Aktienkurs der Gesellschaft begann zu sinken. Der Todesstreich kam weniger als einen Monat später, am 24. Oktober 1929, als am »Schwarzen Donnerstag« die Börse zusammenbrach und die Weltwirtschaftskrise auslöste. Die Aktienkurse fielen in den Keller. White Motor, bereits geschwächt, verlor ein Drittel seines Wertes.

In der Zentrale von White Motor in Cleveland breitete sich Verzweiflungsstimmung aus. Woodruff traf eines Morgens Anfang November zu einer Sitzung der Zweigstellenleiter der Gesellschaft ein und registrierte ihre Verängstigung. In einem großen Raum im fünften Stock ließ er alle Telefone entfernen und stellte einen Wachposten vor die Tür, der die Weisung bekam, jeden abzuweisen, der hereinkommen wollte, gleichgültig wie dringlich sein Anliegen auch sein mochte. Von einem Angestellten ließ er Verkaufsstatistiken und geplante Werbemaßnahmen an den Wänden aufhängen. Von acht Uhr morgens bis weit nach 18 Uhr abends hielt er die mitreißendste Rede seines Lebens, die er lediglich für die Mittagspause unterbrach. Es reichte nicht. Die Verkäufe stiegen für einen Tag, sackten dann aber wieder ab.

Woodruffs Plan, die Aktienmehrheit an der Gesellschaft zu erwerben, brach unter der Belastung der fallenden Aktienkurse in sich zusammen. Die Banken begannen, von Woodruff und seinen Partnern weitere und immer weitere Sicherheiten für ihre Kredite zu verlangen, aber neue Sicherheiten konnten sie nicht bieten. Schwer verschuldet und zutiefst niedergeschlagen warf Woodruff das Handtuch und löste die Finanzgruppe, die er und White gebildet hatten, um die Aktienmehrheit zu erhalten, auf.

Sämtliche Hoffnungen Woodruffs, in die Lastwagenbranche zurückkehren zu können, erloschen mit der dahinschwindenden Überlebenschance von White Motor.

Woodruff sprach nie über Walter Whites Tod. Nach dem Unfall half er bei der Gründung eines Verkehrssicherheitsausschusses in Atlanta, und auf die Rückseite jedes Lastwagens der Coca-Cola Company ließ er schreiben: »Betätigen Sie Ihre Hupe. Dieser Lastwagen läßt Sie vorbei.«

Woodruff beschloß, seine Aufgaben bei der Coca-Cola Company fortan so gut wie möglich wahrzunehmen.

Das Jahr 1929 war für Coca-Cola ein Triumphjahr. Die Einnahmen waren gestiegen, die Gewinne waren gestiegen, der Sirupumsatz war gestiegen. Der Aktienkurs sank zwar infolge des Börsen-Crashs, erholte sich jedoch schnell wieder. Als Woodruff am Ende des Jahres die Bilanzen bekanntgab, schrieb die Chicago Daily News überschwenglich: »Jeder Firmenpräsident träumt in seinen glücklichsten Augenblicken davon, einen Jahresbericht vorlegen zu können, wie er heute von R. W. Woodruff präsentiert wurde.«

Das Erscheinungsbild Coca-Colas in der Öffentlichkeit spiegelte den frischen, modernen Geist der Jazz-Ära wider. Das Kalendermädchen von Coca-Cola hatte schon lange die Haare kurz geschnitten und sah so aus, als würde es jeden Augenblick beginnen, Charleston zu tanzen.

Archie Lee hatte mit seinem unheimlichen Gespür für das Naturell der Amerikaner einen brillanten neuen Slogan für Coca-Cola gefunden: »Die Pause, die erfrischt.« In einer Anzeigenserie der Saturday Evening Post wurde er erstmalig veröffentlicht. Er paßte exakt zu der sich durchsetzenden Ansicht, daß arbeitende Männer und Frauen während des Arbeitstages ein Recht auf kurze, regelmäßige Pausen hatten. Eine Illustration zeigte eine Sekretärin, die ihren Stuhl von der Schreibmaschine weggeschoben hatte, lächelnd ihre müden Finger ausruhen ließ und eine Flasche Coca-Cola trank. Der Pro-Kopf-Verbrauch in den Vereinigten Staaten stieg um die Hälfte.

Hinter den Kulissen jedoch sah sich das Unternehmen mit einer wachsenden Krise konfrontiert, die sich unmittelbar aus der dunklen Vergangenheit Coca-Colas zu entwickeln schien. Eine Gruppe von Chemikern in der U. S. Food, Drug and Insecticide Administration in Washington untersuchte eine Probe von Merchandise No. 5 und fand Spuren von Ecgonin, eines Alkaloids im Kokablatt, das synthetisch behandelt werden konnte, um Kokain herzustellen. W. G. Campbell, der zuständige Direktor der Behörde sagte, er hätte die Laboruntersuchung wegen des Verdachts angeordnet, daß »es neben Koffein noch etwas in Coca-Cola geben müsse, das die eindeutig erkennbare Coca-Cola-Gewöhnung einer großen Anzahl von Menschen verursache«.

Fast zwei Jahrzehnte nachdem Dr. Harvey Wiley die Regierung verlassen hatte, traten nun seine »Erben« auf den Plan. Zu Wileys Zeit war Ecgonin schwer nachzuweisen gewesen, aber die Fortschritte in der chemischen Analyse gaben seinen Gefolgsleuten neue Werkzeuge in die Hand, um seinen Kreuzzug fortzuführen. Aufgeschreckt durch die Testresultate beauftragte Harold Hirsch William Heath, den Chemiker der Coca-Cola Company, den Herstellungsprozeß von No. 5 noch einmal genauestens zu überprüfen.

Heath eilte nach New Jersey, wo die Maywood Chemical Works Merchandise No. 5 noch immer vertragsgemäß herstellten. Zu seiner Betrübnis stellte er fest, daß trotz aller Gründlichkeit des Deskokainisierungsprozesses tatsächlich ein winziger Rest von Ecgonin im Bodensatz übrigblieb. Nicht nur das: Mit besonders sorgfältigen Tests konnten sogar noch mikroskopische Spuren von Kokain selbst entdeckt werden. Nach den Berechnungen von Heath war die Ecgonin-Menge unendlich klein. In einer ganzen Jahresproduktion von mehr als vierzig Millionen Gallonen Coca-Cola-Sirup mochten sechs Hundertstel einer Unze enthalten sein, überschlug Heath. Dennoch waren die Feststellungen gefährlich.

Beim leisesten Wispern des Wortes Kokain war mit einer Public-Relations-Katastrophe zu rechnen. Nach dem Sieg über Dr. Wiley in Chattanooga hatte das Unternehmen eine Broschüre publiziert, in der behauptet wurde: »In einem Ozean von Coca-Cola gibt es kein einziges spaltbares Kokainatom.« Welchen Eindruck würde es machen, wenn man eingestehen mußte, daß es *doch* ein Kokainatom in einem Ozean von Coca-Cola gab? Was würden die Gegner und Konkurrenten sagen? Welche neuen Gerüchte und Diskussionen würden da aufflackern?

Noch bedrohlicher war, daß ernsthafte juristische Probleme entstehen konnten. Es erschien unwahrscheinlich, daß die Regierung angesichts der minimalen Mengen von Kokain und Ecgonin vor die Gerichte ziehen würde, aber sicher konnte die Unternehmensleitung nicht sein, und besonders nervös reagierte sie wegen der Risiken, Merchandise No. 5 weiterhin an die Abfüller in Übersee zu verschicken. Die Bundesgesetze verboten unerbittlich den Export von Narkotika in andere Länder. Die Chemiker der Behörden hatten ihre Erkenntnisse an Colonel Levi Nutt weitergeleitet, den Leiter der Strafverfolgungsabteilung des Federal Narcotics Control Board, und es war durchaus möglich, daß dieser eine Beschlagnahme anordnete.

Als ob der wachsende Druck noch nicht groß genug gewesen wäre, machte einer der Angestellten einen Fehler, der eine weitreichende internationale Affäre auszulösen drohte. Woodruff gab grünes Licht für die Produktion von Merchandise No. 5 in der Kokainfabrik, die das Unternehmen insgeheim in Peru gepachtet hatte. Sein Plan war, Merchandise No. 5 direkt zu den Abfüllern der Gesellschaft in Übersee zu versenden – unter Umgehung des Exports aus den Vereinigten Staaten. Er rechnete nicht damit, daß der junge Mann, der den Betrieb leitete, das beim Fabrikationsprozeß als Nebenprodukt anfallende Kokain verkaufen würde. Claude Gortatowsky, ein kostenbewußter Angestellter der Coca-Cola Company, verkaufte neunzehn Kilogramm Kokain an einen Narkotikahändler in Paris für 1152 Dollar. Pflichtgetreu schickte er das Geld an die Zentrale in Atlanta.

Es gab keine Möglichkeit, die Aktion ungeschehen zu machen. Wenn sie bekannt würde, hätte die Gesellschaft weitaus mehr als nur ein Atom Kokain erklären müssen – 38 Pfund, genau gesagt. Agenten des Permanent Central Opium Board des Völkerbunds stellten bereits Fragen nach dem peruanischen Betrieb. Wenn sie von dem Verkauf erfuhren, würden sie das Unternehmen mit Sicherheit des Drogenhandels bezichtigen.

Schließlich wurde die Gesellschaft auch noch mit kniffligen Importproblemen konfrontiert. Bundesgesetze verboten die Einfuhr von Kokablättern in die Vereinigten Staaten, ausgenommen für wissenschaftliche und medizinische Zwecke. In der Vergangenheit war das Verbot nicht weiter hinderlich gewesen: Da Maywood Chemical

Works zu den größten autorisierten Kokainherstellern des Landes zählte, importierte die Firma ganz einfach die Blätter, die sie zur Kokainproduktion benötigte, und verwendete den dekokainisierten Rückstand zur Herstellung von Merchandise No. 5. Aber der wachsende Erfolg und die Popularität von Coca-Cola sorgten für einen Bedarf an Merchandise No. 5, der die von Maywood legal zu beschaffenden Mengen überstieg. Während der letzten beiden Jahre war Coca-Cola somit gezwungen gewesen, auch die Dienste von Merck & Company, einem weiteren legalen Hersteller, in Anspruch zu nehmen. Doch mittlerweile waren sogar Maywood und Merck zusammen nicht mehr imstande, die Nachfrage zu befriedigen.

Ende 1929 stand Woodruff unter Druck. Seine Produktionsabteilung setzte ihn davon in Kenntnis, daß der Coca-Cola Company ab dem 1. Februar 1930 kein Merchandise No. 5 mehr zur Verfügung stünde, wenn nicht sofort neue Arrangements getroffen werden könnten. Die Nachricht wirkte sich auf Woodruffs Konzentration in einer Weise aus, die seine Mitarbeiter seit Jahren nicht mehr erlebt hatten.

»Mr. Woodruff hat uns zwei- oder dreimal am Tag angerufen, um sich nach den Fortschritten bei No. 5 zu erkundigen«, schrieb Harrison Jones einem anderen leitenden Angestellten des Unternehmens und umriß damit die Atmosphäre in der Plum Street. »Die Ernsthaftigkeit der Situation bedrückt ihn sehr, eine Empfindung, die wir alle teilen. Die Tatsache, daß wir nichts Definitives wissen, die Tatsache, daß die Zeit so kurz ist, und die Tatsache, daß wir keine konkreten Schritte unternommen haben und der 1. Februar der Tag ist, an dem sich unsere Vorräte in amerikanischen Fabriken erschöpfen, reicht aus, uns alle grauhaarig zu machen.«

Woodruff wurde wieder aktiv. Seine Bemühungen zielten auf nicht weniger als eine Ausnahmeregelung für die Coca-Cola Company in bezug auf die Betäubungsmittelgesetze der Vereinigten Staaten ab. Der Kongreß nahm gerade eine seiner periodischen Revisionen der nationalen Drogenbestimmungen vor, und Woodruff machte es sich zur persönlichen Aufgabe, dafür zu sorgen, daß dabei die Interessen seines Unternehmens berücksichtigt wurden.

Das politische Engagement der Coca-Cola Company war auf dem Capitol Hill nicht immer gern gesehen. Es war purer Zufall, daß sich zur selben Zeit, in der die Drogenfrage auf der Tagesordnung stand, ein Senatsausschuß der Vereinigten Staaten mit den letzten Lobby-Aktivitäten der Coca-Cola Company beschäftigte, und was dabei zutage trat, war peinlich. Woodruff und sein Freund Milton Hershey, Chef der Schokoladenfirma, die seinen Namen trug, hatten eine private Vereinbarung getroffen und pro Person 25 000 Dollar bereitgestellt, um gegen eine geplante Erhöhung des Zuckerzolls anzukämpfen. Zu den vielen Details, die enthüllt wurden, zählte auch ein von Woodruff im New Yorker Ambassador Hotel anberaumtes Frühstückstreffen, bei dem Bill D'Arcy, der Chef der Werbeagentur Coca-Colas, sich bereit erklärt hatte, seine Freundschaft zu Präsident Hoover zu nutzen, um auf Widerstand gegen die höheren Einfuhrzölle zu drängen. Der Ausschuß lud H. H. Pike Jr., einen Zuckermakler aus der Wall Street, als Zeugen vor, und dieser bestätigte die Einzelheiten der Geschichte. Pike legte stichhaltig dar, daß große Verbraucher von importiertem Zucker das Recht haben müßten, gegen eine ihrer Ansicht nach »niederträchtige Anhebung« des Zolltarifs zu opponieren. Doch die Senatoren, viele von ihnen leidenschaftliche Protektionisten, ließen sich nicht überzeugen.

Woodruff formierte seine Streitkräfte für die Drogendiskussion. Zuerst schickte er Harold Hirsch nach Washington zu einem Gespräch mit Colonel Nutt, der sich einverstanden erklärte, bis zum Vorliegen der neuen Gesetzgebung juristische Maßnahmen zurückzustellen. Als nächstes ließ er zwei Verbündete aus Georgia aufmarschieren, den Abgeordneten des Repräsentantenhauses Charles Crisp und den Senator Walter George, die zustimmten, die Interessen des Unternehmens in ihren jeweiligen Kammern zu vertreten. Besonders trickreich aber war, daß Woodruff den Führer der Reformbewegung, den Abgeordneten Stephen G. Porter aus Pennsylvania, dazu bewegen konnte, sich dem Problem der Coca-Cola Company wohlwollend zu widmen.

Porter, Vorsitzender des Ausschusses für Auswärtige Angelegenheiten im Repräsentantenhaus, hatte eine ehrgeizige Zielsetzung. Seit fast einem Jahrzehnt kämpfte er für eine straffere Kontrolle der Produktion und des Vertriebs von Opium, Heroin und Kokain in der ganzen Welt. In den Vereinigten Staaten stand er an der Spitze einer Bewegung, die sich für die humane Behandlung von Süchtigen in »Besserungsfarmen« statt ihrer Einweisung in Gefängnisse einsetzte. Das Porter-Gesetz, das in den ersten Wochen des Jahres 1930 im Kongreß behandelt wurde, sah vor, die Betäubungsmittelgesetze der Vereinigten Staaten zu verschärfen und die Strafverfolgung in einem neuen Bureau of Narcotics innerhalb des Finanzministeriums zu zentralisieren.

Porter erklärte sich bei einem privaten Gespräch mit Crisp einverstanden, seine Gesetzesvorlage insoweit zu ergänzen, als der unbegrenzte Import von Koka-Blättern in die Vereinigten Staaten erlaubt werden sollte, sofern eine Vorbehandlung sicherstellte, daß kein Kokain und Ecgonin mehr enthalten war. Die Ergänzung zielte eindeutig darauf ab, der Coca-Cola Company zu helfen, und als am 7. März 1930 die Anhörungen zu Porters Vorlage im zuständigen Ausschuß des Repräsentantenhauses begannen, erhoben mehrere Mitglieder Einspruch. Als einer der Abgeordneten Fragen nach der jüngsten Prüfung von Merchandise No. 5 und den Ermittlungsergebnissen der Regierung stellte, zeigte sich Porter als ein eifriger Verteidiger des Unternehmens und wies den Verdacht, daß Coca-Cola Kokain oder irgend ein anderes aktives Alkaloid enthielt, entschieden zurück. Da der führende Drogenbekämpfer der Vereinigten Staaten als Fürsprecher von Coca-Cola auftrat, kam die Opposition im Kongreß zum Erliegen. Das Repräsentantenhaus ließ das Porter-Gesetz mit der unveränderten Ergänzung passieren, auch der Senat war zur Zustimmung bereit.

Im Außenministerium jedoch stieß die Ausnahmeregelung auf Widerstand. Die Regierung hatte seit Jahren versucht, Narkotika und ihre Ursprungsquellen zu bekämpfen, indem sie den Anbau von Schlafmohn und Kokablättern zu behindern trachtete. Bei internationalen Verhandlungen im Völkerbund hatten Unterhändler der USA angeführt, daß die beste Methode zur Unterbindung des Drogenhandels darin bestehe, die Herstellung der Drogen von vornherein zu verhindern. Die Vereinigten Staaten bemühten sich vor allem darum, die Briten zu einer härteren Gangart gegen den Opiumschmuggel von Indien nach China zu nötigen. Jetzt wollte die Coca-Cola Company regierungsamtlichen Segen für die Erhaltung und Ausweitung eines riesigen Marktes für peruanische Kokablätter haben, ein offenkundiger Widerspruch zur Politik der Vereinigten Staaten.

Als der Abgeordnete Crisp erfuhr, daß das Außenministerium plante, die Ergänzung im Senat zu bekämpfen, schickte er eine Warnung an Harrison Jones in Atlanta, der sie an Woodruff weiterleitete. Die Aussichten waren trübe. Der Versuch, die Ergänzung angesichts der Opposition des Außenministeriums durch den Senat zu peitschen, würde für schlechte Publicity sorgen. Die Coca-Cola Company würde wahrscheinlich unterliegen, und selbst wenn sie gewann, erschien der Wortlaut der Ergänzung keineswegs ideal: Bevor die Kokablätter importiert werden konnten, mußte zunächst das gesamte Kokain und Ecgonin entfernt werden, ein Prozeß, der technisch noch nicht ausgereift war.

Aufgeben hätte allerdings bedeutet, die Coca-Cola Formel ändern zu müssen, und das war nicht akzeptabel. Coca-Cola ohne Koka war undenkbar, selbst wenn der fragliche Kokaanteil winzig war, pulverisiert, gefiltert, mit Dampf behandelt, doppelt destilliert, pasteurisiert und anderweitig behandelt. Der springende Punkt war der Coca-Cola-Mythos, das Geheimnis der Formel. Wenn herauskam, daß das Getränk kein Koka mehr enthielt, würden die Menschen wahrscheinlich *glauben,* einen Unterschied zu schmecken. Die Folgen waren unabsehbar.

Der Erfolg von Coca-Cola basierte auch noch auf einem subtileren Mechanismus. Selbst ein halbes Jahrhundert nach dem Servieren des ersten Glases in Willis Venables Soda-fountain waren die Konsumenten weiterhin der festen Überzeugung, daß Coca-Cola über spezielle Stärkungskräfte verfügte – kein Kokain natürlich, wohl aber etwas, das über eine simple Zucker- und Koffeinmixtur hinausging. Die Entfernung eines Bestandteils drohte die Illusion zum Platzen zu bringen.

Woodruff fand eine Lösung. Er bat einen seiner älteren Freunde im Norias Club, den Senator Walter Edge aus New Jersey, um einen Gefallen. Edge war ein reicher Verleger und Banker aus Atlantic City und damals einer der führenden Republikaner. Er machte seinen Einfluß auf den amtierenden Außenminister J. P. Cotton geltend, mit der Folge, daß die Regierung eine totale Kehrtwendung vornahm und unerwartet erklärte, daß sie den Import einer unbegrenzten Menge von unbehandelten Kokablättern in die Vereinigten Staaten gestatten würde, wenn sich die Coca-Cola Company einverstanden erklärte, das gesamte Kokain und andere Alkaloide in den Blättern unter der Aufsicht des neu eingerichteten Bureau of Narcotics zu vernichten.

Dieser Kompromiß machte es dem Außenministerium möglich, der Coca-Cola Company entgegenzukommen und gleichzeitig seine Antidrogenhaltung beizubehalten. Das Unternehmen konnte auf diesem Weg weiterhin die Kokaernten in Peru für die Produktion nutzen, die Verarbeitung der Blätter aber würde in den Vereinigten Staaten stattfinden, wobei Regierungsbeamte die Vernichtung von sämtlichen übrigbleibenden Narkotika garantierten. Die Wahrscheinlichkeit, daß auf diesem Weg illegal Kokain auf den Markt kam, war gering. Die Coca-Cola Company erfüllte ihren Teil des Handels, indem sie sich im stillen damit einverstanden erklärte, den Betrieb ihrer Fabrik in Lima einzustellen.

Beide Häuser des Kongresses stimmten der Ausnahmeregelung für Coca-Cola zu, womit sie zu einem festen Bestandteil des Bundesgesetzes wurde. Die regelmäßige Belieferung der Gesellschaft mit Kokablättern war sichergestellt. Die Sirupproduktion kehrte zur Normalität zurück.

Die Fabrikationskosten von Merchandise No. 5 waren von nun ab ein bißchen höher – 1,11 Dollar pro Pfund –, aufgrund neuer Steuern und zusätzlicher Herstellungskosten. Aber Harrison Jones und Woodruff waren sich einig, daß dieser Preis bezahlbar war.

Woodruff hielt unbeirrt an seinem unmöglichen Vorhaben fest, die Coca-Cola Company und White Motor gleichzeitig zu leiten.

Drei Tage in der Woche verbrachte er im Zug, sechshundert Meilen zwischen Atlanta und Cleveland. Im Zug arbeitete er bis spät in die Nacht und die Männer, die mit ihm reisten, beanspruchte er bis an die Grenzen der Zumutbarkeit.

Bis er einen neuen Mann für die Leitung der White Motor Company finden würde, war Woodruff entschlossen, seine alte Firma durch die harten Zeiten zu führen. Er war stolz, daß er es hatte vermeiden können, auch nur einen White-Angestellten zu entlassen, wenngleich er die Produktion, die Arbeitsstunden und die Nettolöhne beschneiden mußte. Es war jedoch keine Frage, wem gegenüber sich Woodruff langfristig zur Treue verpflichtet fühlte. Er beabsichtigte, bei Coca-Cola zu bleiben – und zwar an der Spitze. Um seinen neu erwachten Führungsanspruch zu signalisieren, ließ er in den Büros im dritten Stock der Plum Street verlautbaren, daß er bei allen Entscheidungen das letzte Wort hätte, ob er nun in der Stadt war oder nicht. Wenn es erforderlich sein sollte, ihn in einer Krisensituation zu erreichen, sollte sein Zug angehalten werden. An die Adresse der anderen leitenden Angestellten des Unternehmens gerichtet, fügte er hinzu, daß jeder, der Befehle Ernest Woodruffs befolgte, kurzerhand gefeuert würde.

Woodruffs Trotz gegenüber seinem Vater nahm eine Hartnäckigkeit an, die man bis dahin nicht von ihm kannte. Er stand zwar bei verschiedenen Banken und einigen Familienangehörigen mit mehr als einer Million Dollar in der Kreide, weigerte sich aber dennoch, sich dem Urteil seines Vaters noch länger zu beugen. Wenige Wochen nach Walter Whites Tod hatte er seinen Vater um Hilfe gebeten, um Whites Hälfte des Besitzes in Ichauway kaufen zu können. Ernest hatte ihn nur ausgelacht und erwidert: »Nein, ich werde es bei der Zwangsversteigerung kaufen, wenn du pleite bist.« Robert mußte sich noch mehr verschulden, um das Land zu kaufen. Nun schien er felsenfest entschlossen zu sein, seinen Vater nie wieder um irgend etwas zu bitten, sei es um Geld, einen Ratschlag oder eine Erlaubnis.

Robert Woodruff widmete seine ganze Aufmerksamkeit den Problemen, die sich in den letzten Jahren aufgestaut hatten und die die Zukunftsaussichten des Unternehmens verdüsterten. Von außen mochte man mit Neid auf den Jahresbericht von Coca-Cola blicken, aber dieser würde nicht lange so rosig bleiben, wenn er die Dinge schleifen ließ. Den Anfang gedachte er bei den Schwierigkeiten an der internationalen Front zu machen.

Die Situation in Deutschland war bedrohlich. Ham Horsey war dort mit einem Amerikaner aus Atlanta namens Ray Rivington Powers handelseinig geworden und hatte mit ihm einen Standardvertrag zur Abfüllung von Coca-Cola in Essen abgeschlossen. Powers entwarf große Pläne, wie er Amerikas beliebtestes Erfrischungsgetränk in den Kantinen der riesigen Krupp-, Thyssen- und Stinneswerke verkaufen konnte, wo Zehntausende gutbezahlte deutsche Arbeiter jeden Tag heftigen Durst hatten. Er ging davon aus, in kürzester Zeit Abfüllbetriebe an Ruhr und Rhein aufbauen zu können, um von da aus nach Hannover, Westfalen, Hessen-Nassau, Hohenzollern, Baden, Württemberg und ins Saargebiet zu expandieren. Er sah einen potentiellen Markt von 23 Millionen Menschen vor sich, fast so viele wie im amerikanischen Süden, zusammengeballt in einem Gebiet von der halben Größe Georgias. Er zeichnete ein vielversprechendes, überzeugendes Bild, und Woodruff gab seine Zustimmung.

Als Powers den Betrieb im Frühjahr 1929 aufnahm, wurde schnell deutlich, daß er mehr Träumer als Unternehmer war. Als Startkapital hatte er sich ein paar tausend Dollar von seiner Frau und einem deutschen Partner geliehen, und seine Abfüllfabrik bestand aus einer handbetriebenen Abfüllvorrichtung und einem Pferdewagen. Während des Höhepunkts der Sommersaison belief sich sein Wochenverkauf auf magere zehn Kästen. Und weil er in seinem Betrieb selbst arbeitete, fand er keine Zeit, andere Abfüller für den Rest seines Gebiets zu rekrutieren.

Powers war um Entschuldigungen nicht verlegen. Er »kämpfe sich blind voran«, schrieb er Horsey, und er versuche verzweifelt einen Weg zu finden, wie er seine Coca-Cola kühlen könnte. Die Besitzer der Essener Cafés, Restaurants und Trinkhallen waren zwar bereit, einen oder zwei Musterkästen abzunehmen, aber sie servierten das Getränk warm. Die einzige Kühlmöglichkeit boten die ortsansässigen Bierbrauer, aber diese hatten nur wenig Interesse daran, beim Verkauf eines amerikanischen Erfrischungsgetränkes behilflich zu sein. Kellner weigerten sich, das Produkt auch nur in die Hand zu nehmen, wenn sie nicht bestochen wurden. Es war nahezu unmöglich, jemanden dazu zu bewegen, Werbetafeln anzubringen. Die Deutschen würden Coca-Cola lieben, dessen war sich Powers sicher, aber es lag noch ein langer, teurer Weg vor ihm, und dazu brauchte er Hilfe.

Im Herbst des Jahres 1929 stattete Harold Hirsch Powers einen Besuch ab, um festzustellen, ob es noch Hoffnung gab, die versprochenen Abfüllizenzen für andere Städte in Deutschland vergeben zu können. Die Tatsache, daß das Unternehmen Powers nicht einfach fallenließ, sprach für seine Fähigkeit, überzeugend auftreten zu können. Er war weiterhin vom Erfolg seines Plans überzeugt, erzählte er Hirsch. Er bat um einen Vertrag zur Gründung einer Muttergesellschaft für ganz Deutschland, vergleichbar mit den Muttergesellschaften von Thomas und Whitehead in den Vereinigten Staaten. Wenn sich die Coca-Cola Company auf eine solche Vereinbarung mit ihm einlassen würde, dann wäre er in der Lage, die benötigten Geldmittel aufzutreiben, um weitermachen zu können.

Hirsch hatte natürlich seine Zweifel, aber es schien nicht viel zu schaden, Powers gewähren zu lassen. Den Markt in Übersee für Coca-Cola zu erschließen, kostete Geld, aber solange sich das Direktorium weiterhin weigerte, zu investieren, mußte das nötige Geld aus anderen Quellen kommen. Wenn Powers es auftreiben konnte, gut. Wenn nicht, die Coca-Cola Company hatte kaum etwas zu verlieren. Hirsch und Powers begaben sich gemeinsam nach New York, und unterwegs unterschrieb Hirsch an Bord des Schiffes den von Powers gewünschten Vertrag. Powers wollte die Wall Street abklappern, und er war sich sicher, mit dem Vertrag in der Hand ein Startkapital in Höhe von 250 000 Dollar für die deutschen Abfüllbetriebe auftreiben zu können.

Es funktionierte nicht. Powers verbrachte die erste Dezemberhälfte des Jahres 1929 damit, die Banken in New York aufzusuchen, die ihm jedoch alle die kalte Schulter zeigten. Er trieb nicht einen einzigen Penny auf. Dann nahm er den Zug nach Atlanta, wo er Woodruff um das nötige Kapital bat. Während des Gesprächs stellte er in gewohnter Manier eine rosige Zukunft in Aussicht. Die Deutschen seien für Coca-Cola »noch empfänglicher« als die Amerikaner, doch das entscheidende Element sei Zeit. Er würde Zeit brauchen, um den Markt in Deutschland zu erschließen, genauso wie es in den Vereinigten Staaten und in Kanada gewesen sei.

Woodruff vertröstete Powers zunächst und schickte ihn nach Deutschland zurück. Zwei Monate später, am 10. Februar 1930, bestellte er Powers zu einem Treffen ins New Yorker Biltmore Hotel und machte ihm einen Vorschlag. Um den Essener Abfüllbetrieb für die Saison des Jahres 1930 wieder anzukurbeln, würde Woodruff Powers ein Darlehen in Höhe von 10 000 Dollar geben. Als Gegenleistung verlangte er eine erstrangige Grundschuld.

Powers akzeptierte, und sie unterzeichneten die Papiere an Ort und

Stelle. Das Geschäft war, was Bedingungen und Geldbetrag anging, nicht außergewöhnlich. Bemerkenswert war lediglich, daß Woodruff den Vertrag im Namen der Rohawa Company abschloß, einer Tochtergesellschaft, die er für verdeckte Operationen benutzte.

Der Handel, den er mit Ray Powers abschloß, war, wie seinerzeit die Gründung der Auslandsabteilung, ein Akt der Rebellion. Woodruff beabsichtigte nicht, wegen eines bescheidenen Darlehens in Höhe von 10 000 Dollar an den Coca-Cola-Pionier in Deutschland vor seinen Vater und das Direktorium zu treten. Also übernahm er selbst die Verantwortung für die Transaktion.

Es stellte sich allerdings heraus, daß der Vertrag Komplikationen heraufbeschwor. Wie in fast jedem Land Europas schränkten auch in Deutschland verschiedene Gesetze die Rechte von Ausländern ein, Grundbesitz zu erwerben, Produkte zu verkaufen oder sonstige Geschäfte zu betreiben. Wenn Powers scheiterte, würde die Grundschuldurkunde an die Rohawa Company fallen. Rohawa war eine Gesellschaft mit Sitz in den Vereinigten Staaten. Sie konnte auf deutschem Boden legal kein Geschäft besitzen oder führen.

Als sie die Frage prüften, stellten Woodruff und Harold Hirsch fest, daß es um mehr als eine juristische Kleinigkeit ging. Während der letzten Jahre hatte Ham Horsey überall in Europa Abfüller unter Vertrag genommen, ohne auf die Feinheiten der Gesetze zu achten, die die Eigentumsfragen von Ausländern regelten. Während Woodruff mit anderen Dingen beschäftigt war, hatte die Coca-Cola Company im Ausland Grundbesitz und Anlagen gekauft und verkauft, Verträge abgeschlossen und Personal beschäftigt, und dies alles ohne amtliche Genehmigungen oder Konzessionen. Jeder einzelne Abfüller der Gesellschaft war in gewisser Weise straffällig geworden. Auch der Markenname der Gesellschaft war nicht gesichert. Horsey gab unumwunden zu, daß er und die Gesellschaft »illegal gehandelt« hatten.

In dem hastigen Bemühen, den Schaden zu begrenzen, gründeten Woodruff und Hirsch die Coca-Cola Export Corporation, die, mit Woodruff als Präsidenten, der Rohawa gehörte. Sie schickten Horsey auf den Kontinent, um ein Labyrinth von neuen Gesellschaften zu gründen, einschließlich ausländischer Holdinggesellschaften mit Firmensitz in Luxemburg und in den Niederlanden, die in einer komplizierten Kette von Besitzverhältnissen als legale Aushängeschilder dienten. Powers wurde nach Atlanta geholt, um seinen Vertrag mit den neuen Bedingungen in Einklang zu bringen.

Der Aktionswirbel erregte Ernest Woodruffs Aufmerksamkeit, und natürlich mißbilligte er die Dinge. Aber er machte keine Anstalten, einzuschreiten. Langsam empfand er es, mit seinen eigenen Worten, als »sehr unangenehm«, in Fragen der Unternehmenspolitik ständig in Opposition zu seinem Sohn treten zu müssen. Seine Auseinandersetzungen mit Robert auf diversen Direktoriumssitzungen waren den anderen Mitgliedern zusehends peinlich. Es war nicht so, daß Ernest weich wurde, aber er war nun beinahe 67 Jahre alt und liebte es, die Zeit auf seiner Farm außerhalb von Richmond zu verbringen. Wenn Punkte auf der Tagesordnung standen, die vermutlich zu Auseinandersetzungen mit Robert führten, nahm er an diesen Sitzungen nicht mehr teil und ließ Robert gewähren. Das tat er auch jetzt.

Zuerst tat Powers wenig, um Robert Woodruffs Vertrauen in ihn zu belohnen. Nachdem er nach Essen zurückgekehrt war, stellte er immer neue Forderungen nach Geld. Er hatte die Hälfte des erhaltenen Darlehens an seinen deutschen Partner weitergeben müssen, weil dieser ihn sonst verklagt hätte. Die restlichen 5000 Dollar hatte er in weniger als einem Monat ausgegeben, und nun verlangte er weitere 5000 Dollar.

»Weiß Gott, ich habe genug zu tun«, schrieb er Harrison Jones, »auch ohne täglich wegen des Geldes telegraphieren zu müssen und mir Sorgen darüber zu machen, wo es herkommt.«

Widerwillig genehmigte Woodruff ein weiteres Darlehen.

Als Woodruff einen Buchhalter losschickte, um Powers' Bücher zu prüfen, erhielt er kurze Zeit später den Bescheid, daß sich diese in »entsetzlichem« Zustand befanden. Powers hatte bei den deutschen Behörden falsche Steuererklärungen abgegeben, und mußte wahrscheinlich ins Gefängnis. Die Essener Stadtverwaltung drohte ihm zusätzlich mit einem hohen Bußgeld, weil er die Außenwerbung zu aggressiv betrieben hatte.

Dennoch hatten sich die Umsätze in Deutschland verdoppelt. Powers war zwar ein miserabler Geschäftsmann, aber er war ein guter Verkäufer. Und trotz der roten Zahlen, der miserablen Buchhaltung und der faulen Tricks setzte Woodruff die Papiere zur Gründung einer Muttergesellschaft in Deutschland auf, mit Powers als Teilhaber und Geschäftsführer, und veranlaßte eine weitere Unternehmens-Investition von 100 000 Dollar.

Anschließend enthob Woodruff Horsey seiner Kontrollfunktion über die europäischen Unternehmungen Coca-Colas. Insbesondere seine sorglose Nichtbeachtung der Gewinn- und Verlustrechnung machten ihn entbehrlich. Wenn die Gesellschaft das Risiko einging, große Summen in die Erschließung des Marktes in Deutschland und im übrigen Westeuropa zu stecken, war es unabdingbar, einen Mann mit strenger Disziplin an die Spitze zu setzen.

Gene Kelly war ein solcher Mann. Er war groß, schlank und, obwohl bereits Mitte vierzig, noch sehr sportlich. Im Ersten Weltkrieg war er Colonel gewesen. Kelly leitete zur Zeit die kanadischen Aktivitäten des Unternehmens von Toronto aus und machte jedes Jahr beträchtliche Gewinne, weil er für alle unternehmerischen Belange strikte Regeln festgelegt hatte. Er selbst bezeichnete sich stolz als Effizienzexperten, und Woodruff verließ sich so sehr auf ihn, daß er ihm die talentiertesten jungen Leute seines Unternehmens zur Grundausbildung übergab.

In einer kleinen Kiste bewahrte Kelly Handbücher auf, in denen er die besten und billigsten Methoden in allen Geschäftsbereichen beschrieben hatte, angefangen beim Einweichen von Scheuerbürsten über den Einkauf von Werbematerial bis hin zum Füllen eines Kühlbehälters. Seine zwanghafte Pfennigfuchserei war legendär. Er rüstete sogar die Gaspedale seiner Lastwagen mit Reglern aus, so daß die Fahrer weniger Benzin verbrauchten.

Was sein Privatleben betraf, kannte Kelly keine Sparsamkeit, zumindest nicht in bezug auf seine Garderobe und seine gesellschaftlichen Interessen. Er kleidete sich makellos und bevorzugte handgeschneiderte Anzüge aus London, Hemden aus Belgien, französische Krawatten und italienische Schuhe. Er trank nur besten französischen Champagner. Er war eingefleischter Junggeselle und Weiberheld: »Ich habe in meinem ganzen Leben nie für einen Rock bezahlt, aber ich habe viel Geld ausgegeben, um hinter Röcken herzujagen.«

Wenn es jedoch um Geschäfte ging, war Kelly ein Geizkragen, und seine Mission in Deutschland hatte den Zweck, Ray Powers genauestens unter die Lupe zu nehmen. Sie trafen sich zum ersten Mal in Köln, wo die neue Muttergesellschaft ihren Hauptsitz hatte. Powers war aus Essen nach Köln gekommen, um Kelly vom Zug abzuholen. Nachdem er sich vorgestellt hatte, streckte Powers die Hand nach Kellys Gepäck aus, doch Kelly wehrte ihn brüsk ab. »Ich vertraue meinen Koffer niemals irgend jemand anderem an«, sagte er. Die Beziehung zwischen den beiden blieb unterkühlt.

Kelly zwang dem deutschen Betrieb Ordnung auf. Er entwickelte für die deutschen Vertreter des Unternehmens die sogenannte »Seufzertasche«, eine Ledertasche mit Eiskühlung und Weißblechauskleidung, in die sechs Flaschen Coca-Cola paßten. Powers und seine Verkäufer mußten die schwere Tasche von Lokal zu Lokal tragen, konnten aber sicher sein, daß die Proben, mit denen sie hausierten, eiskalt waren. Sie hatten klare Instruktionen, erst festzustellen, ob der Lokalbesitzer anwesend sei, »und mit ihm zu sprechen, bevor sie sich hinsetzen und ein Getränk bestellen, da auf diese Weise die Kosten des Getränks gespart werden können, wenn er nicht anwesend ist«. Kelly listete die Verkaufsargumente auf, die beim Kundengespräch erwähnt werden sollten: Coca-Cola war natürlich, gesund (»verwendet in vielen Krankenhäusern«), gründlich getestet, hygienisch, köstlich und erfrischend. Und er fügte einen Gedanken hinzu, der in den Vereinigten Staaten selten offen ausgesprochen wurde – daß Coca-Cola ein erstklassiges Katergetränk war, besonders für Biertrinker.

Kelly stattete die Verkaufsstreitmacht in Deutschland und dem übrigen Europa mit einem ganzen Arsenal von Materialien und Gegenständen aus, die ihre Überzeugungskraft unterstützen sollten. Die Vertreter waren unterwegs mit Transparentbildern, Gummistempeln für Speisekarten, Speisekartenmappen, ovalen Schildern, Schildern mit einer weißen Flasche, Preisaufklebern, Sammelmarken, Prospekten, Eiszerkleinerern, Thermometern, Flaschenöffnern, Schachteln mit Nägeln und Heftzwecken, kleinen Hämmern, Scheibenkratzern, Bildern mit badenden Mädchen und Werbeplakaten in allen Formen für Oberlichter, Windschutzblenden, Häusersockel und Fassaden. Sie führten sogar eine Anleitung mit sich, die in sieben Schritten detailliert beschrieb, wie man ein ovales rotes Coca-Cola-Zeichen mit einer speziellen Paste auf einen Spiegel klebte.

Powers beklagte sich bitterlich bei Woodruff, Harrison Jones, Hirsch und allen anderen in der Zentrale über das harte Leben unter der Vormundschaft Kellys, aber über die Resultate ließ sich nicht streiten. Powers war ein guter Arbeiter, und nachdem Kelly die Betriebsstruktur effektiv organisiert hatte, stiegen die Umsätze. Im März des Jahres 1932 wurden in Essen 4000 Kästen Coca-Cola verkauft. Der Jahresumsatz in Deutschland stieg auf über 60 000 Kästen. Coca-Cola war auf dem Weg, auch in Übersee erste Erfolge zu erzielen.

Im Dezember 1930, etwas mehr als ein Jahr nachdem er die Leitung der White Motor Company übernommen hatte, bestimmte Woodruff einen Nachfolger und trat von seiner Funktion als Präsident des Unternehmens zurück. Nun widmete er seine ganze Aufmerksamkeit der Coca-Cola Company. Hier hatte sich Woodruff ernsthaften Herausforderungen zu stellen, denn die Probleme, die zu erwarten waren, duldeten in den Führungsetagen des Unternehmens keine Orientierungslosigkeit. Es mußten wichtige Entscheidungen getroffen werden.

Robert Woodruff verhielt sich in der Regel eher zurückhaltend, was von einigen seiner Mitarbeiter fälschlicherweise als ein Mangel an Führungsqualitäten interpretiert wurde. Woodruff zog es vor, die Kompetenzrichtlinien seiner Mitarbeiter zu verwischen. Sein Führungsteam sollte ihm ressortübergreifend zuarbeiten, er selbst behielt sich die letzte Entscheidung in allen wichtigen Fragen vor. Es war Woodruff, der das Kommando führte. In einer Zeit, die von Ungewißheit und Wandel geprägt war, in der die amerikanische Nation auf eine tiefe Depression zusteuerte, war es allein seine Aufgabe, den Kurs des Unternehmens in die Zukunft zu bestimmen.

Ende 1930 war abzusehen, daß die Aufhebung der Prohibition unmittelbar bevorstand, und in den Führungsetagen der Coca-Cola Company sowie in der Wall Street hatte man die Befürchtung, daß Umsatzeinbrüche und Gewinnverluste bei Coca-Cola unvermeidlich wären. Der Versuch von Woodruff, in der Öffentlichkeit die Gegenstandslosigkeit dieser Befürchtungen darzustellen, verfehlte sein Ziel. Der Aktienkurs sank auf einen Stand von 100 Dollar pro Anteil.

Robert Woodruff war gezwungen, ein letztes Mal seinen Vater um Hilfe zu bitten. Ernest Woodruff kehrte an seinen Schreibtisch bei der Trust Company zurück, aktivierte das alte Börsensyndikat und begann Coca-Cola-Aktien zu kaufen, mit der gleichen Energie, die er wenige Jahre zuvor an den Tag gelegt hatte, als er sie verkaufen wollte. Ernest überredete Banken in New York, Kredite über mehrere Millionen Dollar zur Verfügung zu stellen, und es gelang tatsächlich, die Talfahrt des Aktienkurses zu verlangsamen und schließlich zu stoppen. Ende 1932 hatte die Coca-Cola-Aktie zwar mit einem Kurswert von 68½ Dollar zwei Drittel ihres Wertes eingebüßt, aber die Panikstimmung hatte sich gelegt. »Die vergangenen Tage sind so ziemlich das anstrengendste gewesen, was ich jemals erlebt habe«, schrieb Ernest seinem Sohn, »aber in gewisser Weise habe ich es genossen.«

Robert Woodruff mußte für die Hilfe seines Vaters einen hohen Preis zahlen: Ernest begann von neuem, sich massiv in die Angelegenheiten des Unternehmens einzumischen. Zuvorderst verlangte er scharfe Lohnkürzungen bei allen Angestellten, von den obersten bis zu den untersten Gehaltsklassen. Robert widersetzte sich diesem Vorschlag mit aller Entschiedenheit. Schützenhilfe erhielt er zunächst von W. C. Bradley, dann sogar vom gesamten Direktorium. Ernests Forderung nach Gehaltskürzungen wurde ebenso abgelehnt wie die meisten seiner übrigen Vorschläge.

Wie Sam Dobbs ein Jahrzehnt zuvor war auch Robert Woodruff der festen Überzeugung, das die Coca-Cola Company in wirtschaftlich schwierigen Zeiten nicht sparen, sondern Geld investieren sollte, und zwar in die Werbung. Im Gegensatz zu Dobbs besaß Robert jedoch den Rückhalt des Direktoriums, um sich gegen seinen Vater durchzusetzen. Im November 1932 gab Robert Woodruff bekannt, daß die Coca-Cola Company im Jahre 1933 eine weitere Million Dollar in die Werbung investieren werde.

Und Robert traf eine weitere kritische Entscheidung: Der Kongreß plante als Zwischenschritt vor der endgültigen Aufhebung der Prohibition die Zulassung einer Biersorte mit nur 3,75 Prozent Alkohol, eine Art Light-Bier. Viele Führungskräfte bei Coca-Cola waren der festen Überzeugung, daß die Wiedereinführung von Bier in den Getränkemarkt zu Umsatzeinbußen führen würde. Harrison Jones machte daraufhin einen im Rückblick skurril anmutenden Vorschlag: »Meine Idee ist, Coca-Cola-Bier zu produzieren, sowohl im Faß als auch in Flaschen, sowohl helles als auch dunkles, so daß wir die Nachfrage einer sich verändernden Bevölkerung und eines sich verändernden Geschmacks befriedigen können.« Doch Woodruff lehnte diesen Vorschlag vehement ab: Es würde kein Coca-Cola-Bier geben.

Ende 1932 wußte niemand, ob er die richtige Entscheidung getroffen hatte.

7

Pepsi

Die Coca-Cola Company hatte die Aufhebung der Prohibition und die Wiedereinführung von Bier problemlos überstanden. Archie Lee war immer der festen Überzeugung gewesen, daß Bier keine ernsthafte Konkurrenz für Coca-Cola sein würde, und er hatte recht. Im April 1933 gingen die Coca-Cola-Umsätze in einigen Städten wegen eines ungewöhnlichen Kälteeinbruchs zurück, erholten sich aber schnell wieder und erreichten neue Rekordhöhen. Die Prohibition hatte Coca-Cola letzten Endes geholfen, weil Tausende von Saloons und Eckkneipen schließen mußten und der Hausverbrauch von Getränken aller Art dadurch gesteigert wurde.

Die Investoren erkannten, daß ihre Befürchtungen unbegründet waren, und lösten einen zwei Jahre währenden Kaufansturm aus, der den Kurs der Coca-Cola-Aktie erst über 100 Dollar brachte, dann über 200 und schließlich, im Sommer des Jahres 1935, auf die Rekordmarke von 224,75 Dollar − den höchsten Kurs an der New Yorker Aktienbörse. Coca-Cola hatte sich auf der ganzen Linie erholt.

Aber inzwischen sah sich das Unternehmen mit einem anderen Problem konfrontiert: Pepsi.

Mit dem Erfolg kam die Konkurrenz.

Seit mehr als einem Jahrzehnt hatte das Spielfeld Coca-Cola nahezu allein gehört. Der Oberste Gerichtshof der Vereinigten Staaten schreckte mit seiner Entscheidung gegen die Koke Company of America im Jahr 1920 die meisten Hersteller von Imitationen ab, der Zusammenbruch der Zuckerpreise im selben Jahr trieb viele in den Bankrott.

Harold Hirsch hatte in der Rechtsabteilung des Unternehmens ein Team von Anwälten, die das Land durchreisten und das Markenzeichen von Coca-Cola schützten. Sie strengten Hunderte von Prozessen an, die eine Flut von Erlassen, Verfügungen, Bescheiden und Urteilen gegen die Beschuldigten zur Folge hatten.

Das kompromißlose Vorgehen der Coca-Cola Company führte schließlich zu Kritik. Niemand bestritt Coca-Cola das Recht, seinen guten Namen zu schützen. Einige Fälle waren offenkundig – die Täuschungsabsicht der Hersteller war so klar zu erkennen wie der Name, den sie auf ihren Flaschen anbrachten (z. B. Co-Cola oder Coke-Ola).

Andere Fälle jedoch waren nicht so einfach zu klären, und im Laufe der Zeit wurden die Stimmen lauter, die Coca-Cola beschuldigten, einen ungerechtfertigten Monopolanspruch auf eine ganze Kategorie von Erfrischungsgetränken zu erheben. Die Bundesgerichte und die breite Öffentlichkeit waren zunehmend der Überzeugung, daß der Name »Cola« eher ein Gattungsbegriff für ein dunkelfarbiges, mit Kohlensäure versetztes Erfrischungsgetränk auf Zuckerbasis, das Koffein enthielt, war, und daß die Coca-Cola Company kein exklusives Recht darauf hatte, die einzige Marke dieser Art herzustellen.

Nichts schädigte den Ruf und die Rechtsposition der Gesellschaft so sehr wie die Aktivitäten ihrer »Marktbeobachtungsabteilung« – eine Gruppe von Spürhunden, überwiegend Detektive und kräftige Ex-Footballspieler von Hirschs Alma mater, der University of Georgia. Die Männer drohten Soda-Fountain-Besitzern, die unter dem Verdacht standen, billigen Sirup als Coca-Cola zu verkaufen, mit Repressalien. Die Tatsache, daß ein mächtiges Unternehmen eine private Polizeitruppe in Süßwarengeschäfte, Restaurants und Tante-Emma-Läden schickte, um seine Monopolstellung zu schützen, erregte einiges Aufsehen.

Die Detektive arbeiteten in der Regel zu zweit und betraten ein Lokal getrennt voneinander und im Abstand von mehreren Minuten. Sie verhielten sich so, als wenn sie einander nicht kennen würden. Während der eine Beobachtungen anstellte und sich heimlich Notizen machte, bestellte der andere ein Glas Coca-Cola, goß eine Probe des Getränks in ein Arzneifläschchen und versiegelte es, um es später von einem Chemiker überprüfen zu lassen. Es kam jedoch auch vor, daß einer der Detektive eine Sirupprobe unmittelbar aus dem Spender verlangte. Wenn sich herausstellte, daß es sich bei dem Sirup um eine Fälschung handelte, wurde Klage erhoben. Die Detektive traten wechselseitig als Zeugen auf. Manchmal wurde diese Methode sechsmal oder noch öfter an einem einzigen Ausschank praktiziert, um einen Beweis beizubringen.

Mit der Zeit empfanden sich die Detektive als Gesetzeshüter. Von Hirsch und dem übrigen Unternehmensmanagement ermutigt, entwickelten sie ein übertriebenes Sendungsbewußtsein und einen Verfolgungsdrang, der zwangsläufig zu einem Überschreiten der Grenzen führen mußte.

Charles Guth bestritt seinen Lebensunterhalt mit der Herstellung von Süßigkeiten. Als Sohn deutscher Einwanderer wuchs Guth vor der Jahrhundertwende in Philadelphia auf und begann mit vierzehn Jahren als Gehilfe die Süßwarenbranche kennenzulernen. 1900 zog er nach Baltimore, eröffnete einen eigenen Laden, und nach einigen Höhen und Tiefen hatte er schließlich mit der Herstellung eines Schokoladengetränks namens Mavis einigen Erfolg.

Sein Ruf als harter Bursche gründete nicht zuletzt darauf, daß er 1913 seinen Chauffeur erschossen hatte, als dieser ihn in der Garage mit einer Axt angegriffen und mit den Fäusten geschlagen hatte, weil er von Guth entlassen worden war.

Ende der Zwanziger operierte Guth von einem Büro im dritten Stock des Candler Buildings in Baltimore aus, als Nachbar der leitenden Angestellten des regionalen Hauptquartiers der Coca-Cola Company im Osten. Die Coca-Cola-Leute hegten gegenüber Guth eine ausgeprägte Abneigung, weil er die Gewohnheit hatte, an die Abfüller der Gesellschaft heranzutreten und ihre Vertreter zu bestechen, damit sie Mavis als Nebenprodukt herstellten und vermarkteten.

Guth pflegte einen protzigen Lebensstil. Er besaß zwei teure Pierse-Arrow-Wagen und trug einen großen Ring mit einem Diamanten. Sein Büro war wie ein Thronsaal ausgestattet. Guth saß an einem riesigen Schreibtisch auf einer kleinen Plattform und blickte von oben auf seine Besucher herab.

»Er trug Gamaschen« und hatte einen Derby-Hut auf«, erinnerte sich einer der Anwälte der Coca-Cola Company. »Ein liebenswürdiger Bursche, aber er hatte die Augen einer Schlange.«

Guths Temperament war ebenso berüchtigt wie sein Mangel an Vertrauenswürdigkeit. Viele seiner Partner erkannten zu spät, daß sie bei den Geschäften mit ihm besser vorsichtiger gewesen wären. Zu diesen zählte auch die Familie Loft. Die Lofts waren Eigentümer einer Süßwarenladenkette in New York City. Sie hatten sich auf einen Aktienhandel mit Guth eingelassen und Aktien ihrer Gesellschaft gegen einen Besitzanteil an Mavis getauscht. Guth riß die Präsidentschaft von Loft, Inc. an sich und übernahm die Kontrolle über ihre Läden. 1931 hatte Guth zwei weitere Ladenketten übernommen, die

Happiness- und die Mirror-Süßwarenläden, und betrieb fortan 225 Filialen in New York, von denen die meisten Soda Fountains unterhielten, die Coca-Cola servierten.

Guth war der Meinung, daß ihm ein Rabatt für die 30 000 Gallonen Coca-Cola-Sirup zustand, die seine New Yorker Läden in jedem Jahr kauften. Ihm schwebte ein Betrag von 15 000 Dollar vor, und so setzte er sich mit Neal Harris, dem Chef der Unternehmensfiliale in Baltimore, in Verbindung. Harris lehnte unter Verweis auf die strikte Unternehmenspolitik, nach der Sirup nur durch autorisierte Großhändler und niemals direkt an Einzelhändler verkauft wurde, ab. Als Guth verlangte, daß Harris ihn als Zwischenhändler betrachten solle, und reduzierte Preise forderte, nahm Harris ihm dies übel und verweigerte jedes Entgegenkommen. Wütend wies Guth seine Süßwarenläden an, keine Coca-Cola mehr auszuschenken.

Guth hielt nach einer Ersatzcola Ausschau, und er wußte ganz genau, wohin er sich wenden mußte. Pepsi-Cola war gerade zum zweiten Mal während seiner Existenz bankrott gegangen, und Guth hatte keine große Mühe, die Handvoll Gläubiger der Gesellschaft zu überreden, ihm den Markennamen und die Formel für 12 000 Dollar zu überlassen. Die Formel interessierte ihn überhaupt nicht, aber der Markenname war unbezahlbar: Seltsamerweise hatte die Coca-Cola Company Pepsi bisher nicht verklagt.

Pepsi war um die Jahrhundertwende in New Bern, North Carolina, von einem Apotheker namens Caleb Bradham entwickelt worden, der sein Getränk zunächst »Brad's Drink« nannte und es später unter dem Markennamen Pepsi-Cola registrieren ließ. Selbstverständlich war Bradham von Coca-Cola inspiriert worden, aber Pepsi hatte eine etwas andere Zusammensetzung: Es enthielt Pepsin, ein Verdauungsenzym, und wurde zunächst vor allem als Magenberuhigungsmittel verkauft. Bradham erfreute sich in North und South Carolina sowie in Virginia eines beträchtlichen Erfolges, und im Jahr 1915 konnte er behaupten, an fast dreihundert Abfüller in vierundzwanzig Staaten Lizenzen vergeben zu haben. Bradham baute sich in New Bern ein prächtiges Herrenhaus, sein Unternehmen wurde aber nach dem Ersten Weltkrieg durch den Zuckerengpaß ruiniert.

Warum die Coca-Cola Company gegen Bradham nicht klagte, kann nicht vollständig erklärt werden. Harold Hirsch bemerkte einmal, daß er in frühen Tagen, bevor er und Sam Dobbs die Rechtspolitik der Gesellschaft in die Hand nahmen, Pepsi hatte aufs Korn nehmen wollen, aber von John Candler daran gehindert worden sei. Als Hirsch zu einem späteren Zeitpunkt die Gelegenheit bekam, Pepsi zu verklagen, fürchtete er wahrscheinlich, den Prozeß zu verlieren, weil das Konkurrenzgetränk mittlerweile am Markt zu gut eingeführt war.

Die Existenz eines juristisch unbelasteten Markennamens erwies sich als Versuchung. Im Jahr 1923 verloren die Hersteller von Taka-Cola einen Prozeß gegen Coca-Cola, versuchten es abermals mit Takola und verloren erneut. Sie standen am Rande der Niederlage in einem dritten Prozeß mit dem Markennamen Vim-Cola, als sie die Rechte des Namens Pepsi-Cola kauften. Bevor auch sie endgültig pleite gingen, verkauften sie eine Zeitlang Taka-Cola-Sirup als Pepsi-Cola. Charlie Guth war auf dieses Possenspiel aufmerksam geworden.

Trotz der seltsamen Vergangenheit von Pepsi-Cola, war Guth der Überzeugung, daß er die perfekte Waffe besaß, um Neal Harris und der Coca-Cola Company eine kostspielige Lektion zu erteilen. Er ließ einen seiner Chemiker einen Sirup mixen, der mehr oder weniger wie Coca-Cola schmeckte, taufte ihn Pepsi-Cola und schenkte ihn an den Soda Fountains in seinen Süßwarenläden aus.

Die Coca-Cola Company nahm den Fehde-Handschuh auf und schlug zu. Die ersten Vergeltungsmaßnahmen waren eher amüsant. Detektive der Gesellschaft gaben sich als normale Kunden aus, besuchten Loft-, Mirror- und Happiness-Läden, bestellten eine Pepsi, tranken einen Schluck und spuckten ihn dann mit der lautstark vorgetragenen Bemerkung, daß es entsetzlich schmeckte, wieder aus.

Guth kannte die Gesetze. Ihm war klar, daß ohne Zustimmung des Kunden kein anderes Produkt serviert werden konnte, wenn er ausdrücklich Coca-Cola bestellt hatte. Von Guth zur Vorsicht gemahnt, erklärten seine Angestellten den Kunden pflichtgemäß, daß es sich bei der Cola um Pepsi-Cola handelte. Aber es gab unvermeidbare Pannen. Die Coca-Cola-Detektive kamen so oft, bis sie ihrer Behauptung nach mehrere hundert Verstöße beobachtet hatten.

»Wir hatten achthundert Service-Angestellte«, beklagte sich Guth später bei einem der Coca-Cola-Anwälte. »Wir betrieben 175 Soda Fountains und bedienten am Tag 50 000 Menschen, und Ihre Firma schickte 40 oder 50 junge Schnüffler vorbei, die hereinkamen und sagten: ›Gib mir 'ne Cola‹. Bei dem Bemühen, alle Leute zu bedienen, haben unsere Jungs auch Fehler gemacht.«

Hirsch war entschlossen, aus diesen Irrtümern Kapital zu schlagen. Im Frühjahr des Jahres 1932, nur wenige Monate nachdem Guth mit dem Ausschank von Pepsi begonnen hatte, war es Hirschs Detektiven gelungen, eine Handvoll Loft-Läden zu identifizieren, wo einige der Kellnerinnen wiederholt Pepsi statt Coke servierten. Die Detektive hatten insgesamt 620 Verstöße schriftlich festgehalten.

In Erwartung der bevorstehenden Klage versuchte Guth es mit einem Publicitygag. Er ließ über die New Yorker Zeitungen verlautbaren, daß er eine Belohnung von 10 000 Dollar für Informationen aussetzte, die zur Entdeckung von Fällen der Kundentäuschung in irgendeinem seiner Läden führten. Hirsch zahlte mit gleicher Münze zurück und erhob mit der Behauptung, daß die Angestellten in sämtlichen Loft-, Happiness- und Mirror-Läden betrügerisch vorgingen, für die Coca-Cola Company Anspruch auf das Geld.

Der Streit war ein gefundenes Fressen für die New Yorker Boulevardpresse und garantierte dicke Schlagzeilen für das, was als nächstes kommen sollte. Die Coca-Cola Company reichte in Wilmington im Staat Delaware (wo beide Gesellschaften ins Firmenregister eingetragen waren) Klage ein, beschuldigte die Gegenseite wiederholter, planmäßiger Kundentäuschung und verlangte, daß Guth verboten wurde, Pepsi in seinen Läden zu verkaufen. Guth reagierte mit einer Serie von Gegenklagen in New York, unterstellte böswillige Belästigung und verlangte Schadenersatz in Höhe von zehn Millionen Dollar. Die Coca-Cola Company hätte ihm die »Vernichtung« angedroht, behauptete Guth in einer seiner Klagen.

Mit regem Interesse berichteten die Redakteure des New York Journal über die Geschichte unter der Schlagzeile »Getränkekrieg des Jahrhunderts«. Als solcher sollte er sich tatsächlich erweisen.

Die erste gerichtliche Auseinandersetzung in den später so genannten Cola-Kriegen fand vor dem Billigkeitsgericht in Wilmington, Delaware, in der ersten Juniwoche des Jahres 1933 statt. Hirsch rief seine Detektive in den Zeugenstand und ließ sie beschreiben, wie oft in Guths Läden Pepsi-Cola serviert worden war, obwohl die Gäste Coca-Cola bestellt hatten. Außerdem rief er mehr als hundert ehemalige Loft-Angestellte auf und befragte sie über ihre Tätigkeiten. Während die Parade der Zeugen verhört wurde, zeigte sich der Richter, Chancellor J. O. Wolcott, zunehmend gereizter. Es war klar, daß es zu Kundentäuschungen gekommen war, vielleicht sogar häufig, aber Guths Seite legte überzeugend dar, daß die Angestellten Anweisungen hatten, diese nicht vorzunehmen. Die Coca-Cola-Detektive hatten sich auf einige wenige Wiederholungstäter eingeschossen und waren wieder und wieder zurückgekehrt, um Hunderte von »Fangbestellungen« aufzugeben. Sie hatten es maßlos übertrieben.

Chancellor Wolcott entschied zugunsten Guths. Als die Coca-Cola Company Beweise dafür hatte, daß sich einige der Loft-, Happiness- und Mirror-Läden der Kundentäuschung schuldig gemacht hatten, sagte der Richter, dann wäre die angemessene Reaktion darauf gewesen, Guth zu benachrichtigen und schriftlich Beschwerde bei ihm einzureichen. So hätte er Gelegenheit gehabt, bei seinen Angestellten zu intervenieren und das Problem selbst aus der Welt zu schaffen. Doch statt Guth zu warnen, hatte Coca-Cola genau das Gegenteil getan.

Die Entscheidung war ein großer Sieg für Guth, aber auch ein kostspieliger. Chancellor Wolcott war nicht leichtgläubig genug, um Guth für einen unschuldigen Chorknaben zu halten, und legte den Loft-Läden die Gerichtskosten des Falles auf, die immerhin die beträchtliche Höhe von 60 000 Dollar erreicht hatten. Damit sorgte Wolcott allerdings dafür, daß der Kampf zwischen den Konkurrenten erbittert weitergeführt wurde.

Guth beschloß, den Konkurrenzkampf mit Coca-Cola zu erweitern. Er dehnte seinen Markt über New York hinaus auf den größten Teil des Nordostens und der Atlantikküste aus und eröffnete Abfüllbetriebe, so daß der Wettbewerb aus den Soda Fountains in den zunehmend lukrativer werdenden Verkaufsbereich der Kolonialwarenläden und anderer Verkaufsstellen für Soft Drinks in Flaschen getragen wurde. (Coca-Colas Flaschenverkäufe hatten die Soda-Fountain-Verkäufe 1928 bereits übertroffen, und in jedem folgenden Jahr stiegen die Einnahmen und Gewinne aus dem Flaschenverkauf. Es gab im Land nur etwa 100 000 Soda Fountains, aber fast eine Million Einzelhändler, die Flaschen verkauften.)

Zunächst hatte Guth zu kämpfen. Er versuchte, Pepsi in 6½-Unzen-Flaschen zu füllen, dieselbe Größe wie bei Coca-Cola, mußte aber feststellen, daß er nicht konkurrieren konnte. Er versuchte, die Größe der Flasche und den Preis zu verdoppeln – und scheiterte. In den letzten Monaten des Jahres 1933 streckte er sogar, die Niederlage vor Augen, Fühler nach Atlanta aus, um nachzuhören, ob die Coca-Cola Company vielleicht Interesse daran hatte, Pepsi zu kaufen. Sie hatte nicht.

Dann kam Guth eine brillante Idee. Was war, wenn er die Größe der Flasche verdoppelte, den Preis jedoch hielt? Es war unmöglich, das Image von Coca-Cola zu erreichen, aber zweimal soviel für denselben Preis verkaufen, das war ein Konzept, das jeder durstige Kunde augenblicklich würdigen mußte. Da die meisten Kosten – Abfüllen, Verschließen, Verpacken, Arbeit, Verwaltung, Transport, Werbung – gleich blieben, war nur eine vergleichbar geringe Kostensteigerung für die Verdoppelung der Bestandteile zu erwarten.

Fast über Nacht begannen die Pepsi-Verkäufe zu steigen. Insbesondere in New York und in den anderen Großstädten des Nordostens, wo es Coke nie zu der Popularität und Produkttreue gebracht hatte, deren sie sich anderswo erfreuen konnte, kam Pepsi-Cola schnell auf den Tisch der Familien, die auf ihr Geld achten mußten. 1934 machte Pepsi-Cola 450 000 Dollar Umsatz und erzielte einen Gewinn von rund 90 000 Dollar.

In Atlanta rief das Auftauchen des Konkurrenten Schweißausbrüche hervor, selbst wenn dessen Umsätze nur etwa bei einem Hundertstel der Coca-Cola-Umsätze lagen. Woodruff hielt Guth für einen gemeinen Dieb, der Coca-Cola den guten Namen stehlen wollte. So wie Asa Candler einst die »skrupellosen Piraten« verunglimpft hatte, die sein Erfrischungsgetränk kopierten, erging sich nun Woodruff in dunklen Äußerungen über »Nassauer«, die den von ihm und anderen so mühsam aufgebauten guten Ruf Coca-Colas skrupellos ausnützten. Woodruff konnte es nicht über sich bringen, das Wort »Pepsi« überhaupt auszusprechen. Viele Jahre, bis weit in die Sechziger, wurde der Rivale von den Coca-Cola-Mitarbeitern nur als »der Imitator« bezeichnet.

Woodruffs Verachtung für Guth schlug im Sommer 1934, als Pepsi-Cola die Geschäfte in Kanada aufnahm, in Rachsucht um. Es war schon schlimm genug, daß Guth danach trachtete, Coca-Cola den großen Erfolg in Montreal und anderen kanadischen Städten streitig zu machen und sich selbst einen Anteil daran zu sichern. Aber die Art und Weise, wie er die Arbeit in Kanada anging, erzürnte Woodruff und beschwor Vergeltungswünsche herauf: Guth warb einen der Topleute der Coca-Cola Company in Europa, D. S. Hawkes, ab, um ihn zu Pepsis kanadischem General Manager zu machen. Woodruff schätzte Loyalität von allen Tugenden am meisten, und das Überlaufen von Hawkes war Grund genug, nun den totalen Sieg über Guth und Pepsi um nahezu jeden Preis anzustreben.

Bevor Woodruff die Strecke für sein Duell mit Guth abschreiten konnte, bestand dringende Veranlassung, im eigenen Haus der Coca-Cola Company für Ordnung zu sorgen.

Das Unternehmen hatte die Depression und die Bedrohung durch die Prohibitionsaufhebung überstanden und war gestärkt daraus hervorgegangen. Der ansteigende Wert der Coca-Cola-Aktien nahm den Druck von den Großaktionären der Gesellschaft, rettete ihr Vermögen und machte sie abermals zu Millionären. Woodruff war endlich in der Lage, sich von seinen Schulden zu befreien und die noch verbliebenen Verluste aus seinen Termingeschäften auszugleichen. Sein Vater, darauf bedacht, der Auferlegung neuer Schenkungs- und Erbschaftsteuern zu entgehen, teilte den größten Teil seines Besitzes zwischen Emie und seinen drei Söhnen auf und gab jedem von ihnen Wertpapiere im Wert von mehr als einer Million Dollar, überwiegend Coca-Cola-Aktien.

Aber die Angelegenheiten der Gesellschaft waren verwickelter und komplizierter als je zuvor, geprägt – und in gewisser Weise beeinträchtigt – durch Robert Woodruffs unverrückbare Entschlossenheit, die totale Kontrolle über jeden Teilbereich des Unternehmens zu gewinnen. Präsident zu sein, genügte ihm nicht. Nach jahrelangen schmerzlichen Zusammenstößen mit seinem Vater und anderen strebte Woodruff nach absoluter Autorität über jeden Mitarbeiter des Unternehmens, vom Direktorium bis hin zu den Pförtnern. Er wollte das letzte Wort bei jeder Entscheidung haben und übte kaum noch Toleranz gegenüber denjenigen, die nicht mit ihm übereinstimmten.

Woodruffs Streben nach totaler Macht nahm eine bedeutsame Wendung, als er die Geduld mit J. T. Lupton verlor, dem Stammabfüller aus Chattanooga, der die Zentrale ständig mit Vorschlägen zu Verkaufsstrategien von Coca-Cola belästigte. Luptons Rat war oft fehlerhaft (er mißbilligte z. B. den Firmenslogan »Die Pause, die erfrischt«), und er hatte die aufreizende Angewohnheit, auf seine Brillanz hinzuweisen, mit dem Verkauf von Black Draught während der Panik des Jahres 1893 ein Vermögen gemacht zu haben, als ob dies ein Modell für den Coca-Cola-Verkauf vier Jahrzehnte später hätte sein können. Üblicherweise versäumte er es, die Ratschläge seines eigenen Chefverwalters, des hochgeschätzten Veazey Rainwater, zu würdigen.

Lupton schmähte Woodruffs Topleute ständig als »Kindergarten« und verlangte das Recht, sein eigenes Werbematerial zu entwerfen. Er mißtraute den Soda-Fountain-Vertretern der Firma und beschuldigte sie wiederholt des Versuchs, seine Abfüller zu hintergehen. Man hätte ihn als harmlosen alten Hinterwäldler abtun können, wenn er nicht ständig mit Prozeßdrohungen versucht hätte, wieder einen Keil zwischen die Coca-Cola Company und ihre Abfüller zu treiben.

Woodruff kam schließlich zu der Überzeugung, daß es nur die Möglichkeit gab, die Stammabfüller aufzukaufen und Lupton aufs Altenteil zu schieben. Das Maß war beinahe voll, als Lupton einen Handel torpedierte, bei dem die Crackers, das geliebte unterklassige Baseballteam Atlantas, eine Rolle spielten. Die Crackers trugen ihre Spiele im Ponce de Leon Park aus, einem natürlichen Stadion, das wegen des großen Magnolienbaums am Spielfeldrand bekannt war. Die Mannschaft zog zu ihren Südliga-Spielen große Zuschauermengen an, und an heißen Sommernachmittagen wurden große Mengen Coca-Cola verkauft. Während der Depression gerieten die Besitzer der Crackers in finanzielle Schwierigkeiten, und Woodruff gedachte sie mit 145 000 Dollar und einer fünfzigprozentigen Beteiligung zu retten.

Der Coca-Cola-Abfüller in Atlanta hatte sich einverstanden erklärt, die andere Hälfte zu übernehmen, doch da schritt Lupton ein und stoppte ihn. Er erklärte: »Ich bin der Meinung, daß Sie genug um die Ohren haben und nicht ins Baseballgeschäft einsteigen sollten.« Lupton machte Gebrauch von einer Vetoklausel und verweigerte dem Atlanta-Abfüller die Erlaubnis, seinen Teil der Vereinbarung zu erfüllen. Woodruff mußte nun auch für den Kaufpreisanteil des Abfüllers geradestehen. Es war ein Affront, den er nicht zu vergeben bereit war.

Um Lupton loszuwerden, begann Woodruff, Verhandlungen mit der Witwe und den Söhnen von J. B. Whitehead zu führen. Er wollte ihre Anteile, die Hälfte der Muttergesellschaft, kaufen – eine Aktion, bei der auf den ersten Blick kaum zu erkennen war, wie sie die Harmonie hätte fördern, die Beziehungen des Unternehmens zu seinen Abfüllern hätte verbessern oder Woodruffs Position in irgendeiner Weise hätte stärken können. Lettie Pate Evans, wie sie nach ihrer zweiten Heirat hieß, war eine freundliche, entgegenkommende Frau, aber ihre beiden Söhne waren Himmelhunde, trinkfreudige Typen mit einem unverträglichen Naturell und einer Vergangenheit, die mit Skandalen und Scheidungen gepflastert war.

Der jüngere Sohn, Conkey Pate Whitehead, hatte einen besonders schlechten Ruf. Er war zuerst mit Julia Murphy verheiratet, der Tochter eines prominenten Bankiers aus Atlanta, ließ sich von ihr scheiden und lebte mit einer jungen, hübschen Schauspielerin aus New York namens Frances Porter zusammen. Als er Miss Porter verließ, verfolgte sie ihn bis zu seiner Yacht im Hafen von Havanna, kletterte an Bord, ging mit einem Schuh und einer Hutnadel auf ihn los und jagte ihn an Land. Er forderte die kubanischen Behörden auf, sie auszuweisen, sie zeigte ihn an wegen Freiheitsberaubung und verklagte ihn gleichzeitig wegen eines gebrochenen Heiratsversprechens auf 250 000 Dollar.

Als der Prozeß begann, war Whitehead wieder verheiratet. Eine Fotografie zeigt einen geschniegelten, schmucken Burschen mit zweifarbigen Schuhen und einem Blazer, der neben seiner Braut auf einem Sofa mit Kissen sitzt und einen Schoßhund streichelt. Marian Hughes, die neue Mrs. Whitehead, blieb nicht lange. Whitehead war Alkoholiker und hatte Phasen, in denen er so stark trank, daß ihm ein Privatdetektiv überallhin folgen mußte, um zu verhindern, daß er selbst oder andere zu Schaden kamen. Eines Nachts, während einer Party im alten Atlantan Hotel, fand der Detektiv Whitehead bewußtlos auf dem Fußboden liegend. Ein hinzugerufener Arzt stellte fest, daß Whitehead in seinem eigenen Erbrochenen lag.

Jack Spalding, der Gründer von King & Spalding, beauftragte seinen Sohn Hughes, die Interessen Whiteheads zu vertreten. Später erkundigte er sich, wie Hughes es nur schaffte, mit dieser Aufgabe fertig zu werden. Whitehead »ist so durch und durch unmoralisch und verkommen« und hat eine solche Ader von Gemeinheit in sich«, schrieb Spalding seinem Sohn, »daß ich mich manchmal frage, wie es dir gelungen ist, so gut mit ihm zurechtzukommen.«

Trotz ihrer Unzulänglichkeiten besaßen die Whiteheads eine Qualität, die Woodruff gewaltig schätzte: Sie hatten nicht das geringste Interesse daran, ihren Lebensunterhalt durch Arbeit zu verdienen. Sie hatten nicht einmal den Versuch unternommen, sich in die Geschäfte der Coca-Cola Company einzumischen – sie gaben niemals Ratschläge, zweifelten niemals eine Entscheidung an, stellten niemals auch nur eine einzige Frage. Sie wollten einfach nur ihre Lizenzgebühr für die Sirupverkäufe einstreichen, und solange das Geld gezahlt wurde, waren sie, auf ihre Weise, glücklich.

Die Whiteheads erklärten sich einverstanden, ihren Anteil an der Muttergesellschaft im Austausch gegen Aktien an die Coca-Cola Company zurückzuverkaufen. Aus ihrer Sicht hatte das Geschäft kaum Konsequenzen. Statt Lizenzgebühren würden sie in etwa denselben Geldbetrag in Form von Dividenden kassieren. Für Woodruff jedoch war der Handel in mehrfacher Hinsicht bedeutend. Zum einen bekam er dadurch ein Druckmittel in die Hand, mit dem er auch Lupton zum Verkauf zwingen konnte. Denn als gleichberechtigter Partner hatte Woodruff jetzt die Möglichkeit, Lupton bei allen Meinungsverschiedenheiten in Schach zu halten. Und tatsächlich, statt die ihm noch verbleibenden Jahre mit enervierenden Kämpfen gegen die Zentrale zu verbringen, gab der alte Mann in aller Stille auf: Er tauschte wie die Whiteheads seine Rechte in einem Aktienhandel ein und zog sich ins Privatleben zurück.

Zum anderen stellte das Geschäft einen Wendepunkt in Woodruffs Verhältnis zu seinem Vater dar. Charakteristischerweise opponierte Ernest Woodruff gegen den Handel mit den Stammabfüllern, genauer gesagt, er reagierte auf die Art und Weise, mit der Robert die Verhandlungen führte, mit einer Breitseite von Kritik. Von seiner außerhalb von Richmond gelegenen Farm aus ließ er eine Kanonade von Briefen, Telegrammen und Telefonaten an seinen Sohn und andere leitende Angestellte und Direktoren des Unternehmens los, in denen er sie davor warnte, daß sie ein schlechtes Geschäft machen, zuviel zahlen und sich wahrscheinlich irgendwann »in der Klemme« wiederfinden würden.

Robert weigerte sich, den Willen seines Vaters zu berücksichtigen oder seine Unheilsprophezeiungen zu beachten, und zog das Geschäft mit der Unterstützung Will Bradleys und der anderen Direktoren, darunter auch Ernests langjährigem Stellvertreter Tom Glenn, durch. Wie es bereits häufiger vorkam, boykottierte Ernest auch die Direktoriumssitzung, bei der der Handel Roberts gebilligt wurde. Aber seine mürrische Widerspenstigkeit schien nicht mehr viel Gewicht zu haben. Da die Firma wieder Gewinne machte, hatte das Direktorium erneut Vertrauen in Roberts Urteilsvermögen. Der Handel mit den Stammabfüllern markierte den Anfang des Endes aller weiteren ernsthaften Bemühungen von seiten Ernests, seinen Sohn in Fragen der Unternehmensleitung herauszufordern.

Am wichtigsten war jedoch, daß Robert Woodruff durch die Verhandlungen mit den Whiteheads wieder Kontakt mit John Sibley aufnahm, dem Rechtsanwalt von King & Spalding, der damals im Jahr 1920 den bitteren Prozeß der Stammabfüller gegen die Coca-Cola Company gewonnen hatte. Woodruff stellte fest, daß er Sibley eigentlich mochte. Einige leitende Angestellte und Direktoren der Coca-Cola Company hatten noch gewaltige Ressentiments gegen Sibley, insbesondere Harold Hirsch, der während der Verhandlung von Sibley böse gedemütigt worden war. Aber es gehörte zu Woodruffs Stärken, daß er gewillt war, mit Männern, die ihn geschlagen hatten, im nachhinein Freundschaft zu schließen, um sich ihre Fähigkeiten zunutze zu machen.

Woodruff hatte einen ganz praktischen Grund dafür, daß er Sibley in sein Vertrauen zog. Sibleys Anwaltsfirma vertrat die Whiteheads, die jetzt ein großes Paket Coca-Cola-Aktien besaßen und damit ein Stimmrecht im Unternehmen erhielten. Lettie Evans bekam einen Sitz im Direktorium und ließ wissen, daß sie beabsichtigte, sich auf Sibleys Rat zu stützen. Solange Woodruff Sibley auf seiner Seite hatte, konnte er auf die Stimme von Mrs. Evans zählen.

Aber Woodruffs Verbindung zu Sibley ging weit über den Aspekt der reinen Nützlichkeit hinaus. Er schätzte Sibleys Charakter – seine absolute Diskretion, seine konservative Grundhaltung, seinen gesunden Menschenverstand, sein Durchsetzungsvermögen und seine oft kämpferische Natur, die Woodruffs eigener sehr ähnlich war. Seit zehn Jahren hatte Woodruff versucht, eine Mannschaft zusammenzustellen, die das Unternehmen in seinem Sinne führen sollte, und mit Sibley fand er das letzte fehlende Teil im Mosaik.

In den Monaten vor und nach dem Abschluß des Whitehead-Deals entwickelte sich zwischen Woodruff und Sibley eine vertrauensvolle Beziehung, die noch sehr lange halten sollte. Sibley stieg in kurzer Zeit zu Woodruffs erstem Berater auf und beeinflußte wichtige Entscheidungen nicht nur in Rechtsangelegenheiten, sondern auch in Personalfragen, im politischen Bereich, in der Werbung und hinsichtlich der allgemeinen Geschäftsstrategie. Sibley wurde Woodruffs persönlicher Rechtsanwalt. Er kümmerte sich um seine Steuern, kämpfte für ihn gegen das Finanzamt, verbrachte seine Zeit mit ihm auf Ichauway und reiste mit ihm nach Europa. Sibley zählte in seinen späteren Jahren zu den distinguiertesten Männern des öffentlichen Lebens im Staate Georgia und machte als Vorsitzender der berühmten Sibley-Kommission, die die friedliche Beendigung der Rassentrennung an öffentlichen Schulen vermittelte, von sich Reden. Es dauerte nicht lange, bis er von Woodruff als Thronerbe für die Präsidentschaft des Unternehmens ausersehen wurde. Es war jedoch keine Beziehung unter Gleichgestellten. Woodruff dominierte Sibley wie alle anderen, die jemals für ihn gearbeitet hatten.

Als Sibley, dessen erste Frau bei einem Autounfall ums Leben gekommen war, in einem Vorort von Philadelphia zum zweiten Mal kirchlich heiratete, rief Woodruff den Gouverneur von Pennsylvania an und bestand darauf, daß eine Wagenkolonne, angeführt von drei uniformierten Polizisten auf Motorrädern, durch mehrere kleine Städte vom Haus der Braut bis zur Kirche arrangiert wurde. »Es gefiel John überhaupt nicht«, erinnerte sich sein Partner Hughes Spalding, »aber er konnte nicht das geringste dagegen machen.«

Sibley wurde Woodruffs rechte Hand, und über seinen Einfluß auf Woodruffs Denkweise gestaltete er die Zukunft von Coca-Cola entscheidend mit. Bei all seinen beträchtlichen Talenten in anderen Disziplinen war Sibley letzten Endes vor allem Rechtsanwalt – ein Jurist. In der zweiten Hälfte der dreißiger Jahre mußte sich die Coca-Cola Company angesichts der verschärften Konkurrenz durch Pepsi-Cola und andere Soft Drinks entscheiden: Sie konnte auf dem Markt konkurrieren, indem sie auf die Werbung und auf ihren guten Ruf setzte, den sie beim amerikanischen Volk genoß, oder sie konnte die Gerichte bemühen und ihre Anwälte an die Front schicken. Vor allem Sibley schlug vor, den zweiten Weg zu gehen.

Harold Hirschs Tage als Syndikus der Coca-Cola Company waren gezählt, als Sibley die Bühne betrat. Der Öffentlichkeit gab man für Hirschs Abgang eine beschönigende Erklärung: Aus Angst vor einer drohenden, hohen Besteuerung von Wertpapieren im Staate Georgia verlegte Woodruff den Firmensitz der Coca-Cola Company nach Wilmington im Staat Delaware, wo er und andere leitende Angestellte ihren offiziellen Wohnsitz bezogen. Hirsch zögerte, Atlanta aufzugeben, wo er Seniorpartner in seiner Anwaltsfirma und Präsident von Scripto war, einem großen Feder- und Bleistifthersteller. Seine Weigerung, nach Wilmington zu ziehen, so hieß es, hätte dazu geführt, ihn durch Sibley zu ersetzen.

Aber das stimmte so nicht ganz. Woodruffs Umzug nach Wilmington war zum Teil Fassade. Er mietete dort privat ein Haus, seine Büromöbel ließ er in zwei bescheidenen Räumen im Du Pont Building aufstellen. Aber Woodruff verbrachte weiterhin sehr viel Zeit in Atlanta. Er ließ regelmäßig für Tage im voraus Plätze in den Zügen zwischen Wilmington und Atlanta reservieren, nur um sicher zu gehen, daß er und seine Männer nach Belieben hin und her reisen konnten – und er bot Hirsch viel Freiraum an, damit er seine Interessen zu Hause wahrnehmen konnte.

Das eigentliche Problem aber, über persönliche Auseinandersetzungen hinaus, war Sibleys grundlegende Mißbilligung der Art und Weise, wie Hirsch die Rechtsangelegenheiten des Unternehmens anging, angefangen bei Steuerfragen bis hin zur politischen Einflußnahme, von der Erneuerung des Patents auf die Coca-Cola-Flasche bis zur Entwicklung von Strategien gegen Konkurrenten.

Hirsch wollte den Krieg gegen Pepsi zu Ende führen. »Es war mein Bestreben«, sagte er später, »ohne Berücksichtigung irgendwelcher Nebensächlichkeiten die Frage zu klären, ob Pepsi-Cola die Rechte von Coca-Cola verletzt hatte.« Hirsch räumte ein, daß es viel zu spät war, Pepsi-Cola in den Vereinigten Staaten herauszufordern. Statt dessen plante er ein Flankenmanöver – einen Angriff auf Pepsi in Kanada, wo Guth gerade dabei war, die Geschäfte aufzunehmen. Eine der Schlüsselfragen hinsichtlich der Gültigkeit eines Markennamens war die, wie lange er bereits eingeführt war. Und in Kanada war Pepsi, anders als in den Vereinigten Staaten, ein Novum, das die Öffentlichkeit kaum kannte.

Sibley beurteilte die Strategie Hirschs skeptisch. Selbst wenn sie sich als erfolgreich erwies, würde das in den Vereinigten Staaten wenig hilfreich sein. Außerdem gab es keine Garantie für einen Erfolg. Sibley durchforstete das juristische Archiv der Coca-Cola

Company und fand die Abschrift einer Zeugenaussage, die Hirsch vor Jahren gemacht hatte. Damals hatte Hirsch gesagt, daß er nicht glaube, daß Pepsi-Cola als Markenname die Rechtsansprüche von Coca-Cola verletze. Sibley fand darüber hinaus einen Brief Hirschs an einen der Direktoren der Coca-Cola Company, in dem er dieselbe Ansicht vertrat. Wie peinlich wäre es gewesen, wenn Guths Anwälte eines der beiden Dokumente entdeckt und daraus vor Gericht zitiert hätten.

Sibley nutzte die Probleme, die sich aus dem neuen Wohnsitz in Wilmington ergaben, um Hirsch als Syndikus Coca-Colas zur Seite zu drängen. Fortan nahm er die Zügel in juristischen Angelegenheiten selbst in die Hand. Als wollten sie Hirsch für drei Jahrzehnte treuer Dienste einen letzten Dank erweisen, gaben ihm Woodruff und das Direktorium grünes Licht für eine Klage gegen Pepsi in Kanada. Auf Betreiben Sibleys wurde die Frage dem wichtigsten externen Rechtsberater der Firma zur Prüfung vorgelegt. Edward S. Rogers, eine Kapazität auf dem Gebiet des Markenschutzes, beendete die Debatte, indem er mitteilte, daß sein alter Freund Hirsch seiner Ansicht nach weitermachen sollte.

Am 30. Mai 1936 reichte die kanadische Niederlassung der Coca-Cola Company beim Finanzgericht in Ottawa Klage gegen Pepsi ein.

Der Prozeß begann wenige Monate später, und zunächst sah es so aus, als ob Hirsch doch recht gehabt hätte. Guth war in den Vereinigten Staaten in einen anderen Prozeß über die Eigentümerrechte von Pepsi verwickelt, und entweder war er zu beschäftigt oder ihm fehlte das Geld, um für den kanadischen Fall einen erstklassigen Rechtsanwalt zu verpflichten.

Das Auftreten seines Anwalts W. D. Herridge veranlaßte den Richter zu einer Reihe sarkastischer Bemerkungen. Bei dem Bemühen, zu erklären, warum Guth Pepsi in Kanada eingeführt hatte, verfiel Herridge in einen schwerfälligen Monolog, und er hatte Schwierigkeiten, zur Sache zu kommen. »Es ist wahr«, stellte er fest, »daß das Soft-Drink-Geschäft während der letzten drei oder vier Jahre auf dem ganzen Kontinent einen verblüffenden Aufschwung genommen hat, der wirklich nicht im Einklang mit der allgemeinen Handelsentwicklung steht. Warum das so ist, weiß ich nicht. Es kann an der Prohibition liegen . . . Montreal ist ein gewaltiges Soft-Drink-Zentrum, in einigen Beziehungen das größte Soft-Drink-Zentrum der Welt. Warum das so ist, weiß ich nicht, aber es ist so.« Richter A. K. MacLean unterbrach ihn scharf. »Es gibt sehr vieles, das Sie nicht wissen!« Eine treffende Bemerkung, die Herridge indirekt bestätigte, als er fälschlicherweise behauptete, daß Koka aus der Kokosnuß gewonnen werde. Herridge war völlig überfordert und hatte genug zu tun, sich des Richters zu erwehren. Er kam gar nicht dazu, irgend etwas Überzeugendes gegen Coca-Cola vorzubringen oder alte Dokumente auszugraben, die Hirsch kompromittiert hätten.

Hirsch beobachtete den Prozeß von der Zuschauertribüne aus und fühlte sich bestätigt. Obwohl der formelle Urteilsspruch erst in mehreren Monaten erfolgen würde, war klar, daß der Richter eindeutig auf der Seite von Coca-Cola stand. Wer aufmerksam zuhörte, erkannte ziemlich schnell, daß Richter MacLean, wie seiner Zeit Edward Sanford, der Bundesrichter in Chattanooga, ein Urteil zugunsten Coca-Colas fällen würde.

Damals hatte Hirsch jedoch ein Ohr für Nuancen gehabt und war wegen des allzu leichten Siegs über Dr. Wiley alarmiert gewesen. Hirsch hatte die Schwierigkeiten vorausgesehen, die sich in der Berufung ergeben würden. Diesmal versäumte er es, die Warnsignale wahrzunehmen. Mit Hirschs Erlaubnis beschloß Russel Smart, der kanadische Anwalt der Firma, keinerlei Beweise vorzulegen, die zeigten, daß Kunden durch den Namen Pepsi-Cola getäuscht worden waren. Vielleicht aus Angst, die Geduld des Richters zu sehr auf die Probe zu stellen, vielleicht aber auch, weil sie noch befangen waren von der Beschuldigung, bei ihrem juristischen Angriff auf Guth und Pepsi in den Vereinigten Staaten zu übertrieben vorgegangen zu sein, optierten Smart und Hirsch für einen schnellen, zweitägigen Prozeß. Sie verließen sich darauf, daß das Bestreben Guths, mit einem verwirrend ähnlichen Markennamen Geschäfte machen zu wollen, während des Prozesses deutlich würde.

Aber damit lagen sie völlig daneben. Der Markenschutz ist zwar ein schwieriges juristisches Gebiet, aber in seinem Kern dient er einem recht einfachen Zweck: Er soll sowohl den Konsumenten als auch den Hersteller schützen. Der Verbraucher hat ein Recht darauf, tatsächlich das Produkt zu bekommen, das er mit dem ihm vertrauten Markennamen verbindet. Was die Sache kompliziert, ist das Problem, zu bestimmen, wie ähnlich ein Konkurrenz-Produkt sein darf, ohne den Konsumenten unzulässig zu verwirren. Die Frage ist natürlich nur äußerst subjektiv zu beantworten. Das juristische Archiv der Coca-Cola Company quillt über von Dokumenten, die belegen, wie schwer sich die einzelnen Richter jeweils getan haben.

Viele Richter konnten de facto eine Verletzung des Markenschutzes nicht genau definieren, glaubten aber dennoch, einen Verstoß gegen den Markenschutz erkennen zu können. In einem Fall hielt ein Richter Ko-Co-Lem-A für eine Verletzung, drehte die Sache dann (im wahrsten Sinne des Wortes) um und fügte in Klammern hinzu, daß Lema-Koco seiner Ansicht nach keine gewesen wäre. Ein Bundesrichter sah Mitch-O-Kola in seinem Urteil als Verletzung an, während ein anderer Roxa-Cola ein glattes Unbedenklichkeitszeugnis ausstellte. Der einzige Schutz für Coca-Cola gegen die richterlichen Launen bestand darin, zu beweisen, daß Konsumenten ein konkurrierendes Produkt irrtümlicherweise für Coca-Cola hielten. Da das Interesse der Verbraucher auf dem Spiel stand, hatte die Meinung des Mannes oder der Frau auf der Straße Gewicht, auch wenn sie genauso subjektiv war wie die des Richters. Und wenn ein anderes Produkt eine ähnliche Verpackung, Farbgebung oder denselben Schriftzug hatte oder wenn es die Vertreter offen mit Coca-Cola verglichen, dann konnten auch diese Umstände herangezogen werden, um die Absicht einer Rechtsverletzung zu unterstellen.

In dem kanadischen Fall versäumte es die Coca-Cola Company, in den Prozeßprotokollen die Zeugenaussagen von Menschen aufnehmen zu lassen, die Pepsi irrtümlich für Coca-Cola gehalten hatten, und überließ die Beurteilung allein dem Richter, was den Fragen der Berufungsgerichte Tür und Tor öffnete. Hirschs letzter Sieg für Coca-Cola stand auf schwachen Füßen.

Woodruff war kein humorloser Mensch, aber während der Monate, in denen das Schicksal des Markennamens in der Schwebe hing, hatten es seine Mitarbeiter sehr schwer, ihm ein Lächeln abzuringen.

Der Mann, der sich am meisten bemühte, war Ralph Hayes, ein exzentrischer Bursche, der während der Periode des Exils in Wilmington in den Vordergrund trat. Hayes war seit 1933 verantwortlich für das Protokoll und die Finanzen, und er schien von Anfang an dazu bestimmt zu sein, ein natürliches Gegengewicht zu dem nüchternen Auftreten von Sibley und seiner Rechtsabteilung zu bilden.

Hayes nahm Woodruff gerne ein wenig auf den Arm, um ihn davon abzuhalten, völlig trübsinnig zu werden. Als Woodruff sich bereit erklärte, für ein Porträt Modell zu sitzen, forderte Hayes ihn augenzwinkernd auf, sich das noch einmal zu überlegen.

»Jeder, der glaubt, Sie lange genug zum Stillsitzen veranlassen zu können, um ein Porträt zu malen, ist ein Spinner«, schrieb Hayes. »Jeder Künstler, der malt, was er während eines halben Dutzend Sitzungen mit Ihnen gesehen hat, würde das Resultat Veitstanz nennen müssen.«

Hayes war Humorist, Historiker, ein geborener Schriftsteller, Spaßvogel und Geschichtenerzähler – der einzige Mann seiner Zeit, der erkannte, welch gute *Story* sich hinter Coca-Cola verbarg. Seiner Ausbildung nach war Hayes ein Finanzfachmann, aber seine wahre Berufung lag auf dem Gebiet der Public Relations.

Mehr noch als Archie Lee wußte Hayes, wie wichtig die Zuneigung des amerikanischen Volkes zu Coca-Cola war, und er glaubte, daß diese Zuneigung gefördert werden müsse. »Wir haben die Möglichkeit, Coca-Cola zum Nationalgetränk zu machen, zum großen amerikanischen Drink«, predigte er Woodruff. Die Redewendung »so amerikanisch wie Coca-Cola« wurde immer mehr zu einer stehenden Redewendung. Sie war in den unterschiedlichsten Publikationen nachzulesen, im Wall Street Journal ebenso wie in den Music News.

In Hayes Augen war das fünfzigjährige Firmenjubiläum 1936 der ideale Anlaß, das Bild von Coca-Cola als amerikanische Institution auf Hochglanz zu bringen. Er beauftragte die Agentur von D'Arcy, eine Broschüre vorzubereiten, mit der die Coca-Cola-Geschichte gefeiert werden sollte. Als sich deren Bemühung als zu schwach herausstellte, gab er Ralph McGill, der zu jener Zeit Sportkolumnen für die Atlanta Constitution schrieb, ein Honorar von 500 Dollar, um eine neue Version zu schreiben. Auch diese gefiel Hayes nicht, also machte er sich selbst an die Arbeit:

»Könige haben abgedankt, Kriege haben getobt, Throne sind umgestürzt, die Karte der Welt hat sich wieder und wieder verändert«, schrieb (oder redigierte) Hayes, »seit jener einspännige Pferdewagen die Marietta Street hinunterratterte und alles, was zu Coca-Cola gehörte, mit einer einzigen Ladung auf einsamer Fahrt zu einer Unterkunft im Souterrain beförderte . . .« Hayes war daran gelegen, Coca-Colas Standort in der Geschichte zu markieren und fest in der großen Weltordnung zu verankern: 1886 wurde im Weißen Haus erstmals eine Hochzeit gefeiert – Grover Cleveland hatte geheiratet, Königin Victoria feierte den Beginn ihres Jubiläumsjahrs, in Transvaal wurde Gold gefunden, eine französische Firma steckte das Gelände für den Panamakanal ab, brillante Köpfe erfanden die Schreibmaschine, die Straßenbahn, Schnürsenkel und Coca-Cola.

Mit hübschen Formulierungen verwies Hayes auf die vielen Methoden, mit denen Coca-Cola in einem halben Jahrhundert der Welt seinen Namen bekanntgemacht hatte – »in Glas geblasen, mit Buchstaben gemalt, in Metall geschmiedet, auf Stoff gestickt, mit Blumen modelliert, in Holz gebrannt, in Gold geprägt, mit Stein gebaut, in die Luft geschleudert und in Rauch himmelwärts getrieben.«

Hayes wollte die Fenster der Coca-Cola Company aufreißen, die Muffigkeit hinausblasen und seine Botschaft laut von Küste zu Küste verkünden. Neben Woodruff war er der Mann in der Firma mit einer wahrhaft nationalen Perspektive, und er sehnte sich danach, das Schwerkraftzentrum der Firma von Atlanta und Wilmington zu den lockenden, hellen Lichtern von New York City zu verlagern. Um richtig aufzublühen, glaubte er, gehörte Coca-Cola in die Kultur- und Finanz-Metropole der Nation.

Es lag in der Natur der Sache, daß er und Sibley zu Gegnern wurden.

Hayes hatte sein Leben lang daran gearbeitet, der Plackerei und dem Unglück seiner Kindheit zu entfliehen. Er stammte aus Crestline im Staat Ohio und war der jüngste Sohn eines Eisenbahningenieurs und einer Mutter, die sich in ihrer Ehe so unglücklich fühlte, daß sie alle zehn Kinder schwören ließ, niemals zu heiraten. Keins von ihnen tat es. Als seine Mutter mit 42 Jahren starb, verließ sein Vater die Familie, und Hayes wurde von einer älteren Schwester aufgezogen. Zwei seiner Geschwister starben als Kinder, drei weitere im Alter zwischen 20 und 30. Er war der erste in der Familie, der das College besuchte. Trotz allem hatte er gelernt, glücklich zu sein.

Nachdem er am Western Reserve College in Cleveland einen akademischen Ehrengrad erworben hatte, wurde er von Newton Baker, damals Bürgermeister der Stadt, protegiert. Als Baker später zum Kriegsminister in der Wilson-Administration ernannt wurde, folgte ihm Hayes nach Washington. Nachdem er aus dem Ersten Weltkrieg als Leutnant zurückgekehrt war, arbeitete er bei der Cleveland Trust Company. Er und Woodruff lernten sich während dieser Zeit kennen. Woodruff sagte später, er hätte schon eine halbe Stunde nach dem ersten Treffen den Wunsch gehabt, Hayes in irgendeiner Position anzuheuern.

Bevor sich ihre Wege beruflich kreuzten, arbeitete Hayes für die Filmindustrie. Seine Abteilung hatte die Aufgabe, den moralischen Gehalt der Filme zu überprüfen und die behördliche Zensur abzuwehren.

Als Woodruff ihn rekrutierte, um für einen Teil der Woche in Wilmington für Coca-Cola zu arbeiten, leitete Hayes den New York Community Trust. Während der folgenden Jahre pendelte Hayes zwischen New York und Delaware hin und her und arbeitete als eine Art Türöffner, wobei er seinen Charme − und seine Kontakte − im Interesse von Coca-Cola einsetzte.

Im Gegensatz zu Sibley, der oft mit harter Hand vorging, zog Hayes

Humor und freundliche Worte als Waffen vor, was er bei der Lösung eines Problems demonstrierte, das noch aus der Zeit der Diskussionen um Merchandise No. 5 herrührte. Woodruff war es damals gelungen, Einfluß auf entscheidende Persönlichkeiten der Politik zu nehmen, so daß das Bundesgesetz umgeschrieben und dem Unternehmen der Import von Koka-Blättern erlaubt wurde. Im Jahr 1934 jedoch stellte ein Jurist im Bureau of Narcotics wegen der Kokarückstände unerwartet Fragen nach der Legalität des Exports von Merchandise No. 5. Bevor die Firma intervenieren konnte, hatte der neue Leiter der Behörde, Harry J. Anslinger, ein gefeierter Antidrogen-Kreuzzügler, einen Erlaß erteilt, der es der Gesellschaft verbot, Merchandise No. 5 aus den Vereinigten Staaten auszuführen. Woodruff beauftragte Hayes, das Problem aus der Welt zu schaffen.

Hayes beschwerte sich bei Woodruff häufig über die Schwierigkeit der Aufgabe. Aber Hayes ging so geschmeidig und unbeirrbar wie ein Karrierediplomat vor. Er schloß Freundschaft mit Anslinger und begann ihn mit süßen Worten zum Widerruf seiner Entscheidung zu bewegen. Er bediente sich schamloser Schmeicheleien und bombardierte Anslinger mit Komplimenten über die Leistungen seiner Behörde. »In diesem Land ist eine Behörde aufgebaut worden, die nicht nur von der übrigen Welt als Vorbild angesehen wird«, schrieb Hayes an Anslinger, »sondern auch zu Hause von der Öffentlichkeit gelobt wird, und dies ist eine tröstliche und zu Herzen gehende Sache, trotz der langen, harten Arbeit, die dazu erforderlich war. Mehr Macht für Sie!« Hayes erwies Anslinger auch politische Gefälligkeiten und sorgte dafür, daß das landesweite Angestellten- und Abfüllernetz der Coca-Cola Company seiner Behörde Unterstützung zukommen ließ, wenn diese benötigt wurde.

Nach einiger Zeit akzeptierte Anslinger die Position der Coca-Cola Company und gab einen neuen Erlaß heraus, in dem tatsächlich festgestellt wurde, daß Merchandise No. 5 kein Koka-Derivat enthielt – eine Behauptung, die angesichts der wirklich winzigen Rückstandsmenge ungefährlich genug war, die Wahrheit aber ignorierte und in erster Linie das von Hayes so genannte »Wohlwollen« der Bundesregierung im Hinblick auf den Verbrauch von Koka-Blättern durch die Coca-Cola Company berücksichtigte.

Woodruff war so erfreut über das Ergebnis, daß er Hayes zur Belohnung einen brandneuen Studebaker schenkte. Respektlos wie immer dankte ihm Hayes höflich, meinte aber später, »daß Sie mir die Fabrik hätten geben müssen, wenn Sie die Strapazen ausgleichen wollten, die Sie verursacht haben«.

Während der späten Dreißiger, als Sibley die Coca-Cola Company mehr und mehr in den Entscheidungskampf mit den Konkurrenten Coca-Colas wegen des Markennamens führte, wirkte Hayes als Gegengewicht. Er war ein unbekümmerter Bittsteller, der ständig um Woodruffs Gunst buhlte und versuchte, ihn in eine andere Richtung zu drängen. Wo Sibley ernst war, gab sich Hayes heiter und sarkastisch und war fortwährend auf der Suche nach Ideen, wie er ein Lächeln hervorrufen konnte. Statt mit den Gegnern des Unternehmens zusammenzurasseln, wollte er sie auf die Seite von Coca-Cola ziehen.

Es wäre übertrieben, zu sagen, daß sich Sibley und Hayes in einen Kampf um die Zukunft der Firma verbissen hätten. Sie ließen sich selten auf eine direkte Konfrontation ein, und wenn sie es taten, dann tänzelte Hayes üblicherweise zur Seite, bevor verletzende Schläge ausgetauscht wurden. (Als Sibley während eines kleinen Disputs Hayes »Härte und Verschlagenheit« vorwarf, antwortete Hayes, daß ihm Woodruff gerade attestiert hätte, »ein sentimentaler Softie und ein leichtgläubiger Kindskopf« zu sein, eine Meinungsverschiedenheit, über die »die Götter gekichert haben müssen«.) Doch der Konflikt der beiden Männer symbolisierte die Polarisierung innerhalb des Unternehmens und drohte es zu spalten.

Woodruff war sich der Spannung zwischen Sibley und Hayes völlig bewußt. In vieler Hinsicht förderte er sie sogar, um ihre Visionen von der möglichen Zukunft des Unternehmens testen und abschätzen zu können. Coca-Cola erfreute sich eines phänomenalen Erfolgs. Die Aktie wurde im Verhältnis vier zu eins gesplittet, nachdem der Kurs 1935 eine Rekordhöhe erreicht hatte. Der Kurs kletterte weiter. Der Marktwert der Firma stieg auf über eine halbe Milliarde Dollar an, auf das Zwanzigfache dessen, was Ernest Woodruff 1919 dafür bezahlt hatte. Die Sirupumsätze verdoppelten sich zwischen 1933 und 1937. Während die Jahresgewinne die Marke von fünfzig Millionen Dollar überschritten und gegen Ende des Jahrzehnts die Marke von hundert Millionen ansteuerten, war Woodruff vollauf damit beschäftigt, daß der Coca-Cola Company kein Schaden durch die Politik zugefügt wurde.

Wie die meisten Geschäftsleute beschwerte sich Woodruff über die Roosevelt-Administration, über die neuen Behörden, Regulierungen, Vorschriften und Steuern des New Deal. Woodruff war fest entschlossen, die Interessen – und Profite – der Firma zu schützen, und er sorgte dafür, daß seine Freunde in Washington sich in ständiger

Alarmbereitschaft befanden, um innerhalb von Stunden auf Veränderungen der politischen Gegebenheiten reagieren zu können.

Zeitweise funktionierten diese Abwehrmechanismen mit eindrucksvoller Effizienz, wie die Ereignisse Ende Mai 1936 demonstrierten. Woodruffs engster Verbündeter in Washington war U. S. Senator Walter F. George aus Georgia, Vorsitzender des Finanzausschusses im Senat. Woodruff und George waren persönliche Freunde. Vienna in Georgia, der Heimatort des Senators, lag in der Nähe von Ichauway, und auf dem Rückweg von der Plantage nach Atlanta machte Woodruff oft halt, um dem bescheidenen Haus des Senators einen Besuch abzustatten. Die beiden pflegten dann in Schaukelstühlen auf Georges Veranda zu sitzen, über Geschäft und Politik zu diskutieren und zu überlegen, was sie füreinander tun konnten.

George war kein Politiker, der nach der Regel »eine Hand wäscht die andere« verfuhr. Dennoch, er fühlte sich Woodruff sehr verpflichtet. Wie aus einer Akte mit vertraulichen Dokumenten in Woodruffs privaten Papieren hervorgeht, gab die Coca-Cola Company dem Senator während der Zeit der Depression eine Reihe von nicht verbuchten Darlehen im Gesamtumfang von 8000 Dollar, wahrscheinlich um ihm zu helfen, seine Farm zu retten. Und der Senator bedankte sich, indem er sich für das Unternehmen einsetzte.

Am Samstag morgen, dem 23. Mai 1936, erfuhr George, daß Beamte der Agricultural Adjustment Administration – eine von Roosevelts New-Deal-Behörden – planten, eine Zuckerverbrauchssteuer von einem halben Cent pro Pfund durchzusetzen. Weil er wußte, daß die Steuer die Coca-Cola Company mit ihren riesigen Zuckervorräten empfindlich treffen würde, besorgte sich George eine Kopie der Vorlage, schickte sie mit der Post an Woodruff und drängte ihn, seine Antwort zu telegraphieren. Der Brief traf am Montag morgen, dem 25. Mai, in Wilmington ein und Hayes berechnete in aller Eile, daß die Steuer das Unternehmen gut zwei Millionen Dollar kosten würde. Hayes rief in Atlanta an, machte Woodruff und Sibley mit der Situation vertraut und nahm dann den Zug nach Washington, wo er gerade noch rechtzeitig genug eintraf, um George zu treffen, weil sich der Senat vertagte. Hayes machte ihm klar, daß die Coca-Cola Company seine Hilfe brauchte.

Hayes verbrachte den Abend mit George und lieferte ihm Fakten und Argumente, mit denen er versuchen sollte, seine Senatorenkollegen im Finanzausschuß zur Ablehnung der Vorlage zu bewegen. George hatte am nächsten Morgen um 9.30 Uhr eine Unterausschußsitzung, und dies schien der ideale Zeitpunkt zu sein, die Sache im

Keim zu ersticken. Woodruff und Sibley trafen mit dem Nachtzug aus Atlanta in Washington ein und hatten nur noch wenige Minuten Zeit. Auf dem Weg zum Capitol lasen sie die Informationspapiere von Hayes im Wagen und kamen gerade noch rechtzeitig, um George mit letzten Instruktionen und aufmunternden Worten zu versorgen, bevor er in die Sitzung ging. Als er wieder herauskam, war die Zuckersteuer kein Thema mehr.

Obwohl kein Hinweis auf die Einflußnahme des Unternehmens an die Öffentlichkeit gedrungen war, konnten Insider sich dennoch denken, was passiert war. In St. Louis machte Bill D'Arcy Woodruff ein feinsinniges Kompliment.»Ich kann Ihre schöne italienische Handschrift erkennen, wenn ich lese, was bei der Steuerangelegenheit herausgekommen ist«, sagte er.

Der Einfluß der Coca-Cola Company auf die Medien war oftmals ebenso massiv. Kurz vor der Eröffnung der Weltausstellung in Chicago im Jahr 1933 hatte Messegeschäftsführer Major Lenox Lohr den schrecklichen Fehler begangen, den Journalisten, die gekommen waren, um über das Ereignis zu berichten, Freikarten zu verweigern, und dadurch eine ausgesprochen schlechte Publicity provoziert. Die Hearst-Zeitungen waren besonders kritisch, und kurzfristig bestand sogar die Besorgnis, daß die Ausstellung nicht eröffnet werden könnte. Die Coca-Cola Company, die eine große Präsentation plante, reagierte schnell. Harrison Jones rief die Hearst-Zentrale in New York an, erinnerte die Chefredakteure daran, daß die Firma gerade einen Anzeigenauftrag über fast eine Million Dollar unterschrieben hatte, und erreichte auf diesem Weg über Nacht eine positive Berichterstattung. Die Ausstellung wurde ein großer Erfolg.

Hayes pflegte freundschaftliche Beziehungen zu den meisten führenden Herausgebern des Landes, auch zu Henry Luce von Time. Coca-Cola war der größte Anzeigenkunde von Luces Zeitschriftenimperium, was Hayes dazu privilegierte, Artikel über die Coca-Cola Company vor der Veröffentlichung zu lesen und zu korrigieren. Als ein längeres, äußerst vorteilhaftes Firmenprofil für die Dezember-Ausgabe der Fortune 1938 in Vorbereitung war, wurde Hayes gestattet, den Artikel zu redigieren. Er schickte einen Vorabdruck an Woodruff, der ihn in den Büros der Plum Street herumreichte, bevor die Zeitschrift an die Kioske kam.

Innerhalb des Unternehmens war Woodruffs Stellung unterdessen nahezu unantastbar geworden. Howard Candler kam nach einer der jährlichen Aktionärsversammlungen gemessenen Schrittes auf Woodruff zu, schüttelte ihm die Hand und dankte ihm für »den glänzenden

310

Stand unseres Geschäfts, der weitgehend Ihren Fähigkeiten und Anstrengungen zu verdanken ist«. Woodruff arrangierte jetzt auch eine Reihe von Veranstaltungen, die wie Abschiedszeremonien für seinen Vater wirkten, und damit die Wachablösung signalisierten. Zu Ehren von Ernest und Jack Spalding ließ er von Sibley ein formelles Dinner im Capital City Club in Atlanta organisieren. Die beiden alten Widersacher begruben das Kriegsbeil, die Reden und Toasts der Elite der städtischen Geschäftswelt zogen sich bis nach Mitternacht hin.

Woodruff machte seinem Vater klar, daß er das Spekulieren mit Coca-Cola-Aktien nicht länger akzeptiere. Robert Woodruff war von den Konsequenzen seiner eigenen Fehltritte als Spekulant schwer getroffen worden (und bei einer daraus resultierenden strafrechtlichen Untersuchung von seiten des Finanzamts gerade noch einmal davongenommen) und vertrat nunmehr die felsenfeste Überzeugung, daß er, seine Familie und die anderen Großaktionäre ihre Anteile als dauerhafte Investition festhalten müßten. Er selbst verkaufte niemals wieder auch nur eine einzige Aktie.

Bei den Firmenangestellten genoß Woodruff einen besonders guten Ruf. Seine Weigerung, während der Depression die Löhne zu kürzen, hatte ihm ein hohes Maß an Loyalität gesichert. Elizabeth Patterson, die 1934 in der Vertriebsabteilung Coca-Colas arbeitete, erinnerte sich lebhaft an die Empfindungen, die sie und ihre Kollegen für ihn hatten: »Er war Gott.« Andere gingen in ihrer Beurteilung nicht so weit, aber selbst Harrison Jones, für den es nicht alltäglich war, das Verdienst für das Wohlergehen des Unternehmens mit anderen zu teilen, gab Woodruff hohe Noten für »sein gekonntes Navigieren« in einer ungemein schwierigen Periode.

Als die Direktoren dafür stimmten, allen Firmenangehörigen Ende 1936 ein zusätzliches Monatsgehalt als Bonus zu zahlen, waren die Büros in der Plum Street nach Aussage einer Sekretärin von Woodruff »so ziemlich der glücklichste Ort, den man je gesehen hat. Nachdem sich das erste Gebrüll gelegt hatte, liefen alle mit einem breiten Lächeln herum.«

Die meisten Männer und Frauen, die für ihn arbeiteten, kannten Woodruff kaum. Er war fortwährend auf Reisen, benutzte bei seinen Besuchen in der Plum Street nur seinen privaten Aufzug und schritt normalerweise mit gesenktem Kopf über die Flure. Aber das alles spielte keine Rolle. Er wurde verehrt.

Woodruff hatte eine Vorliebe für Aphorismen: »Es ist leicht, ins Tal hinab- und zum Gipfel hinaufzublicken, aber es ist verdammt schwer, über den nächsten Hügel zu sehen.« Sein Bemühen, die zukünftige Entwicklung der Coca-Cola Company vorauszusehen, entwickelte sich fast zu einer Obsession. Er wurde ruheloser als je zuvor – launenhaft, unzufrieden, voller Widersprüche. Die Sorge um das Wohlergehen des Unternehmens nagte an seinem Nervenkorsett.

In einem seltenen Augenblick der Selbstbetrachtung beschrieb Woodruff seine Unfähigkeit, Seelenfrieden zu finden. »Ich gehöre zu den Unzufriedenen«, sagte er. »Vielleicht wurde ich so geboren. Ich bin mit dem Status quo nie zufrieden.« Keiner in seiner Umgebung hatte den geringsten Zweifel daran. Er gab Befehle, und dies mit einer, wie eine Sekretärin es nannte, »nachhaltigen Stimme«. Er belastete alle Führungskräfte der Firma, einschließlich sich selbst, mit einem sehr hohen Arbeitspensum.

Der erste Mann, der unter der Anstrengung zusammenbrach, war Arthur Acklin, der Verwaltungsleiter der Firma. Acklin, ein hochgewachsener, langgesichtiger Buchhalter, einst Steuerprüfer des Finanzamts, wickelte in seinem Geschäftsbereich alle größeren Geschäfte alleine ab, und er kümmerte sich auch um viele private Angelegenheiten Woodruffs. Er war Woodruffs Mittelsmann und sein Lautsprecher bei schwierigen Entscheidungen – die menschliche »Straßenkreuzung« der ganzen Firma, wie Hayes es ausdrückte. Acklin baute den Druck ab, indem er trank, von Zeit zu Zeit unkontrolliert, und schließlich erlitt er einen leichten Nervenzusammenbruch.

Hayes warnte Woodruff, seine Mitarbeiter nicht zu überfordern, aber Woodruff schonte sich selbst ebensowenig wie seine Angestellten. Auch Woodruffs eigene Gesundheit litt unter den enormen Belastungen. Auch er trank zuviel und mußte sich von Zeit zu Zeit dazu zwingen, abstinent zu leben. Doch noch schwerwiegender als seine phasenweise auftretenden Erschöpfungszustände, während der er einem Freund zufolge »aussah wie der Teufel«, wogen private Schicksalsschläge, die sein psychisches Gleichgewicht auf eine schwere Probe stellten. Ein Cousin, den Robert und Nell adoptiert hatten (Nell konnte keine eigenen Kinder bekommen), kam, gerade zwanzig Jahre alt, bei einem Autounfall ums Leben. Sein Bruder Henry erlitt einen Rückfall und mußte erneut ins Sanatorium eingewiesen werden. Und, was für Robert am schlimmsten war, bei Emie Woodruff, seiner Mutter, wurde Krebs diagnostiziert.

Doch ungeachtet all dessen stieg in den Büros der Coca-Cola Company das Arbeitstempo. Woodruff sprach hin und wieder davon, einige seiner Verantwortlichkeiten zu delegieren, setzte dies jedoch nie in die Tat um. Sibley, Hayes und die anderen Führungskräfte stellten fest, daß Woodruff es gar nicht so meinte, wenn er von ihnen Eigeninitiative forderte.

»Eines Tages«, sagte Woodruff einmal erbittert zu Hayes, »wird irgend jemand einen bewundernswerten Gedanken haben und in die Tat umsetzen, ohne es mir zu sagen . . . und ich werde schockiert und überrascht, aber ungemein erfreut sein.«

Hayes gab scharf zurück: »Der Friedhof ist voll von Leuten, die sich auf das Umsetzen von ihrer Ansicht nach bewundernswerten Ideen stürzten, ohne Sie zu konsultieren.« Der einzig sichere Weg zum Weitermachen, fügte Hayes hinzu, »war das Einholen eines zustimmenden oder negativen Grunzens« von seiten Woodruffs.

Allen Protesten zum Trotz bestand Woodruff darauf, alle Entscheidungen selbst zu treffen, angefangen bei Kleinigkeiten wie dem Kauf eines neuen Lastwagens für die Filiale in New Orleans bis hin zu der kritischen Frage, wie der Konkurrenz zu begegnen war.

Auf einer Direktoriumssitzung kurz nach dem Pepsi-Prozeß in Kanada zog sich Harold Hirsch ein für allemal aus den Rechtsangelegenheiten des Unternehmens zurück und trat seine Position an Sibley ab.

So wie sich Hirsch einst bei der Durchsetzung der Firmeninteressen vor Gericht weitaus aggressiver als John Candler erwiesen hatte, entwickelte Sibley nun einen Schlachtplan, um Pepsi-Cola und alle artverwandten Konkurrenten vom Markt zu vertreiben.

Statt die rauhen Methoden einzuschränken, die die Gesellschaft bisher angewandt hatte, um Beweise gegen andere Hersteller zu sammeln, verdoppelte Sibley die Anstrengungen der Marktbeobachtungsabteilung und machte aus den Firmeninspektoren ein Team knallharter Detektive, die bereit waren, auch bis an die äußerste Grenze zu gehen, um zum Ziel zu kommen. In einem erwähnenswerten Fall schickte er ein Dutzend von ihnen nach Chicago, um gegen die Verkäufer von Royal Crown Cola vorzugehen.

Sibleys Leute schleusten einen Spion in die Royal-Crown-Fabrik in Chicago ein, einen Lastwagenfahrer, der ihnen Informationen über die Fahrtrouten der anderen Fahrer gab. Zu zweit in einem Wagen folgten die Coca-Cola-Inspektoren den Royal-Crown-Lastern, notierten die belieferten Bars, Tavernen und Restaurants und lauschten heimlich den Verkaufsgesprächen, die sie führten. Auf dem Höhepunkt der Nachforschungen eröffnete die Coca-Cola Company selbst ein Restaurant in der Rush Street und ließ Sam Solomon, einen ihrer Inspektoren, den Besitzer spielen. Mit Hilfe eines versteckten Recorders nahm Solomon insgeheim eine Unterhaltung mit einem der Royal-Crown-Vertreter auf, in der er eine von vornherein geplante Aufforderung zur Kundentäuschung zu erkennen glaubte. Sibley begann mit den Vorbereitungen zur Klageerhebung.

Während sich das Unternehmen auf eine juristische Lösung der Markennamenfrage rüstete, meldeten einige Verantwortliche Bedenken gegen diese Art des Vorgehens an. Hayes stand mit seiner Kritik nicht alleine. Gene Kelly zum Beispiel glaubte, daß die Konkurrenz nicht deshalb erfolgreich war, weil sie betrügerisch handelte, sondern weil »sie einfach mehr Ware für das Geld« anbot. Pepsi, Royal Crown und einige der anderen neuen Colas waren »recht schmackhaft«, warnte Kelly, besonders für die »unteren Klassen, die nicht so urteilsfähig sind«. Der Name war nicht ausschlaggebend, was der Erfolg von Dr. Pepper unter Beweis stellte. Harrison Jones hielt Konkurrenz für unvermeidbar. Statt kostbare Zeit im Gerichtssaal zu verschwenden, sei es klüger, sich auf einen Handelskrieg vorzubereiten.

Einer der wichtigsten Abfüller, A. B. Freeman aus New Orleans, schickte Woodruff einen langen, erkenntnisreichen Brief und drängte darauf, die ganzen Rechtsstreitereien einzustellen:

»Seit vielen Jahren sind wir bei unseren Aktivitäten, besonders bei der Öffentlichkeitsarbeit und der Werbung, durch die Notwendigkeit, uns juristisch korrekt zu verhalten, behindert worden. Die Rechtsabteilung, die kein Verständnis für die Notwendigkeit der Erweiterung unseres Geschäfts hat, sondern nur in juristischen Kategorien denkt, hat unsere Aktivitäten in einem solchen Maße gehemmt und aufgehalten, daß unsere Bemühungen an Spontaneität verloren haben . . . Wenn sich Coca-Cola trotz des bereits geschaffenen Marktes und den hinter der Industrie stehenden Ressourcen nicht behaupten kann, sollte es untergehen.«

In der Agentur von D'Arcy waren Archie Lee und seinen Textern durch ein striktes Reglement, das Sibley und seine Anwälte zusammengestellt hatten, um den Markennamen maximal zu schützen, die Hände gebunden. Die erste Regel (in einer Aktennotiz, die sich über zweieinhalb Seiten erstreckte) legte fest, daß der Name Coca-Cola niemals auf zwei Textzeilen aufgeteilt werden durfte. Die zweite Regel lautete: »Jede Veränderung des Stils, der Farbe oder des Verwendungszwecks des Markennamens bedarf juristischer Zustimmung.« Regel 24 lautete: »Coca-Cola darf niemals als ›es‹ bezeichnet werden.«

Sibley war entschlossen, jeden zu bekämpfen, der den Markennamen mißbrauchte. Der einzige Fall, in dem er keine Klage befürwortete, betraf eine Gruppe von Studenten an der Bucknell University, die ein Schild an die Tür ihres im Souterrain gelegenen Freizeitraums hefteten, auf dem »Coca-Cola Night Club« stand. In allen anderen Fällen drängte er auf einen Prozeß. Im Durchschnitt reichte er jede Woche eine Klage ein.

Da die Führungskräfte in zwei rivalisierende Fraktionen gespalten waren, mußte von Woodruff eine Entscheidung getroffen werden. Er schlug sich auf die Seite Sibleys.

Diejenigen, die von Woodruffs Wahl überrascht waren, die sich fragten, warum er sich nicht auf die bisher erfolgreiche und oft brillante Werbung und das Marketing verließ, kannten offensichtlich Woodruffs Einstellung gegenüber dem Produkt zu wenig. Woodruff glaubte, daß Coca-Cola jenseits des üblichen Verdrängungswettbewerbs im amerikanischen Handel stand und einen Platz einnahm, der ständigen, beharrlichen Schutz verdiente.

Die meisten Führungskräfte dachten wegen der Konkurrenz bereits über Veränderungen nach, Woodruff jedoch war dieser Weg verschlossen. Aus seiner Sicht konnte es eine »neue und verbesserte« Coca-Cola niemals geben, und zwar aus einem einfachen Grund: Coca-Cola war bereits perfekt.

Woodruff war Gefangener des von ihm mitaufgebauten Mythos Coca-Cola. Ein Mythos, der nichts damit zu tun hatte, wie Coca-Cola schmeckte oder wie groß die Flasche war, in der sie geliefert wurde. Es ging nicht darum, mit anderen Soft Drinks zu konkurrieren oder zu behaupten, daß Coca-Cola »besser« war, sondern allein darum, an der wunderschönen Illusion festzuhalten, daß Coca-Cola etwas völlig anderes war, über der Konkurrenz stehend – unantastbar.

Und es ging darum, jeden zu verklagen, der anderer Meinung war.

Am 17. Juli 1938, mehr als ein Jahr nach Prozeßbeginn, gab Richter MacLean endlich sein Urteil in dem kanadischen Fall bekannt. Wie erwartet entschied er zugunsten der Coca-Cola Company.

Sibley war zufrieden mit dem Urteil, weil es sich perfekt in seine Strategie einreihte, den Kampf gegen Pepsi zu eskalieren. Sosehr er sich gewünscht hatte, den Krieg gegen Pepsi auch in den Vereinigten Staaten zu führen, so wenig Anlaß hatte ihm Pepsi dazu gegeben. Jetzt, glaubte er, würde Pepsi ihm die Arbeit abnehmen. Guth und seine Anwälte mußten auf das kanadische Urteil irgendwie reagieren, und Sibley war sich sicher, daß sie ihm eine Chance zur Attacke einräumen würden. Mit heiterer Zuversicht meldete er Woodruff, daß

»ein prinzipienloses Unternehmen üblicherweise einen Fehler zu machen pflegt, wenn man ihm Gelegenheit dazu gibt.«

Und tatsächlich: Pepsis Anwälte eilten geradewegs zum Gericht in Queens, New York, und reichten eine Klage ein, mit der sie Coca-Cola des Versuchs bezichtigten, mit »Einschüchterungen und Drohungen« und unstatthaften Verleumdungen ein Monopol zu schaffen. Sie stellten beim U. S. Patent Office sogar den Antrag, die Registrierung des Markennamens Coca-Cola zu annullieren.

Sehr zum Bedauern von Sibley war sein Widersacher jedoch nicht Guth. Wenige Tage nach der Entscheidung in dem kanadischen Fall entschied ein Richter in Delaware, daß Guth Pepsi unrechtmäßig erworben hatte. Pepsi gehörte nun wieder Loft, Inc. Statt Guth, den man als Bösewicht hätte karikieren können, sah sich die Coca-Cola Company einem geschmeidigen, klugen Investor namens Walter Mack gegenüber, der seit mehreren Jahren in großem Stil Loft-Aktien zugekauft hatte. Mit Umsätzen von fast zehn Millionen Dollar jährlich war Pepsi 1938 ein wertvoller Preis, und Mack hatte ihn sich geholt.

Walter Mack war ein angesehener Geschäftsmann, ein prominentes Mitglied der jüdischen Gemeinde in New York und aktiv in der republikanischen Politik. Sein Freundeskreis reichte von Bürgermeister Fiorello LaGuardia bis zur Familie Ochs, den Verlegern der New York Times. Er hatte in Harvard studiert. Mack arbeitete mit mehreren Geschäftsleuten zusammen, die sich darauf spezialisiert hatten, angeschlagene Firmen zu suchen, sie umzustrukturieren und Profit mit ihnen zu machen. Es war kaum überraschend, als sich herausstellte, daß einer von Macks Partnern ein alter Freund Ernest Woodruffs war: Sie arbeiteten schließlich in derselben Branche.

Auf Mack einzuschlagen, erschien nicht vielversprechend, und so sah sich Sibley gezwungen, eine neue Strategie zu entwickeln. Seiner Meinung nach hingen Coca-Colas rechtliche Geschicke davon ab, daß das Recht anderer Hersteller, das Wort »Cola« in ihren Markennamen oder in ihrer Werbung zu verwenden, soweit wie möglich beschnitten wurde. Er ließ den Pepsi-Fall zunächst auf Sparflamme kochen und begann, Beweise für zwei weitere Prozesse zu sammeln, in denen er hoffte, seinen Standpunkt durchsetzen zu können. Ein Ziel war Dixi-Cola Laboratories, ein Unternehmen aus Baltimore, das eine Reihe von Drinks verkaufte, darunter Dixi-Cola, Kola Special, Lola Kola, Apola-Cola und MarBert Cola. Das andere Ziel war Nehi, Inc., der Hersteller von Royal Crown Cola. Wenn Sibley diese Prozesse gewinnen konnte, wäre er einen entscheidenden

Schritt weiter gewesen auf seinem Weg, einen mächtigen Schutzwall um Coca-Colas Markennamen zu errichten.

Sibley scheute bei der Vorbereitung auf die Prozesse keine Kosten. Er ließ Harry Nims, einen New Yorker Anwalt, der sich auf Markenschutz spezialisiert hatte, eine Umfrage unter Hunderten von Verbrauchern durchführen, um herauszufinden, ob sie an Coca-Cola dachten, wenn sie das Wort »Cola« hörten, was die Befragten bejahten. Auch Kellnerinnen und Barkeeper wurden interviewt und mit derselben Frage konfrontiert. Die Marktbeobachtungsabteilung nahm Dutzende und Aberdutzende von Überprüfungen vor. Sibley verfaßte brillante, buchdicke Schriftsätze, in denen er die Position des Unternehmens detailliert darlegte. Edward Rogers, der beste Anwalt des Landes in Sachen Markenschutz, wurde engagiert, um die Fälle vor Gericht zu vertreten.

Die Arbeit war anstrengend, und sie verlangte ihren Preis. An einem Samstagmorgen Anfang November 1938 klappte Sibley in seinem Büro zusammen und blieb für kurze Zeit bewußtlos liegen. Sibley fürchtete, einen Herzanfall gehabt zu haben, und fragte Woodruff, ob er sich für einige Zeit freinehmen könnte. Woodruff erlaubte ihm, sich einen oder zwei Tage auszuruhen. Dann sollte er die Arbeit wieder aufnehmen. Untersuchungen ergaben, daß Sibleys Herz in Ordnung war. Er litt jedoch an einem nervlichen Erschöpfungszustand. Als Sibley darauf bestand, sechzig bis neunzig Tage Urlaub zu nehmen, warnte ihn sein Partner Hughes Spalding vor den Konsequenzen. »Diese Leute«, stellte Spalding fest, »wollen vollen Einsatz sowie schnellen und effizienten Service und werden sich mit etwas anderem nicht lange zufrieden geben.«

Da die beiden großen Prozesse kurz vor ihrem Beginn standen, hatte Woodruff nicht die Absicht, Verzögerungen hinzunehmen. Er überging Sibley und die anderen Anwälte von King & Spalding und machte Hugh Morris, den ehemaligen Bundesrichter aus Delaware, der Vorsitzender im Prozeß mit den Abfüllern gewesen war, zum Syndikus. Sibley war wie vor den Kopf geschlagen, aber er hatte es in all den Jahren versäumt, sich eine Lobby zu schaffen, die ihm den Rücken stärkte.

Die Entwicklung wäre wohl nur für eine Handvoll von Anwaltskanzleien von Interesse gewesen, wenn sie nicht Woodruffs Vertrauen in Sibleys ganze Strategie erschüttert hätte. Es ging hier um einen riskanten, sehr teuren und äußerst aggressiven Angriffsplan, und der kommandierende General schien nicht Manns genug zu sein, ihn auch auszuführen. Woodruff überlegte, ob er sich nicht außergerichtlich mit Pepsi einigen sollte. Walter Mack, der Woodruff entfernt kannte, hatte bereits Kontakt aufgenommen, um bei Woodruff jetzt, »da wir unseren Freund Guth aus dem Weg haben«, eine mögliche Ausräumung der Rechtsstreitigkeiten Coca-Colas mit Pepsi zu sondieren. Woodruff wich einer Antwort aus, hielt seine Gedanken jedoch auf einem Blatt Papier fest: »Wir sollten nicht allzu scharf vorgehen.«

Unterdessen wurde der Prozeß gegen Dixi-Cola am 3. Mai 1939 in Baltimore eröffnet. Die Coca-Cola Company beschuldigte Dixi-Cola sämtlicher Variationen des unlauteren Wettbewerbs. Die Crux des Falles war jedoch ein sehr heikler Punkt: Sibley wollte erreichen, daß kein anderer Soft Drink als zweite Häfte seines Markennamens das Wort »-Cola« enthalten durfte, weil dadurch der Konsument irrtümlich zu der Annahme kommen konnte, das Produkt sei Coca-Cola oder ein Produkt, das die Coca-Cola Company hergestellt hatte. Die zweite Klage, gegen Royal Crown, machte geltend, daß auch der mit großen Buchstaben vorgenommene Aufdruck des Wortes »Cola« auf dem Etikett eine Verletzung des Markenschutzes darstellte, selbst wenn es technisch gesehen nicht Teil des Markennamens war.

Wie Sibley selbst zugab, war seine These weit hergeholt. Er räumte ein, daß der Kampf um die Verwendung von »Cola« als Gattungsbegriff so gut wie verloren war. Andere Hersteller konnten einen Soft Drink produzieren, der Coca-Cola in Aussehen und Geschmack ähnelte, und sie konnten ihr Erzeugnis Cola nennen. Aber sie sollten dieses Erzeugnis nicht verkaufen dürfen, weil sie die Vertrautheit und Popularität des Wortes »Cola« mißbrauchten, weil einzig und allein die Coca-Cola Company die Bedeutung und den kommerziellen Wert des Wortes »Cola« geschaffen hatte?

Mit dem gesunden Menschenverstand war Sibleys Argumentation nicht mehr nachvollziehbar. Gewiß, das Wort »Cola« mochte die Leute an Coca-Cola denken lassen, genauso wie das Wort »Bier« den einen oder anderen an eine bestimmte Marke denken läßt. Im rechtlichen Sinne spielte dies jedoch keine Rolle. Die Coca-Cola Company mußte beweisen, daß das Hören des Wortes »Cola« die Leute *nur* an Coca-Cola und nicht an ein anderes Produkt oder an eine andere Firma denken ließ. Und das war nicht länger der Fall. Die Kunden gingen nicht zu den Soda Fountains und sagten »Geben Sie mir eine ›Cola‹«, wenn sie Coca-Cola bestellten. Sie fragten nach einer Coke oder einer Coca-Cola, weil sie gelernt hatten, daß sie auch etwas anderes bekommen konnten. (Viele von ihnen *wollten* auch etwas anderes: Pepsi oder Royal Crown oder Dixi-Cola).

Die Dominosteine begannen langsam zu fallen. Der kanadische

Oberste Gerichtshof hob Richter MacLeans Urteil im Pepsi-Fall auf. Ohne andere Beweismittel oder Zeugenaussagen bei ihren Überlegungen heranzuziehen, stützten sich die kanadischen Juristen allein auf den subjektiven Vergleich der Namen Coca-Cola und Pepsi-Cola. »Der generelle Eindruck im Bewußtsein eines normalen Menschen . . . wäre der eines Gegensatzes, nicht der einer Ähnlichkeit.«

Woodruff begann mehr und mehr über Methoden nachzudenken, mit denen er gegen die Konkurrenz vorgehen konnte, ohne die Gerichte zu bemühen.

Als Life Savers im Frühjahr 1940, ein »Cola«-Bonbon auf den Markt brachte, schickte Woodruff Harrison Jones nach Washington, um mit Ed Noble zu reden, dem Direktoriumsvorsitzenden des Süßwarenunternehmens, der damals im Handelsministerium tätig war. Jones versuchte es mit Überzeugungskraft.

»Versuchen Sie, sich in unsere Lage zu versetzen. Es wäre leicht, einen Soft Drink herzustellen und ihn Life Saver zu nennen, aber es würde den wertvollen Namen der Life Saver Corporation verletzen. Genau das ist es aber, was Life Savers Coca-Cola antat«, sagte Jones, und bat Noble, auf das Cola-Bonbon zu verzichten. Noble war höflich, wollte sich aber nicht festlegen. Er kannte Woodruff und mochte ihn, aber er antwortete, daß er die Angelegenheit mit seinen Leuten besprechen müsse, bevor er Jones eine Antwort geben könnte.

Das nächste Zusammentreffen verlief nicht so höflich. Jones reiste nach New York, um sich mit einigen Führungskräften von Life Savers zu treffen, darunter Gordon Young, der Leiter der Finanzabteilung. Laut Jones vertrat Young eine harte Linie. »Ich verstehe nicht, wieso ihr Südstaatler immer mit diesem ganzen Gerede über Ethik hierher kommt«, sagte er. »Es geht darum, Geld zu verdienen und das zu tun, womit man Erfolg hat.«

Einen Monat später versuchte Woodruff, die ins Stocken geratenen Verhandlungen wieder aufzunehmen. Er fuhr nach Washington und traf sich mit Noble und Young zum Mittagessen in Nobles Suite im Carlton Hotel. Die beiden Life-Savers-Leute hatten Streit. Woodruff glaubte, daß er für ihn inszeniert worden war. Young warf seinem Boß vor, alt und weich zu werden, und argumentierte, daß »Cola« ein Gattungsbegriff sei, der jedem zur Verfügung stehe. Wenn Life Savers so versessen darauf wäre, Geld zu machen, antwortete Noble, dann könnten sich Young und die anderen »genausogut eine Maske besorgen und beginnen, Tankstellen zu überfallen, weil man es auf diese Weise schneller kriegen kann«. Noble wollte mit einer Verletzung von Coca-Colas Markennamen nichts zu tun haben. Er war bereit, die Produktreihe aufzugeben, sagte er – fügte jedoch schnell hinzu, daß er von der Coca-Cola Company 150 000 Dollar haben müßte, um die bisherigen Kosten und die entgangenen Gewinne auszugleichen. Woodruff sagte, daß er es sich überlegen wollte.

Als nächstes kam es zu einem Treffen zwischen Woodruff, Noble und Gene Stetson, dem New Yorker Bankier und Coca-Cola-Direktoriumsmitglied, der in der Vergangenheit schon häufig behilflich gewesen war, Konflikte zu lösen. Stetson und Woodruff erklärten, daß sie Life Savers kein Geld für den Verzicht auf das Cola-Bonbon zu zahlen gedachten. Als Noble weiterhin eine Kompensation verlangte, sprang Stetson mit einer dramatischen Geste auf und schwor, daß die Coca-Cola Company niemals zahlen würde.

Der außergerichtliche Versuch einer Einigung schien gescheitert. Life Savers verkaufte weiterhin Cola-Bonbons, und Noble veröffentlichte in der Zeitschrift Life eine Anzeige mit einem Foto von zwei Mädchen in der Uniform einer Musikkapelle und einem Text, in dem es hieß: »Stimmt die Band ein für die neuen COLA LIFE SAVERS. Sie bringen euch, zum erstenmal in Bonbonform, den erfrischenden, prickelnden Cola-Geschmack.« Die Anwälte beider Seiten bereiteten sich auf einen Kampf vor Gericht vor.

Ein letztes Mal trat Woodruff noch an Noble heran. An einem Oktobermorgen des Jahres 1940 traf er Noble in New York. Woodruff kam schnell nur Sache und ließ Noble wissen, daß er die Wahl hätte zwischen dem Weg »des allgemeinen Anstands und dem Weg der Nassauer und derjenigen, die aus den Anstrengungen anderer Leute Profit schlagen«. Später, auf einer Cocktail-Party am selben Abend, verlor Woodruff die Geduld, blickte Noble ins Gesicht und sagte ihm, daß er wie Adolf Hitler vorgehe.

Während der Kampf der Coca-Cola Company um den Schutz ihres Markennamens im Schwebezustand hing, stellte Walter Mack seine Talente im Werbebereich unter Beweis.

Er eröffnete »Junior-Club«-Freizeitzentren, engagierte Piloten, die im ganzen Land den Namen seines Soft Drinks in den Himmel schrieben, und veröffentlichte einen Comic Strip, dessen Figuren »Pepsi« und »Pete« in 205 Zeitungen erscheinen. Seine bei weitem effektivste Idee war ein simpler, fünfzehnsekündiger Jingle für das Radio:

Pepsi-Cola ist ganz toll

Für 'nen Nickel gibt's zwölf Unzen voll
Doppelt soviel, da lohnt es sich
Pepsi-Cola ist der Drink für dich.

Das zu der einprägsamen Melodie des alten englischen Trinklieds »John Peel« gesungene Liedchen erwies sich als so populär, daß die Hörer Radiostationen anriefen und darum baten, es umsonst zu spielen. Mack rechnete aus, daß der Song bis Ende 1940 von Hunderten Sendern von Küste zu Küste gut 300 000mal gespielt worden war. Aus dem Stand schaffte es Pepsi innerhalb von sieben Jahren, ein Zehntel des Soft-Drink-Marktes in den Vereinigten Staaten zu erobern.

Der New Yorker brachte eine Karikatur, auf der drei Männer in Coca-Cola-Uniformen mit einem Maschinengewehr versuchen, einen von Pepsis »Himmelsschreibern« abzuschießen. Was die Führung der Coca-Cola Company am meisten erbitterte, war der Erfolg der Radiokampagne von Pepsi. Cokes Radiowerbung war bestenfalls mittelmäßig. 1939 gab es 28 Millionen Familien, die Radio hörten, aber die Coca-Cola-Werbung war nicht imstande, sie großartig zu beeindrucken.

Woodruff untersagte das Plazieren von Spots in Nachrichtensendungen und Hörspielen, weil er glaubte, daß der darin vorgetragene Ernst unvereinbar war mit Cokes heiterem Image. Archie Lee verbot die Plazierung in Komödien mit der Begründung, daß der Komiker Coca-Cola »die Schau stiehlt«. So blieben nur Musik- und Kleinkunstsendungen. Keine besonders glückliche Hand bewies das Unternehmen bei der Auswahl populärer Interpreten. Typisch für Coca-Cola waren Singin' Sam, der selbsternannte »nette Junge vom Land«, der am Tag schmachtende Lieder für Hausfrauen sang, und Andre Kostelanetz, dessen Orchester während des »Coca-Cola-Concerts« an den Sonntagnachmittagen leichte klassische Musik spielte.

Die Coca-Cola Company hatte überdies keine Antwort auf Pepsis Angebot, zweimal soviel für dasselbe Geld zu bieten. Coca-Cola hatte zur Abgrenzung immer den Qualitätsgedanken in den Vordergrund gestellt. Die Werbewirksamkeit dieses Gedankens schien jedoch plötzlich in Frage gestellt. Im Sommer 1940 nahmen die Redakteure der Zeitschrift Consumers Union Reports einen Blindtest vor, bei dem sie herausfanden, daß niemand den Unterschied zwischen Coke und Royal Crown, Lime-Cola oder Double Cola erkennen konnte. (Einige wenige Teilnehmer stellten einen leichten Unterschied zwischen Coke und Pepsi fest: Mit einem Drittel mehr Zucker schmeckte Pepsi ein bißchen süßer.)

»Für die interessante Tatsache, daß Coca-Cola weiterhin doppelt soviel berechnen und trotzdem im Geschäft bleiben kann, scheint es eine zweifache Erklärung zu geben«, war in der Zeitschrift zu lesen. »Zum einen ist da das Trugbild der wohlbekannten Coca-Cola-Flasche. Indem sie ein modisches Design verwendet, erweckt die Coca-Cola Company den Eindruck, als würde sie mehr als sechs Unzen anbieten. Noch bedeutsamer ist die Macht der gewaltigen Werbung Coca-Colas, die Millionen von Menschen daran gewöhnt hat, Coca-Cola zu bestellen, ohne an irgendein Konkurrenzgetränk auch nur zu denken.«

Diese Gewöhnung wurde in Frage gestellt, und Coca-Cola begann, sich stärker als je zuvor auf sein gesellschaftliches Prestige zu stützen, in einem solchen Ausmaß, daß die Anzeigen Gefahr liefen, die Grenze zum Snobismus zu überschreiten. Zum ersten Mal seit der Jahrhundertwende, als St. Elmo Massengale für Coca-Cola arbeitete, nahm die Werbung einen Hauch von Überheblichkeit an. Eine Anzeige im Ladies Home Journal zeigte eine Braut der feinen Gesellschaft, die in der einen Hand einen Strauß Zimmerkallas und in der anderen eine Flasche Coca-Cola hielt. Dazu der Hinweis: »Es gibt immer einen Moment für die Pause, die erfrischt.«

In einer Story, die eine typische Reaktion auf die von der Firma bewirkte Publicity darstellte, berichtete die New York Sun über die gefeierte Debütantin Brenda Frazier und wie sie den 1500 Gästen, die sie zu einem großen Ball ins Ritz-Carlton Hotel eingeladen hatte, eine neue Erfindung vorstellte: Milch und Coca-Cola.

Hayes war alarmiert. »Ich hoffe, wir vergessen nicht einmal für eine Stunde«, warnte er Woodruff, »daß unser Markt auf der anderen Seite der Straße liegt. Wenn Coca-Cola auch glücklicherweise die Union League und die Junior League gewinnt, so hoffe ich doch, daß uns der Glanz dieser Eroberungen niemals blind macht für die Tatsache, daß es der Mann im Overall ist, der es uns ermöglicht hat, so weit zu kommen, wie wir gekommen sind – und der uns wieder zurückschicken kann, wenn wir seine Gunst verlieren.«

Tatsächlich setzte Pepsi dort, wo Quantität zählte, in Fabriken und auf Baustellen und in privaten Haushalten, bereits mehr um als Coca-Cola. Harrison Jones war beunruhigt und schlug vor, einen eigenen, billigen Zwölf-Unzen-Drink auf den Markt zu bringen, um Pepsi zu unterbieten.

Während in der Coca-Cola-Zentrale über neue Marktstrategien nachgedacht wurde, waren auf juristischer Ebene wichtige Entscheidungen gefallen: Entgegen allen Vermutungen hatten Sibley und seine Prozeßbevollmächtigten den Dixi-Cola-Fall in der ersten Instanz gewonnen. Das Urteil war ein weiterer Beweis für das Können und den Sachverstand der Coca-Cola-Anwälte. Doch im Januar 1941 wurde in der Berufungsinstanz das Urteil wieder aufgehoben. Coca-Cola hatte kein inhärentes Recht, einen Wettbewerber daran zu hindern, das Suffix »-Cola« in seinem Markennamen zu verwenden, solange das Präfix nicht ungebührlich »Coca-« ähnelte.

Als er von der Entscheidung im Dixi-Cola-Fall erfuhr, schickte Sibley ein Telegramm an Woodruff. »Ziemlich enttäuschend«, hieß es darin. »Bedeutet viel weitere Arbeit.«

Es bedeutete auch weitere Kosten und mehr Risiko, ohne die Gewißheit eines Erfolgs zu haben. Bei dem Tempo, das Sibley anschlug, scherzte Ralph Hayes scharfzüngig, würde es nicht mehr lange dauern, bis sämtliche Führungskräfte der Firma im Gefängnis landeten. »Glaubt ihr«, fragte er anzüglich, »es gibt zu Weihnachten Truthahn in Sing Sing?«

Sibley wollte weitermachen und gegen Pepsi-Cola in New York prozessieren, doch Woodruff kam ihm zuvor und zog die Bremse. Mack hatte ihn diverse Male angerufen und sogar persönlich aufgesucht, um sich nach einer Einigung zu erkundigen. Bisher hatte Woodruff darauf bestanden, daß Pepsi-Cola das »-Cola« aus seinem Markennamen strich, was Mack ablehnte. Jetzt, da Coca-Colas Position geschwächt war, gab sich Woodruff nicht mehr ganz so hart. Als Mack das Angebot machte, das Wort »Cola« in seiner Werbung herunterzuspielen und den Schwerpunkt auf »Pepsi« zu legen, bat Woodruff um ein schriftliches, außerprotokollarisches Angebot. Mack schickte ein solches nach Atlanta.

Sibley ging an die Decke. Der Vorschlag Macks bedeutete für ihn, den Markennamen nicht mehr dauerhaft schützen zu können. Das Unternehmen mußte kämpfen, »militant«, wenn es erforderlich war, oder dem Desaster ins Auge blicken. Aber Woodruff lehnte sein Ersuchen ab. Er gab Sibley die strikte Anweisung, die Einigungsverhandlungen fortzusetzen, und Sibley tat das einzige, was er glaubte, tun zu können: Er ging in sein Büro, setzte sich an eine Schreibmaschine und brachte sorgsam seinen Rücktritt als Syndikus zu Papier. Die Firma betreibe mehr und mehr eine »Appeasement«-Politik, schrieb er und benutzte damit eins der belastetsten Wörter der damaligen Zeit, und er würde nicht zur »Seuche des Kompromisses« beitragen. Dann setzte er seinen Hut auf, stieg in die Straßenbahn und fuhr zurück zu seinem Anwaltsbüro im Geschäftszentrum, fest davon überzeugt, das Haus in der Plum Street nicht mehr zu betreten.

Seine Geste hätte der dramatische Schlußpunkt der langen Rechtsgeschichte der Coca-Cola Company sein können, aber die Mächte des Schicksals verschworen sich, um noch eine letzte Schmach hinzuzufügen.

Sibley hatte gegen die Entscheidung des Obersten Gerichtshofs in Kanada beim Justizausschuß des Kronrats Berufung eingelegt, der Körperschaft im Oberhaus Großbritanniens, die im ganzen Commonwealth Fälle der untergeordneten Gerichte überprüfte. Im Glauben, daß er eine gute Chance hatte, eine Aufhebung des Urteils zu erreichen, begab sich Sibley persönlich zur mündlichen Verhandlung nach London und nahm dabei die Gefahren einer Reise in Kriegszeiten auf sich. Aber es war seine letzte Chance, die Richtigkeit seiner Rechtsauffassung unter Beweis zu stellen.

Am festgesetzten Tag stand Sibley in einem Sitzungszimmer des Parlaments vor einem Gremium von fünf Lordrichtern und stellte zu seiner großen Verblüffung fest, daß die rechtliche Prüfung, die sie in dem Fall hauptsächlich vorzunehmen gedachten, darin bestand, das Wort »Cola« im Wörterbuch nachzuschlagen.

Lord Russell of Killowen erklärte, daß »manchmal Fragen darüber auftreten können, in welchem Ausmaß sich ein Gericht durch den Bezug auf Wörterbücher informieren darf, Ihre Lordschaften jedoch keinen Zweifel daran haben, daß Wörterbücher durchaus herangezogen werden dürfen, um nicht nur die Bedeutung eines Wortes, sondern auch seinen Gebrauch festzustellen, den man von der Sache – wenn es eine Sache ist – macht, die durch das Wort gekennzeichnet wird.« Er fuhr schnaufend noch eine ganze Weile fort, aber was er sagen wollte, war klar. Wenn »Cola« im Wörterbuch stand, konnte die Coca-Cola Company kein Eigentumsrecht auf seine Verwendung haben. Und so entschieden Ihre Lordschaften.

Sie nahmen noch eine zweite Prüfung vor, um festzustellen, ob der Markenname Pepsi-Cola Coca-Cola ungebührlich ähnelte. Sie nahmen Schriftproben der beiden Markennamen und stellten sie auf den Kopf, um zu bestimmen, ob der allgemeine Eindruck, den sie machten, ähnlich war. Trotz »der Tendenz von mit Schnörkeln geschriebenen Wörtern, eine allgemeine Ähnlichkeit zueinander aufzuweisen«, meinten die Richter, wäre es schwierig, ja unmöglich, das Wort Pepsi, mit dem Wort Coca zu verwechseln. Sie befanden in allen Punkten zugunsten Pepsis.

Die ein Jahrzehnt lang währenden Bemühungen der Coca-Cola

Company, Pepsi-Cola aus dem Geschäft zu drängen, näherten sich dem Ende, als fünf verwunderte Männer mit gepuderten Perücken zwei Soft-Drink-Etiketten verkehrt herum hielten und sich fragten, wie in aller Welt eine derartig alberne Affäre jemals hatte beginnen können.

8

Krieg

Am Montagnachmittag des 13. Mai 1940 rief Carl West die Angestellten der belgischen Coca-Cola Company in Brüssel zusammen und stellte ihnen eine drängende Frage. Wären sie bereit, mit ihm gemeinsam wegen der deutschen Invasion nach Frankreich zu fliehen?

Es würde gefährlich werden, erklärte West. Sie würden nur einen Tag Zeit haben, mit ihren Familien einige persönliche Besitztümer einzupacken und einen Lastwagenkonvoi für die rund 120 Kilometer lange Reise zur Grenze zusammenzustellen. Der Blitzkrieg war gerade erst drei Tage alt; die deutsche Armee war in Belgien, Frankreich und den Niederlanden eingefallen. Niemand wußte, was genau geschah. Man wußte nur, daß die Verteidigungslinien erschreckend schnell zusammenbrachen. West, der in Norwegen geborene Manager der Coca-Cola-Betriebe in Belgien, wollte von den Anlagen und dem Inventar der Firma soviel wie möglich retten, bevor Brüssel überrannt wurde. Seine Angestellten erklärten sich bereit, mit ihm zu gehen.

An diesem und am folgenden Tag arbeiteten West und seine Männer fieberhaft in der Abfüllfabrik und im Lagerhaus, um Sirup und Rohstoffe, darunter zwei Tonnen Zucker, auf eine hastig zusammengestellte Wagenkolonne aufzuladen, die aus fünf Lastern ohne Aufbauten, drei Lieferwagen und einem Pkw bestand. Der größte Teil der Abfüllanlage und des Zuckervorrats der Firma mußte aber zurückgelassen werden. West löste das Bankkonto der Gesellschaft auf, zahlte allen Angestellten ein Monatsgehalt im voraus und verbarg das restliche Bargeld, 106 000 Franc, unter seiner Kleidung, »dicht an meiner Haut«.

Die Vorbereitungen dauerten länger als erwartet, und so setzte sich der Konvoi nicht vor Mittwoch um 13 Uhr in Bewegung. Es waren insgesamt 64 Menschen, ein Drittel davon Kinder. Das älteste Gruppenmitglied war über 70, das jüngste gerade elf Monate alt. Sie schafften es sicher bis zur französischen Grenze und fuhren dann weiter in Richtung Paris. Dort veranlaßten sie jedoch die neuesten Berichte von der Front, die Reise fortzusetzen. Die Niederlande hatten kapituliert, Belgien war so gut wie verloren und auch von Frankreich erwartete man, daß es wahrscheinlich in ein paar Tagen besiegt sein werde. Wie Zehntausende andere machten sich West und seine Gruppe auf den Weg zur Küste, in der Hoffnung, die Panzerdivisionen und die Luftwaffe hinter sich zu lassen und irgendwie über den Kanal fliehen zu können.

Sie schafften es nicht. Sie kamen bis Boulogne, eine kleine Hafenstadt am Kanal unmittelbar südlich von Calais und Dünkirchen, und wurden von der deutschen Frontlinie eingeholt. Ein, wie West es ausdrückte, »Galabombardement« hatte den Konvoi quasi in einen Trümmerhaufen verwandelt. Nachdem sie in Straßenkämpfe geraten waren und während einiger Luftangriffe von Maschinengewehrfeuer getroffen worden waren, konnten vier von Wests Lastwagen nicht mehr eingesetzt werden. Der größte Teil der Ladung ging verloren. Es war ein Wunder, daß keiner seiner Leute getötet wurde.

Ein Übersetzen nach England erschien unmöglich, und so kam West zögernd zu der Überzeugung, daß die größte Überlebenschance in der Rückkehr nach Brüssel lag. Er ließ seine Gruppe wenden. Die noch fahrenden Fahrzeuge mußten die beschädigten abschleppen. Die kleine Expedition sah aus wie eine Gruppe von fußkranken Flüchtlingen, die nach Hause humpelte, um sich einer Besatzungsarmee zu ergeben.

Der Beginn des Zweiten Weltkriegs konfrontierte die Coca-Cola Company mit einer delikaten Situation. Nach all den verbissenen Anstrengungen während der letzten anderthalb Jahrzehnte, in Übersee ein Imperium aufzubauen, konnten Woodruff und seine Mannschaft lediglich in einem Land einen uneingeschränkten Erfolg vorweisen: in Nazideutschland.

Ray Powers, dieser schillernde amerikanische Pionier in Übersee, stellte in Deutschland während der dreißiger Jahre jedes Jahr neue Verkaufsrekorde auf − 100 000 Kästen 1933, mehr als eine Million 1936 −, und jedes Jahr beobachtete er mit wachsender Besorgnis, wie die Aggressivität und Häßlichkeit der Nazibewegung zunahm. Zunächst begegnete er Hitler und seinen Gefolgsleuten mit einer beinahe heiteren Geringschätzung. Es war nicht ungewöhnlich, berichtete Powers der Zentrale, in deutschen Gaststätten Tische mit

Coca-Cola-Flaschen zu sehen – »und hinter jeder Flasche sitzt ein Nazi in seiner braunen Uniform«. Hitler hetzte zwar gegen die Juden, aber es schien sich Powers zufolge überwiegend um Gerede zu handeln. Das war 1933.

1937 war Powers beunruhigt. Die Beliebtheit von Coca-Cola hatte, wie in den Vereinigten Staaten, Konkurrenz auf den Plan gerufen, und die Taktik einiger Coca-Cola-Rivalen stand in direktem Zusammenhang mit dem Antisemitismus, der das Land wie eine Seuche befiel. Der aggressivste Konkurrent, Blumhoffer & Company, Hersteller eines gleich aussehenden Soft Drinks mit dem Namen Afri-Cola, begann das Gerücht zu verbreiten, daß die Coca-Cola Company von Juden geführt wurde. Beim Besuch eines Coca-Cola-Abfüllbetriebs anläßlich einer Reise nach New York entdeckte einer der leitenden Angestellten Afri-Colas ein Rechnungsformular mit hebräischen Buchstaben, steckte es in die Tasche und fertigte davon später Tausende von Kopien an, die er an Restaurant- und Gaststättenbesitzer und an Mitglieder der Nazipartei in ganz Deutschland verschickte.

Coca-Colas deutsche Vertreter stießen mehr und mehr auf offene Feindseligkeit. Nachdem mehrere von ihnen in Gaststätten und Biergärten in Schlägereien verwickelt worden waren, begab sich Ralph Hayes ins Whitehall Building in Manhattan zu Dr. Hans Borchers, dem deutschen Generalkonsul, um sich zu beschweren und Mithilfe bei der Beendigung der Gerüchtekampagne zu erbitten. Aber es geschah nichts.

»Hitlers Braunhemden führten sich ziemlich überheblich auf«, erinnerte sich einer der amerikanischen leitenden Angestellten der Firma, »und sie verhielten sich sehr unfreundlich zu Ausländern. Sie stießen einen in den Straßen buchstäblich mit den Ellbogen vom Bürgersteig.«

Im Frühling des Jahres 1938 unternahmen Ralph McGill und seine Frau eine ausgedehnte Reise durch Europa, um sich einen Überblick über die politische Situation zu verschaffen. Auf Woodruffs Betreiben besuchte McGill auch Powers in Essen, und die beiden Männer schlossen schnell Freundschaft. Zumindest dem äußeren Anschein nach standen die Dinge gut. Trotz der Gerüchtekampagne waren die Umsätze noch immer hoch, und Powers hatte für die Abfüller und Vertreter der Firma den ersten großen Konvent in Deutschland organisiert. Er bot ihnen eine erinnerungswürdige Schau: Die Bühne war so dekoriert, daß sie dem Nordpol ähnelte. Der Bug des »guten, alten Coca-Cola-Schiffs« diente als Podium für die verschiedenen Redner, Sänger und Komödianten. Der denkwürdigste Ausstattungsgegenstand im Theater, so berichtete McGill, war jedoch ein riesiges Hitlerbild, das die ganze Rückwand einnahm – ein Bild, das zu häufigen »Heil-Hitler«-Rufen mit ausgestrecktem Arm inspirierte.

In Deutschland Geschäfte zu machen, wurde zusehends schwieriger und gefährlicher. Währungsregulierungen machten es der Firma unmöglich, Gewinne vom deutschen Boden zu transferieren, und Powers bediente sich einer falschen Buchhaltung, um das Ausmaß der Profite Coca-Colas zu verschleiern. Die deutsche Regierung erließ darüber hinaus strenge Importbeschränkungen, die es Powers schwer machten, adäquate Lieferungen der geheimen Bestandteile zu bekommen, die für die Herstellung des Sirups erforderlich waren. Man dachte kurze Zeit über die Errichtung einer illegalen Pipeline nach, um die Merchandises No. 5 und 7 X durch einen Händler in Konstanza, einer rumänischen Hafenstadt am Schwarzen Meer, einzuschmuggeln, kam aber schnell zu dem Schluß, daß das Risiko zu groß war.

Als sich der Besuch McGills dem Ende zuneigte, nahm Powers ihn zur Seite und vertraute ihm an, daß ihn der Erfolg Coca-Colas zu einem reichen Mann gemacht hatte, dank der Provision, die er als Stammabfüller bekam. Aber sein ganzer Reichtum bestand in Reichsmark. Sein Geld lag kraft Gesetzes in Deutschland fest. Powers konnte absehen, daß der Zeitpunkt kommen würde, an dem er Deutschland würde verlassen müssen, und er hatte bereits Pläne, mit seiner Familie nach Paris umzuziehen, um seine Arbeit für das Unternehmen dort fortsetzen zu können. Sein Vermögen wollte er natürlich nicht zurücklassen.

»In Berlin bin ich Millionär«, sagte er zu McGill, »aber in Paris bin ich Bettler.« Er bat McGill, ihm zu helfen, einen Teil seines Vermögens nach Frankreich zu schmuggeln.

Viele Jahre später noch erinnerte sich McGill lebhaft an die anschließende Zugfahrt. Er saß mit seiner Frau und einem sorgsam versteckten Paket mit Tausenden von Reichsmark in einem Abteil. Zwei Bahnwärter kamen herein, nahmen eine flüchtige Untersuchung vor und gingen wieder, anscheinend zufrieden. Zehn Minuten später kam jedoch einer von ihnen unerwartet zurück und sagte zu McGill, daß er noch einige Fragen hätte. McGill spürte, wie sein Puls so heftig schlug, daß er einen Herzanfall befürchtete. Wie sich jedoch herausstellte, wollte der Wärter lediglich wissen, wie es denn in Norfolk, Virginia, sei, weil dort ein Cousin von ihm lebte. »In der Zwischenzeit«, gab McGill zu, »bin ich fast gestorben.«

Powers konnte nicht mehr aus Deutschland fliehen. Im Herbst 1938 starb er in Berlin, nicht als Opfer der Naziverfolgung, sondern an den Verletzungen, die er sich bei einem Verkehrsunfall zugezogen hatte. Nach seinem Tod gingen die geschäftlichen Angelegenheiten der Coca-Cola Company ganz in die Hände von Max Keith über, einen 35jährigen Deutschen, der schnell zu Powers' Stellvertreter aufgestiegen war. Nach seiner Anstellung bei Coca-Cola 1933 hatte Keith die Unternehmensleitung in der Zentrale durch seine harte Arbeit, sein Talent, andere Männer anzuwerben, und durch die Art und Weise, mit der er Ordnung in die chaotische Geschäftspraxis Powers' brachte, beeindruckt.

Im Winter 1939 luden Woodruff und Arthur Acklin Keith nach Atlanta ein, um mit ihm die Logistik des Imports und Exports zu besprechen und ein »etwas besseres Verständnis« für seine Zukunftspläne zu bekommen. Woodruff und Acklin ließen ihn wissen, daß sie ihm zutrauten, in den unsicheren Tagen und Jahren, die vor ihnen lagen, ihre Interessen wahrzunehmen. Sie hatten keine andere Wahl.

Als die deutschen Armeen in Westeuropa einmarschierten, schickte ein Bürokrat der Federal Trade Commission in Washington einen Formbrief an die Coca-Cola Company und forderte jede Menge von Informationen über das Produkt an, von der Werbung bis hin zu den einzelnen Bestandteilen.

Es war jene Art von Schriftverkehr, den die Männer in der Plum Street aus Erfahrung mit äußerstem Unbehagen aufnahmen: eine vage, unpersönliche Anfrage unbekannten Ursprungs, möglicherweise harmlos, potentiell aber die Eröffnungsfanfare eines Kreuzzugs, der sich in Gerichtssälen und in der Öffentlichkeit abspielen und der Firma großen Schaden zufügen würde.

Die Aufgabe, den Grund der Anfrage herauszufinden, wurde DeSales Harrison übertragen, einem geschmeidigen, grauhaarigen leitenden Angestellten der Abteilung für Fountain-Verkäufe. Dee Harrison, wie er genannt wurde, pflegte freundschaftliche Beziehungen zu mehreren Spitzenleuten in der FTC. An einem Samstagmorgen, kurz nach dem Eingang des Briefs, fuhr er nach Washington und stattete der Behörde einen Besuch ab. Um diesen möglichst beiläufig erscheinen zu lassen, nahm er seinen Sohn mit.

Harrison wurde von P. B. Morehouse empfangen, dem Leiter der für Radio und Zeitschriften zuständigen Abteilung, der ihm sagte, daß eine Beschwerde nach einer kürzlich in Chicago ausgestrahlten Radiosendung mit dem Titel »Larry and Sue« eingegangen sei. Eine Werbeansage hatte den Hörern geraten: »Geben Sie Ihren Kindern oft Coca-Cola – den Drink, den Ärzte empfehlen.« Es könnte tatsächlich ein Problem geben, sagte Morehouse, es sei denn, die Coca-Cola Company wäre darauf vorbereitet, unter Beweis zu stellen, daß der Soft Drink gut für Kinder sei und daß Ärzte ihn empfehlen würden.

Harrison erklärte, daß es Firmenpolitik sei, solche Behauptungen zu vermeiden, auch wenn man glaubte, daß sie zuträfen. Der fragliche Werbespot war offensichtlich unautorisiert von einem der unabhängigen Abfüller Coca-Colas in Auftrag gegeben worden. Er würde nicht wiederholt werden, sagte Harrison. Wenn möglich, fügte er hinzu, würde das Unternehmen die Angelegenheit gerne in aller Stille und ohne Formalitäten aus der Welt schaffen.

Morehouse war höflich, blieb aber standhaft. Er würde auf einer schriftlichen Antwort bestehen müssen.

Harrison kehrte nach Atlanta zurück. Eins der ständig wiederkehrenden Probleme der Coca-Cola Company war wieder aktuell, und es warf eine interessante Frage auf. Was war, wenn das Unternehmen tatsächlich beweisen konnte, daß Coca-Cola gut für die Menschen war? Über seine Abfüller war es dem Unternehmen gelungen, eine Liste mit mehr als tausend Krankenhäusern und anderen Behandlungsstätten zusammenzustellen, in denen Coca-Cola serviert wurde. Was war, wenn diese Liste um Ärzte erweitert werden konnte, die Coca-Cola ihren Patienten empfahlen? Ernährungsspezialisten, die sich für Coca-Cola als Energie-Quelle aussprachen? Alle mochten Coca-Cola. Wenige Leute hielten es für schädlich. Warum nicht die defensive Einstellung aufgeben und kämpfen?

Die Frage löste eine heftige Debatte an der Führungsspitze des Unternehmens aus. Insbesondere die Rechtsabteilung warnte, daß es gefährlich sei, Behauptungen bezüglich einer medizinischen Wirkung des Produkts aufzustellen. Einer der jüngeren Anwälte nahm jedoch einen abweichenden Standpunkt ein. Ben Oehlert, seit 1938 Angestellter des Unternehmens, war vormals Mitglied des juristischen Stabs des Außenministeriums gewesen. Er übernahm in Washington lobbyistische Aufgaben und half bei diplomatischen Schwierigkeiten. Oehlert hatte von Anfang an ein respektloses, widerspenstiges Verhalten an den Tag gelegt: Als ihm Woodruff am Ende seines ersten Jahrs bei Coca-Cola einen Bonus gab, führte er in seinem Dankschreiben aus, daß derartige Zahlungen im Prinzip unfair seien und augenblicklich eingestellt werden sollten.

Als Oehlert über die FTC-Anfrage nachdachte, zeichnete sich vor seinem geistigen Auge ein größeres Bild ab. Europa war jetzt in einen

Krieg verwickelt, und die Vereinigten Staaten würden mit Sicherheit in ihn hineingezogen werden. Wenn das Unternehmen etwas aus dem Ersten Weltkrieg gelernt hatte, wenn mit absoluter Gewißheit eine Voraussage gemacht werden konnte, dann die, daß ein Krieg Lieferungsengpässe mit sich bringen und die Geschäfte zurückgehen lassen würde. Der Import von nicht unbedingt lebensnotwendigen Produkten würde durch Kürzungen und Quotenregelungen reglementiert werden. Coca-Cola würde Einbußen erleiden, drastische vielleicht. Nicht jedoch, wenn die Regierung davon überzeugt werden konnte, daß Coca-Cola für die Kriegsanstrengungen von vitaler Bedeutung war.

Mit Oehlerts Segen kehrte Dee Harrison nach Washington zurück und machte kurzen Prozeß mit der FTC-Beschwerde. Nachdem er Morehouse die Liste mit den Krankenhäusern, in denen Coca-Cola serviert wurde, gezeigt und ihm angeboten hatte, seinen Schreibtisch mit den Namen von Ärzten zu »überhäufen«, die das Getränk tranken und ihren Patienten empfahlen, erklärte Morehouse, daß er zufriedengestellt sei und die Akte schließen werde.

In der Plum Street war man zutiefst erleichtert, aber für Oehlert war die FTC-Episode erst ein Anfang. Es war ihm mit der Untermauerung des Arguments, daß es sich bei Coca-Cola um ein im Krieg lebenswichtiges Produkt handelte, absolut ernst. In der Hoffnung, Verbündete zu finden, schickte er Harrison Jones ein Memo mit der Bitte um Material zur Stützung der uralten Behauptung des Unternehmens, daß Fabrik- und Büroarbeiter gleichermaßen von »einer oder zwei kurzen Pausen« während des Arbeitstages profitieren würden. Jones erwiderte, daß die ganze Idee völlig verrückt sei und der Schuß wahrscheinlich nach hinten losgehen werde.

Als nächstes versuchte es Oehlert bei Ralph Hayes. »Ich habe nicht den geringsten Zweifel und bin mir sicher, daß auch Sie nicht daran zweifeln«, schrieb er Hayes, »daß unser Produkt nicht nur einen sehr realen Beitrag zur Volkswirtschaft in normalen Zeiten leistet, sondern auch in Krisen- und Kriegszeiten, und daß es die Moral sowohl der Zivilbevölkerung als auch der Streitkräfte stärkt.« Das Unternehmen, so Oehlert, sollte bei der Regierung darauf drängen, offiziell als lebenswichtiger Industriezweig eingestuft zu werden.

Hayes nannte das Projekt postwendend »Oehlerts Narretei«. Aber er mußte einräumen, daß der junge Anwalt ein reizvolles Thema aufgegriffen hatte. Hayes war sich bewußt, daß viele militärische Führungspersönlichkeiten Coca-Cola als wünschenswerte Alternative zu Bier und anderen alkoholischen Getränken für ihre Truppen ansahen. Es war sicherlich schwierig, aus der Idee im Moment tatsächlich Kapital zu schlagen, aber sie war es sicherlich wert, weiter verfolgt zu werden, dachte Hayes. Unauffällig wies er die Agentur von D'Arcy an, Coca-Cola-Empfehlungen von seiten kommandierender Offiziere in den Ausbildungslagern im ganzen Land zu dokumentieren. Und es würde auch nicht schaden, fügte er hinzu, auch die Aussagen von Fabrikmanagern in der Verteidigungsindustrie zusammenzustellen.

Oehlerts Vorstoß zeigte langsam Wirkung. Im Frühjahr 1941 schickte der amerikanische Reporter in London Eddie Gilmore ein Telegramm an das New Yorker Coca-Cola-Büro: »Wir, Angehörige von Associated Press, haben keine Coca-Cola mehr. Schreckliche Situation für Amerikaner, die über die Schlacht um England berichten. Wissen, daß ihr helfen könnt. Grüße.« Der Wunsch regte Woodruffs Phantasie an. Nachdem er geprüft hatte, daß das Telegramm echt war, wies er die Export Corporation an, eine Hilfslieferung zu schicken. Woodruff kam zu der Überzeugung, daß Oehlert recht hatte. Coca-Cola war eine Art »moralische Nahrung«, notwendig für die Kriegsanstrengungen.

Einen großen Durchbruch bedeutete es, als das U.S. Kriegsministerium die Firma aufforderte, Coca-Cola an die amerikanischen Truppen zu liefern, die nach Island geschickt wurden, um im Nordatlantik eine Zwischenbasis aufzubauen. Woodruff hatte schon seit Jahren geglaubt, daß es durchaus im Interesse des Unternehmens lag, Coca-Cola den Streitkräften zugänglich zu machen, einerseits um das patriotische Image des Unternehmens zu fördern, andererseits um die Soldaten als Konsumenten an Coca-Cola zu binden. Selbst wenn das Unternehmen dabei Geld verlieren sollte, hielt er es für eine kluge Politik, zu garantieren, daß alle Männer in Uniform eine Coca-Cola für den einheimischen Preis von einem Nickel kaufen konnten, wo auch immer sie stationiert waren.

Woodruff gab grünes Licht für die Verschiffung von 17 000 Kästen Coca-Cola nach Reykjavik. Er entsprach auch einem Wunsch des Kriegsministeriums, den Soft Drink amerikanischen Basen im Pazifik zugänglich zu machen. So kam es, daß nach dem japanischen Angriff auf Pearl Harbour auf dem Schutthaufen von Hickham Field auch vier Coca-Cola-Kühlaggregate lagen.

Die Vereinigten Staaten zogen in den Krieg, und so wie es Oehlert vorausgesagt hatte, erließ die Regierung strikte Wirtschaftsbeschränkungen. Es kam jedoch noch schlimmer, als er es sich vorgestellt hatte. Sechs Tage nach Pearl Harbour beschloß die Bundesbehörde Office of Production Management eine Verfügung, die drohte, den Umsatz von Coca-Cola zu halbieren.

Das Ziel der Verfügung war Zucker. In der Hoffnung, Hamsterkäufe verhindern zu können, limitierte das OPM den Zuckerverbrauch auf achtzig Prozent des Niveaus des Jahres 1940. Dies schien ein vernünftiger Standard zu sein. Als das Jahr 1941 endete, schloß die Coca-Cola Company die Bücher des erfolgreichsten Jahres in ihrer Geschichte. Die Nachfrage war stark gestiegen. Nach Oehlerts Berechnungen bedeutete die Quote für das Jahr 1942 jedoch, daß die Coca-Cola Company mit jedem Verkauf, den sie machte, gleichzeitig einen weiteren einbüßen würde. Nicht nur das – das OPM erklärte auch große Zuckervorräte für ungesetzlich. Die Coca-Cola Company hatte soviel Zucker eingelagert, daß sie mehrere Jahre damit hätte überbrücken können. Jetzt war sie gezwungen, eine Million 100-Pfund-Säcke Rohrzucker zum Selbstkostenpreis an die Regierung zu verkaufen.

Woodruff führte eine Abordnung von Atlanta nach Washington, um dagegen zu protestieren. Er legte zunächst bei A. E. »Red« Bowman, dem Leiter der für Zucker zuständigen Abteilung des OPM, Beschwerde gegen die Verfügung ein, durchlief anschließend die gesamte Hierarchie, bis er im Büro des Vizepräsidenten Henry Wallace saß. Die Regierung ließ sich jedoch nicht beeindrucken. Der Zuckererlaß trat am 1. Januar 1942 in Kraft, und seine Wirkung war sofort spürbar. Das Unternehmen begann, den Sirup zu rationieren, und binnen weniger Tage beklagte sich die Öffentlichkeit über den Mangel an Coca-Cola.

Einige Abfüller, die große Summen in ihre Anlagen investiert hatten, reagierten auf die Nachricht der Kürzung mit Panik. Woodruffs Freund Bobby Jones, ein gefeierter Golfer, dem die Abfüllfabrik in Pittsfield, Massachusetts, gehörte, hielt die »völlige Vernichtung des gesamten Gewerbes« für möglich.

»Die große Nachfrage nach Coca-Cola und sein Stellenwert im amerikanischen Leben sind das Resultat einer ständigen Steigerung seiner Verfügbarkeit ... Die Gefahr, der wir uns ausgesetzt sehen, besteht in der möglichen Wirkung einer Unterbrechung der Gewohnheit, Coca-Cola zu sehen und zu trinken, der Gewohnheit, zu dem roten Kühler zu gehen, um sich zu erfrischen. Wenn die Leute einige Male hingehen und den Kühler leer vorfinden, ist es mehr als wahrscheinlich, daß sie bald aufhören werden, dort hinzugehen ... Von diesem Gesichtspunkt aus betrachtet, wäre es besser, gar keinen Kühler mehr zu haben, statt einen, der die halbe Zeit leer ist. Es besteht für uns die Gefahr, von unserem eigenen Fortschritt vernichtet zu werden.«

Woodruff versuchte, Jones zu besänftigen, und versicherte ihm, daß die Bemühungen von Unternehmensseite fortgesetzt würden. Oehlert wurde in den ersten Wochen des Jahres 1942 wieder und wieder zum OPM geschickt, um Erleichterungen und Modifikationen zu erreichen, bis der Anblick des Coca-Cola-Anwalts beim OPM nur noch ein müdes Lächeln des Personals hervorrief. Oehlert ging mit Zuckerbrot und Peitsche vor, mal charmant, mal energisch. Scherzhaft fragte er an, ob das OPM auch plante, eine Quote für Bienenhonig einzuführen. Die Schreibtische der Verantwortlichen überschüttete er mit Hunderten von Coca-Cola-Empfehlungen, die von der D'Arcy-Agentur zuvor gesammelt und dokumentiert worden waren.

Der Zuckererlaß machte Woodruff schwer zu schaffen. Nur widerwillig befolgte er ihn (und wies seine Abfüller an, nicht zu betrügen), aber er hielt ihn für unfair. Archie Lee entwickelte eine Serie von Zeitungsannoncen und Radiospots, mit denen die Coke-Knappheit erklärt wurde.

Oehlert und Hayes entwarfen gemeinsam eine überdimensionale Broschüre mit Stars und Stripes und dem amerikanischen Adler auf dem Titelblatt. Thema: »Bedeutung der Ruhepause bei maximalen Kriegsanstrengungen.« Der Text verwies darauf, »daß die erbarmungslose Schule des Kriegs neue und zwingende Beweise hervorbringt, mit denen die Wichtigkeit und Bedeutung der Beziehung zwischen Müdigkeit, Ruhepausen, Erfrischung und Arbeitsleistung erneut bestätigt werden«.

Aus der Sicht des Unternehmens hatte die Regierung durchaus einen legitimen Anspruch auf den Zucker, der gebraucht wurde, um Melasse mit hohem Nährwert für die Truppen und industriellen Alkohol für die Produktion von Munition herzustellen. Und es war gerechtfertigt, den Zucker hauptsächlich für die Verarbeitung von Milchprodukten und die Konservierung von Früchten, Gemüse, Fleisch und anderen lebenswichtigen Nahrungsmitteln zu verwenden. Andererseits stand aber doch auch der Coca-Cola Company ein fairer Anteil zu. Soft Drinks, so argumentierte Oehlert, nahmen einen »überragenden Platz« im amerikanischen Leben ein. Für Hayes war Coca-Cola nichts weniger als »Teil und Symbol einer Lebensweise, für die schließlich ein Krieg geführt wird«.

Keine dieser Beschwörungen übte große Wirkung auf die Regierungsbeamten aus. In jeder anderen Beziehung war das politische Gewicht des Unternehmens so stark wie zuvor: Unter Anführung von Senator George lehnte der Kongreß eine vorgeschlagene nationale Umsatzsteuer auf Soft Drinks ab und ergänzte die Kriegsgewinnsteuer der Roosevelt-Administration dahingehend, daß Coca-Cola ca. acht Millionen Dollar pro Jahr sparte. Doch nichts konnte die Zuckerquote erschüttern. Der Zuckererlaß wies allerdings ein sehr großes Schlupfloch auf – eine Ausnahme galt nämlich für alle Verkäufe, die Coca-Cola an das Militär tätigte. Zucker, der für die Herstellung von Sirup für Militärverkäufe verbraucht wurde, konnte ohne Beschränkung ersetzt werden. Oehlert bombardierte das OPM mit neuen und erfindungsreichen Definitionen von »Militärverkäufen« und sprach sich aus für die Einbeziehung von Läden in Militäreinrichtungen, Einheiten der Nationalgarde, Offiziersclubs, dem Roten Kreuz, Waffenfabriken, Marinewerften, Veteranenhospitälern, Truppenzügen und schließlich allen Fabrik- und Bürogebäuden im ganzen Land, die als Teil der Verteidigungsindustrie eingestuft waren.

Das Hauptinteresse des Unternehmens bestand darin, die großen Ausbildungslager beliefern zu können, die überall im Land entstanden, seitdem die landesweite allgemeine Mobilmachung in Kraft getreten war. Viele davon lagen im Süden. Eine Kleinstadt wie Fayetville in North Carolina mit einer ursprünglichen Bevölkerung von 5000 Menschen wurde durch die Stationierung von Soldaten in Fort Bragg plötzlich zu einem Markt von 60000 bis 100000 Konsumenten. Oehlert schaffte es, der Regierung einzureden, die Zuckerquoten in den 250 am schnellsten wachsenden Counties des Landes fallenzulassen. Die Abfüller in diesen Gebieten beeilten sich, die Nachfrage zu befriedigen. Der Befehlshaber der Armeebasis in Chester in South Carolina schickte dem lokalen Abfüller jeden Morgen eine Manöverkarte und einen Pausenplan, so daß die Auslieferungsfahrer seine Männer auf dem Feld treffen und mit eisgekühlten Cokes bedienen konnten.

Dank des Militärs war der Umsatz Coca-Colas Anfang 1942 im Vergleich zum Vorjahr nur um sechzehn Prozent gesunken, weit entfernt von dem drastischen Rückgang, den man ursprünglich befürchtet hatte. Die Gewinne gingen nur geringfügig zurück, und Harrison Jones machte sich Sorgen darüber, daß die Firma in Verlegenheit gebracht werden könnte, wenn die Öffentlichkeit davon erfuhr, wie wenig sie tatsächlich nach all ihren Einsprüchen finanziell zu leiden hatte. Was den Lobbyismus in Washington anging, warnte er, »stehen wir zu sehr im Blickfeld und sind zu sehr im Bewußtsein«.

Dennoch, der Absatz blieb weit hinter der gewohnten zivilen Nachfrage zurück, und die Beschwerden über die Rationierung an Soda Fountains und bei Einzelhändlern frustrierten Woodruff und seine Männer weiterhin. Was die Dinge noch verschlimmerte, war, daß die Pepsi-Cola Company von dem Zuckererlaß weitgehend unbehelligt blieb. Pepsi verkaufte das Konzentrat an seine Abfüller, die den Zucker in ihren Betrieben selbst hinzufügten. Die meisten Pepsi-Abfüller waren in der Lage, ihre Zuckervorräte aufzufüllen, indem sie die Produktion anderer Soft Drinks reduzierten, um die Nachfrage nach Cola befriedigen zu können. Pepsis Umsätze stiegen um ein Drittel, weitgehend auf Kosten von Coca-Cola.

Bei dem Bemühen, einen Ausweg aus dem Zuckerengpaß zu finden, empfahl einer von Woodruffs externen Ratgebern, Robert Mizell, der Geschäftsführer der Emory University, Coca-Cola ohne Zucker auf den Markt zu bringen. Er argumentierte, daß die Verbraucher verzweifelt genug wären, um es auszuprobieren, selbst wenn es schlecht schmecken würde.

Woodruff lehnte diesen unappetitlichen Vorschlag ab, erklärte aber sein widerwilliges Einverständnis mit der Verwendung eines kleinen Anteils von Zuckerersatz im Sirup.

»Sie wissen natürlich, daß ich solche Dinge sehr suspekt finde«, sagte er zu Arthur Acklin, »und daß ich es unbedingt vorziehe, so etwas nicht zu tun, es sei denn, es geht um Leben und Tod.«

Die Coca-Cola Company wurde jedoch nicht nur vom Zuckerengpaß empfindlich getroffen. Die Koffeinvorräte reichten nicht einmal mehr für einen Monat, und der Preis schoß von 1,50 Dollar pro Pfund auf mehr als 7,50 Dollar hoch. Hayes, dem die Leitung des Einkaufs übertragen worden war, schlug vor, synthetisches Koffein herzustellen, eine weitere Idee, gegen die Woodruff sein Veto einlegte. Aber er stimmte stillschweigend einer Modifikation der Formel zu, die den Koffeingehalt auf weniger als ein halbes Grain pro Portion reduzierte, was ungefähr einem Drittel der von Doc Pemberton festgelegten Originalmenge entsprach (und bis heute so geblieben ist). Und er autorisierte ein neues Produktionsverfahren für Merchandise No. 5, was den Bedarf an Koka-Blättern stark senkte. Vorher wies er die Maywood-Chemiker aber an, »*sehr* sorgfältig darauf zu achten, daß das Aroma nicht verändert wird«.

Die Bemühungen der Firma, während des Krieges die Belieferung mit Cassiaöl zu sichern, dem exotischsten der geheimen Ingredienzen, ähnelten einer Spionagemission. Quelle des Öls war die Rinde des seltenen Baums *Cinnamomum cassia*, der nur im Inneren der Südpro-

vinzen Chinas wuchs. Im Jahr 1937, als der japanisch-chinesische
Krieg erneut ausbrach, schlich Jimmy Curtis von Hongkong aus über
die Grenze und reiste per Sampan oder zu Fuß in ein fernes Dorf, wo
die Bauern die seltene Baumrinde ernteten und das Öl herstellten.
Curtis, der vom Sekretär in der Exportabteilung Coca-Colas zum
Außendienstagenten aufgestiegen war, verbrachte die Nacht von
bewaffneten Posten bewacht und schaffte es dann, einen kleinen
Vorrat an Samen und Setzlingen zu ergattern, den er auf die Philippi-
nen schmuggelte. Dort engagierte Curtis einen Botaniker, um eine
Pflanzung anzulegen, mußte allerdings erleben, wie das waghalsige
Abenteuer schließlich scheiterte, als die Philippinen an die Japaner
fielen.*

Die Versorgungslage wurde immer bedrohlicher: Gas, Glas, Pappe
für Kartons, Weißblech für Flaschenverschlüsse wurden immer knapper. Schließlich gingen dem Unternehmen sogar die Gummibänder
aus. »Wir durchleben wirklich eine höllische Zeit«, schrieb Woodruff
einem Freund.

Die Geschäfte in Europa kamen völlig zum Erliegen. In England
wies der Ernährungsminister Coca-Cola und Pepsi an, aus Kostensen-
kungsgründen ihre Betriebe zusammenzulegen und ein gemeinsames
Produkt herzustellen, das ganz einfach »American Cola« genannt
werden sollte. Coca-Cola zog es vor, das Geschäft in Großbritannien
gänzlich aufzugeben.

Unterdessen beauftragte die deutsche Regierung Max Keith, den
Coca-Cola-Besitz in den besetzten Ländern zu verwalten. Dieser ließ
durch den Coca-Cola-Abfüller in der neutralen Schweiz wissen, daß
er versuchen würde, die Unternehmen zu retten. Da er jedoch keine
Möglichkeiten hatte, die Ingredienzen zu importieren, mußte Keith
die Herstellung von Coca-Cola einstellen, und er begann damit, einen
völlig neuen Soft Drink, den er »Fanta« nannte, zu produzieren – ein
hellfarbiges Getränk, das Ginger Ale ähnelte. Die Führungskräfte in
Atlanta begannen an seiner Loyalität zu zweifeln.

Keith war ein Mann, der zu großen Gesten neigte. Sein Chauffeur
mußte für ihn die Aufzugtüren öffnen, dann zu Fuß die Treppen
hinaufhasten, um ihm auch die Tür aufzuhalten, wenn er den Aufzug

---

* Da sich die Pflanzung nunmehr in Feindeshand befand, mußte Coca-Cola improvisieren. Den privaten Aufzeichnungen von Ralph Hayes zufolge wurde Cassiaöl aus
dem ultrageheimen Formelbestandteil Merchandise No. 7 X entfernt und erhielt
dann mit Merchandise No. 12 eine neue, separate Nummer, als die Lieferungen
nach dem Krieg wieder aufgenommen wurden.

verließ. Bei kaltem Wetter trug er einen Wintermantel, den er wie ein Cape über seine Schultern warf – es war nicht schwer, sich ihn als Feldmarschall der Wehrmacht vorzustellen. Soweit man es in der Plum Street beurteilen konnte, waren Keith und Dr. Walter Oppenhoff, der deutsche Rechtsanwalt der Firma, der NSDAP beigetreten und hatten das Vermögen des Unternehmens konfisziert.

Einige von Woodruffs Strategien waren theoretisch durchaus sinnvoll, scheiterten allerdings in der Praxis. Den Krieg in Europa vorausahnend, hatte er beschlossen, die Anstrengungen des Unternehmens auf das Erschließen von Märkten in Südamerika zu konzentrieren. Er engagierte Jim Farley, den früheren Vorsitzenden der Demokratischen Partei, als Emissär in der Hoffnung, daß dieser über seinen römisch-katholischen Glauben einen schnellen und unkomplizierten Zugang zu den Lateinamerikanern finden würde. Außerdem glaubte er, daß Farleys alte Freundschaft zu Präsident Roosevelt, wenn diese auch etwas abgenutzt war, Türen öffnen sowie Diplomaten und Politiker beeindrucken würde, um ins Geschäft zu kommen.
Farley erwies sich jedoch als Blindgänger. Kurz nach seiner Ernennung zum Direktoriumsvorsitzenden der Export Corporation brach er zu einer zweimonatigen Südamerikareise auf. Er fuhr mit dem Schiff die Pazifikküste hinunter und die Atlantikküste wieder hinauf, redete bei jedem Stopp auf Pressekonferenzen über die Politik der Vereinigten Staaten, gewann während der Reisen von Hafen zu Hafen Tanzwettbewerbe und machte sich eine schöne Zeit, wobei er nur wenig Interesse für seine eigentliche Aufgabe, nämlich Coca-Cola zu verkaufen, an den Tag legte. Seine Reisegefährten berichteten Woodruff nach Atlanta, daß Farley bis jetzt noch nicht sonderlich »Feuer und Flamme« gewesen wäre. (»Wenn Sie noch mal eine freie Stelle für einen ›Goodwillmann‹ haben, zu dessen Pflichten es gehört, ›nach Südamerika zu gehen‹«, tadelte Hayes Woodruff, »setzen Sie sich bitte baldmöglichst mit mir in Verbindung.«)
Farley stellte einige wenige wertvolle Kontakte her, aber es zeigte sich, daß das Erschließen von Märkten in Südamerika eine langfristige Aufgabe sein würde. Enrique Marval, Coca-Colas Rechtsanwalt in Buenos Aires, glaubte, daß zehn Jahre – und ein Honorar von 75 000 Dollar – erforderlich wären, nur um den Markennamen in Argentinien zu etablieren. Der Umstand, daß er versprach, das Geld nur im Erfolgsfall anzunehmen, war allerdings nur ein schwacher Trost.
Angesichts der Geschäftseinbußen in den USA und in Übersee

wurde deutlich, daß die Verkäufe an das U. S. Militär die einzige Expansionsmöglichkeit für das Unternehmen darstellten. Die Umsetzung dieses Vorhabens war jedoch problematisch. Der Legende zufolge legte Woodruff eines Morgens lediglich seine Zigarre aus der Hand und bellte seine Untergebenen an: »Seht zu, daß jeder Mann in Uniform eine Flasche Coca-Cola für fünf Cents bekommt, wo auch immer er ist und was auch immer es kostet.« Die Realität sah ein bißchen komplizierter aus.

Zum einen hatte das Unternehmen große Schwierigkeiten, ausreichenden Schiffsraum zu finden. In den Fracträumen der nationalen Handelsmarine wurden in erster Linie Munition und Nahrungsmittel transportiert. Wenn aber eine Lieferung Coca-Cola ihr Ziel errichte, provozierte dies in der Regel auch kritische Stimmen. Als beispielsweise im Mai 1942 ein Sechs-Wochen-Vorrat Coca-Cola in Australien eintraf, stellte Martin Agronsky in einem NBC-Radiokommentar anzüglich fest, daß es einen weitaus größeren Bedarf an »Kanonen und Flugzeugen« gegeben hätte.

Innerhalb des Unternehmens gab es außerdem Zweifel, ob es klug war, einen Blankoscheck auszustellen. Coca-Cola an heimische Basen zu liefern, war billig. Es an die Front zu schicken, würde sehr teuer sein. Im Sommer 1942 wurde die Frage noch einmal erörtert. Oehlert schrieb einen langen Bericht an Woodruff und drängte ihn, den eingeschlagenen Kurs beizubehalten. Coca-Cola müsse ein untrennbarer Bestandteil der Kriegsanstrengungen sein. So werde »sich eine Vorliebe für den Soft Drink durch das ganze Leben der jungen Männer ziehen, die jetzt in der Armee sind, und von ihnen auf spätere Generationen übertragen werden«. Die Firma sollte »alle möglichen Reserven mobilisieren, um an das Armeegeschäft zu kommen und es zu behalten«, fügte er hinzu, »ohne Rücksicht auf die Kosten«.

Woodruff stimmte zu. »Überall für einen Nickel!« blieb die offizielle Firmenpolitik. Doch logistische Schwierigkeiten drohten, daraus ein hohles Versprechen zu machen. Eine Monatslieferung Coca-Cola in Flaschen nahm Tausende von Kubikmetern kostbaren Frachtraums in Anspruch, und die Leerflaschen mußten in die Vereinigten Staaten zurückbefördert werden, damit sie neu gefüllt werden konnten.

Um amerikanischen G.I.s in Übersee entsprechende Mengen liefern zu können, müßte das Unternehmen Abfüllbetriebe in unmittelbarer Nähe der Front errichten: in den Gefechtszonen. Und es würde von den Befehlshabern dorthin gerufen werden müssen.

Die erste Einladung kam von Dwight Eisenhower. Am 29. Juni 1943 schickte er ein Telegramm als Verschlußsache aus dem alliierten Hauptquartier in Nordafrika und fragte nach zehn Abfüllanlagen und genügend Sirup, um seine Männer mit sechs Millionen Flaschen Coca-Cola pro Monat versorgen zu können.

»Ich habe eine Umfrage machen lassen, um zu erfahren, was die Männer wollten«, erklärte Eisenhower später, »und die Mehrheit stimmte für Coca-Cola statt für Bier.« Das gefiel dem General ungemein. Bier war seiner Meinung nach nicht gut für seine Soldaten, und darüber hinaus war Coca-Cola sein liebster Soft Drink, schon seit seiner Jugend in Abilene im Staat Kansas. »Ich wünschte, ich könnte zu Hause sein, ins Café gehen und eine Coke mit den Jungs trinken«, schrieb Eisenhower einem Freund.

Einer der Spitzenbeamten des Außenministeriums in Nordafrika, John Boyd, hatte vor dem Krieg einen Coca-Cola-Abfüllbetrieb in Marseille besessen und ermutigte Eisenhower, seine Wünsche zu äußern. Das Telegramm löste in der New Yorker Zentrale der Export Corporation hektische Aktivitäten aus. Die Coca-Cola Company hielt natürlich keine Abfüllapparaturen in ihren Lagerhäusern auf Vorrat. Jimmy Curtis durchforstete das ganze Land und bat die Abfüller um Anlagen, Sirupvorräte, CO_2-Gas und andere Materialien, unter anderem auch um drei Millionen Flaschen als Anfangsbestand. Dann wandte er sich an das War Production Board in Washington und erhielt die wertvolle AA-3 Priorität für die Verschiffung.

Es war nicht weiter überraschend, daß die Pepsi-Cola Company daraufhin geradezu einen Entrüstungsschrei ausstieß. In einer Beschwerde beim Office of the Quartermaster General brachte Pepsi vor, daß Coca-Cola eine Monopolstellung erhalten würde, wenn dem Militär gestattet wurde, Soft Drinks nach dem Markennamen zu bestellen. Aber General George C. Marshal, der Stabschef der Army, war mit Eisenhower einer Meinung. Im Interesse der Moral stellte Marshal es ins alleinige Ermessen der Feld- und Etappenkommandeure, Abfüllanlagen für Soft Drinks einzurichten und die Marke zu benennen, die sie haben wollten.

Marshal gab den Kommandeuren auch das Recht, Personal für den Betrieb der Abfüllanlagen anzufordern. Die Coca-Cola Company reagierte, indem sie technische Beobachter in den Krieg schickte. Curtis rekrutierte einen Techniker namens Albert Thomforde aus dem firmeneigenen Betrieb in Hartford, um die Abfüllanlagen in Nordafrika zu warten. Wie Thomforde sich später erinnerte, bekam er nicht allzu viele Instruktionen.

»Al«, sagte Curtis zu ihm, »ich würde Ihnen gerne erklären, wie das alles läuft, aber Sie werden nach Ihrem Gefühl vorgehen müssen. Wir wissen nicht, was passieren wird. Ausrüstung und Vorräte werden nach drüben geschickt. Und Sie nehmen sie da in Empfang.«

Anfang September 1943 erhielt Thomforde die erforderlichen Freigaben und flog an Bord einer militärischen Frachtmaschine von New York über Maine und Neufundland nach Prestwick in Schottland. Thomforde glaubte erfrieren zu müssen, weil das Flugzeug in der Nacht in einen Hagelsturm geriet und kaum geheizt wurde. Nach der Landung verlangte er statt einer Coca-Cola nach einem steifen Grog. Dann wurde er zu einem weiteren langen Flug über den Atlantik nach Marrakesch in Marokko in eine unbeleuchtete DC-3 der Army verfrachtet, Seite an Seite mit einem russischen Militärbeobachter. Von dort aus wurde er in einer Maschine, deren Gänge mit Gepäck und Kisten brusthoch zugestellt waren, nach Algier zum nordafrikanischen Kriegsschauplatz gebracht.

Sein Empfang verlief nicht ganz reibungslos. Colonel H. S. Robertson, der Kommandeur des Exchange Service der Army, bot ihm eine »afrikanische« Coca-Cola an – einen warmen Klumpen nachgemachten Sirup in einem Glas mit einem Schuß Leitungswasser. Thomforde lehnte dankend ab und sagte, daß Coca-Cola während seiner Dienstzeit entweder richtig oder gar nicht serviert würde. Wenn Thomforde glaubte, es besser machen zu können, erwiderte der Colonel steif, hätte er alle Freiheiten, es zu versuchen.

Thomforde stellte fest, daß der größte Teil der Abfüllausrüstung aus den Staaten entweder noch unterwegs war oder verstreut in Militärdepots der ganzen Region lagerte, oft in unbeschrifteten Kisten. Nach einer ganztägigen Suche in Algier entdeckte Thomforde einen arabischen Soft-Drink-Abfüller, requirierte seinen Betrieb und begann mit der Produktion von Coca-Cola. Der Sirup hatte zwar in Fässern aus rostfreiem Stahl wochenlang in der heißen Wüstensonne gestanden, war jedoch verwendbar.

Während der nächsten Wochen durchkreuzte Thomforde Nordafrika und hielt Ausschau nach den Anlagen und Lieferungen der Coca-Cola Company. Die Militärs in den Armeedepots waren hilfsbereit und überließen ihm gelegentlich auch Ersatzteile, darunter auch einige dringend benötigte Apparaturen zum Chlorieren des Wassers. Thomforde fand und reklamierte in jedem Hafen, den er besuchte, leere Coca-Cola-Flaschen, die von Frachtern zu Tausenden in Kästen abgestellt worden waren, statt in die Vereinigten Staaten zurückgebracht zu werden. Nach einiger Zeit hatte er es mit der Hilfe von italienischen Kriegsgefangenen, die er als Arbeitskräfte einsetzte, geschafft, in einer Handvoll algerischer und marokkanischer Städte funktionierende Abfüllbetriebe aufzubauen.

Die Bedeutung Coca-Colas für die amerikanischen Kriegsanstrengungen wurde nicht von allen gleich bewertet. Eine Reihe von Kommandeuren stand schließlich der »schweren« Entscheidung, wertvollen Frachtraum für einen Soft Drink zu opfern, insbesondere in Kampfgebieten, skeptisch gegenüber. Ein Feldzeugmeister sagte, daß seine Transportkapazitäten für »Kugeln, Kanonen, Panzer und Nahrungsmittel« bestimmt seien. Selbst Thomforde hatte seine Zweifel: »Ich ging nach drüben und wurde mir bewußt, daß da ein Krieg geführt wurde und es viele Entbehrungen, viele Probleme, viel Bedarf an Nutzleistungen gab, und ich war mir selbst nicht sicher, ob es eine lohnenswerte Angelegenheit war, den Jungs Coca-Cola zu bringen, obwohl man mir gesagt hatte, daß sie es haben wollten und daß die Army meinte, es gäbe viele Männer, denen nichts an Alkohol lag, sondern mehr an jenem Heimatgefühl, das ihnen Coca-Cola gab.«

Niemand hatte den Überschwang der Gefühle, den Coca-Cola bei den amerikanischen Truppen auslöste, erwartet. Die vertraute Flasche, der Markenname und der Geschmack erwiesen sich für Hunderttausende und schließlich für Millionen von jungen Soldaten, die sich teilweise schrecklichen Gefahren gegenübersahen, als ergreifende Erinnerung an die Heimat. Nach all dem Aufwand, den das Unternehmen in Washington hatte, um eine bevorzugte Behandlung zu erhalten, zeigte sich schließlich tatsächlich, daß der G.I. an der Front eine Zuneigung zu Coca-Cola hatte, die tief, lang anhaltend und absolut echt war. Soldaten wollten vier Dinge aus der Heimat: Post, Zigaretten, Kaugummi und Coke.

Einer der ersten kriegsverletzten Amerikaner war ein junger Pilot aus Kansas City, der während des Trainings der American Expeditionary Force mit seiner Spitfire über Schottland abstürzte. Er lag mit einem Schädelbruch, einem gebrochenen Bein und einem Gesicht voller Operationsnähte im Hospital und äußerte als erstes den Wunsch nach einer Coca-Cola. Sein Staffelführer flog daraufhin nach London, um ihm eine zu besorgen. Geschichten dieser Art wiederholten sich wieder und wieder, insbesondere mit dem zunehmenden amerikanischen Engagement im Krieg. Nachdem es Thomforde gelungen war, den Abfüllbetrieb in Casablanca rechtzeitig genug zu installieren, um verwundete Amerikaner zum Weihnachtsfest des Jahres 1943 versorgen zu können, war dies der Army-Zeitung »Stars and Stripes« eine Meldung wert.

In den ersten Tagen des Jahres 1944 kam Thomforde nach Neapel und baute einen Abfüllbetrieb auf, um zum ersten Mal Fronttruppen, die unmittelbar in Kämpfe verwickelt waren, mit Coca-Cola zu beliefern. Die amerikanischen Streitkräfte, die sich für die blutige Belagerung von Monte Cassino, der deutschen Schanze, die den Weg nach Rom blockierte, eingegraben hatten, bekamen in ihren Schützengräben Coca-Cola zu trinken. Fotografen machten klassische Bilder von unrasierten U.S.-Soldaten, die strahlend Coke-Flaschen hochhielten. Wochenlang waren die amerikanischen Zeitungen voll mit solchen Fotos.

Bill Mauldin beleuchtete das Phänomen mit feinem Humor und zeichnete die Karikatur eines Kriegsfotografen, der zu einem Infanteristen sagt: »Glückwunsch. Du bist der hundertste Soldat, der mit dieser Coca-Cola-Flasche posiert hat. Du darfst sie austrinken.«

Zunächst erhielten die Soldaten nur eine Wochenration von zwei Coca-Colas. Doch schnell entwickelte sich ein schwarzer Markt, der den Preis weit über einen Nickel hochtrieb. Der Kriegsberichterstatter Ernie Pyle schickte eine Depesche nach Hause und beschrieb, wie ein Sergeant der Feldartillerie in Italien bei einer Lotterie mehr als 1 000 Dollar für Wohltätigkeitszwecke erzielte, indem er eine einzige Flasche Coke verkaufte. Soldaten schrieben mit oft äußerst bewegenden Worten über die Gefühle, die Coca-Cola bei ihnen hervorrief.

Ein Sergeant aus Kansas schrieb seinen Eltern: »Es sind die kleinen Dinge, nicht die großen Dinge, für die der einzelne Soldat kämpft oder die er unbedingt haben will, wenn er weg ist. Es ist die Freundin zu Hause, die Vorstellung, mit ihr in einem Drugstore zu sitzen bei einer Coke, oder es sind die Jukebox und das Sommerwetter. Der durchschnittliche Soldat will nach Hause, seine alten Kleider wieder anziehen und die Dinge tun, die er immer getan hat.«

Auch der Feind trug seinen Teil dazu bei, Coca-Cola als amerikanisches Symbol herauszustellen. Otto Dietrich, Pressechef der Reichsregierung, wurde zitiert mit den Worten »Amerika hat niemals etwas anderes zur Weltzivilisation beigetragen als Kaugummi und Coca-Cola«, das er eine Bedrohung nannte. Das japanische Radio warnte: »Mit Coca-Cola haben wir den Keim einer Krankheit aus der amerikanischen Gesellschaft importiert.« Und Tokyo Rose verhöhnte die amerikanischen Truppen im Pazifik: »Wäre es nicht schön, eine eiskalte Coca-Cola zu haben! Könnt ihr nicht hören, wie das Eis im Glas klirrt?«

Als er mit seiner kleinen Gruppe von Angestellten und ihren Familien wieder in Brüssel eintraf, fand Carl West den Coca-Cola-Betrieb intakt vor. Vierzig Tonnen Zucker waren noch vorhanden, unentdeckt von den Deutschen.

Er versuchte, den Verkauf von Coca-Cola wieder anzukurbeln, erkannte aber schnell, daß es unmöglich sein würde, unter der deutschen Besatzung zu arbeiten. Er war kaum in der Lage, Gas, Gas-Coupons oder Fahrtgenehmigungen zu bekommen, darüber hinaus beschlagnahmten die Deutschen bald seine Lastwagen zu militärischen Zwecken. Die Zutaten wurden knapp. Er stellte eine kleine Flotte von Dreirädern zusammen, die etwa ein Dutzend Coca-Cola-Kästen transportieren und von seinen Vertretern auf ihren Routen benutzt werden konnten. Zwei der Männer kündigten, und als die Verkäufe fast den Nullpunkt erreichten, mußte West die übrigen entlassen. Er war so gut wie pleite.

Dann geschah etwas Eigenartiges. Die Deutschen entschädigten ihn für seine Lastwagen mit Bargeld. Und dasselbe tat der Industriegigant Siemens, der die Hälfte seines Lagerraums für einen Betrieb in Beschlag nahm, um Elektroteile für Unterseeboote herzustellen. Mit dem Geld, das er von den Deutschen bekommen hatte, war West in der Lage, einen einfachen Soft Drink mit Orangengeschmack zu produzieren, den er »Cappy« nannte und der sofort populär wurde. Er stellte die meisten seiner ehemaligen Arbeiter wieder ein. Und er stellte zu seiner Verwunderung fest, daß er aus irgendwelchen Gründen unbehelligt auf dem schwarzen Markt operieren und alle benötigten Rohstoffe, Kronenkorken und auch die Zitronensäure beschaffen konnte.

Es schien, daß er einen Schutzpatron an höchster Stelle besaß. Eines Tages tauchte Max Keith in Brüssel auf, um West einen Besuch abzustatten. Er erklärte, daß man ihn mit der Leitung der europäischen Besitztümer der Coca-Cola Company betraut hatte. So gut er könnte, sagte Keith, würde er West helfen, im Geschäft zu bleiben. Er begann sich um Wests Bücher zu kümmern und sorgte dafür, daß West den künstlichen Süßstoff Dulcin zum offiziellen Regierungspreis von 300 Francs pro Kilogramm kaufen konnte, während die Kosten auf dem schwarzen Markt das Zehnfache betrugen. Unter Keiths Patronat baute West eine neue halbautomatische Abfüllmaschine auf, die von einem illegal installierten, Holz verbrennenden Generator mit dem Spitznamen »Spitfire« angetrieben wurde. Er erhielt Kohle, Öl, Reifen, Schläuche, Rollwagen, Laster und machte bescheidene Gewinne.

Als West Gefahr lief, verhaftet zu werden, rettete ihn Keith. Aus Angst, daß die deutsche Militärpolizei seinen geheimen Zuckervorrat finden würde, machten sich West und einige Angestellte daran, den Zucker zu tarnen, indem sie ihn mit Nahrungsmittelfarbstoffen und Karamel zu mehr als zwanzig Tonnen einer schwarzen, klebrigen Paste vermischten. Diese schütteten sie in Säcke, stapelten sie zwei-einhalb Meter hoch in einem entfernten Lagerhaus und stellten sie mit Kästen voller leerer Flaschen zu. Irgend jemand verriet West, doch bevor das Versteck entdeckt werden konnte, intervenierte Keith bei den Behörden und schaffte die Affäre aus der Welt.

Keith gab ähnliche Hilfestellungen auch in anderen Regionen West-europas. Er sorgte dafür, daß die Organisation intakt blieb, die Männer Arbeit hatten und ihre Familien ernähren konnten. In vieler Hinsicht war er ein Retter. Die einzige Frage war nur, ob er es für die Coca-Cola Company oder für sich selbst tat. Niemand konnte sie vor Beendigung des Krieges beantworten.

Die Coca-Cola Company wollte bei der Invasion in der Normandie dabei sein.

Die Erlaubnis zu erhalten, zusammen mit den alliierten Streitkräf-ten den Kanal zu überqueren, war ein unerhört schwieriges Unterfan-gen. Und es wurde nicht leichter, als Ralph Hayes einen Publicitygag ausheckte, der beinahe die ganze harte Arbeit zunichte gemacht hätte.

Die Export Corporation sah die Probleme im voraus und wollte im Herbst 1943 Paul Bacon nach London schicken, um Vorbereitungen für die Teilnahme an der Befreiung Europas zu treffen. Bacon, der in Atlanta geboren war und seine gesamte berufliche Karriere bei der Coca-Cola Company absolviert hatte, bis er schließlich zum Leiter eines Abfüllbetriebs an der Westküste aufgestiegen war, wollte sofort abreisen. Die zuständigen Behörden hielten ihn jedoch zunächst auf, und Hayes bestellte ihn nach Atlanta.

Auf dem Weg zu Woodruffs Büro umriß Hayes einen Spezialauf-trag. Ein paar Wochen zuvor hatte Winston Churchills Tochter Mary während einer Rundreise auch Fort Oglethorpe im Staat Georgia besucht. »Ich würde Papa gerne ein Coca-Cola mitbringen, wenn ich zurückkomme«, hatte sie in der Öffentlichkeit verlautbaren lassen. Hayes beabsichtigte, Mary Churchill beim Wort zu nehmen und die Gelegenheit zu nutzen. Er hatte bereits versucht, dem britischen Premierminister eine Kiste Coca-Cola zu schicken, war jedoch durch die Militäradministration daran gehindert worden. Jetzt wies Hayes

Bacon an, nach seiner Ankunft in London persönlich in Downing Street No. 10 vorbeizuschauen und Churchill einen Kasten Coca-Cola als Geschenk zu überbringen.

Anfang 1944 bekam Bacon grünes Licht für seinen Flug nach England. Er bezog Quartier in einer Zwei-Zimmer-Suite im Savoy Hotel und begann mit seiner Lobbyismustätigkeit bei Offiziellen der britischen und amerikanischen Armee, die er dazu bewegen wollte, die Beschränkungen zu lockern und einen umfangreicheren Coca-Cola-Vertrieb für die stationierten amerikanischen und kanadischen Soldaten zu gestatten. Er erzielte einige Fortschritte, und die Behörden erklärten sich einverstanden, die Regeln großzügig auszulegen und die Einrichtung von Coca-Cola-Fountains in Krankenhäusern und Rekonvaleszenzkliniken, auf Militärflugplätzen, in Nachschubdepots und in Niederlassungen des Roten Kreuzes zuzulassen.

Am 27. April 1944 besuchte Bacon mit einem Kasten Coca-Cola und einer Kiste La-Carona-Zigarren unangemeldet den Premierminister. Zuvor hatte er mehrere Churchill-Porträts aufgetrieben und hoffte, sie für Woodruff, Farley, Hayes, Curtis und andere Topleute der Firma signiert zu bekommen. Aber Churchill und seine Tochter waren nicht anwesend, und am nächsten Tag machte ein Bote Bacon klar, daß der Premierminister zur Zeit weder Autogramme gab noch kommerzielle Geschenke entgegennahm. Unbeirrt erschien Bacon in der darauffolgenden Woche abermals, um diesmal mitgeteilt zu bekommen, daß sich Churchill in einer Krisensitzung mit Eisenhower, Charles de Gaulle und General Bernard Montgomery befand und nicht in der Lage sein würde, die Sitzung zu unterbrechen, um den Abgesandten der Coca-Cola Company zu empfangen.

Schließlich erreichte Bacon lediglich, daß Mary Churchill einen amerikanischen Bomber mit einer Flasche Coke taufte – eine kleine Zeremonie, die die ganze Frivolität des Unterfangens offenbarte.

Bacon knüpfte gute Beziehungen zum Army Exchange Service, dessen Offiziere wußten, wie sehr die G.I.s Coca-Cola mochten, aber das Quartermaster Department, das für den Munitions- und Nachschubtransport zuständig war, weigerte sich eisern, Schiffsraum für den Soft Drink zur Verfügung zu stellen. Für die Invasion Europas ersuchte Bacon um Kapazitäten für 400 000 Kästen Coca-Cola in Holzkisten, 50 000 Pfund CO_2-Gas, anderthalb Millionen Flaschenverschlüsse, 1 800 Eiskühler, fünf Abfüllanlagen und eine Million Gallonen Sirup, alles abgepackt für eine amphibische Landung. Der Logistikoffizier für den europäischen Kriegsschauplatz sagte nein.

Als der Tag der Invasion näherrückte, saß Bacon in London fest.

Sosehr er es auch versuchte, er war nicht in der Lage, die rigide Haltung des Logistikoffiziers zu ändern. Einen Monat nach der Erstürmung der Normandiestrände hielt sich Bacon in Brighton an der Südküste Englands auf. Es blieb ihm nur noch übrig, ein freies Landungsboot aufzutreiben, um so über den Kanal nach Cherbourg zu gelangen.

Dann intervenierte Eisenhower. Der Oberbefehlshaber der Alliierten befahl, Coca-Colas Ladung über den Kanal zu befördern. Bacon und seine Mannschaft wurden nach Frankreich gebracht, um den Betrieb aufzunehmen. Nach nur wenigen Tagen fuhren sie durch die Normandie und servierten Coca-Cola unmittelbar von den Ladeflächen diverser Lastkraftwagen. Dabei benutzten sie sogenannte »Dschungeleinheiten« – tragbare Spender, die für die Verwendung im Pazifik entwickelt worden waren – und füllten die Feldflaschen der G.I.s, die an den Kämpfen an der Front teilnehmen mußten.

Als die Alliierten verschiedene Städte besetzten, folgten Bacon und seine Techniker den amerikanischen Streitkräften und sahen sich nach den Überbleibseln der Vorkriegsbetriebe des Unternehmens um. In einigen Fällen waren die alten Anlagen noch intakt. In Rennes stellten sie beispielsweise fest, daß der Coca-Cola-Abfüller nach wie vor Geschäfte machte und einen Mineralwasserersatz herstellte. Er war glücklich, die Produktion von Coca-Cola für die amerikanischen Truppen wieder aufnehmen zu können. Andererorts war es nicht so gut gelaufen. Bacon überredete einen Colonel dazu, ihn nach der Befreiung mit einem »Blaulicht«-Jeep nach Paris zu bringen, und dort fand er »den verdammtesten Abfüllbetrieb, den ich je in meinem Leben gesehen habe«. Die Fabrik der Firma in der Rue Felix Faure war demontiert worden bis auf eine handbetriebene Spülmaschine, ein fußbetriebenes Gerät zum Anbringen der Kronkorken und eine kreischende Abfüllapparatur mit einem Ausstoß von nicht mehr als 150 Kästen pro Tag. Sie reichte kaum aus, um ein einziges Bataillon zu beliefern.*

Um die Nachfrage der Tausenden von amerikanischen G.I.s befriedigen zu können, die jeden Tag in die Stadt strömten, benötigte Bacon nach seiner Berechnung ein viel größeres Gebäude und eine neue Abfüllanlage mit höherer Kapazität. Mit ersterem hatte er mehr Glück als mit dem zweiten. Im Vorort Puteaux sicherte sich Bacon

---

* Als vorübergehende Maßnahme errichtete er im Hotel de Paris einen Ausschank. Die Schlange der Soldaten, die auf einen Schluck Coca-Cola warteten, wuchs an, bis sie um den ganzen Block führte.

eine alte städtische Werkstatt, in der Busse repariert worden waren. Mit einem 4 000 Quadratmeter großen Betonfußboden war sie ideal für die schwere Ausrüstung, die von der Firma geschickt wurde. Nur schien niemand zu wissen, wo sich diese Ausrüstung befand. In Le Havre war eine komplette Abfüllanlage eingetroffen – eine riesige, 35 Tonnen schwere Meyer-Dumore-Apparatur und ein Füllapparat mit sechzig Stutzen im Gesamtwert von rund 250 000 Dollar – und gleich wieder verschwunden.

Die Meyer-Dumore-Anlage wurde schließlich in den Docks gefunden, wo sie Verantwortliche der Army abgestellt hatten, nachdem sie zu der Ansicht gekommen waren, daß sie für einen Transport zu schwer war. Bacon gelang es, sich einen Panzertransporter zu leihen, der sich als stark genug erwies, die Anlage nach Paris zu befördern, wo sie mit Winden abgeladen und in der neuen Fabrik installiert werden sollte. Die Abfüllapparatur war nirgendwo aufzufinden, und so schickte Bacon John Talley, einen seiner Techniker, nach Le Havre, um ihre Spur zu verfolgen. Talley spürte das Frachtschiff auf, und ein Matrose erklärte ihm, daß während des Abladens ein Tau gerissen und die Verladekiste auf einen Schleppkahn gekracht sei. Die Kiste brach, der Inhalt ging über Bord und befand sich seitdem irgendwo im Schlamm auf dem Grund des Hafens, einen knappen halben Kilometer vom Ufer entfernt.

Nach tagelangen Bemühungen fand Talley ein paar Leute von der Army, die sich bereit erklärten, als Gegenleistung für einen Kasten Coca-Cola hinabzutauchen und die Abfüllanlage zu suchen. Nachdem sie wiederholt den Hafengrund abgesucht hatten, fanden sie schließlich die Abfüllanlage. Sie war bereits ziemlich angerostet, und zu alledem wurde sie zusätzlich bei der Hebung beschädigt. Dann endlich war sie repariert und installiert, und die Pariser Fabrik nahm die Produktion auf.

Während des Krieges legten die technischen Mitarbeiter von Coca-Cola rund um den Globus bemerkenswert weite Wege zurück, um sicherzustellen, daß ihr Soft Drink auch hinter der Front verfügbar war. Fred Cooke führte einen aus elf Army-Lastern bestehenden Konvoi mit einer kompletten Dixie-Abfüllanlage »über den Berg« von Kalkutta nach Kunming in China, eine Reise, die 20 Tage dauerte, den größten Teil davon im niedrigen Gang den Berg hinauf und hinunter und über Pontonbrücken. Während der Rückkehr MacArthurs auf die Philippinen brach Gene Braendle in Manila auf, wagte sich unter schwerem Granatfeuer bis auf knapp dreihundert Meter an die japanischen Linien heran und bediente die G.I.s mitten in der

Schlacht mit Coca-Cola. Es wurde sogar ein Spezialspender für die Verwendung in Unterseebooten entwickelt.

Coca-Cola wurde in der Kriegsberichterstattung zu etwas Alltäglichem. »Eine japanische 6-Mann-Patrouille unternahm den Versuch, heute morgen die Linien des 383. Regiments der 96. Infanteriedivision zu infiltrieren, um ein Munitionslager zu sprengen«, berichtete United Press aus Okinawa. »Sie verfehlten das Munitionslager, zerstörten jedoch eine große Kanne Coca-Cola-Sirup. Wütende Landser töteten sie alle.« Eine Zeitung in Wheeling im Staat West Virginia brachte die Story unter der Schlagzeile »Kein Wunder!«.

In Europa folgten Angestellte von Coca-Cola dem Vormarsch der alliierten Truppen. Brüssel wurde am 3. September 1944 von englischen Panzern befreit, und ein Kontingent von´ Technikern traf wenige Tage später bei Carl West ein. Er hatte noch immer fünfzehn Kästen Coca-Cola vorrätig, die letzten eines dahinschwindenden Bestands, den er seit Kriegsbeginn Stück für Stück veräußert hatte. Mit dem Sirup, der ihm nun zur Verfügung gestellt wurde, nahm er die Produktion für die Truppen wieder auf.

West berichtete, daß er Max Keith seit mehreren Wochen, seit dem Rückzug der Deutschen, nicht mehr gesehen habe. Die Deutschen seien in »bedauernswertem Zustand« aus Belgien abgezogen, sagte West. Sie hatten ihre fahruntüchtigen Lastwagen aufgegeben, sich mit Fahrrädern und zu Fuß auf den Weg gemacht und ihre Habe hinter sich hergezogen. Einige hätten sogar Kinderwagen geschoben.

Als die Alliierten den Rhein überquerten, gehörten die Mitarbeiter von Coca-Cola mit zu den ersten, die die Zerstörungen sahen, die von englischen und amerikanischen Bombern in den Städten Deutschlands angerichtet worden waren. In Frankfurt war das dachlose Haus, in dem sich der Coca-Cola-Betrieb befand, das einzige Gebäude weit und breit, das noch stand. Als Bacon eintraf, stieß er im Souterrain auf einen Leutnant der Army, der bereits daran arbeitete, den Abfüllbetrieb wieder in Gang zu bringen. In Stuttgart hatten Bomben die Seitenwände der Coca-Cola-Fabrik weggerissen.

Besonders schwere Bombardierungen hatte Essen erlebt, die Heimatstadt der Kruppwerke und anderer Fabriken, die das Herz der deutschen Kriegsmaschinerie bildeten. Als Deutschland kapitulierte und die Stadt im Mai 1945 in die Hände der Alliierten fiel, kauften Bacon, John Talley und ein weiterer Mitarbeiter des Unternehmens, Ward Wells, in Paris einen alten Buick und machten sich auf die Suche nach Max Keith.

Die Fahrt dauerte drei Tage. Der Buick ging unterwegs kaputt, und die Gesellschaft borgte sich einen gepanzerten Kommandowagen, um die Reise fortsetzen zu können. Sie kamen am Morgen des 18. Mai 1945 in Essen an und suchten die alte Coca-Cola-Fabrik auf, die sich in der englischen Besatzungszone befand. Alles, was sie inmitten der Trümmer fanden, war ein leerer Türrahmen, an dem eine handgeschriebene Notiz befestigt war, die Besucher an eine Adresse im Außenbezirk der Stadt verwies. Die Zerstörungen waren so groß, daß sie den Weg nicht finden konnten, bis sie schließlich ein Zivilist für ein paar Zigaretten zu ihrem Ziel führte.

Bacon war sich nicht sicher, was ihn erwartete. Er kannte Keith aus der Zeit vor dem Krieg. Sie waren gemeinsam in New Haven ausgebildet worden und hatten gelernt, wie man nach den Richtlinien des Unternehmens einen Lastwagen belud und eine Route plante. Bacon hielt ihn für einen Freund. Aber die Zweifel der Zentrale an Keith und seinen Aktivitäten während des Krieges waren Bacon und den anderen wohlbekannt. Die Army betrachtete Keith sogar offiziell als Feind und gab strikten Befehl, nicht mit ihm zu fraternisieren. Bacons militärischer Vorgesetzter Lieutenant Colonel Robert Mashburn, der Kommandeur des Army Exchange Service in Europa, warnte ihn davor, mit Keith zu sprechen oder ihm gar die Hand zu geben.

Als Bacon und seine Begleiter vorfuhren, trat Keith aus der Haustür, um sie zu begrüßen. In fließendem Englisch hieß er sie in Essen willkommen, sagte, daß es an der Zeit wäre, den Krieg und die Feindseligkeiten zu vergessen, und bat sie hinein. Er streckte seine Hand aus. Alle Männer schüttelten sie, aber es kam keine Herzlichkeit auf. »Ich bat ihn, uns nicht für komisch zu halten, wenn wir uns an unsere Anweisungen hielten«, sagte Bacon. Er wollte Keiths Bücher sehen, die in jedem Kriegsjahr einen bescheidenen Gewinn auswiesen. Dann nahmen die Techniker eine Fabrikbesichtigung vor und gingen in den Luftschutzbunker, den Keith in einen Hügel ganz in der Nähe gegraben hatte. Keith öffnete einen Schrank, holte eine Flasche Schnaps nebst farbig schillernden Gläsern hervor und brachte einen Toast auf seine Kollegen aus Amerika aus. Die Männer tranken ein Glas mit ihm, lehnten aber sein Angebot ab, ihnen für die Nacht eine Unterkunft zu besorgen.

Bevor sie gingen, sagte Bacon zu Keith, daß das Unternehmen seine Abfüllbetriebe übernehmen und neu aufbauen würde, um Coca-Cola für die amerikanischen Truppen zu produzieren. Wenn Keith kooperieren wolle, würde das sehr begrüßt werden. Aber weil er Deutscher sei, würde er nicht länger der Chef sein können.

Angesichts des offensichtlich hohen Rangs, den er während des Kriegs in Deutschland gehabt hatte, hätte Keith die Vorsicht der Firma verstehen müssen. Statt dessen reagierte er wütend und war zutiefst beleidigt. Er beschränkte fortan den Kontakt zu den Technikern und den Mitarbeitern der Export Corporation, die zu Besuch kamen, auf ein Minimum und verstärkte dadurch den Mißmut auf beiden Seiten.

Jimmy Curtis unternahm eine Reise nach Frankfurt und hoffte, Dr. Oppenhoff, Coca-Colas deutschen Rechtsanwalt, sprechen zu können. Er wurde argwöhnisch, als es ihm nicht gelang, Kontakt zu ihm aufzunehmen. Curtis vermutete, daß Keith und Oppenhoff versuchten, ihm bewußt aus dem Weg zu gehen.

Schließlich schickte Coca-Cola einen Untersuchungsbeauftragten nach Deutschland, um Keiths Verhalten während des Krieges zu überprüfen, und das Ergebnis sorgte für eine beträchtliche Überraschung. Keith war kein Nazi gewesen. Tatsächlich hatten er und Oppenhoff intensivem Druck, in die Partei einzutreten, widerstanden und deshalb große Unannehmlichkeiten erdulden müssen.

Als der Krieg ausbrach und der Besitz der Firma der Kontrolle der Regierung unterstellt wurde, hatten die Hersteller von Afri-Cola verlangt, die Verwaltung ihrer Konkurrenz zu übernehmen – was sicher zur Demontage von Coca-Colas deutschen Betrieben geführt hätte. Aber Keith und Oppenhoff waren eingeschritten und hatten die verantwortlichen deutschen Behörden überredet, Coca-Colas Angelegenheiten allein ihnen anzuvertrauen. Sie waren unter Druck gesetzt worden, hochrangige Nazis in den Aufsichtsrat der deutschen Coca-Cola Company zu berufen, hatten dies jedoch verweigert.

Keith hätte Fanta leicht unter eigenem Namen herstellen und die Gewinne für sich behalten können, stellte der Bericht fest, aber er hatte das Geschäft für die Coca-Cola Company geführt. Gewissenhaft hatte er das Eigentum der Firma geschützt. Oppenhoff hatte die Buchhaltung aufrechterhalten und in einem unterirdischen Banktresor in Würzburg sicher deponiert. Dank Oppenhoffs Intervention hatte Coca-Colas Markenname mit Ausnahme von Dänemark in allen besetzten europäischen Ländern überlebt. Und dank Keith hatten auch viele Angestellte von Coca-Cola in diesen Ländern überlebt.

Fast so eindrucksvoll wie seine Loyalität war auch Keiths Erfindungsreichtum gewesen, wenn es darum ging, die deutschen Abfüllbetriebe während des mörderischen Trommelfeuers der alliierten Bombenangriffe in Betrieb zu halten. Allein die Essener Fabrik wurde dreimal zerstört und wiederaufgebaut. Alle 49 deutschen Anlagen des Unternehmens erlitten Schäden irgendwelcher Art. Keith ließ aus jedem Betrieb eine Abfüllmaschine an einen Ort außerhalb des Stadtzentrums – auf einen alten Bauernhof oder in eine Molkerei – bringen, der wahrscheinlich nicht getroffen werden würde. Diese Reserveanlagen wurden benutzt, wenn der Hauptbetrieb ausfiel, so daß der Fantaverkauf nie durch längere Unterbrechungen verzögert wurde.

Curtis konnte zu seiner Überraschung feststellen, daß die Coca-Cola-Betriebe in Deutschland nach dem Krieg weitaus besser organisiert waren, »als wir es für möglich halten konnten«.

Als sie von den Heldentaten Keiths erfuhren, waren einige Coca-Cola-Mitarbeiter in Atlanta von der Art und Weise, wie sie ihn behandelt hatten, peinlich berührt und bemühten sich, alles wiedergutzumachen. Das Unternehmen sorgte dafür, daß ihm während der Besatzungszeit in Deutschland die zivile Verwaltung der Abfüllbetriebe Coca-Colas oblag. Damit nahm er im Prinzip seine frühere Position wieder ein.

Keith machte sich mit Enthusiasmus an die Arbeit, reparierte Anlagen und organisierte Flaschen, Holzkästen und andere Utensilien. Er wies seine Angestellten an, bei der Inbetriebnahme der Maschinen und beim Auffüllen der Lagerhäuser nach Kräften zu helfen, und nach relativ kurzer Zeit stieg der Ausstoß auf Tausende Kästen Coca-Cola täglich, mit denen die U. S. Army beliefert werden konnte.

Bei Kriegsende hatte die Coca-Cola Company 63 überseeische Abfüllfabriken in Betrieb, in Ägypten, Island, Iran, Westafrika, Neuguinea und auf den Aleuten.

Die Export Corporation hatte einen Kredit von fünfeinhalb Millionen Dollar aufgenommen, um die Unternehmungen bezahlen zu können. In vielen Beziehungen war es die cleverste Investition, die das Unternehmen jemals gemacht hatte. Nachdem sie mehr als eine Milliarde Portionen Coca-Cola geschluckt hatten, kehrten elf Millionen Veteranen mit einer lebenslangen Vorliebe für den Soft Drink nach Hause zurück. Die Redakteure des American Legion Magazine fanden über eine Umfrage heraus, daß die G.I.s in einem Verhältnis von mehr als acht zu eins Coca-Cola dem schärfsten Konkurrenten Pepsi vorzogen. Coca-Colas Stellenwert im amerikanischen Leben schien so sicher und unantastbar zu sein wie die Stars und Stripes der Flagge.

Aber die Abenteuer und Glanztaten der Kriegsjahre hatten wenig zur Lösung der fundamentalen Geschäftsprobleme beigetragen, die auf dem heimischen Markt dem Unternehmen zu schaffen machten. Nachdem der Pepsi-Prozeß verloren worden war, schrieb Bill D'Arcy einen warnenden Brief an Woodruff. »Wir gehen einer neuen Zeit entgegen«, meinte er. Die Coca-Cola Company müsse sich in Zukunft gegenüber der Konkurrenz einer modernen Massengesellschaft behaupten.

Bevor er in den Krieg zog, hatte einer der intelligentesten jungen Männer des Unternehmens, Price Gilbert Jr., der Leiter der Werbeabteilung, einen langen, wütenden Bericht verfaßt, in dem er Woodruff und die anderen älteren Herren in der Plum Street anklagte, die neuen Realitäten zu ignorieren. Es wäre eine reine Phantasievorstellung, meinte Gilbert, zu glauben, daß die Coca-Cola Company die Herausforderung Pepsis und der anderen Soft Drinks überleben könnte, wenn sie an ihrer Geschäftspolitik festhielt, die sie betrieb, »bevor wir irgendeine echte Konkurrenz hatten«.

Als Sohn eines der Anfangsinvestoren aus der Zeit Ernest Woodruffs besaß Gilbert genug Coca-Cola-Aktien, die ihn zu einem vielfachen Millionär machten, und so konnte er seinen Frustrationen freien Lauf lassen. Von dem Augenblick an, in dem Pepsi dazu übergegangen war, die doppelte Menge für denselben Preis anzubieten, hatte sich Coca-Colas Marktanteil verringert, und dieser Trend drohte sich zu beschleunigen, meinte Gilbert. Bisher hatte die einzige Reaktion der Firma darin bestanden, Coca-Cola in der Werbung als das überlegene Produkt herauszustellen. Das Problem war nur, daß dies viele Menschen nicht kümmerte. Sie wollten billig einkaufen.

»Alles, was wir tun, hilft (der) Konkurrenz ebensosehr, wie es uns hilft«, argumentierte Gilbert, »weil sie die Nachfrage nach unserem Produkt zu niedrigeren Kosten befriedigt. Jedesmal, wenn wir einen Kühlapparat verkaufen, einen neuen Händler anwerben oder einem neuen Kunden beibringen, Coca-Cola zu trinken, helfen wir auch der Konkurrenz.« Und dies geschah alles unter der Voraussetzung, daß die Konsumenten Coca-Cola weiterhin für besser hielten. »Wenn der Tag kommt, an dem das Publikum sagt, ›ich ziehe den anderen Drink wirklich vor‹«, fuhr Gilbert fort und näherte sich damit der Ketzerei, »dann haben wir wirklich ein Problem, über das wir uns Sorgen machen müssen.«

Das Unternehmen hätte kein Gefühl für die Bedürfnisse der amerikanischen Hausfrau, schrieb Gilbert weiter. Indem sie nur eine einzige Verpackung anbot, nämlich die Sechs-Unzen-Flasche, sagte Coca-Cola den Frauen indirekt: »Egal wieviel ihr wollt, ihr müßt es jeweils in sechs Unzen mit nach Hause nehmen. Ihr wollt vielleicht fünf Gallonen Punsch für eine Kinderparty haben, aber dafür werdet ihr hundert Flaschen Coca-Cola tragen müssen.«

Zwei Holzkästen mit 48 Sechs-Unzen-Flaschen Coca-Cola wogen mehrere Dutzend Pfund. Die Fahrer der Firma hatten es beim Beladen und Entladen ihrer Lastwagen ausgesprochen schwer. Die meisten von ihnen waren eher Gewichtheber denn Verkäufer. Konnte das Unternehmen von Hausfrauen diese Art körperlicher Arbeit tatsächlich erwarten? Warum keine größeren Flaschen anbieten? Oder Kannen? »Wir sagen den Verbrauchern: ›Wenn ihr Coca-Cola trinkt, müßt ihr sechs Unzen trinken, nicht mehr und nicht weniger. Egal wie erhitzt, müde oder durstig ihr sein mögt.‹ Das gibt es nicht bei Kaffee oder Tee oder Milch oder sonst was, aber bei Coca-Cola sind es sechs Unzen, friß oder stirb. Minimale Menge, maximaler Preis, maximale Mühe und Unbequemlichkeit.«

Gilberts Lohn für seine offene Kritik bestand bei seiner Rückkehr aus dem Krieg darin, daß er ein Büro und sein altes Gehalt bekam, aber keine Pflichten und Verantwortlichkeiten. Nach kurzer Zeit kündigte er. Ohne dieselbe harsche Strafe erfahren zu müssen, erlebten auch andere Mitarbeiter, daß Woodruffs Toleranz gegenüber Kritik und Veränderungswünschen Grenzen hatte. Einer seiner Freunde, der Spielzeughersteller Louis Marx, drängte ihn, andere Geschmackslinien zu entwickeln. »Lima-Cola« zum Beispiel oder »Orana-Cola«, aber Woodruff erwiderte, daß es für ihn überhaupt keinen Grund gab, irgendeinen neuen Geschmack anzubieten.

Was das größere Flaschenformat anging, spekulierte Woodruff darauf, daß wirtschaftliche Faktoren es ihm weiterhin ermöglichen würden, sechs Unzen Coca-Cola für einen Nickel zu verkaufen, während Pepsi und die anderen beim Verkauf von zwölf Unzen zum selben Preis Druck zu spüren bekamen. Eines Nachmittags gegen Ende des Krieges fuhren zwei leitende Angestellte von der Westküste nach einer Golfrunde in Pebble Beach mit Woodruff nach San Francisco zurück. Sie nahmen ihren ganzen Mut zusammen und schlugen vor, auf eine größere Flasche umzusteigen. Unsinn, sagte Woodruff. Pepsi, Royal Crown und die anderen würden über kurz oder lang auf den Bankrott zusteuern.

Es war nicht so, daß sich Woodruff weigerte, in die Zukunft zu blicken. Im Gegenteil, er war wie immer bemüht, auch über den nächsten Berg zu sehen. Eines Tages überraschte er seinen Mitarbeiterstab mit der beiläufigen Voraussage, daß die Auslandsumsätze Coca-Colas die in den Vereinigten Staaten innerhalb der nächsten

25 Jahre übertreffen würden. Es wäre eine ganz einfache Rechnung, sagte er, zwei Milliarden Konsumenten ständen 130 Millionen Konsumenten gegenüber. Aber wie immer löste die Frage, wie diese Verbraucher erreicht werden sollten, in der Unternehmensleitung heftigen Streit aus. Und wie immer wurden diese Dispute beendet, indem sich Woodruff, dickköpfig wie er war, durchsetzte.

Als seine Mutter 1939 starb, hatte Woodruff versucht, sich einiger seiner Alltagsverantwortlichkeiten zu entledigen. Er wählte Arthur Acklin aus, den Verwaltungschef des Unternehmens, ihn als Präsident zu ersetzen, nur um die nächsten Jahre damit zu verbringen, die meisten von Acklins Entscheidungen anzuzweifeln. Acklin trank, und ein zweiter schwerer Nervenzusammenbruch, der eine längere Rekonvaleszenz erforderte, zwang ihn zum Rücktritt. Mit Kriegsende war Woodruff erneut Präsident und mußte sich wieder mit den Details des Geschäfts beschäftigen. Er war jetzt 55 Jahre alt und wollte einen Nachfolger finden, war aber zugleich unwillig oder unfähig, die Kontrolle aus der Hand zu geben.

Woodruffs Freund Mizell, der Emory-Geschäftsführer, machte ihm warnend klar, daß er niemals einen befriedigenden Ersatz finden würde, weil er nach einer jüngeren Version seiner selbst Ausschau hielt.

Woodruff pflegte einen Führungsstil, der schmerzhafte firmeninterne Kämpfe hervorrief und einen Schiedsrichter erforderte, der die Gewinner und Verlierer bestimmte. Seit mehr als zwanzig Jahren war Woodruff dieser Schiedsrichter gewesen, und es fiel schwer, sich vorzustellen, daß er diese Rolle aufgabe.

Woodruff beharrte darauf, einen scharfsinnigen, selbständigen Macher als Nachfolger zu wollen, keine Marionette. Niemand wußte, ob er das wirklich so meinte, was zu dem Resultat führte, daß einige der Männer, die um den Posten wetteiferten, mit offen zur Schau gestelltem Selbstbewußtsein arbeiteten, während andere Woodruff schamlos schmeichelten. Bill Hobbs, ein bis dahin wenig bekannter Jurist, schaffte beides, und am 5. Mai 1946 schockte Woodruff die Coca-Cola-Familie, indem er ihn zum neuen Präsidenten bestimmte.

Hobbs' Weg an die Spitze war, um es vorsichtig zu formulieren, unorthodox. Als Jurist in Staatsdiensten hatte er der Familie von Nell Woodruff bei der Vergabe eines Kredites aus öffentlicher Hand für ihre Unternehmen aus der Klemme geholfen. Kurze Zeit später wurde er über die Anwaltskanzlei King & Spalding an die Rechtsabteilung von Coca-Cola empfohlen, wo er sich recht schnell einlebte.

Hobbs machte besonders auf die Sekretärinnen der Abteilung einen guten Eindruck. Er war groß, gutaussehend und ausgesprochen charmant, konnte Süßholz raspeln und die jungen Frauen mit seinen Scherzen zum Kichern bringen. Er beeindruckte auch Woodruff. »Hobbs war ein großartiger Zuhörer«, erinnerte sich Howard Kurtz Jr., der als sein Assistent arbeitete. »Und, offen gesagt, er war ein Speichellecker. Woodruff mochte ihn, und Hobbs sorgte dafür, daß sich diese Zuneigung verstärkte.«

Einem der Juristen in der Abteilung zufolge war es so, daß sich Woodruff in Hobbs »verliebt« hatte. Einer seiner Neffen drückte es krasser aus: »Es gab Leute, die wußten, wie man mit Woodruff umgehen mußte, die sein Wohlwollen und seine Zuneigung ausnutzten, Leute – echte Arschkriecher, um einen volkstümlichen Ausdruck zu gebrauchen –, die dadurch nach oben kamen.« Hobbs, so glaubte dieser Neffe, war einer von ihnen. Innerhalb eines Jahres beförderte Woodruff ihn zum Vizepräsidenten und machte ihn zum Manager der Rechtsabteilung, mit dem Auftrag, deren Arbeit neu zu organisieren.

Es gab von Anfang an Zeichen, die auf Probleme hindeuteten. Im Verlaufe einer abteilungsinternen Machtprobe wies Hobbs seinen Assistenten Kurtz an, die gesamte Post für die Abteilung zu öffnen, selbst wenn sie namentlich an andere Mitarbeiter gerichtet war. So ehrerbietig Hobbs bei Woodruff war, so hart zeigte er sich oft gegenüber Untergebenen. Viele der Veteranen in der Plum Street sahen seinen Aufstieg mit sehr viel Skepsis. Hobbs bezeichnete sie kollektiv und geringschätzig als »die alten Fürze«.

In einer Beziehung jedoch hatte Hobbs recht guten Erfolg. Sein Auftrag von Woodruff war, die Kosten der Rechtsabteilung zu senken, und das tat er. Im Anschluß an die Pepsi-Entscheidung sah Woodruff wenig Sinn darin, die aggressive Prozeßpolitik fortzusetzen. Pop Brock von der Anwaltsfirma King & Spalding, Coca-Colas Syndikus, versprach Woodruff, daß er die Kosten niedrig halten würde. Brock kritisierte seinen Kollegen Sibley dafür, daß er Coca-Cola »in die, soweit ich weiß, verheerendste Prozeßkampagne geführt hatte, die irgend jemand in der Weltgeschichte jemals mitgemacht hat«. Er zog mehrere Berufungen des Unternehmens zurück, weil er sie für fruchtlos hielt. Hobbs sorgte für die daraus resultierende Entlassung von Anwälten und Detektiven und verkleinerte die Rechtsabteilung.

Als Woodruffs Begeisterung für Hobbs wuchs, rieten ihm einige der älteren Führungskräfte, langsamer vorzugehen und Hobbs' Fähigkeiten sorgfältiger zu prüfen. Aber Woodruff ließ sich nicht bremsen und verhalf Hobbs 1945 zu einem erstklassigen Sprungbrett – er wurde Präsident der Export Corporation. Wieder gab es Warnsignale. Während einer Inspektionstour durch die europäischen Betriebe verblüffte Hobbs Paul Bacon und die anderen, weil er sich beklagte, daß es in den Verkaufsstätten und in den militärischen Einrichtungen, wo der Soft Drink angeboten wurde, zuviel Werbematerial von Coca-Cola zu sehen gab.

Bacon, der in Paris tätig war, hatte Tag und Nacht gearbeitet und Eiskühler mit Coca-Cola in armeeeigenen Friseursalons, Werkstätten, Waffenkammern, Snackbars, Mannschaftsquartieren und Schulen installieren lassen. Und er hatte die Wände mit den Plakaten der Firma zugepflastert, weil er glaubte, daß sie »ein Stück Heimat« verkörperten und gut fürs Geschäft waren. »Mr. Hobbs sah so viele Plakate, daß sie ihn verlegen machten«, erinnerte sich Bacon später. »Er meinte, daß sie eine zu große Rolle in der Show da drüben spielten und wir ein bißchen kürzer treten sollten.« Die Kritik kam Bacon äußerst eigenartig vor, und er weigerte sich, Hobbs' Anordnung, einen Teil des Materials zu entfernen, nachzukommen.

Hobbs und Bacon gerieten auch noch aus einem anderen Anlaß aneinander. Viele der Techniker aus den Staaten wollten in Europa bleiben und hofften, mit einer Franchise-Lizenz belohnt zu werden: Es lockte ein riesiger ziviler Markt nach dem Ende der Besatzung und der Aufhebung der ökonomischen Beschränkungen. Bacon hatte sich um das Gebiet von Paris mit seinen Vorstädten beworben. Wohl wissend, wieviel Kapital dazu benötigt wurde, hatte das Unternehmen eine Formel entwickelt, nach der ein Franchisenehmer pro Einwohner in seinem Territorium einen Dollar aufbringen mußte, eine Summe, die die bescheidenen Möglichkeiten der Techniker bei weitem überstieg. Statt mit Bacon zartfühlend zu verfahren, fragte Hobbs ihn kalt: »Wo wollen Sie sechs Millionen Dollar hernehmen?« Bacon, der dem Unternehmen während des Krieges mit großem Mut gedient hatte, vergab ihm diese Kränkung niemals.

Woodruff gab nicht zu erkennen, daß ihn diese beunruhigenden Vorzeichen störten. Als Hobbs im Frühjahr 1946 von seiner Europareise nach New York zurückkehrte, rief Woodruff ihn an und fragte: »Sind Sie bereit?« Hobbs sagte zu. Im Alter von 42 Jahren und mit weniger als vier Jahren Geschäftserfahrung, ohne jede Erfahrung in Marketing und Verkauf, wurde er der sechste Präsident der Coca-Cola Company.

Woodruff war sich der Ressentiments und der Befürchtungen, die

die älteren Männer Hobbs entgegenbrachten, wohl bewußt und traf Vorkehrungen, um zu signalisieren, daß seine Wahl unumstößlich und endgültig war. Er gab bekannt, daß er Atlanta für eine längere Reise in den Westen verlassen würde. So konnte sich niemand bei ihm beschweren oder ihn auffordern, die Entscheidungen des neuen Mannes zu revidieren.

Was ihn selbst anging, so widerstand Woodruff zunächst der Versuchung, sich einzumischen. Obgleich er »einen leichten Anflug von Bammel« hatte, wie er es einem Freund beschrieb, verbrachte er den Sommer und den größten Teil des Herbstes auf Reisen, während Hobbs daran arbeitete, seine Autorität in der Firma zu festigen. Woodruff wies die Pressebeauftragten der Firma an, ihr Hauptaugenmerk auf Hobbs zu richten. »Ich habe mich zurückgezogen, müßt ihr wissen«, sagte er. Eine Notiz wurde der Presse zugespielt, in der Hobbs »Mr. Coca-Cola« genannt wurde, eine etwas voreilige Erklärung.

Es herrschte eine gewittrige Stimmung in der Plum Street. Hobbs und die alten Kämpen belauerten einander. Nach einer Budgetkonferenz erstattete Harrison Jones Woodruff Bericht und gab ihm die blasse Versicherung, daß die anderen Führungskräfte »im großen und ganzen« mit Hobbs kooperieren wollten, eine Redewendung, die genau das Gegenteil andeutete. Hobbs selbst sorgte für einen frostigen Anfang, indem er seine Kollegen anwies, auf ihre Firmenwagen zu verzichten. Er führte und verlor darüber hinaus einen unnötigen Kampf, als er versuchte, Pope Brocks Berufung in das Direktorium zu verhindern. Und es gelang ihm nicht, ein gutes Arbeitsverhältnis zu Archie Lee zu entwickeln, der Woodruff einen anzüglichen Brief schrieb, in dem er ausführte, daß »Coca-Cola eine so persönliche Beziehung zu fast allen Menschen aufgebaut hat, daß es nur mit sehr großem Einfühlungsvermögen effektiv beworben werden kann« – Einfühlungsvermögen, an dem es, wie Lee zu verstehen gab, Hobbs eindeutig mangelte.

Woodruff spürte, daß Hobbs in Schwierigkeiten war, und unternahm den ungewöhnlichen Schritt, anläßlich einer der Vertretertagungen der Firma eine feierliche Rede zu halten. Fast eine Stunde lang referierte er im Brookhaven Country Club in Atlanta leidenschaftlich über die Vorzüge Coca-Colas. Dann wurde er, wie er es ausdrückte, »vertraulich« und redete über Hobbs. »Nicht daß ihr glaubt, dies sei mein Schwanengesang«, sagte er. »Ich gehe davon aus, daß ich noch sehr lange hier sein werde. Ich will euch ein Geheimnis verraten – und für eine Reihe von euch ist es gar kein Geheimnis –, aber einer der schwersten Kämpfe, die ich auszutragen habe, ist der, daß ich mich zurückhalten muß, und nicht den Versuch unternehme, das Geschäft zu führen. Diese Aufgabe ist, wie ich euch gesagt habe, Mr. Hobbs übertragen worden.«

Einige der Zuhörer glaubten Woodruffs Worten, andere hörten Zweifel heraus. Wenn Hobbs gute Arbeit leistete, warum mußte er sich dann für ihn einsetzen? Und wenn Woodruff so zufrieden mit Hobbs war, warum hatte er dann solche Schwierigkeiten, die Dinge laufen zu lassen? Die Rede hinterließ einen widersprüchlichen Eindruck. Obwohl Woodruff bekräftigte, daß Hobbs weiterhin Präsident sein würde, schien er in gewisser Weise einzuräumen, daß Hobbs ein Fehlgriff gewesen war. Seine Worte lösten Unsicherheit aus, waren ein Signal dafür, daß Hobbs' Autorität begrenzt war und seine Entscheidungen hinterfragt und sogar sabotiert werden konnten.

Woodruff beendete sein Exil und begann wieder, mit glühender Zigarre durch die dritte Etage der Plum Street zu streifen, in Büros aufzutauchen und die Mitarbeiter zu kontrollieren. Er war eine gebieterische Figur – er war »der Boß«, wie ihn alle nannten. Sein Alter und seine Erfahrung (und seine absolute Kontrolle über das Direktorium) ließen Hobbs im Vergleich zu ihm jugendlich und schwach erscheinen. Bald machte ein neuer Firmenwitz die Runde: »Das Problem bei Hobbs ist, daß er glaubt, Präsident zu sein.«

Woodruff war sich der unterminierenden Wirkung bewußt, die seine neuerliche Präsenz auf Hobbs hatte, und er suchte den Rat seiner Freunde und Berater. Es überraschte nicht, daß sie ihm versicherten, das einzig Richtige zu tun.

»Du hast zu lange an vorderster Front gestanden, im dicksten Getümmel, und Geschichte gemacht und geschrieben, um dich einfach auf die Tribüne zurückziehen zu können, selbst wenn es ein Logenplatz ist«, schrieb ihm sein Freund, Pfarrer Gresham. »Weder vom Temperament noch von der Ausbildung und Veranlagung her bist du für eine passive Rolle geeignet.«

Nach zwei Jahrzehnten war es für die meisten Führungskräfte des Unternehmens selbstverständlich geworden, sich auf Woodruffs Führung zu verlassen, und ihm war ihr Vertrauen willkommen.

»Einer der Fehler, die Hobbs machte«, erinnerte sich Joe Jones, Woodruffs »Haushofmeister«, »war der, daß er sich nicht bei Mr. Woodruff meldete. Woodruff war es recht, nicht jeden Tag gerufen zu werden, aber er erwartete sehr wohl, etwas von Hobbs zu hören, und das passierte nicht.«

Schließlich wurde Hobbs ängstlich und begann, Entscheidungen auszuweichen. Ralph Hayes präsentierte ihm beispielsweise eine Idee für eine Werbekampagne und beschwerte sich anschließend, weil Hobbs ihr weder zustimmte noch sie ablehnte. »Sie sind hier der Hauptmacker«, sagte er wütend zu Hobbs, »und ich meine, Sie sollten entweder dafür oder dagegen sein, anstatt die Entscheidung auszusitzen, bis die Angelegenheit gestorben ist.«

Im Laufe der Monate begann der Stern von Hobbs zu sinken. Anläßlich einer Reise nach New York beobachtete Hughes Spalding mit äußerstem Unbehagen, wie Woodruff und Hobbs beim Abendessen heftig zu trinken begannen und einen häßlichen Streit bekamen, der mit fortschreitender Trunkenheit immer mehr ausartete, bis Hobbs begann, Flüche auszustoßen und Woodruff zu beschimpfen. Am nächsten Morgen hatte Woodruff Schwierigkeiten, sich an die Einzelheiten des Streits zu erinnern, und fragte Spalding: »Was hat er über mich gesagt?« Spalding antwortete: »Das werde ich Ihnen nicht sagen.« Eine sofortige Entlassung war damit zunächst abgewandt, aber es stand fest, daß Hobbs auf Dauer gegenüber Woodruff keinen guten Stand mehr hatte.

Die einfachste Lösung wäre gewesen, Hobbs abzulösen. Aber Woodruff wollte nicht so schnell eingestehen, daß er einen Fehler gemacht hatte, noch dazu so bald nach Acklins Zusammenbruch. In einer Hinsicht war ihm ein geschwächter Präsident sogar sehr recht. Er verhinderte Veränderungen. Woodruff wollte, daß bei Coca-Cola alles genauso blieb, wie es seit sechzig Jahren war – gleicher Geschmack und Preis, gleiche Größe und Verpackung, gleiches Image. Ein angeschlagenes Management war ein todsicherer Garant dafür, daß Innovationen verhindert werden konnten. Also blieb Hobbs.

Die Gesellschaft rutschte tiefer in ein Stadium der Selbstlähmung – mit schmerzlichen Konsequenzen. Enttäuscht nahm Ralph Hayes Woodruff eines Morgens zur Seite und unterbreitete ihm seine Kündigung. Das Problem war nicht nur Hobbs, erklärte er, sondern auch das Fehlen einer herkömmlichen Managementstruktur und einer richtigen Befehlszentrale. Die Angestellten wurden hin und her geschoben zwischen dem Plum-Street-Komplex in Atlanta, dem offziellen Firmensitz in Wilmington im Staat Delaware und einer Büroetage im 17. Stock der Madison Avenue No. 515 in New York, wo die Export Corporation und das Werbeteam praktisch autonom arbeiteten. Die einzige Möglichkeit, irgendeine geschäftliche Entscheidung herbeizuführen, bestand Hayes zufolge darin, sich Woodruff außerhalb der offiziellen Befehlskette zu nähern, »an der Vorder-, Seiten- oder

Hintertür, auf dem Weg durch den Keller, Dachboden oder Schuppen«. Ben Oehlert verließ die Firma aus dem gleichen Anlaß.

Und es gab noch eine dritte Kündigung. Alfred Steele, der exzentrische Vizepräsident der Marketingabteilung, verließ das New Yorker Coca-Cola-Büro und wechselte zu Pepsi.

Al Steele war ein Showman. Alles an ihm schien Teil eines Kostüms zu sein, angefangen bei seiner dicken Hornbrille bis hin zu der großen Knopfblume am Jackenaufschlag, selbst die Lücke zwischen seinen Vorderzähnen. Er nannte die Leute »Kumpel« und liebte es, ihnen auf die Schulter zu schlagen, und zwar kräftig. Seine Burschikosität war ebenso augenfällig wie seine berufliche Befähigung.

Zu den vielen Jobs, die er während seiner sprunghaften Karriere gehabt hatte, gehörte auch seine Arbeit für einen Zirkus. Es machte ihm Spaß, den Kollegen bei Coca-Cola von all den Schaustellertricks zu erzählen, die er dort gelernt hatte.

Steele ging schließlich in die Werbung und arbeitete in der D'Arcy-Agentur, von wo er von Woodruff für die Coca-Cola Company schließlich abgeworben wurde, um sich als Vizepräsident des New Yorker Büros um die Bereiche Verkauf, Werbung und Promotion zu kümmern. Steele übernahm fortan auch die Organisation der Vertretertagungen und der Zusammenkünfte der Abfüller. Die Anwesenden verblüffte er jedes Jahr aufs neue mit Inszenierungen, die Broadwayqualitäten aufwiesen.

Zusätzlich zu seinen Gaben als Impresario zeigte Steele ein solides Verständnis für die sich entwickelnde Marktposition von Soft Drinks. Die D'Arcy-Agentur hatte während des Kriegs eine Umfrage gemacht und festgestellt, daß die Hälfte der Coca-Cola-Verkäufe an private Haushalte ging, ein steiler Anstieg, der viele von Price Gilberts Warnungen hinsichtlich der Erfordernis, Werbung und Marketing auf die amerikanische Hausfrau zuzuschneiden, bestätigte. Die Schlachtfelder der Zukunft, erkannte Steele, würden die Regale in Supermärkten, die Münzautomaten in Tankstellen und die Becherspender in Fabriken, Schnellrestaurants, Theatern und Sportanlagen sein. Steele sah die gesellschaftliche Entwicklung der fünziger Jahre voraus – die Errichtung von Vorstadtsiedlungen und Einkaufszentren, die Geburt des Familienfernsehens, eine zunehmende Freizeitkultur. Er hatte kühne Ideen, Coca-Cola zu einem Bestandteil all dessen zu machen, mehr Ideen, »als ein Hund Flöhe hat«, wie ein Mitarbeiter es formulierte.

Aber Steele war ein Mann, dessen Fehler ebenso spektakulär waren wie seine Talente. Er zeigte wenig Sinn für Organisation und war vergeßlich. Außerdem grenzte sein Verhalten durchaus an Korruptheit.

In der Anfangszeit der unglücklichen Präsidentschaft von Hobbs beschloß Woodruff, daß Steele besser beaufsichtigt werden mußte, und verlegte Steeles Büro von Manhattan nach Atlanta. Die Plum Street war nicht mehr das zwanglose, intime Clubhaus, das es einmal gewesen war. Es gab jetzt einen Büroleiter, einen peniblen Mann namens W. G. Lamb, der strenge Aktennotizen verfaßte, mit denen er die Angestellten aufforderte, »davon abzusehen, leere Gläser auf den Fensterbänken abzustellen, die Füße gegen Wände und Heizkörper zu stemmen, beim Hoch- und Runtergehen der Treppen mit den Händen die Wände zu berühren und die Türen beim Öffnen mit den Schuhspitzen aufzustoßen«. Die Belegschaft wurde angewiesen, bei der Ankunft ordentlich zu parken und vor dem Verlassen des Hauses das Licht auszuschalten und die Ventilatoren abzustellen. Von leitenden Angestellten wurde erwartet, daß sie ihr Budget nicht überzogen. Steele ärgerte sich über die strengen Regeln und die scharfen Kontrollen.

Da Hobbs ausfiel, lag die Verantwortlichkeit für kurzfristige Entscheidungen bei Nick Nicholson, der auf Steele nicht gut zu sprechen war und auch kein Geheimnis daraus machte. Hammond Burke Nicholson war ein gebildeter, vornehmer Mann, der sehr stolz auf seine Abstammung aus dem schottischen Adel war. Er hatte in der Firma viele Spitzenpositionen bekleidet und war bei der Präsidentschaft nur übergangen worden, weil Woodruff glaubte, daß es ihm an Härte mangelte. Er hielt Steeles Ausgaben – 150 000 Dollar oder mehr für einige seiner Bühnenshows – für maßlos extravagant und wollte dem einen Riegel vorschieben. Er bekam seine Chance, als Steele für einige Wochen die Stadt verließ, um sich scheiden zu lassen. Während Steeles Abwesenheit strich Nicholson sein Budget rigide zusammen.

Steele sah für sich in Atlanta keine Zukunft mehr, ging nach New York zurück und hielt nach anderen Möglichkeiten Ausschau. Im März 1949 nahm er eine Einladung zum Mittagessen im Oak Room des Plaza Hotels in Manhattan mit vier Direktoren der Pepsi-Cola-Company an. Sie boten ihm die geschäftsführende Vizepräsidentschaft in ihrem Unternehmen an. Steele akzeptierte.

Sein Ausscheiden aus der Coca-Cola Company kam natürlich nicht unerwartet, aber seine Entscheidung, zu Pepsi zu gehen, schockierte seine alten Kollegen. Steele besaß unschätzbar wertvolle Insiderinformationen. Er kannte nahezu alle ihre Geheimnisse und Schwächen. Wie er selbst erzählte, kannte er sogar die Formel.

Das erste Opfer, das unter Steeles Überlaufen zu leiden hatte, war Walter Mack. Nachdem er Pepsi seit mehr als einem Jahrzehnt geführt hatte, waren ihm ganz einfach die Ideen ausgegangen.

Die größten Sorgen waren jedoch finanzieller Natur. Woodruffs Voraussage, daß der Preis der Rohstoffe nach dem Krieg ständig steigen würde, erwies sich als zutreffend. Zucker verteuerte sich von zwei Cents pro Pfund zu Kriegsbeginn auf mehr als acht Cents nach dem Krieg. Flaschen, Verschlüsse und Kästen wurden ebenfalls teurer. Die Lohnkosten verdoppelten sich. Mack hob den Konzentratpreis an, und seine Abfüller reagierten darauf mit einer Erhöhung ihrer Großhandelspreise. Die Einzelhändler waren gezwungen, den Kunden sechs Cents oder mehr für eine Flasche in Rechnung zu stellen. Bald mußte Pepsis berühmter Jingle geändert werden. »Doppelt soviel für 'nen Nickel« wurde zu einem nicht sonderlich überzeugenden »Doppelt soviel und besser«. Pepsis Umsätze gingen zurück, während die von Coca-Cola stiegen. Mack mußte Kredite aufnehmen und die Dividende der Pepsi-Cola-Aktie kürzen, deren Kurs von 40 Dollar im Jahr 1947 auf 7 Dollar nur zwei Jahre später abstürzte.

Die Direktoren, die Steele zum Mittagessen gebeten hatten, planten einen Coup. Wenige Monate nachdem sie ihn als zweiten Mann in der Firma eingesetzt hatten, lobten sie Mack weg und übergaben Steele die Präsidentschaft. Er bekam freie Hand, alles zu versuchen, was seiner Ansicht nach Pepsis Abwärtstrend umkehren konnte. Steele begann damit, daß er Dutzende seiner alten Kollegen von der Coca-Cola Company abwarb, indem er ihnen entspannte Arbeitsbedingungen, die Freiheit, neue Wege zu gehen, und, was am reizvollsten war, weitaus höhere Gehälter versprach.

Schnell und mit einer Disziplin, die er während seiner Tätigkeit bei Coca-Cola hatte vermissen lassen, brachte Steele Pepsis Bücher in Ordnung, engagierte einen Biochemiker, um die Formel zu überprüfen und die Qualitätskontrolle zu verbessern, und machte sich daran, die verärgerten Abfüller der Firma zurückzugewinnen. Die Inflation der späten Vierziger hatte die Profite der Abfüller ausgehöhlt. Sie waren wütend auf Mack und mißtrauten der Zentrale.

»Die Zeit ist gekommen, daß ihr aufhört, in lausigen Fords herumzufahren«, erzählte er ihnen bei einer denkwürdigen Zusammenkunft. »Ich werde euch in Cadillacs setzen.«

Wie Steele es sah, lag das grundlegende Problem darin, daß Pepsi jahrelang als eine billigere Imitation Coca-Colas vermarktet worden war. Die Leute gingen davon aus, daß es minderwertiger war, weil Pepsis eigene Werbung dies im Prinzip aussagte. Pepsis einziges Verkaufsargument, die Quantität, war durch die Erhöhung der Preise entfallen. Pepsi kam am besten bei der armen Bevölkerung an – bei den Weißen der Arbeiterklasse in den Großstädten des Nordostens, bei den Schwarzen im Süden und bei Kindern.

Jetzt, da Pepsi nicht länger der günstigere Einkauf war, mußte Steele ein neues Argument finden, einen neuen Kaufgrund. Als er die Berichte seines Biochemikers durchlas, stellte er fest, was die Verbraucher schon länger wußten: Pepsi war süßer als Coke. Es enthielt mehr Zucker. Einer der Gründe, warum Pepsi vor Coca-Cola teurer wurde, lag darin, daß zwölf Unzen Pepsi mehr als doppelt soviel Zucker aufwiesen als sechs Unzen Coke.

In der Hoffnung, etwas Negatives in etwas Positives verwandeln zu können, wollte Steele den zusätzlichen Zucker in Pepsi als ein Plus für die Verbraucher vermarkten. Er entwickelte eine clevere Anzeigenkampagne, in der behauptet wurde, daß Pepsi »More Bounce to the Ounce«, also mehr Schwung pro Unze und einen höheren Nährwert als jeder andere Soft Drink aufwies. Er machte sich auch die Testergebnisse der amtlich klingenden U. S. Testing Company of Hoboken, New Jersey, zunutze, die bescheinigte, daß Pepsi »Unze für Unze eine schnellere Energiezufuhr und höhere Nährwerte als alle anderen landesweit bekannten Cola-Getränke« zu bieten hatte. Um der ganzen Angelegenheit einen zusätzlichen Anstrich von Wahrhaftigkeit zu verleihen, wurde das Ergebnis von U. S. Testing als Bericht Nr. 11561 bezeichnet und von B. A. Schroeder, dem Chefchemiker der Firma, unterschrieben und datiert. Das Forschungsergebnis wurde dann in Form einer siebenspaltigen Zeitungsanzeige in der New York Times veröffentlicht.

Auf die neue Pepsi-Kampagne reagierte die Coca-Cola Company lediglich mit einem für die Öffentlichkeit bestimmten hochnäsigen »Kein Kommentar«. Woodruff wies jedoch Nicholson an, alles über U. S. Testing herauszufinden, was möglich war. Nicholson schickte einen Freund los, um mit dem Leiter des Labors zu Abend zu essen und ihm so viele Informationen wie möglich zu entlocken. Dieser gemäßigte Versuch von Industriespionage führte allerdings zu nichts, weil der Laborleiter verschlossen blieb. Coca-Colas Chemiker verstärkten ihre Untersuchungen von Pepsi-Proben und berichteten, daß sie signifikante Schwankungen beim Zucker-, Koffein- und Phosphorsäuregehalt festgestellt hätten. Das waren Resultate, über die ein leitender Angestellter sagte, daß sie sich »im Kampf gegen das Konkurrenzprodukt nutzen ließen, wenn es nötig werden sollte«.

Bevor es jedoch zu einer Eskalation kam, stellte sich heraus, daß die »Mehr-Schwung«-Kampagne flopte. Zu Steeles (und Woodruffs) Überraschung stieß der Gedanke, daß Pepsi-Cola oder irgendein anderer Soft Drink eine Energiequelle war, beim Verbraucher auf Desinteresse. Wie sich zeigte, suchten Mütter nicht nach einer zusätzlichen Zuckerzufuhr für ihre Kinder, und Erwachsene schienen Soft Drinks lediglich als Erfrischung und Durstlöscher zu schätzen, nicht als Kalorienquelle.

Das Scheitern von Steeles erster Werbekampagne für Pepsi machte sich Ende 1950 bemerkbar, als die jährlichen Umsatzzahlen zusammengestellt wurden. Die Coca-Cola Company konnte sich mit 215 Millionen Dollar Gewinn fast eines Rekordjahrs erfreuen. Pepsi fuhr magere 40 Millionen ein, fast fünfzig Prozent weniger als drei Jahre zuvor und weniger als ein Fünftel von dem, was der Rivale zu bieten hatte. Einige von Pepsis Abfüllern stiegen aus dem Geschäft aus.

Die zuversichtliche Stimmung in der Plum Street bekam weiteren Auftrieb, weil Pepsis Schwierigkeiten mit einem bemerkenswerten Anstieg öffentlicher Zuneigung zu Coca-Cola zusammenfielen. Diese Zuneigung resultierte aus der französischen Episode, als die Kommunisten, Weinproduzenten und Intellektuellen in Frankreich den amerikanischen Soft Drink attackierten und sein Verbot durch die Nationalversammlung zu peitschen versuchten.

Woodruff war sich weiterhin sicher, daß Pepsi ganz zu Beginn mit dem Angebot eines 12-Unzen-Drinks einen »fatalen Fehler« begangen hatte. Die höheren Preise für die Rohstoffe ließen Pepsi ausbluten. Wenn die Coca-Cola Comapny und ihre Abfüller den Nickelpreis halten konnten, selbst wenn ihre eigene Gewinnspanne dadurch stark beschnitten wurde, brauchten sie sich einfach nur zurückzulehnen und zuzusehen, wie die Pepsi-Cola Company starb. Das war, mit wenigen Worten gesagt, Woodruffs Strategie. Wenn Coca-Cola weiter sechs Unzen für einen Nickel verkaufte, dann konnte nicht einmal der große Al Steele Pepsi retten.

9

Black and White

Für einen Gast in Ichauway, Robert Woodruffs Plantage im Südwesten von Georgia, pflegte der Tag kurz nach der Dämmerung mit einem harten Klopfen an die Schlafzimmertür zu beginnen. Ein schwarzer Diener kam auf leisen Sohlen herein. »Morgen, Sir«, sagte er leicht schleppend, »hätten Sie gerne ein Feuer?« Dann nahm er den Zinnschirm vom Kamin, entzündete ein Streichholz und warf es auf das Zeitungspapier unter dem trockenen Holz. In Sekundenschnelle schossen die Flammen in die Höhe, und an den Wänden des großen, kalten Raums begann orangefarbenes Licht zu tanzen.

Eine Kanne mit heißem, schwarzem Kaffee wurde zubereitet, während der Gast seine Jagdkleider anzog und zum Frühstück die Treppe hinuntereilte. In der Küche war Mattie Heard bereits seit Stunden beschäftigt. Wenn die Glocke läutete, nahmen die Gäste an dem langen Tisch im Eßzimmer Platz, und eine Reihe von Bediensteten in weißen Kellnerjacken traten hintereinander durch die Küchentür, in den Händen Platten mit brutzelndem, knusprigem Speck, Wurst, Rührei, Grütze, Buchweizenpfannkuchen, Zuckersirup aus Georgia, Zwieback und selbstgemachtem Hagebuttengelee. Manchmal grillte Mattie ein paar fette Katfische aus dem klaren, dunklen Wasser des Ichauway-Notchaway Creek, deren Fleisch frisch und weich unter der braunen Kruste dampfte.

Zu den kleinen Eigenheiten der Hausetikette gehörte es, daß Woodruff, der am Kopfende des Tisches saß, immer als erster bedient wurde. Er wachte hungrig auf und aß gerne schnell, um sich der Planung der Tagesaktivitäten zuwenden zu können. Für einen Mann mit Geld und Macht war es selbstverständlich, über mehrere Wohnsitze zu verfügen. Ihm gehörte eine Doppelwohnung im luxuriösen River House in Manhattan mit Blick auf den East River, und er nannte Buffalo Bill Codys alte Ranch in Wyoming sein eigen ebenso wie ein schönes georgianisches Herrenhaus mit weißen Säulen in der Tuxedo Road in Buckhead, der exklusivsten Wohngegend Atlantas. Aber richtig zu Hause fühlte er sich nur in Ichauway, wo er der Herr über einen 37 000 Acres großen Landsitz und die dreihundert – meist schwarzen – Menschen war, die auf ihm lebten.

Die Gäste versammelten sich nach dem Frühstück auf dem hellgrünen Rasen vor dem Jagdhaus, wo sie unter den moosbekränzten Eichen miteinander plauderten, während die Jagdhelfer letzte Hand an die kunstvolle Ausrüstung legten, die zu einer traditionellen Wachteljagd gehörte. Die Pferde wurden aus ihren Ställen geführt und gesattelt. Das Stroh in ihren Boxen wurde weggeharkt, so daß der Boden während des Tages trocknen konnte.

Zwei große Maultiere wurden vor den Jagdwagen gespannt, eine Spezialanfertigung mit hohen, feuerwehrrot bemalten Eisenrädern. Unter lautem Bellen wurden die Hunde aus ihren Zwingern geholt und in eine Reihe von Holzboxen mit Maschendrahtfenstern gesetzt. Die Vorstehhunde waren schlank und kraftvoll, was sie der Pflege von Edgar Duncan verdankten, der ihnen eine spezielle Diät aus rohem Fleisch, kleingehacktem Gemüse, Weizenschrot und einem gelegentlichen Happen Lachs aus der Dose gab. Wenn ihn ein Gast fragte, wie viele Hunde Woodruff besaß, pflegte er zu antworten: »Es ist mein Job, sie zu füttern, nicht sie zu zählen.«

Während sich Menschen und Tiere zur Jagdhütte bewegten, gab der Plantagenaufseher leichte Schrotflinten an die Gäste aus, die keine eigenen Waffen mitgebracht hatten. Jeder bekam einen kleinen Vorrat an Munition. Wenn ein Gast keine eigene Jagdkleidung besaß, wurde er mit Ledergamaschen ausgestattet, damit das spitze Dorngestrüpp seine Hose nicht in Fetzen riß.

Sobald die Gäste aufgesessen waren, führte Woodruff die Jagdgesellschaft zu einer der Dutzend alten Farmen, die zu seinem Besitz gehörten. Es gab kaum Unterhaltungen. »Ich habe ihn nie viel sagen gehört«, erinnerte sich einer der Aufseher.

Die besten Möglichkeiten zur Wachteljagd boten die Riedgrasflächen zwischen den Kiefernwaldstücken, wo der kniehohe, grasgrüne Pflanzenteppich den Vogelschwärmen Schutz gewährte.

Es war nicht schwer zu verstehen, warum Woodruff die Jagd so liebte. Draußen in der frischen Landluft zu sein, war für ihn wie ein Stärkungsmittel. Für einen Mann wie Woodruff, der Freude daran hatte, das Kommando zu führen, war die Jagd ein willkommenes Ritual, bei dem er das alleinige Sagen hatte. Gäste, Bedienstete,

Hunde und Pferde, sie alle taten, was er wollte. Und er konnte die Ergebnisse notieren. Trotz der feinen Lebensart war Ichauway ein äußerst wettbewerbsorientierter Ort. Woodruff stellte seinen Gästen zwei Fragen: »Wie viele Vögel haben Sie geschossen? Wie oft haben Sie geschossen?« Die Jagd war ein Test der Geschicklichkeit, und, auf subtile Weise darüber hinaus, der Männlichkeit. Woodruff war selbst ein begabter Schütze und erreichte seine Quote oft ohne eine einzige verschwendete Kugel. Die Beantwortung seiner beiden Fragen konnte aber auch ausgesprochen unangenehm für diejenigen sein, die ihr Ziel verfehlt hatten.

Und schließlich erlaubte Ichauway Woodruff, großzügig zu sein, nicht ohne bei dem einen oder anderen Gast ein Gefühl zu hinterlassen, in Woodruffs Schuld zu stehen. Woodruff gab seinen Besuchern fein gesäuberte Wachtelfilets und Gläser mit Hagebuttengelee als Souvenirs mit auf den Weg und verabschiedete sie normalerweise mit einem herzlichen Lebewohl, wobei er lachte und sagte: »Also, Sie haben meinen ganzen Schnaps getrunken, all mein Essen gegessen und alle meine Vögel geschossen! Es wird Zeit, daß Sie gehen!« Er sagte es mit einem Lächeln, aber die Botschaft war unmißverständlich. Ein Ausflug nach Ichauway war ein Geschenk, ein kostbares Geschenk.

Woodruff war ein geborener Südstaatler, der den Süden und seine Lebensart liebte. An den meisten Samstagabenden stellte sich in Ichauway nach dem Abendessen ein Chor aus Feldarbeitern und Bediensteten auf der Treppe zum ersten Stock des Jagdhauses auf und sang Spirituals für die Woodruffs und ihre Gäste.

Ozzie Garrett, der sich seit 1942 um die Pferde und die Ställe kümmerte, wurde eines Morgens von Woodruff ins Haus bestellt. »Du hast meine Pferde in einen ziemlich guten Zustand gebracht«, sagte Woodruff zu ihm, griff in die Tasche und gab ihm einen zerknitterten 100-Dollar-Schein. »Hätte mich fast aus den Socken gehauen, als ich sah, was es war«, berichtete Garrett später und fügte hinzu, daß er überlegt hatte, von da an den Pferden auch noch die Zähne zu putzen. »Er nahm es nicht einfach und schmiß es einem hin. Er war einer der freundlichsten weißen Männer, die ich je gekannt habe.«

Woodruffs Sekretärin Lucille Huffman kam jedes Jahr nach Ichauway und nahm eine Zählung vor, wobei sie alle Angehörigen der Plantagenfamilien zusammen mit ihren Kleidergrößen in eine Liste eintrug. Zu Weihnachten teilte Nell Woodruff Kartons mit neuen

Kleidungsstücken aus – Hosen, Hemden, Kleider, Unterwäsche, Schuhe, Strümpfe, Handschuhe, Mäntel und Kopfbedeckungen für alle Erwachsenen und Kinder, die auf dem Besitz lebten. Es war bemerkenswert, darüber waren sich die Alteingesessenen einig, welche Mühe man sich gab, dafür zu sorgen, daß alle Sachen richtig paßten. »Bei Mr. Woodruff«, sagte einer von ihnen stolz, »gab es kein ›wird schon sitzen.‹«

Zu den vielen Dingen, die man für Geld kaufen konnte, gehörte die Illusion, daß die Zeit stillstand. Woodruff gab jährlich mehr als 60 000 Dollar für den Unterhalt Ichauways aus. Dafür wurden er und seine Gäste mit der Dienstbereitschaft und Ehrerbietung belohnt, die die schwarzen Bediensteten der alten Schule in Perfektion anzubieten verstanden. Die Ehrerbietung, die die schwarzen Bewohner Woodruff entgegenbrachten, war mehr als nur fügsame Dankbarkeit. Im Sommer 1933, vier Jahre nach seinem Einzug in Ichauway, kam es auf der Plantage zu einem Lynchmord, den weiße Männer an einem schwarzen Feldarbeiter verübten. Als Woodruff in Atlanta von dem Zwischenfall erfuhr, heuerte er Detektive an, um die verschreckten Schwarzen auf seinem Land zu schützen. Die Nachricht, daß ein Plantagenbesitzer solche Mühe aufwandte, um seine schwarzen Landarbeiter vor Schaden zu bewahren, sprach sich in Baker County schnell herum, und in den folgenden Jahren wurden die Bewohner Ichauways kaum mehr belästigt.

Die Schwarzen auf Ichauway sahen Woodruff deshalb sein manchmal exzentrisches Verhalten nach. Dazu zählte auch die Anlage eines Friedhofs für seine Lieblingshunde. Woodruffs Jagdhunde wurden in Särgen begraben, unter Grabsteinen mit ihren Fotos auf Porzellantafeln, ihrem Namen, den Lebensdaten und einer sentimentalen Inschrift. Gelegentlich fanden aufwendige Begräbnisfeierlichkeiten statt. Als ein preisgekrönter Setter namens Lloyd George starb, marschierten zwölf schwarze Trauergäste in einer Fackelprozession zum Grab, wobei sie die anderen Hunde an Leinen mit sich führten und »Swing Low, Sweet Chariot« sangen. Woodruff ließ seinen Hunden auch fachmännische medizinische Fürsorge angedeihen und Operationen durchführen, wenn sie sich verletzt hatten.

Es entging den Schwarzen auf Ichauway nicht, daß die Hunde in vieler Hinsicht ein besseres Leben führten als sie selbst, aber in den meisten Fällen waren sie mehr amüsiert als ärgerlich. In Woodruffs Abwesenheit pflegten sie ihre Freunde zur Besichtigung des Friedhofs einzuladen, die darüber in der Regel lachten und ungläubig den Kopf schüttelten.

Wie fast alle weißen Südstaatler seiner Zeit hielt auch Ralph McGill, Journalist und häufiger Besucher in Ichauway, die schwarzen Landleute für untergeordnet und kindlich. Doch Jahre später gewann er den Pulitzerpreis für den Mut, mit dem er sich in seinen Artikeln für die Bürgerrechtsbewegung einsetzte.

McGill hatte noch keine Ahnung davon, welch weiten Weg er und sein Freund Woodruff in ihrer Denkweise noch zurücklegen würden.

Für Woodruff begann der Weg mit einer Rede, die Jim Farley im November 1950 in Tampa, Florida, hielt.

Wie üblich ignorierte Farley die Interessen der Coca-Cola Company zugunsten eines politischen Alleinganges. In diesem Fall war es ein drängender Appell an Präsident Truman, seinen Kampf für die Bürgerrechtsgesetzgebung einzustellen, bevor die Demokratische Partei im Süden dauerhaften Schaden nahm.

Woodruff erhielt Kenntnis von der Rede Farleys durch eine Organisation namens National Fair Play Committee aus Harlem, New York, die zu einem Boykott von Coca-Cola aufrief, weil der Coca-Cola-Abfüller in New York nicht einen einzigen schwarzen Vertreter, Fahrer, Angestellten oder Stenographen beschäftigte. Eine »häßliche Tatsache«, die offenbar die Einstellung Farleys und der Firmenleitung in Atlanta widerspiegelte.

Woodruff hatte bereits erkannt, daß sein Unternehmen in der Rassenfrage verwundbar war, auch wenn ihn dies persönlich nicht betraf. Schon in den Anfangstagen der Bürgerrechtsbewegung, als eine große Zahl von Weißen im ganzen Land die Idee von gleichen Rechten für Schwarze noch ablehnte, befanden sich die Südstaatler in der Defensive, besonders dann, wenn Lynchmorde und andere Akte offener Rassendiskriminierung in die Schlagzeilen gerieten. Woodruff fragte seinen Presseagenten Steve Hannagan um Rat, und Hannagan machte ihm warnend klar, daß die Führungskräfte des Unternehmens »schon durch die bloße Aussprache eines Wortes mit Südstaatenakzent« ihre Herkunft zu erkennen gaben und sich damit automatisch dem Verdacht aussetzten, rückständige Ansichten zu vertreten.

Hannagan ging mit trockenem Pragmatismus an die Situation heran und meinte, daß sich die leitenden Angestellten des Unternehmens öffentlich für progressive Überzeugungen einsetzen sollten, und wenn auch nur, weil es gut für das Geschäft war. Jedes andere Handeln, sagte er unverblümt, »wäre aufgrund des Partikularismus, der sich überlebt hat, für ein internationales Produkt nachteilig«. Ralph Hayes, der nach seinem Ausscheiden als »Sonderbeauftragter« auf

Teilzeitbasis für Coca-Cola tätig war und hauptsächlich die Aufgabe hatte, Woodruff in Strategiefragen zu beraten, war ebenfalls Hannagans Ansicht. Er merkte mahnend an, daß die Coca-Cola Company bei der Integration und Beförderung von Juden und Schwarzen innerhalb des Unternehmens zu zaghaft gewesen sei.

Auf Woodruffs Betreiben stellte der New Yorker Abfüllbetrieb mit Fred Graham seinen ersten schwarzen Vertreter ein, und der New York Courier applaudierte dem Unternehmen, weil es sich »dem Rhythmus der Demokratie geöffnet« hatte. Der Boykott war abgewendet.

Der Pragmatismus, der hinter den Maßnahmen der Gesellschaft steckte, war offensichtlich. Hayes wurde nicht müde, darauf hinzuweisen, daß es in den Vereinigten Staaten so viele Schwarze gab, wie es in Kanada Kanadier gab. Schwarze stellten einen riesigen Markt mit mehr als fünfzehn Millionen Konsumenten dar. Pepsi hatte sich bereits einen beträchtlichen Anteil gesichert, nicht nur weil es ein billigeres Produkt (das in einigen Gegenden den häßlichen Spitznamen »Nigger-Coke« hatte) anbot, sondern auch aufgrund seiner aufgeklärten Haltung zur Rassenfrage. Walter Mack hatte dafür gesorgt, daß einige der Collegestipendien in den Südstaaten an schwarze Studenten vergeben wurden. Die Zeitschrift Pageant nannte ihn gar »einen Geschäftsmann mit Gewissen«, im Zusammenhang mit einem Zwischenfall im Jahr 1946, als Mack unter Protest aus einem Hotel in Chicago stürmte, das einem schwarzen Mitglied des Stipendiatenausschusses die Unterkunft verweigert hatte.

Mack stellte einen schwarzen Verkaufsmanager ein und startete eine Promotionkampagne, mit der prominente Schwarze in verschiedenen Zeitungen besonders herausgestellt wurden.

Mit einem wachsamen und neidischen Auge auf die Konkurrenz bat Woodruff Hayes, der noch immer als Direktor des New York Community Trust tätig war, damit zu beginnen, auf dem Wohltätigkeitssektor »ein bißchen mehr« für Schwarze zu tun. Woodruff unterhielt bei Hayes' Bank ein privates Konto, den Sonderfonds Nr. 9, den er für Spenden verwandte, die offiziell anonym waren, deren Herkunft von den Empfängern jedoch erfragt werden konnte. Hayes regte die Aussetzung eines jährlichen Preises in Höhe von 1 000 Dollar für die National Urban League an, mit dem ein Schwarzer für besondere Leistungen auf dem Gebiet der Musik, der Kunst oder im öffentlichen Dienst geehrt werden sollte. Außerdem drängte Woodruff seine Werbeabteilung, ein Programm zu entwickeln, das dem Pepsis ähnlich war und schwarze Kunden anziehen würde.

Solche Aktivitäten waren für die Coca-Cola Company nicht ganz unproblematisch, denn sie mußte damit rechnen, daß weiße Rassisten zurückschlugen. Im April 1949 plante das firmeneigene Baseballteam, die Atlanta Crackers, im Ponce de Leon Park drei Freundschaftsspiele gegen die Brooklyn Dodgers, deren Star am zweiten Mal, Jackie Robinson, zwei Jahre zuvor die Rassenschranke im Baseball durchbrochen hatte. Der Ku-Klux-Klan in Georgia reagierte darauf mit einem Boykottaufruf. »Der Baseballclub von Atlanta bricht mit den Traditionen des Südens«, warnte Dr. Samuel Green, »und dafür wird der Club bezahlen.«

Die Spiele gingen jedoch ohne Zwischenfall über die Bühne – mit der Rekordzahl von 49 309 Zuschauern. Die Crackers gewannen das letzte Spiel mit 8 : 4. Trotz persönlicher Drohungen von seiten des K. K. K. spielte Robinson unbehelligt. Aber das Gespenst der Vergeltung für eine moderate Einstellung in der Rassenfrage verfolgte das Unternehmen noch jahrelang. Lester Maddox, ein verbissener Kämpfer für die weiße Vorherrschaft, der schwarze Kunden mit einer Spitzhacke aus seinem Restaurant jagte (und später in Georgia die Wahl zum Gouverneur gewann), warnte den Abfüller von Atlanta vor einer »Schwächung« des Widerstands gegen die Überwindung der Rassentrennung. Die sogenannte »Volksvereinigung für selektives Einkaufen«, deren Mitglied Maddox war, rief zum Ladenthekenboykott gegen Firmen auf, die der Bürgerrechtsbewegung Sympathie entgegenbrachten.

Die sicherste Methode schien für Woodruff darin zu bestehen, sich persönlich auf dem Gebiet der Wohltätigkeit zugunsten der schwarzen Bevölkerung zu engagieren, die Nachricht über seine Gesten und Taten jedoch auf die von den Schwarzen gelesene Presse zu beschränken, fernab von den Augen der Weißen im Süden und anderswo, die daran Anstoß hätten nehmen können. Woodruff nutzte abermals die Beziehungen von Hayes und trat dem Vorstand des Tuskegee Institute bei, einer von Booker T. Washington gegründeten Schule in Alabama, in der Schwarze ausgebildet wurden.

Die Coca-Cola Company inserierte nun auch in von Schwarzen gelesenen Zeitschriften und beschäftigte mit Moss Kendrix aus Washington einen farbigen Public-Relations-Berater. Lionel Hampton und Graham Jackson wurden engagiert, um bei verschiedenen Anlässen für die Coca-Cola Company zu spielen. Wenn es allerdings darum ging, einer signifikanten Anzahl von Schwarzen eine Vollzeitanstellung zu geben, zeichnete sich die Unternehmenspolitik durch extreme Zaghaftigkeit aus. Nach einem innerbetrieblichen Memo

Ende 1951 wurde der Plan, Schwarze einzustellen, aufgegeben, »vorübergehend zumindest«, weil man fürchtete, Einstellungen würden als »Kapitulation« vor Boykottandrohungen interpretiert werden.

In der Zwischenzeit setzte Woodruff seine persönlichen Diplomatiebemühungen fort, gelegentlich mit ereignisreichen Resultaten. Im Spätherbst des Jahres 1952 lud er als Teilnehmer an einer Initiative zur Spendensammlung von 25 Millionen Dollar für den United Negro College Fund zwei Dutzend der führenden Bankiers und Industriellen des Landes und ihr Gefolge zu einem feierlichen Dinner nach Atlanta ein. Anschließend sollten sie über Nacht mit einem Privatzug nach Tuskegee gebracht werden. Unglücklicherweise erwies sich einer der eintreffenden Gäste als schwarz, und nicht einmal Woodruff konnte den Capital City Club dazu bewegen, der Gruppe zu erlauben, unter seinem Dach gemeinsam zu dinieren. Woodruff mußte seine Gesellschaft drei Stunden früher in den Zug setzen und sie während der Reise in Richtung Westen nach Alabama im Speisewagen beköstigen.

Ivan Allen Jr., der spätere Bürgermeister von Atlanta, nahm als junger Stadtbeauftragter an der Fahrt teil, um sich um die bedeutenden Gäste zu kümmern, unter denen sich John D. Rockefeller III, Richard K. Mellon und Harvey Firestone Jr. befanden. Nach dem Abendessen, so erinnerte sich Allen, forderte Woodruff den Vorsitzenden der Chase National Bank Winthrop Aldrich auf, eine kurze Rede zu halten. Bei dem Bemühen, sich während des Lärms und des Hämmerns der Räder Gehör zu verschaffen, schrie Aldrich schließlich gereizt Woodruff an: »Bob, ich kann mich selbst nicht hören!« Woodruff ließ den Zug an Ort und Stelle anhalten, und während Zugbegleiter neben dem Gleis herliefen und Lichtsignale setzten, beendete Aldrich seine Ansprache. Als er fertig war, ließ Woodruff den Zug weiterfahren.

Am nächsten Morgen trug die Millionärstruppe, wegen des ungewöhnlich frostigen Windes in Mäntel eingehüllt, das Gepäck eigenhändig aus dem Zug und machte sich auf zur Besichtigung von Tuskegee. Sie bezogen in einem Schlafsaal Quartier und wurden von einigen Institutsstudenten bedient, die eine Ausbildung als Hotelmanager, Stewards und Küchenchefs absolvierten. »Das ist erstaunlich«, sagte Mellon, der Vorsitzende der Mellon National Bank in Pittsburgh, womit er die Meinung der ganzen Gruppe wiedergab.

Woodruff betrachtete die Tour als Erfolg und war begierig darauf, daß die Medien der Farbigen darüber berichteten. Er ließ Kendrix eine große Story mit dazugehörigen Fotos zusammenstellen, die im Jahr 1953 in der Februarausgabe der Zeitschrift Ebony erschien. Die

374

Titelseite zeigte ein Foto von Eleanor Roosevelt. Dazu die Schlagzeile: »Einige meiner besten Freunde sind Neger.«

Einer der besten Freunde Woodruffs war William B. Hartsfield, der Bürgermeister von Atlanta. Die beiden Männer regierten praktisch gemeinsam die Stadt und arbeiteten erfolgreich daran, jene schaurige Rassenhetze und Gewalt zu verhindern, die so viele andere Städte im Süden erschütterten.

Wie Woodruff hatte auch Hartsfield praktische Gründe für seine Progressivität. 1946 erklärte der Oberste Gerichtshof der Vereinigten Staaten die Vorwahlen der Demokratischen Partei in Texas, bei der nur Weiße zugelassen waren, für ungesetzlich. Hartsfield sah die Unvermeidbarkeit des Wahlrechs für Schwarze voraus, und statt bis zum bitteren Ende Widerstand zu leisten, beschloß er, der schwarzen Gemeinde Atlantas Brücken zu bauen und die Unterstützung ihrer Führer zu suchen.

Hartsfield ließ die diskriminierenden Schilder in öffentlichen Gebäuden, die die Menschen nach ihrer Hautfarbe trennten, entfernen und stellte sogar Schwarze als Polizisten ein, die allerdings nur beschränkte Aufgaben wahrnahmen. Bei allen seinen Unternehmungen handelte Hartsfield nur, nachdem er Woodruff konsultiert und seinen Segen eingeholt hatte. »Bill denkt, daß er die Stadt regiert«, sagte Woodruff einmal zu einem Besucher, nur halb im Scherz. »Zum Teufel, es ist meine Stadt.«

Wie so viele andere war Hartsfield Woodruff verpflichtet. Kurz nach seiner ersten Wahl zum Bürgermeister im Jahr 1936 wandte sich Hartsfield an die Coca-Cola Company und bat darum, Schuldscheine im Wert von 730 000 Dollar einzulösen, die die bargeldlose Stadt an ihr Personal anstelle des Gehalts für den letzten Monat des Jahres ausgegeben hatte. Dank Woodruff konnten viertausend städtische Angestellte und Schullehrer das Weihnachtsfest genießen, und Hartsfield trat sein Amt als gefeierter Held an. Als Hartsfield 1940 seine einzige Wahl verlor, zahlte ihm Woodruff in aller Stille einen anwaltlichen Honorarvorschuß, der ihn bis zur nächsten Wahl, die er gewann, über Wasser hielt. Danach war er mit Hilfe Woodruffs, der seine Kampagnen unterstützte, bei sämtlichen Wahlen siegreich, bis er sich 1962 schließlich zurückzog.

Woodruff konnte sich nahezu wegen jeder Gefälligkeit, die er erwiesen haben wollte, an das Rathaus wenden. Atlantas Polizeichef Herbert Jenkins machte persönlich Patrouillengänge um Woodruffs Haus, wählte seine Alarmanlage aus und überprüfte die Zuverlässig-

keit seiner Nachtwächter. Als Woodruffs Chauffeur Lawrence Cal-
houn starb, nahm Hartsfield am Begräbnis teil, eine beispiellose
Geste eines weißen Bürgermeisters aus den Südstaaten gegenüber
einem schwarzen Diener. Hartsfield hatte ein Porträt von Woodruff in
seinem Büro hängen, wo er seinen Gästen Coca-Cola und sich als
Bürgermeister von »Coca-Cola City« bezeichnete.

Was Woodruff wollte, war eine gute Atmosphäre für das Geschäft.
Trotz des nostalgisch anmutenden Lebensstils in Ichauway teilte
Woodruff Hartsfields Ansicht, daß der legendäre Glanz des alten
Südens, das Bild, das Margaret Mitchell in »Vom Winde verweht«
gezeichnet hatte, eine grausame Lüge war. »Die verdummende Sünde
des Südens ist die Verehrung des Südens«, sagte Hartsfield einmal.
»So viele reden von Magnolien und wunderschönen Frauen und
milden Nächten, und so viele von ihnen kannten nur Hakenwürmer
und Armut.« Woodruff glaubte an die Idee vom »Neuen Süden«,
nicht im Sinne regionaler Eigenständigkeit, sondern als Einladung an
Investoren aus dem Norden, ihre Fabriken im Süden zu errichten, wo
an niedrige Löhne gewöhnte, gewerkschaftlich nicht organisierte
Arbeiter, schwarze und weiße gleichermaßen, bereit waren, sich von
der Feldarbeit abzuwenden, ans Fließband zu treten und für angemessene Löhne die Stechuhr zu drücken.

Woodruff saß im Direktorium mehrerer großer Firmen und drängte
die übrigen Mitglieder ständig mit Nachdruck, ihre Sitzungen in
Georgia abzuhalten, wo er großartige Willkommensdemonstrationen
aufziehen würde. Er trat manchmal auf, als wäre er eine Ein-Mann-
Handelskammer. 1950 nötigte er beispielsweise das Direktorium von
General Electric nach Georgia zu kommen, brachte die Männer zur
Besichtigung des Werks der Georgia Power Company in den Norden,
bewirtete sie mit einem Buffet im Freien, setzte sie in die Drahtseilbahn von Tallulah Gorge und ließ nicht locker, bis er Charles Wilson,
dem GE-Präsidenten, das öffentliche Versprechen abgelockt hatte,
daß die Firma eine Betriebsanlage in Georgia bauen würde.

Alle Ziele Woodruffs, für sein Unternehmen, für seine Stadt und
seinen Staat, waren abhängig von einer Atmosphäre der Rassenhar-
monie. Jede Kreuzverbrennung und Lynchaktion, jedes Auspeitschen
eines Kettensträflings, jedes Schild mit der Aufschrift »Nur für
Weiße«, jede anrüchige Attacke gegen prominente Schwarze trug zu
dem Bild bei, daß der Süden eine verelendete, rückständige Gegend
war, und schreckte Investoren ab. Woodruff bemühte sich verzweifelt
darum, daß die Region ihr Sonntagsgesicht zeigte, aber leider stellte
der Süden allzuoft ein anderes Gesicht zur Schau.

Woodruffs Machtstreben und sein politischer Einfluß in Atlanta waren beispiellos. In keiner amerikanischen Großstadt der damaligen Zeit gab es einen einzelnen Geschäftsmann, der so viele Entscheidungen traf, die so viele Aspekte des Lebens in der Kommune betrafen. Woodruff beherrschte nicht nur den Bürgermeister und den Stadtrat, er dominierte auch uneingeschränkt die kleine Gruppe von Entscheidungsträgern: die Leiter der Anwaltskanzleien, Banken, Colleges, Dienstleistungs- und Handelsbetriebe der Stadt. Die Wirtschaftselite hatte in einer Stadt ohne politischen Apparat, ohne ein nennenswertes organisiertes Verbrechen, ohne große Industriekonzerne und mächtige Gewerkschaften ungewöhnlich großen Einfluß, und sie betrachtete Woodruff als ihren unangefochtenen Führer.

Der Grund für seine unantastbare Position war natürlich der gewaltige Reichtum der Coca-Cola Company. Mit einem Kurswert von mehr als einer halben Milliarde Dollar überragte Coca-Cola alle anderen Unternehmen in der Stadt wie ein Koloß. Obwohl es sich um eine Aktiengesellschaft mit rund 15 000 Einzelaktionären handelte, gelang es Woodruff, die alleinige Kontrolle zu gewinnen, womit er die Verfügungsgewalt über die größte Kapitalansammlung im Süden hatte. Er schaffte dies bezeichnenderweise durch eine Reihe komplizierter Arrangements.

Als Emily Woodruff schwer und, wie sich herausstellte, unheilbar erkrankte, bat sie ihren ältesten Sohn, der Religion einen größeren Platz in seinem Leben einzuräumen. Robert Woodruff tat sich schwer, dieser Bitte Folge zu leisten. Aber er war sich mit seiner Mutter darin einig, daß es gewisse Verpflichtungen gab, denen man sich nicht entziehen konnte. Sie erhob sich manchmal aus ihrem Bett im Emory-Hospital, kleidete sich mühsam an und fuhr mit ihrem Chauffeur los, um den Armen Nahrungsmittel, Kleider und Geld zu bringen. »Ich kann noch nicht sterben«, sagte sie dann zu ihrer Krankenschwester. »Es gibt zu viele Menschen, die sich auf mich verlassen.« Sie erzählte niemandem, wohin sie fuhr oder wer die Empfänger waren, sondern erklärte nur, daß es Menschen waren, die ihrer Hilfe bedurften. Sie verschwand einfach für ein paar Stunden und kehrte dann erschöpft zurück.

Robert Woodruff kam mit seiner Mutter darin überein, daß ihr Vermögen zur Verbesserung des Gesundheits- und Bildungswesens im Süden verwendet werden sollte.

Woodruffs Verzicht auf das Erbe war aber nicht allein von Großzügigkeit motiviert. Die Verteilung des Besitzes seiner Eltern würde einen großen Einfluß auf die Kontrolle über die Coca-Cola Company zur Folge haben, und Woodruff war klug genug, um zu erkennen, daß Wohltätigkeit ein Instrument war, das er einsetzen konnte, um diese Kontrolle in der Hand zu behalten. Da er keine eigenen Kinder hatte, die es zu versorgen galt, und nur wenig Interesse an der Mehrung seines persönlichen Reichtums, war Woodruff sehr daran gelegen, das Familienvermögen zum Wohle der Menschheit eingesetzt zu sehen – aber nur so lange, wie der Hauptanteil davon aus Coca-Cola-Aktien bestand, über die er die Kontrolle ausübte.

Nach langen Überlegungen und vielen Gesprächen hatte Woodruff die Grundsätze seiner Philanthropie gefunden: Er wollte den Fortschritt der Region fördern, indem er Bildungseinrichtungen ins Leben rief, an deren Aufbau sich auch andere reiche Bürger Atlantas finanziell beteiligen sollten. Wenn seine Familie Coca-Cola-Aktien verkaufen würde, um Geld für gute Zwecke zu stiften, würde sich ihr soziales Engagement auf einmalige Schenkungen an Unterstützungsempfänger außerhalb ihrer Kontrolle beschränken, und sie könnte andere kaum inspirieren, ebenfalls etwas zu geben. Statt dessen gedachte Woodruff, die gesamten Coca-Cola-Aktien der Familie in eine Art Stiftung zu überführen, deren Einnahmen für entsprechende Spenden verwendet werden konnten und andere herausforderten, sich gleichfalls zu beteiligen. Es wurde bald zu einem Markenzeichen von Woodruff, daß er für Projekte, die ihn interessierten, die Hälfte – und nur die Hälfte – des Geldes gab, das benötigt wurde.

Woodruff begann damit, ein Netz wohltätiger Stiftungen einzurichten, weil er deren Funktion zur Erhaltung der Kontrolle über das Unternehmen erkannt hatte. Die Direktoren dieser Stiftungen hatten auf seine Weisungen zu hören, und zu ihren Pflichten gehörte es nicht nur, den Menschen zu helfen, sondern auch an den ihnen geschenkten Coca-Cola-Aktien festzuhalten. Woodruff überredete seine Brüder George und Henry, wie er alle Erbansprüche auszuschlagen, und überzeugte seinen Vater von der Einrichtung der Emily und Ernest Woodruff Foundation, um den Familienbesitz in der Form einer wohltätigen Stiftung zu erhalten und zu verwalten. Woodruff ernannte sich selbst zum Präsidenten des Stiftungsrats.

Woodruff und sein Rechtsanwalt Hughes Spalding gingen mit ähnlichen Maßnahmen auch bei der Verfügung des Familienvermögens der Whiteheads vor. Nachdem ihre beiden Söhne sehr früh gestorben waren, und da es keine Enkel gab, besaß Lettie Whitehead Evans, die Witwe des Abfüllerpioniers von Coca-Cola, ein beträchtliches Vermögen, das auch sie durchaus gewillt war, philanthropischen Zwecken zur Verfügung zu stellen. Woodruff gründete die Lettie Pate Evans

Foundation, wobei er 7 500 Dollar seines eigenen Geldes einsetzte. Lettie Whitehead Evans willigte ein, die Stiftung zu unterstützen, machte Woodruff zu ihrem Präsidenten und vertraute ihm Coca-Cola-Aktien im Wert von zehn Millionen Dollar an.

Gemeinsam verschafften die Familienstiftungen der Woodruffs und Whiteheads Robert Woodruff die direkte Kontrolle über zehn Prozent des Aktienkapitals Coca-Colas. Aber dies war nur ein Teil des Einflusses, den er auf die Firma ausübte. Er setzte auch die Coca-Cola International Corporation ein, die Holdinggesellschaft, die sein Vater Jahrzehnte zuvor gegründet hatte und die noch immer mehr als ein Viertel des Aktienkapitals hielt. Die Bank seines Vaters, die Trust Company of Georgia, besaß weiterhin die Coca-Cola-Aktien, die sie im Jahre 1919 erworben hatte. Außerdem verwaltete die Bank eine ganze Anzahl von Treuhandfonds, die zusammen über mehr als eine halbe Million Coca-Cola-Aktien verfügten – weitere zehn Prozent des Aktienkapitals.

Woodruff hatte zu jedem Zeitpunkt mindestens ein halbes Dutzend Coca-Cola-Direktoren im Direktorium der Bank sitzen, was garantierte, daß die Interessen des Unternehmens gebührend berücksichtigt wurden. Die Bank ignorierte wiederholt ihre Schweigepflicht und benachrichtigte Woodruff stets, wenn ein Anleger Coca-Cola-Aktien verkaufen wollte, so daß er einschreiten konnte.

Als Tom Glenn, der lebenslange Stellvertreter seines Vaters und Vorsitzender der Trust Company, 1946 starb, ließ Woodruff ihn durch einen loyalen Freund ersetzen, durch John Sibley, Coca-Colas früheren Syndikus.

1947 geriet Howard Candler in rechtliche Bedrängnis durch seine Schwester und seinen Bruder, die das Grundbesitzimperium der Familie auseinanderbrechen und die einzelnen Stücke an einen New Yorker Baulöwen verkaufen wollten. In der Hoffnung, den Candler-Besitz zusammenhalten zu können, wandte sich Howard an Woodruff, der genügend Geld aufbrachte, so daß die Emory University die Mehrheit der Candler Company aufkaufen konnte. Als Candler wegen der Rettungsmission noch vor Dankbarkeit glühte, trat Woodruff an ihn heran und bewegte ihn dazu, seinen Besitzanteil an Emory zu verpfänden – ein Geschenk im Wert von fünf Millionen Dollar.

Auf bedauerliche Weise stellte auch Woodruffs eigener Bruder Henry sein Vermögen in den Dienst der Wohltätigkeit. Henry Woodruff hatte sich nie völlig von seinen periodischen Nervenzusammenbrüchen erholt und beging 1947 Selbstmord.

Henry überließ den größten Teil seines Besitzes der Emily und

Ernest Woodruff Foundation und half damit, Roberts Kontrolle über die Coca-Cola Company zu festigen. Robert ging der Tod seines Bruder sehr nahe. Er machte sich für dessen Selbstmord verantwortlich, obwohl er allen Berichten nach alles, was er konnte, für seinen Bruder getan hatte. Henry hatte die häufigen Einladungen, bei Robert und Nell in Atlanta und an ihren anderen Wohnsitzen zu wohnen, abgelehnt und es vorgezogen, allein auf der elterlichen Farm bei Richmond zu bleiben.

Seine Mutter hatte Robert gebeten, sich nach ihrem Tod um Henry zu kümmern, und er glaubte, sein Versprechen nicht eingehalten zu haben. »Es berührte ihn mehr als alles andere, was ich je bei ihm gesehen habe«, sagte Joe Jones, der Woodruffs »Haushofmeister« geworden war. In dem Jahr nach Henrys Tod war Woodruff launischer und unbeständiger als je zuvor und litt häufig unter kleineren Krankheiten. Er begann zu trinken und schlief weniger, als es der Gesundheit zuträglich war. Während eines Aufenthalts in New York im August 1948 wurde er mit einem mysteriösen Virus und 40,5 Grad Fieber ins Roosevelt Hospital eingeliefert. Nach drei Tagen begann sich Woodruff langsam zu erholen.

Während er auf seiner Ranch in Wyoming genas, schwor er, in Zukunft besser auf sich aufzupassen. Er gab das Trinken zwar nicht auf und legte auch seine immerwährende Unzufriedenheit nicht ab, aber er schien wieder entschlossen, die führende Rolle zu übernehmen, wenn es galt, Atlanta und, wenn möglich, große Teile Georgias durch die Unbilden des gesellschaftlichen Wandels zu geleiten, der in den Fünfzigern kommen würde.

Doch all dies hing vom fortgesetzten Erfolg der Coca-Cola Company ab, und daran bestanden starke Zweifel.

Al Steele erholte sich schnell vom Scheitern seiner »Mehr-Schwung«-Kampagne. Als er erkannte, daß seine Taktik nicht aufging, stieg er schnell auf eine neue Angriffsstrategie um. Der abtrünnige Coca-Cola-Mann beschloß, mit seinem alten Arbeitgeber auf dessen ureigenem Gebiet zu konkurrieren – auf dem Gebiet der Qualität.

Pepsi war jahrelang als minderwertigerer Coca-Cola-Ersatz gehandelt worden. Steele stellte dieses Image auf den Kopf. Er ließ ein hübsches neues Logo entwickeln und es mit Farbe statt mit Papieretiketten auf die Flaschen auftragen. Er ersetzte die eisernen Reklameschilder der Firma, die Rost ansetzten, durch Aluminiumschilder und verstärkte die Pappe von Pepsis Sechserkartons, die zum Reißen neigten. Doch besonders viel Aufmerksamkeit erzielte er mit der

Tatsache, daß er Faye Emerson, eine üppige blonde Schauspielerin, anheuerte, um Pepsi im Fernsehen anzupreisen.

In ihrer Show servierte sie Pepsi in geschliffenen Pokalen auf einem Silbertablett, goß es über gestoßenes Eis in eine Kristallschale, trank es aus Champagnergläsern und vermittelte dem Produkt damit ein ganz neues positives Image.

Pepsis Umsätze erholten sich und begannen wieder zu steigen. Steele drückte die Kosten, indem er auf eine kleinere Flasche umstieg und den Zuckeranteil in seiner Formel zurückschraubte. Dann steckte er die Ersparnisse in die Werbung, in den Vertrieb und in moderne Betriebe. »Wenn man eine Kuh melken will«, erklärte er, »dann muß man sie füttern.« Er konkurrierte mit Coca-Cola auf dem neuen lukrativen Verkaufsfeld der Getränkebecherautomaten, und er schloß Verträge über die Aufstellung von Pepsi-Geräten in Kinos, in Camps der Army und auf Kreuzfahrtschiffen ab.

Vor allem erinnerte sich Steele an die Lektion, die er bei der Coca-Cola Company gelernt hatte: Soft Drinks waren keine Notwendigkeit. »Wir stillen kein Grundbedürfnis der Menschen«, sagte er gerne. »Unsere Produkte putzen keine Zähne, polieren keine Schuhe und erhöhen nicht den Hormonspiegel.« Das Geschäft basierte allein auf Verkaufsgeschick. Ohne ständige Promotion und eingängige, allgegenwärtige Werbung würde es eingehen.

Woodruff und sein zunehmend gequält wirkendes Team in der Plum Street schienen jedoch vergessen zu haben, wie man ein Produkt verkaufte. Die Radiowerbung, nie Coca-Colas starke Seite, befand sich in einem steilen Abstieg. Die populärste Sendung der Firma, eine musikalische bunte Stunde, fiel auf den 42. Platz der bewerteten 126 Shows, und um die anderen stand es noch weitaus schlechter. Singin' Sam mußte abgesetzt werden, ebenso »Claudia«, die Seifenoper der Gesellschaft.

Nichts hatte sich schädlicher ausgewirkt als der Verlust Archie Lees, der sich 1950 zunächst zurückgezogen hatte und bereits 1951 an Krebs gestorben war. Lees ehemalige Mitarbeiter in der D'Arcy-Agentur waren mit seinem Erbe überfordert. Dem Mann, der »die Pause, die erfrischt« populär gemacht hatte, folgte ein Komitee von Stümpern, deren Vorstellung von einem frischen neuen Slogan, rechtzeitig veröffentlicht für die Saison des Jahres 1952, lautete: »Was du willst, ist eine Coke.«

Die Coca-Cola Company hätte noch lange unbehelligt dahinhinken können, ohne in eine ernste Krise zu geraten, hätte sie sich nicht selbst unter Druck gesetzt, indem sie an den Verkaufspreis von einem

Nickel festhielt. Der inflatorische Druck, der sich auf Pepsi ausgewirkt hatte, ereilte schließlich auch Coca-Cola. Er beschnitt die Gewinnspannen der Abfüller und trieb sie in vielen Fällen in die roten Zahlen. Sie waren einigermaßen ruhig geblieben, solange sie daran geglaubt hatten, daß ihr Opfer die Konkurrenz vernichten würde. Jetzt jedoch führte Steele an jedem Tag, der verging, beweiskräftig vor, daß die Verbraucher sechs oder acht Cents oder sogar einen Dime für Pepsi auszugeben bereit waren.

Die Abfüller wurden widerspenstig. Sie zahlten achtzehn Cents für eine Gallone Benzin, vier Cents mehr als vor dem Krieg, und die Kosten für Flaschen, Kronenkorken und Kästen waren ebenfalls gestiegen. Billige Arbeitskräfte gab es nicht mehr. Einige konnten es sich nicht leisten, ihre Lastwagen neu anzustreichen. Als Woodruff im Herbst 1950 ein Abendessen für eine Abordnung der Abfüller plante, warnte ihn Harrison Jones davor, daß seine Gäste in rebellischer Stimmung sein würden.

Woodruff lehnte es aber ab, sich zu beugen. Mit Überredungskraft und der subtilen Androhung von Repressalien brachte er neun der erfolgreichsten Abfüller der Firma dazu, ihren Kollegen einen gemeinschaftlichen Brief zu schreiben und sie zu drängen, beim Nickel zu bleiben. Einige der Empfänger reagierten mit vernichtendem Hohn. »Es passiert wahrscheinlich nur einmal im Leben, daß man einen Brief von neun Millionären bekommt, die alle auf einem Blatt Papier stehen«, schrieb Jeff Martin, der Abfüller aus Lincoln im Staat Nebraska zurück. »Ich glaube, ich werde ihn einrahmen lassen.« Im Gegensatz zu ihnen, erklärte er, hätte er kein überschüssiges Kapital herumliegen und könnte sich »sehnsüchtiges Hoffen darauf, daß irgendein Wunder passiert«, nicht leisten.

Ein Aufstand war nicht mehr zu verhindern, aber in einer Beziehung hatte Woodruff Glück: Sein Hauptwidersacher Veazey Rainwater Jr., Sohn eines der Stammabfüller, entpuppte sich als Phantast. In den Wochen vor der jährlichen Aktionärsversammlung am 7. Mai 1951 veranstaltete Rainwater überall im Land eine Reihe von »Coketail«-Partys und versuchte, unzufriedene Abfüllerkollegen zu rekrutieren, die ihm helfen sollten, Woodruff die Kontrolle über das Unternehmen zu entreißen. Seine Aktionen verloren jedoch an Schlagkraft, als sein Vater von ihm abrückte und seine Frau die Scheidung einreichte.

Als der junge Rainwater beim Jahrestreffen aufstand, um seine Sache vorzubringen, hatte er keinen Rückhalt. Ein großer Teil seines Vortrags war einfach nur lächerlich – er begann mit dem Vorschlag, daß Coca-Cola-Abfüller ein »Drink-O-Meter« tragen sollten, das anzeigte, ob mindestens die Hälfte ihrer täglichen Flüssigkeitsaufnahme aus Coke bestand.

Dennoch – das Spektakel eines sich gegen das Management auflehnenden Abfüllersprößlings war neu und darüber hinaus auch ein bißchen beunruhigend. Rainwater hatte eine lange Liste von Vorschlägen für Verbesserungen mitgebracht, von denen viele keineswegs lächerlich waren: Flaschen mit einem Inhalt von knapp einem Liter, Coca-Cola auf Speisekarten, Werbeaktionen, die sich speziell an Hausfrauen richteten, Gratisausgabe von Cokes in Autoausstellungsräumen, Geschenkgutscheine, Anzeigen im Fernsehen, leichtgewichtige Kühlgeräte für die Aufstellung in Büros.

Ein weiterer Störenfried war nach Wilmington gekommen: Woodruffs Vetter Waldo Woodruff Sr., ein reicher und streitbarer Geschäftsmann aus Columbus, Georgia. Er wollte sich über den Stillstand bei der Kursentwicklung der Coca-Cola-Aktie beklagen. Was sein Erscheinen erinnerungswürdig machte, waren seine ersten Worte. Bill Hobbs, der Präsident der Coca-Cola Company, hieß ihn auf der Versammlung willkommen, und Waldo Woodruff fragte: »Wer sind Sie?«

Das war eine gute Frage. Am Ende seines fünften Jahres als Präsident hatte Hobbs wenige Pflichten, traf kaum eine Entscheidung und trat fast nie öffentlich auf.

Seine Untätigkeit angesichts der jüngsten Gesundheitskampagne gegen Coca-Cola spiegelte die völlige Unschlüssigkeit in der Führungsetage des Unternehmens wider. Im Herbst 1950 hatte Professor Clive M. McCay von der Cornell University vor einem Ausschuß des Repräsentantenhauses ausgesagt, daß der Zucker in Coca-Cola Zahnschäden verursache. Die Phosphorsäure sei ein gefährlicher Zusatzstoff. Dr. McCay beschrieb, wie ein Zahn, den man in ein Glas Coca-Cola legt, weich wird und sich nach zwei Tagen aufzulösen beginnt. Seine anschauliche Schilderung war augenblicklich Gesprächsstoff im ganzen Land.

Hobbs hatte die Aufgabe, die Reaktionen des Unternehmens zu koordinieren, aber er ging dieser Aufgabe nur zaudernd nach. Coca-Colas Chefchemiker Orville May erklärte Hobbs und den anderen Führungskräften der Firma, daß jedes Getränk, das Zucker und Phosphorsäure enthielt – auch frischer Orangensaft –, Zähne innerhalb einer gewissen Zeit auflösen würde. Der springende Punkt war jedoch, daß die Leute Nahrungsmittel und Getränke nicht tagelang hintereinander im Mund behielten. Sie schluckten Zucker und Säure, bevor ein dauerhafter Schaden entstehen konnte. Anderenfalls hätte das ganze Land zahnlos sein müssen.

Dr. Mays Argument war vernünftig, aber es lief auf jene defensive, unappetitliche Erklärung der einzelnen Bestandteile in Coca-Cola hinaus, die Woodruff immer in der Öffentlichkeit zu vermeiden trachtete. Pope Brock, der normalerweise entscheidungsfreudige Syndikus der Firma, gab zu, daß er keine Ahnung hatte, »welche Verfahrensweise im Zusammenhang mit einer Erwiderung angewandt werden sollte«, und verwies darauf, daß die Frage »reiflicher Prüfung und Überlegung« bedurfte. Hobbs setzte einen Ausschuß ein, der darüber nachdenken sollte, was zu tun sei. Er debattierte noch mehrere Monate später über dasselbe Problem.

Die Abfüller, bereits wegen der sinkenden Einkünfte gereizt, wurden aufs neue aufgeschreckt, als Ärzte, Zahnärzte und Lehrer ihrer Besorgnis über die mögliche Gefährlichkeit Coca-Colas Ausdruck verliehen. Ralph Hayes versuchte, Hobbs zu einer Entscheidung zu drängen. »Ich bin selbst ein alter Hinundherschieber und will das Hinundherschieben von Papieren nicht verschreien«, meinte er. »Aber das Hinundherschieben sollte letzten Endes in Beschlüsse, Politik und Aktionen münden.«

Schließlich übten Brock und Ed Forio, der Cheflobbyist der Firma, Druck auf Hobbs aus, damit er etwas unternahm, weil »Diätfanatiker, Kommunisten, Spinner und dergleichen« weiterhin für Schlagzeilen sorgten, während die Gesellschaft schwieg. Hannagan stimmte dem zu und schlug eine Kampagne vor, die Dr. McCay und andere Ernährungssachverständige als Advokaten »einer Mischdiät aus Würmern und Rizinusöl« lächerlich machen sollte. Hobbs zögerte noch immer.

Am Ende fiel Nick Nicholson, dem »elder statesman« des Unternehmens, die Aufgabe zu, Alarm zu schlagen und Woodruff klarzumachen, daß Veränderungen notwendig waren. Nicholson war als Aufrührer eigentlich kaum denkbar, deshalb traf Nicholsons Alarmruf Woodruff schwer. Der Tadel Nicholsons zielte auf Hobbs, aber es war offenkundig, daß er auch Woodruff einschloß. Ein Freund, der Woodruff wenig später sah, sagte, es sei das erstemal in seinem Leben gewesen, daß er Woodruff verwirrt und orientierungslos erlebt habe.

Nicholson griff die verschiedenen Probleme auf, die die Firma plagten, und beschuldigte die Führung der Untätigkeit. Seit 65 Jahren sei Coca-Cola aufgrund seiner Qualität zu Spitzenpreisen verkauft worden. Das Beibehalten des Nickelpreises führe dazu, daß Coca-Cola im Bewußtsein des Konsumenten das billigere, nicht das bessere Produkt sei: Die Einkünfte würden schwanken, das Unternehmen sei von Steuern und steigenden Kosten umzingelt, und die Abfüller seien »abgemagert, hungrig und schwach«, nicht fähig, sich Promotion oder auch nur einen anständigen Service zu leisten. Das Design der Coca-Cola-Flasche sei aus der Mode gekommen. Werbung, Public Relations und Betriebsmoral seien schlecht. Coca-Cola sei Angriffen von seiten der Gesundheitsbehörden ausgesetzt. Und was die Verwaltung der Firma angehe, würde es Zeit, »unser Haus in Ordnung zu bringen«.

Woodruff brütete mehrere Wochen über Nicholsons Breitseite. Er war müde, klagte über Kopfschmerzen und »fühlte sich den ganzen Tag über abgeschlafft«, bis er schließlich den Willen zum Handeln aufbrachte. Er berief Zusammenkünfte mit Abfüllern im ganzen Land ein und gab bekannt, daß er ins aktive Management des Unternehmens zurückkehre und »auf Dauer im Spiel« bleiben würde.

Hobbs wurde gefeuert. Woodruff setzte Nicholson als Übergangspräsidenten ein, machte aber klar, daß er beabsichtigte, selbst die Entscheidungen zu treffen. Er begann damit, daß er Dr. McCay ausmanövrierte. Wenn ein Professor der Ernährungswissenschaft von der Cornell University Coca-Cola als Gesundheitsrisiko diskriminierte, dann schlug man am besten zurück, indem man ein noch größeres Kaliber engagierte und das Gegenteil verlauten ließ. Die Unternehmensstiftung »Chemistry Scholarship Fund« gab Fredrick J. Stare, dem Vorsitzenden der ernährungswissenschaftlichen Fakultät an der Harvard's School of Public Health, einen Forschungsauftrag über 5 000 Dollar, und bald schrieb Dr. Stare einen Artikel für die Zeitschrift McCall's, in dem er Teenagern riet, ihre Ernährung durch das nachmittägliche Trinken einer Coke zu verbessern. Mit Hilfe weiterer Zuschüsse von seiten des Fonds, die seine Forschungen beflügelten, schrieb Dr. Stare Briefe an Schulleiter und andere Institutionen, in denen er die Vorstellung, daß Coca-Cola Zahnlöcher verursachte oder Zähne gar auflöste, widerlegte. Mit der Zeit glatteten sich die Wogen.

Nachdem er das Kommando wieder an sich genommen hatte, ordnete Woodruff eine Reihe von Veränderungen an, darunter die Schaffung eines längst überfälligen Büros für Öffentlichkeitsarbeit und den Kauf des ersten Firmenflugzeugs Coca-Colas, eine DC-3, die er in Anspielung auf den Mädchennamen seiner Mutter »Windship« taufte. Nach Hobbs' Ausscheiden wurde Ben Oehlert wieder eingestellt, und die Atmosphäre wurde spürbar besser.

Als er sich mit seinen neu erwachten Energien jedoch der Preisfrage zuwandte, sah Woodruff seine Hände gebunden. Er räumte widerstrebend ein, daß viele Abfüller das Bedürfnis hatten, die Preise zu erhöhen, aber er sah keine Möglichkeiten für sie, dies ohne schwerwiegende Konsequenzen zu tun. Wenn sich der Verkaufspreis einer Coke verdoppelte und auf einen Dime stieg, würde der Absatz drastisch zurückgehen. Die Verbraucher mochten zehn Cents für ein Zwölf-Unzen-Pepsi zahlen, aber nicht für eine Flasche Coca-Cola mit einem Inhalt von sechseinhalb Unzen. Und wenn der Preis dazwischen lag, bei sechs oder sieben Cents, würde sich die Logistik zu einem Alptraum entwickeln, weil mehr und mehr Coca-Cola über Automaten verkauft wurde, die keine Vorrichtung für den Einwurf von Ein-Cent-Münzen aufwiesen. (Ein Abfüller in South Carolina versuchte, zwei Eincentmünzen auf den Boden seiner Flaschen zu kleben und diese jeweils für einen Dime zu verkaufen, ein Experiment, das jedoch scheiterte.) Über die logische Folge, eine größere Flasche zu produzieren, war Woodruff nicht bereit nachzudenken.

Angesichts der unglücklichen Situation entschied Woodruff sich, den exotischsten Lösungsansatz zu sondieren: Er ließ in Washington auskundschaften, ob der Kongreß der Prägung einer neuen 7½-Centmünze zustimmte.

Zum ersten Mal in seiner Karriere unterstützte Woodruff offen einen Präsidentschaftskandidaten – seinen guten Freund (und Wohltäter in Kriegszeiten) Dwight Eisenhower.

Die beiden Männer lernten sich bei einem Dinner in New York City während des Sommers 1945 kennen, als Eisenhower einen umjubelten Heimatbesuch machte. Die Vorliebe des Generals für Coca-Cola war ungetrübt. Als er bei einem Zwischenstopp gefragt wurde, ob es irgend etwas gab, das er sich wünschte, erwiderte er: »Könnte mir jemand eine Coke reichen?« Und nachdem er sie ausgetrunken hatte, sagte er, er hätte einen weiteren Wunsch: »Noch eine Coke.« Natürlich war die versammelte Presse anwesend – Eisenhower bescherte der Coca-Cola Company einen hübschen Publicityerfolg.

Woodruff pflegte eine enge Beziehung zu Eisenhower und ermutigte seine aufkeimenden politischen Ambitionen seit 1948, als es so schien, daß der General bei der Präsidentschaftsnominierung der Demokraten gegen Harry Truman antreten könnte. Viele Demokraten in den Südstaaten drohten wegen der Bürgerrechtsfrage die Partei zu verlassen. Für sie war Eisenhower eine attraktive, konservative Alternative. Die Demokratische Partei Georgias ging so weit, daß sie Eisenhower als Präsidenten und Senator Richard Russel aus Georgia als seinen Vizepräsidenten auf die Kandidatenliste setzte. Während eines Besuchs des National Golf Course in Atlanta im Frühjahr 1948 schmuggelte Woodruff einen Reporter und Fotografen vom Magazin Life auf das streng abgeschirmte Gelände, um ihnen Gelegenheit zu geben, Eisenhower hinsichtlich seiner Pläne zu interviewen. »Im Augenblick trete ich nur zum Mittagessen an«, wich der General der Frage geschickt aus.

Auch nachdem Eisenhower entschieden hatte, aus dem Rennen auszusteigen, setzte Woodruff seine Bemühungen fort. Er mochte Eisenhower wirklich, aber es war keine Frage, daß er auch einige sehr handfeste praktische Gründe dafür hatte, sich einen Freund im Weißen Haus zu wünschen. Wie gezielt Woodruffs Aktionen waren, konnte man einer Einladung nach Ichauway entnehmen, die er Ike schickte. »Üblicherweise sind unsere Gäste gesellig«, schrieb er, »und am Abend gibt es Bridge, Gin Rummy oder Poker.« Wie jeder in seinem Kreis wußte, organisierte er an jedem Abend nach dem Essen Gin Rummy- oder Pokerrunden, aber er verabscheute Bridge. Er führte es nur auf, weil er wußte, daß es Eisenhowers Lieblingsspiel war.

Der General besuchte die Plantage im Februar 1950, und Woodruff überhäufte ihn mit Aufmerksamkeiten. Als die Wahl im Jahr 1952 heranrückte, schrieb Woodruff an Eisenhower und drängte ihn, anzutreten, weil seine Kandidatur, wie er meinte, »nicht nur essentiell wichtig, sondern unausweichlich« wäre.

Woodruff stellte Eisenhower während des Wahlkampfes seine Zeit, sein Geld und seinen Rat zur Verfügung und ließ sich sogar auf öffentlich geführte Diskussionen ein.

In der Wahlnacht gesellte sich Woodruff in einer Suite des Commodore Hotel in New York zu Eisenhower und seinen wichtigsten Wahlkampfhelfern, um die Ergebnisse zu verfolgen und den Sieg zu feiern. Gegen drei Uhr morgens drehte Eisenhower, triumphierend, aber hundemüde, eine Abschiedsrunde durch den Raum, gab den Frauen einen Gutenachtkuß und schüttelte den Männern die Hand. Woodruff, dessen Hörvermögen langsam nachließ, war nach vorne gebeugt in ein Gespräch mit Eisenhowers Bruder Milton vertieft, und da er Ike den Rücken zuwandte, als dieser ihn ansprach, reagierte er nicht. Teuflisch grinsend reckte sich der gewählte Präsident und trat Woodruff in den Hintern, bevor er ihn umarmte und sich anschließend zurückzog.

Im Augenblick war Woodruff natürlich über die Freundschaftsbekundung erfreut, aber die Episode schien ein Vorbote zukünftiger Ereignisse zu sein. In vieler Hinsicht, was keiner erwarten konnte, erwies sich Eisenhowers Präsidentschaft für die Coca-Cola Company als Fehlschlag. Von Anfang an setzte er sich kaum für die politischen Ziele des Unternehmens ein. Als Woodruff ihn auf die 7½-Cent-münze ansprach, leitete Eisenhower die Anfrage an das Schatzamt weiter und ließ die Angelegenheit fallen, als sie auf den Widerstand der untergeordneten Bürokratie stieß. Selbst bei trivialen Angelegenheiten – zum Beispiel Woodruffs Bitte, die Bundesgesetzgebung zu ändern, um eine längere Jagdsaison für Wildtauben zu ermöglichen – zeigte sich der Präsident unfähig oder unwillig, Hilfe zu gewähren.

Das Problem war nicht der Zugang. Auf Geheiß Ann Whitmans, der Privatsekretärin Eisenhowers, hatte der Secret Service Woodruff den Paß Nr. 1 für das Weiße Haus ausgestellt. Es war »ein Schlüssel für die Hintertür«, wie er ihn nannte, und gab ihm die Möglichkeit, nach Belieben zu kommen. Woodruff tauchte normalerweise am späten Nachmittag für ein paar Cocktails nach Ikes Golfrunde in Burning Tree auf, und er stand auf der Gästeliste für Eisenhowers regelmäßige zwanglose Abendessen ohne Damenbegleitung. Zwischen ihnen bestand eine warmherzige und lebhafte Beziehung: Nach einer Runde Magenbitter debattierten die beiden eines Abends so vehement, daß Woodruff Eisenhower in dessen Privaträume folgte, auf der Kante des Präsidentenbetts Platz nahm und weiter auf Eisenhower einredete, bis dieser seinen Pyjama anzog, unter die Bettdecke schlüpfte und Woodruff befahl, endlich zu gehen.

Aber abgesehen von dieser anregenden Freundschaft und der unbestrittenen Werbewirksamkeit, einen Präsidenten der Vereinigten Staaten vorweisen zu können, der gerne Coca-Cola vor Fotografen trank, fiel es schwer, weitere Vorteile aufzuzählen. Die Kosten hingegen erwiesen sich als beträchtlich, denn der Präsident erbat viele Gefälligkeiten von der Coca-Cola Company. Und dank des Präsidenten unterlief Woodruff eine Fehleinschätzung, die das Unternehmen, das sich bereits vorher schon in einer prekären Situation befand, noch näher an den Rand des Abgrunds manövrierte.

Einer der engsten Freunde Eisenhowers war William E. Robinson, der Verleger der New York Herald Tribune. Als PR-Veteran hatte Robinson im Wahlkampf den Republikanern geholfen und sich anschließend bequem im Zirkel der Präsidentengünstlinge niedergelassen. Als regelmäßiger geselliger Besucher des Weißen Hauses lernte er Woodruff kennen. Die beiden kamen gut miteinander zurecht.

Im Winter 1953 starb völlig unerwartet Steve Hannagan nach einem schweren Herzanfall während einer Afrikareise und ließ seine Agentur ohne Führung und die Coca-Cola Company ohne PR-Fachmann zurück. Woodruff sorgte dafür, daß Robinson Hannagans Platz einnahm.

Bill Robinson war ein leutseliger Mann und ein guter Golf- und Kartenspieler. Seine rötliche Gesichtsfarbe und die etwas starren Züge ließen schließen, daß er ein handfester Zechkumpan war. Und tatsächlich wurde die Idee, Robinson mit der Leitung der Coca-Cola Company zu betrauen, von Woodruff zum ersten Mal nach einem gemeinsamen nächtlichen Streifzug durch die Bars geäußert.

Robinson stand in der Speisekammer von Woodruffs Wohnung im River House, trank eine Coke als Absacker, fuchtelte mit einem fleischigen Finger in der Luft herum und begann mit der Aufzählung einer langen Liste von Kritikpunkten an der gegenwärtigen Unternehmensführung. Es störte ihn überhaupt nicht, daß Nick Nicholson, der Präsident von Coca-Cola, ebenfalls anwesend war und sich die Tirade zunehmend gereizt anhörte. Und Woodruff schien es auch nicht zu stören. »Wenn du glaubst, daß du es besser könntest«, sagte Woodruff zu Robinson, »dann solltest du vielleicht die Chance dazu bekommen.«

Der Wechsel ließ nicht lange auf sich warten. Nicholson war zwar in der Firma beliebt, aber er war kaum ein Kämpfer. Es war jedoch offensichtlich, daß die Coca-Cola Company nicht länger im alten Fahrwasser bleiben konnte. Im Jahr 1954 hatten sich Pepsis Umsätze unter Al Steele verdoppelt, während Coca-Cola auf der Stelle trat.

Die Gerüchte von der bevorstehenden Beförderung rief wegen Robinsons völligem Mangel an Erfahrung im Soft-Drink-Geschäft einiges Gerede in der Führungsetage hervor. Woodruffs Berater, darunter auch Hayes, drängten ihn, langsam vorzugehen, und versuchten ihm klarzumachen, daß er den Fehler, den er bei Bill Hobbs gemacht hatte, wiederholte. Am Samstag morgen, dem 5. Februar 1955, zwei Monate nach seinem 65. Geburtstag, gab Woodruff seinen Rücktritt bekannt, machte Nicholson zum Direktoriumsvorsitzenden und überließ Robinson die Präsidentschaft der Firma.

Die Presse berichtet über die Wachablösung, als ob Woodruff beabsichtigte, völlig von der Bildfläche zu verschwinden. Time schrieb, Woodruff wäre »abgetreten« und hätte die Firmenangelegenheiten in die Hände des »smarten, energischen« Robinson gelegt. Business Week beschrieb den Zug als einen sauberen Trennstrich, vergleichbar mit Asa Candlers Verkauf der Firma damals im Jahr 1919. Woodruff hatte seine Möbel aus der Madison Avenue No. 515, der New Yorker Zentrale der Firma, entfernen lassen und auch sein Büro in Atlanta geräumt. Robinson selbst glaubte, gekrönt worden zu sein. Er gab eine Reihe von Interviews über seine zukünftigen Pläne und besuchte dann mit der firmeneigenen DC-3 die Abfüller im ganzen Land.

Aber die Dinge waren nicht so, wie sie aussahen. Zwei Wochen nach der Räumung des Präsidentenbüros in der Plum Street zog Woodruff in ein *größeres* Büro, eine speziell für ihn gebaute Suite in einem neuen Flügel des dritten Stockwerks des Coca-Cola-Gebäudes, komplett ausgestattet mit Küche und Speisezimmer. Er kam wie zuvor zur Arbeit, saß in einem riesigen Ledersessel mit Armlehnen vor einem massiven Schreibtisch, schnippte Zigarrenasche in Richtung eines Spucknapfs aus Messing und drückte auf eine Reihe von Knöpfen am linken Bein des Schreibtischs, mit denen er die Leute zu sich rufen konnte, die er sehen wollte.

Wie sich zeigte, hatte sich Woodruff aus New York zurückgezogen, nicht jedoch von der Coca-Cola Company. Er war nach Hause gekommen, entschlossen, den Rest seines Lebens in Georgia zu verbringen, wo seine Hilfe in der Politik und im Bereich der Wohltätigkeitsarbeit so dringend benötigt wurde und wo er sich am wohlsten fühlte. Er hatte nicht die Absicht, die Macht abzugeben. Er behielt seinen Sitz im Direktorium bei, berief einen neuen Finanzausschuß, ernannte sich zu dessen Vorsitzenden und nahm die finanziellen Zügel der Firma so fest in die Hand, wie es einst sein Vater getan hatte.

»Es war von Anfang an ein Desaster«, registrierte Joe Jones. Robinson verstand die Situation vollkommen falsch, wie sein erster Schnitzer bewies. Ein paar Wochen nach seiner Ernennung bekam er einen Brief von John Sibley mit der Bitte, Ehrengast bei einem formellen Abendessen zu sein, anläßlich dessen er die führenden Bürger der Stadt kennenlernen sollte. Es war natürlich ein Pflichttermin. Es war die Einladung des Bankiers von Coca-Cola, einem der engsten Freunde Woodruffs, der Robinson höflich aufforderte, sich den Männern vorzustellen, denen die Firma gehörte und die das Sagen in der Stadt hatten. Robinson realisierte dies jedoch nicht und ließ seine Sekretärin kurz und knapp antworten, daß er auf Reisen sei.

Hätten seine Reisen tatsächlich mehr den Geschäften des Unternehmens gegolten, wäre Robinson vielleicht besser gefahren. Die Abfüller fanden ihn »sehr gesprächig und freundlich«, und seine Erfahrungen auf den Gebieten der Werbung und des Marketings wurden jetzt, da sich Coca-Cola mühte, seinen Vorsprung vor Pepsi zu halten, dringend benötigt.

Aber Robinson war mehr an Golf und Bridge interessiert als an den Anstrengungen, die mit der Leitung der Coca-Cola Company verbunden waren. Schnell fiel Robinson in seine alten Gewohnheiten zurück und heuerte Curtis Gager als Stellvertreter an, der sich um das Tagesgeschäft des Unternehmens kümmern sollte. Gager war ein hochgewachsener Mann mit schütterem Haar und einer Stahlbrille, was ihm das Aussehen eines Raubvogels verlieh. Er war bei General Foods gefeuert worden, wo er den Ruf eines scharfen Kontrolleurs hatte. Sein harscher Managementstil befremdete schnell die meisten seiner Kollegen bei der Coca-Cola Company.

»Er war ein doppelzüngiger, hinterhältiger Schweinehund«, beschrieb ihn Delony Sledge, der lebhafte Werbemanager des Unternehmens, eine Einschätzung, die weitgehend geteilt wurde. Die Stimmung, die sich nach dem Ende der Hobbsära gerade gebessert hatte, ging erneut in den Keller. Ben Oehlert hatte so wenig zu tun, daß er im Büro Bücher las.

Ihrerseits beklagten Robinson und Gager Woodruffs Zurückhaltung gegenüber Innovationen. Nicholsons letzte Tat als Präsident war es gewesen, Woodruff zu überreden, größere Flaschen zu akzeptieren. Coca-Cola brachte schließlich eine »Kingsize«-Flasche mit 10 Unzen und eine »Familien«-Flasche mit 26 Unzen heraus, die beide sofort sehr beliebt wurden.* Aber der alte Mann scheute vor anderen notwendigen Veränderungen zurück. Die Amerikaner waren ernährungsbewußt geworden. Woodruff sah jedoch keine Veranlassung, mit den neuen Produktreihen wie Lo-Cal, Les-Cal, No-Cal, Nu-Thin, Slim-Line und ähnlichen diätbezogenen Namen zu konkurrieren und eine zuckerfreie Coke auf den Markt zu bringen. Die Verbraucher wollten bei Soft Drinks am Automaten Wahlmöglichkeiten haben, aber Woodruff lehnte die Ausweitung auf andere Geschmacksrichtungen ab. Und trotz der Entwicklung billiger Wegwerfdosen, weigerte sich Woodruff, von den Glasflaschen abzugehen.

Eine schwierige, aber notwendige geschäftliche Aktion, die Robinson mit der Unterstützung Woodruffs durchführte, war die Trennung von der D'Arcy-Agentur. Dort gab es niemanden mehr, der auch nur entfernt an das kreative Genie Archie Lees herangereicht hätte, und Coca-Colas Werbung war auf eine Ebene abgesunken, die nur noch

---

* Welchen Nachrichtenwert jede Veränderung bei Coca-Cola besaß, machte eine Karikatur in der New York Herald Tribune anschaulich, in der zwei Männer auf einer einsamen Insel sehen, wie eine Cokeflasche im Jumboformat ans Ufer gespült wird. »Gütiger Himmel«, ruft der eine, »wir schrumpfen!«

Spott provozierte. Als das Unternehmen seine 15 Millionen Dollar teure Anzeigenkampagne für das Jahr 1955 präsentierte, berichtete Business Week, daß sich Brancheninsider über ihre offenkundige Ähnlichkeit zu der von Pepsi lustig machten. Steele schöpfte den Markt der jungen Erwachsenen ab, indem er sich mit weltmännischem Flair an aufstrebende, städtische Verbraucher, besonders an modebewußte Frauen wandte. Und nun kam Coca-Cola und sprach »intelligente junge Menschen von heute« an und zeigte schlanke Models in Designerkleidern.

Robinson gab den Etat an McCann-Erickson. Nach einer 49jährigen Zusammenarbeit verabschiedete sich D'Arcy tatkvoll mit einer einfachen, würdevollen Anzeige (ihrer besten seit langer, langer Zeit), in der es hieß: »Wir geben es mit Stolz weiter . . .«

Von McCann, einer der kreativsten Agenturen in der Madison Avenue, wurde erwartet, daß sie sofort einen Knaller landete. Das Problem war nur, daß Woodruff keine klaren Vorstellungen darüber hatte, was die neuen Anzeigen aussagen sollten. Er wollte »neue Slogans und vor allem neue Illustrationen«, gab aber kaum spezifische Richtlinien vor. Viele seiner Mitarbeiter in Atlanta waren besorgt über den Snobismus in Cokes und Pepsis Werbung. Sledge, der letzte einer langen Reihe von Werbemanagern aus dem eigenen Haus, drückte es so aus: »Wir sind interessiert an beiden Seiten des Schienenstrangs, sowohl am Salon als auch am Saloon. Wir wollen Rosie O'Grady genauso kennenlernen wie die Lady des Colonels.« Sledge war der Meinung, daß es gut sei, die Qualität des Produktes zu betonen, aber gefährlich, besondere Qualitäten der Kunden anklingen zu lassen.

Robinson wiederum gefiel die Aussage der jüngsten Anzeigen. Statt die Richtung zu ändern, wollte er, daß McCann-Erickson Pepsi in seiner eigenen Werberichtung überbot. Auf Robinsons Betreiben entwickelte die Agentur einen neuen Slogan, »Das Zeichen des guten Geschmacks«, für eine Anzeigenserie, die chic gekleidete, wunderschöne Menschen beim Coke-Trinken an den exklusivsten Schauplätzen der ganzen Welt zeigte. Robinson zufolge lag die größte Stärke des Unternehmens in seinem gesellschaftlichen Prestige und dem Ruf, anderen Soft Drinks »überlegen« zu sein. Er wollte, daß die Verbraucher Coke mit Menschen assoziierten, die »über dem Durchschnitt« standen, wie es in einem hausinternen Memo mitgeteilt wurde, und er hoffte, mit seiner Strategie Gastgeber und Gastgeberinnen davon überzeugen zu können, daß »das Servieren von irgend etwas anderem ein gesellschaftlicher Mißgriff ist«.

Al Steele war überhaupt nicht daran gelegen, sich auf eine Vergleichskampagne zwischen Coke und Pepsi einzulassen. Er ging sogar so weit, sich mit der Bitte an die Coca-Cola Company zu wenden, nicht »den schnellsten Weg zum allseitigen Desaster einzuschlagen, die Produkte nicht gegenseitig zu verdammen«. Nachdem es ihm gerade gelungen war, Pepsi aus der Küche ins Gesellschaftszimmer zu befördern, fürchtete Steele, daß sein Produkt bei einem Glamour-Wettbewerb als zweiter Sieger durchs Ziel gehen würde.

Nicht daß sich Steele persönlich Sorgen um die Glitzerfront zu machen brauchte: Im Jahr 1955 brannte er, nachdem er seiner Frau den Laufpaß gegeben hatte, mit der Schauspielerin Joan Crawford nach Las Vegas durch – seine dritte und ihre vierte Heirat –, und gemeinsam bezogen sie eine New Yorker Penthousewohnung in der Fifth Avenue. Der Umbau kostete nahezu eine halbe Million Dollar.

In den Augen vieler Amerikaner erinnerten die Steeles allerdings mehr an Flitterkram als an Glamour. Der Wettbewerb zwischen Pepsi und Coca-Cola traf zudem nicht den richtigen Ton, denn es zeigte sich, daß die Wertvorstellungen der Madison Avenue nicht mit denen der durchschnittlichen Menschen übereinstimmten. Ein Kritiker verriß McCanns Serie mit dem »guten Geschmack«, weil sie Coca-Colas traditionelle Abbildungen von »normalen, natürlichen, gesunden Mädchen und Jungen, Männern und Frauen ... durch groteske und übertriebene Karikaturen von maskulinen Frauen und femininen Männern« ersetzt hatte. Einer vertraulichen Umfrage zufolge hielten einige der Angesprochenen die Models für Homosexuelle. Das war genug. Robinson und Gager hatten Woddruff bereits verbittert, aber die Serie mit dem »guten Geschmack« machte das Maß voll.

Im Frühjahr 1958, als er die Feier seines 35. Firmenjubiläums vorbereitete, zog sich Woodruff mit einigen Ratgebern, denen er vertraute, auf die Cody-Ranch in Wyoming zurück, um eine Strategie zu entwickeln. Einer seiner Gäste war Lee Talley, ein Coca-Cola-Veteran, der den größten Teil seiner Karriere bei der Export Corporation gearbeitet hatte. Talley war der Sohn eines Methodistenpfarrers aus Monroeville, Alabama, und Woodruff hatte Talley schon früher für die Präsidentschaft ins Auge gefaßt, jedoch gezögert, weil er glaubte, daß es ihm an Erfahrung fehlte. Jetzt, im Alter von 56 Jahren, war Talley soweit, und Woodruff wählte ihn aus, um Robinson abzulösen.

Talley sollte Robinson die Nachricht persönlich überbringen, eine Aufgabe, die er mit Vergnügen übernahm, denn wie fast alle langjährigen, im Süden aufgewachsenen Coca-Cola-Mitarbeiter empfand er

Robinson als einen katastrophalen Präsidenten. Talley traf eines Morgens mit der 20th Century Limited an der Penn Station ein, fuhr mit einer Limousine direkt zur Madison Avenue No. 515, nahm den mit Messing verkleideten Aufzug zum 17. Stock und eilte in die Richtung von Robinsons Büro im rückwärtigen Teil der Etage, ohne Hut und Mantel abzulegen. Wortlos schritt er an einer Sekretärin vorbei, trat auf den Schreibtisch zu, an dem Robinson saß, und sagte: »Sie haben es hinter sich.«

Als die Nachricht in der Plum Street eintraf, brach Feierstimmung aus. »Ich war zufällig in der Führungsetage an dem Tag, an dem Mr. Talley ihn ablöste«, erinnerte sich ein Besucher, »und ich kann Ihnen sagen, es war genau wie bei der Feier zum Unabhängigkeitstag. Ich meine die Atmosphäre – man konnte sie spüren. Er war ein Familienmitglied, das war Talley. Es war eine Wiedersehensfeier.«

Robinson wurde zwar nicht entlassen – als Vorsitzender des Direktoriums, zu dem man ihn machte, bezog er weiterhin sein sechsstelliges Gehalt –, aber seine Befehlsgewalt wurde umfassend beschnitten. Gager wurde degradiert und ebenfalls entmachtet. Die Kampagne mit dem »guten Geschmack« wurde vollkommen umgestaltet und auf Durchschnittsamerikaner zugeschnitten. Abbildungen von Frauen in Pelzmänteln machten Hausfrauen Platz, die sich nach dem Staubsaugen mit einer Coke entspannten.

Talley übernahm das Kommando, mit der uneingeschränkten Unterstützung Woodruffs. »Während der letzten zehn Jahre hatten wir eine ziemliche Durststrecke«, schrieb Woodruff einem alten Freund – aber jetzt war die Durststrecke vorüber. Mit seiner evangelistischen Energie motivierte Talley die Abfüller neu. Das Betriebsklima in der Zentrale wurde schlagartig besser.

Talley, der mit 1,60 m Körpergröße nicht eben zu den größten zählte, mußte auf Reisen ein speziell angefertigtes Redepult mit sich führen, über das er während seiner Reden hinwegblicken konnte, und natürlich machte ihn seine Statur zum Objekt von Veralberungen. Wenn er zur Jagd in Ichauway war, auf einem Reittier, das nicht größer als ein Shetlandpony war, blickte Woodruff gerne durch das hohe Gras zu ihm hinüber und rief: »Lee, steigen Sie auf ihr Pferd.« Und Talley pflegte mit ungebrochen guter Laune zu antworten: »Bin ich schon!«

Aber Talley konnte sehr entschieden sein. Seine sonnige Gemütsart und sein freundliches Auftreten verbargen einen harten, energischen Kern. Wie jeder, der es bis an die Spitze der Firma geschafft hatte, war Talley Woodruff gegenüber äußerst ehrerbietig, aber er besaß auch den Mumm, ihm zu widersprechen, wenn es erforderlich war, und ihn zu einer Meinungsänderung zu drängen.

»Ich glaube, zum ersten Mal seit geraumer Zeit ist Mr. Woodruff zufrieden mit seinem Management«, schrieb ein Freund an Ralph Hayes, kurz nachdem Talley die Leitung übernommen hatte. Und dies stimmte. Viele Jahre später, als er über die Bedeutung von Talleys Aufstieg zur Coca-Cola-Präsidentschaft nachdachte, sagte Joe Jones: »Er hat die Firma gerettet.«

Ein paar Monate bevor er Präsident wurde, hielt Talley in Atlanta eine Rede, die angesichts der Zeit und des Ortes so bemerkenswert war wie Woodruffs Engagement gegen die Lynchjustiz ein Viertel- jahrhundert zuvor.

Die Führungskräfte der Export Corporation waren aus der ganzen Welt in die Plum Street zitiert worden, um an einer speziellen »Heimkehr«-Konferenz teilzunehmen, einem Treffen, mit dem demonstriert werden sollte, daß das Hauptquartier der Coca-Cola Company ein für allemal nach Georgia zurückgekehrt war. Zweck der Zusammenkunft sollte es sein, das Ende des Einflusses des New Yorker Büros zu signalisieren. Was Talley aus diesem Anlaß über die Einstellung des Unternehmens hinsichtlich der Rassenfrage und des Glaubens sagte, war beeindruckend. Im Oktober des Jahres 1957, im Herzen des Südens, trug er seinen Kollegen vor: »Ein Mann, der an der Spitze eines Unternehmens steht, das seine Kundschaft unter allen Menschen sucht − reichen und armen, schwarzen und weißen, gelben und braunen, Christen, Moslems, Buddhisten und Juden −, muß frei sein von Rassenvorurteilen und religiöser Bigotterie.«

Die Männer, die Coca-Cola in Afrika leiteten, sagte Talley, müßten »wahrhaftigen Respekt vor den Negern haben und die Bereitschaft aufbringen, mit ihnen zurechtzukommen und sie zu verstehen«. Das- selbe galt für Indien, Japan, China, Australien, Kuba und Brasilien. Die Firma müßte die »besten Eigenschaften« der vielen unterschiedli- chen Völker in der Welt erkennen und schätzen, sagte Talley mah- nend, denn sonst wäre es nicht möglich, Geschäfte zu machen.

Woodruff und sein Unternehmen hatten ein profundes Interesse an einer weltoffenen Atmosphäre in Atlanta, denn in den frühen Fünfzi- gern wurde mehr als ein Viertel des Umsatzes von Coca-Cola auf ausländischen Märkten gemacht. »Nach und nach«, berichtete Jimmy Curtis Woodruff zu Beginn des Jahrzehnts, »fallen die vielen Barrie- ren und Hürden, die unserem Geschäft nach dem Ende des Zweiten Weltkriegs im Weg gestanden haben.«

Vor allem anderen hatte die Coca-Cola Company Erfolg, weil sie ihre Abfüllizenzen an prominente ausländische Bürger vergab und ausländische Staatsangehörige als Arbeitskräfte anstellte. Tatsächlich war Coca-Cola in Frankreich eine französische Firma, in Griechenland eine griechische Firma, in Mexiko eine mexikanische Firma. Der Widerstand gegen Coca-Cola schmolz dahin, weil in den meisten Fällen die Gewinne auf ausländischem Boden verblieben.

Durch den Umgang mit Partnern aus anderen Ländern und Kulturen hatten Woodruff und seine Mitarbeiter in der Plum Street ein einzigartiges Toleranzgefühl entwickelt, das ansonsten im Süden nicht vorhanden war. Welcher andere Geschäftsmann in Atlanta konnte sich damit brüsten, einen lebenden Affen von seinem geschäftsführenden Direktor in Nairobi als Geschenk bekommen zu haben? Welche andere Firma besaß ein Foto von Fidel Castro, auf dem zu sehen war, daß er mit einem Bus durch Havanna fuhr und eine Flasche Coca-Cola trank? Wer sonst machte in China durch eine englische Exportgesellschaft Geschäfte? Die Coca-Cola Company konnte es sich ganz einfach nicht erlauben, engstirnig zu sein.

Woodruff lernte Menschen in allen Gegenden des Globus kennen, und ihm war bewußt, daß sie nicht in das Weltbild des Südens paßten, nach dem Menschen entweder als schwarz oder als weiß kategorisiert und entsprechend behandelt wurden. Als eine Gruppe von Geschäftsleuten aus Atlanta eines Tages Bürgermeister Hartsfield fragte, wann der Flughafen der Stadt Anschluß an internationale Flüge erhalte, spiegelte seine scharfe Antwort auch die Interessen der Coca-Cola Company wider: »Nicht bevor Atlanta eine international denkende Stadt wird. Was macht ihr mit dem brasilianischen Millionär, der mit seinem Geld für Investitionen einfliegt, aber zufällig schwarz ist? Schickt ihr ihn in die Neger-Jugendherberge? Denkt mal drüber nach!«

Mit einem riesigen ausländischen Markt und Millionen von amerikanischen Schwarzen als Kunden lag es im Interesse des Unternehmens, in Atlanta rassenbedingte Peinlichkeiten zu vermeiden, insbesondere nachdem der Oberste Gerichtshof der Vereinigten Staaten in der Sache *Brown versus Board of Education* entschieden hatte, daß nach Rassen getrennte Schulen verfassungswidrig waren. Bis 1954 waren die Männer in der Plum Street und im Rathaus in der Lage gewesen, ein langsames Tempo bei ihrem Bemühen, die Fesseln der Jim-Crow-Gesetze zu lockern, selbst zu bestimmen. Doch nun stand die Stadt Atlanta – wie der übrige Süden – im Konflikt mit dem Gesetz und sah sich einem beschleunigten Verlangen nach Veränderungen gegenüber, das massiven Widerstand auslöste.

Woodruff und seine Mitarbeiter schienen instinktiv zu begreifen, daß sie es sich nicht leisten konnten, die Bundesregierung zu mißachten. »Ich habe mich bisher nicht für die Integration eingesetzt«, schrieb McGill an Woodruff. »Aber wie auch immer meine Gefühle sind, ich werde versuchen, mich an das Gesetz und die Gerichte zu halten.«

Im Gegensatz zu vielen anderen Unternehmen im Süden akzeptierten die Coca-Cola-Mitarbeiter widerwillig die Tatsache, daß Verzögerungen sinnlos waren. An einem Tag im Frühjahr 1955, kurz nach dem Masters-Golfturnier und etwa ein Jahr nach der *Brown*-Entscheidung, kam Präsident Eisenhower zu seinem jährlichen Augusta-National-Besuch, wobei er von Bobby Jones begleitet wurde. »Mr. President«, sagte Jones zu ihm, »meinen Sie nicht, daß wir uns ein bißchen zu schnell bewegen? Könnten Sie uns nicht ein bißchen mehr Zeit lassen?« McGill zufolge, der die Geschichte Jahre später erzählte, zog Eisenhower eine Augenbraue hoch und fragte Jones, wieviel Zeit er denn im Sinn hätte. Jones wurde klar, wie einfältig er sich angehört hatte, und antwortete: »Oh, drei- oder vierhundert Jahre, schätze ich.«

Die Führer der schwarzen Gemeinde Atlantas arbeiteten bei mehreren Gelegenheiten mit Hartsfield zusammen, um Strategien auszuarbeiten, die darauf abzielten, Veränderungen zu erreichen, ohne Gewaltakte auszulösen. »Atlantas Neger wollen Zeichen des Fortschritts sehen«, erklärte T. M. Alexander, ein prominenter Führer, damals, »aber wir versuchen nicht, sie dem weißen Mann mit Gewalt aufzuzwingen. Das Schöne in Atlanta ist, daß es eine Liaison gibt zwischen den Negern und der Oberklasse der weißen Gemeinde.«

Die Liaison stütze sich mehr auf gemeinsame Interessen als auf hehre Ideale. Der Feind war nicht irgendein Mob widerspenstiger, verängstigter weißer Bürger, sondern der Staat Georgia selbst. In den späten Fünfzigern führten Gouverneur Marvin Griffin und Oberstaatsanwalt Eugene Cook ein erbittertes Rückzugsgefecht, um die Stadt an der Liberalisierung der Rassengesetze zu hindern, während Hartsfield − unterstützt von Woodruff und der Wirtschaftselite der Stadt − jeden denkbaren Trick anwandten, um sie zu überlisten.

Gouverneur Griffin war ein Zeitungsverleger aus Bainbridge im Südwesten Georgias, ein Mann mit Witz und Warmherzigkeit, der politisch nichtsdestoweniger direkt auf den Punkt kam. »Ich stehe auf der Seite der weißen Menschen«, sagte er zu Beginn seiner Kampagne, und dies war ein Versprechen, das er hielt.

Der Gouverneur betrachtete Hartsfields Verständigung mit den

Führern der Schwarzen in Atlanta mit äußerstem Mißfallen. Als die Rassentrennung für die Golfplätze aufgehoben wurde, erklärte er, daß er sie »am nächsten Morgen umgepflügt und mit Mais bepflanzt« hätte, wenn es seine Entscheidung gewesen wäre. Als Reverend Borders und seine Anhänger bei dem Versuch, die Rassentrennung in den städtischen Bussen aufzuheben, festgenommen und umgehend wieder freigelassen wurden, protestierten Griffin und Oberstaatsanwalt Cook. Ihrer Ansicht nach hätte die Anklage auf Störung der öffentlichen Ordnung lauten müssen. Griffin versuchte sogar, die Nationalgarde zu mobilisieren, um sie als Busfahrer einzusetzen und so die Rassentrennung aufrechtzuerhalten. Der Befehlshaber G. J. Hearn suchte Polizeichef Jenkins auf und fragte: »Wenn ich diese Busse übernehmen muß, kann ich dann darauf bauen, daß Sie mir helfen?« Und Jenkins antwortete: »General, das hängt davon ab, auf welcher Seite Sie stehen. Ich werde auf der Seite des Bundesgerichtshofs und der Third U. S. Army stehen.« Der Staat machte einen Rückzieher.

Die lenkende Hand hinter all diesen Manövern war Woodruff. Seine Abneigung gegenüber öffentlichen Auftritten verschleierten das Ausmaß seiner Rolle, aber er hatte unbestreitbar das Sagen. Woodruff sprach kein einziges Mal mit Reverend Borders, traf nie zusammen mit »Daddy« King, seinem Sohn, Martin Luther King Jr., A. T. Walden, John Wesley Dobbs oder irgendeinem anderen schwarzen Führer – er kannte eigentlich nur die Schwarzen, die für ihn als Bedienstete arbeiteten –, und doch war er es, der die weißen Führer in der Wirtschaft und Politik Atlantas davon überzeugte, daß sie sich dem Unvermeidlichen fügen mußten.

Im Herbst 1958, als in Richmond, Little Rock und anderen Städten des Südens Rassenunruhen ausbrachen, schrieb ein Freund an Woodruff: »Sind wir in Georgia nicht glücklich, daß all dieser Mist in Virginia und Arkansas passiert!«

Am Sonntag abend, dem 6. Dezember 1959, fand in Atlanta die größte Herrenparty in der Geschichte der Stadt statt.

Anlaß war Woodruffs 70. Geburtstag. Während eine Handvoll ausgewählter Frauen, darunter Woodruffs Ehefrau Nell, aus einem Zimmer in einem anderen Stockwerk über eine Sprechanlage mithörten, versammelten sich 147 führende Geschäftsleute, Anwälte, Bankiers und Politiker der Stadt um einen riesigen Tisch im Mirador Room des Capital City Clubs. Sie dinierten bei Kerzenlicht, verzehrten Chateaubriand und Wachteln in Sauce suprême und Coca-Cola-

Mousse, das als Dessert gereicht wurde. Anschließend rauchten sie Zigarren und tranken Brandy, als das Programm begann.

Die Vorbereitungen für dieses Ereignis hatten die Planer seit Wochen in Beschlag genommen, weil schwierige Entscheidungen bezüglich der Gästeliste, des Unterhaltungsprogramms und auch des Themas getroffen werden mußten.

Es gab drei Hauptredner, die jeweils einen anderen Aspekt von Woodruffs Leben behandelten. Ralph McGill sprach über den Sportsmann Woodruff. Ralph Hayes scherzte, daß der »moderne Woodruff, wie das antike Gallien, in drei Teile geteilt ist, und ich nur ein Drittel von ihm habe«, und beschrieb seine geschäftliche Karriere. Bob Troutmann, ein Ex-Syndikus Coca-Colas, besprach Woodruffs Philanthropie mit einer Rede, die den bescheidenen Titel »Ein Freund der Menschen« hatte.

Zu den Höhepunkten des Dinners gehörte eine lebensgroße, »sprechende« Coca-Cola-Flasche, die auf die Bühne rollte und sich selbst als Symbol der Menschheit beschrieb. »In den fernen Regionen der freien Welt«, intonierte eine körperlose Stimme im Inneren, »bin ich die Menschheit. In dem immerwährenden Geist des Kampfes um das Höhere bin ich eine Macht des Guten ... Mir wird mehr Vertrauen geschenkt als souveränen Regierungen.«

Präsident Eisenhower, der sich auf einem Staatsbesuch in Pakistan befand, schickte eine etwas weniger dramatische Grußbotschaft per Tonband. Die fünf Mitglieder des Festkomitees schenkten Woodruff eine wahrhaft scheußliche silberne Zigarrenkiste mit Feuchtigkeitsspender. Auf dem Deckel befand sich eine Uhr, an den Seiten Gravuren. Jeder Gast bekam ein in rotes Leder eingebundenes Erinnerungsalbum, das ein Skizzenbuch über Woodruffs Leben enthielt, dazu einen Schnappschuß (früher an diesem Abend aufgenommen und schnell entwickelt), der zeigte, wie Woodruff den Betreffenden händeschüttelnd begrüßte.

Keiner der Teilnehmer des Dinners machte jemals wieder den Fehler, Woodruffs Abneigung gegenüber öffentlichen Auftritten mit einem Mangel an Selbstbewußtsein gleichzusetzen. Er badete bis nach Mitternacht in den Lobpreisungen und bat ein paar Tage später alle Redner, in ein Studio zu gehen und ihre Worte auf Tonband für die Nachwelt zu wiederholen. Er schrieb an Eisenhower, daß das Ereignis »die beste Party ihrer Art war, die ich jemals besucht habe«.

Hätte es sich um ein Abschiedsdinner gehandelt, wären die überschwenglichen Ehrungen wohl normal gewesen − die übliche süße Verpackung, in die man Menschen, die etwas geleistet haben, oft einwickelt, um sie dann ins Museum zu schicken. Aber Woodruff nahm keinen Abschied, ebensowenig wie es mit 65 Jahren der Fall gewesen war. Er gab vor dem Dinner strikte Anweisung, daß niemand sein Alter erwähnen sollte, und er strich Pläne für einige Inszenierungen, die der Veranstaltung den Charakter von »Dies ist Dein Leben« hätten geben können. Er lehnte es auch ab, Geschenke entgegenzunehmen.

Es drehte sich letztlich alles um Macht. Woodruff hatte mehr Macht als je zuvor, und er gedachte, sie in der kommenden entscheidenden Dekade, den Sechzigern, auszuüben. Die Gäste waren da, um daran erinnert zu werden, daß sie noch immer für ihn arbeiteten.

10

Politik

Im Frühjahr 1959 versuchte Al Steele, seine nervösen Abfüller für eine neue Werbekampagne zu begeistern, die Pepsi weiterhin als den beliebtesten Soft Drink der Teilnehmer von Fuchsjagden und Dinnerpartys präsentierte.

Im Gegensatz zu seinen Gegenspielern bei der Coca-Cola Company glaubte Steele noch immer an die Nobelmasche. Die Abfüller waren sich da nicht so sicher. Konfrontiert mit Umsatzrückgängen, bezweifelten sie, daß der gezeigte Snobismus auch in Zukunft noch attraktiv war. Mondäne junge Leute stellten letztlich nur ein schmales Marktsegment dar, und es gab wirklich nur relativ wenige Männer in den Vereinigten Staaten, die Zylinder trugen, wie es einige der Modelle in Pepsis neuesten Illustrationen taten.

Sechs Wochen lang besuchte Steele seine Abfüller von San Francisco über Denver, Dallas, Chicago, Columbus, Albany und Charlotte bis nach Osten, führte jeden Abend eine ausgeklügelte Werbeschau vor und schwang immer wieder die gleiche feurige Rede, mit der er die zweifelnden Abfüller dazu bewegen wollte, ihn bei seiner Kampagne zu unterstützen. Joan Crawford, seine Frau, begleitete ihn auf der Reise. Die beiden legten ein wildes Tempo vor, lockten Schwärme von Reportern an und hielten überall Pressekonferenzen ab. »Ich hasse es, meine Frau bei meinen Verkaufsbemühungen als Hilfe einzusetzen«, gab Steele zu, »aber machen wir uns nichts vor, sie ist eine.«

Ihre letzte Station war Washington, wo Steele zwei Reden hielt und elf separate Radiointerviews gab, bevor er mit der firmeneigenen Lockheed Lodestar den Heimflug nach New York antrat. Am nächsten Abend ging er mit der Bemerkung, daß er sich erschöpft fühlte, früh zu Bett. Crawford fand ihn am Morgen zusammengekrümmt auf dem Fußboden liegen. Er war im Alter von 57 Jahren an einem Herzanfall gestorben.

Zum Nachfolger Steeles bestimmte das Direktorium Pepsis einen unauffälligen Juristen namens Herbert Barnet, einen Mann, der seinen Aufstieg in der Firmenhierarchie weitgehend seinen Anstrengungen, die Kosten zu beschneiden und Steele bei seinen impulsiven Geldausgaben zu bremsen, verdankte. Im Gegensatz zu Steele hatte Barnes keinerlei Neigung zu extravaganter oder prätentiöser Reklame. Eine seiner ersten Entscheidungen war es, Pepsis Werbeagentur Kenyon & Eckhardt zu feuern und die bestehende Werbekampagne zu stoppen. Die Zeit des Zylinders war vorbei, zur großen Erleichterung der Abfüller.

Aber Barnet hatte andererseits kaum eine Vorstellung davon, wo es in Zukunft lang gehen sollte. Mit Steele war Pepsi zu einem vollwertigen Rivalen für Coca-Cola geworden − mit mehr als einem Drittel Anteil am nationalen Colamarkt und der Aussicht, noch größere Anteile erkämpfen zu können. Die Frage war nur, wie. Als die Pepsi-Cola Company im Februar 1960, neun Monate nach Steeles Tod, ihr neues Hauptquartier in der Park Avenue eröffnete, pries das American Soft Drink Journal das moderne elfstöckige Gebäude aus Glas und Aluminium als »ein dramatisches Symbol für das vorwärts gerichtete Denken und Handeln, das den Aufstieg Pepsi Colas während der letzten Dekade bestimmt hat«. Tatsächlich war es jedoch ein Monument für Steele, ein nachträgliches Dankeschön für seine Leistungen, das keinen Hinweis darauf gab, wie Pepsi mit der Zukunft umzugehen gedachte.

Beide Unternehmen, sowohl Pepsi als auch Coca-Cola, standen einem sich schnell verändernden Markt gegenüber, auf dem die alten Wahrheiten keine Gültigkeit mehr besaßen. Das »Zeichen des guten Geschmacks«, Cokes kontroverser Slogan, verschwand ebenfalls, ohne durch einen neuen ersetzt zu werden. Was zuvor ein Wettbewerb zwischen den Produzenten zweier Soft Drinks gewesen war, wich einem modernen Geschäftsklima: Die Kunden hatten fortan das Sagen und stellten Forderungen, die erfüllt werden mußten. Nachdem sie jahrelang den Verbrauchern erzählt hatten, was sie sich wünschen sollten, sahen sich die Unternehmen nunmehr gezwungen, zuzuhören.

Eine der größten Herausforderungen war das Automatengeschäft. Die Konsumenten schätzten offensichtlich die Getränkeautomaten, die sich zu einer lukrativen Einkommensquelle für die Abfüller der Unternehmen entwickelten. Aber die Leute erwarteten auch eine

Auswahl an verschiedenen Geschmacksrichtungen – Limonade, Orangen- und Zitronensaft, Ginger Ale und Traubensaft – zusätzlich zu Cola. Die Abfüller drängten ihre Zentralen, neue Produktlinien zu entwickeln, die sie auf Lager halten konnten. Coca-Colas New Yorker Abfüller, ein nur schwer zu handhabender Einzelkämpfer namens Jim Murray, wurde so ungeduldig, daß er seine eigene Variante eines Zitronendrinks zu verkaufen begann.

In dem krampfhaften Bemühen, die Initiative wieder an sich zu reißen, brach die Coca-Cola Company mit ihrer 75jährigen Tradition und führte ein neues Produkt ein – Sprite. Robert Woodruff war zwar der Meinung, daß das Zitrusaroma »zu süß, nicht herb genug« wäre und einen unangenehmen Nachgeschmack habe, aber der Trend war nicht mehr aufzuhalten: Coca-Cola bot neben Sprite zusätzlich weitere beliebte Geschmacksrichtungen unter dem Markennamen Fanta an und begann darüber hinaus, mit der Abfüllung in Dosen zu experimentieren. Alle Ideen, denen sich Woodruff während der Fünfziger stur widersetzt hatte, wurden in den frühen Sechzigern Realität – und alle mit beträchtlichem Erfolg.

Pepsi folgte denselben Vorgaben und ging mit einem Zitronen-Limonen-Getränk namens Teem sowie mit einer neuen Aromarichtung namens Patio ins Rennen. Eine Zeitlang erschienen die beiden Firmen fast wie Verbündete, die ihre Meinungsverschiedenheiten beiseite schoben, während ihre in die Enge getriebenen Führungskräfte herauszufinden versuchten, welche Richtung die Kundschaft einschlug und wie sie dort hinkommen konnten, bevor es zu spät war. 1958 hatten Diätgetränke weniger als ein Prozent der landesweiten Umsätze der Soft-Drink-Industrie in Höhe von drei Milliarden Dollar ausgemacht. Nur vier Jahre später stellte eine öffentliche Meinungsumfrage fest, daß 28 Prozent der amerikanischen Bevölkerung verstärkt auf ihr Gewicht achteten, und Royal Crowns Diet Rite Cola schaffte ein kometengleiches Debüt in den Supermarktregalen.

In der Plum Street ordnete Lee Talley dem »Projekt Alpha« höchste Priorität zu, einem Eilprogramm zur Entwicklung eines konkurrierenden Diätdrinks. Nach einem knappen Jahr wurde auf einer überfüllten Pressekonferenz im New Yorker Time-Life Building das zuckerfreie Tab vorgestellt, von dem ein freundlicher Kritiker sagte, daß es »wie ein gutes, herbes Coke« schmeckte. Pepsi hielt Schritt und brachte Patio Diet Cola auf Testmärkten in verschiedenen Städten heraus.

Die Frage aber, wie die Werbung aussehen sollte, stürzte beide Firmen in Verlegenheit. Die Kreativabteilung von Batten, Barton,

Durstine & Osborn, Pepsis neuer Agentur, war verzweifelt auf der Suche nach einem neuen Thema, das die alte Werbekampagne ersetzen sollte. Einem der Madison-Avenue-Spione der Coca-Cola Company zufolge war »Entspanne dich mit Pepsi« anfänglich das beste, was den hochgeschätzten BBDO-Leuten einfiel – ein mageres Ergebnis, das dem Vernehmen nach »in einem Verzweiflungsakt auf der Führungsebene zusammengeschustert« worden war.

Coca-Colas Spitzenleute waren mit ihren Resultaten von McCann nicht glücklicher. Talley nahm eine, wie er es nannte, »schmerzhafte Neubewertung« der Firmenwerbung vor und kam zu dem Schluß, daß sie zu richtungslos war. In einer freimütigen Aktennotiz schrieb Talley:

»Wir haben unser Produkt als leichte Erfrischung in einem Skilift verkauft; wir haben es als Basis für ein Coke-Floß verkauft; wir haben es verkauft als Getränk, das man zum Rinderbraten auf der Warmhalteplatte zu sich nimmt; wir haben es als Erfrischung am Swimmingpool verkauft; wir haben es mit einer Zitronen- oder Limonenscheibe garniert; wir haben es als Beigabe zu einem Sandwichimbiß nach einem Tennissatz verkauft; in jüngster Zeit haben wir es als Hauptbestandteil in der Bowlenschüssel verkauft – in einer Cherry Merry oder einem Lemon Grog.

Meiner bescheidenen Meinung nach verlieren wir aus den Augen, WAS WIR SIND, indem wir versuchen, für alle Leute alle Dinge zu sein . . .«

Talley zufolge sollte das Verkaufen von Coca-Cola wie die Beschreibung einer attraktiven Frau sein. »Sie ist nicht eine Spur Lippenstift, ein Lidschatten, ein hübsches Kleid, ein Hüfthalter, ein Büstenhalter, eine wohlgeformte Wade«, schrieb er. »Es ist das ganze Ensemble, das eine schöne Frau ausmacht.« Während er Delony Sledge, den Werbedirektor der Firma, anwies, sich gleich an die Arbeit zu machen, erklärte Talley mit einfachen Worten, was ihm als neues Thema vorschwebte: »Es muß nach Qualität und Schönheit riechen. Es muß DAS PRODUKT ERHÖHEN und AUF EIN PODEST STELLEN.« Er wollte Resultate: in Wochen, nicht in Monaten.

Aber es gab auch noch andere Probleme für die Coca-Cola Company. So wie die Verbraucher Innovationen verlangten, begannen die Aktionäre und die Investmentgemeinde in der Wall Street Fusionen, Neuerwerbungen und andere Maßnahmen zu diskutieren, die darauf abzielten, die Bilanzen von Coca-Cola zu beleben und die Erträge zu sichern. Trotz schwerfälliger Geschäftsführung hatte das Unternehmen die Fünfziger mit Reserven in Höhe von 106 Millionen Dollar in bar und in Regierungsanleihen abgeschlossen – ein Tribut an Woodruffs altmodischen Fiskalkonservatismus –, aber der Druck, das Geld für irgend etwas auszugeben, nahm zu.

Ben Oehlert tauchte aus seinem Exil wieder auf und wurde zur treibenden Kraft bei den Bestrebungen, das Geschäft zu erweitern. Wie die meisten anderen Führungskräfte bei Coca-Cola war er ein ungemein wettbewerbsorientierter Mensch. Er spielte fast täglich mit seinem Sohn Squash und feierte jeden Sieg überschwenglich – eine Einstellung, die er auch in der Führungsetage zur Schau stellte. Woodruff hatte ihm bereits klargemacht, daß Oehlert niemals die Präsidentschaft übertragen bekommen würde – wegen seines kurzen Illoyalitätsakts, den er während der Hobbs-Ära durch seinen Ausstieg verübt hatte. Oehlert nahm diesen Urteilsspruch hin und stellte ein Schild auf seinen Schreibtisch, auf dem geschrieben stand: »Es gibt keine Grenze für das, was ein Mensch erreichen kann, solange es ihn nicht kümmert, wer den Ruhm dafür erntet.« Dann machte er sich daran, innerhalb des Unternehmens sein eigenes Imperium aufzubauen.

Auf Oehlerts Drängen hin erklärte sich Woodruff einverstanden, über den Erwerb der Minute Maid Corporation, des in Orlando ansässigen Herstellers von tiefgekühltem Orangensaft und Instantkaffee, nachzudenken.

Wie es seine Gewohnheit war, fragte Woodruff seine engsten Berater nach ihrer Meinung hinsichtlich des Geschäfts. Die meisten aus diesem Kreis waren jetzt über 60 oder 70 Jahre alt und hatten Ressentiments gegen jede Veränderung. Sie verfaßten gedankentiefe Memos, erhoben ernste Einwände, kamen letztlich jedoch zu der Schlußfolgerung, daß das Risiko lohnenswert war.

Ein paar warnende Stimmen gab es dennoch. Bill Robinson, der noch immer als Coca-Colas nomineller Vorsitzender des Direktoriums fungierte, gab zu bedenken, daß es schwierig werden würde, Minute Maids Spitzenpreis zu halten, da mehr und mehr Supermarktketten damit begannen, tiefgekühlten Saft als Hausmarken zu verkaufen. (Zwei Dosen Minute Maid kosteten 49 Cents, während eine Hausfrau von Safeways Sonderangebot Scotch Treat fünf Dosen für 89 Cents kaufen konnte.) Arthur Acklin, der im Direktorium verblieben war, nachdem er sich von seinem Nervenzusammenbruch erholt hatte, hielt den Export für ein Problem, »weil wir den größten Teil der Investitionen vornehmen müßten, ohne auf die lokalen Abfüller denselben Einfluß ausüben zu können, den wir jetzt haben«. Und

Spalding, der das Geschäft ansonsten befürwortete, machte sich Sorgen, daß die Coca-Cola Company die Saisonarbeiter, die Minute Maids Zitrusfrüchte in Florida ernteten, anstellen und mit Unterkünften versorgen müßte.

Aber ihre Bedenken wurden zerstreut durch das allgemeine Lob, mit dem das in Aussicht gestellte Geschäft von der Wall Street begrüßt wurde, wo der »Drang zur Fusion«, wie es das Magazin Time nannte, zu einer Manie geworden war. Coca-Cola und Minute Maid waren in derselben Branche tätig, eine Vereinigung war »natürlich« – so die Atlanta Constitution. Und es gab einen weiteren vorteilhaften Gesichtspunkt, über den die Coca-Cola-Leute privat diskutierten: Minute Maids Pflanzungen würden sie mit einer neuen billigen Quelle für Zitronen- und Orangenöl versorgen, zwei Aromastoffen in Merchandise 7X, dem ultrageheimen Bestandteil von Cokes geheimer Formel.

Die Kräfte, die darauf drängten, das Geschäft zum Abschluß zu bringen, waren so stark, daß es nicht einmal Mutter Natur wagte, Hindernisse in den Weg zu legen. Als der Hurrikan Donna im September 1960 über Floridas Küste hinwegfegte, blieben Minute Maids Bäume von ernsthaften Schäden verschont. Fünf Tage später stimmte Coca-Cola der Fusion zu. Minute Maid wurde für Coca-Cola-Aktien im Wert von 57 Millionen Dollar gekauft. Hayes, wortgewaltig wie immer, bezeichnete die Union als »eine Hochzeit, die der Himmel bestimmt hatte«.

Es war für alle ein ziemlicher Schock, als Minute Maids Präsident am Vorabend der tatsächlichen Zusammenlegung plötzlich ausstieg. Jack Fox war ein guter Bekannter von Woodruff geworden und hatte mit Oehlert und anderen Coca-Cola-Führungskräften in Atlanta Freundschaft geschlossen. Er hatte sogar einen Sitz im Direktorium Coca-Colas bekommen, und man hatte eigentlich von ihm erwartet, daß er weiterhin als Präsident von Minute Maid fungieren würde. Statt dessen machte er seine Aktien zu Geld, strich die Gewinne aus dem Geschäft ein und verabschiedete sich, um bei der United Fruit Company eine neue Karriere zu beginnen.

Fox entschuldigte sich bei Woodruff vielmals für seinen Abgang und erklärte, daß es ihm ganz einfach Spaß machte, etwas Neues anzupacken. Woodruff erwiderte kühl, daß er »ein gewisses Verständnis« hätte. Tatsächlich jedoch war er überrascht und verärgert.

Pepsis Agentur löste als erstes das Problem, eine erfolgreiche neue Werbekampagne zu kreieren. Der Präsident von BBDO, Charlie

Brower, wandte vier Monate und einen ungenannten Betrag für Marktstudien und Meinungsumfragen auf, die ihm verrieten, was für jeden, der an einer Schule vorbeikam, offenkundig war: Amerika spürte die Folgen des Baby Booms.

Der Zensus sprach eine deutliche Sprache. 1952, in einem typischen Nachkriegsjahr, starben in den Vereinigten Staaten 1 494 000 Menschen, während 3 844 000 geboren wurden – eine Zuwachsquote von mehr als zweieinhalb zu eins. Ein Jahrzehnt später kamen diese Kinder ins fünfte Schuljahr. Wie Coke hatte Pepsi die Werbung auf Erwachsene zugeschnitten – und das in einer Zeit, in der junge Verbraucher für den Soft-Drink-Markt immer wichtiger wurden.

»Nun ist Pepsi für die, die sich *jung* fühlen!« verkündete der neue Slogan von BBDO – ein abrupter Wechsel der Stoßrichtung. Brower stellte die Idee bei einem Treffen der Pepsi-Abfüller vor und nannte Coca-Cola einen altmodischen, »vertrottelten« Konkurrenten, der reif zum Abschuß sei. Diese Form der Polemik beendete den inoffiziellen Waffenstillstand zwischen den beiden Unternehmen und eröffnete erneut den Konkurrenzkampf, der bis zum heutigen Tag unvermindert anhält. Ein BBDO-Verantwortlicher erklärte, daß es darum gehe, Coke »als ein Getränk für Leute, die nicht mehr auf der Höhe der Zeit sind«, darzustellen. BBDO brauchte zwar noch vier weitere Jahre, um die »Pepsi-Generation« zu erfinden, aber die Images der beiden Soft-Drinks in den frühen Sechzigern waren verteilt: Coca-Cola war das Getränk der Generation des Zweiten Weltkriegs, während Pepsi das Getränk ihrer Kinder war.

McCann lehnte es ab, unmittelbar auf die Konkurrenz einzugehen, und reagierte mit »Things Go Better With Coke«, eine scheinbar simple Kampagne, die Erfolg hatte, weil sie Coca-Cola als ein Getränk vorstellte, das beim Essen getrunken wurde, bei Rendezvous und anderen geselligen Anlässen, und vor allem weil die Firma die Rekordsumme von 53 Millionen Dollar für die Präsentation in den Medien ausgab. Coca-Cola war in den frühen Sechzigern das am stärksten beworbene Produkt im Lande, und schon allein dieser Umstand reichte aus, den Vorsprung vor der verjüngten Pepsi zu halten.

Wäre der aufkeimende Krieg um die Generationen zwischen Coke und Pepsi in den frühen Tagen ausschließlich anhand der Frage, welche Firma mehr »in« war und eher den Geschmack der Amerikaner unter dreißig Jahren traf, ausgefochten und entschieden worden, dann hätte die Plum Street sehr wohl verlieren können. Coca-Colas Fernsehstars waren schon etwas angegraut und standen auf der Popularitätsleiter nicht mehr ganz oben.

Doch zum Glück waren die Künstler nicht das einzige Mittel, die Kundschaft zu erreichen. Coca-Colas Abfüller hatten begriffen, wie wichtig es war, den Teenagermarkt zu gewinnen, und sponserten ein landesweites Radioprogramm namens »Hi-Fi-Club«, das wöchentlich aus verschiedenen High Schools übertragen wurde. Mehr als eine Million Teenager stellten Anträge zur Aufnahme in den Club und nahmen an seinen Preisausschreiben teil, bei denen sie für die Beantwortung von Fragen Rabattgutscheine gewinnen konnten. Coca-Cola wandte sich sogar an das noch jüngere Publikum und sponserte eine Sektion des Mickey Mouse Clubs.

Anläßlich besonderer Ereignisse konnte niemand – nicht einmal Walt Disney – Coca-Colas Geschick, etwas Extravagantes zu bieten, übertreffen. Während des Planungsstadiums der Weltausstellung des Jahres 1963 in New York schickte das Unternehmen einen leitenden Angestellten, Ted Duffield, zu Disney, um die Möglichkeit eines gemeinsamen Pavillons zu besprechen. Duffield erzählte, daß er in ein kleines Büro in Los Angeles geführt wurde, wo ihm Disney ein Glas Tomatensaft anbot, ihn auf einem braunen Ledersofa Platz nehmen ließ und das Konzept präsentierte: eine Bühne mit dreißig Zentimeter großen Figuren der amerikanischen Präsidenten – im Mittelpunkt ein mechanischer Abraham Lincoln vor dem Hintergrund einer Bürgerkriegsszenerie, der einen sechsminütigen Auszug aus seiner Antrittsrede rezitierte.

Duffield lehnte höflich, aber entschieden ab, eilte zurück nach New York und half dabei, die »Welt der Erfrischung« auf die Beine zu stellen, einen Themenpark mit verblüffend realistischen Szenen aus allen Teilen des Globus, darunter ein Dorf in den Bayrischen Alpen und eine Imitation des kambodschanischen Regenwaldes. Einem Zeitungsbericht zufolge war die Ausstellungsnachbildung vom Deck eines Kreuzfahrtschiffs, angefangen beim Zittern der Planken bis hin zum Surren der Maschinen, so authentisch, daß eine Lehrerin beim Passieren eines Bullauges den Finger auf den Mund legte und zu ihren Schülern sagte: »Seid jetzt leise! Da drin schlafen Leute.«

Coca-Cola gab eine spezielle Nachrichtenbroschüre heraus, in der die Aktivitäten im Pavillon detailliert beschrieben wurden, und Robert Woodruff hatte bei den Eröffnungsfeierlichkeiten einen seiner seltenen öffentlichen Auftritte, begleitet von der amtierenden Junior Miss Amerikas Diane Sawyer, die mit weißen Handschuhen eine Flasche Coke präsentierte.

Insgesamt gab die Firma 5 Millionen Dollar aus, einschließlich der Installation des größten Glockenspiels der Welt, einer gigantischen

Apparatur mit 610 Glocken und 3600-Watt-Lautsprechern auf einem über vierzig Meter hohen Turm. Das Glockenspiel spielte jede Viertelstunde die vertrauten Akkorde des Coke-Werbethemas, die noch in einer Entfernung von knapp 25 Kilometern zu hören waren. Einige Verantwortliche von Coca-Cola wollten, daß die Musik ununterbrochen spielte, aber der Hersteller, Schulmerich Carillons aus Sellersville in Pennsylvania, scheute davor zurück. »Es hätte die Würde der Sache zerstört«, erklärte der musikalische Direktor Schulmerichs.

Es war unübersehbar, daß die Coca-Cola Company großen Wert auf eine herausragende Präsenz legte. Woodruff, Talley und alle anderen Führungskräfte in der Plum Street betrachteten Coca-Cola als amerikanische Institution, die sowohl als Idee als auch als Produkt tief im öffentlichen Bewußtsein verwurzelt war und einen besonderen Status besaß, der bewahrt und geschützt werden mußte. Werbung alleine reichte da nicht aus.

Es gab viele Gründe dafür, daß Coca-Cola in den frühen Sechzigern gute Bilanzen aufweisen konnte. Pepsis Generationsoffensive löste bei den älteren Bürgern eine leichte Trotzreaktion aus.

Außerdem sorgten die Zahlen für Sicherheit. Es gab nicht nur mehr Verbraucher als jemals zuvor – sie konsumierten Erfrischungsgetränke auch in viel größerem Umfang. Der Pro-Kopf-Verbrauch von Soft Drinks stieg in den Vereinigten Staaten von 174 im Jahr 1954 auf 227 im Jahr 1963 an. Und auch die Popularität der von Coca-Cola neu engagierten Künstler verbesserte sich. Der »Things-Go-Better«-Themasong wurde unter anderem von Nancy Sinatra, Jay and the Americans und den Supremes gesungen und sprach eine breite Geschmackspalette an.

Vor allem jedoch war Coca-Cola erfolgreich, weil es gemeinsam mit nur einer Handvoll anderer elitärer Produkte mit dazu beitrug, das Wesen dessen zu definieren, was man als amerikanisch ansah. Cokes Status als Ikone war natürlich eine alte Geschichte. Der neue Kniff war die Notwendigkeit, diese Ikone den schnellen Veränderungen, die sich in der amerikanischen Gesellschaft vollzogen, anzupassen. Ein Blick in die Zukunft ließ noch größere Herausforderungen erwarten. Nicht nur der Geschmack veränderte sich, sondern auch die amerikanischen Wertvorstellungen verschoben sich und stellten in einem gewissen Grad alle nationalen Institutionen in Frage. Ob man wollte oder nicht – Coca-Cola war politisch, und wenige Dekaden in der amerikanischen Geschichte erlebten größere politische Umwälzungen als die Sechziger.

Als Meeresforscher Hunderte von Kilometern vor der Küste Charlestons 1966 in einer Tiefe von 6800 Metern eine Coke-Flasche entdeckten, staunte man allenthalben über die Allgegenwart des bekanntesten Produkts auf Erden. Nur die Ökologen waren verzweifelt.

Der Umgang der Coca-Cola Company mit Politik und Politikern hatte immer etwas eigenartig Unschuldiges an sich gehabt. Jede Unterstützung war willkommen, egal woher sie kam.

Jahrelang vor und auch nach dem Zweiten Weltkrieg wies die PR-Abteilung des Unternehmens nonchalant darauf hin, daß Hitler Coca-Cola trank, als ob sie sagen wollten, daß seine Vorliebe für Soft Drinks der einzige humane Aspekt seiner Persönlichkeit gewesen wäre. Angefangen bei Fidel Castro bis hin zu König Faruk war jede politische Figur, die Coke trank, gerne gesehen, Freund oder Feind.

Präsident Eisenhowers Vorliebe für Coca-Cola war legendär. Als Eisenhower während seines letzten Amtsjahrs New Delhi besuchte und bei einem Fototermin eine Coke mit einem Strohhalm zu sich nahm, schickte Woodruff eine Danksagung ins Weiße Haus, zusammen mit der sanften Mahnung, daß es langjährige Firmenpolitik war, die Konsumierung des Produkts niemals auf diese Weise zu zeigen. Woodruff glaubte, daß die Benutzung eines Strohhalms den Geschmack einer Coke nachteilig beeinflusse und unhygienisch sei.

Eisenhower antwortete humorvoll mit einem Brief, der die Aufschrift »Persönlich – streng geheim« trug, und protestierte. »Zum ersten Mal stoße ich bei Ihnen auf mangelndes Verständnis«, tadelte er Woodruff. »Wenn ich eine Flasche Coca-Cola für einen guten Schluck an den Mund setzte, dauert dies nur Sekunden – mit einem Strohhalm, vielen Gesprächen und weiterem Herumgehen war ich in der Lage, mehr Fotografen und Zeitungskorrespondenten anzuziehen, als es mir ansonsten möglich gewesen wäre!«

Der Mythos, daß Coca-Cola über der Politik stand, überlebte die Sechziger nicht. Das Problem begann im Sommer 1959 bei der amerikanischen Nationalausstellung in Moskau, dem Schauplatz der berühmten »Küchendebatte« Richard Nixons mit Nikita Chruschtschow. Die Führungskräfte von Coca-Cola Export weigerten sich, an der Handelsschau teilzunehmen und verwiesen auf ihren lange andauernden Streit mit den kommunistischen Parteien in der Sowjetunion und in Europa. Bill Robinson trug energisch vor, daß die Veranstaltung Coca-Colas Teilnahme verlangte, wenn auch nur, um die Druckkosten in Höhe von 25 000 Dollar für den Katalog amerikanischer Künstler zu übernehmen, deren Werke ausgestellt wurden. Aber er fand keine Zustimmung.

Don Kendall, der mit harten Bandagen kämpfende Chef von Pepsis internationaler Abteilung, sah eine einmalige Gelegenheit und veranlaßte sein Unternehmen, alle Besucher, die Pepsi während der sechswöchigen Schau besuchten, mit freien Soft Drinks zu versorgen.

Die Entscheidung kostete ihn beinahe seinen Job. Gerade von Steele befreit, wollten die kostenbewußt handelnden Pepsi-Direktoren keine 300 000 oder 400 000 Dollar in Form von Gratisdrinks verschenken, zumal der Verkauf amerikanischer Produkte hinter dem Eisernen Vorhang verboten war. Kendall rettete sich am Abend vor der Ausstellungseröffnung durch einen Besuch beim Vizepräsidenten in dessen Moskauer Hotel. Auf Kendalls Drängen suchte Nixon am nächsten Tag Pepsis Stand in Begleitung Chruschtschows auf. Kendall initiierte eine kleine Debatte und brachte den sowjetischen Ministerpräsidenten dazu, zwei Sorten Pepsi zu probieren – eine, die in den Vereinigten Staaten, und eine, die in Moskau abgefüllt worden war. Natürlich sagte Chruschtschow, daß er die russische Version vorzog, aber entscheidend war das Foto, das überall veröffentlicht wurde und ihn beim Pepsi-Trinken zeigte. »Chruschtschow lernt, gesellig zu sein«, lauteten die Schlagzeilen auf der ganzen Welt.

Kendalls Coup erzürnte Woodruff und die anderen Führungskräfte in der Plum Street, nicht zuletzt, weil der Vizepräsident so tatkräftig an der Aktion beteiligt war. Vom zweiten Mann der Eisenhower-Administration wurde erwartet – fälschlicherweise, wie es schien –, daß er als Teil des Teams auftrat. Im Herbst, als er seine eigene Bewerbung um das Amt des Präsidenten anging, bat Nixon Woodruff um ein Treffen, um über einige Dinge, zum Beispiel über eine Unterstützung seiner Kandidatur, zu reden. Die Zusammenkunft verlief jedoch nicht gut.

Nixon und seine Frau Pat trafen in Südgeorgia ein, um das Wochenende auf einer Plantage in der Nähe von Ichauway zu verbringen. Woodruff fuhr hinüber, um den Samstag mit dem Vizepräsidenten zu verbringen, und war gleich unangenehm berührt, weil Nixon nicht jagte. Pat Nixon ging zwar mit auf die Jagd und erwischte sogar einen Vogel, berichtete Woodruff Eisenhower später, aber ihr Mann war »kein Schütze«, und das war ein schlechtes Zeichen.

Um die Dinge noch zu verschlimmern, beging Nixon einen Fauxpas, als er wenige Tage später ein paar Zeilen schrieb, mit denen er sich dafür bedankte, daß ihm Woodruff ein Glas Sorghumsirup gegeben hatte. Wie jeder halbwegs aufmerksame Besucher aus dem Osten hätte wissen sollen, war die spezielle Köstlichkeit der Plantage kein Sorghum, sondern reiner georgianischer Zuckerrohrsirup, und Woodruff, dessen Lebenswerk letzten Endes um Sirup kreiste, reagierte immer gereizt, wenn jemand hier keine Unterschiede machte. »Es besteht«, schrieb er Nixon, »ein sehr großer Unterschied zwischen unserem Sirup und Sorghum, bei dem es sich im allgemeinen um eine schwere, bittersüße Substanz handelt.« Vielleicht, fügte Woodruff noch hinzu, »bekomme ich Sie irgendwann hier herunter und bringe Ihnen mehr über diese Spezialitäten des Südens bei.«

Privat tat Woodruff Nixon als einen Mann ab, dem der Sinn für Humor fehlte. »Sie hatten nie irgendeine Beziehung zueinander«, erinnerte sich Joe Jones. »So läßt es sich am besten ausdrücken, denke ich. Nixon lag ganz einfach nicht auf seiner Wellenlänge.«

Während der Vorwahlen unterstützte Woodruff Lyndon Johnson, und nachdem John F. Kennedy von den Demokraten nominiert worden war, schickte er Morton Downey als inoffiziellen Botschafter nach Hyannisport. Seit der Coolidge-Administration hatte Woodruff immer versucht, herzliche Beziehungen zu dem jeweiligen Bewohner des Weißen Hauses zu unterhalten, und wenn dies nicht möglich war, fand er Mittelsmänner, die Brücken bauen und die Interessen der Firma wahrnehmen konnten. Woodruff verabscheute Kennedys Vater Joseph, wegen seiner Machenschaften und weil er versucht hatte, Druck auf die Firma auszuüben, damit sie ihm während des Zweiten Weltkriegs in Südamerika Abfüllizenzen überließ. Aber dies war kein Hinderungsgrund, mit dem Palmzweig zu wedeln. Um sich nach allen Seiten abzusichern, blieb Woodruff auch Nixon gegenüber freundlich und half ihm sogar dabei, ein paar Spendenaktionen in Georgia durchzuführen – für den Fall der Fälle.

Als die Wahl jedoch entschieden war, wurde Nixon fallengelassen. Der entscheidende Moment kam zwei Jahre später, nachdem er das Rennen um das Amt des Gouverneurs in Kalifornien verloren hatte. Als seine Hoffnungen auf eine Wiederbelebung seiner politischen Karriere in Trümmern lagen, erkundigte sich Nixon bei der Coca-Cola Company nach einem Job, wobei er seinen alten Navy-Freund Dee Harrison als Mittelsmann benutzte. Don Kendall war an Nixon herangetreten, um ihm Pepsis Rechtsangelegenheiten anzutragen, berichtete Harrison seinen Kollegen in der Plum Street, aber Nixon war interessiert daran, für Coca-Cola, die Topfirma der Branche, zu arbeiten. Das Thema kam bei einer Sitzung in Lee Talleys Büro zur Sprache, und einem Konferenzteilnehmer zufolge »sagten alle: ›Nein, wir brauchen diesen Schweinehund nicht auf der Gehaltsliste‹«. Die Entscheidung, Nixon abzulehnen, wurde Woodruff bekanntgegeben, und der stimmte ihr zu.

Keine andere politische Entscheidung in der Geschichte der Firma erwies sich als so folgenschwer. Trotz all ihrer Kämpfe mit Dr. Wiley und seinen Reformfreunden in der Bundesregierung, trotz all ihres Lobbyismus im ganzen Land hatte die Coca-Cola Company es seit fast acht Jahrzehnten geschafft, eine Etikettierung als Parteigänger zu verhindern. Jetzt war es nicht mehr zu vermeiden. Nixon wurde Seniorpartner in Pepsi-Colas externer Anwaltsfirma mit dem neuen Namen Nixon, Mudge, Rose, Guthrie & Alexander, und von diesem Augenblick an wurde der Kampf zwischen Pepsi und Coke zu einem Kampf zwischen Republikanern und Demokraten.

Wegen der Tragödie, die sich später am selben Tag am selben Ort ereignete, erinnern sich nur wenige Menschen daran, daß Nixon am 22. November 1963 in Dallas war und an einer Versammlung der Pepsi-Cola-Abfüller teilnahm.

Bei seiner Ansprache versuchte Nixon geschickt, einen Keil zwischen den Präsidenten und den Vizepräsidenten zu treiben. Es erschien ihm sehr wahrscheinlich, daß Kennedy Johnson 1964 fallenlassen würde, weil er eine Belastung darstellte – eine Polemik, die darauf abzielte, die demokratische Administration in Johnsons Heimatstaat zu verspotten und in Verlegenheit zu bringen. Ein leitender Angestellter in der Plum Street erkannte Nixons Absicht, als der Bericht über seine Rede aus dem Fernschreiber kam, und er sorgte dafür, daß Johnson eine Kopie geschickt wurde.

Aber Johnson mußte niemand treiben, damit er seine Zuneigung zu Coca-Cola demonstrierte. Als Vizepräsident trank er oft Cokes in der Öffentlichkeit, und er behielt diese Gewohnheit bei, als er Präsident wurde. Johnson war sich der Verbindung Nixons zu Pepsi wohl bewußt und war darauf bedacht, den Ausgleich herzustellen. Während des Werbefeldzugs im Jahr 1964 erzählte er Reportern, daß Coca-Cola der ausgewählte Soft Drink im Präsidentenflugzeug Air Force One war.

Der Präsident war jemand, der niemals einen politischen Verbündeten ignorierte. Er unterhielt warmherzige Beziehungen zu Woodruff und verpaßte selten die Gelegenheit zu einer freundlichen Geste.

Johnson half der Firma auch auf konkrete Weise. Einer der seltsamsten, längsten bürokratischen Kämpfe in der Geschichte der Food and Drug Administration wurde während Johnsons Präsidentschaft zugunsten Coca-Colas entschieden – mehr als ein Vierteljahrhundert nach seinem Beginn.

1938 hatte der Kongreß ein Gesetz verabschiedet, das für die meisten Nahrungsmittel und Getränke die Angabe der Bestandteile auf dem Etikett vorsah, eine Reform, die Coca-Cola mit Klauen und Zähnen bekämpfte. Es ging nicht sosehr darum, die geheime Formel zu schützen, weil die Aromastoffe in Merchandise 7X von dem Veröffentlichungszwang ausgenommen waren, sondern um die Bestätigung von Koffein als Ingrediens und anderen kontroversen Additiven, die das Unternehmen lieber nicht nennen wollte.

Als sich der Kongreß einverstanden erklärte, die Anwendung des Gesetzes auf Soft-Drinks für kurze Zeit zu verschieben, gelang es Coca-Colas Lobbyisten auf unauffällige Art und Weise, den Aufschub bis in die sechziger Jahre zu strecken. Verbraucherschutzgruppen schlugen schließlich Lärm, und der Gesetzgeber kündigte mit Verspätung Verordnungen an, um das Gesetz wirksam werden zu lassen. Coca-Cola reagierte mit einer heftigen Kampagne, die darauf abzielte, der Kennzeichnungspflicht ihre Bedeutung zu nehmen.

Mit Hilfe verschiedener Verzögerungsmanöver schaffte die Coca-Cola Company es, die Food and Drug Administration hinzuhalten, bis sich schließlich von selbst eine hübsche Lösung bot. Commissioner Larrick, ein Überbleibsel aus der Kennedy-Administration, schied aus dem Dienst und gab somit Präsident Johnson Gelegenheit, einen geeigneten Nachfolger zu bestimmen. Johnson war gerne bereit, sich vor der Ernennung mit der Coca-Cola Company zu beraten, und folgerichtig wählte er James Goddard, einen der stellvertretenden Leiter des Gesundheitsamts, der zufällig Direktor des Centers for Disease Control in Atlanta war, wo er freundschaftliche Beziehungen zu mehreren leitenden Unternehmensmitarbeitern unterhielt.

Elf Tage nach seiner Ernennung (und 28 Jahre nach dem ursprünglichen Erlaß des Gesetzes) veröffentlichte Dr. Goddard einen abschließenden Verordnungsentwurf, der besagte, daß koffeinhaltige Soft Drinks Koffein nicht als Bestandteil angeben mußten. Coca-Cola hatte endgültig gesiegt.

Eine personelle Neuerwerbung der Coca-Cola Company im Zuge des Minute-Maid-Geschäfts war ein exzentrischer Finanzier namens William Appleton Coolidge.

Coolidge, ein kleiner Mann Anfang sechzig, war der Erbe eines großen Textilvermögens in Neuengland. Er hatte massiv in die Forschung investiert, was schließlich für Minute Maids Fabrikationsprozeß bei der Tiefkühlung von Zitrusfrüchten den Durchbruch bedeutete. Nach der Fusion besaß er Coca-Cola-Aktien im Wert von mehr als zwei Millionen Dollar und erhielt einen Sitz im Direktorium.

Als Summa-cum-laude-Absolvent des Harvard College und der Harvard Law School – eine Studienzeit am Balliol College in Oxford lag dazwischen – glaubte Coolidge, daß Woodruff und die anderen Mitglieder des Coca-Cola-Direktoriums seine brillanten Kenntnisse über die Geschäftsführung willkommen heißen würden. Er irrte sich. Von Minute Maid war Coolidge ruhig verlaufende Direktoriumssitzungen gewohnt, die sich jeweils über zwei oder drei Tage hinzogen und bei denen die Mitglieder über ihre Gedanken und Träumereien miteinander redeten. Die Atmosphäre in der Plum Street, wo Woodruff knappe, nüchterne Sitzungen abhielt, die selten länger als einen Morgen dauerten, war für Coolidge eine Überraschung und eine echte Enttäuschung. Er mochte Woodruff und fühlte sich zu ihm hingezogen, wie es so vielen Menschen ging. Er wollte über seine Ideen diskutieren und Ratschläge geben.

Woodruff sah in Coolidge wenig mehr als einen zu groß gewordenen Wichtelmann, wie Joe Jones später berichtete, und neckte ihn, weil Coolidge seine grauen Haarsträhnen bis auf die Schultern fallen ließ. Coolidge war ohne jede Frage intelligent, aber er verstand nichts vom Soft-Drink-Geschäft, und Woodruff widerstand taktvoll seinen Anstrengungen, eine engere Beziehung aufzubauen.

Eines Tages, anläßlich eines Mittagessens im privaten Speisesaal der Plum Street, ließ sich Woodruff bei einer zwanglosen Unterhaltung mit den Direktoriumsmitgliedern zu einigen Bemerkungen hinreißen. Mit düsteren Worten kritisierte er die »Beatniks« und andere Außenseiter, die nach Mississippi und in den übrigen Süden kamen, für die Bürgerrechtsreform agitierten und unter Schwarzen und Weißen gleichermaßen gefährliche Leidenschaften weckten. Die Südstaatler beider Rassen haßten es, wenn man ihnen sagte, was sie tun sollten, meinte Woodruff, besonders wenn es Abenteurer aus dem Norden taten, die mehr daran interessiert zu sein schienen, Unruhe zu stiften als einen erstrebenswerten Wechsel herbeizuführen.

Coolidge war beleidigt. In einem Brief an Woodruff schrieb er, daß ihn dessen Einstellung bekümmerte. »Die schreckliche Tragödie der ganzen Sache«, meinte er, »steckt in der Ansicht von vornehmen Südstaatlern wie Sie selbst – daß der farbige Mensch nicht wirklich um seine Selbstachtung bemüht ist. Ich weiß nicht, wie man Ihnen das beibringen kann. Ich hoffe nur, daß es nicht durch Blutvergießen geschieht . . .« Was seine eigene Politik anging, fügte Coolidge hinzu, »ich bin immer versucht, mich selbst an irgendeinem dieser Proteste zu beteiligen, hatte aber das Gefühl, daß mein Einfluß größer sein würde, wenn ich mich nicht auf diese Weise engagierte.«

Coolidges Brief löste einen seltenen Wutanfall bei Woodruff aus. Er reagierte so, als wäre ein feuriger Gegner der Sklaverei aus dem 19. Jahrhundert mit einer Zeitmaschine erschienen und hätte ihn der Sklavenhaltung beschuldigt. »Ich möchte nicht näher auf die Frage eingehen, wer am meisten von der Praxis profitiert hat, Neger aus Afrika zu verschleppen und an Pflanzer im Süden zu verkaufen«, schäumte Woodruff, als er eine Antwort an Coolidge diktierte. »Mein Eindruck ist, daß das Geld aus diesem Geschäft den Grundstock für verschiedene neuenglische Familienvermögen, besonders in Massachusetts, gebildet hat . . .«

Bevor er seine Stellungnahme zur Post gab, hielt Woodruff inne, um seine Aktivitäten während der vergangenen Jahre Revue passieren zu lassen. Vielleicht hätte er mehr tun können, führte er sich vor Augen, aber sicherlich mußte er sich nicht bei einem liberalen Eierkopf aus Boston entschuldigen, besonders bei einem, der mit derartiger Rechtschaffenheit erklärte, daß er sich selbst die Erfahrung eines öffentlichen Engagements beim Kampf um die Bürgerrechte versagte. Woodruff hatte sich diesen Luxus nicht erlaubt.

Im Jahre 1960 hatte Gouverneur Ernest Vandiver ein ernstes Problem gehabt. Zwei Jahre zuvor mit dem Slogan »Nein, nicht eins . . .« – gemeint war, daß nicht ein einziges schwarzes Kind die Erlaubnis bekäme, eine öffentliche weiße Schule in Georgia zu besuchen – gewählt, sah sich Vandiver mit der bundesrichterlichen Anordnung konfrontiert, in den städtischen Schulen Atlantas und in den anderen öffentlichen Schulen und Colleges des Staates die Rassentrennung aufzuheben oder hinzunehmen, daß sie geschlossen wurden. Er suchte verzweifelt nach einem schnellen Ausweg, um sein Versprechen brechen zu können, als sein Staatssekretär Griffin Bell, damals ein junger Anwalt, der frisch von King & Spalding gekommen war, einen Einfall hatte. Wenn das Parlament eine hochkarätige Kommission bildete, die überall im Staat Anhörungen zu der Frage abhielt, dann glaubte Bell zuversichtlich, daß die Leute über die Konsequenzen nachdenken und zu dem Schluß kommen würden, daß die Schulen geöffnet bleiben mußten, selbst wenn dies einen Fortschritt auf dem Weg der Rassenintegration bedeutete. Man mußte nur noch einen geeigneten Vorsitzenden zur Führung der Gruppe finden. Bell schlug John Sibley vor, einen seiner Mentoren.

Sibley übernahm die Aufgabe mit Woodruffs voller Unterstützung. Es ging nicht darum, weiße Georgianer davon zu überzeugen, daß es eine gute Idee war, ihre Kinder zusammen mit Schwarzen zur Schule zu schicken. Das einzige Ziel war, die Verhaftung des Gouverneurs und die Schließung der Schulen zu verhindern. »Ungeachtet dessen, ob es uns nun gefällt oder nicht«, sagte Sibley dem Sender WSB, nachdem er seine Ernennung akzeptiert hatte, »wir sind alle an die Weisung der Bundesgerichte gebunden.«

Sibley beraumte in allen zehn Wahlbezirken Georgias Anhörungen an, bei denen jedermann Gelegenheit bekam, Dampf abzulassen. John Greer, ein liberaler Abgeordneter aus Atlanta, erinnerte sich daran, wie ein Kollege vom Land während einer der Anhörungen auf ihn zustürzte:

»Er wollte wissen: ›Was tun alles diese Nigger hier drin?‹ Ich sagte: ›Sie sind gekommen, um zu reden, Senator.‹ Und er sagte: ›Also, so habe ich das aber nicht verstanden. Ich dachte, wir ziehen so durch den Staat, lassen die Weißen darüber reden, entscheiden, was wir tun, und sagen es den Niggern.‹«

Aber er hatte es falsch verstanden. Die Kommission arbeitete genau so, wie es Sibley vorhergesehen hatte. Nach der Anhörung von mehr als 1600 Personen, Farbigen und Weißen, stimmten die Mitglieder dafür, den Bundesbehörden zu gehorchen und die Schulen geöffnet zu lassen, eine Entscheidung, die von der Öffentlichkeit widerwillig gebilligt wurde.

Ein paar Monate später wandte sich Bürgermeister Hartsfield an Sibley, Woodruff und andere Wirtschaftsführer und bat sie um Hilfe bei der Lösung der bisher ernsthaftesten Konfrontation in der Frage der Rassentrennung in den Restaurants der Stadt. Im Oktober 1960 schloß sich Martin Luther King Jr., der bis zu diesem Zeitpunkt Atlanta bei seinen Veranstaltungen weitgehend ausgelassen hatte (und seine Heimatstadt dafür lobte, daß sie »eine Machtstruktur« besaß, »die zum Dialog bereit war«), einer Studentengruppe vom Atlanta University Center an und veranstaltete ein Sit-in im Magnolia Room, dem beliebten Restaurant im sechsten Stock des Rich-Kaufhauses in der Innenstadt. Der Eigentümer Richard Rich fürchtete Repressalien des Ku-Klux-Klans, wenn er nicht handelte, und sorgte persönlich dafür, daß King und die anderen wegen unbefugten Betretens festgenommen wurden.

Die anschließende Eskalation der Auseinandersetzung ging als ein aufsehenerregendes Kapital in die Geschichte der Bürgerrechtsbewegung ein. Ein Richter im nahen DeKalb County, der die Rassentrennung befürwortete, schickte King in das staatliche Hochsicherheitsgefängnis in Reidsville und stützte sich dabei auf ein altes Gerichtsurteil in einer Verkehrssache. John und Robert Kennedy schalteten sich ein, um zu erwirken, daß King freigelassen wurde. Hartsfield stand vor der delikaten Aufgabe, eine langfristige Lösung zwischen der schwarzen Bürgerschaft und den weißen Kaufleuten der Stadt zu vermitteln. King kam frei, aber die mit ihm festgenommenen Studenten hatten eine Kautionszahlung abgelehnt und saßen noch immer im Gefängnis. »John«, schrieb der Bürgermeister an Sibley (eine Kopie ging an Woodruff), »die fünfundzwanzig führenden Persönlichkeiten dieser Gemeinde – die Männer, nicht die Jungs – müssen ganz einfach ein paar Termine außerhalb der Stadt absagen, sich zusammensetzen und mir helfen, zu entscheiden, was zu tun ist.«

Wie alternde Mafiapaten hatten sich Sibley und Woodruff seit einiger Zeit nach jüngeren Männern umgesehen, die sie darauf vorbereiten wollten, die Stadt in der nächsten Generation zu führen. Als Test übertrugen sie die Aufgabe, das Sit-in-Problem zu lösen, Ivan Allen jr., einem Geschäftsmann, der Atlantas größtes Bürobedarfsunternehmen leitete und als Präsident der Handelskammer fungierte. Allen lud zwei Rechtsanwälte in sein Büro ein, Bob Troutman, der Rich vertrat, und A. T. Walden, einen ehrwürdigen Schwarzenführer, der auch als »der Richter« bekannt war.

Zu einem kurzen, aber kritischen Augenblick kam es, als Walden während einer der ersten Sitzungen bat, die Toilette benutzen zu dürfen. Zu seiner Verlegenheit wurde sich Allen bewußt, daß die sanitären Einrichtungen in seinem eigenen Betrieb nach Rassen getrennt waren. Er konnte Walden nicht in eine nur für Weiße bestimmte Toilette schicken, ohne einen Zwischenfall mit einem seiner Angestellten zu riskieren. »Der Teufel wäre los gewesen«, sagte er später. Er wagte aber auch nicht, Walden zu bitten, den schlecht instand gehaltenen Abort für die schwarzen Angestellten im Souterrain zu benutzen. Statt dessen lieferte er einen frühen Beweis seines Talents für kunstvolle Kompromisse und stellte Walden sein eigenes privates Badezimmer zur Verfügung.

Während der nächsten Wochen trug Allen dazu bei, daß eine schriftliche Vereinbarung zustande kam, in der sich die Führung von zwei Dutzend Spitzengeschäften der Stadt einverstanden erklärte, die Rassentrennung in ihren Einrichtungen einschließlich der Essenstheken aufzuheben. Die Führer der schwarzen Gemeinde reagierten, indem sie ihren Boykott abbliesen. Es war bei weitem nicht so einfach, wie es klang. Die Vereinbarung beinhaltete eine Frist von mehreren Monaten bis zum Inkrafttreten, was viele in der schwarzen Gemeinde verärgerte. Die Opposition wuchs, als die Bedingungen bekanntgegeben wurden. Die Gefahr, daß der Waffenstillstand platzte, erreichte eines Abends in der Baptistenkirche in der Wheat Street ihren Höhepunkt, als die verärgerte Menge drohte, nach draußen zu gehen und ihren Protest auf die Straße zu tragen.

Als sein Vater und die anderen älteren Führer verhöhnt wurden, betrat Dr. King die Kirche. Allein durch seine bloße Gegenwart Schweigen gebietend, sagte King seinen Zuhörern, daß sie »einen Vertrag mit dem weißen Mann« hatten, »den ersten schriftlichen Vertrag, den wir jemals mit ihm hatten . . . nach einer Wartezeit von einhundert Jahren, in denen wir bis jetzt nichts vorweisen konnten«. Wenn jemand diesen Vertrag brach, warnte er, dann würde es nicht das schwarze Volk sein. Die Vereinbarung wurde eingehalten.

Andere Veränderungen folgten in schnellerem Tempo. Hartsfield war unsicher, ob er sich 1961 um eine weitere Amtsperiode als Bürgermeister bewerben sollte. Mit 72 Jahren ließ er sich nach fast fünfzigjähriger Ehe scheiden, um eine jüngere Frau zu heiraten, ein Schritt, der wahrscheinlich einen Skandal hervorrufen und ihn Stimmen kosten würde. Er fürchtete die Peinlichkeit, als Verlierer dazustehen, und die kräftezehrenden politischen Kämpfe der letzten Jahre hatten ihn erschöpft. Er machte Platz für Allen, der seinen Wahlkampf thematisch auf die Fortführung einer reibungslosen Beziehung zwischen dem Rathaus und der Geschäftswelt ausrichtete.

Allen war noch mehr auf Woodruffs Unterstützung angewiesen, als es Hartsfield gewesen war. Mit Hilfe hoher Spenden von Woodruff und seinem Kreis besiegte er in der entscheidenden Herbstwahl den Erzsegregationisten Lester Maddox.

An einem Frühlingsnachmittag, wenige Monate nach seinem Amtsantritt, entspannte sich Allen mit seiner Frau Louise auf der heimischen Vorderveranda, als eine große Limousine langsam die Einfahrt hinaufrollte.

Woodruff stieg aus dem Fond, gesellte sich für einen Drink zu den Allens, plauderte ein paar Minuten mit ihnen und zog dann einen Umschlag aus seiner Manteltasche. In ihm befand sich ein Angebot über vier Millionen Dollar, die der Stadt helfen sollten, im Piedmont Park ein öffentliches Garten- und Kunstzentrum zu errichten.

Woodruff hatte ehrgeizige Pläne für Atlanta. Seit Jahren schon hatte er die Emory University großzügig bedacht, für ihre Verbindlichkeiten gebürgt und ihre Einrichtungen erweitert, bis die medizinische Fakultät und das Hospital schließlich großes nationales Ansehen genossen.

Jetzt wollte er den Piedmont Park, die zentrale Grünfläche der

Stadt, in eine Kulturstätte verwandeln. Woodruff engagierte einen Berater, den pensionierten Erzieher Philip Weltner, der den Plan für einen Komplex mit Theater, Konzertsaal und Museum entwarf, zentral angeordnet um einen riesigen Springbrunnen inmitten von Zierbeeten, Spielplätzen und Restaurants. Weltner sah den ganzen Komplex sowohl als ein »draußen gelegenes Wohnzimmer« für die Bewohner Atlantas als auch als nationale Touristenattraktion vor, und so taufte er das Objekt auf den entsprechend hochtrabenden Namen »Bois d'Atlante«. Eine zweite Phase sah eine Drahtseilbahn, einen Kristallpalast, ein Planetarium und eine Bibliothek für die schönen Künste vor. Woodruff bot an, vier Millionen Dollar zu geben – anonym –, wenn die Stadt über eine Schuldverschreibung zwei Millionen Dollar für das Zentrum beisteuerte. Bürgermeister Allen stimmte schnell zu.

Atlanta war an einen bedeutsamen Wendepunkt gekommen. Die Einwohnerzahl des Stadtgebiets erreichte die Millionenmarke, der Flughafen wurde zu einem vitalen Verkehrsknotenpunkt, und der Rest des Landes betrachtete die Stadt mittlerweile als die Metropole des tiefen Südens.

Die Wähler lehnten in einem Referendum jedoch die Ausgabe der Schuldverschreibung ab. Zu Woodruffs größtem Entsetzen sprachen sie sich gegen den Plan aus, gleichzeitig auch gegen Verbesserungen der Straßen, Schulen und des Abwassersystems. Es war, wie er einem Freund anvertraute, »ziemlich schwer für mich, das zu verstehen«. Aber ganz so unbegreiflich war diese Entscheidung nicht. Die schwarzen Wähler hatten die Liste der städtischen Projekte geprüft und waren zu dem Schluß gekommen, daß weitgehend die Weißen davon profitierten, während die Weißen im Bois d'Atlante eine kunstvoll getarnte Verschwörung sahen, die dem Zweck diente, im Piedmont Park die Rassentrennung aufzuheben.

In Atlanta konnte nichts, was für die Rassenfrage von Belang war, als selbstverständlich vorausgesetzt werden. Die Stufen des Mißtrauens waren zu hoch. Der Bürgermeister beschuldigte sich, nicht genug Werbung für die Schuldverschreibung gemacht zu haben, und Weltner beklagte sich, ». . . feststellen zu müssen, daß unsere Stadt in die Hände von übellaunigen Rassenhetzern und Lumpenproletariern fällt«. Woodruff riet beiden zur Geduld. Sie würden es erneut versuchen, wenn sich die Gemüter abgekühlt hätten.

Der Commerce Club war eine private Einrichtung für Mitglieder der Handelskammer in der obersten Etage eines sechsstöckigen Parkhauses, dem neuen Wahrzeichen der Stadt. Im Direktorium des Commerce Club saß die herrschende Elite Atlantas, die Oligarchie der städtischen Geschäftsleute, die allesamt eine weiße Hautfarbe hatten.

Seit Jahren hatte die Kammer die Abgeordneten aus Atlanta vor Beginn der neuen Legislaturperiode zu einem Abendessen eingeladen. Als Bürgermeister Allen nach der Wahl im Jahr 1962 die Einladungsliste studierte, wurde er sich bewußt, daß er ein Problem hatte. Die Stadt hatte mit Leroy Johnson ihren ersten schwarzen Senator seit der politischen Neuordnung in den Südstaaten nach dem Bürgerkrieg gewählt, und die Clubregeln schlossen schwarze Gäste grundsätzlich aus.

Allen berief eine Direktoriumssitzung ein, an der auch Woodruff teilnahm, beschrieb das Dilemma und machte dann den Vorschlag, die Regeln zu ändern und Schwarzen zu gestatten, Veranstaltungen im Club als Gäste beizuwohnen. Allens Vorschlag wurde mit völligem Schweigen quittiert. »Ich stand einfach nur da«, erinnerte er sich Jahre später, »kein Wort wurde gesagt.« Dann beugte sich Woodruff zur Seite und sagte mit lautem Flüsterton: »Ivan, Sie haben absolut recht.« Der Vorschlag wurde unterstützt und einstimmig angenommen.

Es war Woodruff klar, daß andere Teile Georgias nicht die Bereitschaft hatten, sich in der Rassenfrage so schnell zu bewegen wie Atlanta. 1963 rief Präsident Kennedy Bürgermeister Allen in seinem Büro im Rathaus an und bat ihn, nach Washington zu kommen, um sich zugunsten eines Gesetzes auszusprechen, das die Rassentrennung in den Restaurants und Hotels des Südens beenden sollte. Allen wäre gerne gegangen, glaubte jedoch, daß ihn dies seine politische Karriere kosten könnte. Er bat Woodruff um Rat. »Ich weiß, es wird sehr unpopulär sein, es zu tun«, sagte Woodruff. »Aber Sie haben sich entschieden und liegen damit vermutlich richtig, und ich denke, Sie sollten gehen.« Woodruffs Vorschlag folgend, empfahl Allen für das Inkrafttreten in kleineren Städten einen Aufschub, aber er war der einzige gewählte Amtsträger im Süden, der öffentlich seine Unterstützung der Gesetzesvorlage zum Ausdruck brachte.

Die anschließende Kritik an Allen war vernichtend, und einige von Woodruffs Freunden zweifelten an seinem Urteilsvermögen, wenn nicht gar an seiner geistigen Gesundheit, weil er den Bürgermeister zu seiner Aussage ermutigt hatte. Sie ersuchten ihn auch, seinem Freund Ralph McGill den Mund zu stopfen, der Allen mit seinen Artikeln in der Constitution unterstützte und Fortschritte in der Rassenfrage propagierte. Woodruff, der McGill seit Jahren den Rücken gestärkt hatte, indem er ihm einen Job bei Coca-Cola offenhielt, falls ihn die Zeitung feuerte, wehrte die Hardliner ab. »Ihr solltet flexibel sein«, sagte er zu ihnen. »Die Dinge werden nicht so bleiben, wie sie waren.«

Coolidges Brief war nicht lange nach diesen Ereignissen eingegangen. Während er an seiner Antwort feilte, beruhigte sich Woodruff allmählich. Er legte den ersten Entwurf seines Antwortschreibens zur Seite und schickte Coolidge statt dessen die simple Bestätigung, daß er seinen Brief erhalten habe.

Als Martin Luther King Jr. im Herbst des Jahres 1964 den Nobelpreis erhielt, luden zwei der weißen religiösen Führer Atlantas, Rabbi Jacob Rothschild und Erzbischof Paul Hallinan, zu einem feierlichen Abendessen im Dinkler Plaza Hotel die Creme der städtischen Geschäftswelt dazu ein. Niemand nahm die Einladung an.

Als die Einladungen verschickt wurden, befand sich Woodruff in Ichauway und erholte sich von einem schmerzhaften Reitunfall, bei dem sein Pferd gestolpert war, ihn abgeworfen und unter sich begraben hatte. Im Alter von 75 Jahren schätzte er sich glücklich, keine ernsthafte Verletzung davongetragen zu haben. Während seines Aufenthalts in Ichauway besuchte ihn auch Allen, der ihm von dem Abendessen erzählte und seine Besorgnis darüber ausdrückte, daß sich die Stadt blamieren würde, wenn die weiße Bürgerschaft das Dinner boykottierte. Woodruff stimmte ihm zu. Er forderte Allen und Paul Austin, den neuen Präsidenten von Coca-Cola, auf, nach Atlanta zurückzukehren und eine Sitzung einzuberufen, um die Truppen zu mobilisieren.

Wie es in jenen Tagen nach wie vor Sitte war, hielten die Geschäftsleute ihre Versammlung in dem exklusiven, nur für Weiße bestimmten Piedmont Driving Club ab, wobei sie sich der Ironie des Umstands in keiner Weise bewußt waren. Austin, Lee Talleys Thronerbe als Topmann bei Coke, machte eine eindrucksvolle Figur. Er hatte als junger Mann an einer Olympiade als Ruderer teilgenommen, war 1,90 Meter groß und mit seinen 40 Jahren nach wie vor ein physisch starker Mann. Als Absolvent von Harvard und Harvard Law vermochte er auch intellektuell zu imponieren. Er machte der Versammlung von zwei Dutzend Bankiers, Anwälten und Geschäftsleuten mit kraftvollen Worten klar, daß er von ihnen verlangte, Karten zu kaufen und das Dinner zu unterstützen. Für den Fall, daß irgend jemand zu begriffsstutzig sein würde, fügte er hinzu, daß er im Namen Woodruffs sprach.

Während er dem widerstrebenden Zustimmungsgemurmel lauschte, mit dem Austins Bemerkungen aufgenommen wurde, spürte Allen, daß nicht einmal das Gewicht der Coca-Cola Company ausreichen würde, eine erfolgreiche Durchführung des Abendessens zu garantieren. Die meisten der Männer würden Karten kaufen, aber sie würden Entschuldigungen vorbringen und am Abend des Ereignisses Gesandte in den Festsaal des Dinkler Plaza schicken. Es würde vereinzelt weiße Gesichter an den Tischen geben, aber das Fehlen der städtischen Elite würde ein offenkundiger Affront für Dr. King sein. »Die meisten von Ihnen allen werden nicht in der Stadt oder krank sein«, sagte Allen voraus, wobei sich seine Stimme anklagend hob. »Aber machen Sie sich keine Sorgen. Ihr Bürgermeister wird anwesend sein.«

Allen löste damit eine Kettenreaktion aus. Einer der Männer aus der Versammlung, ein Bankier, reagierte verärgert auf den ausgeübten Druck und führte Telefonate, in denen er seine Kollegen drängte, überhaupt keine Karten zu kaufen. Unter denen, die er anrief, war auch Lou Oliver, der Chef von Sears-Roebuck im Südosten, ein Mann mit progressiver Grundhaltung, der wiederum verärgert über den offenen Rassismus des Bankiers war. »Mit wem glaubt er zu reden?« stieß er hervor und erzählte seiner Sekretärin von dem Gespräch. Diese ging am Abend mit ihrem Mann und einem anderen Ehepaar essen und wiederholte die Geschichte. Wie es der Zufall wollte, war der zweite Mann ein freier Mitarbeiter der New York Times.

Am 29. Dezember 1964 brachte die Times unter der Schlagzeile »Bankett zu Ehren Dr. Kings löst leise Dispute aus« einen Artikel aus Atlanta. Nur daß es jetzt nicht mehr leise zuging. Der Artikel ließ verlauten, daß ein namentlich nicht genannter »führender Bankier« Telefonate führte, mit denen er starke Einwände gegen das Dinner erhob und von einer Teilnahme abriet. Zufällig verhandelte die Regierung von Haiti zu dieser Zeit mit Atlantas Citizens & Southern Bank über einen Kredit, und ein Repräsentant von Francois »Papa Doc« Duvalier rief verärgert von Port-au-Prince aus an und wollte wissen, ob Mills Lane, der Chef von C&S, der fragliche Bankier war. Lane versicherte jedem, der zuhören wollte, daß er nicht der Schuldige war. Und um dies zu beweisen, kaufte er einen ganzen Stapel Karten für das Dinner.

Innerhalb der nächsten Tage verkauften die Organisatoren alle 1500 Karten, und die Veranstaltung gilt bis heute als Markstein des guten Einvernehmens zwischen den Rassen in Atlanta. Während mehr als einhundert führende Geschäftsleute zusahen, nahm Dr. King eine Kristallschale entgegen, in die das Symbol der Stadt graviert war, und hielt eine Rede, in der er den guten Willen von Millionen weißen Südstaatlern ansprach, »deren Stimmen noch ungehört bleiben, deren Kurs noch unklar ist und deren mutige Taten noch nicht zu sehen sind«.

Mehrere Coca-Cola-Führungskräfte nahmen teil, und auch wenn Woodruff selbst abwesend war, scheint es nur fair zu sein, wenn man sagt, daß er im Geiste dabeisaß.

Für diejenigen, die abergläubisch waren, war Woodruffs Sturz vom Pferd ein böses Vorzeichen. Während der ersten Hälfte der Sechziger saß die Coca-Cola Company hoch im Sattel und erfreute sich finanzieller Gewinne, die ihren Erfolgen in der Politik und im Marketing angemessen waren. Die Aktie wurde 1960 im Verhältnis drei zu eins und 1965 im Verhältnis zwei zu eins gesplittet, da der Kurs kräftig stieg. Die jährlichen Umsätze näherten sich der Milliardenmarke.

Eine Pechsträhne schien unausweichlich, und sie begann am 1. April 1966. An diesem Tag berief ein Geschäftsmann namens Moshe Bornstein in Tel Aviv eine Pressekonferenz ein und beschuldigte die Coca-Cola Company, in Israel keine Geschäfte zu machen, weil sie Repressalien und Gewinneinbußen in der arabischen Welt fürchtete. Eine Woche später veröffentlichte die Anti-Defamation League of B'nai B'rith eine Erklärung, mit der die Anschuldigungen bestätigt wurden. Die Erklärung löste überall im Land Schlagzeilen aus.

Die Coca-Cola Company reagierte mit einem Anflug von Panik, gab eine Stellungnahme heraus, in der es hieß, daß die Unterstellungen »unfair und unbegründet« wären, und behauptete, der wahre Grund für das Fehlen eines Abfüllbetriebs in Israel sei der zu kleine Markt.

Dies stimmte nicht. Als die verwickelten Details der Geschichte ans Tageslicht kamen, stand das Unternehmen als Lügner da – mit vorhersehbar nachteiligen Folgen. 1949 hatte Coca-Cola versucht, einen Abfüllbetrieb in Israel zu eröffnen. Die Regierung hatte die Lizenzierung blockiert, unter Bezugnahme auf die gleichen Devisenprobleme, die viele andere Länder während der Nachkriegszeit berührten. Nachdem die Ablehnung zu Buche stand, nahm Coca-Cola sie jedoch als willkommene Entschuldigung, um Geschäfte mit Israel zu vermeiden, so wie es die Kritiker vorbrachten.

Coca-Cola hatte einen gewaltigen Markt in den moslemischen Ländern, wo die Wüstenhitze und das islamische Alkoholtabu für eine entsprechend große Nachfrage sorgten. Der Abfüller in Kairo verkaufte in seinem ersten Jahr nach dem Krieg im Zivilgeschäft eine Million Kästen, und Coca-Cola expandierte mit Hilfe von Armaco, dem arabisch-amerikanischen Ölkonsortium, schnell nach Saudi-Arabien. Ende der Fünfziger war Coca-Cola in allen dreizehn Mitgliedsländern der Arabischen Liga vertreten, von Marokko bis zum Irak.

1961 kam es zu einem Mißverständnis, das die Erfolge des Unternehmens zunichte zu machen drohte. Ein Beamter in Kairo namens Mohammad Abu Shadi bestellte eine Coke und erhielt eine Flasche, die in Äthiopien hergestellt worden war. Shadi deutete die amharische Schrift auf dem Etikett fälschlicherweise als Hebräisch und beschuldigte die Firma öffentlich, mit Israel Geschäfte zu machen. In der Hoffnung, die anschließende Aufregung eindämmen und die Drohung eines Boykotts der Arabischen Liga beseitigen zu können, versicherte der Manager von Coca-Colas ägyptischem Abfüllbetrieb der Presse, daß das Unternehmen den Israelis niemals eine Lizenz erteilen würde. Als sie die unkluge Erklärung ihres Abfüllers dementierten, argumentierten Unternehmensvertreter erstmals, daß Israel ein zu kleiner Markt für eine Lizenz wäre. Frohgemut ignorierten sie dabei die Tatsache, daß das nahe Zypern mit nur einem Zehntel der israelischen Bevölkerung und einem niedrigeren Lebensstandard einen funktionierenden Abfüllbetrieb aufweisen konnte.

Unterdessen hatte Moshe Bornstein hart daran gearbeitet, seinen Landsleuten ein Getränk, das er Tempo-Cola nannte, zu verkaufen. Sein Markenzeichen wies dieselbe Schrift wie Coca-Cola auf, was die Aufmerksamkeit der Firmenanwälte erregte, die sich schließlich entschlossen, einen Prozeß anzustrengen. Sie gewannen, aber es war ein Pyrrhussieg. Bornstein war verständlicherweise wütend. Die Coca-Cola Company hatte kein Interesse an einem eigenen Betrieb in Israel, aber es gefiel ihr, ihn vor Gericht zu schleppen und ihm den Ärger und die Kosten aufzubürden, die eine Änderung der Beschriftung auf seinen Flaschen mit sich brachte. In der Hoffnung, einen Ausgleich herbeiführen zu können, reiste er nach New York, engagierte einen Anwalt mit Verbindungen zur Anti-Defamation League und begab sich zum Coca-Cola-Export-Büro, um eine Abfülllizenz zu beantragen. Als er abgewiesen wurde, kehrte er nach Tel Aviv zurück und hielt seine Pressekonferenz ab.

Die Veröffentlichung von Coca-Colas bewegter Geschichte in Israel war für das Unternehmen äußerst peinlich. Die Verwaltung des Mount Sinai Hospital in Manhattan gab bekannt, daß man keine Coke mehr servieren würde, und die Eigentümer von Nathan's Famous Hot

Dog Emporium auf Coney Island drohten damit, dem Beispiel zu folgen – es waren genau jene wütenden Gesten, vor denen sich das Unternehmen fürchtete. Führer der jüdischen Gemeinde in Atlanta riefen Woodruff und Fill Eisenberg an, einen der Vizepräsidenten, der der höchstrangige jüdische Manager bei Coca-Cola war, und verlangten Erklärungen.

Innerhalb von Tagen, nach einer Reihe von Sitzungen auf Führungsebene in Atlanta und New York, verkündete Coca-Cola, daß mit Abraham Feinberg, einem prominenten Bankier aus Manhattan, der Präsident der Israel Development Corporation war, über eine Abfüllizenz in Tel Aviv verhandelt werde. Die Firmenleitung arbeitete angestrengt an der Schadensbegrenzung und engagierte mit Ruder & Finn eine externe Public-Relations-Agentur, um sich beraten zu lassen, wie »anhaltenden unangenehmen Auswirkungen auf die jüdische Gemeinde in Amerika entgegenzuwirken war«. Eine unmittelbare Empfehlung war die Veröffentlichung von Fotos, die Jim Farley mit Feinberg und dem in Georgia geborenen Morris Abram, dem Präsidenten des American Jewish Committee, zeigten. Langfristig schlugen Ruder & Finn in einem vertraulichen Memo vor, daß sich Coca-Cola ökumenisch engagieren, Konten bei Banken in israelischem Besitz eröffnen und Gratisdrinks an amerikanischen Colleges mit einer hohen Anzahl jüdischer Studenten ausgeben sollte.

Wenn die Strategie auch ein bißchen nach Anbiederung roch, so signalisierte sie nichtsdestoweniger das verzweifelte Bemühen des Unternehmens, Vorwürfe wegen Antisemitismus zu vermeiden. Die Arabische Liga schlug schnell zurück, indem sie Vorkehrungen traf, Coca-Cola auf ihre Boykottliste zu setzen.

Es sah so aus, als ob der Preis für den Frieden mit Israel und den amerikanischen Juden ein ökonomischer Krieg mit den arabischen Staaten sein würde. Zur selben Zeit, in der das Unternehmen zu Hause in die Verstrickungen der Parteipolitik geriet, war es gezwungen, sich auch im Nahen Osten für eine Seite zu entscheiden.

Die Stoßrichtung verlagerte sich schnell auf das Bemühen, dem Boykott zu entgehen. Lee Talley leitete die Vorbereitungen zu einer offiziellen »Präsentation«, die darauf abzielte, den ägyptischen Präsidenten Gamal Abdel Nasser von dem Nutzen zu überzeugen, den Coca-Cola seinem Land brachte. Alex Makinsky, der distinguierte, aber pensionierte Diplomat des Unternehmens, wurde noch einmal aktiviert und von Paris aus losgeschickt, um seinen Charme in Kairo spielen zu lassen. Aber er scheiterte kläglich. Tatsache war, berichtete Makinsky, daß Coca-Cola in Ägypten keine große wirtschaftliche

Bedeutung hatte. Obgleich die Umsätze ansehnlich waren, fielen die Profite des Unternehmens wegen des knapp bemessenen Preises bescheiden aus, und der größte Teil der Gewinne wurde in die Vereinigten Staaten transferiert. Die Ägypter betrachteten Coca-Cola als ein Symbol Amerikas, sagte Makinsky, und zwar als eins, bei dem sie es sich leisten konnten, es zur Zielscheibe von Vergeltungsmaßnahmen zu machen.

Ben Oehlert bat die Johnson-Administration um einen Gefallen und überredete den Präsidenten, bei den Anstrengungen des Unternehmens, einer Bestrafung zu entgehen, behilflich zu sein. Oehlert gab für Mustafa Kamel, den Botschafter der Vereinigten Arabischen Republik, in Washington ein Essen und berief sich bei dem Bemühen, zumindest eine Verschiebung des Boykotts zu erreichen, auf Johnson. Später zeigte Oehlert Kamel die drei gebundenen Bände mit den Zeitungsausschnitten über die französische Affäre im Jahr 1950 und warnte ihn vor dem »Aufschrei«, den die Arabische Liga riskierte, wenn sie Coca-Cola attackierte. Kamel sicherte die Bereitschaft zu, »bei unserem Problem hilfreich zu sein«, berichtete Oehlert, aber er war nur in der Lage, eine zeitweilige Verzögerung zu arrangieren.

Im Herbst, als für die Liga der Termin heranrückte, den Boykott wirksam werden zu lassen, machte sich in der Plum Street ein Gefühl der Aussichtslosigkeit breit. Nicht einmal die Intervention des Weißen Hauses konnte die Angelegenheit auf die lange Bank schieben, so schien es, und die Unternehmensleitung lehnte sich zurück und wartete gottergeben auf den Verlust ihrer arabischen Märkte. Eines Tages im Oktober traf unvermutet ein Brief ein, der ganz einfach an »den Präsidenten, Coca-Cola« adressiert war. Er kam von einem gewissen David Heaton, Verkaufsleiter der Firma Heavyweight Champion Brands, Incorporated, der meinte, daß das Unternehmen einige seiner Probleme im Nahen Osten verringern könnte, wenn es ein Fruchtgetränk mit dem Bild einer Figur auf den Markt brachte, die dem Boxer Muhammad Ali ähnelte. Paul Austin, der den Brief erhielt, leitete ihn an zwei seiner Marketingmanager weiter.

»Dies ist eine jener Angelegenheiten, die so lächerlich sind, daß sie fast schon wieder Sinn machen«, äußerte Austin in seinem Begleitschreiben. »Hoffentlich werden Sie feststellen, daß es in der Tat lächerlich ist. Oder doch nicht?«

Es war lächerlich. Aber wie viele seiner Kollegen in der Plum Street langsam merkten, ging J. Paul Austin sehr unvoreingenommen an die Dinge heran.

Austin war in La Grange, Georgia, aufgewachsen und hatte 1948 auf Empfehlung des Chefs seines Vaters, des Textilfabrikanten Cason Callaway, begonnen, für Coca-Cola zu arbeiten. Callaway war ein guter Freund Woodruffs, und seine Fürsprache ebnete Austin, zu der Zeit ein 33jähriger Anwalt, den Weg zu einem schnellen Aufstieg. Nach der erforderlichen Lehrzeit, während der er auch Coca-Cola-Kästen auf Lastwagen aufladen mußte, wurde Austin dem Büro in Chicago zugeteilt, um Abfüllizenzen abzuwickeln.

Seine Kollegen erkannten bald, daß ihm eine schnelle Karriere vorherbestimmt war. George Lawson, später Leiter der Rechtsabteilung, begann am selben Tag wie Austin in Chicago zu arbeiten und stellte fest, daß ihre Vorgesetzten »irgendwie um Paul herumscharwenzelten«, als ob sie vorhersahen, daß er eines Tages ihr Chef sein könnte.

Was ihn selbst anging, spürte Austin instinktiv, daß Woodruff ihn für höhere Aufgaben auf die Probe stellte. Nicht lange nach Austins Ankunft in Chicago stattete Woodruff dem dortigen Abfüllerkongreß einen seiner seltenen Besuche ab und ließ es sich nicht nehmen, ihn den Männern vorzustellen. Thema der Zusammenkunft war der »Alte Süden«, und ohne Vorankündigung bat Woodruff Austin aufzustehen und einen Vortrag über Negro Spirituals zu halten. Das Thema der Examensarbeit von Austin in Harvard war, zufällig oder nicht, Negro Spirituals gewesen, und so war er in der Lage, 45 Minuten lang entspannt und kenntnisreich ohne Manuskript zu reden und die Abfüller entsprechend zu beeindrucken. Später erzählte er seinen Angehörigen, daß er keine Ahnung hatte, ob Woodruff von seinen Fachkenntnissen wußte.*

Bevor er Chicago verließ, heiratete Austin die Sekretärin Jeane Weed, die ebenfalls für Coca-Cola arbeitete. Die beiden waren ein eindrucksvolles Paar. Sie war hübsch genug, um als Model Karriere zu machen, und auch er sah gut aus und hatte große Ähnlichkeit mit dem Schauspieler Robert Preston. Ihre nächste Station war New York, wo Austin im Coca-Cola-Export-Büro arbeitete und das Auslandsgeschäft kennenlernte. 1954 wurde er nach Südafrika beordert. Seine

---

* Austin erfuhr nie, wie eingehend Woodruff ihn beobachtete. Bevor er ihn einstellte, hatte Woodruff einen Privatdetektiv engagiert, der einen vertraulichen Bericht über Austins Vorleben zusammenstellte. In diesem wurde unter anderem enthüllt, daß er in Harvard eine Durchschnittsnote von 3+ erzielt hatte, daß er republikanisch wählte, daß er beliebt war und sehr geschätzt wurde. Woodruff wußte sehr wohl, daß Austin ein Fachmann für Spirituals war. Er gab ihm die Chance, zu glänzen. Er wollte sehen, ob er sie nutzte.

Frau glaubte zunächst, daß man sie ins Exil geschickt hätte, stellte dann jedoch fest, daß sie Johannesburg liebte, und Austin beeindruckte die Zentrale, indem er einen trostlosen Markt in einen der Umsatzschlager des Exports verwandelte. Als Lee Talley 1958 die Präsidentschaft von Coca-Cola übernahm und es um seinen Nachfolger als Exportchef ging, fiel die einhellige Wahl auf Austin.

Austin wurde weiterhin auf die Probe gestellt. Woodruff und Talley saßen nach Heimflügen gerne noch hinten im unternehmenseigenen Flugzeug, schlürften im Dämmerlicht Martinis und sprachen über Geschäftsangelegenheiten. Es war still und abgeschieden draußen auf der Rollbahn, weit entfernt von klingelnden Telefonen. 1961 beschlossen sie, Austin zum geschäftsführenden Vizepräsidenten von Coca-Cola zu machen – zu Talleys Stellvertreter also – und ihm große Bereiche neuer Verantwortlichkeiten zu übertragen, darunter die Weltausstellung, die Siruppreise und die Werbung.

Austin mußte auch entscheiden, ob mit den Produzenten des Films »One, Two, Three« von Billy Wilder kooperiert werden sollte, einer bissigen Komödie mit James Cagney als ehrgeizigem Coca-Cola-Manager in Westdeutschland in der Hauptrolle. Komischerweise machte der Film Austin mehr Sorgen als die anderen Projekte. Er gab grünes Licht, aber als der Fertigstellungstermin heranrückte, wurde er zunehmend nervöser. Wie alle Dinge, die das Image der Firma berührten, war auch der Film für Woodruff von großem Interesse. Ein paar Tage vor der Aufführung in den Kinos saß Austin bei einer privaten Vorführung in Atlanta neben Woodruff und fragte sich, ob er vielleicht einen Fehler gemacht hatte. Mit großer Erleichterung sah er ein breites Lächeln auf Woodruffs Gesicht, als die Lichter angingen. Später erzählte er einem Freund, daß dies der Augenblick gewesen sei, in dem er glaubte, es endlich geschafft zu haben.

Sechs Monate später, am 8. Mai 1962, wurde Austin zum Präsidenten der Coca-Cola Company ernannt. Sein Aufstieg an die Spitze war so schnell und reibungslos verlaufen, daß dies naturgemäß Unmut bei den Männern hervorrief, die schon länger bei der Coca-Cola Company angestellt waren. Ben Oehlert war verbittert, weil er selbst Präsident werden wollte, und erzählte überall, daß Austin seiner Meinung nach Woodruffs unehelicher Sohn sein müsse. Austin ließ dieselben Befürchtungen wieder aufleben, die im Laufe der Jahre so vielen von Woodruffs überstürzt eingesetzten Kandidaten entgegengebracht worden waren, all diesen Kometen, die wie Bill Hobbs zunächst so hell aufgeleuchtet hatten, um dann so schnell zu verglühen.

Diesmal hatte Woodruff offenbar begriffen, daß es klüger war, den neuen Präsidenten langsam zu etablieren. Talley war weiterhin als Geschäftsführer Austin übergeordnet und spielte eine Pufferrolle zwischen ihm und Woodruff. Es erwies sich, daß dies ein sinnvolles Arrangement war, weil Austin seine Aufgabe mit einem eigenwilligen Stil anging, der viele Leute überraschte.

Austins Intellektualismus sorgte in der Plum Street ebenso für Reibereien wie seine Publicitysucht. Im Gegensatz zu Woodruff pflegte Austin Beziehungen zu Wirtschaftsjournalisten und gab Interviews. Er posierte für die Titelseite der Zeitschrift Business Week, kokettierte mit seiner Bildung und erklärte Reportern, Management sei eine »Pseudowissenschaft« und Führungskräfte täten gut daran, Fortbildungskurse zu besuchen, vorzugsweise in Harvard. Woodruff stellte fest, daß er Austin an der kurzen Leine halten und gelegentlich daran erinnern mußte, wer der Boß war. Als die S&H Stamp Company Austin in ihr Direktorium berufen wollte, bat Austin Woodruff und Talley routinemäßig um Zustimmung, die sie ihm jedoch als erzieherische Maßnahme versagten.

Für den Augenblick wollte Woodruff Talley weiterhin als Geschäftsführer halten, um den jüngeren, energischeren Austin in Schach zu halten. Talleys jüngerer Bruder John wurde zum Exportchef befördert, so daß Austin eingeengt war und gegenüber den Verkaufsmanagern kein Weisungsrecht besaß. Noch frustrierender für Austin war, daß seine Ideen für Veränderungen auf Widerstand stießen. Er war unzufrieden damit, nur Getränke zu verkaufen, und gedachte, ins Nahrungsmittelgeschäft einzusteigen. Als Frito-Lay, ein in Atlanta ansässiges Imbiß-Unternehmen, einen Fühler ausstreckte, bemühte Austin sich intensiv um eine Fusion. Woodruff und Talley stoppten ihn, eine Entscheidung, die um so ärgerlicher war, weil Don Kendall wieder zuschlug und Frito-Lay für Pepsi erwarb. PepsiCo, wie das neue Unternehmen hieß, erwies sich augenblicklich als Erfolg, und Austin ließ die Wirtschaftspresse in New York wissen, daß nicht er es war, der die Chance an sich hatte vorbeiziehen lassen.

Zum ersten Mal seit er vierzig Jahre zuvor die Leitung des Unternehmens in die Hand genommen hatte, sah Woodruff seine absolute Autorität über die Geschicke von Coca-Cola bedroht. Austin erwies sich als ein unermüdlicher, mit allen Wassern gewaschener Grabenkämpfer und geschickter Taktiker in der internen Unternehmenspolitik und voller Ehrgeiz. Er übte beständig Druck auf Talley aus, der schließlich Ermüdungserscheinungen zu zeigen begann. 1966, als er 65 Jahre alt wurde, teilte Talley Woodruff mit, daß er zurücktreten wollte. Nichts, was Woodruff vorbrachte, konnte ihn zu einer Meinungsänderung bewegen. Talleys Frau Marge wollte, daß er die ihm noch verbleibenden Jahre in Frieden verbrachte.

Talley war der letzte der Coca-Cola-Führungskräfte, die sowohl Woodruff als auch dem Unternehmen mit gleicher, ungeteilter Loyalität gedient hatten. Ohne eine Spur von Verlegenheit schrieb er einen Abschiedsbrief, in dem er Woodruff ein »Genie« nannte und ihn wegen seiner »Kraft, alle Menschen in Ihren Bann zu schlagen« mit Jesus Christus verglich. Woodruff erwiderte die Gefühle und schenkte Talley einen Kristall, in den ein goldenes Schwert eingelassen war. Wie König Artus, sagte Woodruff, sei Talley der einzige Präsident in der langen Geschichte der Firma gewesen, der Excalibur aus dem Felsen hatte ziehen können.

Austin war aus ganz anderem Holz geschnitzt. Er brachte Woodruff gegenüber zwar die angemessene Ehrerbietung auf, aber wenn er sich im Unternehmen umsah, stieß er überall auf chronische Probleme, die er aus dem Weg zu räumen gedachte. Doch an vielen Problemen trug Woodruff die Schuld. Das Geschäft litt unter der unvermeidlichen Kumpanei, die sich zwangsläufig einstellte, wenn ein Mann eine Organisation so viele Jahre lang regierte, glaubte Austin. Er sah die Talleys als einen Teil dieser Vetternwirtschaft, die überall im Management betrieben wurde und den Aufstieg fähigerer Männer vereitelte.

Als er sich seinem Ziel, die Geschäftsführung zu übernehmen, näherte, traf Austin die bewußte Entscheidung, es sich nicht länger leisten zu können, freundschaftlich mit seinen Kollegen umzugehen. In dem Bewußtsein, den Stall ausmisten zu müssen, gewöhnte er sich ein stets ernstes Auftreten an und begann, auf Distanz zu gehen, bis an die Grenze der Unhöflichkeit. Seine Darbietung war so eindrucksvoll, daß ein Journalist ihn in einem Porträt als einen »unnahbaren, grimmigen« Mann bezeichnete, obwohl er tatsächlich von Natur aus ein eher überschwenglicher, heiterer Mensch war.

Es überraschte nicht, daß Woodruffs Begeisterung für Austin abkühlte. Eines Abends machte Woodruff seinem Herzen bei ein paar Drinks Luft und brachte Austin nachdrücklich bei, daß Wirtschaftsführer einen Sinn für Demut an den Tag legen müßten.

Trotz allem bewunderte Woodruff die Fähigkeiten des jüngeren Mannes noch immer, und es stand fest, daß kein anderer darauf vorbereitet worden war, Talleys Platz einzunehmen. Wenn er gewollt hätte, wäre es Woodruff möglich gewesen, Austins Beförderung zum Geschäftsführer zu blockieren, aber das tat er nicht. Andere Mitglieder des Direktoriums glaubten, daß das Unternehmen frisches Blut brauchte und Austin dafür der richtige Mann war, und Woodruff räumte ein, daß sie recht haben mochten.

Als das Direktorium Austin auf seinen neuen Posten berief, brachte das Wall Street Journal die Nachricht unter der Schlagzeile »Austin, der Mann hinter Coca-Cola Co.'s rauhem Konkurrenzgerangel, zum Geschäftsführer ernannt«. Die Berichterstattung verärgerte Woodruff, der an öffentliche Bewertungen von Firmenpersonal und -Image nicht gewöhnt war. Der Artikel im Journal zitierte ein namentlich nicht genanntes langjähriges Direktoriumsmitglied, das Austin »vergnügt« als einen »Schweinehund« bezeichnete – ein weiterer Verstoß gegen das Protokoll. In der Hoffnung, Woodruff beruhigen zu können, meinte Hughes Spalding, daß der Artikel, obwohl »ein bißchen uncharakteristisch für uns«, durchaus eine positive Wirkung haben könnte.

Woodruffs Bedenken nahmen zu. Eine der ersten Aktionen Austins als Geschäftsführer bestand darin, einen Briefentwurf zirkulieren zu lassen, in dem Morton Downey darüber informiert wurde, daß sein Vertrag nicht verlängert würde, wenn er Ende 1966 auslief. Entsetzt bestellte Woodruff Austin in sein Büro. »Sie müssen zuerst mit ihm darüber reden«, beharrte Woodruff. Wenn es geschäftlich sinnvoll sei, sagte Woodruff, stände es Austin frei, die lange Verbindung Downeys zu Coca-Cola zu beenden. Aber dies mit der Post zu tun, sei herzlos. Solche Angelegenheiten müßten mit Würde geregelt werden, sagte Woodruff, nicht nur um Downeys willen, sondern auch wegen der Reputation des Unternehmens.

Austin zuckte die Achseln. In seinen Augen war Downey typisch für die Schwierigkeiten der Firma. Er stand allein deshalb auf der Gehaltsliste, weil er einer von Woodruffs alten Kumpeln war. Kevin, einer von Downeys Söhnen, hatte einen Job bei Coca-Cola Export bekommen und konnte trotz mittelmäßiger Leistungen nicht gefeuert werden. Höflichkeit hin, Höflichkeit her – Austin glaubte, daß diese Leute entlassen werden mußten.

Die Wurzel der Spannungen zwischen Austin und Woodruff war jedoch weniger eine Frage des Naturells, sondern vielmehr eine grundlegende Meinungsverschiedenheit über die Bewertung der Eigentumsverhältnisse. Austin sah die Coca-Cola Company als ein Unternehmen im Publikumsbesitz, das seinen Tausenden von Aktionären gegenüber Verantwortung trug und sich den kritischen Augen der Wall Street stellen mußte. Die Bücher waren voll von ungewöhnlichen Vereinbarungen – beispielsweise eine Pensionszahlung an die Witwe eines firmenexternen Beraters Woodruffs –, die mit den

Regeln einer modernen Unternehmensführung nicht zu vereinbaren waren.

Woodruff hingegen glaubte, daß Coca-Cola ihm persönlich gehörte. Zu einer aufschlußreichen Auseinandersetzung kam es 1964, während des Wechsels im Management, als sich die Gelegenheit ergab, Coca-Cola International zu liquidieren, die alte Holdinggesellschaft, die noch immer 23 Prozent der Coca-Cola-Aktien in ihrem Besitz hatte. Woodruff weigerte sich, es zu tun. Er hatte ein Memo vorbereitet, in dem er erklärte, »daß die Gründe, die vor 42 Jahren die Gründung diktierten, heute noch genauso gültig sind« – eine blumige Umschreibung dafür, daß er wie sein Vater den Wunsch hatte, eine Ein-Mann-Kontrolle über die Geschicke des Unternehmens ausüben zu können.

Es ergab sich ein unbehagliches Patt. Woodruff überließ es Austin, die Geschäfte Coca-Colas von Tag zu Tag zu führen, berief aber gleichzeitig Fill Eisenberg zum Finanzchef und beauftragte ihn, Austin über die Schulter zu blicken und aufzupassen, wie er Coca-Colas Geld ausgab. »Unsere Kasse stimmt«, protestierte Austin in einer Aktennotiz an Woodruff. Und Woodruff schoß zurück: »Ich sehe, daß unsere Kasse Ende Oktober stimmt. Aber wie sieht es Ende des Jahres aus?«

Angesichts des Mißmuts auf Austin hätte man von Woodruff erwarten können, daß er Cason Callaway, dem Mann, der Austin anfänglich gefördert hatte, den Rücken kehren würde. Statt dessen wandte Woodruff 1966 seltsamerweise viel Zeit, Energie und Geld bei dem Versuch auf, Callaways Sohn zum Gouverneur wählen zu lassen.

Da die Verfassung Carl Sanders daran hinderte, zum zweiten Mal hintereinander anzutreten, setzte Woodruff auf Howard »Bo« Callaway als attraktiven Nachfolger. 1964 war Callaway der erste Republikaner gewesen, den man aus Georgia in den Kongreß gewählt hatte, in einem Wahlkreis südlich von Columbus. Er sah gut aus, war in der Rassenfrage gemäßigt und stand der Wirtschaft nahe. Als die Gouverneurswahl heranrückte, drängte ihn Woodruff, anzutreten. Er versprach ihm, 100 000 Dollar an Spendengeldern aufzutreiben, und Callaway gab seine Kandidatur bekannt.

Aber es stellte sich heraus, daß Callaway ein absolut unfähiger Wahlkämpfer war. Erste Schwierigkeiten zeigten sich, als er über das Geld zu erzählen begann. Woodruffs finanzielle Unterstützung sollte vertraulich behandelt werden, was selbst das größte Greenhorn unter den Politikern Georgias begriffen hätte, aber Callaway zog durch den ganzen Staat, verkündete, daß Woodruff ihn unterstützte, und nannte sogar Zahlen. Ovid Davis wurde losgeschickt, um ihn zum Schweigen zu bringen und seinen plumpen Stil aufzupolieren, eine Aufgabe, die sich als schwierig erwies. »Der alte Bo«, erinnerte sich Davis bedauernd, »war ein sturer Schweinehund.«

Da Lester Maddox, ein Mann, der berühmt-berüchtigt dafür war, schwarze Kunden mit der Spitzhacke aus seinem Restaurant zu jagen, infolge von kleineren Rassenunruhen in Atlanta Gouverneurskandidat der Demokraten wurde – bei den Vorwahlen hatte er einen wenig bekannten Staatsgouverneur namens Jimmy Carter besiegt –, gewann die Novemberwahl für Woodruff an Bedeutung. In der Überzeugung, daß ein Sieg Callaways unbedingt erforderlich war, steckte Woodruff noch mehr Mittel in den Wahlkampf. Es wurde ein privates Treffen mit einigen von Atlantas Schwarzenführern arrangiert, so daß Callaway um ihre Unterstützung werben konnte. Davis coachte ihn bei dem, was er sagen sollte: »Arbeiten Sie für mich am Wahltag, und ich werde vier Jahre lang für Sie arbeiten.« Aber Callaway verpfuschte es. Als zwei Dutzend der prominentesten schwarzen Bürger Atlantas den Raum betraten, sagte er unbesonnen »Kommt rein, Jungs«, eine Wortwahl, auf die mit eisigem Schweigen reagiert wurde. Dann meinte er zu ihnen: »Ich möchte Ihnen versichern, daß ich Sie so behandeln werde, wie ich alle anderen behandele.« Dies war kaum ein Begeisterungsstürme auslösendes Versprechen. Davis tat, was er konnte, brachte hier und da Geld unter die Leute, spielte den Medien ein paar unangenehme Fragen zu, die sie Maddox bei Veranstaltungen stellen sollten, und versuchte, Bürgermeister Allen und andere Maddox-Kritiker von übertriebenen Attacken abzuhalten, die zu Rohrkrepierern werden konnten. Aber seine Anstrengungen reichten nicht aus.

Als die Stimmen gezählt wurden, verfehlte Callaway die absolute Mehrheit, die das Gesetz Georgias für die Wahl des Gouverneurs verlangte. Er wurde zwar Erster, aber ungültige Stimmen drückten Callaway unter die 50-Prozent-Schwelle, die für den Sieg benötigt wurde. Das Parlament Georgias würde das Wahlergebnis bestimmen müssen, wo die Demokraten über eine überwältigende Mehrheit verfügten und mit Gewißheit Maddox wählen würden.

Die Führer der Legislative machten klar, daß sie lieber mit einem schwachen, formbaren Gouverneur Maddox arbeiten würden, um nicht vier Jahre lang gegen einen Republikaner ankämpfen zu müssen. Davis kam zu der Schlußfolgerung, daß weitere Bemühungen, Maddox zu blockieren, aussichtslos sein würden.

Davis schloß die Bücher einer katastrophalen Wahl, blickte vier

Jahre nach vorne und empfahl Woodruff, Karten im Werte von hundert Dollar für ein Dinner zu Ehren Jimmy Carters zu kaufen. »Ich glaube nicht, daß dieser Junge eine politische Zukunft hat«, schrieb Davis, »aber man weiß ja nie.«

Dann war da Vietnam.

Anfänglich konzentrierten sich Coca-Colas Interessen in Südostasien vordringlich auf die Suche nach einer frischen Quelle für Kassiaöl, dem flüchtigsten Bestandteil der geheimen Formel.

Das Öl, das aus der Rinde des chinesischen Zimtbaums gewonnen wurde, war schon seit Jahren Mangelware gewesen. Als die Kommunisten im Jahr 1949 die Macht in China übernahmen, kam der Handel zwischen der Volksrepublik und den Vereinigten Staaten zum Erliegen, weshalb das Unternehmen sich gezwungen sah, den Baum aus Schößlingen zu kultivieren, die in Paraguay und Jamaica gepflanzt worden waren. Bisher hatten die Bemühungen jedoch nur Öl minderer Qualität hervorgebracht.

Als sich 1963 das amerikanische Engagement im Vietnamkrieg verstärkte, begab Ralph Hayes sich auf die Suche nach einem neuen Lieferanten für Merchandise No. 12, wie Kassiaöl in der Formel genannt wurde. Es hieß, daß eine Spezies des Zimtbaums »hinten auf den Hügeln« Südvietnams wuchs, und Hayes, der weiterhin die Versorgung Coca-Colas mit den sensibelsten Ingredienzen beaufsichtigte, schickte einen Kundschafter nach Saigon, um Nachforschungen anzustellen.

Kurze Zeit später ließ Hayes mitteilen, daß er fündig geworden sei und eine Tonne Rinde und Zweige an die firmeneigene Fabrik in New Jersey geschickt habe, wo man sofort mit der Destillation des Öls begann. Wie es Hayes sah, bot sich der Firma die Chance, einen geradezu unerschöpflichen Vorrat an Kassiaöl anzulegen, wenn das vietnamesische Öl nur den hohen Qualitätsanforderungen der Gesellschaft entsprach.

Noch bevor das Öl in New Jersey hergestellt war, reiste Hayes nach Atlanta, um Woodruff zu unterrichten. Es war klar, daß Hayes gleich einen großen Kauf bei den Südvietnamesen tätigen wollte, aber Woodruff wies ihn an, zunächst die Testergebnisse abzuwarten.

Als das Öl aus New Jersey eintraf, befanden es die Techniker in der Qualitätskontrolle der Plum Street für ungeeignet. Der Handel wurde abgesagt. Woodruff wies Hayes an, Wege zu erforschen, wie Kassias aus dem kommunistischen China über Hongkong und London in die Vereinigten Staaten importiert werden konnte, ohne zu große juristische Risiken einzugehen, und ordnete weitere Experimente mit der Kultivierung von Kassias in den Minute-Maid-Pflanzungen in Florida an.

Hayes zog die Entscheidung in Zweifel, mit unglücklichen Resultaten. Ein paar Tage später traten mehrere ältere Führungskräfte des Unternehmens an ihn heran und sagten ihm, daß er seiner Pflichten entbunden wäre.

Hayes lenkte schnell ein und ließ das Thema Kassias fallen. Aber es war zu spät für ihn. Ihm wurde nie wieder eine ernsthafte Aufgabe übertragen.

Als das militärische Engagement Amerikas in Südvietnam 1965 eskalierte, hatte die Unternehmensleitung jeden Grund zu der Annahme, daß Coca-Cola wie in der Vergangenheit mit den Soldaten »in den Krieg ziehen« könnte. Die Armee bestellte 382 000 Kartons Coke in Dosen und erteilte eine Anschlußorder über 9000 Kartons alle zwei Wochen. Mit der Möglichkeit eines nur siebzehntägigen Expreßversands von San Francisco zu den Häfen an der vietnamesischen Küste versprach es ziemlich einfach zu werden, das Produkt ins Kriegsgebiet zu transportieren, und man hoffte, neben Coke auch Fanta, Sprite und Tab an die Soldaten verkaufen zu können.

Im Sommer 1966 jedoch, als der Aufmarsch der amerikanischen Streitkräfte auf vollen Touren lief, wurde die einzigartige Problematik der Kriegführung in Südostasien offenkundig. Im Gegensatz zum Zweiten Weltkrieg blieben die Geländegewinne in Vietnam nicht unter sicherer amerikanischer Kontrolle. Guerillaangriffe störten jeden Aspekt des Lebens.

Die Erfahrungen, die Coca-Cola bei den Bemühungen machte, die Truppen zu versorgen, waren vergleichbar mit denen des Militärs. Schwere Kämpfe blockierten die Nachschublinien zu mehreren Städten und hielten die Lieferung von Soft Drinks und anderen Erfrischungen auf. In Da Nang gingen dem Garnisonsladen für zwei Wochen Coke und Bier aus. Die Soldaten beschwerten sich.

Die Coca-Cola Company schickte mit David Brann einen Feldbeobachter los, um Nachforschungen anzustellen, und er berichtete, daß »ein Gebiet nur so lange sicher ist, wie die Truppen physisch präsent sind. Sobald sie für ihre ›Search-an-Destroy‹-Operationen in ein anderes Gebiet verlegt werden, kehren die Vietcongs zurück, um die Durchgangsstraßen abzuschneiden. So kommt der Transport buchstäblich zum Stillstand.«

Vietnam war ein Helikopterkrieg ohne feste Frontlinien – Dörfer, die an einem Tag amerikanisches Gelände waren, gehörten am anderen Tag dem Vietcong. Unter den gegebenen Umständen erschien es wenig sinnvoll, Coca-Cola zu tief in das amerikanische Vietnam-engagement zu verstricken, zumal die Unterstützung für den Krieg in den Vereinigten Staaten selbst verschwindend gering war. Die Coca-Cola Company vermied jene Art von Publicity, die sie noch während des Zweiten Weltkriegs gepflegt hatte. Man wartete auf den Tag, an dem, wie Austin es ausdrückte, »die Vietnamaffäre zur Ruhe kommt«.

Austin konzentrierte seine Energien auf den Handelskrieg, den Coca-Cola rund um den Globus gegen Pepsi führte. Der Konkurrenzkampf zwischen den beiden Colagiganten griff in den Sechzigern auf alle Kontinente über, wobei Pepsi oftmals als Sieger hervorging.

In Venezuela, wo der Coca-Cola-Abfüller besonders zurückhaltend agierte, hatte Kendall eine Verkaufskampagne gestartet, die so effektiv war, daß das Wort »Pepsi« zu einem Synonym für alle kohlensäurehaltigen Soft Drinks wurde, einschließlich Coca-Colas.

In Brasilien und Uruguay sah es nicht besser aus. Bevor Lee Talley zurücktrat, verfaßte er ein Memo, in dem er die Problemzonen der Firma umriß. Der »Imitator«, wie er Pepsi hartnäckig nannte, gewann nicht nur in Südamerika »an Boden«, sondern auch in Kanada, Frankreich, England und auf den Philippinen. Pepsis Exportumsätze vervierfachten sich zwischen 1959 und 1963 und stiegen weiter.

Die Colakriege dehnten sich sogar bis hinter den Eisernen Vorhang aus. Auf Austins Drängen erhielt die Coca-Cola Company von der Johnson-Administration ein stillschweigendes O.K. und unternahm erste zögerliche Schritte, Coke in der Sowjetunion zu verkaufen. Aber die Verhandlungen über die Logistik, den Schutz des Markenzeichens, die Qualitätskontrolle und den Versand des Sirups über Brüssel (einschließlich der Zahlung über eine belgische Bank) drohten, sich bis in alle Ewigkeit hinzuziehen. Im übrigen sollten sich die Verkäufe auf ausländische Besucher der Intouristläden beschränken. Da Pepsi in Jugoslawien und Rumänien Fuß faßte, sah es so aus, als ob Coca-Cola auch in der kommunistischen Welt zurückfallen würde.

Coca-Cola konnte aber auch einige Erfolge vorweisen: Deutschland, Spanien, Japan und Südafrika waren starke Märkte, und Indien, wo die Kastenumsätze jährlich mehr als zehn Millionen Dollar betrugen, versprach einiges. Aber die Auslandsgeschäfte schienen mit jedem Jahr komplizierter und trügerischer zu werden. Trotz des Angebots, in Ägypten eine Fabrik zur Verarbeitung von Zitrusfrüchten im Wert von einer Million Dollar zu bauen, verhängte die Arabische Liga den angedrohten Boykott und bescherte Pepsi einen aufnahmebereiten Millionenmarkt.

Nicht lange nach dem Staatsstreich einer Offiziersclique in Griechenland enthüllte die Presse, daß Tom Deegan, Coca-Colas Presseagent in New York, ein Jahreshonorar von fast 250 000 Dollar kassiert hatte, um die Junta zu vertreten und ihr Image aufzupolieren. Obwohl Austin Deegan sofort entließ, fügte die Enthüllung Coca-Colas Ansehen in der griechischen Öffentlichkeit großen Schaden zu, und als die Militärs gestürzt wurden, schlug die neue demokratische Regierung zurück, indem sie den Athener Abfüller der Firma mit einer Sondersteuer belegte.

Deegan nahm unterdessen die Arbeit für Pepsi auf.

Als Austin begann, seine Position in der Führungsetage zu konsolidieren, stieß er innerbetrieblich zunächst auf Schwierigkeiten.

Austin war der Meinung, daß Ben Oehlert die Firma verlassen mußte. Die Situation war erträglich gewesen, als Oehlert in Orlando weilte und Minute Maid leitete, aber als er 1965 nach Atlanta zurückkehrte, machte er es sich zur Gewohnheit, sämtliche Entscheidungen Austins zu hinterfragen und jedes Projekt von Austin zu zerpflücken. Einst ein Meister des Takts, machte Oehlert einen Persönlichkeitswandel durch und wurde, wie es eins seiner Kinder ausdrückte, »zu groß für seine Hosen«. Er verachtete Austin und machte keine Anstrengungen, seine Empfindungen zu verbergen.

Austin fand eine geschickte Lösung: Er sorgte dafür, daß Präsident Johnson Oehlert zum Botschafter in Pakistan ernannte. Als Oehlert zögerte, den Posten in der Ferne zu übernehmen, griff Woodruff persönlich ein und überredete ihn zu gehen, indem er ihm klarmachte, daß die Aufgabe der perfekte Abschluß seiner Karriere wäre.

Woodruffs Intervention beinhaltete eine klare Botschaft. Trotz seines Unbehagens hatte er entschieden, daß Austin die Chance verdiente, die Firma zu managen, ohne ständig von Heckenschützen bedroht zu werden. Austin nutzte den Freiraum bestens. Während er früher gezwungen war, selbst bei den kleinsten Entscheidungen eine Genehmigung einzuholen, handelte er jetzt weitgehend alleinverantwortlich. Als er von der International Advertising Association zum Mann des Jahres ernannt wurde, teilte er Woodruff nur mit, daß er nach Westberlin fliegen würde, um die Ehrung entgegenzunehmen. Er fragte nicht mehr.

Als sich die Dekade dem Ende zuneigte, erlitt Woodruff eine Reihe schmerzlicher persönlicher Verluste, die Austin und viele andere davon überzeugten, daß seine Karriere – und vielleicht auch sein Leben – ein letztes Stadium erreicht hatte.

Es war schreckliche Ironie, daß der Krebsspezialist Elliott Scarborough, der die Winship Clinic leitete, selbst einen anhaltenden, verzehrenden Kampf gegen die Krankheit führen mußte. Scarborough war Woodruffs Hausarzt und Vertrauter, der Mann, den er trostsuchend in den frühen Morgenstunden anrief, wenn ihn Schlaflosigkeit und innere Unruhe plagten.

Als es dem Ende zuging, bemühte sich Scarborough verzweifelt, die Schmerzen zu ignorieren, die seinen Körper quälten. Er packte seine Koffer und bereitete sich auf eine letzte Fahrt nach Ichauway vor. In letzter Minute jedoch mußte Scarborough absagen.« »Ich bin einfach zu krank«, sagte er. »Ich kann nicht kommen.« Woodruff reagierte verärgert – ein Zeichen von Selbstsüchtigkeit vielleicht, möglicherweise aber auch Zeichen dafür, daß er sich weigerte, die Diagnose zu akzeptieren. Ein paar Tage später unterzog sich Scarborough einer Reihe von Notoperationen. Sechs Wochen später war er tot.

Wie alle Menschen hoch in den Siebzigern mußte auch Woodruff mit ansehen, wie viele seiner Freunde starben oder gebrechlich wurden. Und mehr und mehr überließ sich Woodruff seinem »Gefühl der Vergeblichkeit«, wie es Gresham nannte, der düsteren Stimmung, die zeit seines Lebens an ihm genagt hatte. Wilbur Kurtz Jr., Coca-Colas Archivar, erinnerte sich daran, wie Woodruff eines Abends von einem Tisch im Speisesaal des Capital City Clubs aufstand, seine Gäste sich selbst überließ und allein ins Spielzimmer wanderte, wo er schweigend eine Stunde lang an einem Automaten spielte. Seine einzige Gesellschaft bestand in einem livrierten Bediensteten, der ein Glas Scotch auf einem Tablett für ihn bereithielt. Er war ein durch und durch einsamer Mensch, der sich zwar mit vielen Leuten umgab und auf Zerstreuung hoffte, jedoch zunehmend Schwierigkeiten hatte, sie auch zu finden.

Und er suchte mehr denn je Trost im Alkohol, in einem Maße, daß seine Freunde aus Furcht, er könne stolpern und die Wendeltreppe in seinem Haus in der Tuxedo Street hinunterfallen, einen Aufzug installieren ließen, der ihn nachts hoch in sein Schlafzimmer brachte.

Woodruffs größte Sorge, größer als die um politische oder geschäftliche Belange, galt der Verwaltung seines Vermögens. Er war gewillt, sein Geld so weise wie möglich einzusetzen, aber er entwickelte eine große Abneigung gegen Spendenwünsche jedweder Art, wie lohnenswert sie auch sein mochten.»Es macht mir immer Freude, für irgend jemanden etwas zu tun, ohne darum gebeten zu werden«, erklärte er einmal. »Ich werde nicht gerne gefragt.«

Millionen von Dollars an Spendengeldern flossen aus den Woodruff- und Whitehead-Stiftungen an Emory, das neue Kunstzentrum in Atlanta und andere Institutionen, aber auf Woodruffs Wunsch waren Atlantas Zeitungen übereingekommen, nur vom Wirken eines »anonymen Spenders« zu berichten. Einer der Gründe für Woodruffs Verschwiegenheit war der Wunsch, sich vor Bittstellern zu schützen. Jedesmal, wenn sein Reichtum erwähnt wurde, ging eine Flut von Geldwünschen bei ihm ein, und er wurde nicht gerne gefragt, weil er nicht gerne nein sagen wollte.

Lucille Huffman, Woodruffs langjährige Sekretärin, versuchte, ihn aus seinem Trübsinn herauszureißen. Er hätte immer schwermütige Phasen gehabt, erinnerte sie ihn, aber in der Vergangenheit hätte er seine Tiefpunkte als Ansporn für das Sammeln neuer Kräfte genommen. Jetzt, meinte sie, würde er sich der Depression kampflos hingeben. »Es ist ein einsamer Lohn, auf ein Podest gestellt zu werden«, schrieb sie ihm in einem persönlichen Brief, »aber Sie sind nun mal fester Bestandteil im Leben von so vielen Menschen, mehr als Sie wahrhaben wollen, und so liegt Ihr Recht, so zu leben, wie Sie leben wollen, weniger und weniger in Ihrer Hand.«

Bevor er auf ihre Herausforderung eingehen konnte, wurde Woodruff vom schwersten Schlag getroffen. Am Abend des 22. Januar 1968 erlitt Nell Woodruff in Ichauway eine schwere Gehirnblutung. Sie starb am nächsten Nachmittag.

»Ich habe meine Partnerin verloren«, sagte Woodruff wieder und wieder. »Ich habe die eine verloren, auf die ich immer an meiner Seite zählen konnte.« Ihr Tod erschütterte Woodruff zutiefst. Er war während ihrer 55jährigen Ehe sicher der dominierende Partner gewesen, aber in vielen Beziehungen war er auch von ihr abhängig gewesen. Woodruff und seine Frau hatten in jeder Hinsicht eine sehr intensive Ehe geführt. »Dein Leben«, schrieb Nell einen Monat vor ihrem Tod in einem Geburtstagsbrief an ihn, »ist eine ständige Inspiration für mich . . . Gott ist gut zu mir gewesen, und ich bin dankbar. Du hast meine Liebe − ganz und gar. Dein ›kleines Mädchen‹.«

Am Donnerstag nachmittag, dem 4. April 1968, besuchten er und Carl Sanders das Weiße Haus und tranken ein Glas mit Lyndon Johnson. Es war eine traurige Zusammenkunft, fünf Tage nach der Ankündigung des Präsidenten, daß er nicht zur Wiederwahl antreten würde. Während sie sich unterhielten, betrat ein Referent das Oval Office, reichte Johnson ein Blatt Papier und sagte, daß auf Martin Luther King geschossen worden war. Später am Abend, nachdem King gestorben war, rief Woodruff Ivan Allen in Atlanta an und bot ihm an, einen Blankoscheck auszustellen, um sämtliche außerordentlichen Kosten abzudecken, die im Zusammenhang mit Kings Begräbnis auf die Stadt zukamen.

Allen erinnerte sich genau an Woodruffs Worte. »Ivan«, sagte er, »von der Minute an, in der sie Kings Leichnam morgen zurückbringen – von dann an bis zum Zeitpunkt der Beerdigung wird Atlanta das Zentrum des Universums sein. Ich möchte, daß Sie alles tun, was richtig und notwendig ist, und für alles, was die Stadt nicht bezahlen kann, wird gesorgt werden. Machen Sie es nur richtig.« Allen sagte später, daß er sich erst nach dem Gespräch mit Woodruff darüber im klaren gewesen wäre, wie viele Trauergäste – und Presseangehörige – sich in der Stadt einfinden würden. Fünf Tage später, als sich Gouverneur Maddox hinter heruntergelassenen Rolladen in seinem Büro verkroch, marschierten 200 000 Menschen ohne Zwischenfall durch die Innenstadt Atlantas und folgten dem Sarg von Martin Luther King. Sie weinten und sangen »We Shall Overcome«.

In den Monaten vor und nach dem Tod seiner Frau wohnte Woodruff der Beerdigung mehrerer Freunde und Vertrauter bei: Eisenhower, Harrison Jones, Hughes Spalding, Ralph McGill, Gene Kelly und Mattie Heard, der Köchin von Ichauway. Die Trauer schien ihn zu überwältigen. Sein Verhältnis zum Alkohol geriet außer Kontrolle, und seine Freunde machten sich Gedanken über seinen zunehmend mangelnden Lebenswillen. Er alterte sichtbar von Monat zu Monat, wurde grau und sah zum ersten Mal wie ein alter Mann aus.

Einer von Woodruffs Zeitgenossen, Red Deupree, erzählte gerne die Geschichte, wie er seinen Arzt aufgesucht hatte, um sich gegen Rheumatismus behandeln zu lassen. Die Arznei, die er einnehmen mußte, reizte seinen Magen, und so beschwerte er sich bei seinem nächsten Arztbesuch:

»Wie lange muß ich dieses Zeug nehmen?« fragte er.

»Wie alt sind Sie?« erkundigte sich der Doktor.

»Vierundachtzig«, erwiderte Deupree.

»In diesem Fall«, sagte der Doktor, »nicht lange.«

Woodruff machte sich die Story zu eigen und erzählte sie in Gesellschaft selbst gerne. Er lachte zwar darüber, aber er schien sie sehr ernst zu nehmen, und sein Glaube, daß noch ein langer Weg vor ihm lag, schwand zunehmend.

11

»Achtzigjährige!«

Es gab mehrere Leute, die sich das Verdienst teilen konnten, Robert Woodruffs Lebensgeister allmählich neu belebt zu haben.

Sein neuer Arzt Garland Herndon zog in Atlanta in ein Nachbarhaus und kam jeden Morgen zum Frühstück vorbei, um seine Gesundheit zu überwachen. Auf Herndons Betreiben schraubte Woodruff seinen Alkoholkonsum zurück und setzte sich sogar das Ziel, ganz mit dem Trinken aufzuhören.

Woodruffs alte Freunde arbeiteten unermüdlich daran, ihn aufzuheitern. Red Deupree schwor, er hätte Woodruff eines Abends in Ichauway tatsächlich zum Lächeln gebracht, als sie zusammensaßen, um Rommé zu spielen und sich alte Geschichten zu erzählen.

Und Martha Ellis, eine von Nells Nichten, brachte ein wenig weibliche Gesellschaft zurück in sein Leben. Mrs. Ellis, zierlich, hübsch und lebhaft, hatte schon seit Jahren zu Woodruffs Favoriten gehört. Als sie Witwe wurde, ein Jahr nach Nells Tod, fühlten sie und Woodruff sich zueinander hingezogen, um sich gegenseitig zu trösten.

Ihre Beziehung war natürlich keine jugendliche Romanze mehr. Woodruff wurde 1969 achtzig, sie feierte ihren fünfundsechzigsten Geburtstag ein Jahr später. Eine ihrer attraktivsten Eigenschaften war für Woodruff ihre klare, melodiöse Stimme, die er trotz seiner sich verstärkenden Taubheit gut verstehen konnte. Aber es war auch keine Greisen-Romanze. Sie ritten gerne auf ihren Pferden die endlosen Wege in Ichauway entlang, um, wie sie sich erinnerte, »den Krauskohl und die Zwiebeln zu überprüfen, nach Truthähnen Ausschau zu halten und an Orange Hall und Alligator Bend nachzusehen, ob der Bach stieg oder sank«. An den Abenden saßen sie in Morgenmantel und Pyjama am Kamin, genossen die gemeinsam verbrachte Zeit und unterhielten sich angeregt.

Sie pflegte ihm gelegentlich Briefe zu schreiben, in denen sie sich Gedanken über ihre gegenseitige Zuneigung machte. »Deine gute Meinung von mir ist ein großer Schatz«, schrieb sie ihm nach einem Besuch. »Deine Wertschätzung bedeutet mir mehr, als du wissen kannst . . . Gott sei mit Dir in deinen manchmal schlaflosen Nächten.« Er hatte eine Fotografie von ihr auf seinem Nachtschränkchen, ein Bild aus ihren jüngeren Jahren, als sie ihre Haare lang trug und einen koketten Ausdruck in den Augen hatte.

Sie sprachen sogar über Heirat, und obwohl Mrs. Ellis letztlich Abstand davon nahm (aus Furcht, ihre Unabhängigkeit völlig zu verlieren, wenn sie in das große Herrenhaus in der Tuxedo Street zog), wurde sie seine Lebensgefährtin und inoffizielle Hausherrin und führte ihn zurück ins gesellschaftliche Leben.

Neben all den anderen positiven Elementen, die dazu beitrugen, Woodruffs Lebenswillen neu zu entfachen, schien sein stärkstes Motiv die Entschlossenheit zu sein, auf Paul Austin aufzupassen und dafür zu sorgen, daß er die Coca-Cola Company nicht ruinierte. Woodruff hatte, laut Joe Jones, »leichte Probleme, seinen Zeitplan auszufüllen«, aber er ging jeden Tag ins Büro, wo er darauf bestand, alle größeren geschäftlichen Entscheidungen zu überprüfen.

Austin zeigte unbestreitbares Talent in vielen der Disziplinen, die zur Führung des Unternehmens erforderlich waren, darunter vor allem die Fähigkeit, gesellschaftliche Trends vorherzusehen. »Sie sollten sich einer ernsten Bedrohung bewußt sein, die sich gegen unser Geschäft wenden könnte«, schrieb er Woodruff im Jahr 1969 und machte darauf aufmerksam, daß der Arbeiterführer Cesar Chavez, der die Interessen der saisonal arbeitenden Weintraubenpflücker in Kalifornien vertrat, auf dem Weg nach Florida und damit zu den Minute-Maid-Feldern war. Nach Austins Einschätzung war die Firma »verwundbar«, weil sie etwa 6000 Wanderarbeiter beschäftigte und in Baracken ohne sanitäre Einrichtungen unterbrachte. »Wenn wir zum Thema eines Bildberichts werden«, meinte Austin, »würden wir schlecht aussehen.« Neun Monate später brachte NBC News wie auf Bestellung eine Dokumentation, mit der die üblen Verhältnisse enthüllt wurden.

Auch die Umweltschutzbewegung machte Austin Sorgen, zumal er die Vorwürfe, daß die Coca-Cola Company »die Landschaft verschandelte«, durchaus verstehen konnte. Angesichts der Berge von Wegwerfflaschen, der Lastwagenflotten und Reklameflächen war Coca-Cola ein »ideales Ziel« für Proteste. Als der erste »Tag der Erde« im Frühjahr 1970 heranrückte, prophezeite er Schwierigkeiten.

Unglücklicherweise reichten Austins Talente nicht immer aus, auch Lösungen für die Probleme zu finden, die er diagnostizierte. Seine Reaktion auf den »Tag der Erde« war beispielsweise eine Rede mit dem hochtrabenden Thema »Umwelterneuerung oder Vergessen . . . Quo Vadis?«, die er vor einer Gruppe starr blickender Südstaatenbankiers hielt. Er erwarb auch die Wasseraufbereitungsfirma Aqua-Chem, Incorporated, weil er glaubte, daß sie sich nach außen als eine Tochtergesellschaft präsentieren ließ, die sich dem Kampf gegen die Umweltverschmutzung widmete. Die Aqua-Chem-Fusion kostete beachtliche 1 754 000 Coca-Cola-Aktien, eine Summe, die Woodruff und das Direktorium zunächst kaum glauben konnten und nur mit größtem Widerstreben billigten.

Einer der Gedankenblitze Austins war die Entwicklung von Saci, einem sehr proteinhaltigen Getränk aus Kokos und Sojabohnen, das er in der Dritten Welt als Nahrungsmittelzusatz auf den Markt bringen wollte. In der aufgeheizten politischen Atmosphäre der damaligen Zeit konnte die Idee nur ein Flop werden. Verbraucheranwalt Ralph Nader trat vor Senator George McGoverns Select Committee on Nutrition and Human Needs und beschuldigte das Unternehmen der konspirativen Absicht, ein gesundes Getränk in fremde Länder exportieren und in den Vereinigten Staaten weiterhin Coca-Cola verkaufen zu wollen − ein Produkt, das »absolut keine Vitamine oder Proteine« enthielt. Als die Coca-Cola Company es ablehnte, einen Abgesandten zu schicken, um bei der Anhörung auszusagen, spottete Nader: »Coca-Cola hat viele gute Gründe, nicht zu erscheinen. Wenn Sie sie jemals dazu bringen, hier zu erscheinen, werden Sie einige der schockierendsten Täuschungsmanöver und Machtspiele in der Geschichte dieses Landes erleben.«

Die Führungskräfte des Unternehmens dachten in der Tat über ein derartiges Machtspiel nach. Sie überlegten, ob sie Dick Elwein, Abfüller aus South Dakota und früherer Präsident der Abfüllervereinigung, aktivieren sollten, um in seinem Heimatstaat Druck auf McGovern auszuüben. Statt dessen entschieden sie sich für einen verspäteten Auftritt Austins, der nach Washington ging und aussagte, daß die Coca-Cola Company hoffte, Saci eines Tages auch zu Hause verkaufen zu können −nachdem es in Brasilien getestet und perfektioniert worden sei. Er verschwieg natürlich, was das wahre Problem von Saci war: Es schmeckte fürchterlich.

Austins Stärke war es zweifellos eher, zu delegieren. So glaubte er, daß das runde, rote Coca-Cola-Logo einer Erneuerung bedurfte. Er startete die »Operation Arden«, benannt nach der Kosmetiklinie von

Elizabeth Arden, und beauftragte ein Team von Margulies & Lippincott, ein neues Design zu entwerfen. Ihre Schöpfung, ein gewundenes Band, das »dynamic wave« genannt wurde, sorgte tatsächlich für eine neue optische Betonung des Markennamens. McCann-Erickson, die Werbeagentur der Coca-Cola Company, belebte »The Real Thing«, einen alten Slogan aus der Ära des Zweiten Weltkriegs, neu und machte daraus eine ungemein erfolgreiche Kampagne.

Austins größter Erfolg bestand allerdings darin, seine eigene Beurteilung eines neuen Radio- und Fernsehspots nicht zur Entscheidungsgrundlage zu machen, sondern sich allein auf McCann zu verlassen. In der Hoffnung, dem Zeitgeist zu entsprechen, hatte die Agentur zweihundert junge Leute verschiedener Nationalitäten auf einem Hügel in Italien versammelt und ließ sie zum Text eines Liedes mit dem Titel »I'd like to buy the world a Coke« die Lippen bewegen. Als Austin eine Aufnahme des Songs hörte (der tatsächlich von der englischen Gruppe New Seekers gesungen wurde), empfand er den Text als viel zu schmalzig und überlegte, den Spot sterben zu lassen. Doch dann gab er nach: »Wozu haben wir schließlich eine Werbeabteilung.«

Der Song wurde 1971 gesendet und geriet zu einer Sensation, so populär, daß das Publikum die Radiosender anrief und bat, ihn umsonst zu spielen, genauso wie es einst nach Pepsis Jingle »Twice as Much« verlangt hatte. Die New Seekers und andere Gruppen nahmen eine neue Version auf, ohne Bezugnahme auf Coke, die nun »I'd like to teach the world to sing« hieß und sich schließlich mehr als eine Million Male verkaufte. Austin bekam einen unmittelbaren Eindruck von der Wirkung des Lieds bei einem ein paar Monate später im Weißen Haus stattfindenden Dinner, als die Ray Coniff Singers es als letzte Nummer eines Medleys ihrer Lieblingssongs vortrugen. Austin wußte, daß Nixon ein Pepsi-Mann war, und mehrere Gäste blinzelten und nickten Austin zu. Einer wisperte: »Wieviel haben Sie dafür bezahlt?«

Als er Woodruff später von dieser Episode erzählte, witzelte Austin, daß er sich hätte glücklich schätzen können, nicht von einem Leibwächter abgeführt worden zu sein. Es handelte sich um eine der wenigen unbeschwerten Unterhaltungen zwischen den beiden. Woodruff machte sich mehr und mehr Sorgen über Austins Führungsstil. Viele seiner Entscheidungen, nicht zuletzt der Kauf einer Krabbenfarm in Mexiko, erschienen Woodruff exzentrisch oder sogar als Beweis dafür, daß Austin den Verstand verloren hatte. Statt Austins Plänen zuzustimmen, senkten Woodruff und seine Verbündeten im Direktorium den Daumen nach unten.

Zur Überraschung vieler Außenstehender übernahm Austin zusätzlich zum Amt des Präsidenten und des Geschäftsführers auch noch den Vorsitz des Direktoriums, mußte aber auf die volle Macht verzichten, weil Woodruff weiterhin die Stimmenmehrheit hinter sich hatte. Austin wartete darauf, daß Woodruff aus dem Direktorium ausscheiden oder wenigstens den Vorsitz des mächtigen Finanzausschusses niederlegen würde, aber Woodruff dachte überhaupt nicht daran.

Anfang 1972 erlitt Woodruff zwei Schlaganfälle, die seine rechte Körperhälfte beeinträchtigten, aber er lehnte es ab, sich von Dr. Herndon ins Krankenhaus einweisen zu lassen. Er war entschlossen, die Ernsthaftigkeit seines Zustands zu verschleiern, und begab sich zur Genesung nach Ichauway. Dr. Herndon und Mrs. Ellis erhielten später ein Geschenk von jeweils einer Million Dollar, weil sie ihm geholfen hatten, sich von den Folgen der Schlaganfälle zu erholen. Obwohl seine rechte Hand gelähmt blieb und er Schwierigkeiten beim Gehen hatte, bestand Woodruff störrisch darauf, zur Arbeit zurückzukehren. Er legte sogar ein Dokument vor, in dem bestätigt wurde, daß seine Fähigkeit zu arbeiten ungemindert war.

Die Spannungen erreichten 1973 ihren Höhepunkt, als Austin ein teures, kompliziertes Immobiliengeschäft in Partnerschaft mit dem milliardenschweren Investor D. K. Ludwig und Japans riesiger Mitsubishi Corporation vorschlug. Austin wollte ein Joint-venture ins Leben rufen und Tausende von Hektar Farmland in Brasilien kaufen, um Zucker, Zitrusfrüchte und andere landwirtschaftliche Produkte anzubauen, die für die Produktion der Soft Drinks benötigt wurden. Anschließend plante er, den größten Teil der Minute-Maid-Pflanzungen in Florida für einen ansehnlichen Profit als Bauland zu verkaufen.

Woodruffs Antwort bestand aus einem Wort: nein. Ohne sich mit den Details lange aufzuhalten, kam Woodruff zu dem Schluß, daß es eine gefährliche Politik sei, sich auf die Stabilität der brasilianischen Regierung zu verlassen, und außerdem hatte er eine generelle Abneigung gegen Partner. Vor allem aber glaubte er, daß Austin nicht ganz bei Sinnen sein konnte, Firmengelder in Höhe von zwanzig Millionen Dollar bei einer so gewagten Finanzaktion zu riskieren, bestand doch seine Aufgabe darin, mehr Soft Drinks zu verkaufen.

Austin setzte die Debatte anläßlich eines Besuchs in Woodruffs Haus in Atlanta von Angesicht zu Angesicht fort. Dies sei eine einmalige Chance, die Gewinne durch eine Kostensenkung zu erhöhen, sagte er. Die Militärjunta in Brasilien sitze fest im Sattel. Sie würde sich zumindest während der nächsten zehn Jahre halten können. Brasilien sei eine »Schatzkammer«, was Rohmaterialien anging.

Ludwig besitze Verbindungen zu den richtigen Stellen und würde ein exzellenter Partner sein. Austin erinnerte Woodruff an die Herausforderungen vor fünfzig Jahren, als es um die Ausweitung des Auslandsgeschäfts ging. Sein Abschiedskommentar – daß er nicht plane, Woodruff »in Bedrängnis zu bringen«, indem er ihren Disput vor das vollbesetzte Direktorium bringe – war eine merkwürdige Bemerkung, mit der er gleichzeitig seiner Ergebenheit Ausdruck verlieh und auch eine gewisse Insubordination ausdrückte.

Es kam zwar zu keinem dramatischen Bruch, als Woodruff bei seinem Veto gegen das brasilianische Projekt blieb. Kein Wort über ihre Meinungsverschiedenheit wurde in der Wirtschaftspresse kolportiert. Nur wenigen in der Führungsetage war der Konflikt überhaupt bewußt. Aber von diesem Zeitpunkt an war die Beziehung zwischen Woodruff und Austin irreparabel gestört.

Woodruff hatte Austin seit mehreren Jahren gedrängt, einen Nachfolger einzuarbeiten, und nun verstärkte er den Druck. Coca-Cola hatte während der sechziger Jahre die in Houston ansässige Kaffeefirma Duncan Foods erworben – ein Deal, der von vielen Analysten als schlechtes Geschäft angesehen wurde. In der Plum Street machte der Scherz die Runde, daß der einzige echte Aktivposten, den Duncan Foods aufzuweisen hatte, Charles Duncan jr. war, der attraktive junge Präsident und Familiensproß. Duncan lenkte Woodruffs Aufmerksamkeit auf sich und wurde sein neuester Protegé.

Mit Woodruffs Unterstützung stieg Duncan in der Hierarchie von Coca-Cola Export auf und beschritt den gleichen Karriereweg, den der zehn Jahre ältere Austin gegangen war. Im Sommer des Jahres 1970 wurde Duncan zum Vizepräsidenten Coca-Colas befördert, und die New York Times bezeichnete ihn als den »aufsteigenden Stern« des Unternehmens. Duncan bezog ein Büro in der dritten Etage der Plum Street und wurde zu einem der Vertrauten Woodruffs.

»Ich glaube, das war der Kuß des Todes«, sagte Joe Jones rückblickend. Austin sah in Duncan eine direkte Bedrohung, schloß ihn aus dem Informationskreislauf aus, erließ Anordnungen hinter seinem Rücken und unterminierte seine Autorität, wo immer er konnte. Duncans Reaktion auf den von Austin ausgeübten Druck war eine Enttäuschung für Woodruff. Dank seines privaten Reichtums stand Duncan Woodruff auf eine Weise nahe, von der Austin nur träumen konnte.*

---

* Nach der Fusion mit dem Unternehmen seiner Familie besaß Duncan 220 825 Coca-Cola-Aktien im Wert von fast dreißig Millionen Dollar und erhielt einen Sitz im Direktorium.

Als Woodruff beschloß, seine Ranch in Wyoming zu verkaufen, wandte er sich an Duncan, bat ihn, sie zu kaufen, und nannte einen Preis. Duncan schrieb am nächsten Tag einen Scheck aus. Aber es stellte sich heraus, daß dieser Reichtum auch der Grund für Duncans Niederlage war. Er war ganz einfach zu reich, um sich gegen Austins Störmanöver zu wehren. Duncan wartete darauf, daß Woodruff ihn schützte und ihm den Weg ebnete, und als dies nicht geschah, gab er auf. Im Frühjahr 1974 kehrte er ins heimische Texas zurück, statt, wie Woodruff es sich vorstellte, in Atlanta zu bleiben und zu kämpfen.

Austin sah in Woodruff einen widerspenstigen alten Mann, der Schmeicheleien und Händchenhalten verlangte und dessen Launen den Fortschritt behinderten. Nachdem sein Hauptrivale gegangen war, gewann Austin ein bißchen mehr Bewegungsspielraum, aber er war im Direktorium der Gefangene einer Gruppe von alten Männern. Woodruff, John Sibley, Jim Farley und Abbott Turner, der Schwiegersohn W. C. Bradleys, waren alle in den Achtzigern. »Achtzigjährige!« sagte sich Austin dann im stillen und fragte sich, was die Wall Street wohl von einem Soft-Drink-Unternehmen hielt, das jugendliche Verbraucher ansprach, jugendliche Werbespots in Auftrag gab und ein Direktorium hatte, das völlig überaltert war. Austin ließ Aktennotizen zirkulieren, in denen er den obligatorischen Rücktritt aus Altersgründen für Direktoriumsmitglieder ansprach. Woodruff und die anderen ignorierten die Memos. Als Austin das Thema direkt ansprach und Woodruff zum Rücktritt drängte, erwiderte Woodruff kurz und knapp: »Das kann ich nicht tun.«

Auf einer Reise nach London ungefähr zur selben Zeit wurde Woodruff von Klaus Putter, dem Europachef des Unternehmens und seiner Familie begrüßt. Beim Zusammentreffen mit Woodruff machte Putters kleine Tochter einen Knicks, als ob sie einem Monarchen vorgestellt würde. Und ziemlich genau so sah Austin es. Woodruff war ein zittriger alter König, der beabsichtigte, sich an seiner Krone bis zum Tag seines Todes festzuklammern.

Um Duncan zu ersetzen, besann sich Austin auf den freundlichen, zurückhaltenden Veteranen L. Lucian Smith, geboren in Mississippi und seit 1940 für Coca-Cola tätig. Luke Smiths erster Vorgesetzter hatte gescherzt, daß er »zu nett« war, um es sehr weit zu bringen, und so hatte er sich jahrelang im mittleren Management abgemüht und die Abfüllbetriebe in New England geleitet.

Schließlich stieg Smith zur Präsidentschaft bei der neuen nationalen Verkaufsorganisation Coca-Cola USA auf, wo er, wie es aussah, seine

Karriere beenden würde. Austin betrachtete ihn als ideale Wahl für die Rolle eines Übergangspräsidenten: Er besaß keine Feinde, hatte nie großen Ehrgeiz an den Tag gelegt – und war fünfundfünfzig Jahre alt, gerade drei Jahre jünger als Austin. Es erschien unwahrscheinlich, daß er versuchen würde, ihn zu verdrängen.

Woodruff stimmte der Beförderung zu, und so trat eine gewisse Ruhe in der Plum Street ein, zumindest oberflächlich. Während ihrer langen Existenz hatte es die Coca-Cola Company immer wieder geschafft, der Welt ein heiteres, sonniges Gesicht zu präsentieren, mochte in der Führungsetage auch noch soviel Zwietracht herrschen. Im Jahr 1974 führte sie diese Tradition in Perfektion vor. Während die Nation mit Watergate und dem langsamen Rückzug der U.S. Streitkräfte aus Vietnam beschäftigt war, eröffnete Coca-Cola eine Werbekampagne mit dem Slogan »Look up, America«, die darauf abzielte, die Gemütslage des Landes mit patriotischer Musik und ebensolchen Bildern anzuheben. »Dem Kreativteam fiel auf«, sagte ein Unternehmenssprecher »daß sich ein großer Teil der Bevölkerung geradezu danach sehnte, etwas Gutes über unser Land zu hören.«

Mehr noch als die »Zurück-zum-Normalen«-Anzeigen der dreißiger Jahre, die nach der Depression ein Gefühl der Erholung förderten, zielten die neuen Spots Coca-Colas auf die nationale Psyche – ein bemerkenswertes Vorhaben für ein Soft-Drink-Unternehmen. Don Keough, der Manager, der die Kampagne leitete, wurde von der Zeitschrift Advertising Age zum Werbemann des Jahres ernannt.

Aber kein Taschenspielertrick konnte für längere Zeit die Aufmerksamkeit von den Auseinandersetzungen in der Plum Street ablenken. Wie eifersüchtige Geschwister kämpften Woodruff und Austin um Smith, obwohl (oder vielleicht weil) dieser sich die größte Mühe gab, es beiden recht zu machen.

Ein noch schärferer Konflikt brach wegen Fill Eisenberg aus. Als Finanzchef berichtete Eisenberg unmittelbar Woodruff und dem Finanzausschuß und überging Austin. Wie Woodruff hatte er hinsichtlich der Unternehmensbilanz altmodische Vorstellungen und war sehr zufrieden damit, als Sicherheit für schwere Zeiten stille Reserven in Höhe von einhundert Millionen Dollar oder mehr in den Büchern vorweisen zu können. Bei Konferenzen saß er im wahrsten Sinne des Wortes an Woodruffs Seite, beurteilte Austins Vorschläge und sprach sich routinemäßig gegen sie aus.

Natürlich suchte Austin nach einem Weg, um Eisenberg auszuschalten, und 1974 glaubte er, einen gefunden zu haben.

Eisenberg war eigentlich ein umgänglicher Mensch, teilte aber

Woodruffs Abneigung gegen Wall-Street-Analysten und die Wirtschaftspresse, ein Vorurteil, das sich zu völliger Abscheu auswuchs, als sich Mitte der Siebziger ein Abwärtstrend einstellte. Die Inflation trieb den Preis für die Ingredienzen hoch, was zu einem schweren Gewinneinbruch bei Coca-Cola führte. Nervöse Anleger stießen Coca-Cola-Aktien in großem Umfang ab und trieben den Kurs tiefer und schneller nach unten, als es seit den dreißiger Jahren jemals der Fall gewesen war.

Als der Kurs 1974 stürzte, wurde Eisenberg wütender und wütender. Sein Telefon klingelte zwei- oder dreimal am Tag, und ein Wall-Street-Spezialist nach dem anderen wollte wissen, warum es Coca-Cola so schlecht ging, bis er schließlich die Nerven verlor und sich weigerte, überhaupt noch Rede und Antwort zu stehen. Er gab eine formelle Erklärung heraus, der zufolge er beschlossen hatte, bis auf weiteres »alle unmittelbaren Kontakte zu Wertpapieranalysten einzustellen«.

Der Aufschrei, zu dem es kam, war vorhersehbar. Das Magazin Institutional Investor benutzte einen Ausdruck, der zu jener Zeit sehr belastet war, und beschuldigte das Unternehmen der »Obstruktion«. Außerdem wurde ein ungenannter Informant zitiert, der sagte, daß Eisenberg »die Street sowieso immer wie Dreck behandelte«. Die Kritik richtete sich nicht nur gegen Eisenberg persönlich, sondern auch gegen die »uralte Tradition der Geheimniskrämerei« bei der Coca-Cola Company, die sich bis zu den Tagen Doc Pembertons zurückverfolgen ließ. Der Zeitpunkt des Dekrets sei eine Katastrophe, meinte ein Analyst, weil sich das »Vertrauen in die Firma auf einem Tiefstand befindet«. Eisenberg reagierte, indem er seine Funkstille auch auf Wirtschaftsjournalisten ausdehnte.

Austin mußte mit ansehen, wie alle guten Beziehungen, die er zu Wirtschaftsredakteuren und Investmenthäusern aufgebaut hatte, über Nacht hinfällig wurden. Eisenbergs Knebelerlaß war typisch für die von Austin verachteten alten Methoden, deren Prinzip es war, den Aktionären und der Öffentlichkeit nahezu nichts über die internen Geschäftsabläufe mitzuteilen. Diesmal, glaubte Austin, war Eisenberg zu weit gegangen.

Doch allen Bemühungen Austins zum Trotz, Eisenberg auszuschalten, hielt Woodruff an ihm in seiner bisherigen Position fest und ließ ihn weiterhin dem Finanzausschuß berichten, der damit für Austins Ideen ein trostloser Friedhof blieb.

Wenn die Atmosphäre in der Plum Street zu bedrückend wurde, bediente sich Austin oft des Firmenflugzeugs und brach zu fernen Flughäfen auf. Wie Woodruff liebte er die internationale Seite des Geschäfts und die physische Erfahrung des Fliegens, das Gefühl des schnellen Dahingleitens durch tiefschwarze Nächte über große Entfernungen hinweg.

Oft flog er allein, nur mit den Piloten als Begleiter. Austin teilte auch Woodruffs Neigung zum Alkohol und liebte es, an Bord des neuen Gulfstream-Jets zu gehen, seine Jacke abzulegen, einen Pullover überzustreifen und sich in den rückwärtigen Teil des Flugzeugs zurückzuziehen, wo er einen oder zwei Drinks − manchmal auch mehr − zu sich nahm und versuchte, sich zu entspannen.

Austin war zu einem Zeitpunkt Geschäftsführer geworden, als die Exportverkäufe Coca-Colas stiegen und im Begriff waren, die heimischen Umsätze zu übertreffen, ein Trend, den er für unvermeidbar hielt und mit aller Kraft förderte. Die Coca-Cola Company erfreute sich beträchtlicher Zuwachsraten in Deutschland, Japan, Brasilien und Südafrika während Austins Amtsführung, und die New York Times berichtete, daß Coke auch in Indien auf dem Weg war, zum Nationalgetränk zu werden.

Austin verpflichtete während Salvador Allendes Präsidentschaft in Chile einen eingefleischten Kommunisten als Fabrikmanager und schmeichelte sich bei Imelda Marcos auf den Philippinen ein, indem er ihr Einrichtungsgegenstände im Wert von 35 000 Dollar für ein Ernährungszentrum zur Verfügung stellte. Austin war auch von dem größten unerschlossenen Markt fasziniert und knüpfte Kontakt zu Funktionären in Rotchina. Er dachte auch über die Beendigung des Kuba-Embargos nach und schickte einen Abgesandten nach Havanna, um Gespräche zu führen. Später hatte er selbst ein geheimes Treffen mit Fidel Castro.

Es war unausweichlich, daß Austin Woodruff langsam als führenden politischen Akteur der Firma ablöste, sowohl im Ausland als auch in der Heimat. Die Wahl Richard Nixons im Jahr 1968 markierte einen Personenwechsel − und einen Wechsel der Soft Drinks − im Weißen Haus. Woodruff verfügte nicht länger über einen problemlosen Zutritt zum Oval Office. 1972 machte Nixon Schlagzeilen (und zementierte damit seinen Platz in der Schurkengalerie der Plum Street), als er Pepsis Einstieg in den sowjetischen Markt vermittelte.

Austins Weg in die nationale Politik hatte 1970 mit den Gouverneurswahlen in Georgia begonnen. Da die Begrenzung auf eine Amtsperiode nach wie vor galt, mußte Lester Maddox gehen. Der

Kampf um die Nachfolge wurde zwischen Carl Sanders, dem eine Amtsperiode zuvor bereits amtierenden Gouverneur, und dem aufstrebenden Jimmy Carter ausgefochten. Weil er sich der Freundschaft Woodruffs zu Sanders bewußt war, ließ Carter durch seinen Chefberater Charles Kirbo wissen, daß er gerne Ichauway besuchen und um die Unterstützung der Coca-Cola-Leute werben wollte. Woodruff antwortete mit dem Vorschlag, in Atlanta miteinander zu reden, nicht auf der Plantage, was Carter – richtigerweise – als Abfuhr interpretierte.

Woodruff und seine engsten Mitarbeiter standen voll und ganz hinter Sanders, und als Carter die Wahl gewann, überließen sie es Austin, Brücken zum Büro des Gouverneurs zu bauen. Austin tat dies mit Freuden, schloß enge Freundschaft mit dem neuen Gouverneur und verschaffte ihm Zugang zu den Hilfsmitteln des Unternehmens, vor allem zu dessen Flugzeugflotte und zum Netzwerk der internationalen Kontakte. Im Herbst 1974, als er mit seiner Bewerbung für den Einzug ins Weiße Haus startete, wehrte Carter Einwände gegen seine Unerfahrenheit und seinen Provinzialismus ab, indem er sein Image unmittelbar mit der Coca-Cola Company verband.

»Georgia besitzt einen speziellen Vorteil gegenüber einigen anderen Staaten«, sagte Carter in einer vorbereiteten Erklärung, »weil wir über unser ureigenes Außenministerium in der Coca-Cola Company verfügen. Sie versorgen mich im voraus mit weitaus gründlicheren Analysen davon, wie es in einem Land aussieht, was seine Probleme sind, wer seine Führer sind, und wenn ich dort eintreffe, führen sie mich in jeden Bereich des Lebens ein.«

Die Vorstellung, daß ein Gouverneur aus Georgia mit einer einzigen Amtsperiode, dessen außenpolitischen Erfahrungen sich auf »gründliche Analysen« der Coca-Cola Company stützten, für die Präsidentschaft kandidierte, erschien damals ziemlich abenteuerlich. Einige Führungskräfte in der Plum Street lachten sich ins Fäustchen. Aber Austin stand zu Carter, ermutigte ihn zu seiner Kandidatur und ging sogar so weit, einen Brief an mehrere Wirtschaftsführer des Landes zu schreiben, darunter auch an Frank Cary, den IBM-Vorsitzenden, um sie davon zu überzeugen, daß Carter »eine Person der Vorsehung« sei und ein großer Präsident werden könne.

Als Carter gewann, wurde offensichtlich, daß Austin auf das richtige Pferd gesetzt hatte. Noch vor der Amtseinführung begleiteten Austin und seine Frau Rosalynn Carter bei einem Staatsbesuch in Mexiko. In den Medien wurden Spekulationen hochgespült, nach denen Austin Kandidat für einen Spitzenposten in der Regierung war, vielleicht sogar Außenminister würde, bis es sich Austin angelegen sein ließ, die entsprechenden Schritte in die Wege zu leiten, um seinen Namen aus den Schlagzeilen herauszuhalten. Austin schickte Woodruff ein Memo und entschuldigte sich für die »beunruhigende Wirkung«, die sein politisches Engagement in der Führungsetage Coca-Colas hervorgerufen hatte, obgleich er dies natürlich ungemein genoß.

Die frühen Tage von Carters Präsidentschaft waren gekennzeichnet von einigen kleinen Gefälligkeiten gegenüber der Coca-Cola Company. Der Zeitschrift Newsweek zufolge ertappte Budgetdirektor Bert Lance eine Sekretärin beim Trinken einer Pepsi und sagte zu ihr: »Wissen Sie, gute Frau, unsere Leute schätzen einen guten, alten demokratischen Drink – Coke.« Jack, der Sohn des Präsidenten, fand eine Pepsi in einem Kühlschrank des Weißen Hauses und ließ sie entfernen.

Die Schlagzeile über dem Newsweek-Artikel verkündete, daß Austin »Carters Kumpel von Coke« sei und erklärte, daß er einer der engsten Freunde und Ratgeber des Präsidenten war. Austin protestierte und sagte, daß sie »keine Busenfreunde« wären, aber er ließ auch eine Bemerkung über eine kürzlich unternommene Reise fallen, die er gemacht hatte, um den ägyptischen Präsidenten Anwar Sadat zu treffen. »Gegen Ende des Gesprächs«, erzählte Austin, »sagte ich: ›Möchten Sie, daß dies vertraulich bleibt, oder möchten Sie, daß ich direkt meine Regierung unterrichte?‹ Er sagte: ›Ich hätte es sehr gerne, wenn Sie sie unterrichten. Das ist der Grund für unser Gespräch.‹«

Es war alles ziemlich berauschend. John Sibleys Sohn Jimmy, Anwalt bei King & Spalding, war mit Austin an Bord des Firmenjets, als dieser in Kairo landete. Eine Musikkapelle spielte auf der Rollbahn, erinnerte sich Sibley, Austin stürmte durch die Tür, um sich begrüßen zu lassen. Es stellte sich heraus, daß es sich bei dem Musikstück um die »Marseillaise« handelte, die zu Ehren eines zur gleichen Zeit abreisenden französischen Würdenträgers gespielt wurde, aber das war gleichgültig. Coca-Cola machte Geschäfte in 139 Ländern, und der Geschäftsführer der Firma konnte sich rühmen, das Format eines Außenministers zu haben.

Woodruff stellte fest, daß er mittlerweile völlig im Abseits stand. Seine unmittelbare Mitwirkung an der Stadtpolitik endete, als Ivan Allen 1970 als Bürgermeister zurücktrat. George Busbee, den Gouverneur nach Carter, kannte er nur flüchtig.

Statt die Geschicke zu leiten, mußte sich Woodruff damit zufrieden geben, Stadt und Staat zu Nutznießern seiner Philanthropie zu machen. 1971 gab er Allens Nachfolger Sam Massell Coca-Cola-Aktien im Wert von neun Millionen Dollar zum Kauf eines Grundstücks mitten in der Innenstadt Atlantas, auf dem ein Park entstehen sollte. Die Atlanta Constitution verschwieg pflichtgerecht Woodruffs Rolle bei der Transaktion und berichtete nur, daß der »anonyme Spender« der Stadt wieder am Werk gewesen war. Aber seine Anonymität mißfiel Woodruff mittlerweile. In früheren Jahren war Woodruffs Rolle »das schlecht gehütetste Geheimnis der Stadt« gewesen, wie Bürgermeister Hartsfield es einmal ausdrückte. Jeder bedeutende Bürger wußte von seinen Schenkungen, und bei den Menschen, die ihm wichtig waren, fand er die Anerkennung, die er verdiente. Jedesmal, wenn die Zeitungen Atlantas über eine namenlose Spende berichteten, ging man davon aus, daß Woodruff der Geber war.

Jetzt jedoch wich sein lebenslanges Bestehen auf Anonymität dem Wunsch nach Anerkennung. 1974 erklärte er sich einverstanden, die höchste Auszeichnung der Stadt, den »Shining Light«-Preis, zu akzeptieren, und er erschien persönlich, um ihn entgegenzunehmen. Dabei ging er unsicher mit einem Stock und hielt sich am Arm seines Dieners fest. »Geschäftsgenie, Präsidentenberater, Sportsmann, Menschenfreund, Wohltäter der Erziehung, Medizin und der Künste«, nannte ihn die Gedenktafel. Sechs Jahre nachdem er an den Verleger der Constitution mit der Forderung herangetreten war, niemals wieder seinen Namen zu drucken, gab er seine Zustimmung zu einem Artikel auf der Titelseite unter der Schlagzeile »›Anonymer Spender‹ der Stadt erweist sich als Woodruff«.

Nachdem der Damm einmal gebrochen war, wurde ihm dutzendfach Tribut gezollt, und Woodruff genoß es. An manchen Tagen pflegte er Joe Jones zu fragen: »Was steht heute in der Zeitung?« Woodruff hatte ein halbes Jahrhundert lang im Zentrum des Geschehens gestanden, und dort wollte er bleiben. Er sehnte sich nach Bestätigung seiner Vitalität und Wichtigkeit.

Das hohe Alter brachte Woodruff keinerlei Segnungen. Er haßte es, gebrechlich zu sein, haßte es, taub zu werden. Sein Sehvermögen verschlechterte sich, und er begann darüber zu klagen, daß er nahezu blind sei. Ein Freund empfahl ihm Bücher mit übergroßer Schrift, und er diktierte eine kühle Antwort. »Ich habe nie die Gewohnheit gehabt, Bücher zu lesen«, meinte er. »Ich habe es vorgezogen, mich darauf zu konzentrieren, selbst etwas zu tun, statt über andere Leute zu lesen, die etwas tun.«

Er wurde eigenwillig und hatte die meiste Zeit schlechte Laune. Joe Jones, der ihm vier Jahrzehnte lang loyal als Privatsekretär und Mädchen für alles gedient hatte, übernahm nach und nach immer mehr Aufgaben, kümmerte sich um viele von Woodruffs Angelegenheiten und erinnerte ihn gelegentlich an die Realitäten seines fortgeschrittenen Alters.

»Es gibt keine Möglichkeit für Sie, in die Szenerie zurückzukehren«, sagte Jones zu Woodruff. Die führenden Geschäftsleute der Stadt waren die Söhne und Enkel seiner alten Freunde, und die jüngste Generation der Politiker kannte er nicht einmal.

Als die Redakteure des Journal 1976 eine Liste der zehn mächtigsten Menschen Atlantas zusammenstellten, nahmen sie Paul Austin darin auf. Woodruff ließen sie aus, mit der Erklärung, daß er die Treppe »ein paar Stufen« hinuntergegangen sei.

Wenn sie zurückblickten und versuchten, den Beginn der schrecklichen Krankheit zu bestimmen, die Austin seiner Energie und seines Gedächtnisses beraubte und ihn schließlich den Verstand verlieren ließ, erinnerten sich einige seiner Kollegen an eine Direktoriumssitzung bei General Electric, die im März des Jahres 1975 stattfand.

Zur damaligen Zeit war Austin auf dem Höhepunkt seiner Karriere und gab in keiner Weise zu erkennen, daß etwas nicht stimmte. Austin beteiligte sich an einer Diskussion, bei der es um die Aussicht der nationalen Ökonomie während der nächsten Jahre ging. Keiner im Raum war sehr optimistisch, aber das »Austin-Szenario«, wie er es sebst nannte, fiel als apokalyptische Vision aus dem Rahmen.

Die Rezession werde sich fortsetzen und verschlimmern, meinte Austin. Millionen von Amerikanern, die meisten von ihnen schwarz, würden arbeitslos werden. Wenn ihre Arbeitslosenunterstutzung auslief, würden die Innenstädte in Flammen aufgehen, erschüttert von Krawallen, die weitaus schlimmer waren als alles, was man in den sechziger Jahren gesehen hatte. Polizisten und Feuerwehrleute, nicht in der Lage, sich selbst zu schützen, würden ihren Beruf an den Nagel hängen. Die Armee der Vereinigten Staaten würde die Ordnung mit aufgepflanztem Bajonett wiederherstellen müssen. Das Weiße Haus, der Kongreß und die Gerichte würden aufhören zu funktionieren, und ein hochrangiger Offizier würde die Befehlsgewalt übernehmen müssen. Er würde wie Charles de Gaulle dem Land eine begrenzte Diktatur auferlegen müssen.

Als er seine Rede beendete, herrschte betretenes Schweigen. Nachrichten von seiner Darbietung erreichten die Plum Street, wo er gedrängt wurde, den »irritierenden« Inhalt seiner Prophezeiungen zu erklären. An seinem Vortrag wäre überhaupt nichts Ungewöhnliches gewesen, verteidigte er sich entschieden. Wenn die anderen Direktoren von General Electric nach seiner Rede geschwiegen hätten, läge der Grund darin, daß sie mit ihm übereinstimmten.

Es gab andere Episoden, nicht zuletzt eine Rede, in der Austin vorhersagte, daß die Hälfte der Colleges im Land bald schließen und nie wieder aufmachen würde. Aber er war vom Naturell her ein Mann mit einer blumenreichen Sprache, ein elitärer Intellektueller, der gerne den Bilderstürmer spielte. Seine anfänglichen Aussetzer wurden damit entschuldigt, daß Austin eben Austin war, daß er sich aus Liebhaberei mit der Soziologie beschäftigte und um des reinen Schockwerts willen atemberaubende Erklärungen von sich gab. Ein oder zwei Martinis beim Mittagessen waren vielleicht für das gelegentliche Zuviel an Melodramatik verantwortlich.

Zwei oder drei Jahre vergingen, bis Jeane Austin langsam Anzeichen dafür feststellte, daß mit ihrem Mann ernsthaft etwas nicht stimmte. Normalerweise sprühte er vor Energie, jetzt aber begann er schnell zu ermüden und früh zu Bett zu gehen. Sein Golfspiel verschlechterte sich. Er hatte Schwierigkeiten, sich zu erinnern. Eines Tages brachte er einen Stapel Bücher über Gedächtnistraining mit nach Hause und deponierte sie neben seinem Sessel.

Wenn in der Coca-Cola Company nicht eine solche Unruhe geherrscht hätte, wäre Austins Zustand vielleicht diagnostiziert und behandelt worden. Aber er war fest entschlossen, seine Macht zu erhalten, und so unterließ er es, die Ärzte zu konsultieren, die ihm hätten helfen können, und bestritt statt dessen, daß es irgendein Problem gab. Die meisten seiner Mitarbeiter nahmen an, daß er zuviel trank und unter dem Streß in der Führungsetage litt. Niemand wußte, daß er an zwei tückischen Leiden erkrankt war, an der Parkinsonschen und an der Alzheimer-Krankheit, und daß er an der Schwelle eines schnellen und furchtbaren Abstiegs stand.

Die Coca-Cola Company schien Austin auf dem Weg nach unten zu folgen. Im April 1975, als das Unternehmen noch vom Kurssturz ihrer Aktien ein Jahr zuvor angeschlagen war, führte Pepsi in Dallas ein ebenso seltsames wie ärgerliches Possenspiel auf, die »Pepsi-Herausforderung«. Pepsi hinkte nicht nur hinter Coke, sondern auch hinter Dr. Pepper her, und die Unternehmensleitung war bereit, einen bizarren Versuch zu starten. Die Pepsi-Leute trieben mehrere Dutzend eingefleischte Coca-Cola-Trinker auf und veranstalteten einen blinden Geschmackstest, bei dem die Testpersonen zwischen zwei mit

»Q« und »M« gekennzeichneten Soft Drinks wählen mußten. Während eine versteckte Kamera lief, wählte etwas mehr als die Hälfte der Teilnehmer »M« und war überrascht, feststellen zu müssen, daß es sich um Pepsi handelte. Ihre Reaktionen wurden in Werbespots verwandt und im lokalen Fernsehen gesendet. In der Folgezeit griff die Herausforderung auf viele weitere Städte über.

Die Reaktion der Coca-Cola Company grenzte an Paranoia. Statt die Herausforderung zu ignorieren – ihre Politik seit mehr als drei Jahrzehnten –, ließ sie eine verwirrende Folge von Erklärungen und Spots vom Stapel, die darauf abzielten, Pepsi zu verunglimpfen.

Die Auseinandersetzung eskalierte, und verwunderte Beobachter suchten nach einer rationalen Erklärung für die knallharten Verkaufsmethoden und Grabenkämpfe in einer Branche, die sich so lange auf nette Worte und Bilder und eine mehr oder weniger friedliche Koexistenz gestützt hatte. Rance Crain, der Redakteur vom Advertising Age, sprach sich öffentlich für einen Waffenstillstand aus und meinte, daß die Werbespots »verwirrend, albern und schädlich« wären.

Die langfristigen Resultate dieser Auseinandersetzung waren schwer zu messen, weil beide Unternehmen bezeichnenderweise gleichzeitig mit Preissenkungen und anderen Marketingstrategien reagierten wovon auch die Umsätze berührt wurden. In den meisten Beziehungen erlitt die Coca-Cola Company nur wenig anhaltenden spürbaren Schaden. Ihr Anteil am nationalen Cola-Markt blieb stabil, während Pepsi bescheidene Zuwächse auf Kosten kleinerer, weniger bekannter Cola-Marken verzeichnen konnte. Doch Pepsi hatte dem Selbstwertgefühl der Coca-Cola Company einen schweren Schlag versetzt. Seit Jahren war der »Imitator« in der Plum Street nur als Hersteller eines minderwertigen Produkts, als Nachahmer verächtlich gemacht worden, der es darauf abgesehen hatte, Cokes guten Namen zu stehlen. Nun behauptete Pepsi, *besser* zu sein als Coke, und die Verbraucher schienen dem zuzustimmen. Da die Coca-Cola Company keinen effektiven Weg fand, um auf die Herausforderung angemessen zu reagieren, gab sie Ende 1976 bekannt, daß sie den Versuch ganz einfach aufgeben würde. Die Werbung der Coca-Cola Company dümpelte mit dem passiven Slogan »Schenk mir ein Lächeln, an dem alles dran ist, und ich gebe es weiter« so dahin. Als wollte er zusätzlich unter Beweis stellen, daß Coca-Cola jedes Gespür für die Empfindungen der Nation verloren hatte, veranlaßte Austin die Company, als einziges Unternehmen das Broadway-Musical »1600 Pennsylvania Avenue« zu sponsern, das im Frühjahr 1976 uraufgeführt und nach fürchterlichen Kritiken und nur drei Darbietungen abgesetzt wurde

– eine Million Dollar ging verloren. »Langweilig und simpel«, schrieb Clive Barnes schonungslos in der New York Times, während das Unternehmen verschämt jeden Kommentar ablehnte.

An der internationalen Front erlitt das Unternehmen den Verlust eines wichtigen Markts, als Indira Gandhi 1976 die Macht in Indien verlor. Die neue indische Regierung wollte von den Gewinnen der Sirupfabrik und der 22 Abfüllbetriebe profitieren und ordnete an, die Anteilsmehrheit an lokale Aktionäre abzutreten, was jedoch das Geheimnis der Formel zu tangieren drohte. Anstatt dieses Risiko einzugehen, zog sich Coca-Cola aus einem Markt zurück, auf dem sie jährlich neunhundert Millionen Drinks verkauft hatte. Der einzige positive Aspekt der Episode war der Publicityrummel um die Heiligkeit der Formel – ein schwacher Trost für den Verlust eines ganzen Subkontinents als Absatzmarkt.

Zur selben Zeit veranlaßte die Coca-Cola Company interne Umstellungen, die auch unter günstigsten Umständen noch schmerzhaft genug gewesen wären – auch dann, wenn die beiden Topleute nicht schwer gehandicapt gewesen wären und auf Kriegsfuß zueinander gestanden hätten. Die Plum Street begann mit einem Kampf gegen ihre Abfüller, der sich fast so bitter gestaltete wie der von 1920.

Wieder einmal spielte der Preis der Ingredienzen eine zentrale Rolle. Gemäß den gültigen Verträgen, die sie in den zwanziger Jahren vor Gericht erstritten hatten, zahlten die Abfüller für den Coca-Cola-Sirup einen Festpreis. Der Zucker wurde abhängig von den Preisen auf dem Binnenmarkt berechnet, aber die anderen »Merchandises« blieben preislich auf dem Niveau, das mehr als ein halbes Jahrhundert früher festgelegt worden war. Da die Inflation in den späten Siebzigern die Kosten mehr und mehr in die Höhe trieb, war der Tag absehbar, an dem das Unternehmen den Sirup mit Verlust verkaufen würde.

Natürlich waren sich die meisten Abfüller darüber im klaren, daß es unsinnig wäre, ihre Muttergesellschaft in den Bankrott zu treiben, und zeigten sich gewillt, über eine Modifikation des alten Arrangements zu reden. Naturgemäß steckte der Teufel im Detail. Überdies war allen bekannt, daß die Bundesbehörde Federal Trade Commission eine Attacke gegen die Usancen exklusiver Gebiete für die Abfüller gestartet hatte. 1971 stellte die FTC Coca-Cola, Pepsi und sechs andere Soft-Drink-Unternehmen einen Anti-Trust-Bescheid zu und warf ihnen vor, daß die ihren Abfüllern erteilten Lizenzen im Endeffekt regionale Monopole zur Folge hätten, die den Wettbewerb einschränkten und zu höheren Preisen führten.

Die Unternehmen und ihre unabhängigen Abfüller vereinigten sich in dem Schwur, gegen den Bescheid anzugehen. Austin schrieb Bud Webster, dem Abfüller in Cody, Wyoming, um ihm mitzuteilen, daß die Plum Street mit der FTC »in den Ring steigen« würde. »Wenn es Zeit wird, ein bißchen die Muskeln spielen zu lassen«, fügte er hinzu, »melden wir uns bei Ihnen.« Die Auseinandersetzungen mit der FTC zogen sich naturgemäß über Jahre hin.

Aus Sicht des Unternehmens war das einzig Erfreuliche an der ganzen langwierigen Affäre, daß es für die Verhandlungen mit den Abfüllern über neue Verträge, die flexible Siruppreise ermöglichten, ein Druckmittel in der Hand hatte. Während sie im Kampf gegen die FTC Schulter an Schulter mit ihren Abfüllern standen, glaubte die Unternehmensleitung, daß die Furcht, die Lizenzen verlieren zu können, die Abfüller gefügiger und nachgiebiger machen würde. Luke Smith wurde mit der Aufgabe betraut, die Vertragsänderungen durchzusetzen, und er überraschte seine Kollegen mit der Entschlossenheit, die er dabei an den Tag legte.

Zuerst erzielte Smith schnelle, handfeste Fortschritte. Er reiste durch das Land, traf sich mit den Abfüllern und erklärte ihnen auf seine umgängliche, ernste Art, daß es sich die Zentrale ganz einfach nicht leisten konnte, Sirup zu den alten Festpreisen zu verkaufen, während die Inflation die Kosten für die Ingredienzen ins Uferlose steigen ließ.

Die meisten Abfüller vertrauten Smith und verstanden seine Argumente. Viele erklärten sich einverstanden, ihre Verträge ändern zu lassen, obwohl diese seit Generationen im Besitz ihrer Familien waren. Schließlich jedoch stieß Smith auf Widerstand. Einige der großen Abfüller, angeführt von Charles Millard, dem Vorsitzenden der New Yorker Abfüllgesellschaft, scheuten davor zurück, der Company eine freiere Preisgestaltung einzuräumen, und bestanden statt dessen auf begrenzte Erhöhungen, die an den Index der Verbraucherpreise gebunden sein sollten. Crawford Johnson III aus Birmingham, Alabama, einer der einflußreichsten Abfüller der alten Garde, verbündete sich mit Millard und brachte Smith's Projekt in Gefahr. Bald wurden die Diskussionen zwischen Smith und den Abfüllern immer hitziger, und die Positionen beider Seiten verhärteten sich.

Weil sich die Angelegenheit schnell von einem technischen Disput zu einer Unternehmenskrise ausweitete, war Smith unbedingt auf eines angewiesen: auf klare Instruktionen der Führungsspitze, auf eine Verhandlungsposition, die vom Vorsitzenden und vom Direktorium gebilligt und unterstützt wurde.

Smith erhielt das Gegenteil.

Im Frühjahr 1978 redeten Woodruff und Austin kaum noch miteinander. Keiner der beiden Männer befand sich im Vollbesitz seiner Kräfte. Ein morbider Wettkampf hatte begonnen, bei dem es darum ging, den anderen zu überleben – und der Preis war die Kontrolle über die Coca-Cola Company.

Mit achtundachtzig Jahren stützte sich Woodruff noch immer auf die »alte Garde« im Direktorium, nachdem er die meisten Versuche Austins, eigene Direktoren zu ernennen, abgewehrt hatte.

Aber Austin blieb Vorsitzender und kontrollierte weiterhin das Tagesgeschäft der Firma. Er schaffte es schließlich, Fill Eisenberg aufs Altenteil zu schieben und sich im Finanzausschuß grünes Licht für die Zustimmung zu einigen seiner Projekte zu besorgen.

Soweit es die Außenwelt beurteilen konnte, ging es Austin gesundheitlich gut. Er krönte seine jahrelange Arbeit im internationalen Geschäft, indem er die Exklusivrechte für den Soft-Drink-Verkauf bei den Olympischen Spielen des Jahres 1980 in Moskau für Coca-Cola sicherte, aber mit der Ankündigung, daß Coca-Cola das erste in China verkaufte amerikanische Verbraucherprodukt sein würde, landete er einen noch größeren Coup. Austins Freundschaft zu Präsident Carter schien reiche Früchte zu tragen – in einem Maße, daß sich der Washington Star veranlaßt sah, von Unschicklichkeit zu munkeln. Das Weiße Haus hatte Coca-Cola nicht nur den Weg in die Sowjetunion und nach China geebnet, es hatte auch Portugal eine Auslandshilfe in Höhe von 300 Millionen Dollar gewährt, woraufhin das Land einen fünfzigjährigen Bann gegen Coca-Cola aufhob.

Insider erkannten naütrlich, daß sich Austin unberechenbar verhielt. Aber sie wußten nicht, warum. Ein Freund erinnerte sich an ein Mittagessen mit Austin im Piedmont Driving Club während jener Zeit: »Und er benahm sich absolut unvernünftig. Dann trank er ein paar Martinis und benahm sich ein bißchen vernünftiger.« Offenbar, mutmaßte sein Freund, bestand das Problem im Alkoholkonsum.

Für die Manager des Unternehmens begann ein Ratespiel mit hohem Einsatz. Austin war dreiundsechzig, und in weniger als zwei Jahren, am 14. Februar 1980, seinem fünfundsechzigsten Geburtstag, würde sein Rücktritt zur Debatte stehen. Würde er bleiben? Und wenn nicht, würde er in der Lage sein, einen Nachfolger auszuwählen? Und was war mit Woodruff? Hatte er noch genügend Energie und Umsicht, den Kurs des Unternehmens festzulegen und es in die Zukunft zu führen?

Luke Smith war nicht der einzige, der sich diese Fragen stellte. Ein halbes Dutzend ambitionierter Männer war mittlerweile in Spitzenpositionen aufgestiegen. Sie hatten Strategien entworfen, Bündnisse geschmiedet und rechneten sich Chancen aus, ganz nach oben zu kommen – zum Teil aus persönlichem Ehrgeiz, aber auch, weil die Coca-Cola Company wirklich eine neue Führung dringend nötig hatte. Würde Smith Austin nachfolgen? Oder war er mit neunundfünfzig zu alt?

Wall-Street-Beobachter wetteten auf Don Keough. Keough, ein breitgesichtiger irischer Katholik mit einem angenehmen, bezaubernden Lächeln, war während der Duncan-Foods-Fusion zu Coca-Cola gekommen und fungierte jetzt als Vizepräsident, zuständig für das Geschäft in der westlichen Hemisphäre. Mit einundfünfzig war er jung genug, die Firma ein ganzes Jahrzehnt lang zu leiten.

Aber wer konnte es wissen? Seit mehr als einem halben Jahrhundert hatte die einzige unumstößliche Gewißheit hinsichtlich des Aufstiegs in der Coca-Cola Company in der Notwendigkeit bestanden, auf Woodruff einzugehen. Seine Empfänglichkeit für Schmeicheleien und Servilität war für jeden offensichtlich. Woodruff war sich dessen durchaus bewußt, weil es ihm nicht leicht fiel, zwischen Schaumschlägerei und echter Zuneigung zu unterscheiden. »Es war eine teuflische Anstrengung für mich«, gestand Woodruff seinem Neffen Morton Hodgson jr., »die richtigen Leute für die hohen Posten in meinem Unternehmen auszuwählen.«

Keough paßte sich den Umständen an. Als er nach Ichauway eingeladen wurde, überhäufte er seinen Gastgeber mit Dankbarkeit. »Ich bin aus sehr vielen Gründen ein äußerst glücklicher Mensch, Mr. Woodruff«, schrieb er. »Ein ganz besonderer Grund, der immer etwas Besonderes bleiben wird, liegt in dem Privileg, Sie kennengelernt zu haben – und damit das Beste eines menschlichen Charakters kennengelernt zu haben.«

Rückblickend war es einfach, sich über die blumig vorgetragenen Anbiederungsversuche lustig zu machen, aber es waren Karrieren von den Launen eines Mannes abhängig, der sich nach Aufmerksamkeit und freundlichen Worten sehnte und solche Gefühlsbekundungen oft mit materiellen Werten belohnte. Das Schicksal eines Milliarden-Dollar-Unternehmens ruhte in seinen zittrigen Händen.

Da es außer Woodruffs eisernem Beharren auf der Erhaltung des Coca-Cola-Reichs kaum etwas gab, das ihm als Richtschnur diente, schlug Smith bei seinen Verhandlungen mit den Abfüllern einen extrem harten Kurs ein. Er weigerte sich, den von Millard, dem New

Yorker Abfüller, vorgeschlagenen Preisindex in Betracht zu ziehen, und so wurden die Gespräche schließlich abgebrochen. Die Bemühungen, die Verträge zu ändern, gerieten in eine Sackgasse.

Frustriert wandte sich Millard an Keough, der keinen Grund sah, so widerspenstig zu sein. Keough erreichte schnell einen Kompromiß, der Millard und die meisten anderen Abfüller zufriedenstellte. Ohne Smith zu informieren legte Keough die erzielte Vereinbarung Austin vor, der ihr zustimmte und auch Woodruff und das Direktorium dazu bewegte, ihre Einwilligung zu geben. Während der folgenden Monate unterschrieben Dutzende von Abfüllern die neuen, ergänzten Verträge.

Verständlicherweise fühlte sich Smith verraten. Er machte Austin dafür verantwortlich, daß die Regeln mitten im Spiel geändert worden waren. Er redete nicht mehr mit Austin und gestaltete die ohnehin schon unbehagliche Situation noch angespannter.

Austins Zustand verschlechterte sich zusehends und die Presse begann über Austins Amtsdauer zu spekulieren. Die heimische Zeitung Atlanta-Journal Constitution kritisierte, daß sich Austin über einen Nachfolger ausschwieg und »den Eindruck hinterläßt, daß er es nicht eilig hat, einen Thronfolger hervortreten zu lassen, obwohl eine solche Haltung unausweichlich viele Gerüchte in der Geschäftswelt provoziert und zu Positionsgerangel innerhalb des Unternehmens führt«.

Tatsächlich jedoch hatte Austin bereits einen Nachfolger im Sinn. Während seiner Tätigkeit in Johannesburg vor zwanzig Jahren hatte er einen weißen Südafrikaner namens Ian Wilson als Chefbuchhalter eingestellt, und die beiden Männer waren zu engen Freunden geworden. In den Jahren danach hatte sich der aggressive, scharfkantige Wilson als geschickter Manager erwiesen. Er übernahm Coca-Colas Geschäfte in Kanada und polierte dort die Bilanzen auf, kam dann als Vizepräsident nach Atlanta, wo er den Fernen Osten seinem wachsenden Verantwortlichkeitsbereich hinzufügen durfte.

Wilson wußte, wie wichtig es war, sich Woodruffs Gunst zu sichern, wenn man weiter aufsteigen wollte. So legte er Woodruff gegenüber perfekte Ehrerbietung an den Tag. Wenn er und seine Frau von Abfüllern aus Japan und Thailand besucht wurden, luden sie Woodruff gelegentlich zum Abendessen ein, weil sie wußten, daß er sich wegen seines hohen Alters der Wertschätzung der Asiaten sicher sein konnte.

Woodruff schien Wilson durchaus zu mögen. Aber er gab nicht zu erkennen, daß er bereit war, Wilson die Leitung der Coca-Cola

Company anzutragen. Als Austin vorschlug, Wilson und einen anderen Manager ins Direktorium aufzunehmen, lehnte Woodruff ab. Luke Smith schien auf der Kandidatenliste ganz oben zu stehen. Austin begann mit dem Gedanken zu spielen, über seinen fünfundsechzigsten Geburtstag hinaus im Amt zu bleiben und seine Pensionierung auf unbestimmte Zeit zu verschieben.

Für eine Weile konnte sich Austin durchsetzen. Im Juli 1979 zog Woodruff sich eine Lungenentzündung zu. Als er ins Emory Hospital kam, glaubten viele, daß er nicht wieder zurückkehren würde. Sein Bruder George unternahm Schritte, um die Emily und Ernest Woodruff Foundation zu liquidieren. Nachdem er sein ganzes Leben lang im Schatten von Roberts legendärer Spendenfreudigkeit verbracht hatte, arrangierte George die Schenkung des gesamten Stiftungsvermögens − Coca-Cola-Aktien im Wert von mehr als hundert Millionen Dollar − an die Emory University. Es würde die größte Einzelschenkung sein, die eine Schule jemals erhalten hatte, ein angemessener Abschiedsgruß.

»Jeder glaubte, daß er im Sterben lag«, erinnerte sich Woodruffs Krankenschwester Edith Hunnicut später. Der Verwalter in Ichauway rief das Personal zusammen, um den Leuten mitzuteilen, daß Woodruff sterben würde.

Und Austin feuerte Luke Smith.

Nach seinem Zermürbungskrieg mit den Abfüllern physisch und psychisch erschöpft, trat Smith im August 1979 einen zweiwöchigen Urlaub an, während Woodruff im Krankenhaus lag. Smith entspannte sich auf seinem Hausboot am Lake Lanier, eine Stunde nördlich von Atlanta. Als er zurückkehren wollte, erhielt er die Nachricht. An dem Tag, an dem er wieder zur Arbeit erscheinen sollte, gab Austin eine Pressemeldung mit der Verlautbarung heraus, daß Smith aus »persönlichen Gründen« beschlossen habe, vorzeitig in Pension zu gehen und sofort zurücktreten würde. Da es keinen anderen Ausweg gab, akzeptierte Smith die Entscheidung.

Woodruff starb nicht. Er war zwar ein gebrechlicher alter Mann, aber er lebte.

Die nun folgenden Ereignisse waren für außenstehende Beobachter ein Rätsel − und zeitweilig auch unverständlich für die Beteiligten selbst. Überraschend war dies kaum, weil die beiden Hauptspieler unter Alterserscheinungen und Geistesverwirrung zu leiden hatten. Doch der Schlüssel zu allem war ganz einfach: Woodruff lebte.

Austin handelte als erster. Nachdem Smith aus dem Weg geräumt war, machte er sich daran, seine Macht auszubauen. Bei der planmäßigen Direktoriumssitzung im November 1979 ersuchte Austin um ein zusätzliches Jahr als Vorsitzender und schlug die Ernennung von sechs Vizevorsitzenden vor, die alle ihm zu berichten hatten. Einer von ihnen sollte sein Nachfolger werden. Woodruff war noch immer gesundheitlich angeschlagen und konnte nur zusehen, wie das Direktorium den Plan billigte.

Die Wall Street, die Presse und auch die Mitarbeiter der Coca-Cola Company suchten nach einer Erklärung für die unerwartete Entwicklung. Das Hauptproblem bestand darin, die sechs Kandidaten einzuordnen: Keough, Wilson und die langjährigen Manager Al Killeen, Claus Halle, Roberto Goizueta und Ira »Ike« Herbert. Lediglich Keough war außerhalb des Unternehmens gut bekannt, und die Presse sah in ihm den Favoriten. Eine Handvoll Insider glaubte, daß Wilson Austins persönlicher Protegé sei. Alle anderen wurden als Außenseiter angesehen.

Von allen Namen auf der Liste überraschte der von Goizueta am meisten. Goizueta war ein zurückhaltender, aristokratischer Kubaner, der 1954 in Havanna als Chemiker zu Coca-Cola gekommen war. Nachdem er 1961 vor Castro in die Vereinigten Staaten geflüchtet war, arbeitete er sich im technischen Bereich des Unternehmens nach oben und brachte es schließlich zu einer Vizepräsidentschaft, mit der er neben der Leitung des Labors auch die Leitung der Rechtsabteilung und der allgemeinen Verwaltung übernahm. Das Wall Street Journal, das den Nachfolgekampf scharf beobachtete, räumte Goizueta nur geringe Siegeschancen ein. Tatsächlich verfügte er über keinerlei Marketingerfahrung. Er hatte nie an einer Werbekampagne gearbeitet, niemals die Abfüller mit einer Rede beflügelt, niemals um Regalplätze in einem Supermarkt gekämpft. Er hatte niemals eine einzige Flasche Limonade verkauft.

Bemerkenswert war jedoch, daß Goizueta als einziger der Vizevorsitzenden Coca-Colas geheime Formel kannte. Traditionellerweise wurde nur den beiden Topchemikern der Firma gestattet, sich die Formel einzuprägen, und den Auserwählten war es niemals erlaubt, dasselbe Flugzeug zu benutzen. Goizueta hatte sich dem Einweihungsritus 1974 unterzogen.

Goizueta kannte auch die verdeckten Beschaffungswege für die seltenen Ingredienzen in Coca-Cola, insbesondere für das Kassiaöl, das weiterhin aus dem Fernen Osten über London in die Vereinigten Staaten befördert werden mußte.

Von größter Bedeutung war gewesen, daß sein neuer Status ihm ein heißbegehrtes Büro in der dritten Etage der Plum Street einbrachte und Woodruffs Aufmerksamkeit auf ihn fiel.

Für diejenigen, die ihn kannten, war Goizuetas Aufstieg nicht überraschend. Er mochte beim ersten Zusammentreffen mit Menschen ein bißchen schüchtern wirken und sich beim Geplauder unbehaglich fühlen. Dann zündete er sich schnell eine Zigarette an und steuerte die Unterhaltung in sicheres, vertrautes Fahrwasser. Aber er verfügte über eine scharfe Beobachtungsgabe und eine Menschenkenntnis, die man bei Männern der Wissenschaft nicht immer findet.

Wie andere ehrgeizige Männer in der Coca-Cola Company pflegte Goizueta eine enge Beziehung zu Woodruff. Ohne rot zu werden, erzählte er den Leuten, daß Woodruff ihn an seinen Vater erinnerte, und er strahlte, als Woodruff begann, ihn »Partner« zu nennen − obwohl Woodruff die meisten seiner jüngeren Mitarbeiter so bezeichnete. Aber Goizueta empfand echte Bewunderung für Woodruff und würdigte seine außerordentlichen Fähigkeiten, mit denen er das Unternehmen so viele Jahre geführt hatte. »Er war ein Schwamm«, sagte Goizueta und staunte über Woodruffs Gabe, aufmerksam zuzuhören und Informationen von anderen aufzunehmen.

In einer Zeit, in der manche Manager ihre Besuche bei Woodruff als »Pflicht« bezeichneten, freute sich Goizueta wirklich darauf, ein paar Stunden mit ihm verbringen zu können. Woodruff pflegte nachmittags seine Gäste in einem Wohnzimmer mit Kamin im ersten Stock seines Hauses in der Tuxedo Road zu empfangen. Goizueta schaute regelmäßig vorbei, hörte sich Woodruffs Gedanken und Erinnerungen an.

In den Wintermonaten Januar und Februar des Jahres 1980 war Woodruff offensichtlich unglücklich. Die Entlassung von Luke Smith nagte an ihm und weckte böse Erinnerungen an die Abschiebung von Charles Duncan. Die anhaltenden finanziellen Probleme der Coca-Cola Company kümmerten ihn, insbesondere das stetige Schrumpfen der Bargeldreserven.

Und er haßte den neuen Coca-Cola-Wolkenkratzer, den Austin hochziehen ließ.

Austin hatte sich die Pläne für ein 26stöckiges Hochhaus bereits im Jahr 1974 bewilligen lassen, um die wachsende Belegschaft des Unternehmens unterbringen zu können.

Das alte Backsteinhaus in der Plum Street und ein neueres, elfstöckiges Gebäude, ein nüchterner Kasten aus Glas und Beton, der in den späten Sechzigern mit den Büros für Coca-Cola USA nebenan errichtet worden war, erwiesen sich für die 1500 Angestellten als nicht mehr ausreichend. Und die Zahl der Angestellten stieg weiter.

Woodruff befand sich seinerzeit in einer sonnigeren Gemütsverfassung und gab seine Zustimmung mit einer scherzhaften Bemerkung: »Ich nehme nicht an, daß John Sibley und mich dann überhaupt noch groß interessiert, was vor sich geht.«

»Herr Vorsitzender«, gab Sibley, nur bedingt amüsiert, zurück, »ich werde in dieser Sache für mich selbst sprechen.«

Beide wurden über neunzig, und nun stand das Gebäude kurz vor seiner Fertigstellung. Der Tag rückte heran, an dem Woodruff aus seiner vertrauten, geliebten Suite in der dritten Etage der Plum Street in ein neues Quartier umziehen mußte. Plötzlich war ihm gar nicht mehr zum Scherzen zumute.

Joe Jones rief die Architekten und Planer zusammen und machte ihnen eindringlich klar, daß sie Woodruffs Büro, Eßzimmer, Küche und Konferenzraum exakt im gleichen Maßstab und bis ins letzte Detail identisch reproduzieren mußten, da der alte Mann ansonsten verwirrt und erzürnt sein werde, was für alle Beteiligten ernsthafte Schwierigkeiten zur Folge haben werde.

Woodruffs Suite zu duplizieren, würde nicht möglich sein, sagte einer von Austins Leuten. Es würde wegen der Form des Hochhauses leichte Abweichungen geben, und die Anordnung der Räume würde umgekehrt sein müssen.

Am 3. März 1980 wurde Woodruff seine neue Suite in der Penthouseetage des Hochhauses vorgestellt. Die Architekten hatten spektakuläre Räumlichkeiten geschaffen: ein dreistöckiges Atrium mit Oberlicht, Gemälde an den Wänden, Büros mit Blick auf Atlanta und die bewaldete Umgebung. Woodruff jedoch bedeuteten weder das Licht, noch die Bilder oder der schöne Ausblick irgend etwas. Wie ein Detektiv schlich er auf der Suche nach fremden Dingen durch seine Zimmer. Die Beleuchtung in Büro und Eßzimmer war ihm zu matt. Die Küche war zu klein und befand sich an der falschen Stelle. Das Eßzimmer war zu klein. Das Licht, das auf sein Lieblingshundebild fiel, mußte heller sein.

Dann ging Woodruff ins Badezimmer, schloß die Tür und probierte seine neue Toilette aus. Sie war mehrere Zentimeter niedriger als die alte, zu dicht am Fußboden, um bequem zu sein. Das ärgerte ihn gewaltig.

Joe Jones hielt pflichtbewußt sämtliche Beschwerden Woodruffs fest und leitete sie unverzüglich an den Innenarchitekten John Chaloner weiter. Er reagierte binnen weniger Tage und ließ eine neue Beleuchtung installieren. Aber Chaloner konnte die Größe der Räume nur schwerlich ändern, da diese von den Dimensionen des Gebäudes bestimmt wurden. Und was die Toilette anging, sagte er, machten die moderne Sanitärtechnologie und Gesundheitsbestimmungen die Verwendung von niedrigeren Toiletten erforderlich.

Chaloners Antwort war zwar vernünftig, entsprach jedoch ganz und gar nicht dem, was Woodruff hören wollte. Woodruff griff nach dem Telefon und rief Goizueta an, der aufmerksam zuhörte und am selben Morgen einen Schreiner sowie einen Installateur in Woodruffs Suite schickte, wo ein Podest unter die Toilette gebaut und diese exakt auf die Höhe der alten gehoben wurde. Woodruff war besänftigt. Goizueta hatte sich durch die Instandsetzung von Woodruffs Thron einen Schritt näher an den der Firma herangearbeitet.

Austin litt zusehends an Vergeßlichkeit. Der Umzug in das Hochhaus machte ihn noch orientierungsloser als Woodruff. Eines Morgens marschierte er durch die falsche Tür und fragte einen verblüfften Kollegen: »Was tun Sie in meinem Büro?« Er, der einst ein eindrucksvoller Redner gewesen war, begann durch seine öffentlichen Auftritte zu stolpern. Bei einer Preisverleihung in Atlanta hatte er Schwierigkeiten, eine einseitige Ansprache abzulesen, und stockte zwischen den einzelnen Worten. Sein Gesichtsausdruck war verkrampft und unsicher. Seine Vergeßlichkeit ging so weit, daß er sich eines Tages zur Westküste fliegen ließ, wo er sich nach der Landung vergeblich an den Grund der Reise zu erinnern versuchte.

Das Maß war kurz darauf voll, als Austin eine Schuldverschreibung in Höhe von 100 Millionen Dollar vorschlug, um das Hochhaus zu bezahlen, dessen Kosten auf 120 Millionen Dollar geklettert waren. Seit fast sechzig Jahren war Woodruff stolz darauf, die Firma liquide zu halten. Dies war vielleicht eine altmodische Einstellung, aber die Vorstellung, Geld zu leihen, besonders für überflüssigen Luxus, der nichts zu Coca-Colas Einnahmen beitrug, kam ihm verrückt vor. »Sie müssen pleite sein«, sagte er zu Austin.

Kurz nach Austins fünfundsechzigstem Geburtstag entschied Woodruff, daß die Wahl eines Nachfolgers nicht länger aufgeschoben werden konnte. John Sibley, mit einundneunzig ein Jahr älter als Woodruff, überzeugte ihn davon, daß es für das Unternehmen lebenswichtig war, ein neues Management einzusetzen, bevor sie und die anderen Oldtimer starben. Woodruff forderte Austin daraufhin auf, einen der sechs Vizevorsitzenden für den Posten des Präsidenten vorzuschlagen, der seit dem Ausscheiden von Luke Smith vakant gewesen war.

Austin nominierte Ian Wilson und löste eine Krise aus. Wilson hatte überall in der Coca-Cola Company Kritiker, Männer, die er auf die eine oder andere Weise durch seine schroffe Art brüskiert hatte oder die fürchteten, daß ein weißer Südafrikaner dem Image der Firma schaden könnte – und diejenigen, die glaubten, daß ihnen die Chance genommen werde, eine eigene Karriere zu begründen.

Zuversichtlich, daß Woodruff seine Wahl akzeptieren würde, veranstalteten Austin und seine Frau mit den Wilsons zur Feier des Tages ein Abendessen in Atlanta. Danach verließ Wilson die Stadt und brach zu einer einmonatigen Reise in den Fernen Osten auf.

Während seiner Abwesenheit machten sich Joe Jones und andere daran, Woodruff zu überreden, einen anderen Kandidaten auszuwählen. Jones belustigte sich über das Memo, in dem Austin Wilsons Qualifikation schilderte, und stellte fest, daß unternehmerischer Scharfsinn fast am Ende der Liste aufgeführt war, noch unter Wilsons Fertigkeiten beim Golf.

Im vorhergegangenen Winter hatte Woodruff Wilson nach Ichauway eingeladen und ihn, als sie beim Cocktail im Jagdzimmer zusammensaßen, überschwenglich gelobt. Jetzt jedoch bekam Woodruff heftige Einwände gegen Wilson aus den verschiedensten Richtungen zu hören, darunter auch von verschiedenen Mitgliedern des Direktoriums. Sein Enthusiasmus legte sich. Woodruff bestellte Austin in sein Büro und sagte ihm, daß Wilson inakzeptabel wäre.

Wenn seine Gesundheit besser gewesen wäre, hätte Austin Woodruff vielleicht herausgefordert. Tatsache war jedoch, daß Woodruff das Direktorium noch immer fest im Griff hatte. Bemerkenswerterweise konnte Austin nach zehn Jahren als Vorsitzender lediglich auf die Stimmen von drei oder vier Direktoren zählen.

Woodruff und seine engsten Berater entschieden, daß sie statt Wilson Goizueta als neuen Präsidenten haben wollten, und Austin wurde angewiesen, eine Sondersitzung des Direktoriums anzuberaumen, um die Wahl offiziell bestätigen zu lassen. Als sie sich am Freitag, dem 30. April 1980, in dem neuen, mit Hickoryholz getäfelten Direktionssaal versammelten, wunderten sich einige der externen Direktoren, denn niemand hatte sich die Mühe gemacht, ihnen mitzuteilen, daß der Nachfolgekrieg entschieden war. Austin stellte den Antrag, Goizueta zum Präsidenten zu wählen, Woodruff signalisierte seine Zustimmung, und in Minutenschnelle war die Sitzung vorüber, ohne Diskussion, Debatte oder Gegenrede. Goizueta betrat anschließend den Raum, machte seine Runde um den langen Tisch und schüttelte Hände.

Wilson, der nach seiner Reise durch Asien gerade nach Atlanta zurückgekehrt war, stand vor einem völligen Rätsel. Er ging zu Joe Jones, um herauszufinden, was passiert war, und Jones antwortete unschuldig: »Ian, Sie werden Mr. Woodruff danach fragen müssen.« Wilson machte sich auf den Weg in die Tuxedo Street zu Woodruff, der höflich, aber ausweichend reagierte und Wilson nichts von der Kampagne erzählte, die gegen ihn geführt worden war.

Das Wall Street Journal beschrieb Goizuetas Aufstieg als einen »neuerlichen verwirrenden Winkelzug im Management«.

Zunächst galt es, sich innerhalb und außerhalb des Unternehmens auf Goizueta einzustellen. Er machte es den Leuten nicht leicht.

Wenn er sich in den folgenden Wochen mit Journalisten zusammensetzte, schien es ihm Spaß zu machen, sich mit einer Aura der Rätselhaftigkeit zu umgeben – in einem Moment klang er wie ein Technokrat, im nächsten wie ein südamerikanischer Schriftsteller. Goizueta war jedoch in jeder Beziehung, einschließlich seines Wächteramts hinsichtlich der geheimen Formel, als Insider qualifiziert. In den höchsten Gremien des Unternehmens war er ein vertrautes Gesicht. Ein Grund dafür, daß Goizueta Keough und die anderen Marketingleute aus dem Feld geschlagen hatte, lag darin, daß sie einen großen Teil ihrer Zeit mit dem Verkauf »auf der Straße« verbracht hatten, während er in Atlanta geblieben war, sich um Woodruff und seine Berater bemühte und so ihr Vertrauen erwarb.

Goizueta versuchte die Journalisten davor zu warnen, ihn fälschlicherweise als bloßen »Techniker« zu betrachten. Seine Mission sei strategischer Natur, sagte er. Er wollte sich mit der Inflation, der Rezession und den Wechselkursen beschäftigen, die Gewinne in den einzelnen Firmensparten nach oben peitschen, die Beziehungen zu den Abfüllern reibungslos gestalten, in neue profitable Produktlinien und Unternehmungen investieren und vor allem die Kursentwicklung verbessern. »Finanzen, Technik, Marketing und Teamgeist«, sagte er zu einem Besucher und machte eine weit ausholende Handbewegung, um den Umfang seiner Pflichten deutlich zu machen.

Nachdem im Anschluß an seine Wahl Gerüchte von den Spannungen im Direktionssaal Coca-Colas an die Presse gelangten, wurde Goizueta in einigen Artikeln als Kompromißwahl im Kampf zwischen Woodruff und Austin dargestellt. Er fühlte sich beleidigt durch die Vermutung, eventuell nur zweite Wahl gewesen zu sein oder die Marionette von irgend jemandem zu sein. »Ich bin immer sehr stolz darauf gewesen, mein eigener Herr zu sein«, sagte er. »Ich bin in diese

Position gelangt, weil ich mein eigener Herr bin, und ich gehe davon aus, daß ich auch von jetzt an mein eigener Herr bin.«

Aber das war er noch nicht, sein eigener Herr.

Als Woodruff zum erstenmal vorschlug, Luke Smith zum neuen Vorsitzenden des Direktoriums zu machen, glaubten einige der anderen Direktoren, daß er scherzte. Bald wurde jedoch klar, daß Woodruff es ernst meinte. Er wollte Goizueta als Präsidenten, nicht aber als Vorsitzenden. In den zurückliegenden Jahren hatte Woodruff schon mehrmals bereits ausgeschiedene Manager − Nick Nicholson, Bill Robinson, Lee Talley − als Galionsfigur auf den Stuhl des Vorsitzenden zurückgeholt, um bei Sitzungen zu präsidieren, ohne wirklich Einfluß auf die Angelegenheiten des Unternehmens auszuüben.

Es schien, als wollte Woodruff seine alten Vorrechte weiterhin ausüben und die wichtigen Entscheidungen der Firma absegnen. Sein wiedererwachter Wunsch, sich zu engagieren, alarmierte seine engsten Partner. Insbesondere John Sibley glaubte, daß es bei der Ernennung Goizuetas zum Präsidenten einzig und allein darum gehen konnte, ihn auch so schnell wie möglich zum Vorsitzenden zu befördern und ihm die ganze Macht zu übertragen.

Sibley hatte erkannt, daß die Situation ein fortgesetztes Manövrieren und Drängeln unter den Angehörigen des Direktoriums und des oberen Managements zur Folge haben würde. Er sprach sich deshalb deutlich dafür aus, Goizueta zum Vorsitzenden zu designieren, und beeinflußte die Führungskräfte der Trust Company dahingehend, dies zu bekräftigen, indem sie Goizueta in ihr Direktorium wählten.

Goizueta hatte begriffen, daß er noch nicht am Ziel war, und setzte seine persönlichen Bemühungen fort, Woodruffs Zustimmung zu gewinnen. Er überhäufte den alten Mann mit Aufmerksamkeiten, ja, er schickte ihm sogar gelegentlich ein Gedicht. Goizueta bemühte sich auch um die Unterstützung der Abfüller und machte ihren Frauen Geschenke in Form von Porzellandosen.

Am 9. Juli 1980 löste sich das Problem mit abrupter Endgültigkeit, als Luke Smith im Alter von einundsechzig Jahren an einem Herzanfall starb. Der Verlust schien Woodruff zu knicken. Schnell fügte er sich der Entscheidung, Goizueta zum Vorsitzenden und zum Geschäftsführer zu befördern. Das Direktorium wahrte die Etikette und gestattete Austin, seine Titel bis zum Ablauf des Jahres zu behalten, aber de facto war seine Karriere beendet. Die Coca-Cola Company gab Goizuetas Thronbesteigung mit großem Tamtam bekannt. Es gab keine Zweifel mehr: Er war der neue Boß.

Der Nebel der Verwirrung, der über der Firma hing, begann sich aufzulösen. Zur selben Zeit, als er Goizueta seinen Segen zur Berufung als Coca-Colas neuem Mann gab, erklärte sich Woodruff auch zur Liquidierung von Coca-Cola International bereit, der alten Holdinggesellschaft, die ihm (und vorher seinem Vater) die Kontrolle über das Geschäft verliehen hatte. Coca-Cola International besaß noch immer fünfzehn Prozent der Coca-Cola-Aktien, und ihre Auflösung war ein Zeichen dafür, daß Woodruff alle weiteren Absichten aufgegeben hatte, eine Ein-Mann-Herrschaft auszuüben.

Jetzt erst sollte Goizueta sein eigener Herr werden. Es war ein kleiner Schritt mit großer Bedeutung, als das Direktorium Goizueta in den Finanzausschuß wählte — ohne Woodruff vorher zu fragen.

Mit perfekter Höflichkeit bedankte sich Goizueta bei Woodruff dafür, daß er ihm die Möglichkeit gegeben hatte, das Unternehmen zu führen. Dann machte er sich eilig daran, seine Stellung abzusichern und auszubauen.

Als erstes beschloß er, Woodruffs Abneigung gegen Kreditaufnahmen zu überwinden. Die Coca-Cola-Abfüllgesellschaft in New York, ein unabhängiges Unternehmen, lief wie die meisten Abfüllbetriebe Gefahr, von einem Aufkäufer »gemolken« zu werden, der um kurzfristiger Profite willen die Preise erhöhen und den Werbeetat zusammenstreichen würde, ohne die langfristigen Konsequenzen zu beachten. Goizueta wollte eine Mehrheitsbeteiligung an dem Unternehmen erwerben und diese an befreundete Eigentümer weiterverkaufen. Um dies tun zu können, mußte er mehr als zweihundert Millionen Dollar Kredit aufnehmen.

Bestimmt und geduldig unterbreitete Goizueta Woodruff seinen Plan und erklärte ihm, daß es sinnvoll sei, so lange Zinsen zu zahlen, weil der Ertrag aus der Investition höher wäre. Zu Goizuetas Überraschung erkannte Woodruff den springenden Punkt und gab seine Zustimmung. Das Geschäft ging im Dezember 1980 über die Bühne, noch bevor Goizueta seinen neuen Posten offiziell angetreten hatte.

In anschließenden Interviews begann Goizueta mit kräftigerer Stimme zu sprechen. »Es ist der Fluch des Technikers«, erzählte er der Financial Times, »daß der Bursche, der die Lokomotive fährt, und der Bursche, der sie entwirft, beide Techniker genannt werden.« Er hatte mehr im Sinn, schien er sagen zu wollen, als die Coca-Cola Company so zu belassen, wie sie war. Er plante auch, sie umzugestalten. Für den Fall, daß jemand den springenden Punkt nicht mitbekommen hatte, setzte er nach: »Wir werden Risiken eingehen. Was immer gewesen ist, muß nicht notwendigerweise immer so bleiben.«

12

New Coke

Bei seinem ersten Besuch in Ichauway verbrachte Roberto Goizueta seinen ersten Nachmittag auf dem Schießplatz und machte Zielübungen auf Cokedosen. Am nächsten Morgen ging er, passend gekleidet, auf die Wachteljagd und brachte tatsächlich ein paar Vögel in seiner Jagdtasche mit zurück.

Auch geschäftlich lernte er schnell. Als Goizueta sich auf das Kommando bei der Coca-Cola Company vorbereitete, führte er die sogenannte »Spanische Inquisition« durch, eine zweiwöchige Befragung der Topmanager aus allen Bereichen des Unternehmens.

Als Paul Austins letzter Monat als Vorsitzender Ende Februar 1981 auslief, war Goizueta bereit, die Herrschaft anzutreten. Er gab bei mehreren externen Beratern Studien in Auftrag, die allesamt die Erkenntnisse bestätigten, zu denen er bereits selbst gelangt war – daß Coca-Colas Manager durch Ziellosigkeit gelähmt, daß die Arbeitsprozesse und die Finanzpolitik überholt, in einigen Fällen nahezu mittelalterlich waren.

Goizueta beeilte sich, sein eigenes Managementteam zusammenzustellen. Ein Jahr zuvor, bei Drinks an der Bar des St.-Regis-Hotel in New York, waren er und Don Keough übereingekommen, daß, wenn einer von ihnen auf den Spitzenplatz rückte, der andere als sein zweiter Mann fungieren würde. Goizueta hielt sich an seinen Teil der Vereinbarung und holte vom Direktorium die Zustimmung dafür ein, Keough die Posten des Präsidenten und des Chefbevollmächtigten anbieten zu können. Keough akzeptierte, aber nicht, ohne die Angelegenheit vorher gründlich zu überdenken.

Mehrere Jahre später, als er kurz vor seiner Pensionierung über die Nachfolge nachsann, sagte Keough, daß die Entscheidung, Goizueta als Vorsitzenden auszuwählen, »absolut korrekt« gewesen sei. Wenn

er damals nicht so dachte, wenn er es übelnahm, nur Zweiter geworden zu sein, so erkannte er nichtsdestoweniger sehr wohl, wie sich
seine und Goizuetas Talente miteinander verbinden ließen, so daß sie
beide davon profitieren konnten. Das Angebot machte ihn fast zum
Partner von Goizueta, und er nahm es an.

Wenn man sich die beiden Männer ansah, war es leicht, die
Unterschiede zu erkennen: Goizueta mit seinem dunklen guten Aussehen und der hochgewachsenen, schlanken Gestalt, seinen maßgeschneiderten Anzügen, anspruchsvollen Gewohnheiten und dem spa-
nischen Akzent; Keough mit seiner offenen, fröhlichen Art, dem
Doppelkinn und der nasalen Tonart des amerikanischen Mittelwe-
stens. Auch ihre Persönlichkeiten waren unterschiedlich. Anläßlich
einer ihrer frühen Gemeinschaftsaktionen, bei der sie die Besitztümer
des Unternehmens inspizierten, verbrachten sie einen Tag in Lebanon
im Staate Pennsylvania und beobachteten in einer Fabrik von Aqua-
Chem, der Tochterfirma, auf deren Kauf Paul Austin damals bestanden hatte, die Montage von Dampfkesseln. Goizueta war fasziniert
von dem Fabrikationsprozeß und der Qualität der Technik, während
Keough ein Gähnen nicht unterdrücken konnte und die ganze Sache
entsetzlich langweilig fand. Aber sie hatten keinerlei Meinungsverschiedenheiten im Hinblick auf das, was mit der Fabrik zu tun war. Sie
brachte nicht genug Geld ein, und die beiden waren sich schnell einig,
daß sie verkauft werden mußte. Aqua-Chem stellte auch Entsalzungs-
anlagen her, deren Zweck − die Aufbereitung von Frischwasser zur
Abfüllung in Wüstenländern − angesichts des arabischen Boykotts
von Coca-Cola wenig Sinn machte.

Ließ man ihre Unterschiede außer acht, dann waren beide Männer
engagiert, ungeduldig und absolut ergebnisorientiert. Und so bildeten
sie ein Team und waren entschlossen, die Firma auseinanderzuneh-
men und von Grund auf neu aufzubauen.

In den Austin-Jahren hatte die Coca-Cola-Company eine Menge
Unternehmen erworben, darunter inländische Krabbenfarmen, eine
Kaffeemarke und mehrere Fabriken, die Plastikstrohhalme, Haus-
haltstücher und Teppichshampoo herstellten. Diese Unternehmen
nahmen Zeit und Energie in Anspruch, die für den Verkauf von Soft
Drinks dringender benötigt wurden. Wenige der Nebenbetriebe
brachten wirklich Geld ein, und Goizueta ließ verlauten, daß sie alle
zum Verkauf anstünden.

Goizueta stellte fest, daß in vielen Ländern Vorräte lagerten, die
für mehr als ein Jahr ausreichten − Flaschenverschlüsse, Ingredienzen
und andere Artikel. In den letzten zwanzig Jahren war es jedoch zu

keiner einzigen größeren Lieferungsverzögerung gekommen, die eine derartig organisierte Lagerhaltung rechtfertigen würde. Die Aufrechterhaltung der riesigen Lagerbestände kostete unterdessen 22 Millionen Dollar pro Tag.

In den Vereinigten Staaten war das Abfüllsystem veraltet. Es stammte noch aus der Zeit, in der Verkaufsfahrer mit ihren Lieferwagen von einem kleinen Krämerladen zum nächsten zogen, mit den Besitzern plauderten, Bestellungen aufschrieben und Cokekästen per Hand abluden. Jetzt waren die großen Verkaufsstellen Supermarktketten, deren Manager unmittelbar mit der Zentrale in Atlanta über Millionenbestellungen verhandelten.

Die FTC-Attacke gegen Exklusivlizenzen hatte die Abfüller seit fast einem Jahrzehnt gelähmt und es uninteressant für sie gemacht, ihre Territorien zu konsolidieren oder in die Modernisierung ihrer Anlagen zu investieren. Erst im Sommer 1980, als der Kongreß einer Sonderregelung zustimmte, durch die die Soft-Drink-Industrie von den Anti-Trust-Gesetzen ausgenommen wurde, war endlich der Weg frei für eine weitreichende Umstrukturierung.

Doch es gab noch andere Herausforderungen im Überfluß. Die Verkaufszahlen aus dem Ausland trafen oft erst nach Wochen in Atlanta ein, wodurch alle Hoffnungen, sich gegen Wechselkursschwankungen schützen zu können, zunichte gemacht wurden. Das Direktorium wurde wegen der zunehmenden Abhängigkeit von Auslandseinkünften nervös und verlangte, daß sich Goizueta auf eine Steigerung der inländischen Einnahmen konzentrierte. Demographen in den Vereinigten Staaten machten jedoch düstere Voraussagen, nach denen der Soft-Drink-Verbrauch in den kommenden Jahren wegen der Bevölkerungsentwicklung zurückgehen würde.

Nicht einmal die offensichtlichen Erfolge blieben von gründlicher Durchleuchtung und scharfer Kritik verschont. 1979 hatte McCann-Erickson eins der populärsten TV-Commercials aller Zeiten produziert. Zwei Jahre später beschloß das neue Managementteam, die laufende Werbekampagne komplett abzusetzen, weil sie insgesamt eine zu schwache Reaktion auf die Pepsi-Herausforderung darstellte.

Eine alarmierende Statistik heizte die Krisenstimmung zusätzlich an: Während der letzten anderthalb Jahrzehnte hatte Coca-Colas Marktanteil stagniert, während der Pepsis gestiegen war. In Supermärkten, wo die Käufer wählen konnten, hatte Pepsi Coke als bevorzugte Cola den Rang abgelaufen. Nur durch die höhere Verfügbarkeit in Automaten und Fast-Food-Restaurants (angeführt von McDonald's) konnte Coca-Cola insgesamt den ersten Platz halten.

Am 28. März 1981, gerade einmal vier Wochen, nachdem er Vorsitzender des Direktoriums geworden war, bestellte Goizueta fünfzig Topmanager der Firma in ein Hotel in Palm Springs, Kalifornien, wo er sie davon überzeugen wollte, daß die Zeit für radikale Veränderungen gekommen war, die längst überfällig erschienen. Wie Woodruff fühlte er sich unbehaglich, wenn er Reden halten mußte. Er tendierte dazu, sich hinter Schlagworten zu verstecken.

Erst als Goizueta begann, die »heiligen Kühe« der Coca-Cola-Company zu schlachten, spitzten seine Zuhörer die Ohren und begriffen, wie leidenschaftlich er hinter dem stand, was er da sagte. Er ging zurück bis in die fünfziger Jahre, als sich Coca-Cola stur geweigert hatte, den Verbrauchern eine größere Flasche anzubieten, und schwor, daß niemals wieder feste Regeln oder Gebote die Coca-Cola Company in Fesseln legen würden. Es würde keine Tabus mehr geben. Zur Bekräftigung, vielleicht auch um des Schockwerts willen, sagte er, daß er sogar bereit sei, Coca-Colas geheime Formel zu ändern.

Bei einer der ersten Konferenzen mit Woodruff, erinnerte sich Goizueta, sprach jemand die Frage an, ob man für die Herstellung von Coca-Cola nicht synthetisches Koffein verwenden könne, um Geld zu sparen. »Wir haben nur eine Formel«, erwiderte Woodruff unbeugsam und würgte das Thema ab.

Goizueta teilte die unnachgiebige Treue des alten Mannes nicht. Er empfand überhaupt keine Ehrfurcht vor der Formel. Sie auswendig lernen zu dürfen, hatte ihn nicht sonderlich beeindruckt. Als Chemiker, der im Labor ausgebildet worden war, ging Goizueta das Geschäft der Soft-Drink-Herstellung mit einer praktisch orientierten Einstellung an, mit einer beinahe klinischen Unbeteiligtheit. Wenn er den Sirup verbessern oder die Kosten seiner Herstellung senken konnte, würde ihn kein Anflug von Sentimentalität davon abhalten.

Als er zum Vorsitzenden aufstieg, hatte Goizueta die technische Abteilung der Firma sieben Jahre lang geleitet. Er hatte sich bereits durchgesetzt, als es darum ging, die Hälfte des Rohrzuckers in Coca-Cola durch einen neuen, billigeren Fructosesirup zu ersetzen − eine Maßnahme, die der Firma jährlich mehr als hundert Millionen Dollar ersparte. Als Woodruff sich über diese Änderung aufregte, sicherte sich Goizueta John Sibley als Verbündeten, der Woodruff daran erinnerte, daß sie auch in der Vergangenheit schon andere Süßmacher verwendet hatten, wenn es die Umstände verlangten, nicht zuletzt Rübenzucker während des Zweiten Weltkriegs.

Jetzt gab Goizueta grünes Licht für ein weitaus dramatischeres Wagnis. 1975 hatten Unternehmensmitarbeiter unter dem Kodenamen »Projekt Dreieck« begonnen, mit einer neuen Diätcola zu experimentieren, um Tab zu ersetzen. Obwohl es seit seiner Einführung im Jahre 1963 gut gelaufen war und auf dem Diätmarkt ständig in Führung gelegen hatte, besaß Tab einen fatalen Makel – seinen Namen. Wegen juristischer Bedenken hatte damals niemand gewagt, das Getränk Diät-Coke oder Diät-Coca-Cola zu taufen. Da es kein Koffein und keinen Kolaextrakt enthielt, hatte die Rechtsabteilung tatsächlich sogar Angst, es überhaupt als Cola zu bezeichnen.

Goizueta, Keough und ihre Mitarbeiter waren der festen Überzeugung, daß ein Diätgetränk, in dem der Name Coke vorkam, in kürzester Zeit automatisch einen sehr hohen Marktanteil erringen würde – eine Ansicht, die durch einen Verbrauchertest untermauert wurde.

Bereits im Frühjahr 1980 war die Coca-Cola-Company soweit gewesen, Diät-Coke auf den Markt zu bringen, als Austin plötzlich kalte Füße bekam. Keough, der sich zu der Zeit in Buenos Aires aufhielt, bekam ohne ein Wort der Erklärung ein Telex aus Atlanta, dem er entnahm, daß das Projekt gestorben war. Vielleicht, spekulierte er, war Austin ganz einfach den Mühen, ein neues Produkt einführen zu müssen, nicht gewachsen.

Goizueta gedachte, die Entscheidung rückgängig zu machen. Er hoffte, Woodruff davon überzeugen zu können, daß die Einführung von Diät-Cola eine gute Idee war. Die beiden hatten begonnen, Scherze darüber zu machen, wer die Macht im Unternehmen denn nun wirklich hatte. »Sie sind der Boß«, pflegte Woodruff zu sagen, und Goizueta antwortete dann, daß dies nicht stimme, weil er nur der Vorsitzende sei. »Der Boß«, sagte er zu Woodruff, »ist derjenige, der den Vorsitzenden ernennt.«

In Wirklichkeit hatte Goizueta, wie Woodruff erkannte, schnell das Kommando übernommen und war dabei, das alte Regime zu beseitigen. Die Achtzigjährigen im Direktorium mußten pensioniert werden, schon allein, um sich Peinlichkeiten in der Wall Street zu ersparen. Nachdem Goizueta mit Woodruff und einigen anderen älteren Mitgliedern eine letzte dreijährige Amtsperiode vereinbart hatte, ließ er vom Direktorium eine neue Satzung verabschieden, die die Wiederernennung von Direktoren nach ihrem einundsiebzigsten Lebensjahr verhinderte.

Woodruff wurde jeden Tag gebrechlicher und schied im Frühjahr 1981 aus dem Finanzausschuß aus. Abgesehen von seltenen Anlässen kam er nicht mehr ins Büro. Goizueta war jedoch weiterhin um seine Unterstützung bemüht. Fast jeden Tag pilgerte er zu Woodruffs Haus, besuchte ihn in seinem Wohnzimmer und informierte ihn über die geschäftlichen Angelegenheiten. Woodruff war sein »größter Verbündeter«, sagte er Jahre später, und er hatte bis zum Schluß das Bedürfnis, dem alten Mann zu gefallen und seine Zustimmung zu gewinnen.

Das Betriebsklima begann sich mit zunehmendem Tempo zu verändern, als alte Geschäftspraktiken geändert wurden. John Hunter, einer der intelligentesten Außendienstleute der Firma, kam von den Philippinen nach Atlanta und beklagte die schwachen Leistungen der dortigen unabhängigen Coca-Cola-Abfüllgesellschaft San Miguel Breweries, deren Eigentümer weitaus mehr daran interessiert waren, Bier statt Coke zu verkaufen. Hunter schlug vor, für dreißig Millionen Dollar einen dreißigprozentigen Anteil an San Miguel zu erwerben, um ein Joint-venture aufzuziehen. Der knauserige Fill Eisenberg zeigte sich geschockt. »Dreißig Millionen auf den Philippinen!« stieß er hervor. »Ausgerechnet da!« Aber Goizueta schnitt ihm das Wort ab. »Ja«, sagte er mit fester Stimme, »auf den Philippinen.«

Es war langjährige Unternehmenspolitik gewesen, Investitionen in Abfüllbetriebe, im Ausland oder zu Hause, zu vermeiden, aber Goizueta und Keough waren der Überzeugung, daß diese Strategie falsch war. Ohne Zeit zu verlieren, wurden kränkelnde Lizenzfirmen gekauft, und Coca-Cola nutzte seinen Einfluß, um die Produktion anzukurbeln und die Marktanteile zu vergrößern.

Im Frühsommer 1981 starb John Collings, der Finanzchef des Unternehmens, an einem Herzanfall und wurde durch seinen Stellvertreter, den in Ägypten geborenen Zahlenjongleur Sam Ayoub, ersetzt. Ayoub teilte Goizuetas persönliche Zuneigung zu Woodruff – und auch Goizuetas Glauben, daß Woodruff bewegt werden konnte, seine Unterstützung nahezu allem zu gewähren, solange es Sinn ergab und sorgfältig erklärt wurde. In der Vergangenheit waren Austin und Eisenberg oft im Beisein Woodruffs aneinandergeraten: Austin verfolgte neue Ziele, Eisenberg blockierte ihn. Jetzt hatten Goizueta und Ayoub diese Positionen inne, und sie gingen ganz anders an die Dinge heran. Sie kooperierten.

Als der Kreditbedarf der Firma stieg, bemühte sich Ayoub, Woodruff zu versichern, daß die Erträge der Investitionen die Zinszahlungen übersteigen würden. Als Woodruff seine Zustimmung gab, erinnerte sich Ayoub, »waren alle überrascht. Aber alles, was er wissen wollte, war, was werdet ihr mit dem Geld machen und wie werdet ihr es machen?«

Innerhalb eines Jahres pumpte die Firma mehr als eine halbe Milliarde Dollar in Abfüllbetriebe. Im Herbst 1981 hatten Goizueta, Keough und Ayoub eine angenehme Arbeitsbeziehung entwickelt. Ayoub arbeitete besonders effektiv. Er beendete Eisenbergs Schweigejahre, zog die Jalousien hoch und sprach freimütig über die finanziellen Herausforderungen, insbesondere über ihre Probleme, Auslandsgewinne in einer Zeit zu realisieren, in der fremde Währungen gegenüber dem Dollar an Wert einbüßten.

Wie beabsichtigt, erregte die Präsentation des neuen Triumvirats die Aufmerksamkeit der Finanzwelt. »Neue Topmanager erschüttern alte Ordnung bei Soft-Drink-Giganten«, verkündete eine Schlagzeile im Wall-Street-Journal. In dem zugehörigen Artikel wurde gesagt, daß Austins ernster, menschenferner Stil nun einem jugendlichen Enthusiasmus gewichen sei.

Solange er darauf achtete, überzeugende Argumente zu formulieren, konnte Goizueta darauf bauen, Woodruffs Segen für praktisch alle neuen Ideen zu erhalten, die ihm vorschwebten. Der Trick bestand einfach darin, Logik anzuwenden und sie in Begriffen zu verpacken, die Woodruff vertraut waren. Begierig darauf, grünes Licht für das Diät-Cola-Projekt zu erhalten, ging Goizueta beispielsweise mit einem Stapel Statistiken zu Woodruff, die das stetige, anhaltende Wachsen der Nachfrage nach Diätgetränken belegten. »Mr. Woodruff«, sagte er, »langsam, aber sicher verwandelt sich Ihr Unternehmen – die Coca-Cola-Company – in die Tab Company.« Die einzige Möglichkeit, dies zu verhindern, sagte er, bestand darin, den Markennamen auf eine Diät-Cola zu setzen. Woodruff verstand und stimmte zu. Die Planungen liefen weiter.

In Sachen Werbung entschieden Goizueta und Keough, daß sie eine frische Botschaft haben wollten, etwas, das kurz, treffend und einprägsam war. Sie drängten Coca-Colas langjährige Agentur McCann-Erickson, John Bergin zu engagieren, den gefeierten Werbemann, der die »Pepsi Generation«-Anzeigen in den Sechzigern erfunden hatte. Bergin leitete die Entwicklung einer Kampagne – »Coke is it« –, die allen Kriterien entsprach. Wieder einmal jedoch hatte Goizueta Woodruffs Reaktion zu bedenken. Goizueta erklärte Woodruff, daß es darum ging, so wenige Wörter wie möglich zu verwenden, und Woodruff überraschte ihn, indem er seine Einwilligung gab.

Goizuetas Frau Olgita fand es fast unmöglich, zu glauben, daß Woodruff, der das Unternehmen und seine Manager seit fast einem halben Jahrhundert völlig dominiert hatte, freiwillig so viel von seiner Macht abgeben würde, und fürchtete irgendeinen Rückschlag.

Als ob sie diese Möglichkeit testen wollten, stürzten sich Goizueta und Keough auf ihr bisher kühnstes Nebengeschäft, das das Unternehmen völlig aus der Soft-Drink-Branche hinausführte. Sie beschlossen, ein Filmstudio zu kaufen.

Ihre Berater wählten Columbia Pictures aus, das einzige größere unabhängige Studio, das wahrscheinlich verfügbar war. Keough nahm im November 1981 bei einem privaten Abendessen im Club »21« in Manhattan erste Kontakte zu Columbias Vorsitzendem Herbert Allen auf.

Allen, der Nachkomme einer New Yorker Bankiersfamilie, hatte es mit dem Verkauf nicht besonders eilig. Acht Jahre zuvor hatte er zweieinhalb Millionen Dollar in das Studio gesteckt, als dieses in Schwierigkeiten war, aber jetzt ging es Columbia gut, aufgrund der Erfolge mit »Unheimliche Begegnung der dritten Art« und einer Reihe anderer Hits. Er hörte höflich zu, als Keough Coca-Colas Interesse am Erwerb Columbias bekundete, und sagte, daß er es sich überlegen würde. Aber er warnte davor, daß der Preis hoch sein würde. »Ihnen werden die Augen übergehen«, sagte er.

Die Verhandlungen kamen schnell in Gang. Bei der nächsten Besprechung, an der Goizueta und Ayoub teilnahmen, schilderten Allen und Francis »Fay« Vincent, Columbias Präsident, in leuchtenden Farben die finanzielle Gesundheit des Studios und verwiesen besonders auf die sprudelnden Einnahmen der Fernsehabteilung. Columbia produzierte sowohl TV-Serien als auch Filme, erklärte Allen, und die Lizenzgebühren für populäre Wiederaufführungen brachten einige Millionen Dollar pro Jahr ein. Das Filmarchiv mit rund 1800 Titeln war ein unschätzbarer Aktivposten.

Goizueta, der sich keine Mühe gab, seine Begierde zu verbergen, vereinbarte mit Allen, daß beide Seiten die Sache durchrechnen und sich dann innerhalb eines Monats wieder treffen sollten, um die Bedingungen des Geschäfts auszuhandeln. Zuerst jedoch mußte Goizueta das Direktorium Coca-Colas überzeugen. Alle seine Entscheidungen waren bisher widerspruchslos durchgegangen, teilweise weil er dafür gesorgt hatte, daß Woodruff ihn unterstützte. Der Kauf Columbias würde etwas anderes sein. Die Firma würde in eine schillernde neue Welt eintreten, die voll von potentiellen Kontroversen war − und das zu einem Preis, der wahrscheinlich alle bisherigen Unternehmungen in den Schatten stellte. Eine seiner größten Sorgen war, daß die Allen-Familie nach der Fusion mehr Coca-Cola-Aktien besitzen könnte als Woodruff, was den alten Mann sicherlich wütend und unglücklich machen würde.

Anfang Januar 1982 flog Goizueta mit Ayoub nach Ichauway, um Woodruff über die Transaktion ins Bild zu setzen. Es schmeichelte Ayoub gewaltig, daß sich Woodruff, nachdem Goizueta beim Frühstück eine halbe Stunde lang die Details des Geschäfts erklärt und seine Vorteile beschrieben hatte, mit seiner Zusage zurückhielt, bis er ein O.K. von seinem »Geldmann«, wie er Ayoub nannte, gehört hatte. Seine alte Gewohnheit, keinerlei Vorschläge hinter dem Rücken seines Finanzchefs abzuhandeln, hatte Woodruff beibehalten.

Über die Frage, wieviel Woodruff von dem Columbia-Geschäft begriff, gab es einige Diskussionen. Goizueta hatte den Eindruck, daß Woodruff in seiner Senilität und mit seinem Hörvermögen einem Mißverständnis unterlag und glaubte, daß Coca-Cola Columbia *Records* erwarb und somit eine Partnerschaft mit seinem alten Freund Sonny Werblin einging. Joe Jones jedoch, der das Geschäft in den nächsten Tagen immer wieder mit Woodruff durchsprach und sich bemühte, seine Zweifel zu zerstreuen – oft um zwei oder drei Uhr morgens, wenn Woodruff von Schlaflosigkeit geplagt wurde –, hatte das sichere Gefühl, daß sein Boß die Situation erfaßt hatte.

Wie auch immer, die Topmanager der beiden Unternehmen trafen sich am Sonntag, dem 17. Januar 1982, in Atlanta, und nach einigen Stunden angeregter Verhandlungen erklärte sich Goizueta bereit, Columbia für einen Preis von fünfundsiebzig Dollar pro Aktie zu erwerben – fast 750 Millionen Dollar in bar und in Coca-Cola-Aktien. Die Columbia-Aktie war in den vergangenen Wochen mit vierzig Dollar gehandelt worden, was bedeutete, daß Coca-Cola beinahe das Doppelte des Kurswerts zahlen mußte.

Als die Bedingungen der Fusion zwei Tage später bekanntgegeben wurden, übte die Wall Street heftige Kritik. Goizueta glaubte, vielleicht etwas zuviel bezahlt zu haben, wenn auch nur, um den Handel schnell abzuschließen, bevor Konkurrenten eine Gelegenheit witterten, einen Preiskrieg anzuzetteln. Die Finanzwelt reagierte jedoch, als ob er, Keough und Ayoub grüne Jungs vom Land wären, denen man in der großen Stadt die Taschen geleert hatte. »Wir wurden gezüchtigt«, sagte Keough später, noch immer beeindruckt von der Heftigkeit der Reaktion. Innerhalb einer Woche fiel die Coca-Cola-Aktie um fünf Dollar und büßte rund zehn Prozent ihres Kurswerts ein.

Die Aufregung hatte eine vorhersehbare Wirkung auf die Direktoren Coca-Colas. Bill Turner, der Enkel W. C. Bradleys, betrachtete das Filmemachen als verdorbenes Geschäft und erhob Einwände dagegen, daß sich die Coca-Cola-Company beim »Hausieren mit Schmutz, Sex und Gewalt« engagierte, wie er es in einem formellen

Brief an Goizueta ausdrückte. Andere erschütterte die Größenordnung des finanziellen Risikos. Woodruffs Bruder George, der dem starren Konservatismus seines Vaters in nichts nachstand, war alarmiert und löste wegen des Deals große Ressentiments bei den Führungskräften der Trust Company aus, der alten Familienbank, in der er noch immer ein Büro besaß (und wo er als früherer Direktor noch immer seinen Angestelltenausweis benutzte, um einen vierzigprozentigen Rabatt auf das Mittagessen in der Kantine zu bekommen). Wenn George Woodruff seinen Bruder dazu bringen konnte, mit ihm zusammen einen Aufstand der »lokalen« Coca-Cola-Direktoren zu entfesseln, mußte Goizueta die Möglichkeit eines Kampfes mit dem Direktorium einkalkulieren – eines Kampfes, den er vielleicht verlieren würde.

In den Tagen vor der nächsten turnusmäßigen Direktoriumssitzung war Robert Woodruff tief beunruhigt. Drei Nächte lang hintereinander schlich er in Ichauway umher, schlaflos und aufgeregt, wie sein Kammerdiener Cal Bailey berichtete, und beschwerte sich darüber, das er »nicht das geringste« über die Columbia-Transaktion wußte. Wie immer, erinnerte sich Joe Jones, war die Aussicht auf Veränderung unerhört beunruhigend für Woodruff. Ständig ließ er sich versichern, daß er der größte Coca-Cola-Aktionär bleiben würde (Goizueta hatte den Deal ganz bewußt so konstruiert). Woodruff konnte nicht mehr lesen, kaum noch hören und hatte Schwierigkeiten, sich auf ein Thema mehr als ein paar Minuten hintereinander zu konzentrieren.

Als die nächste Direktoriumssitzung stattfand, war Woodruff zu dem Entschluß gekommen, fest zu Goizueta zu stehen. Kurz nach Sitzungsbeginn stellte er den formellen Antrag, Columbia zu erwerben. Woodruffs Rolle war entscheidend. Das Direktorium billigte das Columbia-Geschäft einstimmig. Lediglich George Woodruff erhob einen Einwand und verlangte eine einjährige Verschiebung des Deals. Aber als der externe Finanzberater der Firma erwiderte, daß Warten die Kosten verdoppeln könnte, wurde der Vorschlag fallengelassen.

Für Goizueta war die Columbia-Fusion eine wichtige Entscheidung. In erster Linie zementierte sie seine Kontrolle über das Unternehmen. Woodruffs Geste diente als untrügliches Signal dafür, daß das neue Management darauf bauen konnte, freie Hand bei der Geschäftsführung zu haben. Es stellte sich später heraus, daß diese Direktoriumssitzung die letzte war, an der Woodruff teilnahm, und daß sein Antrag die letzte geschäftliche Aktion war, die er für die Coca-Cola-Company unternahm.

Die Reaktion auf das Geschäft überzeugte Goizueta davon, daß die Finanzgemeinde eine ausgeprägte Vorliebe für erbarmungslose Besserwisserei hatte, ohne sich die Mühe zu geben, den Beteiligten den Grundsatz in dubio pro reo einzuräumen. Fast zwei Jahre lang hatte er sich um den guten Willen der Wirtschaftsjournalisten und Finanzanalysten in der Wall Street bemüht, nur um gleich beim ersten Versuch, einen Schritt über die engen Grenzen der Soft-Drink-Branche hinaus zu machen, in der Luft zerrissen zu werden. Diese Erfahrung hinterließ einen nachhaltigen Eindruck. Noch Jahre später war Goizueta nicht imstande, die Verachtung aus seiner Stimme zu nehmen, wenn er über die Medien sprach.

Viele Beobachter glaubten, daß die Coca-Cola-Manager das kurze Streichholz gezogen hätten, weil sie das in Hollywood und New York praktizierte Hauen und Stechen nicht gewohnt waren. Ein Artikel beschrieb die sonntägliche Verhandlung: Goizueta, Keough und Ayoub verließen nach der Anhörung von Herb Allens erstem Angebot den Raum, steckten die Köpfe zusammen, um ihre Antwort abzusprechen, und kehrten dann zurück, um ein Gegenangebot abzugeben. Als Ayoub seinen Aktenkoffer öffnete, konnte Fay Vincent einen Blick hineinwerfen und sah einen Packen Briefumschläge, der darauf schließen ließ, daß sich die andere Seite darauf vorbereitet hatte, beim Bieten mehrere Runden zu überstehen. Als Ayoub einen Umschlag über den Tisch reichen wollte, errang Vincent einen wichtigen psychologischen Teilsieg, indem er sagte: »Vergessen Sie diesen, Sam, und nehmen Sie gleich den nächsten Umschlag.«

Die Pointe der Story war eindeutig. Goizueta räumte auch ein, daß sein Team beim Pokerspiel nicht soviel Routine besaß wie die Männer auf der anderen Seite des Tisches. In Wahrheit stellte sich jedoch heraus, daß das Columbia-Geschäft für beide Seiten gut war. Was Goizueta wütend machte, war das Beharren der Wall Street, daß jede Transaktion einen Sieger und einen Verlierer haben mußte. Die meisten von Coca-Colas vorangegangenen Feilschereien standen im Zusammenhang mit den eigenen Abfüllern − bittere Zusammenstöße des öfteren, aber Kämpfe, die im stillen ausgetragen und anschließend bereinigt wurden, ohne daß der Kopf irgendeines besiegten Feinds auf einer Stange durch die Gegend getragen werden mußte. Der verabscheuungswürdige Aspekt von Fay Vincents Verhalten bestand in Goizuetas Augen weniger darin, daß er durch cleveres Schachern den einen oder anderen Dollar mehr herausgeschlagen hatte. Verabscheuungswürdig war, daß er anderen Leuten später davon erzählt hatte.

Während der folgenden Monate konnte Goizueta mit großem Vergnügen zur Kenntnis nehmen, daß Columbia 1982 mit »Gandhi« und »Tootsie« nicht nur zwei von der Kritik gut aufgenommene Filme produziert, sondern auch zwei finanzielle Volltreffer gelandet hatte. Im ersten Jahr konnte die Coca-Cola Company einen Betriebsgewinn in Höhe von neunzig Millionen Dollar bei Columbia verzeichnen, mehr als die Wall Street – und Goizueta selbst – für möglich gehalten hatten.

Im Gegensatz zum Columbia-Geschäft zeigte sich niemand überrascht, daß »diet Coke« ein sofortiger, uneingeschränkter Erfolg wurde.

Im August 1982 mietete die Firma die Radio-City-Music-Hall, engagierte die Rockettes und stellte das neue Produkt mit einer Burleske aus Musik und Tanz vor. Die Verkäufe liefen vom ersten Tag an prächtig.

Mit Sicherheit war die *Idee* einer Diät-Coke populär. Nach jahrelangem Studieren des Verbraucherverhaltens hatte Coca-Colas Marktforschung zweifelsfrei ermittelt, daß die Leute eine Coca-Cola ohne Zucker haben wollten. In der Wall Street war man der Meinung, daß praktisch jede dunkelfarbige Flüssigkeit, die den Namen »diet Coke« trug, gut laufen mußte, ganz einfach wegen des Markennamens. Dementsprechend wurde das Wort Diät auch mit einem kleinen »d« geschrieben, um Coke stärker hervorzuheben.

Aber der nahezu vorbestimmte Sieg ließ die außerordentliche Mühe, die Goizueta und seine Chemiker in die Geschmacksperfektionierung von »diet Coke« investiert hatten, nicht erkennen.

Statt sich auf das traditionelle Verkaufsargument der Kalorienarmut zu stützen, stand in der Werbekampagne für »diet coke« dementsprechend der Qualitätsgedanke im Mittelpunkt. Der Werbeetat ging an McCanns innovative Schwesteragentur SSC&B/Lintas, die diesen Gedanken mit dem einprägsamen Slogan »Nur wegen seines Geschmacks, diet Coke!« perfekt trafen.

Ende 1983 war »diet Coke« nicht nur das führende zuckerfreie Getränk des Landes geworden, sondern auch der viertmeist verkaufte Soft Drink auf dem gesamten Markt, nur übertroffen von Coca-Cola, Pepsi und 7-Up – nach übereinstimmender Meinung das erfolgreichste neue Produkt in der Geschichte der Branche. »Wenn Sie hier herumgehen«, sagte Goizueta mehrere Jahre später und machte eine Armbewegung in Richtung der Büros oben im Coca-Cola-Hochhaus, »werden Sie mindestens zehn Leute finden, die sagen, daß »diet Coke« ihre Idee war.«

Von New Coke behauptete dies niemand.

Nachdem er sich Jahr um Jahr mit der Frage herumgeschlagen hatte, in Gesprächsrunden und nach Reden, in Interviews und bei Unterhaltungen mit Freunden, fiel Don Keough schließlich die ideale Erklärung für seine Rolle bei der Entwicklung von New Coke ein: »Ich war zu der Zeit in Urlaub.«

Die Geschichte der New Coke hatte ihren Anfang genommen mit der »Pepsi-Herausforderung« im Jahr 1975. Als Pepsi behauptete, bei den Geschmackstests Coke gegen Pepsi siegreich zu sein, beeilten sich Coca-Cola-Leute in einer Stadt nach der anderen, eigene Tests durchzuführen. Die Ergebnisse erwiesen sich als große Enttäuschung. Coca-Cola konnte seine Überlegenheit nicht beweisen. In mehreren Fällen verlor Coke. Die Zahlen wurden unter Verschluß gehalten, aber es sprach sich schnell unter den Angehörigen der Coca-Cola-Familie herum, daß das Produkt ein Geschmacksproblem hatte.

Das Resultat der Herausforderung spiegelte die Exzentrizitäten der Branche wider. Pepsis Umsätze stiegen leicht, aber nicht auf Kosten Coca-Colas. Manche Verbraucher, bewegt von dem Eindruck, daß Pepsi mit Coca-Cola gleichgezogen hatte, wechselten von *anderen* Colas zu Pepsi.

Obwohl sie in der Öffentlichkeit die gewohnte Fassade präsentierten, wurden die Männer im Coca-Cola-Hochhaus immer besorgter. Sie konnten Pepsis Zugewinne kaum ignorieren, so schwer es auch sein mochte, die Gründe genau zu bestimmen. Nackte Tatsache war auch, daß Cokes Marktanteil seit mehreren Dekaden schrumpfte, von 60 Prozent kurz nach dem Zweiten Weltkrieg auf weniger als 24 Prozent im Jahr 1983. Der Hauptgrund dafür war »Segmentation«, das üppige Wachstum von Diätgetränken, Zitruslimonaden, koffeinfreien Colas und anderen neuen Drinks, die den Soft-Drink-Markt überfluteten und Kunden von Zuckercolas wie Coke und Pepsi weglockten. Die Coca-Cola Company vermarktete viele dieser neuen Produkte natürlich selbst, profitierte also auch von diesem Trend.

Der Chef von Coca-Cola USA, ein energischer Argentinier namens Brian Dyson – einer von Keoughs Protegés –, war überzeugt davon, daß sich der Geschmack der Verbraucher im Lauf der Jahre verändert hatte, und er glaubte, sie wären auf Pepsis süßeren, milderen Geschmack umgeschwenkt. Sein Alptraum war, daß Pepsi Coke einholen und überholen würde, während er das Kommando führte. »Ich werde nicht auf meinem Hintern sitzen und mir das ansehen«, sagte er zu einem Journalisten.

Goizueta empfand ebenfalls eine »totale Enttäuschung«, wie er es ausdrückte, »weil wir, nachdem alles getan war, weiterhin Marktanteile verloren«. Schon 1979, eine ganze Weile vor Übernahme der Spitzenstellung innerhalb des Unternehmens, wies Goizueta seine technische Abteilung an, Experimente mit der geheimen Formel anzustellen und nach einem neuen Geschmack Ausschau zu halten, der Pepsi bei den Blindtests schlagen würde. Zu der Zeit befand er sich noch nicht in der Position, das Sakrileg einer Formeländerung begehen zu können, aber vier Jahre später sahen die Dinge anders aus.

Im Jahr 1983 gab Goizueta Dyson die offizielle Genehmigung, ein Projekt anzugehen, das dem Ziel diente, eine neue Formel für Coca-Cola zu finden. Dyson wiederum übertrug die Verantwortlichkeit für die Tagesarbeit an Sergio Zyman, einen gebürtigen Mexikaner und früheren Pepsi-Manager, der bei Coca-Cola USA eingetreten und schnell zum Marketingleiter aufgestiegen war. Zyman zehrte noch von seiner hochgelobten Arbeit, mit der er beim Start von »diet Coke« beteiligt gewesen war, und stürzte sich enthusiastisch in die Aufgabe.

Dyson paßte ebenfalls perfekt zu dem neuen, aggressiven Managementstil der Firma. Als Fitneßfreak, der sich an Triathlons beteiligte, liebte Dyson den Wettkampf, sowohl intellektuell als auch körperlich, und er übernahm eine Führungsrolle beim Durchsetzen von vielen Veränderungen. Auf Keoughs Wunsch war er 1978 aus Südamerika nach Atlanta gekommen, um mitzuhelfen, die Abfüller zum Unterschreiben der geänderten Verträge zu drängen, eine Aufgabe, die er mit Hartnäckigkeit erledigte. Seine Einstellung gegenüber Pepsi grenzte an Blutdürstigkeit. »Wir glauben an zwei Augen um ein Auge und zwei Zähne um einen Zahn«, schwor er einmal mit verquerem biblischen Zorn, »und wenn uns unser Konkurrent ins Gesicht schlägt, werden wir den Teufel aus ihm herausprügeln.«

Als er beauftragt wurde, die Entwicklung einer neuen Formel zu leiten, wählte Zyman für die Operation den Namen »Projekt Kansas«, als wollte er die Heiligkeit der Coca-Cola-Traditionen verspotten. Er bezog sich auf William Allen White, den Redakteur aus Kansas, der Coca-Cola in seinem Brief in den Dreißigern als eine »sublimierte Essenz von allem, für das Amerika steht, eine ehrliche Sache, die anständig hergestellt, weltweit vertrieben und im Laufe der Jahre bewußt immer weiter verbessert wird« mit Lob überschüttet hatte.

Zyman bezog sich auf eine Schrift, die zu einem Symbol der

dauerhaften Tugenden Coca-Colas geworden war – und das, als er sich daran machte, die geheime Formel zu ändern.

Trotz ihrer Ungeduld und ihres Tatendrangs gingen Goizueta und sein Team mit überraschender Vorsicht vor, als das Projekt Kansas in Angriff genommen wurde. Bevor sie die alte Coke ablösen konnten, mußten sie zuerst einen wirklich überlegenen Ersatz finden, und die Suche danach erwies sich als schwieriger als erwartet.

Die Chemiker in der technischen Abteilung hatten vier Jahre lang immer wieder an der Formel herumgebastelt und Variationen des vertrauten Colageschmacks zusammengebraut, aber bisher hatte nichts Pepsi schlagen können. Roy Stout, der Marktforschungsleiter, erhielt ständig Proben, die er pflichtbewußt an Verbrauchergruppen zum Blindtest weitergab. Das beste Resultat war ein Unentschieden gewesen.

Die Suche nach einer neuen Coca-Cola-Formel ging weiter. Inzwischen war die Frage überall innerhalb des Unternehmens zu einer Cause celebre geworden. Wenn ein Abfüller Absatzschwierigkeiten hatte, sagte er: »Wir haben dieses Geschmacksproblem.« Diejenigen, die sich für eine Veränderung der Formel aussprachen, wurden immer mehr, darunter Abfüller der ersten Stunde, Männer und Frauen, deren Familien das Produkt seit fast einem Jahrhundert verkauft hatten.

Während die Techniker im Labor arbeiteten, hatten die Marktforscher ein äußerst diffiziles Problem: Was sollte mit der neuen verbesserten Formel getan werden, wenn sie schließlich zur Verfügung stand? Im Gegensatz zu »diet Coke«, das jedem die neue Idee, die sich dahinter verbarg, offenbarte, hatte »New Coke« einen fremdartigen Klang. Wenn Coca-Cola doch ein ideales Produkt war, wie das Unternehmen seit so vielen Jahren behauptet hatte, dann schien eine »neue und verbesserte« Version ein Widerspruch in sich selbst zu sein. Sollte man die Formel einfach ohne großes Tamtam ändern? Was war, wenn die Verbraucher den Unterschied bemerkten? Was war, wenn sie es *nicht* taten? Wie war es mit dem Verkauf von zwei Versionen, Coke Eins und Coke Zwei? Was würde man mit dem Markennamen machen?

Zu ihrer Ehrenrettung muß gesagt werden, daß die Leiter des Projekts Kansas sich die allergrößte Mühe gaben, alle Implikationen des Problems zu berücksichtigen. Sie versuchten, durch Hunderte von Tests und Befragungen die wahrscheinliche Reaktion der Kundschaft auf die Idee einer Geschmacksänderung bei Coca-Cola zu ermessen.

Es war ihnen im vorhinein klar, daß viele lebenslange Coca-Cola-Trinker zögern würden, eine Änderung zu akzeptieren, selbst wenn es eine Verbesserung sein sollte. Aber sie verfügten über keine geeignete Methode, um die Tiefe und Tragweite dieses Zögerns auszuloten. Sie konnten es sich nicht erlauben, den Kunden zu viele direkte Fragen zu stellen, ohne ihre Mission zu verraten – und die Geheimhaltung hatte erste Priorität.

Ende 1983 bezeichnete Dun's Business Month Coca-Cola als eine der fünf am besten gemanagten Firmen im ganzen Land. Columbias Einnahmen wiesen eine jährliche Wachstumsrate von dreißig Prozent auf. Goizueta verkaufte mehrere der weniger profitablen Tochtergesellschaften, darunter Aqua-Chem, eine Kaffeemarke und Wine Spectrum. Edgar Bronfman von Seagram's fragte telefonisch bei Goizueta an, ob er die erlesene Weinfirma kaufen könnte. »Ich mußte mich hinsetzen, weil ich nicht glaubte, daß sie irgend jemand haben wollte . . . Ich sagte zu mir selbst: ›Mann, das ist mein Glückstag!‹« Die Betriebsgewinne des nächsten Jahres, kalkulierte Goizueta, mochten zum ersten Mal eine Milliarde Dollar übersteigen.

Man hätte Goizueta ein bißchen Schadenfreude nachsehen können, nachdem er es seinen Zweiflern in der Wall Street gezeigt hatte, aber irgendeine Fügung hielt ihn davon ab. In einem sehr schmeichelhaften Artikel über ihn in der The New York Times gab er 1984 eine Warnung von sich: »Es gibt eine Gefahr, wenn eine Firma so gut arbeitet wie wir«, sagte er, »und die besteht darin, daß man denkt, man kann sich nicht irren. Ich sage der Organisation immer wieder: ›Wir können uns irren, wir können uns sogar gewaltig irren.‹«

Genau so kam es!

Die Chemiker der Coca-Cola-Company versuchten, die traditionelle Herstellungsmethode von Diät-Getränken umzukehren. Sie ersetzten den künstlichen Süßmacher in »diet Coke« durch Zucker in der Form von Fructosesirup, und nach einem Jahr des Experimentierens glaubten sie, eine neue Formel für Coca-Cola perfektioniert zu haben, die Pepsi bei Geschmackstests schlagen würde. Wie bei »diet Coke« bestand die auffälligste Änderung bei der neuen Formel in ihrem milderen Geschmack, herbeigeführt durch eine mengenmäßige Reduzierung von Merchandise Nr. 4, der Phosphorsäure. Darüber hinaus wurde das Zitrusaroma verstärkt. Es gab noch mehrere weitere Veränderungen, aber der offensichtlichste Unterschied der neuen Formel gegenüber der alten bestand in der größeren Süße.

Mit der neuen Rezeptur wurde eine umfangreiche Serie von 190 000 Geschmackstests durchgeführt, die insgesamt vier Millionen Dollar kostete und Testpersonen jeder Altersgruppe und aus jeder Region des Landes umfaßte. Die Resultate waren dramatisch und scheinbar schlüssig. Nachdem man bei hausinternen Geschmackstests jahrelang mit zehn bis fünfzehn Punkten gegen Pepsi verloren hatte, schlug die neue Coke Pepsi mit sechs bis acht Punkten. Die neue Coke schlug sogar die alte Coke.

In dem Augenblick, in dem er die Zahlen sah, begann Dyson auf die Einführung der neuen Coca-Cola-Formel zu drängen, je früher desto besser. Aber Goizueta und Keough zögerten. Zunächst hatten sie noch eine Reihe Entscheidungen zu treffen und Antworten auf einige Fragen zu finden, die Tests nicht geben konnten. Als erstes einigten sie sich, daß jede Veränderung der Formel offen bekanntgegeben werden mußte. Abgesehen von der Rücksicht auf das Publikumsvertrauen hatte die Coca-Cola-Company auch gegenüber ihren Abfüllern rechtliche Verpflichtungen, die eine Offenlegung erforderten. Daraus folgte aber, daß es eine »neue« Coke und eine »alte« Coke geben würde – und damit die Frage, ob beide auf dem Markt gehalten werden sollten.

Doch Goizueta und Keough hatten die Sorge, daß die neue Coke die alte Version umsatzmäßig schnell übertrumpfen würde, was die peinliche Situation heraufbeschwor, daß sie dem alten Flaggschiff mit einem eigenen neuen Produkt Konkurrenz machten. Deshalb beschlossen sie, die alte Coke aus den Regalen zu nehmen.

In den letzten Monaten des Jahres 1984 zeigten Analysen an, daß sich Cokes Führung auf dem Zuckercolamarkt verringerte – Pepsi folgte mit einem Abstand von weniger als drei Punkten, der kleinsten Spanne, die es jemals gegeben hatte. Diese Zahlen, zusammen mit den Ergebnissen der Geschmackstests, veranlaßten Goizueta und Keough schließlich dazu, grünes Licht zu geben. Ende Dezember trafen sie sich mit Dyson und Ike Herbert, dem Marketingchef, und entschieden, die Formeländerung in Angriff zu nehmen.

Herbert und Zyman setzten alles weitere in Gang und reisten zu einer Geheimsitzung mit den Topmanagern von McCann-Erickson nach New York. In einem abgeschiedenen Büro enthüllten die Männer aus Atlanta die Nachricht von ihrer Entscheidung und beauftragten John Bergin, McCanns Präsidenten, mit der Arbeit an einer Kampagne für den Start der neuen Coke zu beginnen. Der anvisierte Termin war April, sie hatten gerade noch vier Monate Zeit. Wenn irgendein Wort über das Projekt vorzeitig durchsickerte, sagte Herbert mit einer unverhüllten Drohung, wäre die Agentur gefeuert.

Eine weitere Frage war noch zu klären, was man nämlich – wenn überhaupt – Woodruff sagen sollte. Goizueta hatte behauptet, daß er nach Ichauway geflogen sei, um Woodruff die Entscheidung zu erklären und seinen Segen für die neue Formel in Empfang zu nehmen.

Goizuetas Unterhaltung mit Woodruff verlief jedoch mit Sicherheit nicht ganz so eindeutig, wie er zuerst angegeben hatte. Sicherlich hatte er dem alten Mann nicht in die Augen geblickt und ihm unverblümt gesagt, daß die geheiligte geheime Formel zugunsten einer Version, die mehr wie Pepsi schmeckte, auf den Müll geworfen wurde. Es hätte keinen Sinn gemacht, so etwas zu tun. »Er hätte mir auf den Kopf geschlagen«, sagte Goizueta später. Abgesehen davon war Woodruffs Einwilligung nicht mehr erforderlich. Die Satzungsänderung, mit der das Alter der Direktoren zurückgeschraubt wurde, hatte im Frühjahr 1984 auch bei Woodruff gegriffen, und sein Ausscheiden aus dem Direktorium beendete nach einundsechzig Jahren seine offiziellen Aufgaben.

Das Abschiedsgeschenk an Woodruff war seine Ernennung zum Ehrendirektor und ein »Berater«-Honorar von 20 000 Dollar jährlich, die er als Ergänzung zu seinen Einkünften aus Coca-Cola-Aktien im Wert von 250 Millionen Dollar annahm. Er war jedoch nicht länger in der Lage, irgend jemanden bei irgend etwas zu beraten. Zum Zeitpunkt seines fünfundneunzigsten Geburtstags, am 6. Dezember 1984, war Woodruffs Verfall mit schmerzlicher Deutlichkeit sichtbar, und die meisten seiner Besucher erkannten, daß der Tod nahe war.

Am 25. Februar 1985 kam Woodruff ins Emory University Hospital. Dort starb er zehn Tage später, am 7. März. Goizueta gab die Weisung, am folgenden Montag, dem 11. März 1985, Coca-Colas Büros in der ganzen Welt geschlossen zu halten.

Goizueta und Keough planten, »New Coke« am Dienstag, dem 23. April 1985, im Rahmen einer aufwendigen Pressekonferenz in New York vorzustellen. Goizueta beabsichtigte zu sagen, daß die neue Formel Pepsi bei Blindtests geschlagen hatte. Dies wäre ein geradlinig vorgetragener Überlegenheitsanspruch gewesen, von dem Goizueta glaubte, daß er die Erfordernis weiterer Diskussionen über die Gründe für die Änderung hinfällig machen könnte. Aber Herbert und andere warnten. Falls jemand fragte, wie das *alte* Coke bei den Geschmacksvergleichen mit Pepsi abgeschnitten hatte, würde Goizueta zugeben müssen, daß es unterlegen war – ein Eingeständnis, das alle vermeiden wollten. Goizueta »brach ein«, wie er es später formulierte, und erklärte sich einverstanden, auf alle Erwähnungen von Pepsi oder der Rivalitäten zwischen den beiden Colas zu verzichten – eine Entscheidung, folgerte er später, die falsch war.

Einladungen zu der Pressekonferenz gingen am Freitagnachmittag, dem 19. April 1985, an die Nachrichtenorganisationen heraus, vier Tage vor dem eigentlichen Ereignis. Die Führungskräfte der Coca-Cola-Company hätten wissen müssen, daß ein Gegenangriff Pepsis mehr als wahrscheinlich war.

Als er an dem Freitagabend vor der Pressekonferenz Coca-Colas in New York nach Hause fuhr, hatte Joe McCann einen Gedankenblitz, der ihn fast vom Highway gefegt hätte. Wie alle anderen, die für Pepsi arbeiteten, hatte auch McCann, der Chef der Public-Relations-Abteilung, Gerüchte gehört, daß Coke kurz davor stand, eine neue Formel bekanntzugeben. Wie die anderen hatte auch er Angst, daß Pepsis Rivale einen großen Coup landen könnte.

Plötzlich, so sagte er später, war ihm klar geworden, daß er in die falsche Richtung gedacht hatte. Die Coca-Cola-Company führte kein neues Produkt ein, sie zog ein bereits existierendes Produkt vom Markt zurück und gab klein bei. Gleich als er zu Hause ankam, rief er Roger Enrico, Pepsis Präsidenten, an. »Sie gestehen ihre Niederlage ein!« sagte er erregt. »Das berühmteste Produkt der Welt wird aus den Regalen geräumt. Sie verlassen das Schlachtfeld und bauen ihre Zelte ab. Roger, wir haben gerade den Cola-Krieg gewonnen!« Pepsi brauchte nur noch den Sieg für sich in Anspruch zu nehmen, meinte McCann.

Enrico dachte darüber nach und stimmte ihm zu. Am Montagmorgen, dem Tag vor Coca-Colas Ankündigung, schrieb er einen offenen Brief an alle Angestellten und Abfüller Pepsis und versicherte ihnen, daß nach fast hundertjährigem Konkurrenzkampf »der andere Bursche gerade geblinzelt« habe. Enrico behauptete, daß die neue Coke erfunden worden sei, damit sie »mehr wie Pepsi« schmeckte. Er säuselte, daß der Sieg süß sei, und kündigte an, daß die gesamte Belegschaft am nächsten Freitag zur Feier des Tages frei haben würde. Dann sorgte er dafür, daß der Brief am folgenden Tag in den großen Zeitungen des Landes, darunter auch in der Atlanta Constitution, als ganzseitige Anzeige veröffentlicht wurde.

Pepsis Präventivschlag traf Coca-Cola unvorbereitet. Während Goizueta und Keough noch mit der Generalprobe ihres gemeinschaftlichen Auftritts beschäftigt waren, setzten sich Pepsi-Manager an die Telefone und riefen Wirtschaftsjournalisten an, um darauf hinzuweisen, daß »New Coke« entwickelt worden war, damit Coke mehr wie Pepsi schmeckte. Statistiken über Pepsis steigende Marktanteile waren dazu angetan, unfreundliche Fragen zu stellen und die Coca-

Cola-Leute in die Defensive zu drängen. In einer Serie von Radio-, Presse- und TV-Interviews ritt Enrico auf der Behauptung herum, daß Coca-Cola sich ergeben hätte.

Als Goizueta und Keough am Dienstagmorgen um elf Uhr die Bühne des Vivian Beaumont Theater im New Yorker Lincoln Center betraten, waren die zweihundert Medienvertreter im Publikum entsprechend präpariert. Normalerweise zollten Journalisten Managern vom Kaliber Goizuetas und Keoughs großen Respekt, aber an diesem Tag wirkten die Anwesenden mehr wie das Pressekorps in Washington, das darauf wartete, einen angeschlagenen Präsidenten auseinandernehmen zu können.

Die Beleuchtung wurde gedämpft, ein Lied drang aus den Lautsprechern – »Wir sind und werden immer Coca-Cola sein, uramerikanische Geschichte!« –, und eine riesige Leinwand zeigte Bilder von Cowboys, Athleten, der Freiheitsstatue, dem Grand Canyon, Familien mit Kindern, Eisenhower und Kennedy und Weizenfeldern – und eingestreut in alles alte Coca-Cola-Commercials. Dann trat Goizueta ans Podium und gab, sichtlich nervös, bekannt, daß Coca-Cola einen neuen Geschmack hatte. »Das Beste«, sagte er, »ist noch besser geworden.« Er beschrieb die Entdeckung der neuen Formel während der Forschungsarbeiten für »diet Coke«, erklärte, daß Verbraucher »New Coke« bei Geschmackstests der alten Coke vorgezogen hätten, und sagte, das Management hätte beschlossen, »der Welt eine neue Coke zu schenken«. Anschließend sprach Keough und schilderte die Erfolge der Firma bei der Entwicklung von »diet Coke«, Sprite und Coke mit Kirsch. »Die Besten«, sagte er, »ruhen sich nie aus.« Keiner der beiden Männer erwähnte mit einem Wort Pepsi.

Nach einer Vorführung der Werbespots, die für »New Coke« gefilmt worden waren, wurde die Erlaubnis gegeben, Fragen zu stellen. Die Attacken begannen. Die erste Frage bestimmte den Tenor. »Sind Sie sich hundertprozentig sicher«, fragte ein Reporter, »daß diese Sache nicht zum Rohrkrepierer wird?« Die nächste Frage, einfach und direkt, legte die Brüchigkeit der ganzen Firmenstrategie frei. Was war der Unterschied, fragte ein Journalist, zwischen der alten Coke und der neuen Coke?

»Geschmack zu beschreiben«, antwortete Goizueta, der dabei routiniert und somit ausweichend klang, »sollte man besser Dichtern oder Werbetextern oder Angehörigen der Presse überlassen. Warum probieren Sie es nicht aus und bilden sich selbst ein Urteil?«

Die vorher sorgfältig abgestimmte Strategie sah vor, daß Goizueta und Keough vermeiden sollten, »New Coke« zu charakterisieren. Die

Presse würde über Pepsis gestiegenen Marktanteil berichten und spekulieren, daß die neue Coke eine Antwort darauf war. Aber es gab keinen Grund für die beiden Topmanager des Unternehmens, dieses zu bestätigen. Und es gab keinen Anlaß für sie, darüber zu diskutieren, ob »New Coke« mehr wie Pepsi schmeckte. Unglücklicherweise wurde der Plan in Minutenschnelle hinfällig. Als ein Journalist hartnäckig weitere Fragen nach dem Geschmack von »New Coke« stellte, druckste er herum und antwortete: »Ich würde sagen, daß es milder ist, äh . . . äh . . . und runder, äh, und frecher . . . es hat ein harmonischeres Aroma . . .«

Er war der Vorsitzende und Geschäftsführer der Coca-Cola-Company sowie ausgebildeter Chemiker, und doch zeigte er sich völlig verwirrt, als er den Geschmack seines neuen Produkts beschreiben sollte. Einige der Journalisten kicherten unverhohlen. Dann, als hätte Enrico soufliert, wurde gefragt, ob »New Coke« eine Antwort auf die Pepsi-Herausforderung sei. »Oh, Himmel, nein«, sagte Goizueta und verlor dabei völlig seine Glaubwürdigkeit. »Die Pepsi-Herausforderung? Wann hat es die gegeben?«

In dem Durcheinander wurde ein wesentlicher Punkt beinahe übersehen: das Schicksal des treuen Coca-Cola-Trinkers, der die alte Formel mochte. Die Blindtests hatten gezeigt, daß die Verbraucher »New Coke« der alten Coke um zehn Punkte vorzogen, 55 zu 45 Prozent. Noch signifikanter war, daß zusätzliche Tests, bei denen die Verbraucher die Etiketts sehen durften, eine größere Präferenz für »New Coke« ergeben hatten, 61 zu 39 Prozent. Goizueta und Keough hatten guten Grund zu glauben, daß eine neue Formel den Leuten gefallen würde, ein Argument, das sie während der Pressekonferenz emphatisch vorbrachten.

Aber was, fragte ein Journalist, war mit den 39 Prozent, die die alte Coca-Cola vorzogen? Keough gab die vielleicht unangebrachteste Antwort des Tages, indem er selbstgefällig sagte: »Nun, 39 Prozent der Menschen haben auch für McGovern gestimmt.«

Tatsächlich dachten Keough und einige andere in den Führungsetagen des Unternehmens darüber nach, daß sie die alte Coke in etwa einem Jahr, vielleicht zum hundertjährigen Firmenjubiläum 1986, wieder auf den Markt bringen müßten, wenn genug Kunden danach verlangten. Statt dies jedoch zu sagen, verstärkte Keough den Eindruck, daß die Firma beabsichtigte, die alte Coke für immer verschwinden zu lassen − und daß alle, die anderer Ansicht waren, nicht mehr Verstand besaßen als die Anhänger des unglücklichen George McGovern.

Zum großen Entzücken von Enrico und seinen Kollegen konzentrierten sich die ersten Artikel über die Pressekonferenz auf Coca-Colas augenscheinliche Kapitulation vor Pepsi. David Letterman juxte an diesem Abend im Fernsehen: »Coke hat beschlossen, seine Formel süßer zu machen – sie werden sie mit Pepsi mixen.«

Lange bevor sie auch nur den ersten Schluck davon probiert hatten, waren Millionen von Amerikanern der Ansicht, daß sie »New Coke« *haßten.*

Überall im Land, ganz besonders im Süden, reagierten die Menschen auf die Formeländerung, als ob die Firma einen Vatermord begangen hätte. Die Gefühlsausbrüche übertrafen die schlimmsten Erwartungen. Hunderte und dann Tausende von wütenden Anrufern legten die Leitungen in der Unternehmenszentrale in Atlanta lahm, und das Bemerkenswerte daran war, daß es sich bei vielen von ihnen gar nicht um Coca-Cola-Kunden handelte. Es waren ganz einfache amerikanische Bürger, die wütend waren und ein tiefes Gefühl des Verlusts beklagten.

In den Medien behandelten Autoren und Karikaturisten die Führungskräfte der Coca-Cola Company als wären sie Vandalen, die ein nationales Heiligtum verunstalten wollten. »Nächste Woche«, schrieb Michael Kernan in der Washington Post, »werden sie Teddy Roosevelt vom Mount Rushmore meißeln.«

Von Stadt zu Stadt begannen eingefleischte Coke-Trinker, Vorräte des alten Soft Drinks einzulagern, oft im Beisein von lokalen Fernsehteams, die die Aktivitäten aufnahmen und in ihren Abendnachrichten brachten. Der Postraum der Firma füllte sich mit Säcken von Briefen erzürnter Verbraucher. »Coke zu verändern«, meinte ein Schreiber, »ist so, als ob Gott das Gras purpurrot macht oder Zehen an unsere Ohren setzt oder Zähne an unsere Knie.«

Die Pepsi-Manager machten das Beste aus der Verwirrung und heckten ein brillantes TV-Commercial aus, in dem eine bestürzte Coca-Cola-Anhängerin, ein Mädchen im Teenageralter, traurig auf eine Dose Coke blickt und fragt: »Kann mir jemand da draußen sagen, warum sie das gemacht haben? Sie sagten, sie wären die Echte. Sie sagten, sie wären es. Und dann haben sie es geändert.« Nachdem sie nach einer Dose Pepsi gegriffen und einen großen, befriedigenden Schluck getrunken hat, hellt sich ihr Gesicht auf, und sie sagt: »Jetzt weiß ich, warum.«

Jahre später theoretisierte Goizueta, daß es vielleicht klüger gewesen wäre, »New Coke« exklusiv in Dosen und Flaschen einzuführen, nicht in den Soda Fountains. Wie die Dinge lagen, probierten viele Menschen die neue Coke in Fast-food-Restaurants, Kinos und Sportstadien, wo der Geschmack sich ständig änderte. »Wenn man an eine Theke geht und eine Coke bestellt«, erklärte er, »tun sie meistens zuviel Eis hinein, oder der Kohlensäuregehalt ist nicht so, wie er sein sollte, aber man hat eine Coke bestellt und trinkt sie und denkt nicht darüber nach. Dann haben wir die Formel geändert, und man geht an dieselbe Theke, und plötzlich wird man zum Weinkoster« – zu einem peniblen Kritiker, der auch bereit ist, sich zu entrüsten. Hätten die Verbraucher »New Coke« in Dosen oder Flaschen mit der alten Coke von der Theke verglichen, glaubte Goizueta, dann »hätten sie gesagt: ›Gott, diese New Coke schmeckt besser‹«. Tatsache war jedoch, daß viele Leute gar keinen Gefallen an »New Coke« finden *wollten*.

Während einer Tagung von Coca-Cola-Abfüllern in Monaco gingen Keough und Goizueta mit ihren Frauen in ein kleines italienisches Restaurant mit Blick auf das Mittelmeer. Beim Abendessen machte der Besitzer eine freundliche Geste, brachte einen Korb mit einem Samtdeckel an den Tisch und präsentierte ihnen mit einer kleinen Zeremonie eine uralte Sechseinhalb-Unzen-Flasche Coke – das »Original«, wie er stolz sagte. Keough war aufs neue beeindruckt von der Hochachtung, die man dem alten Produkt überall auf der Welt entgegenbrachte. Zum ersten Mal begann er, sich Gedanken über den dauerhaften Schaden zu machen, den das Unternehmen seinem guten Ruf zufügen könnte, wenn es fortfuhr, die Wünsche seiner Kunden zu mißachten.

Nicht viel später, erinnerte sich Goizueta, plauderte er mit Keough in Goizuetas Büro im 24. Stock des Coca-Cola-Hochhauses in Atlanta. »Und ich weiß nicht, wie es zur Sprache kam – es könnte er gewesen sein, der es zuerst sagte, oder ich könnte es gewesen sein – aber einer von uns sagte: ›Warum sollen wir all diesen Ärger auf uns nehmen?‹ Wirklich, das war der Inhalt des Gesprächs. Ich weiß nicht, wer es sagte: ›Holen wir es einfach zurück und nennen wir es Coca-Cola Classic.‹«

Am 11. Juli 1985 kehrten Goizueta und Keough auf die Bühne zurück – diesmal ohne Tamtam – und gaben in Atlanta die Rückkehr von Coke Classic bekannt. Tatsächlich war die Nachricht schon am Tag vorher durchgesickert, als Peter Jennings von NBC News die Seifenoper »General Hospital« unterbrach und die Nachricht im Fernsehen verbreitete. Am nächsten Morgen füllten Schlagzeilen die Titelseiten der Zeitungen im ganzen Land und verkündeten »die Wiederkunft«.

Goizueta sprach zuerst und sagte ganz einfach zu den Verbrauchern: »Wir haben Sie gehört.« Keough bemühte eine etwas überschwengliche Rhetorik:

»Die Leidenschaft für die originale Coca-Cola — und das ist das richtige Wort dafür: Leidenschaft — war etwas, das uns überrascht hat . . . Sie ist ein wundervolles amerikanisches Mysterium, ein liebliches amerikanisches Rätsel, und man kann sie genausowenig ermessen, wie man Liebe, Stolz oder Patriotismus ermessen kann.«

Einige mochten die Firma anklagen, einen Rückzug gemacht zu haben, fuhr Keough fort. »Wie ich das liebe! Wir lieben jeden Rückzug, der uns rasch zu unseren besten Kunden zurückbringt, mit dem Produkt, das sie am meisten lieben.«

An diesem Tag verzeichnete die Hotline der Firma 18 000 Anrufe, und zum ersten Mal seit zweieinhalb Monaten kamen sie von Menschen, die nette Worte zu sagen hatten. »Man hätte denken können«, sagte Ike Herbert später, »daß wir ein Mittel gegen Krebs erfunden hatten.« Über Goizuetas Büro kreiste ein kleines Flugzeug, das ein Banner hinter sich her zog. Auf diesem stand: »Danke, Roberto.«

Ein paar Tage nach der Ankündigung von Classic Coke wehte Sergio Zyman in eine Konferenz bei McCann-Erickson in New York, deren Manager und kreativen Köpfe noch immer an den Nachwirkungen der hitzigen Diskussionen und der zermürbenden Arbeit litten, die sie in die Kreation der Werbekampagne für »New Coke« gesteckt hatten.

»Vergessen Sie alle bisherigen Instruktionen«, sagte er.

Die Erholung von dem »New Coke«-Debakel vollzog sich nicht über Nacht.

Zuerst kam der Spott. Roger Enrico, Pepsis Präsident, hielt eine Pressekonferenz ab, um zu erörtern, ob sein Rivale die Gründung eines »Cola-des-Monats-Clubs« plante und stellte die hinterhältige Frage, ob die Lebensmittelregale der Nation genug Platz haben würden für New Coke, Coke Classic, neues Diät-Coke, altes Diät-Coke, neues koffeinfreies Coke, altes koffeinfreies Coke, neues Tab, altes Tab, koffeinfreies Diät-Old-Cherry-Coke und so weiter.

Enrico sprach eine legitime Frage an. Die ganze Zeit über waren Goizueta und seine Kollegen von der Furcht getrieben worden, daß Coca-Cola, ihr Flaggschiff, vom ersten Platz als populärster Soft Drink des Landes abstürzen könnte und Pepsi der Gewinner werden würde. Jetzt, da »New Coke« und Coke Classic sich die Zuckercola-Kategorie teilten, schien dieses Schicksal fast besiegelt zu sein, und dies provozierte eine totale Umkehr der Unternehmensposition. Nachdem sie 99 Jahre lang hartnäckig darauf bestanden hatte, daß sich der Markenname »Coca-Cola« exklusiv auf eine einzige Soft-Drink-Sorte bezog, machte die Firma jetzt eine Kehrtwendung und erklärte, daß »Coca-Cola« eine »Mega-Marke« war, eine breitflächige Bezeichnung, die alle Soft Drinks, die sie herstellte, einschloß.

Im Endeffekt versuchte die Coca-Cola Company, die Wettbewerbsregeln zu verwischen. Was jetzt zählte, erklärten Goizueta und Keough, war nicht das Abschneiden eines einzelnen Produkts auf dem Soft-Drink-Markt, sondern das gemeinschaftliche Abschneiden *aller* Produkte des Unternehmens. Als das Jahr 1985 zu Ende ging, wiesen Marktanalysen Pepsi als Marke Nr. 1 in den Vereinigten Staaten aus, vor »New Coke« und Coke Classic zusammen. Aber die Zahlen enthüllten noch etwas, das eine weitaus größere Bedeutung hatte. Coca-Cola Classic erwies sich als phänomenal populär. Entgegen allen Erwartungen begann Classic sofort, sich besser zu verkaufen als »New Coke«, und zur großen Überraschung aller kletterte es weiter nach oben, bis es Pepsi Anfang 1986 wieder überflügelt hatte.

Keough gab sich alle Mühe, die Coke-Classic-Manie zu erklären, und sagte dem Wall Street Journal: »Es ist so ungefähr wie mit dem Burschen, der seit 35 Jahren mit derselben Frau verheiratet ist und ihr wirklich nicht viel Beachtung geschenkt hat, bis ein anderer begann, mit ihr zu flirten.« Es war eine hübsche Analogie, aber sie verschleierte lediglich die absolute Sprachlosigkeit, die Keough und alle anderen im Coca-Cola-Hochhaus angesichts der Ergebnisse ergriffen hatte. Niemand konnte den neu aufgekommenen Reiz der alten Formel erklären. »New Coke« sollte eigentlich die Topcola sein, während Classic dafür gedacht war, die Nachfrage der Traditionalisten zu befriedigen. Statt dessen entpuppte sich »New Coke« als Blindgänger (sie schrumpfte schnell auf magere drei Prozent Marktanteil), während Classic begann, sich besser zu verkaufen als das Original.

Teenager, die bei Blindtests den größten Enthusiasmus für Pepsis milderen, süßeren Geschmack an den Tag gelegt hatten, zeigten jetzt eine Präferenz für Classic. Die Coca-Cola-Company führte eine separate Werbekampagne für »New Coke« durch, die direkt auf junge Leute abzielte, und das jeder Logik hohnsprechende Resultat war ein Boom der alten Coke auf dem Jugendmarkt.

Jahre später, noch immer über das Geschehene nachsinnend, sagte Keough, er glaubte, daß die psychologische Wirkung der Wiedergeburt von Coke Classic vielleicht so nachhaltig gewesen war, daß sie tatsächlich den Geschmack der Menschen verändert und den Reiz des gefeierten »Prickelns« bei Coke neu belebt hatte. Als Michael Jackson Pepsi als die »Wahl einer neuen Generation« hochjubelte, stieg Pepsis Ansehen bei den Teenagern, dann kam Max Headroom und ließ Coca-Cola wieder »hip« erscheinen – ein Spiel von Ebbe und Flut, das bis zum heutigen Tag andauert.

Eine faszinierende Nebenhandlung betraf »diet Coke«. Seit 1983 wurde die Diät-Cola mit Aspartam, einem neuen künstlichen Süßmacher, produziert, und die Umsätze schossen in die Höhe. Die Diät-Cola war zwar vorher schon erfolgreich, jetzt aber überholte »diet Coke« 7-Up und wurde zum drittbest verkauften Soft Drink. Mit seinem milderen Geschmack und dem neuen Süßmacher hatte »diet Coke« große Ähnlichkeit mit »New Coke«, und als »New Coke« verschwand, begannen die Marketingleute »diet Coke« als »flankierende« Cola aufzubauen, das den Pepsi-Trinkern entgegenkommen sollte. So wurde »diet Coke« in gewisser Weise »New Coke«.

Aus welchen Gründen auch immer, das Unternehmen überstand die »New Coke«-Affäre mit überraschender Leichtigkeit. Acht Jahre nach dem »New Coke«-Sommer gaben sowohl Goizueta als auch Keough in separaten Interviews denselben Grund für die schnelle Genesung des Unternehmens von dem Fiasko an: die sorgsame Pflege der Analysten und Portefeuillemanager in der Wall Street. Mit dem Schwur, niemals Fill Eisenbergs Fehler, der Investmentgemeinde die kalte Schulter zu zeigen, zu wiederholen, hielten Goizueta und Keough 1985 dreizehn verschiedene Treffen mit den Repräsentanten von rund vierhundert Institutionen ab und legten überzeugend dar, daß sie alles tun würden, was erforderlich war, um die Interessen der Aktionäre zu schützen.

Es war gut, daß sie Erfolg hatten, denn das nächste Ereignis in der langen Geschichte der Firma war ein gewaltiges Filmwerk von Columbia Pictures.

»Ishtar.«

Allen Wahrscheinlichkeiten zum Trotz produzierten dieselben Leute, die sich »New Coke« ausgedacht hatten, auch einen der größten Flops in der Geschichte Hollywoods, eine zähe Wüstenkomödie mit Dustin Hoffman und Warren Beatty, die nur einen Bruchteil ihrer Herstellungskosten von mehr als dreißig Millionen Dollar wieder einspielte.

»Ishtar« war ein symbolischer Wendepunkt für Coca-Cola. Realistisch gesehen waren die Verluste eines einzigen Films für ein Unternehmen mit jährlichen Milliardenumsätzen natürlich nur ein Klacks.

497

Columbia litt in den Jahren 1986 und 1987 an einer Reihe von Fehlschlägen an der Kinokasse, aber das Studio verdiente durch den Verkauf von Wiederaufführungsrechten und den Verleih von Filmen und Fernsehshows in Zusammenarbeit mit verschiedenen Partnern noch immer genug Geld.

Das Problem war in Goizuetas Augen die unangemessen große Aufmerksamkeit, die man dem Engagement von Coca-Cola in der Filmbranche widmete. Wirtschaftsjournalisten, die ohnehin schon auf seiner schwarzen Liste standen, reizten Goizueta erneut, indem sie wiederholt auf die Mißerfolge von Columbia verwiesen, die Stärke des Studios auf anderen Gebieten aber ignorierten. »Ich weiß nicht, wie viele Male wir ihnen erzählt haben, daß Columbias Einnahmen schneller wuchsen als jeder andere Bereich unseres Geschäfts«, beschwerte er sich, »aber, bei Gott, »Ishtar« machte kein Geld, also mußte es ein lausiges Geschäft gewesen sein.«

Goizueta kam jedoch zu der Überzeugung, daß Columbia zu groß und zu zeitaufwendig geworden war, um unter dem Dach der Muttergesellschaft bleiben zu können. In einem ausgeklügelten Refinanzierungsmanöver bündelte die Coca-Cola-Company 1987 ihre Film- und TV-Rechte in der Firma Columbia Pictures Entertainment und verkaufte 51 Prozent für anderthalb Milliarden Dollar. Zwei Jahre später kaufte Japans Sony Corporation die andere Hälfte für weitere anderthalb Milliarden Dollar, befreite die Coca-Cola-Company von ihrem lästigen Showbusineßunternehmen und bescherte ihr den hübschen Gewinn von mehr als einer Milliarde Dollar.

Goizueta machte sich daran, den geschäftlichen Angelegenheiten Coca-Colas wieder Übersichtlichkeit zu verleihen. Wie er selbst zugab, hatten er, Keough und ihre Mitarbeiter in der ersten Hälfte der Achtziger »den Ball aus dem Auge verloren«. Jetzt widmeten sie sich wieder dem Job, den sie am besten kannten, dem Verkauf von Soft Drinks. Bei der Hundertjahrfeier des Unternehmens rüttelte Goizueta die Abfüller und Angestellten auf: »Zur jetzigen Zeit konsumieren die Menschen in den Vereinigten Staaten mehr Soft Drinks als jede andere Flüssigkeit, normales Leitungswasser eingeschlossen. Wenn wir unsere Chancen voll nutzen, werden wir eines Tages, nach nicht allzu vielen Jahren im zweiten Jahrhundert unseres Bestehens, sehen, wie dieselbe Welle auf einen Markt nach dem anderen übergreift, bis das Getränk Nr. 1 auf der Erde schließlich nicht mehr Tee, Kaffee, Wein oder Bier sein wird. Es werden Soft Drinks sein – *unsere* Soft Drinks!«

Das Soft-Drink-Geschäft hatte sich verändert und bot neue Möglichkeiten. Der Dollar verlor gegenüber ausländischen Währungen an Wert, so daß Verkäufe außerhalb der Vereinigten Staaten wieder profitabel wurden. Und Coca-Cola hatte jetzt eine weitaus bessere Kontrolle über ihre Abfüller, durch Beteiligungen und andere Mittel, so daß ein größerer Teil der Gewinne zurück nach Atlanta floß.

1986 gab das Unternehmen 2,4 Milliarden Dollar für den Rückkauf von heimischen Abfüllizenzen aus. Dann, um die Schulden aus den Büchern zu tilgen, faßte sie alle Betriebe in einer neuen Gesellschaft, Coca-Cola Enterprises, zusammen und gab 51 Prozent der Aktien an die Börse. Das Resultat war ein Netzwerk von Abfüllbetrieben, das mehr als ein Drittel des U.S.-Marktes abdeckte und effektiv von der Coca-Cola-Company kontrolliert wurde.

Ein paar einfache Wahrheiten belebten die Coca-Cola-Company aufs neue. Rund 95 Prozent der Weltbevölkerung, fünf Milliarden Menschen, lebten außerhalb der Vereinigten Staaten und waren theoretisch potentielle Kunden. »Wenn ich an Indonesien denke«, sagte Keough gerne, »ein Land am Äquator mit 180 Millionen Menschen im Durchschnittsalter von achtzehn Jahren und einem moslemischen Alkoholverbot, dann habe ich das Gefühl, zu wissen, wie der Himmel aussieht.« China, das seine Tore Coca-Cola 1979 öffnete, hatte eine Milliarde Menschen und einen Durchschnittsverbrauch von einem einzigen 8-Unzen-Soft-Drink pro Kopf jährlich. In Amerika tranken alle Männer, Frauen und Kinder im Durchschnitt 300 Portionen im Jahr. Das machte die Vereinigten Staaten zu einem 46-Milliarden-Dollar-Markt, auf dem Coca-Cola und Pepsi immer versuchen würden, ihn unter sich aufzuteilen und zu beherrschen. Wenn Coca-Cola unterdessen den Pro-Kopf-Verbrauch auf dem Rest des Planeten auch nur ein bißchen steigern konnte, waren Milliarden Dollars zu verdienen.

Keough richtete sein Augenmerk wieder aufs Verkaufen und erwies sich als ein Peitschenschwinger im Unternehmen. Er war ständig unterwegs, um die Außendienstleute zu drängen und anzustacheln. In vielen Fällen vollzog sich der neue Kreuzzug der Firma auf dem globalen Markt mit alten Methoden, die Asa Candler wiedererkannt hätte. In Bordeaux, in Frankreich, einem Landstrich, in dem Coca-Cola nie richtig Fuß gefaßt hatte, stürmte im Herbst 1988 ein Team frischer Verkäufer und Verkäuferinnen in leuchtend roten Jacken auf die Straße und pappte 35 000 Coca-Cola-Sticker auf sämtliche freien Wandflächen, die sie finden konnten, und brachten bei einer Probieraktion, die stark denen ähnelte, die Candlers Neffen vor der Jahrhundertwende durchgeführt hatten, Tausende von Bechern mit Coke unter die Leute. In abgelegenen Ecken der Welt wurden die Soft Drinks der Firma nach wie vor per Maultier, Prahm und Handkarren ausgeliefert.

Anderswo versuchte es die Firma mit avantgardistischen Verfahren. In Japan, wo die Verbraucher gewöhnt waren, eine breite Palette von Artikeln an Automaten zu kaufen, installierte Coca-Cola Hunderttausende von Spendern modernster Bauart, von denen einige für Kreditkarten eingerichtet waren, und sicherte sich auf dem Soft-Drink-Markt einen Marktanteil von verblüffenden 85 Prozent. Als sich auf Haiti die Umsätze auf über eine Million Kästen verdoppelten, baute die Firma ein fortgeschrittenes Computersystem auf, um über Auslieferungen, Bestände und das Rechnungswesen auf dem laufenden zu bleiben.

Getreu dem Motto »global denken, lokal handeln«, versuchte das Unternehmen, seine Produktions- und Marketingpraktiken überall dort, wo es Geschäfte machte, auf die einheimische Kultur zuzuschneiden. Als Billy Payne, der olympische Visionär, mit seiner Kampagne begann, die die Sommerspiele 1996 nach Atlanta holen sollte, trat er an die Coca-Cola-Company heran und bat um Unterstützung. »Es wäre großartig«, sagte er zu Keough, »die Spiele auf Ihrem eigenen Hinterhof zu haben«, worauf Keough sanft erwiderte: »Billy, wir haben einen sehr großen Hinterhof.«

Fast überall brachte die erneute Ausrichtung auf internationale Verkäufe spektakuläre Erfolge hervor. Wie immer wurden die Soft Drinks überwiegend per Lastwagen vertrieben – mit 100 000 Fahrzeugen bei weitem die größte kommerzielle LKW-Flotte der Welt. Die Statistiken waren wahrhaftig atemberaubend. 1993 standen bei der Coca-Cola-Company und ihren Abfüllern 650 000 Angestellte auf den Gehaltslisten, und sie verkauften mehr als 685 Millionen Soft Drinks pro Tag. Wenn das gesamte jemals produzierte Coke in traditionelle 6½-Unzen-Flaschen gefüllt würde, rechnete die Public-Relations-Abteilung aus, wären zweieinhalb *Billionen* Flaschen erforderlich, und diese Flaschen würden hintereinandergelegt den Globus am Äquator 12 000mal umspannen – ein Drittel des Wegs zum Saturn.

Der Kursanstieg der Coca-Cola-Aktie, beflügelt durch das Vertrauen der Wall Street in Goizuetas und Keoughs Führerschaft, sorgte für neue Größenordnungen. Die Aktie wurde gesplittet, abermals gesplittet und noch ein drittes Mal gesplittet, und noch immer ging der Kurs nach oben, bis der Wert der Firma Anfang der Neunziger 56 Milliarden Dollar betrug, das Vierzehnfache des Werts von 1980. Bei der Emory University und der Trust Company of Georgia schwoll der

Altbesitz an Coca-Cola-Aktien wertmäßig auf je über eine Milliarde Dollar an. Woodruffs persönliches Vermögen wurde gemäß seinem Testament in eine Stiftung umgewandelt, und die Kapitalausstattung wuchs auf anderthalb Milliarden Dollar an – die zehntgrößte im ganzen Land. Joe Jones erlebte eine befriedigende Erfüllung seines Lebenswerks und wurde Vorsitzender der Woodruff Foundation, in der er die Wohltätigkeit seines alten Bosses fortsetzte. Die Zuwendungen der Woodruff und Whitehead-Familienstiftungen erreichten zusammengenommen die Marke von 900 Millionen Dollar.

Wer 1919 eine einzige Aktie für 40 Dollar von Ernest Woodruff gekauft hatte, hatte jetzt ein Papier im Wert von 95 000 Dollar in der Hand. Wenn er alle Dividenden im Laufe der Jahre wieder in den Kauf von weiteren Aktien investiert hätte, wäre sein ursprünglicher Einsatz auf fast zwei Millionen Dollar angewachsen. Auch Späteinsteiger fuhren gut. Warren Buffett, der berühmte Investor aus Omaha, Nebraska (der fünf Cherry-Coke am Tag trank) begann Coca-Cola-Aktien im Jahr 1989 zu kaufen, und konnte mit ansehen, wie sich seine Investition in Höhe von einer Milliarde Dollar in drei kurzen Jahren auf vier Milliarden vervierfachte. Im Jahr 2020, sagte Buffett vorher, würde Coca-Cola die wertvollste Gesellschaft in den Vereinigten Staaten sein.

Als er sich für die Jahreshauptversammlung im April 1992 in Atlanta vorbereitete, machte sich Goizueta um die Höhe seines eigenen Managerentgelts große Sorgen wegen des zu erwartenden Protestes der Aktionäre. Drei Jahre zuvor, als der Aktienkurs wesentlich tiefer stand, hatten sich die Aktionäre einverstanden erklärt, ihm eine Million Aktien zu geben, wenn er bis zu seinem vorgegebenen Ausscheiden im Jahr 1996 als Präsident im Amt blieb. Es war ein sehr großzügiger Lohn – weitaus höher als die Aktienoptionen, die Paul Austin zu seiner Zeit gewährt wurden –, und plötzlich waren diese Aktien auf einen Wert von *83 Millionen Dollar* hochgeschossen.

Aber am Tag der Versammlung ließ keiner der viertausend Aktionäre, die im Saal zusammengekommen waren, einen einzigen Pieps der Kritik laut werden – aus dem einfachen und schlichten Grund, weil Goizueta auch sie alle reich gemacht hatte.

Goizueta führte das Unternehmen weiterhin mit fester Hand. Die Zukunft sah so rosig für ihn aus, daß er bis zum Jahr 2000 eine neuerliche Verzehnfachung des Börsenwerts voraussagte.

Coca-Colas einzigartige Stellung als uramerikanischste Sache in Amerika blieb bestehen, unbeeinträchtigt von »New Coke« oder irgendeinem anderen Sturmwind.

Die *Idee* Coca-Colas, so lange kaum faßbar, die eine separate und von dem Soft Drink selbst losgelöste Existenz geführt hatte, wurde jetzt greifbarer. Die Firma baute im Geschäftszentrum Atlantas eine Attraktion namens »World of Coca-Cola« auf, ein Museum und eine Passage mit einer altmodischen Soda Fountain und einer Reihe von futuristischen Verkaufsautomaten, die eine Million zahlende Besucher jährlich anzulocken begann. In New York eröffnete die Company einen Laden in der Fifth Avenue, um Coca-Cola-Souvenirs zu verkaufen. Am Eröffnungstag strömten mehr als 3000 Menschen herein und besichtigten die Artikel, die von billigen Postkarten bis zu Neonreklamen für 6000 Dollar reichten. Ein schnell wachsender Coca-Cola-Sammlerclub gab an, 6700 Mitglieder in 23 Ländern zu haben.

Manchmal war es nur schwer zu verstehen, was die Menschen in Coca-Cola sehen. Alte Tabletts und Lampen zu kaufen, war eine Sache, aber sie gaben ihr schwer verdientes Geld auch für brandneue Promotionsspielereien aus, den Kram, den Asa Candler nur mit Mühe gratis losgeworden war. Vernünftige Frauen und Männer spazierten in Coca-Cola-Kleidung durch die Gegend, sahen aus wie wandelnde Litfaßsäulen und zahlten auch noch für das Privileg, dies tun zu dürfen.

Doch selbst wenn man das Gefühl hatte, daß die Coca-Cola-Company ein bißchen zur Zielscheibe des Spotts werden könnte, so gab es auch eine andere Seite des Coca-Cola-Mythos, über die es nachzudenken galt. Earl Leonard, der Toplobbyist der Firma, ein Bursche, der mit Sentimentalität nicht viel am Hut hatte, holte eines Tages einen Brief hervor und zeigte ihn einem Besucher. Ein Vater hatte geschrieben, um den Kampf seines Kindes gegen den Krebs zu schildern. Das kleine Mädchen hatte sich einer umfassenden Chemotherapie unterziehen müssen und dabei alle Haare verloren. Sie schämte sich ihrer äußeren Erscheinung, und andere Kinder hatten sie ausgelacht. Dann hatte ihr Vater eine Inspiration und schenkte ihr einen Fahrradhelm, der mit dem vertrauten Markenzeichen Coca-Colas beschriftet war. Aus irgendwelchen Gründen, die der Vater nicht erklären konnte, fühlte sich seine Tochter wie ein normaler Mensch, wenn sie in der Öffentlichkeit mit ihrem Helm auftrat, und sie wurde auch überall dort, wo sie sich sehen ließ, ganz normal behandelt. Es war so, als ob der Name Coca-Cola ganz einfach nicht an einer Stelle auftauchen konnte, wo irgend etwas nicht in Ordnung war.

Coca-Cola war nach wie vor ein einfaches Getränk aus Zucker und Wasser, aber mit einem Namen, der immer über die Kommerzialität des Marktgeschehens hinausging und die Macht hatte, Erinnerungen heraufzubeschwören, Emotionen aufzuwühlen und das menschliche Herz zu rühren.

Danksagung

Während ich für dieses Buch recherchierte und es schrieb, konnte ich mich auf die Bereitwilligkeit vieler Helfer stützen, die mir ihre Zeit und Hilfe freigebig zur Verfügung stellten.

Zuallererst und in höchstem Maße bin ich Joseph W. Jones verpflichtet, dem Sekretär, der ein halbes Jahrhundert lang die rechte Hand von Coca-Colas langjährigem Boß Robert Woodruff war. Jones gab meinem Projekt von Anfang an seine volle Unterstützung, ließ geduldig Dutzende von Interviewstunden über sich ergehen und bewegte viele Angehörige von Woodruffs innerem Zirkel – darunter seine Krankenpflegerin, seinen Pfarrer, Arzt, Börsenmakler, Pilot, Plantagenverwalter und seinen Kammerdiener – dazu, ebenfalls offen und und freimütig mit mir zu sprechen.

Dank Jones' Fürsprache war ich auch in der Lage, zweimal Ichauway zu besuchen, Woodruffs geliebte Plantage im Süden Georgias, wo ich die althergebrachten Rituale der Wachteljagd miterlebte, das Abendessen genoß und ein paar Dollar beim nächtlichen Gin-Rummy-Spiel verlor. Wenn in diesem Report irgendwelche Tatsachenverdrehungen enthalten sein sollten, wären mir diese *trotz* Joe Jones' gewissenhafter Bemühungen, alle Fehler zu beseitigen, unterlaufen.

Dr. Linda Matthews, die Leiterin der Abteilung für Spezialsammlungen an der Emory University, und die Archivarinnen der Abteilung – Beverly Allen, Ginger Cain, Kathy Knox, Barbara Mann und Ellen Nemhauser – gaben mir während der anderthalb Jahre, die ich bei der Durchsicht von Robert Woodruffs privaten Unterlagen (schätzungsweise 200 000 Dokumente) und diverser anderer Manuskriptsammlungen verbrachte, wertvolle Hinweise sowie gute Ratschläge und leisteten mir angenehme Gesellschaft.

Bei der Coca-Cola Company beginnt mein Dank beim Direktoriumsvorsitzenden und Geschäftsführer Roberto Goizueta, der mir großzügig Zugang zu dem umfangreichen Firmenarchiv gewährte. Phil Mooney, der Manager des Archivs, seine Stellvertreterin Joann Newman und deren Assistentin Laura Jester erwiesen mir während der Wochen, in denen ich die Unterlagen durchkämmte, jedwede nur vorstellbare Gefälligkeit. Carlton Curtis und Paul Pendergrass vom Informationsbüro der Firma beantworteten meine Fragen und waren mir behilflich, meinen Weg durch das Unternehmenslabyrinth zu finden.

Einige der aufschlußreichsten Unterlagen, die ich aufspürte, befanden sich unter den Privatpapieren von Ralph Hayes, einem Coca-Cola-Manager, der fast dreißig Jahre in leitender Position damit verbrachte, die delikatesten Ingredienzen der geheimen Formel zu beschaffen. Ich würdige seine Entscheidung, die Dokumente aufzubewahren und sie der Western Reserve Historical Society of Cleveland zu schenken, und ich danke dem dortigen Personal dafür, daß es mir bei der Überprüfung des Materials assistiert hat.

Die Söhne Hughes Spaldings – Jack Hughes jun. und Phinizy – gestatteten mir, die Papiere ihres Vaters an der University of Georgia durchzusehen; diese Aufzeichnungen brachten einen Schatz an neuen Informationen über Woodruffs politische Aktivitäten zum Vorschein und enthüllten außerdem, wie Woodruff die Instrumente der Philanthropie einsetzte, um sich die feste Kontrolle über die Coca-Cola Company zu erhalten.

An der juristischen Front: Bei der Anwaltsfirma King & Spalding bekam ich Hilfe und Anleitung von Bob Steed, Griffin Bell, Bradley Hale und Della Wager Wells. Miles Alexander von Kilpatrick, Cody war mir behilflich, Zugang zu Korrespondenzunterlagen aus den Anfangsjahren des 20. Jahrhunderts zu bekommen, die ein neues Licht auf Asa Candlers frühe Versuche, Coca-Cola zu verkaufen, warfen. Bill Hames von Sutherland, Asbill & Brennan sorgte dafür, daß ich die Protokolle eines bedeutsamen Rechtsstreits studieren konnte.

An anderer Stelle in Atlanta versah mich der hochgeschätzte Verantwortliche für die Öffentlichkeitsarbeit bei der Trust Company of Georgia, Willis Johnson, mit Hintergrundinformationen und führte mich in der Führungsetage ein. Ich danke dem Vorsitzenden des Bankdirektoriums, daß er mir erlaubte, die Papiere in Ernest Woodrufs altem Rollschreibtisch durchzusehen.

In St. Louis öffneten mir Jack Taylor und Jean Kammer von

D'Arcy Masius Benton & Bowles, der Werbeagentur, die von 1906 bis 1955 Coca-Colas Werbeetat betreute, ihr Archiv, und Margaret Goode half mir, einen kleinen Berg von Umfrageergebnissen, firmeninternen Berichten und Gesprächsaufzeichnungen zu fotokopieren, die die kreativen Prozesse bei der Agentur beleuchteten.

Andere Bibliothekare und Archivare waren mir gleichermaßen hilfreich und freundlich: Arlene Royer vom Federal Records Center in East Point, Georgia; Elisabeth S. King von Johnson & Johnson, New Brunswick im Staat New Jersey; Dwight Strandberg von der Eisenhower Library in Abilene, Kansas; Liz McBride von der Hauptbibliothek der Emory University in Atlanta; und Dr. Jeanette C. P. Eisenhart von den Historical Collections and Labor Archives der Pattee Library, Penn State.

Ein großer Teil meines Studiums von Zeitungen und Zeitschriften wurde im Atlanta History Center vorgenommen, das mir zahlreiche Gelegenheiten gab, mich mit Franklin Garrett, dem ehrfurchtgebietenden Historiker der Stadt, zu unterhalten. Neben anderen Beiträgen war Garrett auch imstande, Asa Candlers schrille Stimme zu beschreiben, an die er sich erinnerte, seit er vor mehr als fünfundsiebzig Jahren in die dritte Klasse ging. Ted Ryan, der Bildarchivar des Centers, machte mich weiterhin auf diverse Fotos aufmerksam, die in diesem Buch eine Rolle spielen.

Rob Aaron von Aaron-Smith Associates, Inc. in Atlanta unterstützte mich kenntnisreich und bereitwillig bei meinen Nachforschungen.

Monroe King, der sich ein ganzes Leben lang mit dem Leben und Wirken von John Pemberton beschäftigt hat, gewährte mir Einblick in seine umfanreiche Dokumentensammlung. Ich war nicht in der Lage, mich Kings Einschätzung von Pemberton als einem der größten unbesungenen Männer der Wissenschaft im neunzehnten Jahrhundert anzuschließen; nichtsdestoweniger förderten die Unterlagen wertvolle Details über Pembertons Werdegang, seine Karriere und sein Familienleben zutage.

Für Informationen und gelehrige Unterweisung danke ich Dr. James Harvey Young von Emory, der führenden Kapazität des Landes auf dem Gebiet der Patentmedizinära, und William Helfand, der das Leben und Werk Angelo Marianis studiert hat.

Eine Liste der weit über hundert Personen, die ich interviewt habe, ist nachfolgend aufgeführt. Ich bin ihnen allen dankbar, insbesondere jedoch Herbert Elsas, Beth Minter, Jimmy Sibley, und Jimmy Williams, die mir geholfen haben, die Hintergründe mehrerer verwirrenden Episoden in der Firmengeschichte zu rekonstruieren. Etwaige fehlerhafte Schlußfolgerungen sind mir anzulasten, nicht meinen Gewährsleuten. Charles Elliot, Woodruffs offizieller Biograph und langjähriger Jagdgenosse, ließ mich großzügig an seinen Einsichten in das Wesen Woodruffs teilhaben.

John Huey von der Zeitschrift *Fortune* war ein früher, enthusiastischer Unterstützer dieses Projekts. Er machte mich mit seiner literarischen Agentin Kristine Dahl von der Firma International Creative Management bekannt, die meine Sache mit Entschlossenheit und Talent verfocht. Ihre Kollegen bei ICM – Heather Schroder, Elizabeth Bennett, Gordon Kato und Dorothea Herrey – haben mich ermutigt und hart daran gearbeitet, dieses Buch zu einem Erfolg zu machen.

Bei Harper Collins danke ich dem Lektor Rick Kot, der inzwischen ausgeschieden ist, aber mein Buch gekauft und mein Selbstvertrauen gestärkt hat, wenn ich dies am nötigsten hatte. Seine Nachfolgerin Virginia Smith und ihr Assistent Joshua Rutkoff waren meine Wegbegleiter bei dem mühseligen Prozeß, meine Prosa zwischen Buchdeckel und schließlich in die Regale zu bringen. Frank Mounts Anregungen hinsichtlich schriftstellerischer Verbesserung waren scharfsichtig und überlegenswert, und ich habe die meisten von ihnen angenommen. Der Verleger Jack McKeown widmete diesem Buch seine persönliche Aufmerksamkeit, was ich ungemein zu schätzen weiß.

Ich hätte Die Coca-Cola Story nicht schreiben können ohne ein Corps treuer Freunde und Ratgeber, die Vorschläge machten, mich an ihrem Wissen teilhaben ließen, das Manuskript lasen oder mir ganz einfach nur bereitwillig zuhörten, selbst wenn sie Besseres zu tun gehabt hätten: Helen Cooper, Bob Coram, Nick Curry, Cliff Graubart, Terry Kay, Pam Meredith, Dawn und Doug Mullins, Tom Oliver, Judy Tabb und Stuart Woods. Zu den Kollegen vom Sender CNN, die mir geholfen und mich angespornt haben, zählen Gail Evans, Bob Furnad, Chris Guarino, Tom Hannon und Carol Kinstle. Meine Talkshow-Kollegen von der »Sunday News Conference« – Jeff Dickerson, Marilyn Geewax, Tom Houck, Bill Shipp und Dick Williams – haben dafür gesorgt, daß mir nicht die Luft ausging. Shipp verdient besonderen Dank dafür, daß er meinen Computer nebst Textprogramm aufgebaut und dann Jeff Berry geholt hat, um ihn ans Laufen zu bringen. Williams diente mir als täglicher Resonanzboden.

Mein Schwager Bennett Kight hat mir hervorragende juristische und literarische Hilfestellung gegeben. Durch ihn wurde mir bewußt, daß es ein Privileg ist, einen Rechtsanwalt in der Familie zu haben. Seine Frau Judy Kight ist eine Freundin dieses Buchs gewesen.

Meine größte Anerkennung gilt schließlich meiner Frau Linda, deren gute Ratschläge und unermüdliche Unterstützung mich während dieses ganzen Unternehmens über Wasser gehalten haben. Ihr ausgeprägtes Sprachgefühl hat den Stil dieses Buchs in zahllosen Fällen verbessert, und ihr Urteilsvermögen ist in jedem Wort des Inhalts gegenwärtig.

Es sieht so aus, als ob alle Ehegatten eines Autors leiden müssen, wenn dieser an der Arbeit ist, und meine Frau macht da keine Ausnahme. Ich danke Linda für ihre Geduld bei meinen Hochs und Tiefs und liebe sie von ganzem Herzen. Sie ist meine beste Freundin und, so hoffe ich, strengste Kritikerin.

Folgende Personen gewährten dem Autor für dieses Buch Interviews:

Terry Adamson, Bill Adkins, Grace Adkins, Miles Alexander, Ivan Allen Jr., Wally Armbruster, Jeane Austin, Sam Ayoub, Cal Bailey, Mae Bailey, Rosa Mae Bailey, Griffin Bell, Fred Bellingrath, Henry Bowden, John H. Boman Jr., Richard Y. »Bo« Bradley, Sebert Brewer Jr., Paul Brown, Sam Brown, Tom Watson Brown, Vernon Broyles, William R. Brewster Jr., John S. Candler II, Joe Cavanaugh, Rob Chambers, Betty Corn, Carlton Curtis, Ovid Davis, Ralph Doran, Jasper Dorsey, Charles Duncan, Edgar Duncan, Charles Elliot, Martha Ellis, Herbert Elsas, Bill Emerson, Franklin Garrett, Ozzie Garrett, Roberto Goizueta, Harold D. Gulliver Jr., Bradley Hale, Bill Hames, William Helfand, Morton Hodgson Jr., Edith Honeycutt, Lindsey Hopkins III, Gerald T. Horton, Maynard Jackson, Boisfeuillet Jones, Bolling Jones III, Dorothy Jones, Gordon Jones, Joseph W. Jones, Willis Johnson, Donald Keough, Monroe King, Wilbur Kurtz Jr., Marshall Lane, James T. Laney, George Lawson, Earl Leonard, Julius Lunsford Jr., Sam Massell, Bill Mathis, Alice Horton McCurdy, A. A. McNeill, W. Bethel Minter, Lee Molesworth, Jim Montgomery, Philip F. Mooney, H. Burke Nicholson Jr., Hal Northrop, McKee Nunnally Sr., McKee Nunnally Jr., Benjamin H. Oehlert III, John Ott, Elizabeth »Red« Patterson, James K. Payne, Paul Pendergrass, William Pressley, Frank M. Robinson II, Josephine Robinson, Isabelle Scarborough, Alfredo Schvab, Carl Sanders, Jack Sibley, Jimmy Sibley, Ted Simmons, Alan K. Simpson, Don Sisler, Hughes Spalding Jr., Jack Spalding, Robert L. Steed, Cecil Stockard Jr., Robert Strickland Jr., Herman Talmadge, Jack Tarver, Jack Taylor, Margaret Thrower, June Tillery,

Diane Tolleson, Bill Turner, Ernest Vandiver, William C. Waters III, Teena Watson, David A. »Sonny« Werblin, C. E. »Bud« Webster, Della Wager Wells, Charles Weltner, Ralph Whitworth, James B. »Jimmy« Williams, George C. Woodruff Jr., Richard Wright, Alexander Yearley IV, James Harvey Young.

Anmerkung zur deutschen Ausgabe: Frederick Allen hat für die amerikanische Originalausgabe einen ausführlichen Anhang erstellt, der genaue Angaben über Daten der geführten Interviews und zitierten Briefe sowie Fundstellen der betreffenden Dokumente in den von ihm konsultierten Archiven und Bibliotheken enthält. Da diese Hinweise für den deutschen Leser wenig hilfreich sind und der Autor überdies seine Quellen und Gewährsleute im fortlaufenden Text eindeutig benennt, haben sich Übersetzer und Verlag entschieden, auf diese Informationen für die deutschsprachige Ausgabe zu verzichten.

Literaturverzeichnis

An englischsprachiger Literatur wurden nur Titel in dieses Verzeichnis aufgenommen, die von Frederick Allen zitiert oder für seine Recherchen benutzt wurden. Für den deutschen Leser sind einige ausgewählte Standardwerke über Coca-Cola zusätzlich in die Auswahlbibliographie aufgenommen worden.

Allan, Ivan, Jr. mit Hemphill, Paul: *Mayor: Notes on the Sixties.* New York 1971

Biedermann, Ulf: *Ein amerikanischer Traum − Coca-Cola. Die unglaubliche Geschichte eines 100jährigen Erfolges.* Hamburg 1985
Bond, Adrienne Moore: *Eugene W. Stetson.* Macon, Georgia 1983
Branch, Taylor: *Parting the Waters: America in the King Years 1954−1963.* New York 1988

Candler, Charles Howard: *Asa Griggs Candler.* Atlanta 1950
The Coca-Cola Company. *Opinion, Orders, Injunctions, and Decrees Relating to Unfair Competition and Infringement of Trade-Mark.* Atlanta 1923
The Coca-Cola Company: *An Illustrated Profile of a Worldwide Company.* Atlanta 1974
Crawford, Joan mit Jane Kesner Ardmore: *A Portrait of Joan.* New York 1962

Dictionary of Georgia Biography: Band I und II. Athens, Georgia 1983
Dietz, Lawrence: *Soda Pop.* New York 1973

Edge, Sarah Simms: *Joel Hurt and the Development of Atlanta.* Atlanta 1955
Elliott, Charles: *Mr. Anonymous.* Atlanta 1982
Enrico, Roger und Kornbluth, Jesse: *The Other Guy Blinked.* New York 1986

Fritz, Helmut: *Das Evangelium der Erfrischung. Coca-Colas Weltmission.* Reinbek 1985

Garrett, Franklin: *Atlanta and Environs,* Band I und II. Athens, Georgia 1954
Grahmam, Elizabeth Candler, und Roberts, Ralph: *The Real Ones.* New York 1992
Grant, Julia Dent: *The Personal Memoirs of Julia Dent Grant.* New York 1975

Harkotte, Kurt H.: *Coca-Cola ein Vierteljahrhundert in Deutschland.* Essen 1954
Hopkins, James Love: *The Law of Trademarks, Tradenames and Unfair Competition.* Cincinnati 1917
Hoy, Anne Hoene: *Coca-Cola: The First Hundred Years.* Atlanta 1986

Jeier, Thomas und Fischer, Hans-Georg: Das Coca-Cola Kultbuch. 100 Jahr Coke. München 1986

Kahn, E. J., Jr.: *The Big Drink.* New York 1959
Kennedy, Doris Lockermann: *Devotedly, Miss Nellie.* Atlanta 1982
Kuisel, Richard F.: *Seducing the French.* California 1993

Louis, J. C. und Yazijian, Harvey Z.: *The Coca-Cola Wars.* New York 1980

Martin, Harold H.: *Ralph McGil, Reporter.* Boston 1973
ders.: *Three Strong Pillars.* Atlanta 1974
ders.: *William Berry Hartsfield, Mayor of Atlanta.* Athens 1978
Martin, Jean: *Mule-to MARTA,* Band I und II. Atlanta 1975
Martin, Milward W.: *Twelve Full Ounces.* New York 1962
McFeely, William S. Grant: *A Biography.* New York 1981
Munsey, Cecil: *The Illustrated Guide to the Collectibles of Coca-Cola.* New York 1972

Murken-Altrogge, Christa: *Coca-Cola Art. Konsum, Kult, Kunst.* München 1991

Musto, David F., M. D.: *The American Disease: Origins of Narcotic Control.* New York 1973

Oliver, Thomas: *The Real Coke, the Real Story.* New York 1986

Pendergrast, Mark: *Für Gott, Vaterland und Coca-Cola. Die unautorisierte Geschichte der Coca-Cola Company.* Wien 1993

Raines, Howell: *My Soul Is Rested.* New York 1977

Riley, John J. A.: *History of the American Soft Drink Industry.* Washington, D.C. 1958

Rowland, Sanders mit Terrell, Bob: *Papa Coke: Sixty-five Years Selling Coca-Cola.* Asheville 1986

Savitt, Todd L. und Young, James Harvey: *Disease and Distinctiveness in the American South.* Tennessee 1988

Sibley, Celestine: *Peachtree Street.* New York 1963

Spalding, Hughes: *The Spalding Family,* Band II. Atlanta 1965

Tedlow, Richard S.: *New and Improved: The Story of Mass Marketing in America.* New York 1990

Thomson, M. S.: *Reform Medical Practice.* Macon, Georgia 1857

Watters, Pat: *Coca-Cola: An Illustrated History.* New York 1978

Wells, Della Wager: *George Woodruff: A Life of Quiet Achievement.* Georgia 1987

ders.: *The First Hundred Years, A Centennial History of King & Spalding.* Atlanta 1985

Wiley, Harvey W. *Harvey W. Wiley: An Autobiography.* Indianapolis 1930

ders.: *History of a Crime Against the Food Law.* New York 1976

Manuskript- und Handschriftensammlungen

Anslinger Papers. Historical Collections & Labor Archieves, Pattee Library, Pennsylvania State Unversity

Hunter Bell Papers (Aufzeichnungen und Briefe von Hunter Bell). Coca-Cola Archives. Atlanta

Asa Candler Papers (Aufzeichnungen und Briefe von Asa Candler). Emory Special Collections, Emory University, Atlanta

D'Arcy archives. D'Arcy Masius Benton & Bowles, St. Louis

Eisenhower Papers. Eisenhower Library, Abilene, Kansas

Ralph Hayes Papers. (Aufzeichnungen und Briefe von Ralph Hayes). Mss No. 4000, Western Reserve Historical Society, Cleveland

Arthur and L. F. Montgomery Papers (Aufzeichnungen und Briefe von Arthur und L. F. Montgomery). Atlanta History Center, Atlanta

John A. Sibley Papers (Aufzeichnungen und Briefe von John A. Sibley). Emory Special Collections, Emory University, Atlanta

Hughes Spalding Papers (Aufzeichnungen und Briefe von Hughes Spalding). Mss No. 1665, Rare Books Department, University of Georgia, Athens, courtesy of the Spalding family

Robert W. Woodruff Papers (Aufzeichnungen und Briefe von Robert W. Woodruff). Emory Special Collections, Emory University, Atlanta

Register

515